STADT IN DER GESCHICHTE

Band 39

Stadt in der Geschichte

Veröffentlichungen
des Südwestdeutschen Arbeitskreises
für Stadtgeschichtsforschung

Band 39

Begründet von
Erich Maschke und Jürgen Sydow

Herausgegeben von
Ernst Otto Bräunche und Bernd Roeck

Jan Thorbecke Verlag

Stadt zwischen Erinnerungsbewahrung und Gedächtnisverlust

49. Arbeitstagung in Esslingen am Neckar,
19.–21. November 2010

Herausgegeben von

Joachim J. Halbekann, Ellen Widder und Sabine von Heusinger

Jan Thorbecke Verlag

MIX
Papier aus verantwortungsvollen Quellen
FSC® C022176
www.fsc.org

Für die Schwabenverlag AG ist Nachhaltigkeit ein wichtiger Maßstab ihres Handelns. Wir achten daher auf den Einsatz umweltschonender Ressourcen und Materialien.

Bibliografische Information der Deutschen Nationalbibliothek
Die Deutsche Nationalbibliothek verzeichnet diese Publikation in der Deutschen Nationalbibliografie; detaillierte bibliografische Daten sind im Internet über http://dnb.d-nb.de abrufbar.

www.thorbecke.de

Umschlaggestaltung: Finken & Bumiller, Stuttgart
Umschlagabbildung: Archivraum im Südturm der Stadtpfarrkirche St. Dionys, Esslingen am Neckar, mit Wandgemälde von 1593 (Stadtarchiv Esslingen, Foto: Roland Bayer)
Druck: Memminger MedienCentrum, Memmingen
Hergestellt in Deutschland
ISBN 978-3-7995-6439-7

Für den Inhalt der Beiträge sind die Autoren verantwortlich.

Inhaltsübersicht

SEKTION III: STADT UND GESCHICHTE: AMNESIE

Stadt zwischen Erinnerungsbewahrung und Gedächtnisverlust. Eine Einleitung

Ellen Widder

Das Thema dieses Sammelbandes, der die Erträge der 49. Arbeitstagung des Südwestdeutschen Arbeitskreises für Stadtgeschichtsforschung in Esslingen am Neckar im November des Jahres 2010 dokumentiert,[1] entstand in Anlehnung an ein außergewöhnliches Datum: den 400. Jahrestag eines eigenen Archivgebäudes in der einstigen Reichsstadt Esslingen am Neckar. Dieses war aus der Transformation einer mittelalterlichen Friedhofskapelle, der sogenannten Allerheiligenkapelle, hervorgegangen und fügt sich bis zum heutigen Tag malerisch in das Ambiente eines der am besten erhaltenen historischen Stadtbilder des deutschen Südwestens ein. Am Esslinger Archiv lässt sich die Entwicklung eines städtischen Urkunden- und Dokumentenschatzes vom 13. bis ins 21. Jahrhundert im wahrsten Sinne ›erleben‹. Ursprünglich geplant war daher, diesen lokalen Anlass aufzunehmen und ihn in einen größeren wissenschaftlichen Kontext zu stellen. Dies wurde allerdings durch einen weiteren Anlass durchkreuzt, der einen schockierenden Kontrapunkt setzte, da er mit einem verheerenden Gedächtnisverlust einherging. Gemeint ist das Schicksal des Historischen Archivs der Stadt Köln im Frühjahr 2009. Damals stürzte sein sechsstöckiges Magazingebäude ein und begrub unter sich den größten Teil der Archivalien der Domstadt samt ihrer geistlichen Institutionen und dem ebenfalls hoch bedeutenden nichtamtlichen Schriftgut wie Privat-, Vereins- und Firmenarchiven. Bereits die Zerstörungen des Zweiten Weltkrieges hatten Köln das unverwechselbare, an Historizität nördlich der Alpen unvergleichbare Gesicht geraubt.

Dieses jähe und in jeder Hinsicht unerwartete Ereignis machte der Öffentlichkeit und besonders Historikerinnen und Historikern den Wert, die Gefähr-

1 Vgl. dazu Kathrin Dillmann/Iris Holzwart-Schäfer/Marco Veronesi, Stadt zwischen Erinnerungsbewahrung und Gedächtnisverlust. 49. Arbeitstagung des Südwestdeutschen Arbeitskreises für Stadtgeschichtsforschung Esslingen am Neckar, 19. bis 21. November 2010, in: AHF-Information 2011, Nr. 012, URL: http://www.ahf-muenchen.de/Tagungsberichte/Berichte/pdf/2011/012–11.pdf (07.10.2014); Dies., Stadt zwischen Erinnerungsbewahrung und Gedächtnisverlust. Tagungsbericht, veröffentlicht am 05.03.2011, online unter: http://hsozkult.geschichte.hu-berlin.de/tagungsberichte/id=3565 (06.10.2014). – Ich danke meinen beiden Mitherausgeber_innen Sabine von Heusinger und Joachim J. Halbekann für die kritische Lektüre des vorliegenden Beitrages.

dung und die Veränderlichkeit von Erinnerung und geschichtlicher Überlieferung nach Jahrzehnten des Friedens und der politischen Stabilität sehr eindringlich bewusst. Doch ist historisches Bewusstsein ein flüchtiges Gut, denn Geschichte ist kein Naturereignis, sie ist nicht ›immer schon da‹, sondern wird ständig hergestellt, neu gestaltet und gedeutet. Jede Gesellschaft, jede soziale Gruppe und jedes Individuum schafft sich ihr eigenes Geschichtsbild mit einer eigenen zeitlichen Tiefendimension. Man weiß inzwischen, dass der individuelle historische ›Orientierungsraum‹ wie auch das sogenannte »kollektive Gedächtnis« mehr oder weniger konstant den Zeitraum von 100 Jahren kaum überschreitet, d.h. den Zeitraum von etwa drei Generationen. Die Bedeutung mündlicher Tradierung durch noch lebende Zeitzeugen spielt dabei offenbar eine wesentliche Rolle.

Das Unglück in Köln verdeutlicht auch in dem seit beinahe 70 Jahren friedlichen Mitteleuropa die Fragilität unseres historischen Erbes – nicht nur in Kriegszeiten. Neben diesen beiden Ereignissen, dem Jubiläum und der Katastrophe, war aber auch die Zeit für das Thema »Stadt zwischen Erinnerungsbewahrung und Gedächtnisverlust« gewissermaßen ›reif‹.[2] So kann man seit geraumer Zeit auch bei ganz ›normalen‹ Historiker_innen ein neu erwachtes Interesse an ihm beobachten – und nicht nur bei ihnen. Diese Hinwendung zu Problemen der Überlieferung steht in engem Zusammenhang mit kulturgeschichtlichen Fragestellungen, wobei die Speicherung und Organisation von Wissen, das »Erinnern als Kulturtechnik« eine entscheidende Rolle spielt.[3] Wenn allerdings von einem »archive fever« die Rede ist, das das Fach befallen habe,[4] dann ist damit keine glühende Begeisterung, sondern vielmehr Skepsis im Sinne eines Krankheitsbildes gemeint, denn: »Die technische Struktur des archivierenden Archivs bestimmt auch die Struktur des archivierbaren Inhalts schon in seiner Entstehung [...]. Die Archivierung bringt das Ereignis in gleichem Maße hervor, wie sie es

2 Vgl. dazu auch den Bericht über die Tagung von Martin Otto, Man rufe tausend Bildhauer herbei, in: Frankfurter Allgemeine Zeitung, 9. Dezember 2010, S. 032, online unter: http://www.genios.de/presse-archiv/artikel/FAZ/20101209/man-rufe-tausend-bildhauer-herbei/FD1N201012092917965.html (07.10.2014).

3 Helga Penz, Erinnern als Kulturtechnik: Klosterarchive im Barock, in: Thomas Wallnig u.a. (Hg.), Europäische Geschichtskulturen um 1700 zwischen Gelehrsamkeit, Politik und Konfession, Berlin 2012, S. 91–106.

4 Helga Penz, How many Jesuits does it take to change a light bulb? Kooperationsmodelle der Ordensgemeinschaften im Archivwesen – ein Werkstattbericht, in: Scrinium 66 (2012), S. 34–43, hier S. 37, 40. Der Begriff geht zurück auf den englischen Titel des Werks von Jacques Derrida, Mal d'Archive. Une Impression Freudienne, Paris 1995 (engl. Übersetzung: Archive Fever. A Freudian Impression, Chicago 1996). Die 1997 erschienene deutsche Übersetzung trägt den wenig aussagefähigen Titel »Dem Archiv verschrieben. Eine Freudsche Impression«. Das Buch entstand aus einem Vortrag des Verfassers im Juni 1994 auf einer Tagung in London zum Thema: »Memory. The Question of Archives«. Veranstalter waren keine Historiker, sondern die Société Internationale d'histoire de la psychiatrie et de la psychanalyse, das Londoner Freud-Museum und das Courtauld Institute of Art; vgl. Derrida, Archive Fever. Vorwort, ohne Seitenangabe.

aufzeichnet. Das ist auch unsere politische Erfahrung mit den sogenannten Informationsmedien«.[5] Aus diesem vor zwei Jahrzehnten geschriebenen Satz des französischen Philosophen Jacques Derrida liest man nicht nur den damals bereits spürbaren Einfluss der Informationstechnologie auf alle Bereiche der Vergangenheitsbewahrung, der inzwischen bis zur »Timeline« bei Facebook reicht,[6] sondern auch die dramatische Erweiterung des Archivbegriffs, die weit über das Archiv als historisch gewachsene Institution hinausreicht.[7] Zudem lassen sich seine kritischen Bemerkungen auch auf die Archive als Institutionen beziehen, in denen Archivgut unbefristet aufbewahrt, mittels Erschließung benutzbar gemacht und physisch erhalten wird, die dabei aber immer eine spezifische (und durchaus zeitabhängige) Auswahl treffen und die Archivalien dezidierten und ihrerseits zeitlich wandelbaren und bisweilen sogar politischen Interessen gehorchenden Ordnungskonzepten unterwerfen.[8] »Die aktuellen Archivdiskurse in Archivistik, Archivologie und Archivkunst [...] haben neben vielen gegenläufigen auch eine Anzahl übereinstimmender Tendenzen, die sich wie folgt zusammenfassen lassen: Prozessualisierung, Performativität, eine stärkere Verortung im ›Hier und Jetzt‹, Feedback- oder Netzwerkfunktion des Archivs. Impulse für diese Entwicklung sind aber fast ausnahmslos aus dem ›außerarchivischen‹ bzw.

5 Derrida, Dem Archiv verschrieben (wie Anm. 4), S. 35.

6 Varinia Bernau, Was Facebook-Nutzer über die Timeline wissen müssen, in: Süddeutsche Zeitung, 17. August 2012, online unter: http://www.sueddeutsche.de/digital/chronik-kommt-fuer-alle-mitglieder-was-facebook-nutzer-ueber-die-timeline-wissen-muessen-1.1269305 (06.10.2014).

7 So arbeitete das 2005 eingerichtete Graduiertenkolleg 1049 der Deutschen Forschungsgemeinschaft an der Fakultät für Geschichtswissenschaft der Universität Bielefeld »Archiv – Macht – Wissen. Organisieren, Kontrollieren, Zerstören von Wissensbeständen von der Antike bis zur Gegenwart« unter Aufnahme von Ansätzen von Jacques Derrida und Michel Foucault mit einem erweiterten Archivbegriff, bei dem diese als »institutionelle Sammlungen von Akten, aber auch Bibliotheken, Museen, semi-, sub- oder kontra-institutionelle Wissensbestände verstanden« werden mit dem Ziel, »unterschiedliche methodische Ansätze – von der material culture über die historische Semantik bis zur Institutionengeschichte – miteinander zu verbinden«. Damit sollen »die Prämissen einer neuen Kulturgeschichtsschreibung im Sinne einer historisch-anthropologischen Erforschung von Wissenskonstruktionen berücksichtigt werden«, um auf diese Weise »die Analyse der Vergangenheit – mehr als bislang üblich – um die Frage nach dem Charakter historischer Quellen zu erweitern«; vgl. dazu. http://www.uni-bielefeld.de/geschichte/forschung/gk1049/forschungsprogramm.html (07.10.2014). Vgl. dazu auch Martina Kessel, Archiv, Macht, Wissen. Organisieren, Kontrollieren und Zerstören von Wissensbeständen von der Antike bis zur Gegenwart, in: Auskunft 27 (2007), S. 17–47, sowie den Sammelband: Anja Horstmann/Vanina Kopp (Hg.), Archiv – Macht – Wissen. Organisation und Konstruktion von Wissen und Wirklichkeiten in Archiven, Frankfurt am Main 2010.

8 Eric Ketelaar, Archive im digitalen Zeitalter: »New Uses for an Old Science«, in: Archivpflege in Westfalen-Lippe 66 (2007), S. 4–11; Mario Wimmer, Archivkörper. Eine Geschichte historischer Einbildungskraft, Konstanz 2012; Berent Schwineköper, Zur Geschichte des Provenienzprinzips, in: Forschungen aus mitteldeutschen Archiven. Festschrift Hellmut Kretzschmar, Berlin 1953 (Schriften der staatlichen Archivverwaltung 3), S. 48–65.

gesamtgesellschaftlichen Raum in die Archivdiskurse eingegangen und in Zusammenhängen wie der ›Digitalen Revolution‹ zu suchen.«[9] Trotz dieser semantischen Ausweitung des Archivbegriffs, unter dem »institutionelle Sammlungen von Akten, aber auch Bibliotheken, Museen, semi-, sub- oder kontra-institutionelle Wissensbestände verstanden« werden,[10] und der Gegenreaktion der von dieser ›Aufweichung‹ nicht durchgängig begeisterten Archivinstitutionen und ihrer Vertreter,[11] eröffnen sich hier spannende Perspektiven, die auf die Stadtgeschichtsforschung unmittelbare Auswirkungen haben und Chancen bergen.

Gleichzeitig mit diesen Tendenzen beobachten wir im Tätigkeitsfeld selbst der wissenschaftlichen Archivarinnen und Archivare einen Paradigmenwechsel, den sie nicht selbst zu verantworten haben, sondern der mit den Zwängen des Berufsbildes, nämlich der Organisation der ›zukünftigen‹ Vergangenheit zu tun hat. In einer Zeit immer größerer Akten- und Datenmassen, die bewertet, teilweise übernommen, erschlossen und verwahrt werden müssen, bleibt immer weniger Zeit für die Erforschung der Geschichte der jeweiligen Registraturbildner, geschweige denn der Archive und ihrer Überlieferung. Zudem zeigte sich am Beispiel von Köln das Dilemma, in das Archive geraten, wenn sie sich zwischen einem Wirken in die Öffentlichkeit und für die Öffentlichkeit und wissenschaftlicher Forschung entscheiden müssen oder dies meinen zu müssen. Da ein hoher Prozentsatz des im Jahr 2009 in Köln untergegangenen Archivguts weder fachgerecht erschlossen noch verfilmt oder digitalisiert war, fällt es nach dem Einsturz und der damit einhergehenden nahezu vollständigen Auflösung der Ordnung ungemein schwer, die Unmengen von geborgenen Papier- und Pergament-Fragmenten einzelnen Fonds oder sonstigen inhaltlichen Zusammenhängen zuzuordnen, wie aus dem Beitrag der Kölner Archivleiterin Bettina SCHMIDT-CZAIA in verstörender Weise eindrucksvoll hervorgeht.[12]

Die drei Herausgeber_innen waren bei der Konzeption der Tagung der Meinung, dass städtische Erinnerungsbewahrung und Gedächtnisverlust nicht nur Angelegenheiten von Fachhistoriker_innen und Archivar_innen sind, sondern

9 So die Zusammenfassung der Archivarin und Kunsttheoretikerin Julia FERTIG, Die Archivfalle, in: kunsttexte.de, Nr. 1, 2011, S. 1–14, hier S. 14, online unter: www.kunsttexte.de (06.10.2014).

10 Vgl. http://www.uni-bielefeld.de/geschichte/forschung/gk1049/forschungsprogramm.html (07.10.2014).

11 Der österreichische Archivar und Archivwissenschaftler Michael HOCHEDLINGER legte im Jahre 2013 in Auseinandersetzung mit diesen kulturwissenschaftlichen Ansätzen ostentativ eine klassisch funktionale Definition des Archivs vor, verstanden als »Inbegriff von Schriftstücken und sonstigen Dokumenten, die bei physischen oder juristischen Personen aus deren geschäftlicher oder rechtlicher Tätigkeit erwachsen sind und als Quellen und Belege der Vergangenheit zur dauernden Aufbewahrung an einem gegebenen Ort bestimmt sind«; DERS., Österreichische Archivgeschichte vom Spätmittelalter bis zum Ende des Papierzeitalters, Wien u.a. 2013 (Historische Hilfswissenschaften 5), S. 13. Ferner Dietmar SCHENK, »Aufheben, was nicht vergessen werden darf«. Archive vom alten Europa bis zur digitalen Welt. Stuttgart 2013.

12 Vgl. ihren Beitrag in dem hier vorgelegten Band.

weitere Disziplinen befragt werden müssen. Geschichte speist sich nicht nur aus den abgelagerten und strukturierten Überlieferungsschichten eines kommunalen oder staatlichen »Archivkörpers«.[13] Auch die Annahme, die städtische Obrigkeit sei durchgehend »Herrin der Erinnerung« gewesen, geht daher sicher fehl. Besonders für die Vormoderne ist auch der Blick auf die Kirche und ihre Institutionen als Träger von geistlicher und weltlicher Memoria notwendig.[14] Doch stellt sich die naheliegende Frage, ob es nicht auch andere Erinnerungsformen etwa ›von unten‹ oder in Konkurrenz zueinander gab und welche (Nach-)Wirkung diese gezeitigt haben.

Ferner muss nach den Orten und Medien der Erinnerung gefragt werden, ebenso danach, welches Wissen erinnert und welches vergessen und ob dieser Prozess planmäßig gesteuert wurde bzw. überhaupt gesteuert werden konnte. Falls ja, wo verlief Erinnern eigengesetzlich bzw. nach anderen Regeln, als denen der Archivlehre und -technik? Auch stellt sich hierbei das altbekannte Problem jeglicher historischer Erkenntnis: die doppelte Abhängigkeit von der fragmentierten und segmentierten Überlieferung einerseits und der Zeitgebundenheit historischer Fragestellungen andererseits. Hieraus gibt es zwar kein Entrinnen, doch lässt sich über den Vergleich, die kritische Analyse und die Hinterfragung scheinbar gesicherter Vorannahmen doch eine Ausweitung des Erkenntnishorizontes schaffen.

Dem Erinnern steht das Vergessen gegenüber, das zumindest in unserer Kultur weit weniger gut beleumundet ist. Die Geschichtswissenschaft muss das Vergessen, die Amnesie, gewissermaßen als ›feindliche Kraft‹ betrachten, die den historischen Erkenntnisprozess behindert oder sogar unterbindet. Partieller Erinnerungsverlust ist ein vollkommen normaler hirnphysiologischer Prozess. Dies betrifft nicht nur das Individuum, sondern auch sein Nachleben. Die allermeisten Menschen sind bereits nach wenigen Jahrzehnten aus der Erinnerung ihres einstigen sozialen Umfeldes gelöscht oder zumindest in ihr stark verblasst. Auch vergangene Gesellschaften werden nur partiell erinnert und mutieren zu interessanten (oder weniger interessanten) Forschungsproblemen. Umso spannender ist die Frage, wie Gesellschaften selbst für ihre Erinnerung sorgen, d. h. »wie sie sich ihre ›Geschichte‹ geben«; hierüber weiß man bislang noch wenig (so Malte Thiessen in seinem Beitrag). Zwar bilden Archive bewusst angelegte Repositiorien künftiger Erinnerung, doch ist das Archivgut keine Blaupause einstiger Wirklichkeit und konkurriert mit anderen Erinnerungsmedien. Daneben stehen die Schöpfungen von Literatur, bildender Kunst, Architektur, Musik, Foto- und Ci-

13 Zur politischen Dimension von Archivfachsprache und Archivgeschichte vgl. Mario Wimmer, Die kalte Sprache des Lebendigen. Zu den Anfängen der Archivberufssprache, in: Peter Becker (Hg.), Sprachvollzug im Amt: Kommunikation und Verwaltung im Europa des 19. und 20. Jahrhunderts (1800 I 2000 Kulturgeschichte der Moderne 1), Bielefeld 2011, S. 45–75; Ders., Archivkörper (wie Anm. 6).

14 Vgl. hierzu kritisch Penz, How many Jesuits (wie Anm. 4), S. 35–38; Fertig, Die Archivfalle (wie Anm. 9), S. 4.

nematographie, aber auch Stadt- und Landschaftsbilder sowie neuerdings die Hervorbringungen neuer Medien.

Gerade historisch gewachsene, ein- oder mehrfach zerstörte, (immer) wieder aufgebaute, (weiter) expandierte oder geschrumpfte Städte bilden mit ihren komplexen baulichen, sozialen und politischen Strukturen ein Mixtum aus Vergangenheit und Gegenwart; sie eröffnen vielleicht noch am ehesten die Chance auf eine ›Histoire totale‹ erinnerter und vergessener Geschichte. Genau dieser Thematik widmet sich der hier vorliegende Sammelband mit seinen höchst unterschiedlichen Beiträgen und Ansätzen. Neben Überblicksdarstellungen zu einzelnen Themen und Epochen finden sich Pilotstudien zu wichtigen und bislang noch übersehenen Problemfeldern sowie Mikrostudien, die unterschiedlichen Thematiken und Zeiträumen gewidmet sind. Hier liegt nun eine Vielzahl von Ansätzen und Perspektiven vor, die alle das hohe Erkenntnispotential der Thematik eindrucksvoll dokumentieren und Ansätze zu weiteren Forschungen bieten. Daher sollen sie hier kurz vorgestellt werden, wobei die verwendeten Zitate den einzelnen Beiträgen entnommen sind.

Die dem Band zugrunde liegende Tagung kreiste um drei große Themenbereiche der städtischen Erinnerung: Orte, Medien und Amnesie, wobei es breite Überschneidungsbereiche gab. Den Auftakt bildet der Beitrag »Vom knöchernen zum papiernen Gedächtnis. 400 Jahre Stadtarchiv Esslingen in der Allerheiligenkapelle« des Stadtarchivleiters Joachim J. HALBEKANN, der die Geschichte des Esslinger Archivwesens von seinen frühesten nachweisbaren Anfängen bis in die neueste Zeit im engen Kontext der Stadtentwicklung vorstellte. Archivgeschichte und städtisches Geschichtsbild korrespondierten dabei miteinander, bedingten sich aber auch in vielerlei Hinsicht gegenseitig. Immer wieder stellte sich die Frage, wann Erinnerung entsteht und wer ihre Träger sind. So wurden die wichtigsten kommunalen Dokumente bereits früh im südlichen Turm der Stadtpfarrkirche St. Dionys in einem eigenen Archivraum aufbewahrt. Das »Gewölbe uff dem Stain« blieb bis zum Jahre 1836 das eigentliche »Geheim-Archiv« der Stadt; ein Foto von ihm schmückt den Umschlag dieses Bandes. Auf dem angrenzenden Friedhof lag die Allerheiligenkapelle mit einem Beinhaus; sie wurde im Zuge der Reformation (1531) aufgehoben und im Jahre 1610 baulich mit der benachbarten Stadtkanzlei zu einem Registraturgebäude umgewidmet, das sich ab Ende des 18. Jahrhunderts zum »Stadtarchiv« entwickelte. Die Esslinger Archivgeschichte im 19. und 20. Jahrhundert war geprägt von Phasen, in denen sich strukturelle Vernachlässigung und Wertschätzung abwechselten. So folgte der Mediatisierung von 1802/03 bis in die 30er Jahre des 19. Jahrhunderts in mehreren Wellen ein »tief greifender Exodus von Registratur- und Archivgut in die zentralen württembergischen Administrationen und Archive«. In der NS-Zeit, 1939/40, wurde das Archivgebäude aufwändig saniert und restauriert. Die ursprüngliche Kapelle als Ort der mittelalterlichen Totenmemoria verwandelte sich somit in einen zentralen, wenngleich im Zutritt restriktiven Lagerort der städtischen Schriftgutüberlieferung. Daraus ergibt sich eine »mehr als ein dreiviertel Jahrtausend andauernde, weitgehend kontinuierliche Nutzung des Gebäudes im angesprochenen Gedächtnis-Kontext«, wobei die katholisch-mittelalterliche Geschichte der Kapelle auch die eines »temporären Erinnerungsverlustes« in einer seit der Reformation dezidiert evangelischen Stadt geworden ist. In diesem Beitrag klingen damit die wesentlichen Aspekte des Tagungsthemas bereits an. Darunter fallen Konfessionswechsel, Wechsel der inner- und außerstädtischen Herrschaft, Bedrohung städtischer Autonomie, freiwillige oder unfreiwillige Integration in den Nationalstaat, Zerstörungen durch Kriege, sonstige Katastrophen oder Desinteresse, damit einhergehende Entfremdung und Zerstörung von Überlieferung sowie Überlagerung oder Verlagerung städtischer Meisterzählungen.

Über die Arbeit in einem ›Archiv‹ ganz anderer Art liefert Klaus KRÜGER (Halle-Wittenberg) unter dem Titel »›Um der Gnade der Auferstehung willen und zum Gedächtnis der Nachwelt‹ – Der Stadtgottesacker in Halle und seine Inschriften« einen Werkstattbericht. Es handelt sich dabei um ein ›Archiv‹ städtischer Erinnerung, über Jahrhunderte geschaffen aus Bauten, Grabmälern, Statuen und Inschriften. Aus hygienischen Erwägungen und aufgrund des durch die Reformation bedingten Wandels des Totengedenkens wurde in Halle an der Saale am Ort eines mittelalterlichen Sonderfriedhofs am Martinsberg seit 1529 der Stadtgottesacker angelegt. Dieser erhielt noch im 16. Jahrhundert eine vollständige Ummauerung, deren 92 Gruftbögen von der Elite der städtischen Bürgerschaft bis 1850 als erbliche Familiengräber genutzt wurden. Die ab der Mitte des 16. Jahrhunderts erhaltenen zahlreichen Inschriften geben Auskunft über die religiöse Vorstellungswelt und über das bürgerliche Prestigedenken. »Tatsächlich haben wir es hier mit den in Politik, Wirtschaft, Wissenschaft und Kultur führenden Geschlechtern der Stadt zu tun: den Familien von Rats- und Universitätsangehörigen, Salzpfännern und Beamten«. Die ersten Zeugnisse stammen aus der frühen Neuzeit, seitdem wurde vieles verändert, verwandelt, zerstört und hinzugefügt. Das Bauwerk wurde im Zweiten Weltkrieg stark beschädigt und in den folgenden Jahrzehnten vernachlässigt. Erst nach der Wende konnte durch bürgerschaftliches Engagement mit der Restaurierung begonnen werden. Seit 2003 wird der Status quo durch ein Projekt der Universität Halle-Wittenberg im Rahmen der »Deutschen Inschriften« erschlossen, an dessen Ende erst die vielfältigen Erkenntnispotenziale für die städtische Sozial- und Kulturgeschichte ausgeschöpft werden können.

»Denkmälern der Gründerzeit und dem Verfall öffentlicher Erinnerungsräume« widmet sich der umfangreiche Betrag von Martin HÖPPL (München/Bamberg) in einer forschungsgeschichtlichen, aber auch analytischen und programmatischen Weise. Dies ist umso bemerkenswerter, da er sich nicht auf kunsthistorische Fragestellungen beschränkt, sondern die »paradigmatische Leitgattung des langen 19. Jahrhunderts« in toto betrachtet. »Fällt das Lesen und Deuten von Denkmälern aus einer vergangenen Zeit« ohnehin schon schwer, dann sind die Hinterlassenschaften der Gründerzeit mit ihrem Rekurs auf Kaiser, Krieg und nationale Größe als »Zerrbilder von Kaiserkult und Reichseuphorie« einer demokratischen und pluralistischen Gesellschaft schwer zu vermitteln, was fatale Konsequenzen für die Artefakte und ihren Aufstellungskontext hat. Noch bevor die wissenschaftliche Beschäftigung mit dem Historismus seit den 1960er und 1970er Jahren überhaupt einsetzte, führte dies zur Umsetzung und Zerstörung vieler Denkmäler und der sie umgebenden Anlagen. Mit dem Verlust des urbanen Kontextes ging aber auch ihre ›Lesbarkeit‹ weitgehend verloren. Allerdings war »der Bedeutungsverlust gründerzeitlicher Denkmäler und der damit verbundene Verfall öffentlicher Erinnerungsräume bereits von Anfang an zumindest teilweise zugrunde gelegt«. Verantwortlich dafür war, dass für »die Gemeindeverordneten die langfristige Alltagstauglichkeit der Denkmäler nicht die erste Priorität« hatte, sondern »Kaisertreue und eigene Leistungskraft« im Sinne einer »Selbstvergewisserung und Identitätsbildung«. Der Verfasser fordert daher methodisch eine »Historische Promenadenforschung«, die »geschichtliche Hintergründe und bauliche Zusammenhänge rekonstruiert«. Damit würde dieser Forschungsansatz die zeitgenössischen Intentionen, Gebrauchsfunktionen, Nutzungszusammenhänge und Deutungshorizonte ernst nehmen, für die das Flanieren als Kulturtechnik entscheidend gewesen sei. Beim Promenieren – so Höppl – hätten die allfälligen Kaiser-Wilhelm-Denkmäler und andere nationale Monumente, aber auch solche für die Kulturheroen aus Geschichte und Zeitgeschichte, dem Bürgertum Gesprächsstoff zur Hebung der Bildung und des nationalen Bewusstseins geliefert. Die Denkmäler dienten damit auch der städtischen Selbstvergewisserung und Identitätsbildung. Aufwendig inszenierte, teils militärisch geprägte Enthüllungsfeiern gaben den so konstruierten Erinnerungsräumen die nötige »Weihe«. Doch schon im späten 19. Jahrhundert stieß die »Denkmalswuth« auf Kritik, zumal um 1900 auch ein Paradigmenwechsel im Rahmen der Stadtplanung erfolgte, die sich an den Erfordernissen der Verkehrsplanung und sonstigen Infrastruktur zu orientieren begann.

Marc von der Höh (Bochum) bietet unter dem Titel »Trophäen und Gefangene. Nicht-schriftliche Erinnerungs-Medien im hochmittelalterlichen Pisa« eine methodisch ungewöhnliche Mikrostudie im Spannungsfeld von indirekt greifbarer mündlicher sowie historiographischer, literarischer und materieller Überlieferung. Bereits aus dem 11. Jahrhundert hat sich in der in dieser Zeit bedeutenden See- und Handelsstadt Pisa neben »Spolien und Trophäen« eine »Vielzahl von handschriftlich und inschriftlich überlieferten Texten« erhalten, die auf den Heidenkampf abhoben und sich von anderen italienischen Seestädten und Kommunen deutlich unterschieden. Besonders der Pisaner Dom fungierte als innerstädtisches »Gravitationszentrum«, in dem ein Ensemble von Spolien und Inschriften die Abwehr der Sarazenen durch die militärischen Erfolge der pisanischen Flotte memorierte. Ausgehend von dem Bericht des französischen Benediktinerabts Arnold von Bonneval († 1159) in seiner Vita Bernhards von Clairvaux über den Empfang Papst Innozenz II. in der Arnostadt im Jahre 1130 analysiert der Verfasser die hochmittelalterliche Erinnerungskultur Pisas. »Im mündlichen Vortrag verweisen die Konsuln auf die gefangenen Muslime und die nichtsprachlichen Artefakte im Stadtraum und erläutern dem Papst, dass ihn diese an die Verdienste der Stadt um die Verteidigung der Christenheit erinnern sollen«. Dagegen scheint sich »die Privilegierung historiographischer Texte im Rahmen von Studien zu städtischen (aber nicht nur städtischen) Erinnerungskulturen [...] mehr der leichteren Handhabbarkeit sprachlicher Quellen zu verdanken als ihrer Funktion im Zusammenhang lebendiger Erinnerungskulturen«. Bewusst ausgeblendet werden zudem offenbar innere Konflikte der Kommune bei gleichzeitiger Betonung der städtischen *concordia*, wobei sich die städtische Führungsgruppe »in besonderer Weise durch den Bezug auf die eigene Vergangenheit definiert« hat. Als Grund für diese außergewöhnliche Erinnerungskultur erscheint die (nicht nur) in Pisa von Laien und Klerus gemeinsam getragene kommunale Bewegung. »Gerade eine solche tragfähige kollektive – kommunale – Identität konnte die angesprochene Darstellung bzw. Vorstellung von der eigenen Vergangenheit herstellen und sichern«.

Axel Behne (Cuxhaven/Stade) richtet sein Erkenntnisinteresse im Beitrag »Archiv und Herrschaft – Cumune signoria, principato« auf die norditalienischen Stadtstaaten, namentlich auf Mantua und Mailand. Er fragt dabei nach Rolle und Bedeutung der Archive bei der Transformation der Kommunen in Signorien und letztlich in reichsrechtlich legitimierte Fürstentümer, wobei sie »zwar auch Schriftgut kommunalen Ursprungs enthalten, gleichwohl keine städtischen Institute« waren, sondern »vielmehr Einrichtungen von Stadtherren, die die ehedem ›freie Stadtgemeinde‹, den *libero comune cittadino*, zuvor in ihre Gewalt gebracht«, dabei aber gleichzeitig ein hohes Legitimationsdefizit entwickelt hatten. Zeitlich koinzident, möglicherweise aber auch kausal kam es schon während der »Systemkrise« der kommunalen Verfassungen im 13. Jahrhundert zu einer »révolution documentaire« (Jean-Claude Maire Vigueur). Sie ging einher mit der Entwicklung, Ausdifferenzierung und starken Ausweitung neuer Formen der Verwaltung, die in einem exponentiellen Anstieg der Schriftlichkeit ihren Ausdruck fanden. Diese scheinen schon im 14. Jahrhundert zu einem »archivischen Masseproblem« geführt zu haben. Die zur erblichen monarchischen Stadtherrschaft tendierenden Signorien übernahmen die in der kommunalen Phase ausgebildeten Formen pragmatischer Schriftlichkeit im Rahmen der für ihre Herrschaftszwecke und –interessen transformierten Verwaltung. Es bildeten sich damit eigene Herrschaftsarchive heraus, neben denen die weiterhin existierenden kommunalen Ämter und Archive zwar fortbestanden, jedoch zunehmend ein Schattendasein führten. Die Archive wurden zu zentralen Stützen der Signorie, wobei Schriftlichkeit gerade in Zeiten von ›Herrschaftskrisen‹ eine wesentliche Rolle spielte.

Die Entstehung des umfangreichsten von vier erhaltenen spätmittelalterlichen Archivrepertorien des Gonzaga-Archivs in Mantua hängt vermutlich mit den »instabilen inneren Verhältnissen nach dem Tode Luigi Gonzagas († 1360) zusammen, einer Phase von Mord und Totschlag im Hause Gonzaga«, und war »zur ausschließlichen Nutzung durch die herrschaftliche Kanzlei bestimmt«. Dabei steht »nicht die Ordnung und Aufbewahrung des originalen archivischen Materials« im Zentrum, »sondern das Bedürfnis, die Vorherrschaft der Herren durch schnellstmögliche Übersicht und Auffindung der juristisch relevanten Belange zu sichern«, was wiederum für ein faktisches Bedrohungsgefühl spricht. Die beiden nachfolgenden Repertorien entstanden dann im Zusammenhang mit der Rangerhöhung Mantuas zur Markgrafschaft durch Kaiser Sigismund und vielleicht einem damit einhergehenden Repräsentationsbedürfnis. Auch hier ergeben sich aufgrund der zeitgenössischen ›Konstruktion‹ der Überlieferung angesichts von (Um-)Brüchen und Krisen weiterführende Ansätze im Hinblick auf Geschichtsbilder, Identitäten und Meistererzählungen, die bis heute nachwirken.

Den Medien städtischer Erinnerung widmet sich die zweite Gruppe von Beträgen, wobei der Beitrag von Mark MERSIOWSKY (Innsbruck/Stuttgart) die »Medien der Erinnerung in der spätmittelalterlichen und frühneuzeitlichen Stadt« grundsätzlich diskutiert. Aufgrund des 1862 initiierten Editionsunternehmens der Chroniken der deutschen Städte, das in den fast 70 Jahren seines Bestehens insgesamt 36 Bände hervorgebracht hat, liegt der Fokus bei der Untersuchung städtischer Erinnerungskultur traditionell auf der Historiographie. Doch nicht immer decken sich die Vorstellungen der heutigen Geschichtswissenschaft von Medien und Erinnerungen mit denen des Mittelalters und der Vormoderne. Anknüpfend an Überlegungen von Jan Assmann und Klaus Graf, nach denen nicht unbedingt Schriftquellen im Zentrum historischer Erinnerungskultur standen, diskutiert der Verfasser ganz »unterschiedliche Medien der Erinnerung«, die insgesamt und in wechselnder Kombination einen »Erinnerungsraum aufspannten«. Zu ihnen gehörten »Feste, Denkmäler, Prozessionen, Riten, Lieder, Sprüche, Wahrzeichen und erst dann historiographische Texte und Inschriften, Reichweite und Bedeutung der Historiographie waren beschränkt, die Archive waren als exklusives Gedächtnis der Stadt kaum im allgemeinen Bewußtsein. Einzelne Texte, Urkunden wie Rechtsbücher, spielten hingegen eine wichtige Rolle für die städtische Identität«, Inschriften historischen Inhalts waren dagegen selten. Bilder fanden »reiche Verwendung in Rathäusern wie anderen öffentlichen Orten«, Erinnerungs- und Wahrzeichen mit teilweise performativer Nutzung und Zerstörung ebenso. Die Bedeutung von gesungenen Liedern oder Kleidung sind dagegen für die heutige Forschung schwer zu fassen, während Riten und Prozessionen für die Zeitgenossen und die Späteren den Nachteil hatten, »erläuterungsbedürftig zu sein«. »Die Medien der Erinnerung traten meist nicht vereinzelt, sondern in der Regel als mediales Bündel oder ›Medien-Mix‹ auf«. Das »gebündelte Auftreten« war wohl notwendig, »sollte die Erinnerung sowohl fixiert wie weit verbreitet werden, ihre Kombination war wohl eine Notwendigkeit, sie erweiterte ebenso Präzision wie Reichweite und Bedeutung«. Neben der Obrigkeit verfügten Städte aber über »verschiedene Erinnerungskollektive«, unter »denen Familien, Familienverbände und die Zünfte in besonderer Weise hervortraten« und die Stadt zu einem »multiple[n] Erinnerungsraum« machten.

Ebenfalls vergleichend angelegt ist die Studie von Gabriele BESSLER (Köln/Stuttgart) über »Vormoderne städtische Sammlungen: Erinnerung und Identifikation«, die ein ganz neues, bislang unbeachtetes Forschungsfeld eröffnet. Zwar bildeten fürstliche und adelige Sammlungen seit längerem einen Gegenstand kunst- und kulturgeschichtlicher Forschung, doch blieb die Frage nach Sammlungen in und von Städten bisher weitgehend ausgeblendet. Dies verwundert umso mehr, als gerade humanistisch geprägte, nicht-adelige Gelehrte sehr häufig als Berater und Vermittler beim Auf- und Ausbau frühneuzeitlicher fürstlicher Sammlungen fungierten. Diese dienten der Konstruktion von »Anciennität und Identität« und erforderten einen hohen Kosteneinsatz; für sie wurden angemessene »architektonische Hüllen« geschaffen, die gleichzeitig den Zutritt kontrollierten und strikt reglementierten. Daher stellen sich die grundsätzlichen Fragen, ob es daneben überhaupt als »städtisch« bzw. »bürgerlich« zu bezeichnende Sammlungen gegeben hat, ob sie gezielt zusammengetragen und eigene Räumlichkeiten dafür errichtet wurden und inwieweit sie zugänglich waren, sowie schließlich, inwiefern sie für die Ausbildung von historischer Erinnerung taugten? Am Beispiel von Nürnberg, Basel, Augsburg, Regensburg und Zittau werden Bausteine zur Beantwortung dieser Fragen zusammengetragen, am Beispiel von Zürich und Frankfurt am Main die »Prägung einzelner städtischer Sammlungen im 17. und 18. Jahrhundert« diskutiert sowie am Beispiel von Köln ein Ausblick auf »städtische Sammlungen im Zeitalter der Museen« gegeben. Offenbar scheint es »erste städtische Sammlungen in Rathäusern des 15. und 16. Jahrhunderts« gegeben zu haben, die »inhaltlich noch wenig weitreichende (historische) Erinnerung pflegten und sich Identifikation eher durch Arbeiten (Gemälde oder Medaillen) ortsansässiger Künstler bzw. in Darstellungen von Würdenträgern äußerte«. Andererseits orientierte man sich »an einem von fürstlichen Kammern vorgegebenen, breiter angelegten Kanon«; spezifisch städtisch war offenbar »die von vorneherein intendierte Verknüpfung von Bibliothek und Objektsammlung« mit einer damit verbundenen »gelehrten Unterfütterung bzw. vom Anspruch zur Wissensvermittlung bürgerlicher Institutionen«. Neben in der Reformation aufgelösten Klöstern kam es auch zu eigenen Bauten, die gewissermaßen als Appendices zu Bibliotheksbauten zu bewerten sind und teilweise mit dem höheren Schulunterricht in Verbindung standen. Aufschlussreich ist, dass der Zutritt zu den städtischen Sammlungen zwar auch in gewisser Weise beschränkt war, doch dass zumindest gebildetere bürgerliche Kreise nicht nur Zugang zu den »Semiophoren« hatten, d.h. »jenen Dingen, die als Zeichenträger zwischen Vergangenheit und Gegenwart vermitteln«, sondern »sich ihrer sogar viel früher schon zu bemächtigen verstanden«.

Gerold BÖNNEN (Worms) behandelt »Die ›Neuerfindung‹ städtischer Identität: Der Wandel von kollektiver Erinnerung und Gedächtnis der Stadt Worms im langen 19. Jahrhundert« paradigmatisch als eine Art ›Labor‹ für das Vergessen, die Umdeutung und Neuerfindung städtischer historischer Identität. Die Stadt erlebte schon vorher einschneidende Veränderungen ihres politischen und baulichen Kontextes: 1689 im pfälzischen Erbfolgekrieg weitgehend zerstört, wurde sie 1792 durch Truppen französischer Revolutionäre erobert und 1815 dem Großherzogtum Hessen einverleibt. Obgleich Worms 1792 alle Zentralfunktionen verlor und in den nachfolgenden Jahrzehnten zur unbedeutenden, stark entvölkerten Landstadt herabsank, prägte die Zugehörigkeit zu Frankreich in den Jahren 1792 bis 1814 und die damit verbundene Einführung bürgerlicher Freiheiten die Erinnerungskultur der Stadt, bei Verlust aller »Rechte, Traditionen und zentralörtlichen Funktionen«. Gleichzeitig kam es zu einem politischen Elitenaustausch in der ehemals lutherisch dominierten Stadt, daher stellte die reichsstädtische Vergangenheit »für die jetzt handlungsfähigen, ja in vielem tonangebenden Katholiken und Reformierten definitiv keine positive Projektionsfläche für eine Identität dar«. Die damit verbundene Vorstellung einer »abgeschlossenen Geschichte« sollte für mehrere Generationen bestehen bleiben und bewirkte als historisches Desinteresse nicht nur die Erosion und Zerstörung des baulichen und künstlerischen Erbes, sondern auch der archivalischen Überlieferung. Ihm zum Opfer fielen die nach der Säkularisation aufgehobenen geistlichen Institutionen genauso wie das alte Rathaus. Das städtische Archivgut blieb aufgrund seines Verlustes an Nutzbarkeit »seit 1804 für den Zeitraum von mehr als 30 Jahren fast gänzlich unbeachtet liegen«. Ein ganzes Bündel von Faktoren sorgte seit der Jahrhundertmitte für eine langsame Veränderung, wobei hier unter anderem der Anschluss der einstigen Reichsstadt an das Eisenbahnnetz zu nennen ist. Dieser sorgte nicht nur für wirtschaftliche Impulse, sondern auch für einen frühen Tourismus, der vor allem bildungsbürgerlich geprägt und interessiert war. Als eigentliches »Schlüsseljahr« gilt jedoch 1885, wobei eine solche Terminierung angesichts eher langer Zyklen schon überrascht. Vorausgegangen waren in den 1870er Jahren die Reichsgründung, die mit größeren politischen Spielräumen einhergehende »gesetzliche Neuregelung des Städtewesens im Großherzogtum Hessen« und ein damit verbundenes »zunehmend historisch fundiertes Selbstverständnis der handelnden bürgerlichen Honoratiorenschicht«. Entscheidend für die Geschichtsvermittlung der Gründerzeit in die Öffentlichkeit wurde in Worms »das außergewöhnliche Engagement der 1886 nobilitierten Lederindustriellenfamilie Heyl« als »vermögendste Wirtschaftsbürger, nationalliberale Politiker in Stadt, Staat und Kaiserreich, als herausgehobene Mäzene und Kunstsammler, als Förderer karitativer und evangelisch-kirchlicher Einrichtungen«. Es führte durch die »Instrumentalisierung und öffentliche[...] Demonstration durch einen Privatmann« zu einem ganz neuen »Kapitel der städtischen Gedächtnisgeschichte« nach jahrzehntelang vorherrschendem Desinteresse. Ob es wirklich strukturell so untypisch war, wäre zu diskutieren, da auch die Denkmalkultur in den Städten der Gründerzeit im Wesentlichen von Privatleuten getragen wurde, wie aus dem Beitrag von Martin Höppl hervorgeht. Ganz ungewöhnlich erscheinen jedoch Umfang und Formen, die dieses Engagement in Worms annahm und die bis heute das Bild und die Kenntnis der Wormser Stadtgeschichte in entscheidendem Maß prägen. Sie betrafen die historistische Ausgestaltung des Stadtarchivs durch anerkannte Architekten und Künstler einerseits sowie die Neuordnung der vormaligen »Raritäten- und Gerümpelkammer«, wie er das Archiv bezeichnete, durch den Basler Historiker und Privatdozenten Heinrich Boos (* 1851, † 1917). Boos edierte im Anschluss daran die städtischen Urkunden bis 1400 und die Chroniken bis zum Beginn des 16. Jahrhunderts. Auf deren Basis verfasste er eine Wormser Geschichte, die er »in den Rahmen der Stadtgeschichte des gesamten Rheinlandes einbettete« und die bis heute »zu den herausragenden Werken der Kulturgeschichtsschreibung der Jahrhundertwende gehört«. Dabei stilisierte er ganz im Sinne bürgerlich-liberaler Vorstellungen »die fortschrittlichen, mutigen und modernen Ideen aufgeschlossenen Stadtbürger zum Gegenbild des rückwärtsgewandten Klerus und des feudalen Umlandes, [...] zu Trägern von Fortschritt und Zivilisation«, wobei die Wormser seit dem Hochmittelalter traditionell als »besonders reichstreue Bürger« definiert wurden, die »in der aufstrebenden Industriestadt des jungen deutschen Kaiserreiches gleichsam ihre Erfüllung« fanden und daher einen »besonderen Rang unter den rheinischen und deutschen Städten« beanspruchen konnten.

Die dritte Sektion der Tagung galt der Amnesie städtischer Geschichte, wobei hier ein Schwerpunkt auf der neuesten Zeit lag; der Grund hierfür ist nicht nur überlieferungsbedingt, sondern im Hier und Jetzt liegt der wissenschaftliche Ort, von dem aus die Vergangenheit analysiert und gedeutet wird. Peter GLASNER (Bonn) diskutiert am Beispiel von Köln »Organisiertes Erinnern und Vergessen: Arbeit am (Straßen-)Namengedächtnis der Stadt«. Da »Sprache, Mythos und Literatur [...] in der abendländischen Tradition überwiegend dunkle Bilder für das Vergessen hervorgebracht« haben, bezieht sich die entsprechende Metaphorik auf vorwiegend unwirtliche Orte, denn das individuelle Vergessen gilt als »bedrohlicher Angriff auf die Gesamtpersönlichkeit«. Die Kulturtheorie differenziert zwischen »ungesteuerter Kollektiverinnerung und sorgsamst durch institutionalisierte Mnemotechniken tradiertem kulturellem Gedächtnis«, wobei sich dieses durch spezifische Konstitutionsleistungen auszeichnet. Dabei handelt es sich einerseits um »die Semiotisierung der gemeinsamen Vergangenheit, die historische Ereignisse zu einem Mythos mit fundierender Bedeutung verdichtet«, andererseits um »die Kanonisierung von solchen Erinnerungsfiguren, die durch ihre Vorbildhaftigkeit Wertmaßstäbe vermitteln und Handlungsimpulse liefern«. Blickt man auf die Stadt, dann fungieren gerade Straßennamen als ein Medium des kulturellen Gedächtnisses, da sie im günstigsten Fall vom Mittelalter bis heute reichende Kontinuitäten und Brüche aufweisen. Gerade eine Stadt wie Köln, die aufgrund ihrer langen Geschichte, ihrer (bis vor kurzen noch) hervorragenden Überlieferung, ihrer Größe, ökonomischen Potenz, ihrer Zentralität sowie der Vielzahl ihrer Institutionen und (geistlichen) Immunitäten bietet sich für diese Fragen förmlich an. Der permanenten »›Konstruktivität‹ des Vergessens im urbanen Namengedächtnis« nähert sich der Verfasser in einem zeitlichen Längsschnitt und im Spannungsfeld von unbewusstem Ausblenden, semantischem und intentionalem Vergessen an. In scharfem Kontrast dazu stehend sieht er die moderne Erinnerungskultur, denn einmal »kultursemiotisch als Sprach-Denkmal etabliert, verfällt der Straßenname dem Gegenteil seiner Kontinuitätsdimension: Mit epochalen ideologischen Zäsuren korreliert fortan auch das sogenannte Revisionssyndrom«. Die führt fast zwangsläufig dazu, dass bei den Kölner Straßennamen die Zeit des Mittelalters erst mit der in die Stadt getragenen Französischen Revolution endet und ein Zeitalter »Moderner Erinnerungskultur« anbricht, getragen von einer Art zeitabhängiger ›political correctness ante litteram‹. Dieses kollektive Erinnern hat sehr viel mit Machtfragen zu tun, d.h. »Wessen Vergangenheit wird aufgezeichnet und konserviert?« Hierfür dienen in Stein gemeißelte Straßennamen als probates Mittel für »eine Art von öffentlicher Unterrichtsanstalt«, so der letzte Kölner reichsstädtische Universitätsrat und »Namenschöner« Ferdinand Franz Wallraf (* 1748, † 1824). »Ereignisgeschichtliche Zäsuren« bildeten nicht von ungefähr die Jahre 1945 und 1989, doch gehen alle großen politischen Umbrüche der Moderne damit einher. Aufschlussreich ist der Blick auf die sie begleitenden Debatten, die gerade in der Nachkriegszeit zwischen »zeitspezifische[r] Verdrängungsmentalität« und »differenzierte[r] Ursachensuche für das Aufkommen des Nationalsozialismus« oszillierten, wodurch bei letzterem »etwa auch Preußentum und die Hohenzollern auf den Revisionsprüfstein gerieten«. Gleichzeitig öffneten sich Perspektiven auf grundsätzliche Fragen wie die, was man unter »militärisch« und »militaristisch« zu verstehen habe. Die Lösungen folgten dann jedoch zu einem nicht unerheblichen Umfang pragmatischen Erwägungen. Als Fazit bleibt, dass das Gegenteil des sozialen Gedächtnisses die »soziale Amnesie« ist. Hierfür steht die Geschichte der Straßennamen exemplarisch.

Malte THIESSEN (Oldenburg) diskutiert das Thema »Den Bombenkrieg im Gedächtnis europäischer Städte: Perspektiven einer Stadtgeschichts- und Erinnerungsforschung«. Es handelt sich bei den dadurch verursachten großflächigen Zerstörungen um ein europäisches Phänomen mit bis heute reichenden Folgen, das auch in Deutschland nie ein nationales ›Tabuthema‹ war. Der Beitrag stellt dabei die methodische Frage, »was der Blick auf städtische Erinnerungen Neues bringen kann für die Stadtgeschichtsforschung auf der einen und der Erinnerungsforschung auf der anderen« Seite. Bislang noch weitgehend unterbelichtet ist die Frage, wie sich Gesellschaften »ihre ›Geschichte‹ geben«. Dafür verfolgt der Verfasser vier Perspektiven: erstens der Blick auf das städtische Gedenken als einer Art »Mesoebene« zwischen »nationalen und privaten Gedächtnissen«, zweitens der städtische Raum als Erinnerungsrahmen und –träger für Zeitzeugen, drittens die Überführung »lokaler und regionaler Geschichtskulturen« in die komparatistische Perspektive des Städtevergleichs und viertens Stadt- und Erinnerungsgeschichte als Beziehungs- und Verflechtungsgeschichte, basierend auf »Städtepartnerschaften und Austauschprogrammen in ganz Europa«. Der Bombenkrieg ist ein Erinnerungsort, bei dem von Beginn an verschiedene Erinnerungsmuster präsent waren und »mehrere Bedürfnisse lokaler Identitätsbildung« bedienten: »In der Erzählung vom ungebrochenen Widerstandswillen spiegelte sich die Stadt als zupackende, tatkräftige Gemeinschaft. In der Erinnerung an die ›Stunde Null‹ wiederum versahen sich die Städte mit einem zukunftsweisenden Gründungsmythos. Und in der Erinnerung als pazifistisches Plädoyer reagierte man auf aktuelle Kriegssorgen und stilisierte sich zu versöhnungsbereiten Opfern«. Aufschlussreich ist der Befund, dass sich frappierende »Gemeinsamkeiten in den lokalen Geschichtskulturen Europas« finden, was als »Plädoyer für einen schärferen Blick der Forschung auf Städte und Regionen als Erinnerungsräume besonderer (Eigen)-Art jenseits der nationalen Ebene« gelten kann, verbunden mit einem weiteren Plädoyer dafür, dass »die Erinnerungsforschung die räumliche Dimension kollektiver Geschichtsbilder besonders genau im Blick behalten sollte«. Auch die Frage, »inwiefern sich die Europäer ihre Bilder des Bombenkrieges also quasi aus dem Steinbruch christlicher Deutungen von der Überwindung des Todes, von der Wiederauferstehung oder der Gemeinde als Solidargemeinschaft schlugen, wäre daher eine spannende Frage, die in diesem Zusammenhang weiterzuverfolgen wäre«.

Bettina Schmidt-Czaia lieferte als Leiterin des Historischen Archivs der Stadt Köln und als unmittelbar betroffene Zeitzeugin einen Bericht über »Einsturz, Bergung und Wiederaufbau – Das historische Archiv der Stadt Köln«. Seit dem Einsturz des Archivs im Frühjahr 2009 sind inzwischen der größte Teil der Archivalien geborgen, meist mit mittlerem und schwerem Schadensbild, zum geringeren Teil als Totalverlust. Dabei stellen sich zwei Hauptprobleme: »Erstens die physische Wiederherstellung, d. h. die Restaurierung, Stabilisierung und Reinigung, und zweitens die Wiederherstellung der archivischen Ordnung, denn nur den Beständen zugeordnete Archivalien können aus der Masse von 30 Regalkilometern ausgewertet und zitiert werden. Beide Problemkreise sind miteinander verschränkt«. Man rechnet mit einem Zeitaufwand von 30 bis 50 Jahren Arbeit für etwa 200 Restauratoren und Hilfskräfte. »Hinzu tritt das ebenfalls auf Jahrzehnte angelegte Projekt der Bestandsidentifizierung und -ordnung«, wobei das geborgene Archivgut »nunmehr in völliger Unordnung in 20 sogenannten Asylarchiven in ganz Deutschland sowie in mehreren Gefrierhäusern liegt.« Die Katastrophe entwickelte sich zu einem Modellfall für die Rettung gefährdeter Archivbestände, seit Sommer 2009 wurden »Konzepte erstellt, umgesetzt, evaluiert und laufend optimiert«, begleitet »von einem Fachbeirat aus Experten und Expertinnen des Archivwesens und der Wissenschaft«. Für Schmidt-Czaia stellt auch die öffentliche Diskussion ein eigenes Problem dar, die »von einer Fixierung auf die insgesamt lange Dauer des Wiederaufbauprozesses und damit von pessimistischen Erwartungen« geprägt sei. Sie gelte es aufzubrechen, »ohne die anstehenden Probleme kleinreden zu wollen«. Damit verbunden sei die eigentliche Aufgabe, nämlich die »Stadtgesellschaft für ihre Geschichte« langfristig zu interessieren und (finanziell) zu engagieren. Die Archivleiterin stellte das »Konzept des Bürgerarchivs« vor, mit dem laut Selbstverpflichtung folgende Grundsätze verbunden sind: Transparenz und Verlässlichkeit, Wirtschaftlichkeit, Öffnung des Archivs und umfassende Vernetzung sowie Gleichbehandlung aller Bürgerinnen und Bürger. Nur damit seien langfristig die notwendigen Ressourcen sicherzustellen.

Neben der Wissenschaft bietet die Kunst einen der wesentlichen Zugänge zur Erinnerung; doch lassen sich auch faszinierend hybride Räume zwischen Kunst und Wissenschaft eröffnen. Eindrucksvolle Beispiele dafür lieferte der Münchener Künstler Christoph Brech, der unter dem Titel »Zeit, Übergang, Erinnerung – ›Traspasso‹ und andere Videos gegen das Vergessen« auf der Esslinger Tagung entsprechende Arbeiten vorstellte. Städtische Friedhöfe dienen als Räume der Erinnerung, wobei auf einem römischen Friedhof weiße, gleichförmige Kreuze auf Kindergräbern von den Hinterbliebenen mit Spielzeug und Erinnerungsstücken unterscheidbar gemacht werden, bevor diese selbst schon bald Zeichen der Vergänglichkeit aufweisen und ihr schließlich zum Opfer fallen. Ähnliches gilt für die suggestive Aussagekraft jahrhundertealter, kaum noch Relief aufweisender Personenportraits, die sich auf römischen Marmorgrabplatten finden, die in den Kirchenboden eingelassen wurden und auf denen aufgrund der fortschreitenden Abnutzung die einstigen Augenhöhlen oft nur noch schemenhaft erkennbar sind, oder für die durch unbehauene Felsbrocken gekennzeichneten Gräber ungetaufter Kinder auf einer windumtosten irischen Wiese.[15]

Die Beiträge dieses Sammelbandes verdeutlichen das Potential der Thematik und regen nicht nur zu weiteren Forschungen, sondern auch zu weiterem Nachdenken über die Geschichtlichkeit unserer Kultur, über ihren Umgang mit Geschichte, Erinnerung und Vergessen sowie über die spezifische Rolle von Städten innerhalb dieser Prozesse an. Städte sind nicht nur weltweit Ballungsräume mit hoher Verdichtung und enormer horizontaler und vertikaler sozialer Mobilität, sondern auch Orte der Wahrung, Schaffung und Beseitigung von Erinnerung und nicht zuletzt von Geschichte als wissenschaftlicher Disziplin selbst. Besonders aufschlussreich und weiterführend erscheint die schon während der Tagung gewonnene Erkenntnis, dass sich gerade in der Gedächtniskultur und ihren ›Erinnerungslücken‹ spezifische städtische Identitäten und Praktiken vom Mittelalter bis in die neueste Zeit, d. h. bis in die Zeit der Nationalstaaten und darüber hinaus, nachweisen und erforschen lassen. Eine Ausweitung des Themas in interdisziplinärer und interkultureller Perspektive ist ein Desiderat.

Abschließend gilt es allen zu danken, die am Zustandekommen einer inhaltlich und atmosphärisch bereichernden Tagung und an der Erstellung dieses Tagungsbandes beteiligt waren, zuvorderst meinen beiden Mitherausgeber_innen, Prof. Dr. Sabine von Heusinger, Universität zu Köln, und Dr. Joachim J. Halbekann, Stadtarchiv Esslingen am Neckar, für die anregenden Diskussionen bei der Entwicklung eines tragfähigen Tagungsthemas und die tatkräftige Umsetzung unserer Ideen bis zum Erscheinen dieses Buches, der Stadt Esslingen am Neckar für die große erwiesene Gastfreundschaft und namentlich den Mitarbeiterinnen des Stadtarchivs Esslingen sowie meinen Mitarbeiter_innen und meinen Studentischen Hilfskräften für die reibungslose Organisation im und um das Alte Rathaus in Esslingen als einem wunderbaren Tagungsort. Den Referentinnen und Referenten danke ich für ihre Kompetenz und ausdrücklich für ihre Geduld bis zum Erscheinen dieses Bandes, dessen sorgfältiges Lektorat Herr Stefan Wunsch

15 Christoph Brech, Ritratto Romano – 21'09, colour, sound, Italy 2006 – IT0106 (vgl. http://www.christophbrech.com/e/video_ritratto.html ((07. 10. 2014)); Ders., Trapasso – 7'42, colour, sound, Italy, 2008 – IT0608 (vgl. http://www.christophbrech.com/e/video_trapasso.html (07. 10. 2014)); Ders., The Wind that shakes the Barley – 7'55, colour, sound, Ireland, 2008 – DE1908 (vgl. http://www.christophbrech.com/e/video_the_wind.html (07. 10. 2014)); Ders., Punto – 10´09, loop, colour, sound, Italy, 2006 – IT0406 (vgl. http://www.christophbrech.com/e/video_punto.html (07. 10. 2014)).

M. A. besorgt hat. Frau Nina Kühnle M. A. bin ich für die Erstellung des Registers sehr zu Dank verpflichtet.

Sektion I:
Stadt und Erinnerung: Orte

Vom knöchernen zum papiernen Gedächtnis. 400 Jahre Stadtarchiv Esslingen in der Allerheiligenkapelle

Joachim J. Halbekann

Die erstaunliche Kontinuität von 400 Jahren ununterbrochener Nutzung des Gebäudes des Stadtarchivs Esslingen im Kontext der kommunalen Schriftgutverwaltung gab den äußeren Anlass dafür, den Südwestdeutschen Arbeitskreis für Stadtgeschichtsforschung nach Esslingen am Neckar einzuladen. Im Jahr 1610 wurde das heutige Archivgebäude – eine nach dem Übergang Esslingens zur Reformation 1531 aufgelassene Kapelle – zunächst als Gebäudeteil der städtischen Kanzlei umgebaut und umgenutzt, fungierte dann ab dem Ende des 18. Jahrhunderts als einer von zwei Standorten des sich entwickelnden Stadtarchivs und wurde schließlich, ab der ersten Hälfte des 19. Jahrhunderts, zu dessen alleinigem Sitz. Mit dieser über 400-jährigen Geschichte gehört das Stadtarchiv Esslingen in Deutschland sicher zu den Kommunalarchiven mit der größten Kontinuität an demselben Standort.

Das Esslinger Gebäude ist kein archivischer Zweckbau, sondern gehört dem Typus der ursprünglich »zweckfremden« (Leesch) Archivbauten an,[1] bei denen erst im Kontext einer sekundären Nutzung des bestehenden Gebäudes eine Verwendung für die Schriftgutverwaltung erfolgte. Das Stadtarchiv Esslingen stellt nun aber insofern eine Besonderheit dar, als auch bereits dessen ursprüngliche, primäre Nutzung das Gebäude als »Gedächtnisinstitution« auswies: Ursprünglich war der Bau eine Mitte des 13. Jahrhunderts erbaute Friedhofskapelle mit Beinhaus. Mit der Umwidmung der Kapelle zur Altregistratur der Stadtkanzlei im Jahr 1610 und der anschließenden, bis heute andauernden Entwicklung zum Stadtarchiv verlängerte sich die (fast) kontinuierliche Nutzung des Gebäudes auf insgesamt beinahe 800 Jahre: Damit kann die zum Archiv umgebaute Kapelle mit Sicherheit als einer der zentralen Geschichts- bzw. Erinnerungsorte Esslingens angesehen werden.

Obwohl der Funktionswandel von einem mittelalterlichen Gebäude mit sakraler kollektiver Memorialfunktion zum neuzeitlichen und modernen Stadtarchiv als säkularer Gedächtnisinstitution nicht das Ergebnis planvollen Handelns,

1 Wolfgang Leesch, Archivbau in Vergangenheit und Gegenwart, in: Archivalische Zeitschrift 62 (1966), S. 11–65, hier S. 12. Im Übrigen stehen in diesem Beitrag beinahe ausschließlich staatliche Archivbauten im Vordergrund der Betrachtung.

sondern des historischen Zufalls gewesen ist, wird im Folgenden entlang einer notwendigerweise kursorischen Gebäude- und Institutionengeschichte versucht werden, Grundlinien der Esslinger Archivgeschichte mit Beobachtungen zur lokalen Erinnerungs- und Gedächtnisstruktur vom Mittelalter bis zur Gegenwart miteinander zu verbinden.

1. Die Anfänge von Schriftlichkeit, Verwaltung, Registratur und Archiv in Esslingen

Esslingen am Neckar wurde bereits im Jahr 777 erstmals in einer schriftlichen Quelle erwähnt und entwickelte sich schon im 9. Jahrhundert im weitgehend unerschlossenen Innerschwaben zu einem prosperierenden Marktort mit einer Wallfahrt zu den Reliquien eines heiligen Vitalis.[2] Der verkehrsgünstig gelegene und herrschaftsnahe Zentralort des schwäbischen Herzogtums wurde spätestens seit dem Ende des 12. Jahrhunderts staufischer Verwaltungsmittelpunkt. Die formelle Stadterhebung Esslingens, dessen Stadtherr Friedrich II. die Pfarrkirche im Jahr 1213 als Eigengut an das Domkapitel Speyer übergeben hatte, datiert in die Jahre 1228/29.[3] Städtische Strukturen reichen jedoch bereits bis in das 12. Jahrhundert zurück.[4] Wenn auch deutlich später als die rheinischen Bischofsstädte entwickelte sich Esslingen dann im 13. Jahrhundert baulich mit größter und institutionell mit großer Rasanz. Am Ende des Jahrhunderts war die Stadt ummauert, drei Vorstädte angelegt, der bereits dritte Neubau der städtischen Pfarrkirche fortgeschritten, dazu hatten sich sechs Bettelordensklöster innerhalb Esslingens angesiedelt.[5] Daneben wurde Esslingen zu einer bedeutenden Reichsstadt mit über 30 nachweisbaren Herrscheraufenthalten allein in diesem 13. Jahrhundert,

2 Eine ausführlichere neuere Darlegung der mittelalterlichen Geschichte Esslingens fehlt; siehe deshalb unter Einbeziehung der älteren Literatur zusammenfassend: Joachim J. HALBEKANN, Esslingen. Vielfalt der Alten Ordnung, in: Der Landkreis Esslingen, Bd. 1, hg. vom Landesarchiv Baden-Württemberg in Verbindung mit dem Landkreis Esslingen, Ostfildern 2009, S. 437–469.

3 Walter BERNHARDT, Wann erfolgte die Erhebung Esslingens zur Stadt?, in: Esslinger Studien 29 (1990), S. 1–16.

4 Siehe etwa: Hartmut SCHÄFER/Uwe GROSS, Ausgrabungen auf dem Grundstück des Denkendorfer Pfleghofs in Esslingen am Neckar, in: Archäologische Ausgrabungen in Baden-Württemberg 1989, S. 326–332.

5 Siehe dazu: Walter BERNHARDT, Esslingen im Früh- und Hochmittelalter. Gedanken zur Geschichte und Topographie, in: Esslinger Studien 23 (1984), S. 7–44; Iris HOLZWART-SCHÄFER, Stadtwerdung und topografische Entwicklung Esslingens im Mittelalter. Möglichkeiten und Grenzen historischer Erkenntnis, in: Landesdenkmalamt Baden-Württemberg (Hg.), Materialien zur Geschichte, Archäologie und Bauforschung in Esslingen am Neckar (Materialhefte zur Archäologie in Baden-Württemberg, Heft 64), Stuttgart 2001, S. 21–48; Joachim J. HALBEKANN, »Boomtown am Neckar«. Esslingen im 13. und frühen 14. Jahrhundert, in: Kirsten FAST/Joachim J. HALBEKANN (Hg.), Zwischen Himmel und Erde. Klöster und Pfleghöfe in Esslingen. Eine Ausstellung der Städtischen Museen und des Stadtarchivs Esslingen am Neckar in der Franziskanerkirche Esslingen, 27. September 2009 bis 31. Januar 2010. Begleitpublikation im Namen der Stadt Esslingen am Neckar,

die ab 1312 – allerdings nur für wenige Jahre – mit der Eroberung und anschließenden formalen Unterwerfung von sechs Städten des Grafen von Württemberg (Stuttgart, Waiblingen, Leonberg, Backnang, Schorndorf, Neuffen) im Namen des Reiches eine regionale Hegemonie ausüben konnte. Insbesondere in Krisensituationen konnte Esslingen schließlich vonseiten der Reichsspitze wertvolle Privilegierungen erlangen und stabilisierte damit die innere Autonomie auf dem Weg zur Reichsstadt zunehmend.

Rasch verfestigten sich die Strukturen der Selbstverwaltung: Deutlich vor 1300 gab es Rat und Bürgermeister; zudem partizipierten an den kommunalen Gremien – anders als in vergleichbaren Städten – auch Vertreter der Zünfte, was in der ersten Regimentsordnung von 1316, die sich die kommunalen Organe bereits selbst erteilten, festgeschrieben wird. Damit haben sich im politischen Bereich diejenigen Strukturen aus- oder vorgebildet, die bis 1552 die kommunale Selbstverwaltung charakterisieren und dem direkten herrschaftlichen Zugriff des königlichen Stadtherren enge Grenzen bereiteten.

Mit der frühen politischen Entwicklung verwoben sind auch die Anfänge einer reichsstädtischen Verwaltung als institutionalisierter Form der Herrschaftsausübung und des innerstädtischen Interessenausgleichs, wozu auch der Komplex der Entstehung und Aufbewahrung von Schriftgut zu zählen ist. Insbesondere die Städte als politisch, sozial und funktional an Komplexität ständig zunehmende und im Gegensatz zu den sich entwickelnden Territorien verdichtete Gemeinwesen benötigten für ihre zahlreichen Aufgaben u. a. in den Bereichen des Bau-, Markt-, Zoll-, Finanz- und Münzwesens, der Gewerbeaufsicht, der öffentlichen Ordnung und der Verteidigung immer mehr Institutionen.[6] Zur Steuerung und Beschleunigung der genannten Prozesse und als Voraussetzung rechtsförmlicher Verwaltungsverfahren diente die sich entwickelnde Verschriftlichung, die in den Städten zudem im Kontext der wirtschaftlichen Tätigkeit der Bürger – etwa der Großhändler – an Bedeutung gewann.[7] Zentrale Figur der städtischen Verwaltung des Mittelalters und am besten besoldeter Berufsbeamter

unter Mitarbeit von Iris Holzwart-Schäfer u. Martin Knauer, Petersberg 2009, S. 76–84.

6 Siehe aus der Fülle der Literatur u. a.: Jörg Oberste, Vom Bürgerverband zur Bürokratie. Spätmittelalterliche Städte und Stadtverwaltungen als Gegenstand der Forschung, in: Thomas Kübler/Jörg Oberste (Hg.), Die drei ältesten Stadtbücher Dresdens, 1404–1476 (Die Stadtbücher Dresdens (1404–1535) und Altdresdens (1412–1476), Bd. 1), Leipzig 2007, S. 11–19.

7 Siehe aus der unübersehbaren Fülle der Literatur mit Schwerpunkt auf den Kommunen u. a.: Ernst Pitz, Schrift- und Aktenwesen der städtischen Verwaltung im Spätmittelalter: Köln, Nürnberg, Lübeck. Beitrag zur vergleichenden Städteforschung und zur spätmittelalterlichen Aktenkunde (Mitteilungen aus dem Stadtarchiv von Köln, Bd. 45), Köln 1959; Hagen Keller/Thomas Behrmann, Kommunales Schriftgut in Oberitalien. Erfassen, Bewahren, Verändern (Münstersche Mittelalter-Schriften, Bd. 76), München 1999.

war der Stadtschreiber, dessen Tätigkeit »zum Ausgangspunkt für den Ausbau der Schreibstube (Kanzlei) wurde«.[8]

In der werdenden Reichsstadt Esslingen lässt sich als erster Inhaber dieses Amtes (*notarius civium*) im Jahr 1278 ein Magister *Henricus* nachweisen, der auch als der erste bekannte Schulmeister in der Stadt anzusprechen ist.[9] Zu diesem Zeitpunkt sind auch hier Verwaltung und Ämter noch wenig ausdifferenziert und die Personalunion in verschiedenen Funktionen – wie hier als Notar und Lehrer – charakteristisch. Heinrich und seine zahlreichen Nachfolger stellten die frühen städtischen Urkunden aus,[10] und ihnen oblagen sowohl Anlage als auch Führung der Amts- und Kanzleibücher. Die auf 1309 zu datierende Anlage des bis zur Verfassungsänderung von 1552 geführten »Roten Buches«,[11] in dem noch eher unsystematisch Abschriften von Urkunden, städtischen Verordnungen, Notizen, Eide der Bediensteten und anderes zusammengestellt wurden,[12] markiert dabei eine wichtige Etappe in der Entwicklung der kommunalen Verwaltung.

Die zunächst dem klerikalen Stand und häufig einzelnen Schreiber-Dynastien entstammenden Stadtschreiber – wie in Esslingen die »von Petershausen« oder die »Bermitter«[13] – als Vorsteher der »Kanzlei« blieben bzw. entwickelten sich

8 Eberhard ISENMANN, Die deutsche Stadt im Spätmittelalter 1250–1500. Stadtgestalt, Recht, Stadtregiment, Kirche, Gesellschaft, Wirtschaft, Stuttgart 1988, S. 143. Mit zahlreichen Hinweisen auf Esslingen immer noch: Gerhart BURGER, Die südwestdeutschen Stadtschreiber im Mittelalter (Beiträge zur schwäbischen Geschichte, Heft 1–5), Böblingen 1960. Zu dem insgesamt vor allem für die mittleren und kleineren Städte noch unzureichend erforschten Kanzleiwesen siehe neben dem einschlägigen Sammelband: Walter PREVENIER/Thérèse DE HEMPTINNE, La diplomatique urbaine en Europe au Moyen Âge. Actes du congrès de la Commission internationale de Diplomatique, Gand 25–29 août 1998 (Studies in Urban, Social, Economic and Political History of the Medieval and Modern Low Countries, Bd. 9), Leuwen/Appeldoorn 2000, mit Beiträgen zu deutschen Städten (Regensburg) bzw. Städtelandschaften (Sachsen, Westfalen) den instruktiven Überblick von Henning STEINFÜHRER, Urkunden- und Kanzleiwesen der sächsischen Städte im Spätmittelalter, in: Tom GRABER (Hg.), Diplomatische Forschung in Mitteldeutschland (Schriften zur sächsischen Geschichte und Volkskunde, Bd. 12), Leipzig 2005, S. 163–184.

9 Hauptstaatsarchiv Stuttgart (HStAS) A 474 U 2367; siehe dazu: Stefan KÖTZ, Von der Pfarr- zur Stadtschule. Das Schulwesen in Esslingen bis zur Mitte des 15. Jahrhunderts, in: Esslinger Studien 43 (2004), S. 1–54, hier S. 21.

10 Eine systematische Untersuchung der Verfasser und Schreiber des frühen städtischen Schriftgutes in Esslingen steht noch aus.

11 Staatsarchiv Ludwigsburg (StAL) B 169, Bü 35 (Rotes Buch); siehe dazu immer noch: Adolf DIEHL (Bearb.), Urkundenbuch der Stadt Esslingen, Bd. 1 (Württembergische Geschichtsquellen, Bd. 4), Stuttgart 1899, S. VII–XXVII (EUB 1), hier S. XVII, wonach das »Rote« und das »Weiße« Kanzleibuch kurz vor 1700 insgesamt vier Bände umfassten. Das »Weiße Buch« hat sich nicht mehr erhalten.

12 Zum Forschungsstand bezüglich der sogenannten »Stadtbücher« siehe neuerdings: Jörg OBERSTE/Jens KLINGNER, Stadtbücher im Kontext. Stadtbuchforschung in Deutschland, in: KÜBLER/OBERSTE, Die drei ältesten Stadtbücher (wie Anm. 6), S. 20–28.

13 Siehe die Liste bei BURGER, Die südwestdeutschen Stadtschreiber (wie Anm. 8), S. 268–273.

mit immer zahlreicheren Gehilfen zunehmend zu den eigentlichen »Geschäftsführern des Rates« (Evamaria Engel).[14] Allerdings entstanden durch die institutionelle Ausdifferenzierung der Aufgaben – etwa im Bereich des Steuerwesens – noch andere spezielle Verwaltungseinheiten bzw. lassen sich weitere Amtsträger nachweisen, deren Funktionen oft nicht eindeutig zu fassen sind. Zu Letzteren gehören in Esslingen auch die nur einmal, 1291, erwähnten *registrarii* namens *Rudegerus dictus Ruprehtund* und *Cuonradus dictus Cruzin*,[15] in denen man doch eher Rechner im Kontext der Steuerverwaltung als frühe Registratoren bzw. Archivare wird sehen müssen.

Sind zumindest die erhaltenen städtischen Urkunden, Siegel oder Amtsbücher selbst wesentliche Zeugnisse des frühen Esslinger Kanzlei- und Archivwesens,[16] fehlen sonstige direkte Nachrichten über diese Themenkomplexe für das Mittelalter so gut wie völlig. Die früheste Quelle für archivische Strukturen ist eine städtische Sammelverordnung zu unterschiedlichen Themen vom 23. April 1368. Sie enthält die Vorschrift, dass der Rat in jedem Jahr auch einen Pfleger *zu der behaltnússe und zu den schlüsseln, die da zu der behaltnússe hörent, da der burger und der gemainde armer und richer der stat ze Esselingen briefe und insigel inne beschlossen sint,* zu erwählen hat.[17] Allein die zeitliche Parallelität dieses Amtswechsels mit der jährlichen Bürgermeisterwahl an Jakobi (25. Juli) spricht für die hohe Bedeutung des Amtes des städtischen Archivpflegers, ohne dass dieses Amt auch nach 1368 noch häufiger genannt würde. Da in anderen Städten der oder die Bürgermeister häufig selbst die Schlüssel zum Archivgewölbe und/oder zu den archivischen Behältnissen aufbewahrten, wird man auch für Esslingen auf jeden Fall an ein Mitglied der politischen Führungsschicht als erwählten Archivpfleger denken müssen.[18]

14 Evamaria ENGEL, Die deutsche Stadt im Mittelalter, Düsseldorf 2005, S. 70.
15 EUB 1, 242; siehe dazu: Eberhard KIRCHGÄSSNER, Wirtschaft und Bevölkerung der Reichsstadt Esslingen im Spätmittelalter. Nach den Steuerbüchern 1360–1460 (Esslinger Studien, Bd. 9), Esslingen 1964, S. 49 ff.
16 Sowohl zur Verwaltungs- als auch zur Archivgeschichte Esslingens fehlen einschlägige Arbeiten. Zu Letzterem siehe immer noch: Karl PFAFF, Geschichte des Eßlinger Stadt- und Spital-Archivs, in: Württembergische Jahrbücher für vaterländische Geschichte, Geographie, Statistik und Topographie (1853), S. 151–158, sowie DERS., Geschichte der Reichstadt Eßlingen. Nach Archivalurkunden und anderen bewährten Quellen dargestellt, 2 Bde., Esslingen 1840, hier Bd. 1, S. 552 ff.; siehe auch die hervorragenden, aber selektiven Bemerkungen in: DIEHL, Urkundenbuch der Stadt Esslingen, Bd. 1 (wie Anm. 11), S. VII–XXVII (EUB 1). Zur Baugeschichte siehe: Christian OTTERSBACH, Kanzlei und Archiv in Esslingen. Baugeschichte eines reichsstädtischen Verwaltungskomplexes (1610–1958), in: Esslinger Studien 47 (2009/10), S. 37–90.
17 EUB 2,1308.
18 Dafür spricht auch, dass man noch 1471, als der angesehene Bürger Hans Bayrut in einer Streitsache eine Urkunde einsehen wollte, ein Ratsmitglied mit der – allerdings vergeblichen – Suche nach dem Diplom beauftragte (Stadtarchiv Esslingen (StAE), Bestand Reichsstadt, Missivenbücher 7, Bl. 203r).

Es ist zu bedauern, dass in der Verordnung von 1368 jeglicher Hinweis darauf fehlt, an welchem Ort die genannten verschlossenen *behaltnússe* aufbewahrt wurden. In zahlreichen Städten entstanden seit dem 13. Jahrhundert mit den Rathäusern als den Zentren des kommunalen Lebens diejenigen Örtlichkeiten,[19] in deren feuer- und diebstahlssicheren »Gewölben« die Kisten oder Truhen mit den städtischen Privilegien und anderem bedeutenden Schriftgut untergebracht waren;[20] gelegentlich gemeinsam mit kostbaren gegenständlichen Kleinoden – etwa dem Ratssilber – oder auch mit Geldvorräten. Dies trifft für das Esslingen des Jahres 1368 aber noch nicht zu: Der Vorgängerbau des nach dem Stadtbrand von 1701 errichteten Reichsstädtischen Rathauses (heute: Amtsgericht) wurde wohl erst in den 80er Jahren des 14. Jahrhunderts errichtet, das heutige Alte Rathaus existierte ebenfalls noch nicht, und ein 1350 eher schemenhaft erkennbares »Gerichtshaus« war wohl zu bescheiden. Entsprechend tagte der städtische Rat in diesem Zeitraum in einer Ratsstube im Dominikanerkloster, dem ältesten und bedeutendsten der Esslinger Bettelordensklöster am südwestlichen Rand der Kernstadt.[21] Es wäre demnach durchaus denkbar, dass sich dort – im sicheren Kloster der hoch geschätzten Mönche – die 1368 erwähnten *behaltnússe*, wohl Archivkisten, befanden.

Noch wahrscheinlicher ist es aber, dass die Kisten bereits dort waren, wo mit Sicherheit vom Beginn des 15. bis in das 19. Jahrhundert hinein der als am wertvollsten erachtete Teil der schriftlichen Überlieferung aufbewahrt wurde: in einem »Gewölbe« im Südturm der Stadtkirche St. Dionys, dem sogenannten »Stein«[22] – womit im Namen vermutlich eine der Hauptqualifikationen dieses Unterbringungsortes für ein Archiv des 14. Jahrhunderts genannt ist (Abb. 1). Der früheste unstrittige Beweis für diesen Lagerort ist ein Vidimus der Stadt Esslingen vom 24. Juli 1408, in dem es heißt, dass sich die originale Vorlage der Abschrift *in unser stat behaltnus uff dem Stain, in dem gewelbe, da ander unser brieve sind*, befinde.[23] Es ist dabei kein Zufall, dass es sich bei der abzuschreibenden Vorlage um die höchstrangigste Form eines Schriftstücks gehandelt hat,

19 Isenmann, Die deutsche Stadt (wie Anm. 8), S. 54f.
20 Siehe etwa die Erwähnung eines Urkundengewölbes in Ulm im Jahr 1389 (Stephan Albrecht, Mittelalterliche Rathäuser in Deutschland. Architektur und Funktion. Darmstadt 2004, S. 243).
21 Zu den Esslinger Rathäusern siehe: Walter Bernhardt, Esslingen im Früh- und Hochmittelalter. Gedanken zur Geschichte und Topographie, in: Esslinger Studien 23 (1984), S. 7–44, hier S. 35–40, und zusammenfassend Joachim J. Halbekann, Zur Geschichte des Alten Rathauses und der kommunalen Großbauten in Esslingen, in: Heinrich Schickhardt und Esslingen am Neckar. Ausgewählte Beiträge anläßlich der Erneuerung des Alten Rathauses 1995 bis 2002 (Kleine Schriften des Stadtarchivs Esslingen am Neckar, Bd. 1), Esslingen 2003, S. 18–31.
22 Zur Baugeschichte siehe Peter R. Anstett, Die Stadtkirche St. Dionysius in Esslingen am Neckar. Archäologie und Baugeschichte, II: Die Baugeschichte von der Spätromanik zur Neuzeit. Mit Beiträgen von Bernd Becker u. a. (Forschungen und Berichte der Archäologie des Mittelalters in Baden-Württemberg, Bd. 13/2), Stuttgart 1995, S. 196.
23 StAL B 169 U 121a; EUB 2, 1889, Anm. 1.

Abb. 1: Archivraum (14. Jahrhundert) im Südturm (»Stein«) der Stadtpfarrkirche St. Dionys mit Wandgemälde von 1593 (StAE, Foto: Roland Bauer)

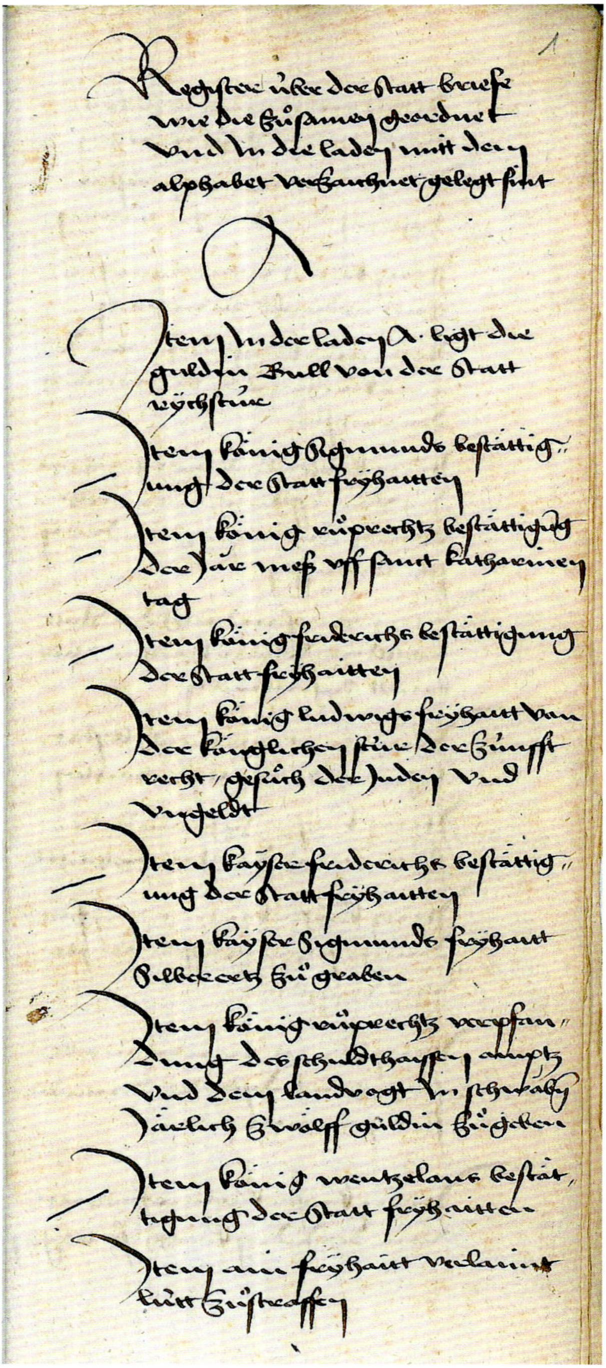

Abb. 2: Verzeichnis der Bestände des »Geheimen Archivs« im Südturm (»Stein«) der Stadtpfarrkirche St. Dionys, nach 1483 (StAE Reichsstadt Fasz. 23 III 1 a, Bl. 1r)

nämlich eine Königsurkunde, deren sichere Aufbewahrung allerhöchste Priorität hatte.

Der kleine, aber hohe quadratische Raum mit einem Kreuzrippengewölbe befindet sich noch heute weitgehend unversehrt unterhalb der zwischen 1300 und 1320 aufgesetzten Stockwerke des Südturms. Die architektonischen Formen des Raumes entsprechen noch der »Formenwelt des 14. Jahrhunderts«, sodass es durchaus mit Peter Anstett denkbar erscheint, dass er »im Auftrag« oder zumindest im Einvernehmen mit dem Rat in Ermangelung eines geeigneten Rathauses um die Mitte des 14. Jahrhunderts eigens als sicherer und geschützter Archivraum errichtet wurde.[24]

Das *gewölbe uff dem Stain* oder später »Geheime Archiv« blieb bis zur epochalen Zusammenführung und Verzeichnung der verschiedenen historischen Archivfonds in Esslingen im Jahr 1836 das eigentliche Schatz-Archiv der Stadt und Lagerort der allerwichtigsten, aber nicht allzu häufig benötigten Dokumente, deren Inhalt für den Alltagsgebrauch immer wieder abgeschrieben und exzerpiert wurde. Gerade in den ebenso prosperierenden wie strukturell in ihrem Bestand bedrohten Reichsstädten wie Esslingen waren die Archive mit ihrem wachsenden Bestand an Rechten und Privilegien, die potenziell von jedem neuen Herrscher bestätigt werden mussten, für den Rechtsstatus »von eminenter politischer Bedeutung«.[25] Daneben wurden im »Stein« auch noch Kostbarkeiten wie Geld oder Gold- bzw. Silberwaren aufgehoben.[26]

Die Informationen zu diesem Archiv fließen eher spärlich, was neben der Überlieferungslage an der Exklusivität und enormen rechtlichen Bedeutung der dort verwahrten Unterlagen sowie der typischen Aura des Arkanums auch dieses mittelalterlichen Archivs liegen wird. Die zunehmende Menge der im Laufe der Jahrzehnte eingelagerten Dokumente wird der Ordnung des Archivs kaum geholfen haben[27] und machte schließlich erste Systematisierungen notwendig. Aus dem späten 15. Jahrhundert datiert ein erstes bekanntes Register der dortigen Unterlagen:[28] Die erste *laden A*, also vielleicht Schublade, enthielt zuvorderst *die guldin bull von der statt richstur*, also ein kostbares königliches Diplom mit einem goldenen Siegel (Abb. 2).[29] Die Ablage entspricht damit einer Art Bedeu-

24 Anstett, Stadtkirche St. Dionysius (wie Anm. 22), S. 196.

25 Peter Fleischmann, Archiv und Stadtrechte, in: Rainer A. Müller/Brigitte Buberl (Hg.), Reichsstädte in Franken. Katalog zur Ausstellung (Veröffentlichungen zur Bayerischen Geschichte und Kultur, Nr. 14/87), München 1987, S. 183–197, hier S. 184.

26 Beispielsweise erhielt am 3. Mai 1589 die Herzogin von Württemberg anlässlich des Besuches ihres Ehemannes Herzog Ludwig von Württemberg in Esslingen ein vergoldetes Trinkgeschirr im Wert von sieben Mark, das vom »Stein«, wo es zuvor aufbewahrt worden war, genommen worden war (StAE Reichsstadt Fasz. 269).

27 Dies erhellt schlaglichtartig die bereits erwähnte vergebliche Suche nach der Urkunde Hans Bayruts im Jahr 1471 (StAE Reichsstadt, Missivenbücher 7, Bl. 203r).

28 StAE Reichsstadt Fasz. 23 III 1 a.

29 Es handelt sich dabei um ein Privileg Kaiser Ludwigs des Bayern für die Reichsstadt Esslingen vom 1. April 1330, das sich jetzt im Hauptstaatsarchiv Stuttgart befindet (HStAS H 51 U 300).

tungs- und Werthierarchie. Zu dieser Zeit wurden die Urkunden in erst ca. 15 Laden verwahrt, deren Systematik kaum durchschaubar ist und dementsprechende Schwächen verrät: In der zweiten Lade (B) lagen etwa *allerlay verlegner briefe uß der laden A*. Trotzdem repräsentiert dieses Register zumindest die erste erhaltene systematische archivische Ordnungsstruktur in Esslingen und damit einen substanziellen Fortschritt im Kontext der städtischen Schriftgutverwaltung.

Das Gewölbe im »Stein« blieb auch über die beiden zentralen stadthistorischen Wendemarken des 16. Jahrhunderts – den Übergang zur Reformation 1531[30] und die oktroyierte oligarchische Ratsverfassung von 1552[31] – der zentrale Archivraum der Stadt Esslingen. Ein noch erhaltenes Wandgemälde an der Nordwand mit je einer deutschen und einer lateinischen Widmungsinschrift sowie den Wappen derjenigen vier Esslinger Amtsträger, die für das Archiv verantwortlich waren und über die Schlüssel verfügten, verdeutlicht, dass im Jahr 1593 das *gewelb* [...] *RENOVIRT* wurde.[32] Auch wenn sich die Botschaft des Freskos an einen Leser wendet, der in der Fürsorge für diesen Raum den guten Zustand des Gemeinwesens erkennen möge, war der Archivraum im »Stein« mit seinen damals mehr als 100 Laden und Kästen ein Residuum des nach 1552 zunehmend exklusiveren Führungszirkels der Reichsstadt und das Fresko entsprechend ein Ausdruck der Selbstvergewisserung der politischen Oberschicht.

2. Die Allerheiligenkapelle als Ort der kollektiven Totenmemoria

Die ehemalige Allerheiligenkapelle, heute die Hauptstelle des Stadtarchivs, ist eine von nur noch zwei im Kern erhaltenen mittelalterlichen Kapellen Esslin-

30 Tilman Matthias SCHRÖDER, Das Kirchenregiment der Reichsstadt Esslingen. Grundlagen – Geschichte – Organisation (Esslinger Studien. Schriftenreihe, Bd. 8), Esslingen 1987, S. 59–102.

31 Dazu immer noch: Eberhard NAUJOKS, Obrigkeitsgedanke, Zunftverfassung und Reformation. Studien zur Verfassungsgeschichte von Ulm, Esslingen und Schwäbisch Gmünd (Veröffentlichungen der Kommission für geschichtliche Landeskunde in Baden-Württemberg B, Bd. 3), Stuttgart 1958, S. 135–153.

32 ANSTETT, Stadtkirche St. Dionysius (wie Anm. 22), S. 196. Die aussagekräftigere deutsche Inschrift lautet: *Tausent und auch funffhundert Jar/ Trey und Neuntig (!) die jar Zall war/ Im monad IVLIO Glaub mir/ als das da ward genommen für/ Das dis gewelb ward RENOVIRT/ auch darin weislich registrirt/ All sach welch die vier Herren weis/ welche brauchten gar grossen Fleiß/ Auch gemeiner Statt angefóltte und vertrautte sachen/ in gutte ornung (!) ganß richtig brachten/ Der Erst Dionisi Fleiner wahr/ regirender Bürgemaister (!) dises Jahr/ Der ander mit nama Berhardt Reihing/ der auch sehr offt das Ampt empffing/ Der tritt (!) Johann Friderich Becht/ im ungelter ampt alhie nit schlecht/ Der viert Johann Platenhart/ steuer herr auch Erwelet ward/ Diß richten gemelte Herren fein/ in ein Ortnung wie es soll sein/ Derwegen auch die nachkümling/ werden hoch Preisen dise ding/ Der Herr geb Ihnen weisen rath/ das sie lang fürstehn gmeiner (!) Stat/ Der bezal ihn auch all arbeit/ alhie und dort in Ewigkeit.* Die in der Inschrift erwähnten Ordnungsarbeiten lassen sich in anderen Quellen allerdings nicht belegen.

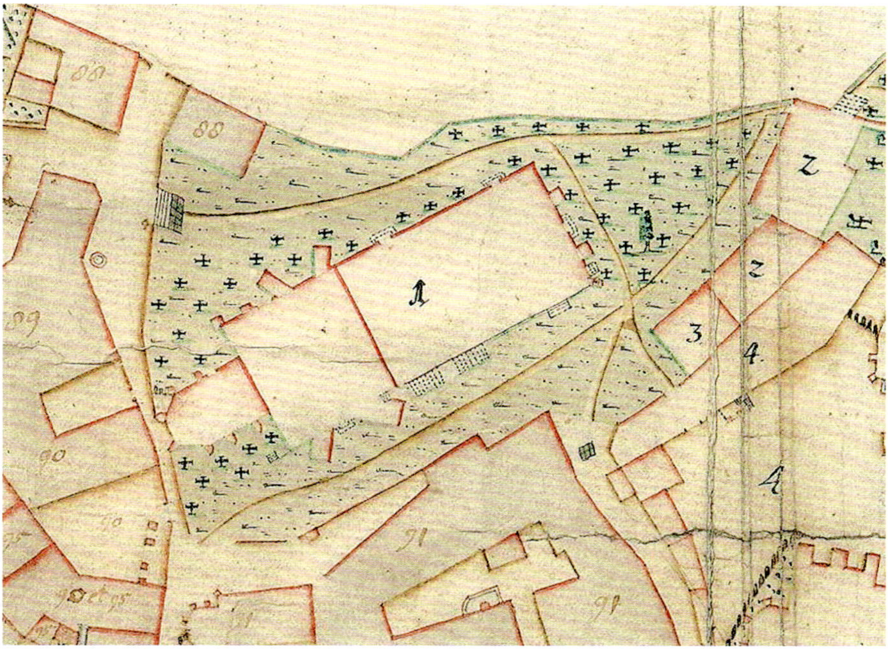

Abb. 3: Stadtpfarrkirche (Nr. 1), Friedhof sowie ehemalige Kapelle (Registratur) und Kanzleigebäude (beide: Nr. 88). Ausschnitt aus den »Kandlerschen Rissen«, genordet, 1774 (StAE Plansammlung)

gens.[33] Sie befand sich am Rande der Kernstadt südlich des Chors der Stadtkirche und des daran anschließenden, größten innerstädtischen Friedhofs, der erst 1805 aufgehoben wurde (Abb. 3). Obwohl das Gebäude aufgrund seines angenommenen Alters, seiner Größe und der herausragenden Qualität seiner Architektur immer wieder mit angeblich noch vornehmeren Bauaufgaben in Verbindung gebracht wurde – so sah man in ihm um die Mitte des 19. Jahrhunderts die Vitaliszelle des 8. Jahrhunderts und damit die Keimzelle Esslingens –,[34] wird es sich bei dem Bau von Anfang an um eine Friedhofskapelle gehandelt haben. Die idealtypische Definition der sogenannten Karner als »freistehende, doppelgeschossige Kapellen auf einem Friedhof […], deren Untergeschoss mit eigenem Eingang als

33 Zu den Esslinger Kapellen siehe Bernhardt, Esslingen im Früh- und Hochmittelalter (wie Anm. 4), S. 11–13, sowie Moritz Freiherr von Campenhausen, Der Klerus der Reichsstadt Esslingen 1321–1521. Das Verhältnis des Rates zu den Geistlichen von der Kapellenordnung bis zur Reformation (Esslinger Studien. Schriftenreihe, Bd. 19), Esslingen 1999.

34 So etwa: Beschreibung des Oberamts Esslingen, hg. von dem Königlichen statistisch-topographischen Bureau. Stuttgart, Tübingen 1845, S. 103.

Beinhaus diente und deren Obergeschoss, das vom Untergeschoss getrennt und mit einem eigenen Eingang versehen ist, als Kapelle Verwendung fand«, die Zilkens in seiner maßgeblichen Veröffentlichung zu den Karner-Kapellen in Deutschland gefunden hat,[35] entspricht exakt dem Esslinger Bau.

Das Gebäude ist unbestritten deutlich älter als seine Ersterwähnung in einer schriftlichen Quelle im Jahr 1324.[36] Die vorherrschende und äußerst wahrscheinliche Datierung der Kapelle in die Mitte des 13. Jahrhunderts[37] resultiert neben der staufischen Formensprache und Architektur vor allem aus dem Befund, dass sich die Kapelle im Süden an das Buckelquadermauerwerk der Stadtmauer anlehnt, deren Bau im Kontext der Stadterhebung für 1241 endgültig gesichert ist;[38] aufgrund dieser Einbeziehung vorhandener Architektur ist der Bau bis heute auch nicht gewestet (wiewohl im Folgenden an dieser Terminologie festgehalten wird), sondern steht gegenüber der benachbarten Stadtkirche im Norden gleichsam über Eck. Dietmar Kurapkat bezeichnet die ursprüngliche Allerheiligenkapelle nicht nur als »relativ aufwändig« in der Gestaltung und hebt ihre »beträchtliche Größe« hervor, er sieht Vergleichsbeispiele vor allem im ebenfalls staufisch dominierten Süditalien in Trani und Bari.[39] So ist die Architektur der Allerheiligenkapelle ein weiterer überzeugender Beleg der stürmischen Entwicklung, des Wohlstands und der glänzenden Perspektive Esslingens im 13. Jahrhundert.[40]

Verschiedene tief greifende Umbaumaßnahmen seit dem 15. Jahrhundert erschweren es, an dem heutigen Bau die ursprüngliche Gestalt der Kapelle abzulesen. An der Westfassade zeichnen sich immerhin durch das ursprüngliche Mau-

35 Stephan ZILKENS, Karner-Kapellen in Deutschland. Untersuchungen zur Baugeschichte und Ikonographie doppelgeschossiger Beinhaus-Kapellen (Veröffentlichungen der Abteilung Architektur des Kunsthistorischen Instituts der Universität zu Köln, Bd. 22), Köln 1983, S. 3, zu Esslingen siehe S. 173 f.; zu den Beinhäusern siehe auch: Arnd REITEMEIER, Pfarrkirchen in der Stadt des späten Mittelalters: Politik, Wirtschaft und Verwaltung (VSWG-Beihefte, Bd. 177), Stuttgart 2005, S. 198–200.

36 Adolf DIEHL (Bearb.), Urkundenbuch der Stadt Esslingen, 2 Bde. (Württembergische Geschichtsquellen, Bde. 4, 7), Stuttgart 1899/1905 (EUB), hier: EUB 1,525.

37 Die maßgebliche bauhistorische Untersuchung unter Verwendung der älteren Literatur stammt von Dietmar KURAPKAT, Die ehemalige Allerheiligenkapelle in Esslingen am Neckar. Neue Untersuchungen an einem staufischen Bauwerk in Schwaben, in: Architectura 34 (2004), S. 142–154, der die Kapelle »etwa in die Mitte des 13. Jahrhunderts« datiert (S. 143); so auch Markus HÖRSCH, Die Esslinger Sakralbauten, in: Stadt-Findung. Geschichte, Archäologie und Bauforschung in Esslingen, zusammengestellt von Hartmut SCHÄFER, Begleitband zur Ausstellung, Altes Rathaus Esslingen, Bamberg 2001, S. 159–206, hier S. 183, der expressis verbis die Spätdatierung (Ende 13. Jahrhundert) von Karin REICHARDT, Das Wandgemälde in der Esslinger Allerheiligenkapelle, in: Esslinger Studien 39 (2000), S. 61–82, hier S. 61, ablehnt.

38 Siehe dazu: Iris HOLZWART-SCHÄFER, Stadtwerdung und topografische Entwicklung Esslingens im Mittelalter. Möglichkeiten und Grenzen historischer Erkenntnis, in: Landesdenkmalamt Baden-Württemberg (Hg.), Materialien zur Geschichte, Archäologie und Bauforschung in Esslingen am Neckar (Materialhefte zur Archäologie in Baden-Württemberg, Heft 64), Stuttgart 2001, S. 21–48, hier S. 29.

39 KURAPKAT, Die ehemalige Allerheiligenkapelle (wie Anm. 37), S. 142–154.

40 In diesem Sinne auch: Joachim J. HALBEKANN, »Boomtown am Neckar« (wie Anm. 5).

Abb. 4: Das Stadtarchiv (ehemalige Allerheiligenkapelle) von Nordwesten nach der Renovierung, 1940 (StAE Postkartensammlung 162)

Abb. 5: Kreuzigung Christi, Mittelfeld des Wandgemäldes an der Altarwand des Kapellenraumes der ehemaligen Allerheiligenkapelle, heute Stadtarchiv, 1444 (Foto: Krishna Lahoti)

erwerk noch recht deutlich der Kapellenraum und ein bekrönender Glockengiebel ab (Abb. 4). Der Eingang des ursprünglich ebenfalls von Westen aus begehbaren Beinhauses liegt demgegenüber mittlerweile vollständig unter dem heutigen Bodenniveau, wodurch das Gebäude nun optisch in seinen oberen Geschossen erhöht und gleichzeitig seines unteren Geschosses beraubt erscheint. Das ursprünglich architektonisch beeindruckende Beinhaus besaß ein äußerst qualitätvolles Kreuzrippengewölbe, wurde aber schon im 15. Jahrhundert – als man ein mächtiges Altarfundament für den darüber liegenden Kapellenraum einfügte – von einer flachen Segmenttonne überwölbt.[41] Wie und wo genau die nachbestatteten Gebeine vom Friedhof in diesem Raum aufbewahrt wurden, ist nicht bekannt; am wahrscheinlichsten ist aber, dass sie hoch vor den Wänden aufgeschichtet waren.

Die Nachbestattung von Gebeinen aus dem direkt nördlich der Kapelle befindlichen Friedhof ist ausdrücklich bereits für das Jahr 1326, in dem eine Altarpfründe gestiftet wurde,[42] belegt: In der entsprechenden Urkunde heißt es, dass *daz hailig gebaine, daz in dem kirchoff gesamenet wirt, in der selben capellen ruwende ist.*[43] Aus diesem Grund oblagen die Baulast und die Ausstattung der Kapelle der für die Sepultur zuständigen und von ihr ökonomisch profitierenden Pfarrkirche, die Einnahmen an Kirchweih und an Allerheiligen sollten vom Pfründner zur Ausstattung der Kapelle verwendet werden. Das Allerheiligenfest selbst entfaltete offenbar eine solche Attraktivität, dass an dessen Vorabend im Jahr 1419 der immerhin blinde Ulin Schmittmeiger sich vor der Kapelle in ein Tuch hüllte und *als ein krangker blöder mensch* das *almusen ze haischen* suchte; dies trug ihm als Betrüger den Verweis aus der Stadt ein.[44] Die Allerheiligenkapelle mit ihrer im Jahr 1508 mit 32 Pfund Heller dotierten Pfründe,[45] die gemeinsam von Dekan und Rat vergeben wurde und zahlreiche Stiftungen erhielt, war offenbar attraktiv: Die gebildeten Kapläne verfügten nicht nur über Buchbesitz, sondern sogar über ein eigenes Haus in der vornehmen Webergasse.

Funktion und Bedeutung der Friedhofskapelle zeigen sich noch heute am anschaulichsten in einem weitgehend erhaltenen, erst 1939 wieder vollständig entdeckten Wandgemälde an der Altarwand des oberen Kapellenraums, dem heute eindruckvollsten Zeugnis mittelalterlicher Wandmalerei in Esslingen. Das Secco entstand im Anschluss an »größere Umbaumaßnahmen«[46] und ist im Gemälde selbst eindeutig auf 1444 datiert.[47] Heutzutage teilweise verblasst und überfangen, gleicht es im Aufbau einem gewaltigen Triptychon, dessen Ikonographie einer Friedhofskapelle angemessen ist: auf der linken Wandseite Mariae Himmelfahrt, umgeben von Engeln und Heiligen, sowie ihre Krönung, auf der rechten Wandseite Christus als Weltenrichter auf dem Regenbogen inmitten der Apostel und der Evangelisten sowie das Jüngste Gericht. Im zentralen Bildfeld befindet sich die Darstellung der Kreuzigung Christi mit Maria und Johannes dem Täufer (Abb. 5). Deutlich erkennbar ist hier das Blut am Kruzifix, das auf den Opfertod Christi als Voraussetzung der Eucharistie am Altar der Kapelle verweist und zudem nach mittelalterlicher Ansicht auch Adam auf Golgatha zum ewigen Leben

41 Kurapkat, Die ehemalige Allerheiligenkapelle (wie Anm. 37), S. 148.
42 EUB 1, 545; zu den Kaplänen der Allerheiligenkapelle siehe Freiherr von Campenhausen, Der Klerus (wie Anm. 33), S. 248 und 263.
43 EUB 1, 545b.
44 Notariatsinstrument des Johannes Bermitter vom 29. November 1419 (StAE Reichsstadt U 296).
45 Freiherr von Campenhausen, Der Klerus (wie Anm. 33), S. 248.
46 Kurapkat, Die ehemalige Allerheiligenkapelle (wie Anm. 37), S. 144.
47 Siehe dazu ausführlich: Reichardt, Das Wandgemälde (wie Anm. 37).

erweckte. In der Tat sind auf dem Wandgemälde insgesamt die Gebeine auffällig deutlich dargestellt. Sie verklammern damit liturgisch und motivisch – und sicher nicht zufällig – den oberen Kapellenraum mit dem unteren Beinhaus, also die Auferstehung Christi und Adams mit der Erlösungshoffnung der städtischen Gläubigen für sich selbst und für ihre verstorbenen, aber im mittelalterlichen Verständnis gegenwärtigen[48] Angehörigen im Beinhaus. In diesem Sinne vereinigten sich in der Friedhofskapelle in gewisser Weise alle lebenden und toten Bürger der sakralen Schwurgemeinschaft Stadt als eines »Heiligen Jerusalems«.

Die Funktion der Allerheiligenkapelle für das Gedächtnis der Reichsstadt und ihrer Bevölkerung im Rahmen der Totenmemoria als viel zitiertes »totales historisches Phänomen«[49] ist evident: Sie diente demnach als zentraler Ort einer kollektiven gesamtstädtischen und zumindest vordergründig egalitären[50] »Massenmemoria«.[51] Damit ergänzte sie die individuellen[52] und gruppenspezifischen Formen der Totenmemoria und war ein konstitutiver Ort der Erinnerungs- und damit Identitätskonstruktion der ganzen Stadt und ihrer verstorbenen, lebenden und zukünftigen Bürger.

Mit der späten, aber nachhaltigen und zügigen Einführung der Reformation 1531 wurden auch die Pfründen und die Kapellen aufgehoben. Gesonderte Nachrichten über die Allerheiligenkapelle fehlen, sodass es unklar ist, ob etwa noch weiterhin Nachbestattungen im Beinhaus vorgenommen worden. Es lässt sich zwar annehmen, dass mit der Reformation auch der Vollzug des liturgischen Totengedenkens und damit auch die Bestattungspraxis verändert wurden,[53] gesichert ist dies aber zumindest für die Allerheiligenkapelle nicht. Spätere Quellen

48 Siehe dazu eindrücklich: Otto Gerhard Oexle, Die Gegenwart der Toten, in: Herman Braet/Werner Verbeke (Hg.), Death in the Middle Ages (Mediaevalia Lovaniensia Serie 1, Studia, Bd. 9), Leuven 1983, S. 19–77.

49 Aus der überbordenden Menge an Literatur siehe jetzt die auf Memorialstrukturen einer ganzen Stadt übertragbare konzise Zusammenfassung von Patrick Schmidt, Wandelbare Traditionen – tradierter Wandel. Zünftische Erinnerungskulturen in der Frühen Neuzeit (Norm und Struktur. Studien zum sozialen Wandel in Mittelalter und Früher Neuzeit, Bd. 36), Köln/Weimar/Wien 2009, S. 72–84.

50 Siehe in diesem Sinne etwa die bei Hartmut Boockmann, Die Stadt im späten Mittelalter, 3. Auflage, München 1994, S. 181, Abb. 283, abgebildete Inschrift am Eingang eines spätmittelalterlichen Karners in Schwaz: *Hir ligen wir all geleich, ritter und edel, arm und auch reich.*

51 Zilkens, Karner-Kapellen (wie Anm. 35), S. 104.

52 Siehe dazu für Esslingen: Sebastian Zwies, Zwischen monastischer Erinnerung und städtischer Repräsentation. Stifter und ihre Stiftungen an die Esslinger Klöster, in: Fast/Halbekann, Zwischen Himmel und Erde (wie Anm. 5), S. 110–118.

53 Siehe dazu allgemein: Hauke Kenzler, Totenbrauch und Reformation. Wandel und Kontinuität, in: Mitteilungen der Deutschen Gesellschaft für Archäologie des Mittelalters und der Neuzeit 23 (2011), S. 9–34, zu den Beinhäusern S. 13–17.

machen immerhin deutlich, dass sich noch 1670 *im understen canzley gewölb* [...] *todtenbeiner* befanden,[54] und noch 1840 will man dort Gebeine entdeckt haben.[55]

3. Das Jahr 1610: Die bauliche Zusammenführung von Kanzlei und ehemaliger Allerheiligenkapelle

Das Archivgewölbe im Kirchturm (»Stein«) war gerade kein Ort täglicher kontinuierlicher Verwaltungsarbeit, die vermutlich zunächst im Wohnhaus des jeweiligen Stadtschreibers erledigt wurde.[56] Eine eigene ortsfeste Kanzlei wird in Esslingen bis in das späte 15. Jahrhundert nicht erwähnt. Deren Etablierung geht auf den bedeutendsten »Verwaltungsangestellten« der Esslinger Geschichte zurück: den von 1448 bis zu seiner plötzlichen Flucht aus der Stadt in der Nacht vom 10. auf den 11. Juni 1469 als Stadtschreiber amtierenden Frühhumanisten Niklas von Wyle.[57]

Der Schriftsteller, Rhetoriker und Übersetzer Wyle, mit seinen 1478 gedruckten Translationen (»Translatzen«) einer der ersten Übersetzer von Literatur des italienischen Renaissancehumanismus ins Deutsche, verkörpert den Typus des hoch gelehrten Stadtschreibers als Leiter der Verwaltung. In diesem Amt war er zudem politischer Chefberater des Rats und Verhandlungsführer bei auswärtigen Missionen wie auf den Reichstagen.[58] Daneben betrieb Wyle in Esslingen seine stilbildende *Schule schribens und dichtens*, eine Kanzleischule,[59] in der junge Männer das Verwaltungsgeschäft erlernten.

Kanzlei[60] und Kanzleischule befanden sich spätestens seit 1459 in Wyles Haus in der damaligen Kirchgasse (heute: Archivstraße), das direkt östlich neben der

54 StAE Reichsstadt, Ratsprotokoll vom 6. Dezember 1670, Bl. 74v. Aller Wahrscheinlichkeit nach wurden die Gebeine in diesem Jahr aus dem Beinhaus entfernt und beim Kreuzgang des ehemaligen Klarissenklosters in der Obertorvorstadt wiederbestattet.
55 Gustav STRÖHMFELD/Peter SCHNORR, Esslingen in Wort und Bild. Führer durch die Stadt und Umgebung, 3. Aufl. Esslingen 1902, S. 65.
56 Zur durchaus unterschiedlichen Regelung bezüglich der räumlichen Unterbringung der Kanzleifunktion in südwestdeutschen Städten siehe BURGER, Die südwestdeutschen Stadtschreiber (wie Anm. 8), S. 122–127.
57 Aus der umfangreichen Literatur zu ihm siehe: Rolf SCHWENK, Vorarbeiten zu einer Biographie des Niklas von Wyle und zu einer kritischen Ausgabe seiner Translatzen (Göppinger Arbeiten zur Germanistik, Bd. 227), Göppingen 1978; Franz-Josef WORSTBROCK, Niklas von Wyle, in: Die deutsche Literatur des Mittelalters. Verfasserlexikon, Bd. 6, Berlin/New York 1987, Sp. 1016–1035; und Rolf SCHWENK, Ergänzungen zu den Vorarbeiten zu einer Biografie des Frühhumanisten Niklas von Wyle, Stadtschreiber von Esslingen († 13. April 1479), in: Esslinger Studien 46 (2007/08), S. 59–70.
58 Siehe dazu jetzt auch: Gabriele ANNAS, *zu raten und zu helfen und bij so loblichen und notdurftigen gescheften und besliessungen zu sin.* Esslingen und die Reichsversammlungen des späten Mittelalters (1349–1495), in: Esslinger Studien 46 (2007/08), S. 9–57.
59 Zur offenbar äußerst raschen Gründung der Kanzleischule durch Wyle bereits 1449 siehe SCHWENK, Ergänzungen (wie Anm. 57), S. 67.
60 Es ist noch nicht untersucht worden, seit wann in Esslingen der Terminus »Kanzlei« Verwendung fand, der möglicherweise erst im Zusammenhang mit Wyles Tätigkeit ge-

Allerheiligenkapelle stand, von dieser nur durch die zum Neckarkanal abfallende Rampe des sogenannten »Schleifbergles« getrennt.[61] Infolge der Flucht Wyles im Jahr 1469 – der sich mit dem Vorwurf der Illoyalität und des Paktierens mit Esslingens übermächtigem Feind Württemberg konfrontiert sah – ging das Gebäude in städtischen Besitz über und wurde nun auch unter seinen Nachfolgern dauerhaft als städtische Kanzlei genutzt: Erst mit dieser Entwicklung vom Privathaus zum Amtssitz war die Voraussetzung für die spätere Verwandlung der benachbarten Allerheiligenkapelle in das Stadtarchiv gegeben.

Über das Gebäude dieser nunmehrigen Kanzlei ist nur wenig bekannt. Aus einer Anweisung an einen ansonsten unbekannten Sebastian Möss von 1594, einen Untergebenen des Stadtschreibers, der bisweilen als erster städtischer Registrator bzw. Archivar bezeichnet wird, geht hervor, dass die Kanzlei einen Anbau namens »Sommerhaus« oder »Sommerlaube« hatte, der zur Aufbewahrung von und zur Arbeit mit Unterlagen diente.[62] Dieser Anweisung entstammt ein gern verwendetes Zitat, um die Unhaltbarkeit der Zustände in der Schriftgutverwaltung der frühneuzeitlichen Reichsstadt zu belegen: Es handelt sich um die Aufforderung, *was in den undern laden uf dem boden, dasselb laß nur die meisß registrieren, ist sovil nit daran gelegen*. Trotz dieses eigenwilligen Verfahrens sollte man aber nicht annehmen, dass Ende des 16. Jahrhunderts durchgängig völlige Unordnung in der Schriftgutverwaltung geherrscht hätte.

Ernsthafte Baumängel des alten Kanzleigebäudes und wohl auch die enorme Zunahme des zu bearbeitenden Papiers als Ergebnis der sich ausdifferenzierenden Verwaltung brachten den Rat schließlich dazu, tief greifende und bis heute folgenreiche Erweiterungspläne zu erwägen. Man beauftragte und bezahlte den bedeutenden württembergischen Baumeister Heinrich Schickhardt, nicht nur seiner repräsentativen Nordfassade des Alten Rathauses wegen in Esslingen einschlägig bekannt und hoch geschätzt,[63] mit der ambitionierten Konzeption einer Verbindung von Allerheiligenkapelle und Kanzleigebäude bei gleichzeitiger Veränderung beider Bauten.[64] Die entsprechenden Pläne Schickhardts und der dazugehörige Schriftverkehr haben sich zwar bis heute im Stadtarchiv Esslingen

bräuchlich wurde; siehe ebd. etwa die städtischen Schreiben von 1449 mit der Nennung der Kanzlei Wyles.

61 Das Haus war spätestens seit Mitte 1466 im Besitz Wyles; siehe dazu StAE Reichsstadt Fasz. 383, S. 21–27.

62 StAE Reichsstadt Fasz. 23 I 1; Pfaff, Geschichte (1853) (wie Anm. 16), S. 152, identifiziert irrig die »Sommerlaube« mit der Allerheiligenkapelle, die aber erst ab 1610 für Zwecke der Schriftgutaufbewahrung genutzt wurde.

63 Zu Schickhardt und Esslingen siehe Peter Hövelborn, Esslingen, in: Sönke Lorenz/Wilfried Setzler (Hg.), Heinrich Schickhardt, Baumeister der Renaissance, Leinfelden-Echterdingen 1999, S. 130–139; sowie die verschiedenen Beiträge in: Heinrich Schickhardt und Esslingen am Neckar (wie Anm. 21).

64 Das Folgende basiert weitgehend auf Ottersbach, Kanzlei (wie Anm. 16), S. 49–67.

Abb. 6: Heinrich Schickhardt, Entwurf für Umbau und Verbindung von ehemaliger Allerheiligenkapelle (links) und Stadtkanzlei (rechts), Fassadenaufriss von Süden, 1610 (StAE Reichsstadt Fasz. 136 A)

erhalten,[65] sind aber, da sie offenkundig so nicht bzw. nur modifiziert umgesetzt wurden, interpretationsbedürftig (Abb. 6).

Offenbar griff das finanziell äußerst angeschlagene Esslingen[66] mit dem von einheimischen Handwerkern und ohne die weitere Beteiligung Schickhardts durchgeführten Umbau zwar funktional dessen Pläne auf, verwirklichte aber eine deutlich kostengünstigere Lösung. Die größte Vereinfachung bestand darin, dass entgegen dem Entwurf Schickhardts der Giebel der Allerheiligenkapelle nicht gedreht wurde und das Gebäude damit bis heute traufständig blieb. Immerhin wurde an der geplanten Verbindung beider Bauten – Kanzleigebäude und ehemaliger Kapelle – durch einen inneren Gang festgehalten.

Im Ergebnis gewann die ehemalige Allerheiligenkapelle – in der Umbauphase bisweilen als »neue Kanzlei« bezeichnet[67] – mit dem Umbau außen weitestgehend ihre heutige Kontur. Das alte Beinhaus wurde offenbar weitgehend außer Funk-

65 StAE Reichsstadt Fasz. 136 A: Kanzleigebäude.
66 Siehe auf der Basis der älteren Literatur zusammenfassend: Joachim J. HALBEKANN, Esslingen um 1600 – Die Zeit von Heinrich Schickhardt, in: Heinrich Schickhardt und Esslingen am Neckar (wie Anm. 21), S. 11–17, hier S. 14.
67 Zur Terminologie siehe ebenfalls OTTERSBACH, Kanzlei (wie Anm. 16), S. 68f.

tion gesetzt.[68] Unter Einbeziehung des ehemaligen Wehrgangs über der Stadtmauer im Süden wurde ein neuer Zugang in das Gebäude angelegt, das auf die heutige Höhe aufgestockt wurde. In den Kapellenraum im jetzigen Erdgeschoss, der nun als Altaktenlager diente, wurde nicht zuletzt zur Sicherung gegen Brände ein Gewölbe eingezogen und eine Wendeltreppe eingebaut als Verbindung zum untersten der neu gewonnenen Stockwerke.[69] Dort wurden Diensträume angelegt, an deren Stelle sich noch heute ein Lesesaal des Stadtarchivs und Büros befinden.[70]

Im alten Kanzleigebäude verblieb weiterhin die Wohnung des Kanzleivorstehers, des späteren Kanzleidirektors. Zudem wurden wahrscheinlich weitere Arbeitsräume eingerichtet, in denen sich auch Ratsangehörige zu Besprechungen versammeln konnten. Wie genau aber das Ergebnis des Umbaus an der bereits bestehenden Kanzlei aussah, ist unbekannt, da das um- oder weitgehend neu gebaute Gebäude von 1610 oberhalb der Sockelzone heute nicht mehr erhalten ist und auch keine Pläne und Zeichnungen vorliegen, die eindeutig das realisierte Ergebnis dokumentieren. Mit dem Auszug des Kanzleidirektors Ramsler im Spätsommer 1773[71] aus dem mittlerweile völlig verrotteten Gebäude neigte sich auf jeden Fall dessen Nutzung als städtischer Kanzlei dem Ende entgegen. Als nach jahrelangem Leerstand[72] das Gebäude 1805 zunächst an eine Privatperson verkauft und 1819/20 der heutige, in manchen Bauformen dem Vorgängergebäude entsprechende Bau entstand,[73] war die viele Jahrhunderte andauernde Funktion als Kanzlei schon lange ihrerseits Geschichte geworden.

4. Das Kanzlei-, Registratur- und Archivwesen der späten Reichsstadt Esslingen

Die durch den Umbau von 1610 geschaffene räumliche und organisatorische Struktur der reichsstädtischen Schriftgutverwaltung hatte grundsätzlich bis in

68 Bis 1837 blieb das ehemalige Beinhaus nicht – oder nur ausgesprochen mühsam – zugänglich. Der Zeitpunkt seiner neuerlichen Erschließung, nun erstmals von Süden durch die Stadtmauer mittels des noch heute vorhandenen Zugangs, ergibt sich aus einem Stein mit Datierung an der Außenfassade. Im Kontext der Schriftgutverwaltung fand der zwischenzeitlich als Lager oder Kohlenkeller genutzte Raum niemals Verwendung. Er wird momentan vornehmlich zur Aufbewahrung von Fundstücken aus Grabungen auf dem Gelände ehemaliger Esslinger Bettelordensklöster verwendet.

69 Sowohl das Gewölbe als auch die Wendeltreppe wurden bei dem letzten tief greifenden Umbau wieder entfernt.

70 Die beiden obersten Geschosse des Stadtarchivs, in denen sich noch heute das Reichsstädtische Archiv und damit die ältesten Bestände befinden, wurde 1610 wohl noch nicht ausgebaut.

71 StAE, Reichsstadt Fasz. 22 B, Kanzleidirektoren, Bl. B 1, Schreiben Ramslers an den Rat vom 11. Oktober 1773.

72 So Johann Jakob Keller, Beschreibung der Reichsstadt Eßlingen und ihres Gebiets. Esslingen 1798, S. 113 f.

73 Ottersbach, Kanzlei (wie Anm. 16), S. 73.

das späte 18. Jahrhundert Bestand.[74] Das Archivgewölbe auf dem »Stein« im Südturm der Stadtkirche fungierte auch nach 1610 als Aufbewahrungsort der ältesten, wichtigsten und selten benutzten Dokumente; es firmierte demnach im internen Sprachgebrauch zumeist als »Geheimes Archiv«.[75] Entsprechend war der Zugang zu dem nur über den Lettner erreichbaren und mit zwei, mit mehreren Riegeln und Schlössern versehenen Eisentüren gesicherten Raum auf nur vier äußerst vornehme Personen beschränkt.[76] Subalternes Personal wird den Raum nur in Ausnahmefällen betreten haben. Die Aura des Arkanums, die auch durch die Einlagerung materieller Werte befeuert wurde, belegt die erstaunliche Tatsache, dass dieses »Geheime Archiv« – im Gegensatz etwa zu der städtischen Bibliothek – wohl ganz bewusst keine Erwähnung in der intensiv benutzten Bestandsaufnahme der Stadt durch den Syndikus Johann Konrad Kreidenmann gefunden hat.[77]

Insbesondere das Geheime Archiv im »Stein« war im Dreißigjährigen Krieg von der vorsorglichen Flüchtung der wichtigsten Bestände im Jahr 1637 nach Ulm betroffen.[78] Noch im Januar 1656 konstatierte der Esslinger Bürgermeister Georg Wagner, es sei *höchst nothwendig und unumbgänglich* [...], *daß die registratur uff dem Stein vorgenommen und daz archiv durch und durch renovirt werde, daz ist nit zue beschreiben, und halte ich darvor, daß vihl recht und gerechtigkeit darauff vergraben bleiben, und ist bey dißem kriegswesen alles undereinander geworffen, alß die acta in anno 1637 nach Ulm geflehnet allwa sie auch durch regen schaden genommen und schandlich verwarloset worden.*[79]

Die geschilderten Verheerungen führten wahrscheinlich wenig später zur Einsicht in die Notwendigkeit, zumindest *extraordinarie* die Position eines Ge-

74 Die Analyse der einschlägigen Quellen und die Zuordnung der verschiedenen Archiv- bzw. Registraturverzeichnisse wird allerdings durch die äußerst verwirrende, weil ständig wechselnde Terminologie erschwert, mit der die einzelnen Gebäude, Gebäudeteile und auch Funktionen abwechselnd als *archiv*, *canzlei*, *newe canzley*, *canzleigebäude*, *registratur*, *geheime registratur* oder *gewölb* bezeichnet werden.

75 Siehe etwa die verschiedenen, meist unvollständigen Inventare bzw. Archivverzeichnisse des Geheimen Archivs in StAE Reichsstadt Fasz. 23 III.

76 In den ab 1525 vorliegenden kleinen Amtsbüchern (StAE Reichsstadt Fasz. 14 I u. II) finden sich an hervorgehobener vorderer Stelle auch die in der Regel vier Bevollmächtigten und wohl auch Schlüsselinhaber für den »Stein«. Die personelle Zusammensetzung dieses Personenkreises war Wandlungen unterworfen: Anfang des 17. Jahrhunderts hatten sich aber die drei Bürgermeister sowie der Oberumgelter als die bevorrechtigten Personen herauskristallisiert; siehe auch die Vorschriften in einem »Zu- und Abgangsbuch des städtischen Archivs auf dem Stein« aus dem 17. Jahrhundert (StAE Bestand Reichsstadt Fasz. 23 III 1 b, Bl. 1r).

77 StAE Reichsstadt Fasz. 114, Nachtrag 1; zu Kreidenmann siehe Otto Borst, Buch und Presse in Esslingen am Neckar. Studien zur städtischen Geistes- und Sozialgeschichte von der Frührenaissance bis zur Gegenwart (Esslinger Studien. Schriftenreihe, Bd. 4), Esslingen 1975, S. 303–305.

78 Zu- und Abgangsbuch des städtischen Archivs auf dem Wendelstein (StAE RS Fasz. 23 III 1 b, Bl. 43v); ein Eintrag über die Reponierung des Archivs fehlt.

79 StAE RS Fasz. 114, Bl. 21v.

heimen Registrators einzurichten oder zu verstetigen: Dementsprechend legte ein Johann Georg Schmid im August 1661 den Eid als Geheimer Registrator ab.[80] Dies sollte kein Einzelfall bleiben: Ab dem letzten Drittel des 17. Jahrhunderts kann man dann in Esslingen von einer Amtskontinuität einer eigenen, wenn auch nebenamtlichen bzw. kaum besoldeten Registratoren- bzw. Archivars-Stelle – neben dem Stadtschreiber (dem späteren Kanzleiverwalter bzw. -direktor) als dem Vorsteher der laufenden Verwaltung – sprechen.[81]

Im Gegensatz zum Geheimen Archiv fungierte ab 1610 der neu geschaffene Gebäudekomplex aus altem Kanzleigebäude und ehemaliger Kapelle als Wohnhaus und Arbeitsstätte des Kanzleileiters, Arbeitsplatz des Kanzleipersonals sowie – nach heutiger Terminologie – als Kanzlei, Registratur und Altregistratur bzw. Zwischenarchiv. Als Letzteres diente das durch ein feuersicheres Gewölbe verstärkte, nunmehrige untere Stockwerk der umgebauten Kapelle, der heutige »Kapellenraum«. Das neu erbaute obere Stockwerk hingegen barg die aktuelle Registratur, also die jüngere Ablage der Kanzlei, die sich über die Obergeschosse beider Gebäude erstreckte und – im alten Kanzleigebäude – die Wohnung des städtischen Kanzleileiters integrierte. Archivisch strebte man zumindest im 18. Jahrhundert danach, in allen Einheiten der Schriftgutverwaltung mehr oder weniger dasselbe Rubrikenschema für die Ablage der gebildeten Pertinenzen zu verwenden, was allerdings in der Praxis häufig nicht gelang.[82]

Insgesamt erscheint die Zeitspanne von dem ambitionierten Umbau des Jahres 1610 bis zur letzten tief greifenden Veränderung des Kanzleigebäudes innerhalb der Reichsstadtzeit ab 1772 vordergründig als eine nur schwer nachzuvollziehende Abfolge von Regression und Stagnation in der kommunalen Schriftgutverwaltung. Zwar gab es zahlreiche Versuche, jeweils neuere und bessere Ordnungen in den beständig anwachsenden Schriftgutspeichern Archiv und Registratur herzustellen.[83] Die meisten dieser Initiativen sind aber trotz teilweise großer Bemühungen der Archivare nicht weit gediehen, auch weil sich Esslingen, wie zahlreiche andere Reichsstädte, im 18. Jahrhundert in einer »tiefen, alle Bereiche des wirtschaftlichen, sozialen und politischen Lebens umfassenden Krise« befand.[84] Von Württemberg wirtschaftlich enorm geschwächt und politisch do-

80 StAE RS Fasz. 18, 18c.

81 So bereits Pfaff, Geschichte (1840) (wie Anm. 16), S. 552.

82 Siehe etwa eine Liste über die Einteilung von Geheimem Archiv sowie oberer und unterer Registratur aus dem Jahr 1782, die dann 1826 von dem württembergischen Archivar Lotter als Blaupause seiner Entnahmen von Archivgut in die königlichen Archive verwendet wurde und sich deshalb heute im Hauptstaatsarchiv Stuttgart befindet (HStAS E 61 Bü 127).

83 Siehe beispielhaft die beiden Konzepte vollständiger bzw. teilweiser Neuordnungen der Geheimen Registratoren Johann Friedrich Kloz (nach 1724) und Johann Gisbert Nagel (undatiert, nach 1748) (StAE Reichsstadt Fasz. 23 I, 19 u. 22–27), die jeweils nicht durchgreifend umgesetzt wurden.

84 Uwe Schmidt, Südwestdeutschland im Zeichen der Französischen Revolution. Bürgeropposition in Ulm, Reutlingen und Esslingen (Forschungen zur Geschichte der Stadt Ulm, Bd. 23), Ulm 1993, S. 20.

miniert, stellte gerade die schwerfällige und an den falschen Stellen überbesetzte Verwaltung mit ihrer Zunahme an Bürokratisierung mehr ein Problem als dessen Lösung dar und erzielte auch auf vordergründig bedeutenderen Feldern als dem Archivwesen – etwa bei den Finanzen – selten nachhaltige Ergebnisse. Die Auswirkungen auf das Registratur- und Archivwesen waren auch insofern fatal, als trotz einer objektiven Zunahme an Aufgaben in diesem Bereich der Verwaltung dennoch äußerste Kostenersparnis meist das oberste Gebot war und blieb.

Zudem schlug sich gerade in personeller Hinsicht auch die seit 1552 aristokratisch-oligarchische Konstruktion der von Karl V. oktroyierten Verfassung[85] auf das Archivwesen nieder. Zunächst erscheint die Stelle eines Geheimen Archivars als zusätzliche Pfründe der reichsstädtischen Spitzenbeamten bzw. -politiker, unter denen sich im Übrigen gelehrte, produktive und bedeutende Juristen wie Johann Konrad Kreidenmann (1577–1655), Johann Philipp Datt (1654–1722)[86] und Georg Andreas Eckher (1699–1783)[87] befanden, die auch mit zahlreichen, teilweise auch aus den Beständen von Archiv und Registratur schöpfenden Werken insbesondere zur rechtlichen Fundamentierung der Reichsstädte hervorgetreten sind.[88] Im Verlauf des 18. Jahrhunderts wandelten sich der bzw. die Archivars- bzw. Registratorenposten[89] dann zur Einstiegs- und Bewährungsstelle für Nachwuchsjuristen aus dem sehr kleinen Kreis der führenden Familien. Die Archivare bzw. Registratoren erhielten in der Regel keine feste Besoldung,[90] sondern konnten bestenfalls ex post eine finanzielle Würdigung ihrer Arbeit erbitten. Infolgedessen schilderten sie, was eine Bewertung des realen Zustandes des reichsstädtischen Registratur- und Archivwesens erheblich erschwert, bei Amtsantritt in der Hoffnung auf spätere reichliche Belohnungen regelmäßig den Zustand der Registraturen und der Baulichkeiten in den düstersten Farben. Es ist dabei dermaßen hartnäckig und häufig vom *gegenwärtig zerrütteten zustand sämtlicher registraturen*, von *chaos* und *übelstand* die Rede, dass man dies kaum

85 Siehe Eberhard NAUJOKS, Obrigkeitsgedanke, Zunftverfassung und Reformation. Studien zur Verfassungsgeschichte von Ulm, Esslingen und Schwäbisch Gmünd (Veröffentlichungen der Kommission für geschichtliche Landeskunde in Baden-Württemberg B, Bd. 3), Stuttgart 1958.

86 Siehe zu ihnen immer noch BORST, Buch und Presse (wie Anm. 77), S. 303–305, 307–312.

87 Siehe zu ihm Rainer JOOSS, Ein reichsstädtischer Bürgermeister des 18. Jahrhunderts: Georg Andreas Eckher (1699–1783), in: Esslinger Studien 22 (1983), S. 137–142.

88 Zu dieser »Esslinger historischen Schule« vor allem BORST, Buch und Presse (wie Anm. 77), S. 287–321.

89 Nach dem Tode des 1772 eingesetzten Geheimen Archivars Weickersreutter wurde dessen Stelle – vermutlich ohne Qualitätsverlust – eingespart und von den beiden Registratoren mit versehen (StAE Ratsprotokoll 1777 Juli 17).

90 Siehe etwa ein Schreiben des Geheimen Registrators Tobias Friedrich Hock vom 8. Juni 1718, in dem er sich beklagt, im dritten Jahr in dieser Funktion unbesoldet zu arbeiten (StAE RS Fasz. 23 I 15). Dessen Nachfolger Kloz arbeitete ebenfalls zunächst unentgeltlich, erhielt dann aber 1725, im dritten Jahr seiner Tätigkeit, 100 Gulden Entlohnung; siehe PFAFF, Geschichte (1853) (wie Anm. 16), S. 153.

als zutreffende Beschreibungen der Situation der Schriftgutverwaltung im 18. Jahrhundert annehmen darf.

Einschneidend waren vor allem die Veränderungen und unverkennbaren Fortschritte in der Schriftgutverwaltung und -aufbewahrung seit dem Beginn der 1770er Jahre. Indirekt gehören auch sie zu den insgesamt durchaus erfolgreichen Maßnahmen der Verschlankung und Optimierung der reichsstädtischen Verwaltung, die infolge der Untersuchung der desolaten Finanzsituation der Stadt durch den Schwäbischen Kreis in den späten 40er Jahren vom Reichshofrat angeordnet und dann umgesetzt wurden.[91]

Zukunftweisend war zunächst die räumliche Trennung von Kanzlei als der laufenden Verwaltung auf der einen und Registratur und Archiv auf der anderen Seite. Im Jahr 1773 verließ der verbitterte städtische Kanzleidirektor Ramsler nach jahrlangem, vergeblichem Ersuchen um eine bauliche Renovierung die vollkommen baufällige Stadtkanzlei,[92] womit das Gebäude östlich der ehemaligen Allerheiligenkapelle nach mehr als 300 Jahren seine Funktion im Kontext der reichsstädtischen Verwaltung verlor. Parallel dazu investierte Esslingen, entgegen dem durchaus erfolgreichen sonstigen Sparkurs, 1774/75 nach langen Jahrzehnten der Vernachlässigung in Umbau, Renovierung und Einrichtung der alten Allerheiligenkapelle, wobei mindestens ein weiteres Arbeitszimmer geschaffen und zahlreiche neue Schränke, vor allem im zuvor modrigen Kapellenraum, angeschafft wurden.[93] Als Folge dieser Entwicklung setzte sich seit den später 1770er Jahren nun für die ehemalige Allerheiligenkapelle anstelle von »Registratur« immer mehr die bis heute gültige Bezeichnung als »Stadtarchiv« durch.[94]

Auch vor dem Hintergrund, dass aufgrund der allgemeinen Sparmaßnahmen seit den 40er Jahren das *registratur-geschäft seit einiger Zeit* in *verfall* geraten sei,[95]

91 Siehe dazu Ulrich EBERLEIN, Die Esslinger Bürgerprozesse. Eine Untersuchung der innerstädtischen Auseinandersetzungen in den letzten Jahren der Reichsunmittelbarkeit unter besonderer Berücksichtigung rechtlicher, wirtschaftlicher und sozialer Hintergründe, Diss. Jur. Tübingen 1987, S. 47–54.

92 OTTERSBACH, Kanzlei (wie Anm. 16), S. 69–72.

93 Ebd., S. 73f. Trotz dieser Anstrengungen blieb Esslingen aber weit hinter dem in archivischen Dingen geradezu vorbildlichen Heilbronn zurück, wo 1765 ein Archivzweckbau errichtet wurde; siehe dazu Hubert WECKBACH, Das Stadtarchiv – die Seele unseres Staates. Zur Geschichte des Stadtarchivs und der Schriftgutverwaltung in Heilbronn bis zur Zerstörung der Stadt 1944, in: Christhard SCHRENK/Hubert WECKBACH, Die Vergangenheit für die Zukunft bewahren. Das Stadtarchiv Heilbronn: Geschichte – Aufgaben – Bestände (Veröffentlichungen des Archivs der Stadt Heilbronn, Bd. 33), Heilbronn 1993, S. 9–98, hier S. 42–49.

94 Siehe etwa die Terminologie bei dem im Jahr 1796 publizierten Werk zur städtischen Topographie und Geschichte von KELLER, Beschreibung (wie Anm. 72), S. 113, der ebenfalls expressis verbis zwischen der *seit vielen Jahren* [...] *in Erwartung einer gänzlichen Reparatur* unbewohnten Stadtkanzlei und dem Stadtarchiv in der ehemaligen Allerheiligenkapelle (S. 69 u. 113) unterscheidet.

95 StAE Ratsprotokoll vom 10. September 1772.

Abb. 7: Empfangsbuch der Stadtregistratur, 1774–1778 (StAE Reichsstadt Fasz. 23 V 3)

stellte der Magistrat mit Karl Friedrich Streithoff gen. von Hülscher (1742–1813) und Johann Samson Steudel (1747–1796) 1772 zudem zwei junge, motivierte und aufstrebende Verwaltungsfachleute an, deren außerordentlicher Einsatz bis heute zahlreiche Spuren im Esslinger Stadtarchiv hinterlassen hat.[96] Ihre bleibendste Leistung vollbrachten die beiden Archivare im Bereich der Rück- und Übernahme von Schrift- und Archivgut. Auch in Esslingen gehörte – nicht zuletzt als Ausfluss der obrigkeitlichen Struktur der reichsstädtischen Verwaltung – sowohl die Verweigerung der Ablieferung von Unterlagen an das Archiv als auch die von den subalternen Archivaren kaum zu verhindernde Entnahme von Akten aus Registratur und Archiv durch »hochwohlgeborene Herren Senatoren« und sonstigen Offizianten zu den negativsten Faktoren (Abb. 7).[97] Aufgrund ihrer Hartnäckigkeit brachten die Registratoren den Magistrat aber 1778 dazu, sämtliche gehobenen Funktionsträger aufzufordern, binnen drei Monaten alle Akten ins Archiv bringen zu sollen. Dies zeitigte quantitativ und qualitativ schöne Erfolge wie – nach unglaublichen ca. 150 Jahren der Absenz in diversen Privathäusern – die Rückkehr eines Briefes von Martin Luther vom 4. Oktober 1535,[98] der noch heute zu den bedeutendsten Archivalien des Stadtarchivs Esslingen gehört.

Schließlich nahmen es Steudel und Streithoff auch noch auf sich, den Kampf gegen die zahlreichen Amtsregistraturen aufzunehmen, die in den unterschiedlichsten städtischen Gebäuden, Ämtern und Wohnhäusern ein bisweilen noch unentdecktes Dasein fristeten. So gingen allein 1779 mehr als 1.600 *piecen* (also Faszikel und Einzelschriftstücke) aus der Wohnung des Senators Böcklen, dem Forstamt und der Bürgerstubengesellschaft als der Vereinigung des Esslinger Patriziats in das Stadtarchiv ein. Gleichwohl blieben den Archivaren offenbar manche Türen verschlossen; so wurden erst 1789 nach dem Tod des Senators und Hospitalpflegers Hienlin beinahe 4.000 Schriftstücke und Faszikel in dessen Privatwohnung entdeckt und in das Archiv gebracht.[99]

Trotz aller Schwierigkeiten wird man sagen dürfen: In der politisch gegenüber Württemberg seit Jahrhunderten in die Defensive gedrängten, zumindest in einem empfundenen strukturellen »Belagerungszustand«[100] befindlichen Stadt war man sich sehr bewusst, dass – wie es Archivar Streithoff 1783 ausdrückte – am Ende des Alten Reiches in einer militärisch nicht verteidigungsfähigen Stadt die Akten (*documenta und scripturen*) des Archivs nicht weniger als *die einzige schutzwehr* seien, da nur sie deren *iura erweissen* könnten, deren Verlust die Reichsstadt Esslingen nicht weniger als *überhaupt dem verderben aussetzen* wür-

96 Siehe dazu bereits PFAFF, Geschichte (1853) (wie Anm. 16), S. 155f. Streithoff und Steudel waren bis 1784 bzw. 1785 im Archiv tätig.

97 Dies wurde u. a. auch in dem Gutachten des Oberumgelters Honold und des Konsulenten Schellhas zu den Registraturberichten vom Oktober 1777 anerkannt (StAE Reichsstadt Fasz. 23 II 44o).

98 StAE Reichsstadt Fasz. 23 II 44 z, Nr. 1.

99 StAE Reichsstadt Fasz. 23 V 2.

100 So bereits Otto BORST, Esslinger Bürgertum in der Spätzeit der Reichsstadt, in: Esslinger Studien 4 (1958), S. 61–89, hier S. 62,

de.[101] Bei dieser Bedeutung wundert es nicht, dass sich vermutlich – obwohl zum Ende des 18. Jahrhunderts der Reformeifer innerhalb der Schriftgutverwaltung und des Archivwesens erlahmte[102] – das Registratur- und Archivwesen Esslingens am Ende der Reichsstadtzeit in einem besseren Zustand befand als zahlreiche andere Verwaltungsstrukturen in der Stadt.

5. Das Esslinger Stadtarchiv nach der Mediatisierung

Geholfen hat die archivische *schutzwehr* angesichts der realpolitischen Entwicklungen natürlich auch der Reichsstadt Esslingen nicht.[103] Es belegt aber die juristische und ideelle Bedeutung des Stadtarchivs für Okkupanten und Unterworfene, dass als abschließende Maßnahme im Rahmen der zivilen Inbesitznahme Esslingens durch Württemberg am 23. November 1802 nachmittags durch den Emissär des neuen Landesherren eine *obsignation auch bey dem stadtarchiv vorgenommen* wurde. Mit dem entsprechenden Eintrag endete dann auch die 1529 begonnene Serie der reichsstädtischen Ratsprotokolle.[104]

Die mit der Französischen Revolution eingeläutete und mit dem Ende des Alten Reiches fortgesetzte kopernikanische Wende des Archivwesens um 1800,[105] mit der sich zahlreiche zuvor wichtige Rechtstitel in obsolete »papiers inutiles« – so die Terminologie der Französischen Revolution – transformierten, hat sich auf alle, vielleicht ganz besonders die reichsstädtischen Archive niedergeschlagen. So hatte das Esslinger Stadtarchiv bzw. die dortigen Registraturen fast sofort einen enormen Zugang an Material zu verzeichnen, das nun administrativ bzw. rechtlich wertlos geworden war: So wanderte etwa die gesamte, im späten 16. Jahrhundert beginnende Registratur des ehemaligen Bauamts (insgesamt vier Fuhren) aus einem Privathaus in das Stadtarchiv sowie auch eine verschlossene

101 StAE Reichsstadt Fasz. 23 I 48.

102 So wurde beispielsweise ein groß angelegtes Vorhaben des Jahres 1782, die drei Registraturen innerhalb des Stadtarchivs (obere, untere und laufende Registratur) nach demselben Rubrikenschema durchzustrukturieren, bei Weitem nicht vollendet; siehe dazu den Bericht des württembergischen Archivars Lotter anlässlich der Verbringung von reichsstädtischem Archivgut in staatliche Archive im Jahr 1826 (HStAS E 61 Bü 508). Zudem wurde 1795 wieder eine Personalstelle eingespart; siehe Eberhard NAGEL, Vermuthungen über den Ursprung der Reichsstadt Eßlingen, auch aus Urkunden gezogene Darstellung deren Regiments-Ordnungen von 1316 bis auf gegenwärtige Zeiten, und Rechte und Freyheiten aus besondern Kaiserlichen Gnaden der Stadt verliehen, samt andern die Stadt betreffenden Nachrichten, o. O., 1795, S. 178.

103 Zur Mediatisierung Esslingens siehe zusammenfassend: Klaus-Peter SCHROEDER, Die Mediatisierung der Reichsstädte 1802/03. Rechtsproblematik, Auswirkungen und Folgen, in: Peter BLICKLE/Andreas SCHMAUDER (Hg.), Die Mediatisierung der oberdeutschen Reichsstädte im europäischen Kontext (Oberschwaben. Geschichte und Kultur, Bd. 11), Epfendorf 2003, S. 15–36.

104 StAE Ratsprotokoll vom 23. November 1802.

105 Siehe einführend etwa Eckhard G. FRANZ, Einführung in die Archivkunde, 7. Aufl., Darmstadt 2007, S. 11–13.

Bürgermeisteramtstruhe mit alten Schlüsseln und den reichsstädtischen Siegeln.[106]

Gleichzeitig setzte – wie in zahlreichen anderen ehemaligen südwestdeutschen Reichsstädten – ein tief greifender Exodus von Registratur- und Archivgut in die zentralen württembergischen Administrationen und Archive ein,[107] als dessen Ergebnis bis heute zentrale reichsstädtische Überlieferungsbestandteile im Landesarchiv Baden-Württemberg aufbewahrt werden.[108] Die Abgabe des Registratur- und Archivgutes erfolgte dabei in mehreren Wellen.[109] Die ebenso selektive wie unsystematische Aushebung von insgesamt vier Kisten vornehmlich älterem Archivgut aus dem Hospital- wie aus dem Geheim-Archiv auf dem »Stein« durch den Vaihinger Pfarrer und Historiker Pfister im Jahr 1813 war die zweite bedeutsame Minderung des Esslinger Archivs.[110] Eine zwar systematische, aber noch umfangreichere Überführung von Esslinger Archivalien aus dem Archiv des Katharinenhospitals, dem immer noch bestehenden Geheim-Archiv und dem Stadtarchiv nach Stuttgart wurde dann im Kontext der planmäßigen Übernahme von Archivbeständen aus im Zuge der Mediatisierung hinzugewonnenen Gebieten von dem württembergischen Archivar Lotter 1825/26 durchgeführt.[111]

106 Zu den umfangreichen Zugängen siehe etwa das am 25. Juli 1804 begonnene »Übergabs- und Empfangsregister über die von [...] Herrn Senatoribus und Officianten hiesiger vormaliger Reichs-Stadt in das Stadt-Archiv und Registratur extradierte Acten und Documente« (StAE Stadtschultheissenamt II 5 B 1 g).

107 Siehe dazu zusammenfassend: Robert Kretzschmar, Alte Archive – neue Herren. Säkularisation, Mediatisierung und die Folgen für die heutige Archivlandschaft, in: Hans Ulrich Rudolf (Hg.), Alte Klöster, neue Herren. Die Säkularisation im deutschen Südwesten 1803. Aufsätze, 2. Teil: Die Mediatisierung. Auswirkungen von Säkularisation und Mediatisierung, Ostfildern 2003, S. 1249–1262.

108 Bestände mit zumindest namhaften Anteilen an Schriftgut Esslinger Provenienz sind u. a. im Staatsarchiv Ludwigsburg: B 169: Esslingen, Reichsstadt; B 172: Esslingen, Reichsstadt: Predigerkloster; B 175: Esslingen, Reichsstadt: Kloster Sirnau, im Hauptstaatsarchiv Stuttgart: B 6: Neuwürttembergische Passivlehen; B 13: Neuwürttembergische Reichslehen I; B 219: Städtebündnisse; H 51: Kaiserselekt; H 53: Schwäbischer Bund; H 54: Bauernkrieg; H 55: Schmalkaldischer Bund und Krieg; H 189: Lagerbücher von Reichsstädten: Esslingen. Insbesondere die vorwiegend im 19. Jahrhundert vorgenommene Vermischung von Esslinger mit anderen Provenienzen bedeutet dabei eine erhebliche Erschwernis bei der Benutzung des Archivgutes.

109 Bereits im Juni 1804 wurden die meisten der Generalprivilegien Esslingen von den Königen und Kaisern an die neu-württembergische Regierung in Ellwangen gesandt, von wo sie schon 1806 in das Staatsarchiv gelangten.

110 Siehe dazu die Listen mit den entnommenen Archivalien, darunter die älteste in den Esslinger Archiven enthaltene Urkunde, ein Diplom Friedrichs I. von 1181 sowie die einzige vormals vorhandene Goldene Bulle an einer Urkunde Ludwigs des Bayern von 1330 (StAE Stadtschultheissenamt II 5 B 1 h). Dieses Material bildete dann den im damaligen Königlichen Hauptarchiv gebildeten Bestand »Stadt Esslingen«, der die Grundlage des heutigen Bestandes StAL B 169 »Reichsstadt Esslingen« darstellt.

111 Siehe ebenso ausführlich wie etatistisch tendenziös die Notwendigkeit der Entnahmen nuancierend: Friedrich Pietsch, Die Archivreisen des Geheimen Archivars Lotter,

Die komplexen Vorgänge um die Minderung der Esslinger Archive (zu denen auch das Archiv des Ritterkantons Kocher gezählt werden könnte) werfen auch ein Schlaglicht auf die historischen Identitätslinien der ehemaligen Reichsstadt bzw. ihres Führungspersonals. Als 1823 eine weitere Liste über in das Staatsarchiv auszusondernde reichsstädtische Bestände vorlag, nutzte Stadtvorstand Honold dies, um außergewöhnlich vehement der kollektiven Erbitterung Ausdruck zu verleihen:

Zugleich möchten auch bei dieser Gelegenheit die von dem Pfarrer Pfister im Jahr 1813 aus dem hiesigen Archiv auf eine von keinem rechtlichen Mann zu billigende Art entwendeten (!) Originalbriefe des Dr. Luther und Dr. Melanchton an den hiesigen Stadt Magistrat reclamirt werden.[112] Denn: Jeder *gebildete Esslinger* [...] *hat von jeher auf diese Originalbriefe ein wohl begründetes pretium affectionis gelegt, und derselben Wegnahme aus dem hiesigen Archiv hat in den Gemüthern bittere Gefühle erregt.*[113]

Den letztlich erfolgreichen Bemühungen um die Rückgabe des geradezu zum zentralen städtischen Schriftmonument hochstilisierten Lutherbriefs steht die weitgehend klaglose Abgabe bedeutender Teile der älteren reichsstädtischen Überlieferung gegenüber. Darin kündigt sich eine für weite Strecken des 19. Jahrhunderts vergleichsweise geringe bzw. höchstens selektive Aufmerksamkeit für die städtische Geschichte und damit auch für das Archivwesen an, über das zunächst nur spärliche Nachrichten vorliegen. Immerhin beauftragte die Stadt im Frühjahr 1836 – wenn auch nur offenbar auf Druck des Oberamts – den aus Stuttgart stammenden Archivarssohn, Konrektor des Lehrerseminars, Sängervater und Polyhistor Karl Pfaff (1795–1866)[114] mit der Zusammenführung der verstreuten Bestände und damit der Neuordnung des Stadtarchivs.

Die Berufung Pfaffs, der im Anschluss an seine Archivarbeit dann 1840 auch die erste große, in Teilen bis heute gültige Stadtgeschichte vorlegte,[115] ist in zweierlei Hinsicht bemerkenswert: Sie verdeutlicht zum einen allgemein in der Person des verantwortlichen Archivars die mit der Mediatisierung einhergehende typische Akzentverschiebung vom Verwaltungs- zum Historischen Archiv. Zum anderen ist es im lokalen Kontext bezeichnend, dass mit Pfaff kein Angehöriger einer reichsstädtischen Familie und damit Träger einer spezifischen Esslinger

in: Werner Fleischhauer/Walter Grube/Paul Zinsmaier (Hg.), Neue Beiträge zur südwestdeutschen Landesgeschichte. Festschrift für Max Miller (Veröffentlichungen der Kommission für Geschichtliche Landeskunde in Baden-Württemberg, Reihe B: Forschungen, Bd. 21), Stuttgart 1962, S. 333–353.

112 Konzept auf einer Abgabeliste der Archivare des Königlichen Archivs, 18. April 1823 (StAE SSA II 5 1 i).

113 Konzept Schreiben vom 12. Mai 1823 (StAE SSA II 5 1 i).

114 Otto Borst, Karl Pfaff. Der deutsche Sängervater, Esslingen am Neckar 1966, zur Ordnung des Archivs S. 80f.; siehe insbesondere den Bericht Pfaffs: Pfaff, Geschichte (1853) (wie Anm. 16).

115 Pfaff, Geschichte (1840) (wie Anm. 16).

Tradition als Archivar und Stadthistoriker fungierte, sondern ein Gelehrter mit einem Hintergrund aus der altwürttembergischen Ehrbarkeit.

Der nur nebenamtliche tätige Karl Pfaff[116] führte ab Mitte 1836 zunächst die verbliebenen Bestände des vormals Geheimen Archivs auf dem »Stein«, dessen Funktion als bedeutendster städtischer Archivraum damit nach mehr als vier Jahrhunderten endete, mit denjenigen des Stadtarchivs in der ehemaligen Allerheiligenkapelle zusammen. Anschließend verbrachte er noch zwei weitere, äußerst bedeutende Registraturen und Archive der reichsstädtischen Zeit in das Stadtarchiv in der ehemaligen Allerheiligenkapelle. Bei dem einen handelte es sich um das umfangreiche Schriftgut des seit dem 13. Jahrhundert bestehenden, außerordentlich reich begüterten Katharinenhospitals,[117] dessen Archiv nicht zuletzt durch den Anfall der in Folge der Reformation aufgehobenen, im 13. Jahrhundert gegründeten sechs innerstädtischen Bettelordensklöster quantitativ und qualitativ angewachsen war.[118] Nachdem sich das Archiv zunächst im Hospital selbst befunden hatte, wurde es 1633 in das ehemalige Dominikanerkloster verbracht.[119] 1735 umfasste das zwischenzeitlich verschiedentlich neu strukturierte, auch oft als *registratur* bezeichnete Archiv neben einem großen Registraturkasten für die älteren *urkunden* und sechs Repositūren für ältere Hefte, Bücher, Bände und Rechnungen immerhin 104 Läden mit Archivgut in zwei Kästen.[120] Im Verlauf des 18. und frühen 19. Jahrhunderts musste das in der Sakristei der ehemaligen Klosterkirche aufbewahrte Archiv aufgrund von Verwahrlosung[121] und von Entnahmen zugunsten des württembergischen Staatsarchivs enorme Verluste hinnehmen, bis Pfaff es schließlich in das Gebäude des Stadtarchivs verbringen ließ.

Auch aus dem Archiv bzw. der Registratur des 1535/36 gebildeten Kirchenkastens, der 1823 mit der Hospitalpflege zur Stiftungsverwaltung vereinigten

116 Der Bürgerausschuss 1836 hatte die Einrichtung einer Archivarsstelle für Pfaff mit einer Besoldung von 150 Gulden für unnötig erachtet (StAE Gemeinderatsprotokoll 1836, § 397).

117 Dazu immer noch: Werner HAUG, Das St.-Katharinen-Hospital der Reichsstadt Esslingen. Geschichte, Organisation und Bedeutung (Esslinger Studien, Schriftenreihe, Bd. 1), Esslingen 1965, sowie Bernhard ROLL, Vom Spital zur Stiftung. Das Esslinger Sankt Katharinenhospital zwischen Mediatisierung und Bauernbefreiung 1803–1830, in: Esslinger Studien 34 (1995), S. 47–112. Zum Archiv des Hospitals siehe auch PFAFF, Geschichte (1853) (wie Anm. 16), S. 157f.

118 Mark MERSIOWSKY, Die Archive der Esslinger Bettelorden, in: FAST/HALBEKANN, Zwischen Himmel und Erde (wie Anm. 5), S. 154–160.

119 StAE Katharinenhospital Fasz. 17, 4, Bl. 1.

120 StAE Katharinenhospital Fasz. 17, 21 u. 22.

121 Sehr anschaulich PFAFF, Geschichte (1853) (wie Anm. 16), S. 158: *Da drangen die Schulkinder hinein* [in die Sakristei – der Verf.], *rissen die Siegel von den Urkunden, schleppten von diesen selbst manche fort, und warfen Alles untereinander.* Pfaff schildert anschließend, dass das Archiv dann auf seine Veranlassung zunächst in ein *verschlossenes Gewölbe in der Stadtpfarrei* verbracht wurde. Auch in einem Bericht aus dem November 1803 findet sich die Angabe, dass sich dieses Archiv *in ziemlich chaotischem Zustand* befinde (StAE Stadtschultheissenamt II 5 1 c).

Kirchen- und Schulverwaltung, gelangten im 19. Jahrhundert vornehmlich Bandserien in das Stadtarchiv. Schon 1680 hatte es über die Kastenregistratur geheißen, sie liege *dermassen uber einen haufen darnieder* […], *daß demjenigen, der sich einiger versehung untersehen mögen, angst und bang darbey sein sollen.*[122] Auch in der Folgezeit galt gerade die Kastenverwaltung als besonders ineffektiv, was sich auch in der mangelnden Pflege des Schriftgutes niederschlug.

Das »Repertorium über das Esslinger Stadt-Archiv«, in dem Pfaff die reichsstädtischen Bestände unter den beiden Hauptgruppen »Einheimisches« und »Auswärtiges« formierte, wurde bereits am 22. Februar 1838 abgeschlossen, am 10. Juni 1838 hatte Pfaff auch das Findbuch des »Spital-Archivs« mit den historischen Unterlagen der damaligen Stiftungsverwaltung fertiggestellt.[123] Im Vorwort des Ersteren gab Pfaff als Ziel seiner Bemühungen den *doppelten Zweck* an, zunächst die Auffindbarkeit des Archivguts in *städtischen Angelegenheiten*, also in Verwaltungsfragen, zu verbessern, aber außerdem auch zu gewährleisten, dass der *Historiker sich desselben* [des Archivs – der Verf.] *ebenfalls mit Nutzen bedienen kann.*[124] Kurzfristig führte die nun ausgezeichnete innere Ordnung der Archivbestände aber dazu, dass die Stadt schon 1837 auf eine Neubesetzung der Position des für das Archivwesen zuständigen Rats zu verzichten können glaubte und dem für die Registratur zuständigen Ratsschreiber auch die Fürsorge für das Archiv übertragen wurde.[125]

Da in dem sich mit größter Rasanz industrialisierenden und wachsenden Esslingen[126] keine Grundstimmung nostalgischer Verklärung der Reichsstadtzeit wie in anderen Reichsstädten vorherrschte,[127] nahm in den folgenden Jahrzehnten die allgemeine Bedeutung des Stadtarchivs wie auch die Nutzung seiner Be-

122 Schröder, Das Kirchenregiment (wie Anm. 30), S. 331.

123 Im Zuge der Strukturierung des nun erstmals erschlossenen Stadtarchivs wurden auch umfangreiche Aussonderungen und Verkäufe von Altpapier vorgenommen.

124 StAE, Repertorium des Bestandes Reichsstadt, [Bl. 1].

125 StAE, GRP 1837, § 242.

126 Dazu aus der Fülle der Literatur ausführlich: Henrich Tiessen, Industrielle Entwicklung, gesellschaftlicher Wandel und politische Bewegung einer württembergischen Fabrikstadt des 19. Jahrhunderts. Esslingen 1848–1914 (Esslinger Studien. Schriftenreihe, Bd. 6), Esslingen 1983, und zusammenfassend: Gert Kollmer-von Oheimb-Loup, Grundzüge der Wirtschaftsgeschichte Esslingens vom 18. Jahrhundert bis zum Ersten Weltkrieg, in: Birgit Hahn-Wörnle (Hg.), Esslingen am Neckar. Aspekte seiner Geschichte, Esslingen 2007, S. 148–175.

127 Siehe Matthias Asche, Reichsstadtmemoria im 19. und 20. Jahrhundert – Beobachtungen zu Formen und Funktionen der Erinnerungskultur in ehemaligen Reichsstädten, in: Ders./Thomas Nicklas/Matthias Strickler (Koord.), Was vom Alten Reiche blieb … Deutungen, Institutionen und Bilder des frühneuzeitlichen Heiligen Römischen Reiches Deutscher Nation im 19. und 20. Jahrhundert, München 2011, S. 223–260, hier S. 256, wonach »anhaltende topographisch-verkehrstechnische Abgelegenheit, wirtschaftliche Stagnation und politische Bedeutungslosigkeit zahlreicher, gerade kleinerer ehemaliger Reichsstädte im 19. Jahrhundert maßgeblich die nostalgische Verklärung einer vermeintlich »goldenen« Reichsstadtzeit« beförderten; die genannten Kriterien trafen auf Esslingen gerade nicht zu.

stände eher ab. Auch das Gebäude spielte im Kontext der sich entwickelnden denkmalpflegerischen Aktivitäten in Esslingen, bei denen insbesondere die gotischen Kirchen in den Fokus rückten,[128] trotz seiner zwischenzeitlichen irrigen Einschätzung als *das älteste Gebäude* der Stadt, *erbaut auf den Trümmern einer ringsum verschütteten, dem heiligen Vitalis gewidmeten Kapelle*, keine besondere Rolle.[129]

Die eher geringe Wertschätzung von Gebäude und Beständen in der Mitte des 19. Jahrhunderts erhellen Schlaglichter: 1860 beklagte sich ausgerechnet Karl Pfaff über die Zustände in dem weiterhin nur vom Ratsschreiber mitverwalteten Archiv,[130] 1884 scheiterte ein Bearbeiter der Edition der Deutschen Reichstagsakten beim Versuch, im Esslinger Stadtarchiv zu forschen. Kein anderer als der spätere Friedensnobelpreisträger Ludwig Quidde notierte rückblickend: *Das Archiv steht unter Verwaltung eines der Ratsschreiber. Dieser war in Urlaub, deshalb das Archiv mir nicht zugänglich.*[131]

6. Das Stadtarchiv Esslingen im 20. Jahrhundert

Nachdem für beinahe ein halbes Jahrhundert die jeweiligen Ratsschreiber das Stadtarchiv mitverwalteten, wurde 1893 mit dem bis 1902 amtierenden Prof. Karl Hermann Siegfried Pfaff, dem pensionierten Sohn Karl Pfaffs, wenigstens wieder ein ehrenamtlicher Leiter des Stadtarchivs ernannt.[132] Dessen schillernder und umstrittener Nachfolger, der Architekt Karl Benz, amtierte zwar nur vergleichsweise kurz (1902–1910) und wirkte wie sein Vorgänger nicht im engeren Sinne archivisch, verstand es aber, zumindest mit kleineren Veröffentlichungen zur Stadt-, insbesondere Baugeschichte – auch des Archivgebäudes – hervorzutreten.[133] Glücklicherweise fand sein Vorschlag, durch eine Renovierung des Gebäudes den Zustand des 13. Jahrhunderts wiederherzustellen, keinen Anklang,

128 Ausführlich zu den Abrissen, aber auch Rettungen von historischer Bausubstanz im 19. Jahrhundert siehe Otto Borst, Über Alt-Esslingen. Wandlungen eines Stadtgesichts, Esslingen 1969, S. 211–296; die Schwerpunkte der Erhaltungsbemühungen skizziert Julius Fekete, Denkmalpflege im 19. und frühen 20. Jahrhundert am Beispiel der Esslinger Franziskanerkirche, in: Esslinger Studien 32 (1993), S. 111–163.

129 August Zoller, Stuttgart und seine Umgebungen, Stuttgart 1841, S. 277.

130 StAE SSA II 5 1 p.

131 Handschriftliche Notiz (1884, mit Zusatz 1906) im sogenannten Tabulare der Forschungsstelle »Reichstagsakten«. Der Verf. dankt Frau Dr. Gabriele Annas, Historische Kommission bei der Bayerischen Akademie der Wissenschaften, Universität Frankfurt am Main, für den Hinweis auf diese Quelle. Auch ein Nachfolger Quiddes bei den Reichstagsakten kam 1906 nach Esslingen, musste anderthalb Stunden warten, bekam dann aber den Schlüssel zum Stadtarchiv (*ohne einen Beamten ist es unauffindbar*), arbeitete frierend in einem feuchtkalten Zimmer mit zerbrochenen Scheiben und gab den Schlüssel im benachbarten Kaufladen ab.

132 StAE, GRP 1893, § 854.

133 Albert Benz, Die Allerheiligenkapelle in Eßlingen am Neckar, in: Die Denkmalpflege 6 (1904), S. 21–24.

ebenso wie auch weitere größere Renovierungsprojekte, die aber immerhin einen etwas gestiegenen Stellenwert des Archivs verdeutlichen, scheiterten.[134] Auch Benz' ebenfalls nebenamtlicher Nachfolger, der zwischen 1910 und 1924 amtierende, in Esslingen sehr angesehene Lehrer an der Oberrealschule Paul Eberhardt, mahnte eindringlich eine Verbesserung der räumlichen Situation des Stadtarchivs an, indem er darauf hinwies, der Umbau von 1775 sei *die letzte größere Aufwendung* [gewesen – der Verf.], *die für das Archiv gemacht wurde*.[135]

Ohne Zweifel ist auch das Stadtarchiv Esslingen ein Beispiel für die allgemeine Aufwertung der Archive in der NS-Zeit, die von den strukturell herrschaftsnahen Archivaren[136] selbst durch Hinweise auf ihre »sippenkundliche« Kernkompetenz und einschlägige Bestände befeuert wurde.[137] Obwohl einige Gemeinderäte den Abbruch des als verwahrlost bezeichneten und einsturzgefährdeten Gebäudes vorschlugen, setzte insbesondere Oberbürgermeister Dr. Klaiber, unterstützt von Gauleiter Murr, Ende 1938 eine kostspielige Generalsanierung durch, mit der das Gebäude vor allem im Innern die im Wesentlichen noch heute bestehende Gestalt erhielt: Das Beinhaus wurde abgestützt, der Kapellenraum mit dem erst im Zuge der Arbeiten entdeckten und konservierten Wandgemälde von 1444 vom frühneuzeitlichen Gewölbe befreit und als Ausstellungsraum eingerichtet, die Arbeitsräume wurden komplett saniert, neu eingerichtet und das Dach – unter Rücksichtnahme auf die dort nistenden Fledermäuse – gedeckt.[138] Im Anschluss an die Honoratioren-Eröffnung am 17. Oktober 1940 pilgerten in drei Tagen mehr als 1.200 Bürger durch die mit staatlichen Leihgaben bestückte Archivalienausstellung im Stadtarchiv, dessen Instandsetzung Oberbürgermeister Klaiber als Zeichen *nationalsozialistischer Kulturauffassung* bezeichnete (Abb. 8).[139]

134 Ottersbach, Kanzlei (wie Anm. 16), S. 76–80.

135 Paul Eberhardt, Zur Erneuerung des Stadtarchivs, in: Eßlinger Tagblatt, 18. Dezember 1917.

136 In diese Kategorie kann auch der Lehrer Dr. Erwin Haffner eingeordnet werden, der 1924 zum nebenamtlichen Stadtarchivar ernannt wurde. Der auch antisemitisch publizierende »Parteigenosse« Haffner (Geschichte der Juden in Eßlingen, in: Württembergische Jahrbücher für Statistik und Landeskunde 1938/39, S. 39–52) wurde unmittelbar nach dem Zweiten Weltkrieg seines Amtes enthoben, bald nach seiner Einstufung als Mitläufer aber am 1. August 1948 wieder zu den vorherigen Konditionen eingestellt (StAE Personalakten 520); er amtierte bis 1958. Zu Haffner siehe Otto Borst, In Memoriam Erwin Haffner, in: Esslinger Studien 4 (1958), S. 7–11, mit Schriftenverzeichnis, aber ohne eine Erwähnung von dessen zeitweiliger Amtsenthebung.

137 Siehe etwa allgemein Klaus Wisotzky, Die rheinischen und westfälischen Stadtarchive im Nationalsozialismus, in: Robert Kretzschmar (Red.), Das deutsche Archivwesen und der Nationalsozialismus. 75. Deutscher Archivtag 2005 in Stuttgart (Tagungsdokumentationen zum Deutschen Archivtag, Bd. 10), Essen 2007, S. 354–371.

138 Ottersbach, Kanzlei (wie Anm. 16), S. 81–86.

139 Die Allerheiligenkapelle im neuen Gewand, in: Esslinger Zeitung vom 18. Oktober 1940.

Abb. 8: Einweihung des renovierten Stadtarchivs durch Oberbürgermeister Dr. Klaiber am 17. Oktober 1940 (StAE Fotosammlung X, 71)

Im historischen Stadtkern Esslingen gelegen, blieb auch das Stadtarchiv inklusive seiner zwischenzeitlich ausgelagerten Bestände im Zweiten Weltkrieg von Zerstörungen verschont. Zum weiterhin nur nebenamtlichen Nachfolger von Erwin Haffner wurde 1958 Dr. Otto Borst, Lehrer am humanistischen Georgii-Gymnasium und späterer Professor für Landesgeschichte an der Universität Stuttgart, berufen.[140] Borst erwies sich als kenntnisreicher, produktiver und eloquenter Stadtarchivar, dessen Hauptinteressen auf der Forschung mit zahlreichen eigenen Publikationen,[141] der Wissenschaftsorganisation wie der Schaffung einer Schriftenreihe (»Esslinger Studien«, später: »Jahrbuch für die Geschichte der oberdeutschen Reichsstädte. Esslinger Studien«), intensivster Gremien-, Vereins- und Verbandsarbeit wie bei der »Arbeitsgemeinschaft Alte Stadt« sowie einer intensiven archivischen Öffentlichkeitsarbeit auch mit Ausstellungen lagen. Mit Borsts Nachfolger Dr. Walter Bernhardt wurde – erstmalig nach der Mediatisierung des frühen 19. Jahrhunderts – im Jahr 1977 wieder ein hauptamtlicher und

140 Zu ihm siehe den Nachruf von Reiner Jooss, Professor Dr. Otto Borst (1924–2001), in: Esslinger Studien 42 (2003), S. 7–12; zugleich in: Susanne und Franz Quarthal (Hg.), Otto Borst, Geschichte Baden-Württembergs. Ein Lesebuch, Stuttgart 2004, S. 431–438.
141 Von ihm liegt auch die letzte monographische Stadtgeschichte vor: Otto Borst, Stadt Esslingen am Neckar. Geschichte und Kunst einer Stadt, 2. Auflage, Esslingen 1978.

ausschließlich für das Archiv zuständiger wissenschaftlicher Archivleiter angestellt, der neben wichtigen Beiträgen zur Esslinger Stadtgeschichte[142] mit seinen Mitarbeiterinnen eine nochmalige Professionalisierung des Stadtarchivs Esslingen, insbesondere bei der Übernahme, der Strukturierung und Erschließung des Archivgutes erreichen konnte. Die enorme Zunahme des Archiv- und Bibliotheksgutes (1973: ca. 870 lfm[143]; 2010: ca. 2.800 lfm) hat es bis heute erforderlich gemacht, sowohl die ehemalige Allerheiligenkapelle (Rollregalanlage im sogenannten Kapellenraum und Bestückung des Dachgeschosses mit Regalen) funktional zu erweitern als auch ein Außenmagazin und, 2006, eine Nebenstelle mit Lesesaal, Büros, Funktions- und Magazinflächen in einem benachbarten Gebäude zu eröffnen (Abb. 9).

7. Fazit

Wollte man nach den »Deutschen«[144] und den »Baden-Württembergischen«[145] auch die »Esslinger Erinnerungsorte« beschreiben, käme unter den Gebäuden zweifellos der ehemaligen Allerheiligenkapelle, dem heutigen Stadtarchiv, ein besonderer Rang zu: Trotz oder eher wegen seines Funktionswechsels von der Friedhofskapelle zum Stadtarchiv ist es, seit mehr als 750 Jahren, derjenige städtische Erinnerungsort, der am längsten und vielgestaltigsten vorrangig der Stadt als Gesamtheit und der Konstruktion eines kollektiven Gedächtnisses[146] ihrer Bürger dient.

Die mittelalterliche Karner-Kapelle mit Beinhaus fungierte durch die Einlagerung der nachbestatteten Gebeine der verstorbenen Mitbürger und das liturgische Gedenken an sie als ein zentraler kommunaler Gedächtnisort im Sinne der mittelalterlichen Memoria. Das gleichzeitig individuelle und kollektive Gedenken an diese nun knöcherne Gemeinschaft der verstorbenen Bürger Esslingens ergänzte dabei die zahlreichen familiären oder sozialen Gedächtnisstrategien bzw. -orte wie Grab- und Denkmäler oder die Visualisierungen von Individuen oder kleineren Gruppen im Kontext von Zunft- und Rathäusern. Buchstäblich auf dem Fundament aus Gebeinen der verstorbenen Mitbürger im Beinhaus verband die Messfeier im Kapellenraum als liturgische und soziale Handlung die

142 Siehe: Schriftenverzeichnis Dr. Walter Bernhardt, in: Esslinger Studien 41 (2002), S. 9–13.

143 StAE Best. Stadtarchiv Fasz. 6.

144 Etienne FRANÇOIS/Hagen SCHULZE (Hg.), Deutsche Erinnerungsorte, 3 Bde., brosch. Sonderausausgabe München 2003.

145 Reinhold WEBER/Peter STEINBACH/Hans-Günther WEHLING (Hg.), Baden-Württembergische Erinnerungsorte, Stuttgart 2012.

146 Aus der unübersehbaren Menge der einschlägigen Veröffentlichungen und Problematisierungen des »kollektiven Gedächtnisses« siehe zusammenfassend und problematisierend Aleida ASSMANN, Der lange Schatten der Vergangenheit. Erinnerungskultur und Geschichtspolitik (Bundeszentrale für politische Bildung. Schriftenreihe, Bd. 633), Bonn 2007, S. 29ff.

Abb. 9: Ehemaliger Speyerer Pfleghof, heute Sektkellerei Kessler (links), Nachfolgebau der ehemaligen Stadtkanzlei (Mitte), Stadtarchiv Esslingen (rechts), 2010 (Foto: Krishna Lahoti)

anwesenden Bürger der rechtlich, personell und territorial klar definierten, dazu hinaus machtpolitisch höchst bedrohten Reichsstadt Esslingen des späten Mittelalters zu einer heilsgeschichtlich legitimierten Schicksalsgemeinschaft mit einer überzeitlichen kommunalen Identität.

Mit der Reformation wurde das Kapellengebäude seiner religiösen Funktion entkleidet, die Produktion von Identität über das kollektive Totengedenken nicht weiter nachgefragt. Nach dem Umbau zur Kanzleiregistratur im Jahr 1610 wuchs die ehemalige Kapelle, endgültig in den 30er Jahren des 19. Jahrhunderts mit der Zusammenführung der ehemaligen reichsstädtischen Archivkörper und der Aufgabe anderer innerstädtischer Lagerorte von historischem Schriftgut, dann zum Stadtarchiv im heutigen Sinne.

Mit der dadurch einsetzenden kontinuierlichen Übernahme und dauerhaften Aufbewahrung von städtischem Schriftgut werden in dem »Stadtgedächtnis«[147]

147 Für diese weitverbreitete Fremd- und Selbsteinschätzung von Stadtarchiven siehe beispielhaft: Ernst-Otto BRÄUNCHE (Hg.), Stadtarchiv Karlsruhe. Gedächtnis der Stadt (Sonderveröffentlichung des Karlsruher Stadtarchivs), Karlsruhe 2010, oder: Stadtgedächtnis, Stadtgewissen, Stadtgeschichte. Angebote, Aufgaben und Leistungen der Stadtarchive in Baden-Württemberg, hg. von der Arbeitsgemeinschaft Archive im Städtetag Baden-Württemberg, Ubstadt-Weiher 2013.

bzw. nun säkularen »Gedächtnisort«[148] Stadtarchiv Esslingen bis heute – durchaus analog zu der Einlagerung von Gebeinen in das Beinhaus im Mittelalter – gleichsam die »Speicher« aufgefüllt. Indem so im Archiv die Quellen für die gegenwärtige und zukünftige Erforschung und Interpretation von Stadtgeschichte aufbewahrt werden, wird – erneut in gewisser Analogie der liturgischen Memoria an die verstorbenen Mitbürger durch die Lebenden – permanent eine historiographische Erinnerung an die Stadt Esslingen sowie ihre vormaligen Bewohner und damit letztlich auch zumindest potenziell städtische Identität konstruiert.

Allerdings: So beeindruckend die genannte, mehr als ein dreiviertel Jahrtausend andauernde, weitgehend kontinuierliche Nutzung des Gebäudes im angesprochenen Gedächtnis-Kontext ist, sie entwickelte sich rein zufällig. Die Nachnutzung der leer stehenden Kapelle als Registratur bzw. Archiv ab 1610 resultierte nicht aus ihrer seit Jahrhunderten bewährten Memorialfunktion, sondern ausschließlich aus ihrer Nachbarschaft zur Kanzlei und allgemein ihrer Zentralität in der Stadt: Die Gebeine im Beinhaus wurden im frühneuzeitlichen Esslingen nur mehr als störend empfunden, die Kapelle verlor ihre sakrale Funktion, und auch die Erinnerung an sie verschwand vollständig. Nach der Reichsstadtzeit, im 19. und 20. Jahrhundert, mussten in einem wieder konfessionell pluraler werdenden Esslingen Beinhaus und das Fresko erst wiederentdeckt werden. Insofern ist die Geschichte der ehemaligen Friedhofskapelle auch diejenige eines temporären Erinnerungsverlustes: Was das Gebäude im katholischen Mittelalter einmal war und bedeutete, hatte im sich erneuernden, protestantischen »kollektiven Gedächtnis« und im kommunalen Erinnerungsdiskurs der Frühen Neuzeit offenbar keinen Platz mehr. Dass heute infolge der historischen Forschung der letzten beiden Jahrhunderte diese frühe Funktion des Gebäudes aber wieder bekannt ist, zeigt beispielhaft, dass Erinnerung, Vergessen und Wiederentdecken auch im Gefüge einer Stadt keine linearen, sondern fließende, dynamische Prozesse sind.

148 Bettina Schmidt-Czaia/Ulrich S. Soénius (Hg.), Gedächtnisort. Das Historische Archiv der Stadt Köln, Köln 2010.

»Um der Gnade der Auferstehung willen und zum Gedächtnis der Nachwelt« – Der Stadtgottesacker in Halle und seine Inschriften

KLAUS KRÜGER

Ein Forschungsprojekt am Institut für Geschichte der Martin-Luther-Universität in Halle hat es sich zur Aufgabe gemacht, das erhaltene wie überlieferte inschriftliche Material des Stadtgottesackers in Halle aus dem Zeitraum vom Beginn der Umbauung im Jahre 1557 bis zum Ende des 17. Jahrhunderts zu dokumentieren und zu edieren (Abb. 1). Im Gegensatz zu bisher vorgelegten Beschreibungen des Friedhofs soll der Schwerpunkt dabei weder auf der kunsthistorischen Sonderstellung des Stadtgottesackers[1] noch auf der Berühmtheit einzelner dort beigesetzter Personen liegen, sondern auf einer wissenschaftlich exakten Beschreibung der Inschriften und ihrer Trägerobjekte.[2]

Es sind im Wesentlichen drei Wurzeln, die der Konzeption dieser Anlage zugrunde liegen. Seit dem 14. Jahrhundert waren die Begräbnisstätten der deutschen Städte wiederholt kurzzeitig vor die Mauern verlegt worden: stets dann, wenn eine große Zahl in kurzer Zeit anfallender Beisetzungen die Aufnahmefähigkeit der traditionell bei den jeweiligen Pfarr- oder Klosterkirchen liegenden Grabfelder überforderte und – speziell in Seuchenzeiten – wegen der Ansteckungsgefahr eine Bestattung der Opfer außerhalb der Städte geraten schien. So war auch der östlich der Hallenser Altstadt liegende Martinsberg mehrfach als Pestfriedhof in Anspruch genommen worden, und seit 1529 bestand hier ein Gräberfeld mit einer älteren, dem hl. Martin geweihten, Kapelle im Zentrum.[3]

1 Vgl. Gustav SCHÖNERMARK, Ein deutscher Campo santo, in: Deutsche Bauzeitung 22 (1883), S. 126–129, S. 138–140.

2 Als Ansatz zu einer systematischen Analyse der Architravinschriften bislang nur Anja Anastasia TIETZ, Die Entstehung des Stadtgottesackers in Halle an der Saale. Magisterarbeit (Ms.), Halle 1998, S. 39ff.

3 Zum Folgenden vgl. Barbara HAPPE, Die Entwicklung der deutschen Friedhöfe von der Reformation bis 1870 (Untersuchungen des Ludwig-Uhlands-Instituts der Universität Tübingen, Bd. 77), Tübingen 1991; DIES., Jenseitsvorstellungen und Sepulkralarchitektur des 16. und 17. Jahrhunderts – Camposanto-Friedhöfe, in: Ingeborg STEIN (Hg.), Diesseits- und Jenseitsvorstellungen im 17. Jahrhundert (Forschungs- und Gedenkstätte Heinrich-Schütz-Haus Bad Köstritz, Sonderreihe Monographien, Bd. 4), Jena 1996, S. 75–92, hier S. 79f.; TIETZ, Entstehung (wie Anm. 2); DIES., Zur Entstehungsgeschichte des Stadtgottesackers, in: Der hallesche Stadtgottesacker. Einzigartige Friedhofsanlage der deut-

Abb. 1: Halle, Stadtgottesacker: Torhaus von der Innenseite (Foto: Ilja Claus, Halle)

So berichtet Johann Gottfried Olearius in seiner Beschreibung der Anlage von 1674: »An solcher alten Martins-Capelle nun, ist eingeraumter Platz gewesen, der alte Gottesacker, oder Martinsberg, darauf man damahl schon viel Leichen begraben, sonderlich aber wenn ein groß Sterben gewesen, wie also J. J. 1350 geschehen.«[4] Der Friedhof auf dem hallischen Martinsberg ist damit ein Zeugnis für die Praxis, in Zeiten massenhaften Sterbens auf den Pfarrzwang zu verzichten und Massengräber *extra muros* anzulegen.[5]

Doch erst nach 1529 richtete man hier ein dauerhaftes Begräbnisfeld ein. Im Zuge des großen Stadtumbaus unter Kardinal Albrecht von Brandenburg (1513–1545) wurden die am Markt gelegenen Kirchen St. Marien und St. Gertruden bis auf ihre Türme abgerissen und ihre Kirchhöfe, wie die aller anderen Kirchen der

schen Renaissance, hg. von der Oberbürgermeisterin der Stadt Halle (Saale), Halle ²2003, S. 8–13; DIES., Der Stadtgottesacker in Halle (Saale), Halle 2004.

4 Johann Gottfried OLEARIUS, Coemiterium Saxo-Hallense. Das ist Des wohlerbauten Gottes-Ackers Der Löblichen Stadt Hall in Sachsen Beschreibung ..., Wittenberg 1674, o. S. (Vorbericht an den Leser).

5 Reiner SÖRRIES, Leprosen- und Pestfriedhöfe und ihre Bedeutung für die nachmittelalterlichen Friedhöfe, in: Raum für Tote. Die Geschichte der Friedhöfe von den Gräberstraßen der Römerzeit bis zur anonymen Bestattung, hg. von der Arbeitsgemeinschaft Friedhof und Denkmal und dem Zentralinstitut und Museum für Sepulkralkultur Kassel, Braunschweig 2003, S. 53–61.

Stadt auch, aufgegeben;[6] zudem machte eine weitere Epidemie die Anlage eines außerhalb der Stadtmauern liegenden Friedhofs zugleich plausibel und zwingend. In seinem Zentrum stand zunächst noch die ältere Martinskapelle, die schon zuvor als Friedhofskapelle gedient hatte. Wenige Jahre später, während des Schmalkaldischen Krieges, wurde sie geschleift und ihre Steine verwendet, um den Hügel in die Stadtbefestigung einzubeziehen.

Die zweite Wurzel besteht in einer neuen inhaltlichen Konzeption: Nach protestantischer Lehre galt die mittelalterliche Vorstellung von der andauernden Fürbitte der Lebenden für die Toten nicht mehr, deren Konsequenz die enge räumliche Verbindung von Kirche und Begräbnisort gewesen war. Altgläubiger Vorstellung zufolge bestand zwischen Lebenden und Toten eine enge Verbindung nicht allein ideeller, sondern auch rechtlicher Natur. So hatten die Nachkommen die Aufgabe, für das Seelenheil ihrer Verwandten an deren Gräbern durch Kleriker eine andauernde Fürbitte zu gewährleisten, was eine enge räumliche Verbindung zwischen Kirche und Begräbnisplatz mit sich brachte. Im Mittelalter wurden die Toten deshalb in möglichst unmittelbarer Nähe zum Altar begraben: im Kirchenraum oder auf dem Kirchhof, jedenfalls aber nach Möglichkeit innerhalb der Stadtmauern.[7]

Ein Friedhof war in vorreformatorischer Zeit also ein öffentlicher Tummelplatz und Zentrum städtischen Lebens gewesen, auf dem jede Art menschlicher Begegnung hatte stattfinden können: Außer als Ort der Bestattung, des Totengedenkens und der religiösen Erbauung hatte er als Versammlungsort der Gemeinde und der Zünfte, als Stätte von Spiel, Sport, Freizeitgestaltung und Handel, als Asyl für Räuber und Diebe, als Zufluchtsort bei Kriegsgefahr sowie als Beurkundungs- und Gerichtsstätte gedient, hier hatte es Verkaufsbuden, Wohnhäuser und Schulen, Weinkeller und Bordelle, Weiden und Ställe, Obstgärten und Mülldeponien gegeben.[8] So wurde die Martinskapelle auf dem alten Gottesacker 1517 von dem Dominikaner Johannes Tetzel genutzt, um hier im Auftrag Kardinal Albrechts seine Ablässe zu verkaufen.

Dagegen ist protestantischer Lehre zufolge ein über den Tod hinausgehender Einfluss auf das Seelenheil der Verstorbenen nicht möglich, so dass der Begräbnisort auch nicht mehr zwangsläufig bei der Kirche liegen musste. Darüber hinaus

6 Andreas RANFT, Die hallischen Pfarrgemeinden St. Gertruden und St. Marien im späten Mittelalter, in: Jahrbuch für hallische Stadtgeschichte 3 (2005), S. 10–37.

7 Reiner SÖRRIES, Der mittelalterliche Friedhof. Das Monopol der Kirche im Bestattungswesen und der so genannte Kirchhof, in: Raum für Tote (wie Anm. 5), S. 27–52; Monika ESCHER-APSNER, Kirchhöfe – öffentliche Orte der Fürsorge, Vorsorge und Seelsorge christlicher Gemeinschaften im hohen und späten Mittelalter, in: Frank G. HIRSCHMANN/Gerd MENTGEN (Hg.), Campana pulsante convocati. Festschrift Alfred Haverkamp, Trier 2005, S. 159–196.

8 Die Funktionen des vorreformatorischen Kirchhofs beschreibt Herwig EBNER, »... in cimiterio ...« Der Friedhof als Beurkundungsort, in: Helmut BRÄUER/Elke SCHLENKRICH (Hg.), Die Stadt als Kommunikationsraum. Beiträge zur Stadtgeschichte vom Mittelalter bis ins 20. Jahrhundert. Festschrift Karl Czok, Leipzig 2001, S. 121–128, besonders S. 122f.

war den reformatorischen Gelehrten die spätmittelalterliche Praxis ein Dorn im Auge gewesen, den Kirchhof als ein Zentrum des öffentlichen Lebens anzusehen. Nun sollte er nach lutherischer Forderung zu einem stillen Ort werden, auf dem der Einzelne ungestört seiner persönlichen Andacht nachgehen konnte. Nicht zuletzt auch aus der Erwägung, dass von den Kirchhöfen eine Ansteckungsgefahr ausgehen könnte, erhob Martin Luther selbst die Forderung, die Friedhöfe zu Orten des stillen Gedenkens und der inneren Einkehr zu machen.[9] Dazu musste das Gräberfeld aus dem Stadtzentrum an deren Rand oder besser noch ganz aus der Stadt heraus verlagert werden.[10] Somit musste eine topographische Situation wie in Halle – auf einem begrünten Hügel außerhalb der Stadtmauern – als ideal erscheinen. Gleichzeitig bestand durch die Trennung von Bestattung und Kirche keine Notwendigkeit mehr, die Aufsicht über den Friedhof in geistlicher Hand zu belassen, und so übernahm die Stadt nach 1541 die Verwaltung ihres Gottesackers, der am 8. August 1529, noch zu Kardinal Albrechts (also katholischer) Zeit, geweiht worden war.[11]

Gelten die bisher genannten Aspekte grundsätzlich für die meisten Städte in den reformierten Teilen Deutschlands, ist der dritte ein spezifisch Hallischer: Die Entscheidung des katholischen Stadtherrn, des Kardinals Albrecht von Brandenburg (1513–1545), seine Residenz in Halle statt in Magdeburg zu nehmen,[12] brachte die architektonische Neukonzeption eines großen Teils der Innenstadt mit sich. In diesem Zusammenhang wurden das Neue Stift errichtet und im Jahre 1530 die gotischen Kirchen St. Marien und St. Gertruden bis auf ihre Türme ab-

9 Unter Nachweis der älteren Literatur zusammengefasst bei HAPPE, Jenseitsvorstellungen und Sepulkralarchitektur (wie Anm. 3), S. 77f.; TIETZ, Entstehung (wie Anm. 2), S. 39ff.

10 Hans-Kurt BOEHLKE, Kirchhof – Gottesacker – Friedhof. Wandlungen der Gesellschaft – Wandlungen der Pietät, in: Hansjakob BECKER/Bernhard EINIG/Peter-Otto ULLRICH (Hg.), Im Angesicht des Todes. Ein interdisziplinäres Kompendium (Pietas Liturgica, Bd. 3), St. Ottilien 1987, S. 163–180; Craig KOSLOFSKY, Die Trennung der Lebenden von den Toten: Friedhofverlegungen und die Reformation in Leipzig, 1536, in: Otto Gerhard OEXLE (Hg.), Memoria als Kultur (Veröffentlichungen des Max-Planck-Instituts für Geschichte, Bd. 121), Göttingen 1995, S. 335–385; DERS., »Pest« – »Gift« – »Ketzerei«. Konkurrierende Konzepte von Gemeinschaft und die Verlegung der Friedhöfe (Leipzig 1536), in: Craig KOSLOFSKY/Bernhard JUSSEN (Hg.), Kulturelle Reformation. Sinnformationen im Umbruch 1400–1600, Göttingen 1999, S. 193–208. – Zum Unterschied zwischen vormodernen und neuzeitlichen Auffassungen im Zusammenhang von Beisetzung und Ruheort in beispielhafter Prägnanz: Otto Gerhard OEXLE, Die Gegenwart der Toten, in: Herman BRAET/Werner VERBEKE (Hg.), Death in the Middle Ages, Leuven 1983, S. 19–77.

11 Zur Genehmigung der Verlegung des Kirchhofs durch einen Revers des Kardinals Albrecht (28. Juli 1529): Werner FREITAG, Residenzstadtreformation? Die Reformation in Halle zwischen kommunalem Selbstbewusstsein und bischöflicher Macht, in: Andreas TACKE (Hg.), Kontinuität und Zäsur. Ernst von Wettin und Albrecht von Brandenburg, Göttingen 2005, S. 91–118, hier S. 104–106.

12 Michael SCHOLZ, Residenz, Hof und Verwaltung der Erzbischöfe von Magdeburg in Halle in der ersten Hälfte des 16. Jahrhunderts (Residenzenforschung, Bd. 7), Sigmaringen 1998.

Abb. 2: Porträt-Medaillon mit dem Bildnis Nickel Hoffmanns (Foto: Ilja Claus, Halle)

gerissen, um einer neuen Kirche Platz zu machen. Da diese als Marktkirche gedacht war und der Rat im Übrigen ebenfalls daran interessiert war, die Innenstadt von Gräberfeldern zu befreien, wurde beschlossen, den künftigen Begräbnisplatz zu verlegen – eben auf den Martinsberg, wo bereits eine Kapelle bestand. Die Einweihung des erweiterten Friedhofes fand 1529 statt.

Zwar war das neue Gräberfeld, wie allgemein üblich, zunächst mit einer Lehmwand eingefriedet worden; der Beginn einer Umbauung der Anlage mit Gruftbögen ist jedoch erst eine Generation später festzustellen. Seit 1554 begann man unter Leitung des Baumeisters Nicolaus (Nickel) Hoffmann, eines Protagonisten der mitteldeutschen Renaissance-Architektur (Abb. 2), in der Nordwestecke mit dem Bau von eingewölbten Grüften für Angehörige des gehobenen Bürgertums und der stadtherrlichen Beamtenschaft.

Zehn Jahre später wurde das Terrain bis zur heutigen Fläche vergrößert, planiert und mit einer Steinmauer umgeben. Diese wurde in den folgenden Jahrzehnten nach und nach durch Gruftbögen ersetzt, die das Gräberfeld in Form eines gestreckten Vierecks einzurahmen begannen. 1590, nach 36 Jahren Bauzeit, war die Arkatur abgeschlossen;[13] sie umfasste nun 92 Schwibbögen (Abb. 3) so-

13 Zum Jahr der Fertigstellung vgl. Tietz, Entstehung (wie Anm. 2), S. 30.

Abb. 3: Bögen 80 und 81, Innenseite: Grabanlage der Familie Francke (Foto: Ilja Claus, Halle)

wie zwei Rondelle in der Nordost- und der Südostecke des Komplexes. Zwei Tore führten von Westen her auf das Gelände; der Haupteingang erhielt bereits früh Turm und Haube, wie auf alten Stadtansichten zu erkennen ist. Die nördliche Tordurchfahrt in der Westmauer wurde 1822 verschlossen und zu einer Gruft (Nr. 9a) umgebaut. Zwei weitere Tore wurden durch Umgestaltung zweier Grabbögen geschaffen (Nr. 29, Nr. 50), als eine Cholera-Epidemie eine Erweiterung des Gräberfeldes in nördlicher und östlicher Richtung notwendig machte.

Die unter den Schwibbögen entstandenen Räume bilden lediglich den oberen sichtbaren Teil der Begräbnisse. Darunter befinden sich die eigentlichen Gruftkammern, die die Särge aufnahmen, verschlossen von Deckplatten, die mitunter inschriftlich und bildlich geschmückt waren. Die Bögen, die dem agnatischen Stamm der Familien als Erbbegräbnisse vergeben wurden, dienten mit den dort angebrachten Grabdenkmälern den Feierlichkeiten und der Repräsentation. Natürlich waren der Besitz und der Unterhalt eines solchen Grabbogens eine Sache von erworbenem Anspruch, Kosten und Prestige. Tatsächlich haben wir es hier mit den in Politik, Wirtschaft, Wissenschaft und Kultur führenden Geschlechtern der Stadt zu tun: den Familien von Rats- und Universitätsangehörigen, Pfännern und Beamten. Die Belegung der Grüfte und des inneren Gräberfeldes, das die Sepulturen der gemeinen Bürgerschaft aufnahm, dürfte parallel verlaufen sein. Wir wissen nicht, wann Letzteres erstmals vollständig mit Gräbern bedeckt gewesen ist.[14]

Die Rahmenbedingungen für eine Dokumentation der Inschriften haben sich innerhalb der beiden vergangenen Jahrzehnte bedeutend verbessert. Nach schweren Kriegsschäden, die zum Totalverlust der gesamten Nordwestecke – des ältesten Teils der Anlage – mit fünf Schwibbögen (Nr. 12–16) und zur schweren Beschädigung vieler weiterer Grüfte führten, und nach anschließender jahrzehntelanger Vernachlässigung des Komplexes wurde seit den 1980er Jahren von

14 Die Aufzeichnungen Olearius' (vgl. Anm. 4) sind in diesem Falle keine Hilfe, da er ausdrücklich keine vollständige Sammlung der Inschriften des Gräberfeldes vorlegt, sondern nur eine Auswahl der – in seinen Augen – bedeutendsten.

verschiedenen Gruppen intensiv an der Rettung des Gottesackers gearbeitet. Neben der Stiftung »Bauhütte Stadtgottesacker« e. V., die sich bereits vor beinahe 20 Jahren die Erhaltung der Anlage zur Aufgabe gemacht hat, ist hier in erster Linie die auf Initiative der Medizinerin Marianne Witte (Mülheim an der Ruhr) ins Leben gerufene Stiftung zu nennen, durch die die Sicherung und architektonische Wiederherstellung der gesamten Bogenanlage im Zeitraum von 1998 bis 2003 ermöglicht wurde. Seitdem wird die Sanierung der Innenräume der Grüfte einschließlich der dort befindlichen Grabdenkmäler vorangetrieben; mit der Fertigstellung wird innerhalb der nächsten Jahre gerechnet.

Bereits aus dem epigraphischen Material selbst ist einiges zur Geschichte des Friedhofes zu erfahren. Geht man die Arkadenreihe im Uhrzeigersinn ab, kann man anhand der über den Bögen stehenden Inschriften die Baugeschichte der Anlage verfolgen. An der Rückseite des – nach heute üblicher Nummerierung – 11. Bogens wurde eine Gedenktafel mit folgendem Text angebracht: *Anno Domini M D L VII nobiles Christophus et Albertus ab Hoim, Germani fratres Weglob, primum hoc monumentum fecerunt.*[15] Demnach handelt es sich hier um den ersten fertiggestellten Bogen – die heutige Zählung, die am Haupttor einsetzt und das Gelände im Uhrzeigersinn umrundet, ist erst seit dem 18. Jahrhundert gebräuchlich. Nach weniger als zehn Jahren war der Bau bis zur Nordostecke vorangeschritten. In die Jahre 1565/66 datieren Inschriften an den Bögen 34 bis 49. Somit wurden die gesamte Nordostecke und die nördliche Hälfte der östlichen Arkatur innerhalb von nur zwei Jahren errichtet. Die Südostecke wurde bereits vor 1570 erreicht.[16] Danach ging es etwas langsamer voran: Bogen 75 in der Mitte der südlichen Seite wurde 1578 errichtet, und um 1590 war die Arkatur in Form eines unregelmäßigen Vierecks vollendet. Dabei kamen die letzten Bögen nicht in eine Flucht mit den ältesten, sondern stehen diesen gegenüber um etwa 70 Zentimeter vor. Die einzelnen Bögen wurden teilweise schon wenige Jahre nach ihrer Errichtung wieder renoviert. So besagte eine (nicht erhaltene) Inschrift am Bogen 36, der 1565/66 gebaut worden war: »Diesen Bogen, so halb Nicolaus Pöppingen, Gerichts- und Bornschreiber, halb Jacob und Hieronymus Tacken Gebrüdern zustendig, haben sich und alle die Ihrigen von neuen repariren lassen. Den 28. Sept. 1668.«[17]

Naturgemäß besteht ein Teil des epigraphischen Materials – neben den angeführten Inskriptionen im Zusammenhang mit Bau oder Erneuerung – aus Grabinschriften. Diese sind in der Regel nicht außen am Gewölbebogen angebracht, sondern innen: Sie finden sich entweder direkt auf die Wand gemalt oder in verschiedenen Techniken an Grabdenkmälern wie Bodengrabplatten, Epitaphien und Wandgrabmälern. Die Frühesten stammen aus der Zeit, in der die ältesten Schwibbögen errichtet wurden: so das Familienwappen samt Inschrift für Georg

15 Übersetzung: »Im Jahre des Herrn 1557 haben die Adligen Christoph und Albert von Hoym, Brüder aus Wegeleben, dieses erste Denkmal errichtet«.
16 Olearius, Coemiterium (wie Anm. 4), S. 59.
17 Olearius, Coemiterium (wie Anm. 4), S. 39f.

Abb. 4: Bogen 12, Außenseite: Familienwappen und Inschrift für Georg von Selmnitz, 1557 (Foto: Ilja Claus, Halle)

von Selmnitz: *Anno Domini MDLVII die XVI Augusti Nobilis Georg. de Selmeniz secundum hoc monumentum fieri fecit* (Abb. 4), am nächsten Bogen der entsprechende Vermerk für Victor von Schenitz: *Anno salutis 1559 prid. idus Jun. Nobilis Victor a Scheniz tertium hoc coemeterium adstruxit* (Abb. 5) sowie an Bogen 14: *Anno 1559 hat der Erbare Er Valtin Drebis diesen 4. Bogen bauen lassen* (Abb. 6).

Bis zum Ende des 17. Jahrhunderts sind nach vorläufigem Befund 118 Inschriften erhalten. Der größte Teil davon besteht nicht aus Grab-, sondern aus

Abb. 5: Bogen 13, Außenseite: Familienwappen und Inschrift für Victor von Schenitz, 1559 (Foto: Ilja Claus, Halle)

besitzvermerkenden Bogen- wie aus Friesinschriften, die meist Bibelzitate wiedergeben. Auffällig ist, dass aus dem Bereich des Gräberfeldes lediglich eine einzige Inschrift von einer Figurengrabplatte erhalten ist. Der Grund ist in der Neugestaltung des Friedhofes als Grünanlage im 19. Jahrhundert zu suchen, der viele Denkmäler zum Opfer gefallen sind.

Zur Texterfassung müssen die teilweise schwer entzifferbaren Inskriptionen zunächst gelesen und abgeschrieben werden, wozu meist vor allem das Auflösen

Abb. 6: Bogen 14, Außenseite: Hausmarke und Inschrift für Valentin Drebis, 1559 (Foto: Ilja Claus, Halle)

der vielen Abkürzungen gehört.[18] Nichtdeutsche sowie schwierige Texte älterer Sprachstufen werden übersetzt. Die Träger der Texte, oftmals kunsthistorisch bedeutende Objekte, müssen kurz beschrieben, weitere relevante Darstellungen

18 Walter Koch, Zur Technik der Transkription von Inschriften des Mittelalters und der Neuzeit, in: Mitteilungen des Instituts für Österreichische Geschichtsforschung 80 (1972), S. 390–397; Ders., Epigraphica – Ein Leitfaden zur Transkription und schriftkundlichen Einordnung von mittelalterlichen und neuzeitlichen Inschriften, in: Unsere Heimat. Zeitschrift des Vereins für Landeskunde von Niederösterreich und Wien 46 (1975), Heft 2, S. 69–94; Michael Nitz, Dokumentation monumentaler Gravierungen und erhabener Inschriften durch manuelle Verfahren, in: Jahrbuch der bayerischen Denkmalpflege 31 (1979), S. 181–193.

wie etwa Wappen ebenfalls ge»schildert«[19] werden. Der ursprünglich als selbstverständlich angesehene Zusammenhang von Standort, Material des Inschriftenträgers, bildlichen Darstellungen, Wappen sowie Textgestalt und -inhalt soll auf diese Weise in der Edition zumindest rekonstruierbar sein.

Der Besitz und der Unterhalt eines solchen Grabbogens waren eine Sache von erworbenem Anspruch, Kosten und Prestige; tatsächlich haben wir es hier mit den in Politik, Wirtschaft, Wissenschaft und Kultur führenden Geschlechtern der Stadt zu tun: den Familien von Rats- und Universitätsangehörigen, Salzpfännern und Beamten. Einer der prominentesten ist ohne Zweifel August Hermann Francke, Gründer des berühmten Waisenhauses (Abb. 3).

Soziales Ansehen verlangt die sichtbare Darstellung von Stand, Vermögen und Bildung, und so wurden die Gruftbögen samt der darin angebrachten Grabdenkmäler von den führenden Geschlechtern der Stadt genutzt, um Person und Familie zu repräsentieren. Die Friesinschriften geben dabei in der Regel Verse des Alten und Neuen Testaments wieder, die in Luthers Begräbnisliederbuch von 1542 zur Anbringung an Kirchhöfen empfohlen worden waren:[20] »*Wenn man auch sonst die Greber wolt ehren, were es fein, an die Wende, wo sie da sind, gute Epitaphia oder Sprüche aus der Schrifft darüber zu malen oder zu schreiben, das sie fur Augen weren denen, so zur Leiche oder auff den Kirchoff giengen … Sölche Sprüche und Grabeschrifft zierten die Kirchoff besser, denn sonst andere weltliche Zeichen …*« Luther schlug 26 Texte aus der Bibel vor, von denen die meisten hier auch zu finden sind.[21]

Seit dem 17. Jahrhundert zeigt sich in den Inschriften vermehrt das Bemühen, die eigene humanistische Gelehrsamkeit zu unterstreichen. So lassen die Texte nicht nur einen erneuten Aufschwung der lateinischen Sprache erkennen, sondern auch deren Verschlüsselung durch Abkürzungen und Anspielungen auf antike Vorbilder. Die nicht erhaltene Grabinschrift für den zweiten evangelischen Superintendenten in Halle, Sebastian Boetius, lautete: »2. Tim. 1. Ich weiß/ an welchen ich gegläubet. – Dan. 12. Die Lehrer werden leuchten – *Venerabili Viro D(omi)n(o) SEBASTIANO BOETIO, Purae Evangelii doctrinae Assertori Consensûsqve in hâc & Concordiae in Ecclesiis hujus urbis perpetuo Custodi ac Superintendenti earum vigilantissimo, Pastori suo optimè merito Ecclesia ad B(eatam)*

19 Das Wort »Schildern« deutet auf die Blasonierung von Wappenschilden hin.

20 Nachweise bei Tietz, Stadtgottesacker (wie Anm. 3), S. 32f.

21 Am häufigsten fanden Verwendung: Johannes, 3,16: »Also hat Gott die Welt geliebt, dass er seinen eingeborenen Sohn gab, damit alle, die an ihn glauben, nicht verloren werden, sondern das ewige Leben haben. Denn Gott hat seinen Sohn nicht in die Welt gesandt, dass er die Welt richte, sondern dass die Welt durch ihn gerettet werde.« – Hiob 19,25–26. 2: »Ich weiß, dass mein Erlöser lebt, und er wird mich aus der Erde aufwecken, und ich werde mit meiner Haut umgeben werden und werde in meinem Fleische Gott sehen.» – Jesaja 26,19: »Deine Toten werden leben, und mit dem Leichnam auferstehen. Wacht auf und rühmet, die Ihr liegt unter der Erde, denn dein Tau ist ein Tau des grünen Feldes.« – Johannes 11,25–26: »Christ ist die Wahrheit und das Leben, die Auferstehung will er geben …«

Virginem, cui ille XXVI annos salutari doctrina fideliter praefuit, gratitudinis ergo H(oc) M(onumentum) P(oni) C(uravit) Resurrectionis ergo, Memoriaeque posteritatis causâ.« – Ihm ist, um der Gnade der Auferstehung willen, dieses Grabmal errichtet worden und also zum Gedächtnis der Nachwelt.[22]

Wie diese, ist ein großer Teil dieser Inschriften heute nicht mehr im Original erhalten, sondern lediglich in den Abschriften gelehrter Forscher des 17. bis 19. Jahrhunderts, die angesichts der späteren Zerstörungen zu wichtigen Sekundärquellen wurden. Auf Halle bezogen, ist da in erster Linie an Johann Gottfried Olearius zu denken; er veröffentlichte bekanntlich 1674 unter dem Titel *Coemiterium Saxo-Hallense* eine topographische Beschreibung der Hallischen Kirchen, in deren Mittelpunkt der Stadtgottesacker steht (Abb. 7). Dabei überlieferte er auch mehrere Hundert Inschriften, die heute nicht mehr vorhanden sind. Besonderen Wert gewinnt seine Erfassung dadurch, dass im Druck versucht wird, die Buchstabenformen und ihre Anordnung annähernd wiederzugeben, das Corpus also weit über eine bloße Textdokumentation hinausgeht. Der Vergleich mit erhaltenen Inskriptionen zeigt, dass Olearius' Abschriften relativ zuverlässig sind, was den Wortlaut betrifft. Mit der nötigen kritischen Distanz betrachtet, sind diese Texte hilfreiche Sekundärquellen, ebenso wie bildliche Darstellungen: Gemälde, Zeichnungen und ältere Fotografien.[23]

Gerade die enge personelle Verflechtung der Angehörigen der sozialen und wirtschaftlichen Eliten, die in den Inschriften zum Ausdruck kommt, machen diese so zu einer einzigartigen Quelle für die familiengeschichtliche und prosopographische Erforschung der städtischen Oberschicht.[24] Mit einem Bestand von (nach vorläufigem Befund) annähernd 120 erhaltenen und über 300 überlieferten epigraphischen Texten handelt es sich hier bereits unter quantitativem Gesichtspunkt um einen beachtlichen Fundus frühneuzeitlichen Quellenmaterials.

Es ergibt sich eine große Zahl personengeschichtlicher und nicht nur für die Landes- und Stadtgeschichte wertvoller Daten. Zunächst ist an die Gewinnung der Lebensdaten und Informationen über verwandtschaftlichen Verbindungen vieler Hundert Personen aus anderthalb Jahrhunderten zu denken. Solche sind in barocken Grabinschriften nicht auf Angaben zu Geburt und Tod beschränkt,

22 Bogen 54, Steinepitaph des Sebastian Boetius (nicht erhalten). OLEARIUS, Coemiterium (wie Anm. 4), S. 53 f.; Johann Christoph VON DREYHAUPT, Pagus Neletici et Nudzici, Oder Ausführliche diplomatisch-historische Beschreibung des [...] Saal-Creyses, [...] 2 Bde., Halle 1749–1750, Bd. 2, S. 592.

23 Vgl. weiter: Carl Gottlieb DÄHNE, Neue Beschreibung des Halleschen Gottesackers nebst geschichtlichen Bemerkungen über die Gräber und Begräbnißgebräuche der Christen, Halle 1830.

24 Erich NEUSS, Der hallische Stadtgottesacker als Quelle familiengeschichtlicher Forschung, in: Ekkehard 5–10 (1929–1934) (29 Fortsetzungen); Klaus KRÜGER, Die Inschriften des Stadtgottesackers in Halle (1557–1700). Ein Editions- und Forschungsprojekt, in: Jahrbuch für hallische Stadtgeschichte 2 (2004), S. 151–158; DERS., »Allhier unser Ruhbettlein« – der hallische Stadtgottesacker, in: Geschichte der Stadt Halle, Bd. 1: Halle im Mittelalter und in der Frühen Neuzeit, hg. von Werner FREITAG und Andreas RANFT, Halle 2006, S. 393–402.

Abb. 7: Bogen 74, Figurengrabstein für Gottfried Olearius, † 1685, und Familie (Foto: Ilja Claus, Halle)

sondern diese geben mitunter minutiös die Lebensstationen und die verwandtschaftlichen Verhältnisse der Bestatteten wieder. So lassen sich Ansätze zu einer Hallischen Prosographie der frühen Neuzeit erkennen. Mehrere Register werden den Bestand nach Personennamen, Wappen und Marken, Ständen sowie einzelnen ikonographischen Merkmalen, nach Künstlern und Handwerkern erschließen. Die Inskriptionen werden dadurch als Quellen für weitere historische, kunsthistorische, genealogische, philologische, theologische, volkskundliche und andere Forschungen nutzbar gemacht.

Darüber hinaus spiegeln gerade Inschriften vielfältige frömmigkeits- und geistesgeschichtliche Prozesse wie etwa die sich im Laufe der Jahrhunderte wandelnden Vorstellungen von Tod, Jenseits und Auferstehung oder die Entwicklung der Volkssprache zu einem auch für repräsentative Zwecke geeigneten Ausdrucksmittel neben dem Lateinischen. Und auch der immanente Vergleich der Inschriften im Zusammenhang von Begräbnisort, rechtlichen Kautelen, sozialem Stand und der individuellen Verwendung von Heraldik und religiöser Symbolik lässt Rückschlüsse auf ein selbstreferentielles System von Prestigedenken, Eigen- und Fremdwahrnehmung zu, die über die von den jeweiligen Verfassern und Herstellern der Texte intendierten Informationen weit hinausgehen.

Denkmäler der Gründerzeit und der Verfall öffentlicher Erinnerungsräume*

Martin Höppl

1. Das Denkmal in der Krise – Annäherung an ein verstaubtes Thema

An den immer noch zahlreichen Denkmälern aus der Zeit zwischen 1871 und 1914/18 gehen wir in der Regel achtlos vorüber. Sie scheinen nur wenig mit den Problemen unserer urbanen, mobilen Gesellschaft zu tun zu haben. Wie kann man sich in einer Zeit von Globalisierung und *web 2.0* angemessen mit dem Gegenstand Denkmal auseinandersetzen? Was können uns die pompösen, überladenen Monumente aus den Jahrzehnten vor dem Ersten Weltkrieg, jener Urkatastrophe des 20. Jahrhunderts (George F. Kennan), überhaupt noch sagen? Und sollten wir nicht vielmehr froh sein, wenn uns die Zerrbilder von Kaiserkult und Reichseuphorie aus den Augen und aus dem Sinn verschwinden? Um diese und ähnliche Fragestellungen wird es im Folgenden gehen. Sicherlich stellen sich einige von uns solche Fragen und haben noch keinen adäquaten Weg zur Aneignung der Denkmäler gefunden.

In einzigartiger Weise verkörpert das öffentliche Denkmal, vorzugsweise auf einem Granitsockel stehend und in Erz gegossen, das, was wir als den Zeitgeist des ausklingenden 19. Jahrhunderts in Erinnerung haben. Im anschließenden Kapitel wird der Gegenstand daher anhand historischer Definitionen und aktueller Forschung enger eingegrenzt. Die aufgeklärte bürgerliche Gesellschaft, wie sie sich nach 1789/92 bzw. nach der Säkularisation 1802/03 und nach der Völkerschlacht bei Leipzig 1813, spätestens aber nach dem Fall Napoleons 1815 und der Revolution von 1848 herauszubilden begann, erreichte in ihrer Selbstwahrnehmung vor 1914 einen solchen kulturellen und technischen Höhepunkt, dass zahl-

* Für die Druckerlaubnis bzw. die Bereitstellung resp. Anfertigung von Reproduktionen danke ich herzlich Herrn Dr. Martin Meyer (Hessische Landesbibliothek Wiesbaden), Herrn Georg Habs und Herrn Siegmund Dieser (Stadtarchiv Wiesbaden, Digitales Multimediaarchiv) sowie Herrn Dr. Thomas Weichel. Außerdem danke ich Herrn Dr. Bernd Blisch (Stadtmuseum Wiesbaden, Sammlung Nassauische Altertümer), Herrn Dr. Robert Zink und Herrn Jürgen Schraudner (Stadtarchiv Bamberg) sowie Herrn Sören Wölm (Städtische Registratur Bamberg).

reiche monumentale Manifestationen vermeintlicher nationaler Einheit, gesellschaftlicher Geschlossenheit und kultureller Überlegenheit als angebracht und sogar notwendig erschienen. Dabei dürfen die eminenten zentrifugalen Kräfte nicht vergessen werden, die die soziale Aufsplitterung des föderal geordneten Reichs in diverse gesellschaftliche Gruppen, politische Lager und Konfessionen unterstützten. Staatsgewalt und Gesellschaftsordnung in den diversen Reichsteilen waren noch nicht gefestigt. Zudem suchte eine junge Generation und mit ihr gärende Avantgarden nach neuen künstlerischen Wegen und Ausdrucksformen.

Bei den meisten Denkmälern handelte es sich weniger um allgemein anerkannte und von jedermann getragene Zeichen des Sieges und der Einheit, als vielmehr um ein Mittel der herrschenden Schichten, die zahlreichen Brüche nach der Proklamation des Deutschen Reichs in Versailles zu überdecken. Sie sollten gewissermaßen eine Zentripetalkraft zur inneren Reichsgründung unterstützen, die neben Symbolhandlungen und Integrationsfiguren auch öffentlicher Symbole bedurfte. Jedoch sollte die integrative Wirkung sowie die in weite Bereiche der Gesellschaft diffundierende Identifikation mit den Erinnerungszeichen und die große, überschwängliche Begeisterung bei ihrer Enthüllung nicht vergessen werden, obwohl die Initiatoren neuer Denkmalprojekte fast ausschließlich Vertreter des gehobenen Bürgertums, Reichspolitiker und kommunale Honoratioren waren, d. h. alte, verdiente, kaisertreue Herren aus der Oberschicht. An den Sammelkampagnen für die Denkmäler beteiligten sich nicht nur wohlhabende Bürger, sondern auch kleine Leute, die nur marginale Beträge beizubringen vermochten, die mit einer Spende aber ihrer Zugehörigkeit zu einer hierarchisch gegliederten und militärisch disziplinierten Gesellschaft symbolisch Ausdruck zu verleihen suchten.

Das Reich steigerte durch die Denkmalsetzungen in der Tat seine gesellschaftliche Akzeptanz. Vor diesem Hintergrund sind die zahlreichen Debatten und Kontroversen zur Schaffung von Konsens nach der Gründung des Norddeutschen Bundes und der Durchsetzung der kleindeutschen Lösung 1866/67 sowie verstärkt ab Ende der 1880er Jahre im Zusammenhang mit Enthüllungsfeiern als Anzeichen höchster Aufmerksamkeit weiter Schichten zu verstehen. Schließlich bildeten die Feierlichkeiten zur Grundsteinlegung und Einweihung Festtage, an denen sich in der Regel alle kommunalen Institutionen und tonangebenden Gruppen, Vereine und Persönlichkeiten beteiligten. In den folgenden Jahrzehnten wurden die Denkmalplätze für feierliche Zeremonien, Jubiläumsfestivitäten und Paraden benutzt.

Spätestens mit den Zerstörungen, die der Bombenkrieg über die größeren Städte in Deutschland gebracht hat, haben die gründerzeitlichen Monumente ihre ursprüngliche Bedeutung für die Gesellschaft, ihren urbanen Kontext, ihren architektonischen Rahmen und ihr intendiertes Zielpublikum verloren. Seit der Nachkriegszeit dienen sie wohl niemandem mehr ernsthaft zur nationalen Selbstfindung oder gar Identifikation, sondern werden als historische Überreste aus der distanzierten Haltung demokratischer Kunst- und Geschichtsaneignung heraus betrachtet und gedeutet. Einige ausgewählte Möglichkeiten für Neuinterpretationen werden gegen Ende dieses Aufsatzes vorgestellt.

Um die Denkmalproduktion der Gründerzeit richtig einordnen zu können, ist es notwendig, sich ein paar grundlegende Charakteristika der historistischen Kunst in Erinnerung zu rufen. Wichtige Anstöße dazu gaben u. a. die Kunstwissenschaftler Hans Sedlmayr und Werner Hofmann, aber auch Geschichtswissenschaftler, auf die ich zunächst kurz zu sprechen kommen will. Bereits 1948 erschien das kontrovers diskutierte Buch »Verlust der Mitte« von Hans Sedlmayr, das schnell zahlreiche Neuauflagen erlebte.[1] Er ging davon aus, dass sich nach der Französischen Revolution »neue führende Aufgaben« der Kunst herausgebildet hätten: der Landschaftsgarten, das architektonische Denkmal, das Museum, das Theater und die Ausstellung sowie die Fabrik, der Nutzbau und das Wohnhaus.[2] Auch wenn an dieser Stelle Sedlmayrs Thesen und sein teleologisches Geschichtsmodell nicht grundsätzlich diskutiert und hinterfragt werden können, geschweige denn eine genauere Einschätzung seiner Person und seines Lebenswerks zu leisten ist, kann doch festgestellt werden, dass sich in jedem Denkmal mehrere dieser Leitgattungen in unterschiedlichen Gemengelagen widerspiegeln. Sedlmayrs Ansatz kann also adaptiert auf die Denkmälerforschung interessante Aufschlüsse über jedes einzelne Monument bzw. neue Denkansätze und weiterführende Perspektiven eröffnen.

Schon von Zeitgenossen wurde der allgemeine Historismus als Grundzug des Epochenabschnitts erkannt. Es wundert kaum, dass sich die bürgerlichen Bildungsinstitutionen, Theater und Museum, in bisher nicht gekanntem Umfang der Historie zuwandten. In Ausstellungsparks wurde, viel exzessiver als zuvor im philosophischen und philanthropischen Intentionen und Leitgedanken folgenden Landschaftspark, der schier unerschöpfliche Fundus an verfügbaren Produkten aus allen Bereichen des Lebens vor Augen geführt. Dieses visuelle Milieu der Kunst- und Gewerbeausstellungen bestimmte in einer Zeit allgegenwärtiger Musealisierung die Sehgewohnheiten der Denkmalfreunde. Das Denkmal als Präsentationsstück auf der städtischen Bühne musste also gewachsenen Ansprüchen an Theatralizität und Schaulust genügen; einfaches Belehren mit dem erhobenen Zeigefinger genügte nicht. Man erwartete dramatisches Pathos und neobarocken Pomp. Die Ordnung der urbanen Raummatrix um das Denkmal herum, d. h. der architektonische Kontext samt ephemeren und gartenkünstlerischen Zutaten, lieferte Anschlussmöglichkeiten für Bildungsbürger beim Park- und Stadtspaziergang ebenso wie Spektakel für jedermann bei Ausstellungen, Jahrmärkten und Vaudevilles. Die letzte große Blüte des bürgerlichen Denkmals überlappt sich an dieser Stelle augenfällig mit der Geburtsstunde des Films, der in einem ähnlichen Umfeld entstand. Über die Interdependenzen von Leitgattungen bzw. -typen, Ideen und Motiven äußerte sich 1960 der Kunsthistoriker Wer-

1 Hans SEDLMAYR, Verlust der Mitte, Die bildende Kunst des 19. und 20. Jahrhunderts als Symptom und Symbol der Zeit, Salzburg [6]1953 (Originalausgabe: 1948).
2 Vgl. Ebd., S. 15–60.

ner Hofmann in seinem Klassiker »Das Irdische Paradies«: »Im 19. Jahrhundert vermischen sich Kirche, Denkmal und Museum zu eigentümlichen Zwitterbildungen«.[3] Man kann hinzufügen, dass sich diese Hybridisierungen im Feld des öffentlichen Stadtraums ganz selbstverständlich vollzogen, während sie im Bereich der Sammlungskunst stets nur simuliert werden können. Die Stadtgesellschaft und der Raum der Stadt mit seinen heterotopen Qualitäten boten alle Voraussetzungen für die Ausprägung solcher Mischungen als ständig im Fluss begriffenen Plätzen gesellschaftlicher Selbstreflexion. Für die Rekonstruktion des Wandels solcher Konstruktionen ebenso wie der architektonischen Räume in der Stadt ist die Analyse des Verlaufs von Diskursen ein notwendiges Werkzeug. Im vierten Kapitel wird eine solche Analyse exemplarisch an der omnipräsenten Diskussion um die Denkmalfülle vorgeführt.

Ihren Höhepunkt erreichte die Denkmalproduktion in den 1890er Jahren, übrigens parallel zum Kulminationspunkt der Zeitungs- und Zeitschriftenpublizistik. Auch wenn signifikante Differenzen in den Reichsteilen festzustellen sind, ist doch überall der höchste Anstieg von Denkmalsetzungen nach der Abdankung des Reichskanzlers Otto von Bismarck 1890 zu verzeichnen. Die frühen Jahre der wirtschaftlichen und gesellschaftlichen Konsolidierung des Kaiserreichs stehen demgegenüber auch in der theoretischen Reflexion zurück. Die »Gründerzeit« sei hier bewusst weit gefasst, d. h. nicht nur im engeren wirtschaftsgeschichtlichen Sinne verstanden. In erster Linie sei durch diese Begriffswahl auf die Tatsache verwiesen, dass sich die Mehrheit der Denkmäler zumindest indirekt auf die Reichsgründung beziehen oder von den nach 1871 etablierten herrschenden Klassen, sozusagen der Gründervätergeneration, durchgesetzt wurden.[4] Auch die konservative Kultur der Gründergeneration war zutiefst von Modernisierungsprozessen geprägt, wenngleich sich dies formalästhetisch nicht so äußerte wie an Beispielen der Klassischen Moderne.

Anders als berühmte Werke der Bildhauerei, die für einen musealen oder halböffentlichen Kontext geschaffen wurden, wie etwa das *Beethovendenkmal* Max Klingers, das sich heute im Museum der bildenden Künste in Leipzig befindet (1902), und der *Brunnen mit knienden Knaben* im Museum Folkwang von Geor-

3 Werner HOFMANN, Das Irdische Paradies, Motive und Ideen des 19. Jahrhunderts, München ^{2}1974 (Originalausgabe: 1960), S. 69.

4 Vgl. Hans-Peter ULLMANN, Das Deutsche Kaiserreich 1871–1918, Frankfurt am Main 1995, insbesondere S. 95–137. Siehe auch Wolfgang J. MOMMSEN, War der Kaiser an allem schuld? Wilhelm II. und die preußisch-deutschen Machteliten, München 2002. Der Begriff »Gründerzeit« stammt aus der Wirtschaftsgeschichte und bezieht sich auf die Phase zahlreicher Neugründungen von Industrieunternehmen nach 1871. Sie wird auch gelegentlich bereits in der Mitte des 19. Jahrhunderts angesetzt. Im Folgenden wird auf keine der historiographischen Begriffsdefinitionen und Zäsursetzungen direkt Bezug genommen. Der chronologische Rahmen wurde bewusst weit gefasst. Die zu Geld gekommenen Unternehmer waren häufig Financiers von Denkmalprojekten im Kaiserreich oder wurden, wie Alfred Krupp vor der Essener Marktkirche von Fritz Schaper (1889), selbst als Helden der neuen Zeit im Denkmal verewigt.

Abb. 1: Parade vor dem Wiesbadener Kaiser-Friedrich III.-Denkmal (1897) des Berliner Bildhauers Joseph Uphues bei der feierlichen Einweihung des Kurhauses im Mai 1907 (StadtMus Wiesbaden, SNA, AK 01435)

ge Minne (1905), kennzeichnet das typische Standbild im Stadtraum schon allein durch seinen nicht neutralen Aufstellungsort ein besonderer Öffentlichkeitscharakter. Es waren daher selten einfache Auftragsarbeiten eines Mäzens, sondern sie wurden im Planungsstadium zum Gegenstand der allgemeinen Diskussion in der lokalen Presse ebenso wie in überregionalen Fachzeitschriften.[5] Vielerorts lassen sich »Grabenkämpfe« im Zusammenhang mit Denkmalsetzungen beobachten. Zudem wurden öffentliche Denkmäler stets für einen bewegten Betrachter geschaffen. Die Kulturtechnik des Zu-Fuß-Gehens im Zusammenhang mit der Entwicklung der bürgerlichen Promenade wird ausführlicher in Kapitel 6 analysiert.

Statt einer isolierten Analyse von Denkmälern wird im Folgenden eine kontextbezogene Perspektive gewählt, d. h. im Mittelpunkt stehen nicht einzelne Beispiele der Bildhauerkunst, sondern ihr Bezug zum Aufstellungsort, dem Denkmalplatz als öffentlichem Erinnerungsraum. Mit diesen Räumen für die Erinnerung seien hier die gebauten Stadtplätze und ihre räumlichen Konstellationen gemeint. Als Anregung kann u. a. Aleida Assmanns Studie über Erinnerungsräume dienen, wenngleich sich die Erinnerungsforscherin in erster Linie

5 Vgl. Jürgen Habermas, Strukturwandel der Öffentlichkeit, Untersuchungen zu einer Kategorie der bürgerlichen Gesellschaft, Darmstadt/Neuwied [11]1980 (Originalausgabe: 1962).

theoretisch mit dem Thema auseinandergesetzt hat und den Begriff meist im übertragenen Sinne verwendet. In ihrem Buch stellt sie unter Bezugnahme auf Pierre Nora von Anfang an klar fest, dass von einem allgegenwärtigen Kreislauf von Erinnern und Vergessen, gewissermaßen einem Zyklus von Kreation und Zerstörung auszugehen sei, und dass sich Bewusstsein generell »im Zeichen des Abgelaufenen« entwickle.[6] Bei jedem Denkmal lässt sich also fragen, ob seine Stiftung durch nostalgische Gefühle der älteren Generation in der Zeit des Wilhelminismus motiviert war. Die Nutzungskonzepte und die Inszenierung der öffentlichen Räume können dafür wichtige Hinweise liefern (Abb. 1).

Das Bewusstwerden eines Erinnerungszyklus ist stets gekoppelt an Umbruchphasen, in denen die Gesellschaft im Übergang von einem temporalen Ordnungsmodell zum anderen begriffen ist. Als einen solchen Bruch, der mit einer kollektiven Beschleunigungserfahrung verbunden war, arbeitete Reinhart Koselleck die neuzeitliche Abkehr vom *historia magistra vitae*-Modell der Heilsgeschichte heraus.[7] Eine ebensolche Phase, in der das Individuum sich von der Geschwindigkeit der Entwicklungen förmlich überrollt sah, ist die Zeit der Hochindustrialisierung vor etwas mehr als 100 Jahren gewesen. Dass es sich beim Thema Gedächtnis nicht um eine akademische Modeerscheinung handelt,[8] sondern um einen Dauerbrenner geisteswissenschaftlicher Studien, macht bereits die Tatsache bewusst, dass wir uns gegenwärtig wiederum in einer durch Medientechnologien und Internetinnovationen vorangetriebenen Beschleunigungsphase befinden. Ähnlich wie man die eigene Identität im Kaiserreich daran knüpfte, die Gründung des Reichs zu erinnern, und damit die kollektive Selbstvergewisserung und nationale Einheit zu fördern suchte, so versuchen wir uns heute manchmal im Zuge der durchlaufenen technischen Neuerungswellen als *digital natives*, als Web-Pioniere oder als Teilhaber am digitalen Zeitalter zu definieren. Den größten Bruch der Erinnerungs- und Denkmalkultur stellte der Zweite Weltkrieg dar, der zu zahllosen Denkmalversetzungen führte, was gegen Ende dieses Aufsatzes zur Sprache kommen wird.

Stets haben sich die Mechanismen und Formen der Erinnerung gewandelt: So errichten wir verdienten Persönlichkeiten kaum noch figürliche Standbilder als Mittelpunkte von Platzanlagen, sondern nehmen sie in die Mitte einer virtuellen *hall of fame* auf, drehen Filmbiographien, sogenannte *Biopics*, schaffen online-Datenbanken und -Lexika oder verewigen Ereignisse durch Photos und Videos in Internetforen, d. h. wir versuchen, die flüchtigen Ereignisse der Zeitgeschichte

6 Aleida Assmann, Erinnerungsräume. Formen und Wandlungen des kulturellen Gedächtnisses, München [4]2009, S. 11. Auch Jan Assmann lieferte wichtige Anstöße zur Gedächtnis- und Erinnerungsforschung.

7 Vgl. Reinhart Koselleck, Vergangene Zukunft. Zur Semantik geschichtlicher Zeiten, Frankfurt am Main 1979, insbesondere S. 38–66.

8 Vgl. Michael S. Falser, Zwischen Identität und Authentizität. Zur politischen Geschichte der Denkmalpflege in Deutschland, Diss. Berlin 2008, S. 12.

in elektronischer Form zu verstetigen.[9] Während sich unsere aktuellen Erinnerungspraktiken oft an den flüchtigen *Cyberspace* knüpfen, so knüpften sie sich vor 100 oder 150 Jahren noch ausschließlich an den realen, begehbaren und gebauten Raum sowie literarische Werke. Für die Zeitgenossen war die Standbilderfrage nicht zu trennen von derjenigen nach der Proportion und Gliederung von Architektur und Stadtraum sowie deren harmonischer Gesamtwirkung. Es verwundert kaum, dass eine damals so selbstverständliche Fähigkeit wie die Rezeption und Interpretation gebauter Raumstrukturen uns heute im Zeitalter gesteigerter Mobilität, virtueller Raumaneignung und digitaler Kommunikation teilweise abhandengekommen ist. Was dem gründerzeitlichen Betrachter noch ohne großes Nachdenken geläufig war, verlangt uns heute aus verschiedenen Gründen große Mühen ab: das Lesen und Deuten von Denkmälern aus einer vergangenen Zeit. Viele räumliche und ideologische Kontexte müssen erst wieder neu entdeckt und rekonstruiert werden. Auch wenn der Gegenstand auf den ersten Blick etwas verstaubt bzw. verrostet oder oxidiert erscheinen mag, geben Quellen- und Literaturstudium doch lebendige Einblicke in die Geschichte und eröffnen Perspektiven für den zukünftigen Umgang mit den Denkmälern. Daher soll zunächst eine Erörterung des Gegenstandsbereichs unter Berücksichtigung damaliger Definitionsversuche unternommen werden.

2. Die Frage nach dem Denkmalbegriff – Definition eines vielgestaltigen Gegenstands

Im Folgenden wird es um Denkmäler im engeren, nicht um Denkmale im weiteren Sinne gehen, wie sie die Denkmalpflege erforscht und betreut,[10] genauer gesagt um diejenigen Monumente aus der Gründerzeit, die innerhalb der Städte errichtet wurden. Diese kommunalen Denkmäler aus Erz und Stein, meist auf

9 Derzeit sprießen zahlreiche, überwiegend populärwissenschaftliche Internetseiten zu urbanen Denkmallandschaften aus dem Boden: Es findet sich ein Verzeichnis der »Denkmäler in Nürnberg« auf der Seite nuernberginfos.de, »Geschichte, Geschichten und Gesichter einer Stadt«. Für Frankfurt am Main existiert die Seite *Kunst im öffentlichen Raum Frankfurt*. Die große touristische Bedeutung von Denkmälern spiegelt das reich bebilderte Angebot »Denkmäler im Bereich der Wiener Ringstraße« auf der Seite »Kunst und Kultur in Wien« (viennatouristguide). Außerdem gibt es im Lexikon des »Austria-Forums« eine »Wissenssammlung« zum Thema »Denkmale«. Auf der Seite berlin.de findet sich ein »Lexikon: Charlottenburg-Wilmersdorf von A bis Z« zum Thema »Denkmäler und Skulpturen«. Zudem werden Listen zur Kategorie »Denkmal« auf Wikipedia aufgebaut, die für eine erste Orientierung dienen können.

10 Zu den Gegenständen der Denkmalpflege gehören überwiegend Gebäude, aber auch Bodendenkmale. Die Zeitgenossen im 19. und frühen 20. Jahrhundert haben Begriffe für das Denkmal im engeren Sinn, wie Monument, Standbild sowie Ehren- und Erinnerungsmal, noch nicht scharf geschieden. Auch heute werden die meisten Begriffe zumindest umgangssprachlich annähernd synonym verwendet. Vgl. allgemein zum Denkmalbegriff: Wilfried Lipp (Hg.), Denkmal – Werte – Gesellschaft. Zur Pluralität des Denkmalbegriffs, Frankfurt am Main/New York 1993.

einem Sockel und in architektonischem Zusammenhang, sind für die Stadtforschung primär von Relevanz. An die Seite von Reiterstandbildern sowie Stand- und Sitzfiguren, die an einzelne Persönlichkeiten erinnern, treten nicht figurale und raumgreifende architektonische Ensembles mit oftmals übergreifendem nationalem Anspruch.

Einige gründerzeitliche Autoren haben Typologien und Definitionen zu diesem Gegenstand vorgelegt. Auch in Lexika und Handbüchern bemühte man sich um Unterteilungen.[11] Aus der Fülle werden einige hervorragende Beiträge herausgegriffen, die Rückschlüsse auf die damalige Hochachtung der Skulpturen und Plastiken und die Selbsteinschätzung ihrer Initiatoren erlauben. Bereits in den frühen 1870er Jahren hat sich der Wiener Kunstkritiker Ferdinand Kürnberger dem Thema angenommen und eine funktionsorientierte Definition angedacht: »Sagen wir also, das Denkmal hatte nicht nur den Zweck: 1. ein Andenken zu überliefern, sondern auch 2. eine Ehre zu bezeugen, 3. ein Ausdruck des Nationalgefühls und 4. eine Befriedigung des Schönheitssinnes zu sein«.[12] Er sah historische und nationale Bedeutung also bereits in einem ästhetischen Bezugsrahmen. Als weiteren wichtigen Punkt hob er hervor, dass Denkmäler immer zugleich Stiftungen sind. Er erkannte, dass die öffentliche Person des Stifters und seine Herrschaft legitimierenden Absichten oftmals eigentlicher Kern von Denkmalsetzungen waren. Die Stellung des Denkmals sei immer auch bestimmt von seiner Funktion in der Öffentlichkeit bzw. als »Organ der Publicität«[13] und stehe somit im mittelbaren Zusammenhang mit dem modernen Pressewesen. Die Überfülle an Monumenten führe schließlich zur Verwirrung der Jugend, für die die Bildungsinhalte zuallererst gedacht gewesen waren.

Mit mehr Bildungsoptimismus näherte sich der Heimatforscher Detlef Detlefsen rund 15 Jahre später dem Gegenstand: »Es giebt aber außer den Schriften der Dichter und Geschichtsschreiber noch andere Zeilen, in denen sich halb be-

11 Da diese Definitionsversuche schon von diversen Forschern zusammengetragen wurden, kann hier auf eine Wiederholung verzichtet werden. Vgl. dazu Lutz Tittel, Monumentaldenkmäler von 1871 bis 1918 in Deutschland. Ein Beitrag zum Thema Denkmal und Landschaft, in: Ekkehard Mai/Stephan Waetzoldt (Hg.), Kunstverwaltung, Bau- und Denkmal-Politik im Kaiserreich (Kunst, Kultur und Politik im Deutschen Kaiserreich, Schriften eines Projekt-Kreises der Fritz-Thyssen-Stiftung, Bd. 1), Berlin 1981, S. 215–275, hier S. 215f.; Helmut Scharf, Zum Stolze der Nation. Deutsche Denkmäler des 19. Jahrhunderts, Dortmund 1983, S. 9; Friedemann Schmoll, Verewigte Nation. Studien zur Erinnerungskultur von Reich und Einzelstaat im württembergischen Denkmalkult des 19. Jahrhunderts (Stuttgarter Studien, Bd. 8), Tübingen/Stuttgart 1995, S. 39–44; Ute Scherb, »Wir bekommen die Denkmäler, die wir verdienen«. Freiburger Monumente im 19. und 20. Jahrhundert (Veröffentlichungen aus dem Archiv der Stadt Freiburg im Breisgau, Bd. 36), Freiburg im Breisgau 2005, S. 12–14.

12 Ferdinand Kürnberger, Literarische Herzenssachen. Reflexionen und Kritiken, Wien 1877, S. 343. Zitiert wird im Folgenden aus zwei Essays: »Ein Aphorismus der Denkmal-Pest unserer Zeit« vom März 1872 (S. 311–337) und »Das Denkmal in der Opposition« vom Spätherbst 1873 (S. 338–374).

13 Ebd., S. 342.

wußt, halb unbewußt, das Denken und Fühlen der Nationen über sich selbst zu erkennen giebt. Das sind die Denkmäler und in erster Linie die *Nationaldenkmäler*.«[14] Diejenigen Monumente, die sich einem weiteren Publikumskreis und damit gewissermaßen einer nationalen Öffentlichkeit zuwendeten, könnten demnach als Nationaldenkmäler angesprochen werden. Sie erhielten bis in unsere Tage wesentlich mehr Aufmerksamkeit als Denkmäler mit scheinbar geringerer öffentlicher Reichweite. Assmann bemerkte in ihren Ausführungen über »Ruhmestempel und Denkmäler« treffend, dass diese im Gegensatz zu Grabmälern, die primär das private Gedenken einer Familie stützen, das Andenken einer wesentlich größeren, nationalen Gemeinschaft von Erinnernden befördern sollten.[15] Bei allen Definitionsversuchen ist also die Intensität der Beziehung zwischen Denkmal und Öffentlichkeit von besonderer Bedeutung.

Aus einer anderen Richtung näherte sich 1890 der Urbanist Joseph Stübben, der während des Kaiserreichs als Stadt- und Oberbaurat in Aachen, Köln, Posen und Berlin tätig war, den »Arten und Standorten der Denkmäler«. Sein Interesse galt weniger dem Aspekt des Nationalen als vielmehr den städtischen Kontexten, d. h. den Aufstellungsorten: »Unter ›Denkmälern‹ in unserem Sinne verstehen wir diejenigen auf den öffentlichen Straßen und Plätzen errichteten Werke der Bau- und Bildhauerkunst, welche einem Nützlichkeitszwecke nicht dienen, sondern ihre Bedeutung und ihren Werth in sich selbst tragen.«[16] Er erweiterte also den Blickwinkel typologisch hin zu architektonischen Denkmälern im urbanen Raum. Interessant erscheint, dass er die Aussonderung aus der Sphäre reiner Nützlichkeit und Zweckbestimmung, die uns heute als Charakteristikum moderner, autonomer Kunst gilt, zum konstitutiven Bestandteil seiner Auffassung vom (konservativen) Denkmal machte. Der Gedanke geht auf die Philosophie der Aufklärung zurück.

Eine grundlegende Definition des Denkmalbegriffs lieferte 1903 der Kunsthistoriker Alois Riegl in seinem Text »Der moderne Denkmalkultus«, der zur Reorganisation der österreichischen Denkmalpflege beitragen sollte. Gleich zu Beginn unterstreicht er die zentrale Bedeutung der Vergegenwärtigung: »Unter Denkmal im ältesten und ursprünglichsten Sinne, versteht man ein Werk von Menschenhand, errichtet zu dem bestimmten Zweck, um einzelne menschliche Taten oder Geschicke (oder Komplexe mehrerer solcher) im Bewußtsein der nachlebenden Generationen stets gegenwärtig und lebendig zu erhalten.«[17] Für Riegl war jedes Denkmal im weitesten Sinn ein Repräsentant für eine kunsthis-

14 Detlef DETLEFSEN, II. Unsere Nationaldenkmäler, in: H. NORDHEIM, Reden und Trinksprüche bei der Feier des Geburtstages Sr. Maj. des Kaisers Wilhelm II. nebst Gedächtnis-Reden auf die verewigten Kaiser Wilhelm I. und Friedrich III., Kattowitz 1888, S. 32–40, hier S. 33.

15 ASSMANN, Erinnerungsräume (wie Anm. 6), S. 43.

16 J[oseph] STÜBBEN, Der Städtebau, Darmstadt 1890, ND Wiesbaden 1980 (Handbuch der Architektur 4/9), S. 403.

17 Alois RIEGL, Der moderne Denkmalkultus, sein Wesen und seine Entstehung (1903), in: Karl M. SWOBODA (Hg.), Gesammelte Aufsätze. Mit einer Einleitung von Hans Sedl-

torische Entwicklungsstufe, weshalb jedes »Kunstdenkmal« eigentlich ein »kunsthistorisches Denkmal« sei und sich somit der Akzent vom bloßen »Kunstwert« zum »historischen Wert« verschiebe.[18] Bei seiner Wesensbestimmung vollzog er also eine konsequente Historisierung: »Gibt es keinen ewigen Kunstwert, sondern bloß einen relativen, modernen, so ist der Kunstwert eines Denkmals kein Erinnerungswert mehr, sondern ein Gegenwartswert.«[19] Ähnlich wie Friedrich Nietzsche forderte er eine solide, lebensweltliche Verankerung der Kunst (-denkmäler).[20] Daraus ergibt sich die Gefahr, dass der sogenannte Gegenwartswert eines Denkmals verkümmern kann, was im Extremfall seinen vollständigen Bedeutungsverlust für die nachfolgenden Generationen nach sich ziehen kann. Einem klaren Entwicklungsmodell folgend, formuliert er prägnant: »War das 19. Jahrhundert dasjenige des historischen Wertes gewesen, so scheint das 20. Jahrhundert dasjenige des Alterswertes werden zu sollen. Einstweilen befinden wir uns aber noch im Stadium des Überganges, das naturgemäß zugleich auch ein Stadium des Kampfes sein muß.«[21] Mit seiner Prognose sollte er durchaus Recht behalten. Heute erscheint uns die vorletzte Jahrhundertwende als eine Phase des Erinnerungs- und Gedächtnisumbruchs. Es bleibt abzuwarten, ob die gründerzeitlichen Denkmäler durch eine zunehmende Wertschätzung ihres Alterswerts in naher Zukunft aufgewertet werden.

Mit dem Denkmal »im eigentlichen Sinn« beschäftigte sich Mitte der 1920er Jahre ein anderer Vertreter der Wiener Schule, Julius von Schlosser, in seinem erstaunlich weitsichtigen Londoner Vortrag über den »Denkmalkultus«. Für ihn bildete das »im Freien aufgestellte, wirklich *öffentliche* Standbild« den Gegenstand. Er forderte, dass »unsere Aufmerksamkeit so gut wie ganz auf das Standbild von Männern des *theoretischen* Geistes, von *Denkern* und ganz besonders von *Künstlern* (im weitesten Sinne) gerichtet sein soll; Erfinder und Entdecker bilden schon einen Übergang zum praktischen Geiste, den Männern der *Tat*.«[22] Diese Betrachtungsweise brächte es automatisch mit sich, dass »das Thema zum wesentlich *kulturgeschichtlichen* wird. Das Kunstwerk wird hier nur in seltenen Fällen in der *Autonomie* der echten, eigentlichen *Kunstgeschichte* erscheinen, vielmehr als *Dokument geistiger Zustände und Verhaltungsweisen*«. Man merkt, wie sich Schlosser an der Position Riegls abarbeitet und schließlich weiter ausführt: »In der Tat ist es auch nicht der *künstlerische Wert* als solcher, der im Vor-

mayr (Klassische Texte der Wiener Schule der Kunstgeschichte, Bd. I/5), Wien 1996, S. 139–184, hier S. 139.

18 Ebd., S. 141. Vgl. für diesen Gedankengang bereits ab S. 140.

19 Ebd., S. 143.

20 Vgl. Friedrich NIETZSCHE, Vom Nutzen und Nachteil der Historie für das Leben, Stuttgart 2003 (Originalausgabe: 1873), insbesondere S. 17.

21 RIEGL, Denkmalkultus, S. 150 (wie Anm. 17). Vgl. insbesondere Beat WYSS, Jenseits des Kunstwollens, in: LIPP, Denkmal (wie Anm. 10), S. 31–50; FALSER, Identität (wie Anm. 8).

22 Julius v[on] SCHLOSSER, Vom modernen Denkmalkultus, in: Vorträge 1926–1927 (Vorträge der Bibliothek Warburg, Bd. 6), ND London/Wiesbaden 1967, S. 1–21, hier S. 1 f.

dergrunde steht – er ist sogar mehr als einmal geradezu zum Hindernis geworden – sondern das *Denkmalsetzen* an sich, mit seinen mannigfachen, mitunter recht unerfreulichen Hintergründen.«[23] Damit relativierte er die Bedeutung des Riegl'schen ›Kunstwerts‹ als Maßstab für die Beschäftigung mit plastischen Überresten der Gesellschafts- und Kulturentwicklung, da er ganz konkret empfahl, die Denkmäler als »Urkunden eines bestimmten Geisteszustandes« zu behandeln.[24] Mit seinen überaus differenzierten Ausführungen lieferte er gewissermaßen die erste umfassende Reflexion über die zurückliegende Phase des Denkmalbooms. Die ausgedehnte Perspektive und der dezidierte Fokus auf die Praxis der Denkmalsetzung erscheinen uns auch heute, nach circa 85 Jahren, noch durchaus aktuell.

Mit der historischen Forschung Riegls und Schlossers wurden die Denkmale im weiteren und die Denkmäler im engeren Sinn zum ersten Mal strikt aus ihrer Entstehungszeit heraus analysiert und verschiedenen Stilstufen zugeordnet. Seit den 1880er Jahren hatte die positive Neubewertung und produktive Anverwandlung des barocken Formengutes die Diskussion bestimmt. Was für Kunsthandwerk und Architektur entscheidende Folgen hatte, konnte für die Bildhauerei nicht folgenlos bleiben. Durch die Formensprache der neobarocken Standbilder, etwa der Berliner Begas-Schule, wurde ein Bezug zwischen der absolutistischen Herrscherverewigung und der Denkmalpraxis im neoabsolutistischen Kaiserreich hergestellt. Da der Denkmalkult im 19. Jahrhundert an den Barock mit seinen räumlichen Gesamtkunstwerken anschloss, wurden diese Vorläufer oft als Ausgangspunkte genannt. So bezeichnete Detlefsen im Dreikaiserjahr 1888 die *Reiterstatue des Großen Kurfürsten Friedrich Wilhelms von Brandenburg*, die Andreas Schlüter geschaffen hatte und die 1703 auf der Langen Brücke in Berlin aufgestellt worden war, als erstes deutsches Nationaldenkmal.[25] Diese Figur war allerdings aus einem anderen Geist heraus und vor einem anderen politischen Hintergrund entstanden. Als Hauptwerk der vor-gründerzeitlichen Denkmalkunst gilt uns daher vielmehr das *Reiterstandbild Friedrichs des Großen* Unter den Linden (1840–1851), das den stilbildenden Status des Realismus Christian Daniel Rauchs begründete.[26] Die Reiterfigur wurde nicht nur künstlerisch prä-

23 Ebd.

24 Ebd., S. 2. Zum Thema der Denkmäler als Dokumenten politischer Öffentlichkeit vgl. Fußnote 30.

25 DETLEFSEN, Unsere Nationaldenkmäler (wie Anm. 14), S. 34. Einige Forscher setzen mit dem Denkmal den Beginn einer neuen Tradition an, vgl. z. B. Peter BLOCH, Denkmal und Denkmalkult, in: DERS./Sibylle EINHOLZ/Jutta von SIMSON (Hg.), Ethos und Pathos, Die Berliner Bildhauerschule 1786–1914, Jahresgabe des deutschen Vereins für Kunstwissenschaft (Ausstellung der Skulpturengalerie der Staatlichen Museen Preußischer Kulturbesitz, 19. Mai bis 29. Juli 1990 im Hamburger Bahnhof), Berlin 1990, S. 191–205. Von der Nennung der Grundlagenliteratur zu den einzelnen, angeführten Beispielen wird in diesem Zusammenhang abgesehen.

26 Vgl. Ursula STORM, Auch die Plastik vor dem Thron der Kritiker? Vorläufige Bemerkungen und Beispiele zur Kunstkritik mit Blick auf die Plastik in Berlin, in: BLOCH/EINHOLZ/SIMSON, Ethos (wie Anm. 25), S. 309–324. In den vergangenen Jahrzehnten hat Jutta

gend, sondern prägte zusammen mit den Friedrichsbildern Adolf Menzels ein Image des populären Herrschers, an dem sich Autoren und Filmemacher bis heute abarbeiten, was unlängst beim 300jährigen Geburtstagsjubiläum Friedrichs II. erneut deutlich wurde.[27]

Denkmäler zur Verewigung großer Köpfe gliedern sich immer ein in die lange Reihe geistiger Spitzenleistungen; ähnlich wie die Literaturwissenschaft berühmte Autographen und Meistererzählungen als nationale Denkmäler rühmt und einem Kanon zuordnet. Ulrich Schlie brachte den Zusammenhang zwischen gegenwärtiger Erinnerung und epochenübergreifendem Gedächtnis prägnant zum Ausdruck: »Denkmäler sind Spuren der Geschichte in der Gegenwart. Sie verkörpern Dauer im Wandel.«[28] Schon früh bezeichneten Geschichtsschreiber Quellengattungen als Denkmale, so z. B. Chladenius und im 19. Jahrhundert Johann Gustav Droysen.[29] Heute spricht man sowohl im Zusammenhang mit Denkmälern als auch mit Texten von Medien der Erinnerung. Denkmäler können also als eine Art eigenständige, nicht schriftliche Quelle bezeichnet werden.[30]

Als wichtige Etappe bzw. Vorstufe der späteren monumentalen Memorialkunst wurde stets die Kunstförderung König Ludwigs I. von Bayern angesehen. Seine großen Denkmalbauten, die *Ruhmeshalle* Leo von Klenzes an der Münchner Theresienwiese (1843–1853) mit der kolossalen *Bavaria* Ludwig von Schwanthalers, die *Walhalla* bei Donaustauf (1830–1842) und die durch Friedrich von Gärtner begonnene *Befreiungshalle* bei Kelheim (1842–1863) seien an dieser Stelle erwähnt. Als erstes großes Nationaldenkmal, das für eine Reihe weiterer Landschafts- und Provinzialdenkmäler vorbildhaft wirkte, gilt das *Hermanns-*

von Simson die bedeutendsten preußischen Bildhauer intensiv bearbeitet und Monographien zu Schadow, Rauch (zudem über sein Friedrichsmonument), Albert Wolff, Fritz Schaper und Reinhold Begas vorgelegt.

27 Das populäre Bild Friedrichs des Großen basierte insbesondere auf den Friedrich-Bildern Menzels aus der Jahrhundertmitte. Vgl. dazu: Hubertus Kohle, Adolph Menzels Friedrich-Bilder. Theorie und Praxis der Geschichtsmalerei im Berlin der 1850er Jahre, Habil. Bochum 1996 (Münchner Universitätsschriften des Instituts für Kunstgeschichte, Bd. 1), München/Berlin 2001. Im Sommer 2012 zeigte das Deutsche Historische Museum in Berlin eine Ausstellung mit dem vielsagenden Titel »Friedrich der Große – verehrt, verklärt, verdammt« (vgl. dhm.de). Die Schau befasste sich mit der medialen Vermitteltheit des Friedrichsbildes.

28 Ulrich Schlie, Die Nation erinnert sich. Die Denkmäler der Deutschen, München 2002, S. 7.

29 Vgl. Scherb, Denkmäler (wie Anm. 11), S. 12.

30 Meist spricht man von Dokumenten politischer Öffentlichkeit. Vgl. dazu u. a. Falser, Identität (wie Anm. 8), hier S. 9 und Karl Arndt, Denkmaltopographie als Programm und Politik. Skizze einer Forschungsaufgabe, in: Mai/Waetzoldt, Kunstverwaltung (wie Anm. 11), S. 165–190, hier S. 186. Siehe dazu auch Fußnote 24. Für philosophische sowie geistes- und ideengeschichtliche Zusammenhänge der Historismusdebatte vgl. insbesondere Michael Brix/Monika Steinhauser, Geschichte im Dienste der Baukunst. Zur historischen Architektur-Diskussion in Deutschland, in: Dies. (Hg.), »Geschichte allein ist zeitgemäß«. Historismus in Deutschland, Gießen 1978, S. 199–327.

denkmal Ernst von Bandels bei Detmold im südlichen Teutoburger Wald (1838–1875).

Viele Kommunen beauftragten bereits im Vormärz berühmte Bildhauer aus München, Berlin und Dresden, wo moderne Gusswerkstätten entstanden waren, mit Denkmälern regionaler Vertreter der nationalen Geisteskultur: *Luther* in Wittenberg von Johann Gottfried Schadow (1821), *Gutenberg* in Mainz (1837) und *Schiller* in Stuttgart (1839), beide von Bertel Thorvaldsen, *Dürer* in Nürnberg von Rauch (1840), *Mozart* in Salzburg (1842) und *Goethe* in Frankfurt (1844), beide von Schwanthaler, *Beethoven* in Bonn vom Dresdner Ernst Hähnel (1845), *Lessing* in Braunschweig von Rietschel (1849) sowie *Kant* in Königsberg von Rauch (1864), um nur die prominentesten zu nennen. Als gelungenster und originellster Vertreter dieser Gruppe wurde stets das Weimarer *Doppeldenkmal Goethes und Schillers* von Ernst Rietschel (1857), dem kreativen Kopf der Dresdner Schule, bezeichnet. All diese Denkmäler halfen mit, Deutschland als das Land der Dichter und Denker in den Köpfen zu verankern.[31]

Zudem erhielten herausragende Militärs in dieser Phase eigenständige, monumentale Ehrungen, die über Sockelfiguren an Herrscherdenkmälern hinausgingen. Zu nennen sind etwa *Blücher* in Rostock von Schadow (1814–1819) sowie *Tilly* und *Wrede* an der Münchner Feldherrnhalle (1844), beide von Schwanthaler. Nicht weit davon entfernt steht das *Reiterdenkmal des bayerischen Kurfürsten Maximilians I.* von Thorvaldsen auf dem Wittelsbacherplatz (1836/37). Er wurde als Feldherr und Anführer der Heiligen Liga im Dreißigjährigen Krieg in originaler, zeitgenössischer Rüstung dargestellt. An dieser Stelle sei darauf hingewiesen, dass der sogenannte Kostümstreit auf dem Felde der monumentalen Bildhauerei u. a. anlässlich der Enthüllung des Rostocker Blücherdenkmals heftig ausgetragen wurde – ebenfalls ein Phänomen des Übergangs. Formale Stilfragen nach dem Zusammenhang von Idealisierungsgrad und Wirklichkeitsnähe sollten auch für den Neobarock sowie realistische und naturalistische Strömungen und schließlich die neoklassische und impressionistische Moderne sowie den Jugendstil von zentraler Bedeutung bleiben.[32] Das ganze 19. Jahrhundert hindurch waren die Formstreitigkeiten in der Bildhauerei eng an den Architekturdiskurs, etwa die bis ins 18. Jahrhundert zurückreichende Polychromiedebatte geknüpft. Alle Krisendiagnosen rund um den Historismus und die Wahl des zeitgemäßen, modernen Stils fanden vor dem Hintergrund des philosophischen und gesellschaftlichen Richtungsstreits statt und spiegeln sich in der Entwicklung von

31 Vgl. dazu u. a. SCHLOSSER, Denkmalkultus (wie Anm. 22), S. 11: Er hatte bereits den Blick zu erkennen, dass es zeitgleich auch in Frankreich, den Niederlanden und Belgien ähnliche Bestrebungen gab. Die Planungen vieler dieser Denkmäler zogen sich über Jahrzehnte hin und reichten nicht selten bis in die Zeit um 1800 zurück. Viele Kritiker hoben das Weimarer Doppeldenkmal positiv hervor, vgl. z. B. A[lexander] HEILMEYER, Die moderne Plastik in Deutschland (Sammlung Illustrierter Monographien, Bd. 10), Bielefeld/Leipzig 1903, S. 4.

32 Vgl. Ebd.

Skulptur und Plastik wider.[33] Es wäre eine interessante Aufgabe, die Kritiken bezüglich der wahllosen Aufstellung immer neuer Denkmäler und der Wahllosigkeit bei der Stilfindung von Gebäuden zu vergleichen und die Verknüpfungen dieser Diskurse herauszuarbeiten.

Alexander Heilmeyer legte 1903, also im gleichen Jahr, als Riegl seinen Text zum Denkmalbegriff im weiteren Sinne publizierte, seine reich photographisch bebilderte Studie »Die moderne Plastik in Deutschland« vor, die für das breite Publikum das ganze Spektrum der künstlerischen, formalen und stilistischen Möglichkeiten erschloss. Den Einstieg machte er mit kritischen Bemerkungen zur Krise der zeitgenössischen Bildhauerei. Die Gattung sei deswegen so unpopulär, weil sie sich weniger schnell als etwa die Malerei den modernen Strömungen geöffnet habe.[34] Er sprach sogar von »Öde« in der »deutschen Denkmälerplastik«,[35] da die meisten Werke einfach der Tradition verhaftet geblieben seien, die durch die drei großen Bildhauerschulen vertreten worden sei (Rauch, Schwanthaler, Rietschel). Die Bildhauer hätten insbesondere von den Werken Rauchs ihre Prinzipien abgeleitet und so ein »bequemes Schema«, das allgemeine Anerkennung gefunden habe, stets wiederholt. Wie zeitgleich der wohl bedeutendste Bildhauer in Deutschland, Adolf von Hildebrand, diagnostizierte auch Heilmeyer einen Mangel an räumlichen Monumenten, die nach (archi-)tektonischen Formprinzipien gestaltet worden waren: »Indem sich die Künstler in erster Linie die Ausarbeitung des gegenständlichen Inhalts angelegen sein ließen, vernachlässigten sie darüber das tektonische Moment. Die allermeisten dieser Denkmale ermangeln daher einer großartigen räumlichen Wirkung.«[36] Auf solche Krisendiagnosen hatten die Künstler zu reagieren.

Zwei zeitgenössische Definitionsversuche eröffnen einen überaus aufschlussreichen Blick darauf, wie bereits während des Denkmalbooms versucht wurde, den Gegenstand zu fassen.[37] In Preußen schloss man sich meist den kaiserlichen Vorlieben an, weshalb die Auffassung vom Sinn und Wert der Denkmäler stark von der monarchischen Euphorie gekennzeichnet war. So schlug Fritz Abshoff kurz nach Heilmeyer im Prunkband »Deutschlands Ruhm und Stolz« eine thematische Typologie von National-, Krieger-, Sieges-, Friedens-, Schlachten- und Heldendenkmälern vor und empfahl emphatisch: »Keine deutsche Stadt, keine Stadt, wo Deutsche wohnen, sollte es versäumen, ihre Helden und sich selber durch Errichtung eines solchen ›memento‹ zu ehren!«[38] Kurz darauf definierte Albert Hofmann im prächtig illustrierten Denkmälerband aus dem »Handbuch

33 Über lange Jahre stellte dieser Diskurs eines der Hauptbetätigungsfelder der Historismusforschung dar. Die umfangreiche Literatur wird nicht aufgezählt.

34 Heilmeyer, Plastik (wie Anm. 31), S. 1.

35 Ebd., S. 3.

36 Ebd.

37 Für diverse Definitionen aus Lexika und Handbüchern vgl. die Verweise in Anm. 11.

38 Fritz Abshoff, Deutschlands Ruhm und Stolz. Unsere hervorragendsten vaterländischen Denkmäler in Wort und Bild, Berlin o. J. [um 1904].

der Architektur« nüchtern: »Das Denkmal (Monumentum = Erinnerungszeichen, Denkmal, Andenken – von moneo, monui, monitum, monere = an etwas denken machen, erinnern, mahnen) ist ein Mal, ein Zeichen des Gedenkens einer Begebenheit, eines Ereignißes, ein Erinnerungsmal.«[39] Der direkte Zusammenhang mit einer lebendigen Erinnerungskultur und einem aktiven Anverwandlungsprozess war den Zeitgenossen selbstverständlich, weshalb es besonders wichtig ist, auf den historischen Wandel von Rahmenbedingungen der Rezeption zu achten. An Assmann anknüpfend kann man sagen: Die Denkmäler als Zeugen des epochenübergreifenden Gedächtnisses waren noch direkt mit dem kommunikativen Gedächtnis verbunden, Gegenwart und Vergangenheit noch nicht voneinander abgekoppelt.[40]

Im Folgenden werden insbesondere die Verzahnungen von Denkmälern mit dem Stadtraum, der in vielerlei Hinsicht als Spiegel gesellschaftlicher Wertvorstellungen aufgefasst werden kann, in den Blick genommen. Die Vorgeschichte des Denkmalkults im Zeitalter des Absolutismus und der Aufklärung im späten 18. Jahrhundert – erwähnt seien hier stellvertretend Johann Georg Sulzer und Christian Cay Lorenz Hirschfeld –, kann hier freilich nicht aufgerollt werden.[41] Die öffentlichen Erinnerungsmale hatten damals eine wichtige Funktion im Bildungskonzept, sie besetzten räumliche Schlüsselpositionen, denen bei der öffentlichen Promenade höchste Aufmerksamkeit zuteil wurde. Es verwundert daher nicht, dass sowohl um ästhetische Fragen bezüglich des Aufstellungsorts als auch um ganz praktische Dinge der Finanzierung und Formfindung sowie Inschriften lange gestritten wurde. Auch wenn Reflexionsdefizite und Probleme mit dem Umgang der kaiserzeitlichen Denkmäler festgestellt werden können, soll die Entwicklung bis in unsere Tage nicht als reine Verfallsgeschichte gezeichnet werden. Vielmehr bietet die Situation einige verborgen schlummernde Potentiale für die Reaktivierung der Denkmäler.

39 Albert HOFMANN, Denkmäler mit architektonischem oder vorwiegend architektonischem Grundgedanken (Handbuch der Architektur, Bd. 4/8/2,a/II.), Stuttgart 1906, S. 301. An die Definitionen von Abshoff und Hofmann lehnte sich Peter Bloch 1990 mit seiner Definition an; BLOCH, Denkmal (wie Anm. 25), S. 191.

40 Vgl. ASSMANN, Erinnerungsräume (wie Anm. 6), S. 13.

41 Für die unmittelbare Vorgeschichte in der Zeit der Aufklärung und Romantik vgl. ARNDT, Denkmaltopographie (wie Anm. 30), S. 165–190, hier insbesondere S. 165–174; Rolf SELBMANN, Dichterdenkmäler in Deutschland. Literaturgeschichte in Erz und Stein, Stuttgart 1988, insbesondere bis S. 81; Antje LAUMANN-KLEINEBERG, Traum und Trauma. Das unausrottbare Interesse am Denkmal, in: Richard ZIEGERT (Hg.), Denkmal in Deutschland, Mainz 1993, S. 11–35. Sie befasst sich eingehend mit den Theorien Sulzers, Hirschfelds, Forsters und Schlegels sowie mit den Positionen von Görres und Goethe; Werner TELESKO, Der Denkmalskult im 19. Jahrhundert, in: Hermann FILLITZ/DERS. (Hg.), Der Traum vom Glück. Die Kunst des Historismus in Europa (24. Europarat-Ausstellung im Künstlerhaus und der Akademie der bildenden Künste in Wien, Bd. 1), Wien 1996, S. 251–255. Im zweiten Band findet sich der Katalogteil. Siehe auch BLOCH, Denkmal (wie Anm. 25); Hermann STURM, Denkmal & Nachbild. Zur Kultur des Erinnerns, Essen 2009. Der Band umfasst Kapitel zum Denkmal in Klassizismus und Romantik.

Am Anfang war Thomas Nipperdey: Mit seinem Aufsatz »Nationalidee und Nationaldenkmal« setzte 1968 die Phase der neueren Denkmälerforschung ein.[42] Er befasste sich weniger mit Fragen der (Massen-)Kommunikation sowie Konstruktion und Produktion von Raum als vielmehr mit der typologisch-systematischen Einordnung und nationalen Verortung der Denkmalfülle sowie dem Diskurs zur Nationalstaatlichkeit. Er zeigte das Forschungsfeld auf und unterteilte fünf Idealtypen: 1. das national-dynastische Denkmal, 2. die Denkmalskirchen (bzw. die Projekte zu diesen), 3. das historisch-kulturelle, 4. das national-demokratische Monument, und schließlich 5. das Denkmal der nationalen Sammlung.[43] Für eine erste Analyse ist diese Aufteilung nach Idealtypen durchaus brauchbar, allerdings verrät sie für Einzeluntersuchungen nur wenig über das jeweilige Objekt.

In den folgenden Jahrzehnten intensivierte sich die Denkmälerforschung konstant. Zu nennen ist insbesondere der umfangreiche Band »Denkmäler im 19. Jahrhundert« von Hans-Ernst Mittig und Volker Plagemann aus dem Jahr 1972, der Grundlagen legte und bis heute eine wichtige Forschungsbasis darstellt.[44] Aus den 1980er Jahren sind die Publikationen von Ekkehard Mai und Stephan Waetzoldt sowie eine Überblicksdarstellung von Helmut Scharf zu nen-

42 Thomas NIPPERDEY, Nationalidee und Nationaldenkmal in Deutschland im 19. Jahrhundert, in: DERS., Gesellschaft, Kultur, Theorie. Gesammelte Aufsätze zur neueren Geschichte (Kritische Studien zur Geschichtswissenschaft, Bd. 18), Göttingen 1976, S. 133–173. Der Aufsatz ist zuerst in Nr. 206 der Historischen Zeitschrift erschienen. Von einem eingehenden Studium auch der großen, historiographischen Meistererzählungen wurde hier abgesehen.

43 Vgl. ebd.: Als national-dynastisch bzw. monarchisch stuft er das Denkmal für Friedrich den Großen, die Burg Wittelsbach, die Siegessäule in Berlin sowie die großen Kaiser-Wilhelm-Nationaldenkmäler am Rhein und in Berlin ein (vgl. S. 136–144). Unter Denkmalskirchen fasst er Überlegungen zu einem Dom auf dem Schlachtfeld vor Leipzig, Schinkels Domprojekt sowie den Berliner und den Kölner Dom (S. 145–148). Das historisch-kulturelle bzw. Bildungs- und Kulturdenkmal sieht er in Walhalla, Ruhmeshalle und diversen Individualdenkmälern verwirklicht (S. 148–153). Als nationaldemokratisches Denkmal stuft er u. a. die Gaibacher Konstitutionssäule, den Karlsruher Obelisken, das Max-Joseph-Denkmal in München und das Burschenschaftsdenkmal bei Eisenach ein (S. 153–163). Unter Denkmälern der nationalen Sammlung fasst er das Leipziger Völkerschlachtdenkmal sowie Bismarckdenkmäler (S. 163–170). An den entsprechenden Stellen werden einzelne Hinweise auf die gründerzeitlichen Typologien gegeben werden, die sich vielmehr an der Platzform orientierten und für den Zusammenhang der Stadtforschung von größerem Wert sind.

44 Hans-Ernst MITTIG/Volker PLAGEMANN (Hg.), Denkmäler im 19. Jahrhundert. Deutung und Kritik (Studien zur Kunst des 19. Jahrhunderts, Bd. 20), München/Passau 1972. Neben einem Diskussionsbeitrag von Thomas Nipperdey (S. 18 f.) umfasst der Band Beiträge zu Hamburg (S. 20–22), der Schweiz (S. 23–26), der Vorgeschichte des architektonischen Denkmals im 18. Jahrhundert (S. 27–48), Münchner Denkmälern (S. 49–140) sowie ausgewählten Personendenkmälern. Beide Forscher haben sich in zahlreichen weiteren Publikationen der Denkmalfrage, insbesondere im 20. Jahrhundert, zugewandt. Durch die intensive Förderung der Studien-Reihe von Seiten der Fritz-Thyssen-Stiftung erlebte die 19. Jahrhundert-Forschung damals einen enormen Aufschwung.

nen.[45] In dieser Zeit erreichte die Historismusforschung eine erste große Blüte. Damals war man bemüht, die geschichtliche Bedingtheit der Monumente in ihrem kulturhistorischen Kontext neu zu entdecken. Neben den Forschungen Wolfgang Hardtwigs, der sich mit Nationsbildung und politischen Mentalitäten anhand von Denkmalsetzungen, Festen und Jubiläen sowie der Denkmaldebatte befasste,[46] ist der umfangreiche Band »Ethos und Pathos« von Peter Bloch, Sibylle Einholz und Jutta von Simson hervorzuheben, der kurz nach der Wiedervereinigung die Grundlagenforschung zur Berliner Bildhauerschule lieferte.[47]

Besonders herausgehoben seien schließlich zwei historiographische Arbeiten: In seiner umfangreichen Dissertation »Monument und Nation« nahm sich 1996 Reinhard Alings intensiv dem Thema an. Auch er beschäftigte sich in »Monumentographien« mit den gründerzeitlichen Großprojekten sowie deren Initiatoren. Neben der *Berliner Siegessäule* (1864–1873) und dem *Niederwald-Nationaldenkmal* (1871–1883) befasste er sich mit Provinzialdenkmälern sowie Monumenten für Bismarck und den Kaiser.[48] Schließlich erweiterte Michael B. Klein 2005 die Fragestellung um den Aspekt der Herausbildung von Identitätsstrukturen »Zwischen Reich und Region«.[49] Die Perspektive der beiden Arbei-

45 MAI/WAETZOLDT, Kunstverwaltung (wie Anm. 11); Wolfgang BRÜCKNER, Zugänge zum Denkmalwesen des 19. Jahrhunderts. Kollektive Trägerschaften und populäre Formen des Gedenkens, in: Ekkehard MAI/Gisela SCHMIRBER (Hg.), Denkmal – Zeichen – Monument. Skulptur und öffentlicher Raum heute, München 1989, S. 13–18; Helmut SCHARF, Kleine Kunstgeschichte des deutschen Denkmals, Darmstadt 1984.

46 Stellvertretend für sein reiches Schaffen seien hier zwei Publikationen genannt: Wolfgang HARDTWIG, Geschichtsinteresse, Geschichtsbilder und politische Symbole in der Reichsgründungsära und im Kaiserreich, in: MAI/WAETZOLDT, Kunstverwaltung (wie Anm. 11), S. 47–74; Wolfgang HARDTWIG, Geschichtskultur und Wissenschaft, München 1990. In letzterem Werk befasst er sich u. a. mit den Beiträgen Jacob Burckhardts und Max Webers sowie mit der historiographischen Literatur (Nipperdey, Fehrenbach, Koselleck, Wehler u. a.).

47 BLOCH/EINHOLZ/SIMSON, Ethos (wie Anm. 25).

48 Als Provinzialdenkmäler werden gemeinhin solche Denkmäler bezeichnet, die von einzelnen Provinzen/Reichsteilen gestiftet wurden, so z. B. das Kaiserdenkmal der Rheinprovinz am Deutschen Eck.

49 Reinhard ALINGS, Monument und Nation. Das Bild vom Nationalstaat im Medium Denkmal – zum Verhältnis von Nation und Staat im deutschen Kaiserreich, 1871–1918 (Beiträge zur Kommunikationsgeschichte, Bd. 4), Berlin/New York 1996; Michael B. KLEIN, Zwischen Reich und Region. Identitätsstrukturen im Deutschen Kaiserreich (1871–1918) (Beiträge zur Wirtschafts- und Sozialgeschichte, Bd. 105), Habil. München 2004, Stuttgart 2005. Klein wählte acht der größten Nationaldenkmäler zum Gegenstand, die hier nicht aufgezählt zu werden brauchen. Selbstverständlich ließen sich viele Nationaldenkmäler auch als *Lieu de Memoire* analysieren. Die Auswahl »Deutscher Erinnerungsorte« von Étienne François und Hagen Schulze (2001–2005) umfasst mehrere Beiträge, die zumindest mit gründerzeitlichen Nationaldenkmälern korrespondieren. Darunter befinden sich der Reichstag, Weimar, die Wartburg, die Germania und Arminius sowie Friedrich der Große, Bach, Schiller und Heine, die Pickelhaube und die Völkerschlacht. Für die großen Kaiserdenkmäler wie das Niederwalddenkmal vgl. Antje LAUMANN-KLEINEBERG, Denkmäler des 19. Jahrhunderts im Widerstreit. Drei Fallstudien zur Dis-

ten, Denkmäler gewissermaßen auch von unten her, d. h. über ihren Entstehungskontext zu betrachten, erscheint heute als grundlegend.

Die Ausläufer der Denkmalkonjunktur in der Forschung erstrecken sich bis in das neue Jahrtausend: Besonders hervorzuheben ist der 2004 erschienene, überaus dichte Aufsatz Arnd Beises, der zahlreiche geistes- und literaturgeschichtliche Zusammenhänge herausarbeitete.[50] In einem von Hubertus Kohle herausgegebenen Band widmete sich Norbert Wolf 2008 grundlegend dem wilhelminischen Denkmalkultus.[51] In den letzten Jahren erschienen gleich mehrere Arbeiten, die das Thema in einen breiteren, chronologischen Rahmen der Kultur des Erinnerns seit der Französischen Revolution und in einen europäischen Kontext stellten.[52]

Die wohl monumentalste Gesamtdarstellung zu unserem Thema lieferte kürzlich Bernhard Maaz mit seinem zweibändigen Werk »Skulptur in Deutschland zwischen Französischer Revolution und Erstem Weltkrieg«.[53] Seiner Profession als langjähriger Betreuer der Skulpturensammlung an der Alten Nationalgalerie in Berlin folgend, setzt er einen Schwerpunkt auf die preußische Bildhauerschule sowie auf autonome Kunst, weniger auf öffentliche, architekturbezogene Bildwerke. Im vorliegenden Beitrag wird hingegen schwerpunktmäßig Denkmalkunst in Südwestdeutschland behandelt. Maaz edierte im zweiten Band seines Riesenwerks zahlreiche Selbstzeugnisse und Briefe von Künstlern. Mit

kussion zwischen Auftraggebern, Planern und öffentlichen Kritikern (Europäische Hochschulschriften, Bd. XVIII/82), Frankfurt am Main 1989.

50 Arnd Beise, »Mit einem Gedenkstein um den Hals ins Meer des Vergessens«. Das Paradox der historischen Denkmalstatue, in: Günter Butzer/Manuela Günter, Kulturelles Vergessen. Medien – Rituale – Orte (Formen der Erinnerung, Bd. 21), Göttingen 2004, S. 41–59.

51 Norbert Wolf, »Welche Masse von Plastik, die sich abmüht, irgend etwas neues zu geben«. Die Plastik zwischen Denkmalkultus und autonomer Form, in: Hubertus Kohle (Hg.), Vom Biedermeier zum Impressionismus (Geschichte der bildenden Kunst in Deutschland, Bd. 7), München 2008, S. 242–250.

52 Schlie, Nation (wie Anm. 28). Er fasst den Begriff des Nationaldenkmals im engeren Sinne auf und betrachtet die Beispiele vor einem ausschließlich nationalen, historischen Hintergrund. Winfried Speitkamp liefert mehrere Beiträge zum Thema, vgl. u. a. Winfried Speitkamp, Nationale Denkmäler und Erinnerungskulturen in Europa, in: Dieter Bingen/Peter Oliver Loew/Dietmar Popp (Hg.), Visuelle Erinnerungskulturen und Geschichtskonstruktionen in Deutschland und Polen seit 1939 (Beiträge der Tagung des Arbeitskreises deutscher und polnischer Kunsthistoriker und Denkmalpfleger in Darmstadt, 27. September bis 1. Oktober 2006), Warschau 2009, S. 31–43. Das Thema Erinnerungskultur ist eines der Lieblingsthemen der Geschichtswissenschaft. Die Literatur zu diesem Bereich kann daher in diesem Rahmen nicht umfangreicher zitiert werden; siehe auch Sturm, Denkmal (wie Anm. 41).

53 Bernhard Maaz, Skulptur in Deutschland zwischen Französischer Revolution und Erstem Weltkrieg, 2 Bde., Berlin/München 2010 (Denkmäler Deutscher Kunst); Nationalgalerie Berlin, Das XIX. Jahrhundert, Bestandskatalog der Skulpturen, 2 Bde., Leipzig 2006, hg. v. Bernhard Maaz. An der Heinrich-Heine-Universität Düsseldorf arbeitet Sarah Czirr gerade an der kunsthistorischen Promotion »Künstlerische Aneignung von Wirklichkeit. Aspekte des Sozialen in der Plastik von 1871 bis 1918 in Deutschland«.

diesem Steinbruch an Quellen und Ego-Dokumenten ergänzte er das Spektrum einer knappen Anthologie zum Thema Bildhauerei im 19. Jahrhundert von Ulrich Bischoff aus dem Jahre 1985, die zahlreiche Auszüge aus Theorietexten der Romantik und des Vormärz umfasst.[54]

3. Das Denkmal in der Rumpelkammer – Untersuchung marginalisierter Objekte

Beim Versuch, Denkmäler aus der Zeit des Deutschen Kaiserreichs zu beurteilen, stehen Wissenschaftler wie Laien vor dem Grundproblem, dass diese heute meist in einem stadträumlichen Zusammenhang präsentiert werden, der mit der ursprünglichen Rezeptionssituation fast gar nichts mehr zu tun hat. Anders als bei den meisten in Museen ausgestellten Monumenten der Malerei, die oft sogar noch ihren originalen Rahmen besitzen, fehlt ihnen gewissermaßen ihr angemessener Betrachterraum, und damit fehlen die Rahmenbedingungen für eine angemessene Wahrnehmung. Aus diesem Grund bleiben Standbilder oft unverstanden, produzieren Missverständnisse, und befördern populäre Vorurteile sowie einseitige Interpretationen. Um diesem verzerrten Erinnerungsprozess entgegenzuwirken, kommt der Denkmälerforschung die Aufgabe zu, den Charakter des originalen Aufstellungsortes und dessen ursprüngliche Rezeptionsbedingungen zu rekonstruieren. Nur wer den Ort und das sich anschließende Straßen-Platz-Gefüge in seiner ehemaligen Erscheinung begreift und versteht, kann auch das einzelne Werk in seiner historischen Bedingtheit erfassen.

Nicht umsonst wurde vor der Errichtung von Denkmälern oft jahrelang, manchmal sogar über Jahrzehnte hinweg um den richtigen Aufstellungsort gerungen. Es gilt also ganz grundsätzlich: Zuerst war der Ort, dann kam das Denkmal. Ich gehe soweit zu sagen, dass eine gründliche Stadtraumanalyse ebenso großen Erkenntniswert besitzt wie die Verortung eines Denkmals innerhalb einer bestimmten Gattung (Plastik, Skulptur, Installation etc.) bzw. eines formalen Denkmaltyps (Reiterdenkmal, Standbild, Sitzfigur etc.) oder die Einordnung in das Œuvre eines Künstlers (Schulzusammenhang, Stilistik, Werkgruppe etc.), die eine kunsthistorische Analyse zunächst einmal leistet. Es hängt sicherlich auch mit der im Gegensatz zur breiten geschichtswissenschaftlichen Denkmälerforschung eher schwachen Stellung der kunsthistorischen Auseinandersetzung mit der Gattung Bildhauerei zusammen, dass es bisher häufig an originellen Analy-

54 Der umfangreiche Bildhauerdiskurs und die engen Netzwerke der Korrespondenz können hier nicht eingehender dargestellt werden. Ulrich Bischoff (Hg.), Skulptur und Plastik (Kunsttheorie und Kunstgeschichte des 19. Jahrhunderts in Deutschland, Texte und Dokumente, Bd. 3), Stuttgart 1985. In der Anthologie vertreten sind Bildhauer wie Schadow, Kunsttheoretiker wie Schorn und Kugler sowie Äußerungen von Sulzer, Hegel und Goethe. Die Auswahl ist exemplarisch und bringt Quellen zu einzelnen Denkmalprojekten wie dem Hermannsdenkmal. Auch ein Text Hildebrands über Kaiserdenkmäler (1889) sowie Texte über Bismarckdenkmäler, das Völkerschlachtdenkmal und die Siegesallee finden sich.

seansätzen mangelte. Aus diesem Grund ist eine gleichzeitig architektonisch, urbanistisch und stadtgeschichtlich reflektierte Herangehensweise stark zu machen, deren Leistungsfähigkeit exemplarisch demonstriert werden soll.

Anders als bei vielen mittelalterlichen Skulpturen und Plastiken, bei denen die Provenienz unsicher, die ursprünglichen, räumlichen Kontexte nur fragmentarisch überliefert oder überaus schwierig zu ermitteln sind, sowie bei modernen Werken, die bereits für einen musealen Zusammenhang produziert wurden, spielen die Gegebenheiten des urbanen Umraums für die Interpretation der Denkmäler des 18. und 19. Jahrhunderts eine entscheidende Rolle. Der Stadtraum ist weder homogenisierender *white cube*, noch düstere Rumpelkammer, in der es keine sichtbaren Bezüge zwischen den einzelnen Elementen gäbe. Wir müssen die Geringachtung der Kontexte überwinden, auch wenn sie oftmals immer noch ein Zug unserer Zeit ist. Der »Kontextraub«, wie ihn Wolfgang Kemp in seinen Ausführungen über den »architektonischen Kontext« 2009 benannte, birgt sonst die Gefahr, dass sich die heutige Wissenschaft um sich selbst dreht und dem historischen Gegenstand nicht gerecht wird: »Die Isolierung des Phänomens entspringt einerseits der Illusion, man könne so aller Aspekte Herr werden, und andererseits der Furcht, dass man sich in den Unwägbarkeiten möglicher Zusammenhänge verliert.« Die Architektur, und man möchte hinzufügen, auch die öffentlichen Werke der Bildhauerkunst, bieten laut Kemp leider viele Anreize für eine solche Vereinzelung. Er nennt »das Fehlen eindeutiger typologischer Bezüge« bei Ensembles, »die mediale Unreinheit« sowie »die Kopräsenz verschiedener Entstehungszeiten«.[55] Wer gewohnt ist, Kunstwerke einfach nur in stilistische, chronologische und topographische bzw. chorologische Schubladen zu stecken, der wird Probleme haben, prozessuale Überlagerungen, geschichtliche Ungleichzeitigkeiten und überlieferungsbedingte Kontaminationen methodisch zu fassen.

Ähnliche Gedanken äußerte schon um 1900 der Platzraumforscher Albert Erich Brinckmann, der sich u. a. mit Platzwänden und Vorplätzen von Gebäuden befasste.[56] Für ihn war es selbstverständlich, einzelne Denkmäler vor ihrem räumlichen Hintergrund zu interpretieren und den urbanen Bezugsrahmen

55 Wolfgang Kemp, Architektur analysieren. Eine Einführung in acht Kapiteln, München 2009, S. 372. Vgl. das ganze Kapitel »Der architektonische Kontext«, S. 369–415. Im direkten Anschluss an diese Überlegungen kommt Kemp auch auf Camillo Sitte, August Schmarsow, Theodor Fischer, Hermann Sörgel, Fritz Schumacher, Albert Erich Brinckmann und Friedrich Ostendorf zu sprechen.

56 A[lbert] E[rich] Brinckmann, Platz und Monument. Untersuchungen zur Gestaltung und Ästhetik der Stadtbaukunst in neuerer Zeit, Berlin 1908. Bereits 1907 waren zwei überaus spannende Denkmaltexte von zwei berühmten Kritikern und Zeitanalytikern erschienen, die ich hier nur kurz nenen möchte: Karl Scheffler, Das Denkmal, in: Ders., Moderne Baukunst, Leipzig 1907, S. 128–146 und Fritz Schumacher, Denkmalskunst, in: Ders., Streifzüge eines Architekten. Gesammelte Aufsätze, Jena 1907, S. 79–110. Scheffler sprach von »Denkmalmanie« (S. 128) und befasste sich mit Stilfragen sowie dem Zusammenhang von Bildhauerei und Architektur. Schumacher wandte sich wahrnehmungsästhetischen Grundproblemen der Denkmalfrage zu und analysierte insbesondere das Hamburger Bismarckdenkmal intensiv. Beide richteten ihren Blick auf moderne Reformansätze.

selbst zum Gegenstand seiner Analysen zu machen. Er hörte in München sowohl kunstgeschichtliche Vorlesungen bei Heinrich Wölfflin als auch beim Architekten und Städtebauer Theodor Fischer, der ein Bauen für den speziellen Ort und Blickwinkel empfahl und somit die Dichotomie von Architektur und Städtebau, aber auch die Trennung der bildkünstlerischen Gattungen, etwa des Kunsthandwerks von der Baukunst zu überwinden suchte.[57] Diese und andere Protagonisten der damaligen Debatte betonten stets den engen, lebendigen Zusammenhang zwischen Wissenschaftsdiskurs und Praxis. Die Aufspaltung von Theoriebildung und Bauwelt sowie von Architektur und Stadtplanung wird heute als große Schwachstelle moderner Planung angesehen, was damit zusammenhängt, dass man vielerorts bis heute nicht mehr das theoretische Reflexionsniveau des späten 19. und frühen 20. Jahrhunderts erreicht hat.[58]

Als zweite wichtige Voraussetzung des Verständnisses, neben der Analyse des »Denkmals in Erz und Stein«, wie es im Stadtraum steht, ist die Analyse des »Denkmals in den Köpfen« zu nennen, d. h. der Idealvorstellung vom modernen Standbild bei seinen Initiatoren, den Theoretikern und der damaligen Bevölkerung. Diese Vorstellung lässt sich durch das ausufernde Schrifttum, kulminierend meist zu den Enthüllungsfeiern, in Ergänzung mit graphischen und photographischen Bildquellen erschließen. Für eine historisch reflektierte Herangehensweise ist dabei freilich entscheidend, dass das Quellenstudium und die Rekonstruktion der Diskussionen nicht Selbstzweck sein können, sondern der im Zentrum des Interesses stehenden Werkanalyse zu dienen haben. Diese Analyse ist nicht nur Hilfsmittel, wie z. B. für den Sozialwissenschaftler, um mehr über die demographische Entwicklung zu erfahren, sondern liefert tiefere Erkenntnisse über die heute fragmentierten und dekontextualisierten Untersuchungsgegenstände und veranschaulicht, in welchem geistigen Raum die Denkmäler errichtet wurden, welchen weltanschaulichen und kunsttheoretischen Ansichten sie entsprungen sind und wie es schließlich durch historische und gesellschaftliche Umbrüche zu ihrem Bedeutungs- und Funktionsverlust kam. Durch ausgewählte historische Zitate soll nicht nur die zeitgenössische Begrifflichkeit erfahrbar gemacht werden, sondern zudem die Logik und Funktion des damaligen Diskurses.

In diesem Sinne sprach kurz vor dem Ersten Weltkrieg der Kunsthistoriker und Kritiker Richard Muther von »lebendigen Gedanken«, die bei den Menschen heranreifen müssten. Mit einem Appell wandte er sich an die Denkmalssetzer: »Sorgen wir dafür, daß diejenigen, in deren Kopf solch ein lebendiger Gedanke reift, die Mittel erhalten, ihn durchzuführen. Schaffen wir Plätze in unseren Städten, Camposanti der Kunst, in denen das Volk unter Statuen wandelt, ge-

57 Kemp, Architektur analysieren (wie Anm. 55), S. 379.

58 Den wohl tiefsten und umfangreichsten Einblick in die Entwicklung von Theorie und Praxis in der Stadtbaugeschichte gab in letzter Zeit ein Architekt und Architekturhistoriker: Vittorio Magnago Lampugnani, Die Stadt im 20. Jahrhundert. Visionen, Entwürfe, Gebautes, 2 Bde., Berlin 2010.

weihte Bezirke, wo der Alltag verstummt, nur das Schöne herrscht, der Geist großer Taten uns umwittert. Der Staatsidee in gutem Sinn ist damit mehr gedient als durch das Einbleuen der Landesgeschichte und durch höfischen Bückling. Denn es ist die Gabe der Kunst, der echten und wahren, daß sie den Menschen beglückt, ihn edel und gut macht.«[59] Eine entsprechende, passende Umgebung, die gewissermaßen ein angemessenes Raumklima für die Denkmäler schaffen sollte, lag ihm also besonders am Herzen. Schon vor Muther stellten die Architekten und Raumschöpfer Gottfried Semper und Camillo Sitte die Frage, wo die zu den Denkmälern gehörenden Plätze, die öffentlichen Foren zur »Beförderung des Gemeinsinns« geblieben seien.[60] Die Erziehung zur politischen Teilhabe und zur humanistischen Freiheit hatte schon in Romantik, Biedermeier, Vormärz und Restauration unterschiedliche Phasen der Wertschätzung durchlaufen. Das sollte auch im Deutschen Kaiserreich so bleiben.

Ausgewählte prominente Stimmen erlauben wertvolle Rückschlüsse, wie die Zeitgenossen über Denkmäler gedacht haben. Es ist hinlänglich bekannt, dass zahlreiche Kritiker den kaiserzeitlichen Denkmalboom begleiteten und sich oftmals in unversöhnlichen Positionen gegenüberstanden. Häufig wurde die Diskussion in der jüngeren Forschung auf die Kritik an der Überfülle von Denkmälern verengt. Damit kann man jedoch der Vielschichtigkeit und Vernetztheit der Diskussionen auf kommunaler, regionaler und nationaler Ebene nicht gerecht werden. Insbesondere die enge Verwobenheit der Denkmalfrage mit dem Städtebaudiskurs wurde häufig vernachlässigt, obwohl sich damals beinahe jeder bedeutende Städtebauer und Stadtforscher mit der Platzfrage von Denkmälern beschäftigte, von den öffentlichen Debatten über den Aufstellungsort für Monumentalbauten ganz abgesehen. Zu einer differenzierten Sicht der Erinnerungszeichen im städtebaulichen Kontext sollen hier Anstöße geliefert werden, die sich auf den Aspekt monumentalen Erinnerns und räumlich gelenkten Gedächtnisses konzentrieren. Die Rekonstruktion dieser mentalitätsgeschichtlichen Zusammenhänge ist als Voraussetzung der Denkmäler- wie der Stadtraumforschung unverzichtbar.

In diese Richtung gingen auch methodische Überlegungen, die Karl Arndt bereits vor über 30 Jahren skizziert hat. Von der weitgehend zerstörten Denkmallandschaft Berlins ausgehend, stellte er die Frage nach der »Rolle von Denkmälern in weiter ausgreifenden städtebaulichen Zusammenhängen«, die in Einzelstudien als »Dokumente politischer Öffentlichkeit« unter erheblichem

59 Richard MUTHER, Die Denkmalseuche, in: DERS., Betrachtungen und Eindrücke, hg. v. Hans ROSENHAGEN (Aufsätze über bildende Kunst, Bd. 2), Berlin 1914, S. 59–68, hier S. 68.

60 Vgl. zu diesem Thema: Heidrun LAUDEL, Bauten und Plätze als »Orte zur Beförderung des Gemeinsinns«, in: Henrik KARGE (Hg.), Gottfried Semper, Dresden und Europa. Die moderne Renaissance der Künste (Akten des Internationalen Kolloquiums der TU Dresden aus Anlass des 200. Geburtstags von Gottfried Semper), München/Berlin 2007, S. 121–136.

Quellenstudium aufzuarbeiten wären, was nur bei der Konzentration auf ausgewählte Städte zu bewältigen wäre. Die fragmentarische Überlieferungslage erfordere es, dass sich der historisch arbeitende Forscher in die Rolle eines Archäologen der jüngeren Geschichte begebe.[61] Dieser Aufgabe haben sich in den letzten Jahrzehnten überwiegend kenntnisreiche Heimatforscher gewidmet. Die entstandenen Regionalstudien können nun als Grundlage für eine weiterführende Denkmälerforschung dienen.[62] Nur unter Abkehr vom sogenannten kunsthistorischen Höhenkamm und ohne den stilgeschichtlichen Reflex zur chronologischen Reihenbildung kann die gestellte Aufgabe bewältigt werden. Wer gewohnt ist, sich seine Untersuchungsgegenstände nach ihrer kunsthistorischen Bedeutung, d. h. mit Riegl gesprochen, nach ihrem Kunstwert auszusuchen, der wird sich mit den Denkmälern der Gründerzeit wohl schwertun, zumal wenn die zeitgleich aufkeimende Klassische Moderne als Maßstab herangezogen wird, die zu Recht in den letzten Jahrzehnten eine enorme Aufwertung erfahren hat und heute als der adäquatere Zeitstil angesehen wird. In den ästhetischen und inhaltlichen Ungleichzeitigkeiten, die das Kaiserreich hervorgebracht hat, liegt häufig der Grund für die Überforderung des breiten Publikums begründet. Erste Ansätze zur Überwindung dieser Dichotomie von Kunstdenkmal und historischem Denkmal lieferte, wie oben angesprochen, bereits Riegl.

Nicht Zahlenstrahl und Stilabfolge können die spannenden Parallelphänomene und Gemengelagen innerhalb von Städten erklären, sondern nur eine gesteigerte Sensibilität für Raumkonstellationen in ihrer prozessualen Gewordenheit. Nicht in erster Linie die Meisterwerke einzelner, berühmter Bildhauerkoryphäen, nicht die Hauptwerke verschiedener Stilschulen sollten daher im Fokus der weiteren Forschung stehen, sondern die regionalen Denkmallandschaften, die dann in einem weiteren Schritt miteinander verglichen werden können. Durch diesen Schritt von der lokalen Einzelstudie zur Arbeit mit überregionaler Vergleichsperspektive kann der Forschungsdiskurs in ein neues Stadium eintreten. Das wird allerdings nur möglich sein, wenn vielfache Vorbehalte in den Köpfen abgebaut werden.

61 ARNDT, Denkmaltopographie (wie Anm. 30), S. 186–188. Vgl. die Fußnoten 24 und 30 zum Dokumentcharakter.

62 Die Nennung ausgewählter, herausragender Arbeiten, die meist von den jeweiligen Stadtarchiven ausgegangen sind, soll an dieser Stelle genügen. Württemberg und Baden: SCHMOLL, Nation (wie Anm. 11); Gerlinde BRANDENBURGER u. a., Denkmäler, Brunnen und Freiplastiken in Karlsruhe 1715–1945 (Veröffentlichungen des Karlsruher Stadtarchivs, Bd. 7), Karlsruhe 1989. Für die Zur-Verfügung-Stellung des Buchs danke ich recht herzlich Herrn Dr. Ernst Otto Bräunche; SCHERB, Denkmäler (wie Anm. 11). Rheinland und Bayern: Iris BENNER, Kölner Denkmäler 1871–1918. Aspekte bürgerlicher Kultur zwischen Kunst und Politik (Publikationen des Kölnischen Stadtmuseums, Bd. 5), Diss. Köln 2002, Köln 2003; Martin FURTWÄNGLER, Erinnerung in Erz und Stein. Denkmäler in Ludwigshafen am Rhein bis 1945 (Veröffentlichungen des Stadtarchivs Ludwigshafen, Bd. 35), Ludwigshafen am Rhein 2006; Matthias KLEIN, Das Stadt- und Bürger-Denkmal in München zwischen 1818 und 1869. Öffentliche Monumente, Grabdenkmäler, Geschenke (Akádemos. Forschungen – Quellen – Materialien, Bd. 5), München ^{2}2005.

Die kunsthistorische Forschung hat sich auch deshalb über Jahrzehnte hinweg mit dem Gegenstand Denkmal nicht leichtgetan, weil er sich gegen die gängigen Wertmaßstäbe und Analyseinstrumente sperrte, weil er ideologisch vorbelastet, stilistisch antiquiert und zudem beim Publikum weniger populär war als die zeitgleiche Moderne; einmal ganz davon abgesehen, dass auch die Kunstentwicklung seit der Französischen Revolution und der gesamte Historismus als Modernephänomen zu analysieren sind. Kurz gesagt: Der Gegenstand bietet keine besonderen Identifikationsmöglichkeiten. Aber ist es nicht gerade notwendig, sich denjenigen Gegenständen zuzuwenden, mit denen wir uns am wenigsten anfreunden können, weil sie als Zeugen der Geschichte durch ihre kontroverse Stellung auch ganz besondere Potentiale zur historischen Sinnvermittlung bieten? Nicht Identifikation mit dem Gegenstand, sondern Distanz von diesem ist die Grundlage jeder historischen und rekonstruierenden Forschung. In manchen Fällen hat die Gegenbewegung zur Marginalisierung und Geringachtung von Denkmälern auch in der populären, öffentlichen Meinung bereits eingesetzt, was sich auch daran zeigt, dass nicht mehr jede Initiative zur Versetzung eines Monuments an einen weniger prominenten Standort von Erfolg gekrönt ist.

4. »Ueber moderne Denkmalswuth« – Diskussionen um ein Hauptstadtproblem

Der Denkmalboom gegen Ende des Kaiserreichs ist nur vor dem Hintergrund der wechselseitigen Abhängigkeit von Zentralgewalt und regionalen Entscheidungsträgern – überwiegend großbürgerliche Eliten – zu verstehen. Aleida Assmann sieht die Denkmalinflation im Konnex zwischen dem Repräsentationswillen der Monarchie und der Selbstdarstellung des Bürgertums begründet.[63] Diese allgemeine Feststellung geht sicherlich auch auf Untersuchungen wie die von Jürgen Habermas zurück, der über den »sozialen Wandel« bemerkte, dass sich die »bürgerliche Öffentlichkeit im Spannungsfeld zwischen Staat und Gesellschaft« entfalte, »aber so, daß sie selbst Teil des privaten Bereichs« bleibe.[64] Die damit verbundene vielfältige Verschränkung und Durchdringung des Privaten mit der öffentlichen Sphäre, insbesondere auf dem Feld der Publizistik, bilden den Kern seiner Überlegungen. Einige Gedankengänge sind für unseren Zusammenhang überaus fruchtbar: So stellte er fest, dass die Aushöhlung der »familialen Intimsphäre« auch im Städtebau ihren architektonischen Niederschlag gefunden habe.[65] Demnach ist die zunehmende Ausstaffierung des öffentlichen Stadtraums mit Denkmälern eine Folge des Wandels der kleinen Verhältnisse im Privaten. Um eine Bauaufgabe wie das Denkmal, das so zentral im öffentlichen Raum positioniert ist, bewerten zu können, ist es unbedingt notwendig, einen Blick auf Wechsel und Wandel der öffentlichen Meinung zu werfen. Die Diskussion über

63 Assmann, Erinnerungsräume (wie Anm. 6), S. 47.
64 Habermas, Strukturwandel (wie Anm. 5), S. 172.
65 Ebd., S. 190.

die Denkmalinflation kann dabei wichtige Aufschlüsse über populäre Vorurteile und Missverständnisse zwischen Denkmalsetzern und Denkmalbetrachtern geben. Von Eliten projektierte und durchgesetzte Denkmäler riefen beinahe zwangsläufig den Widerspruch oppositioneller Gruppen hervor.

Schon in der Mitte des 19. Jahrhunderts empfanden Kritiker die Fülle an Denkmälern als regelrechte Schwemme. Dieser Diskursstrang entwickelte sich bis zur Jahrhundertwende zu einem der zentralen der Denkmalkritik, weshalb er hier, stellvertretend für einige andere Debatten, eingehender betrachtet wird. In den 1870er Jahren gab es bereits Autoren, die sich über die exzessive Tätigkeit der Denkmalscomités, wie es damals meist hieß, mokierten. An ihrer Spitze standen Kunstkritiker und bald auch Kunsthistoriker, die diesen Aspekt des Denkmalkults in den Vordergrund stellten. In der Retrospektive sollte man nicht dem schlichten Impuls nachgeben, alle Denkmäler über einen Kamm zu scheren, weil es vermeintlich zu viele davon gegeben habe. Vielmehr kann es überaus hilfreich sein darauf zu achten, dass die meisten Autoren sich in erster Linie gegen – nach ihren ästhetischen Wertmaßstäben – schlechte Denkmäler und für eine andere Praxis der Denkmalssetzung sowie damit verbunden für eine Reform des Denkmals stark machten. Am Denkmal an sich wurde bis zur Zwischenkriegszeit nicht fundamental gerüttelt.

Eine differenzierte Sicht des Diskurses kann verhindern, dass dieser als zeitgenössische Steilvorlage für die heutige Diskreditierung der Bildwerke weiterhin instrumentalisiert werden kann. Wenn viele Denkmäler versetzt und damit dekontextualisiert sowie ihrer architektonischen und gärtnerischen Umgebung beraubt wurden, dann erschwert das heute vielfach das Verständnis. Die zahlreich herumstehenden Denkmäler erscheinen so noch viel eher als unmotiviert und beliebig angehäuft als für Betrachter vergangener Tage. Es zeigt sich einmal mehr, dass Positionen akademischer Forschung stets der Perspektive ihrer Zeit unterliegen. Da die Kenntnis der Kontexte oftmals nicht sehr weit reicht, verstärkt sich nicht nur für manche Laien der Eindruck ungerechtfertigter Überfülle.

Im besonderen Blickpunkt des Interesses standen von Anfang an die Metropolen sowie die Hauptstädte der König- und Großherzogtümer. Dort inszenierte sich die Zentralgewalt durch Monumentalbauten und Erinnerungszeichen an urbanen Schlüsselstellen. Vor den Augen der Hauptstädter und aller Durchreisenden sollte sich der geistige und technische Stand des Staates augenfällig darbieten. Daher finden sich in erster Linie in Haupt- und Residenzstädten bzw. in den großstädtischen Ballungsräumen Ansammlungen von Standbildern, die als kommunale Denkmallandschaft gelesen und als Sinnkonstellationen interpretiert wurden und werden. Der Begriff der Denkmallandschaft bezieht sich in diesem Zusammenhang auf nicht mehr und nicht weniger als das Spektrum aller gesetzten Denkmäler innerhalb eines begrenzten Gebiets; es sind also keineswegs nur solche in der freien Landschaft gemeint.[66] In diesem Sinne könnte man auch die Denkmale und Erinnerungsorte entlang des Rheins zu einer Denkmallandschaft zusammenfassen. Es war ein Anliegen der Monarchen und bürgerlicher Eliten, die sich gelegentlich in sogenannten Verschönerungsvereinen organisierten sowie der kommunalen Behörden, jedes Stadtzentrum zu einem großen Denkmal nationaler Gesinnung und kultureller Blüte auszuschmücken.[67] Zu denken ist dabei in erster Linie an die boomende Metropole Berlin, die im Zuge des preußischen Aufstiegs immer weiter umgebaut und ausgeschmückt wurde, an das Isar-Athen der bayerischen Könige und des Prinzregenten, das zu einem großen Gesamtkunstwerk geformt werden sollte, und an die k. u. k. Metropole Wien.[68]

Der Donaumetropole entstammte einer der scharfzüngigsten Kritiker des sogenannten denkmalpolitischen »Byzantinismus«, der bereits zitierte Ferdinand Kürnberger. In extrem überspitzter Weise formulierte er: »Die Selbstbedenkmalungs-Arroganz ist übrigens zu einer Pest geworden, welche die Ehre des Widerspruchs nicht mehr verdient; aus Rache muß man sie – anerkennen!«[69] Seine 1877 publizierten, manchmal widersprüchlichen »Literarischen Herzenssachen« tragen glossen- und aperçuhafte Züge: »Man setzt Denkmäler, um unbekannte Größen bekannt zu machen.«[70] So stellte er mit viel Herzblut und über dutzende Absätze hinweg die ursprünglichen Intentionen der Denkmalsetzer auf den Kopf. Die Patronage spiele sich selbst in den Vordergrund und zwinge der Öffentlichkeit ihre eigenen, elitären Interessen auf.[71] Im Vergleich mit der Antike fehle den neuen Denkmälern die Konzentration auf den humanen Wesenskern: »Die Kunst der Alten ging von dem Körper aus, die Kunst der Neueren geht von der Seele aus. Die Kunst der Alten war deßhalb plastisch, die Kunst der Neuen ist lyrisch, musisch, malerisch, kurz romantisch.«[72] Ähnliche Diagnosen im Nachklang an die »Querelle des Anciens et des Modernes« finden sich parallel auch in

66 Neben dem Begriff der Denkmallandschaft, der im Zusammenhang der denkmalpflegerischen Theoriebildung im weiteren Sinne verwendet wird, ist vor einiger Zeit auch der Begriff Erinnerungslandschaft in den Forschungsdiskurs eingebracht worden: Winfried Speitkamp, Denkmal und Erinnerungslandschaft. Zur Einführung, in: Wolfram Martini (Hg.), Architektur und Erinnerung (Formen der Erinnerung, Bd. 1), Göttingen 2000, S. 161–163. Siehe dort die Aufsätze im Abschnitt »Denkmal und Erinnerungslandschaft« (S. 161–230).

67 Hans-Michael Körner/Katharina Weigand (Hg.), Hauptstadt. Historische Perspektiven eines deutschen Themas, München 1995.

68 Siehe u. a. Friedrich Kurrent, München – Wien. Ein Vergleich, in: Gerd Albers/Willibald Sauerländer/Michael Petzet (Hg.), Bauen in München 1890–1950 (Eine Vortragsreihe in der Bayerischen Akademie der Schönen Künste 1978/79) (Arbeitshefte [des Bayerischen Landesamts für Denkmalpflege], Bd. 7), München 1980, S. 100–115.

69 Kürnberger, Herzenssachen (wie Anm. 12), S. 314. Die Schilderungen Kürnbergers, im Folgenden beispielsweise zur übersteigerten Verehrung von Portraitreproduktionen noch unbekannter, lebender Personen, sind überaus unterhaltsam und kurzweilig zu lesen. Er stellt den Denkmalboom in einen größeren mentalitätsgeschichtlichen Rahmen.

70 Ebd., S. 315.

71 Ebd., S. 318 ff. und insbesondere S. 337.

72 Ebd., S. 340.

Bezug auf Malerei und Architektur, wenngleich kaum jemand einen so starken Hang zum Bekritteln hatte.

Kürnberger sah einen zweifelhaften Zusammenhang zwischen dem Bildungsauftrag der Schulen und der Erinnerungsfunktion von Bildhauerkunst. Unter dem Begriff des »Andenkens« verhandelte er für uns besonders interessante Aspekte des Denkmalkults: »Unsere Denkmäler – darf man behaupten – wachsen ganz eigentlich aus dem Conversations-Lexikon erst heraus; weit entfernt, daß sie ein Andenken stifteten, so sind sie vielmehr Nachzügler und Schmarotzer dieses Andenkens. Das Andenken selbst aber – Dank unserer Schulbildung und dem ganzen Arsenal unserer Publicität – war viel unmittelbarer, viel lebendiger und vollkommener längst schon vorhanden, ehe es zur Setzung des sogenannten Denkmals kam.« Schließlich zweifelt er prinzipiell daran, ob diese überhaupt zur Bildung beitragen könnten: »Entspricht es denn nicht einem Kinderzustande, Dinge, die man merken will, mit leiblichen Augen sehen zu müssen, das Material des Merkzeichens in schweren Steinblöcken oder Lasten Erzes zu suchen, und sind wir nicht große Kinder, wenn wir das nachahmen, da wir doch unsere fünfundzwanzig Lettern haben, deren monumentale Fähigkeit jede andere aus dem Felde schlägt?«[73] Seine pessimistische Sicht führte schließlich dazu, dass er die bürgerliche Öffentlichkeit selbst in der Krise sah, genauso wie die Wiener Denkmallandschaft, die er zu »Eitel-Stück- und Flickwerk« herabstufte, und die wie die ganze »vaterländische Denkmalmanie im Zeitalter der Weltbildung« eine kindische Sache geworden sei.[74]

Schon dieser kurze Einblick in die damalige Wiener Gemütslage zeigt, wie vielfach vernetzt der Diskurs mit allgemeinen, gesellschaftlichen sowie kulturwissenschaftlichen, anthropologischen und bildungspolitischen Fragestellungen war. Kürnbergers Ausführungen über urbane Denkmäler im Zusammenhang mit Presse und Literatur als Organen der öffentlichen Meinung können den heutigen Leser durchaus an die aktuelle Praxis erinnern, an Dichterhäusern und Wirkungsstätten berühmter Persönlichkeiten der literarischen Topographie folgend Gedenktafeln anzubringen. So wurde beispielsweise in den vergangenen Jahrzehnten das gefühlte und geschriebene Schwabing auch an vielen Ecken der Münchner Maxvorstadt in Bronze gegossen.[75] Es sei an dieser Stelle lediglich in den Raum gestellt, ob der postmoderne Denkmalboom nicht eine gewisse Konti-

73 Ebd., S. 342. Die direkte Anschauung und die Orientierung im Raum durch Merkzeichen erfuhren später eine Aufwertung, die Kürnberger nicht vorhersehen konnte. Bei seinen Formulierungen mag sich manch einer fast schon an Kevin Lynch erinnert fühlen.

74 Ebd., S. 345 und S. 348. Auch Assmann sieht die Denkmalinflation als Anzeichen einer gesellschaftlichen Krise. Siehe ASSMANN, Erinnerungsräume (wie Anm. 6), S. 48.

75 Vgl. u. a. Hartmut BÖHME, Topographien der Literatur. Deutsche Literatur im transnationalen Kontext, Stuttgart/Weimar 2005; Wolfgang WILDGEN, Wege in die Stadt oder das Lesen der Stadt als Zeichen, in: Zeitschrift für Literaturwissenschaft und Linguistik (LiLi) 37 (2007); Dirk HEISSERER, Wo die Geister wandern, literarische Spaziergänge durch Schwabing, München ^{2}2008 (Originalausgabe: 1993); Simone HIRMER/Marcel SCHELLONG (Hg.), München lesen. Beobachtungen einer erzählten Stadt, Würzburg 2008.

nuität der Erinnerungskultur erkennen lässt, die zur Zusammenschau einer Denkmalepoche von 1789 bis in die Jetztzeit Anlass geben würde. Dabei soll die denkmalskeptische Nachkriegszeit freilich nicht unterschlagen werden. Auch wenn sich Inhalte und Kontexte stets wandelten, so ist – frei nach Kürnberger – der Drang zur Bedenkmalung auf der einen Seite ein Zug des langen 19. Jahrhunderts ebenso, wie der nachfaschistischen, postmodernen und globalisierten Risikogesellschaft unserer Tage.[76] Arnd Beise, der zu Recht darauf hinwies, dass man »gelegentlich sogar schon wieder von einem postmodernen Denkmalkult« spreche, war jedoch wohl zu optimistisch, wenn er meinte, dass sich die Probleme gründerzeitlicher Denkmäler »in einer Zeit, wo die Autos zugunsten von Fußgängerzonen aus den Innenstädten verbannt werden, scheinbar wieder erledigt« hätten.[77] Schließlich liegen zahlreiche Denkmäler in den Innenstadtrandzonen an den Hauptverkehrsringen.

Fast 50 Jahre nach Kürnberger wandte sich, wie erwähnt, auch der Kunsthistoriker Julius von Schlosser den Denkmälern zu. Er sah sich in seiner Heimatstadt Wien auf Schritt und Tritt mit dem Thema konfrontiert und bewunderte den »von aufrechtem Manneszorn eingegebenen Ruf« seines Vorgängers, den er als einen der »besten deutschen Publizisten« bezeichnete.[78] Auch ihn beschäftigte die kompendiöse Anhäufung von Künstlerdenkmälern in der Donaumetropole, die das gesamte kollektive und kulturelle Gedächtnis der Nation widerzuspiegeln versuche.[79] Wie heutige Erinnerungsforscher befasste er sich bereits mit dem Zusammenhang kollektiven, epochenübergreifenden Gedächtnisses. Als besonders kritikwürdig empfand auch er die Erkenntnis, »wieviel Zufälliges und Persönliches hinter all diesem reichlich planlosen Denkmalsetzen« steckt.[80] Die zeitbedingten Kontingenzen können auch bei heutigen Projekten, wie dem Holocaustmahnmal in Berlin, als grundsätzlich störendes Moment erscheinen.

Besonders interessant an den Schlosser'schen Betrachtungen ist für uns die international vergleichende und epochenüberspannende Perspektive. Von Wien als Maßstab ausgehend empfand er den preußischen Denkmalkult »in der neuen Kaiserstadt Berlin« als ziemlich konservativ.[81] Doch auch wenn in Preußen der Denkmalkult im Wesentlichen durch das Haus Hohenzollern geprägt gewesen

76 ZIEGERT, Denkmal (wie Anm. 41), S. 7: Er diagnostizierte eine »Denkmalshemmung« im Westen, wo der reine Kunstcharakter geschätzt wurde, während im Osten der Denkmalsgedanke lebendiger blieb.

77 BEISE, Gedenkstein (wie Anm. 50), S. 57.

78 SCHLOSSER, Denkmalkultus (wie Anm. 22), S. 2.

79 Ebd., S. 3f.

80 Ebd., S. 5.

81 Ebd., S. 6. Als rückwärtsgewandt erschien ihm die Tatsache, dass die Würdeform des Reiterdenkmals nur dem preußischen König vorbehalten blieb. Vgl. dazu allgemein Wolfgang VOMM, Reiterstandbilder des 19. und frühen 20. Jahrhunderts in Deutschland. Zum Verständnis und zur Pflege eines traditionellen herrscherlichen Denkmaltypus im Historismus, 2 Bde., Diss. masch. Köln/Bergisch Gladbach 1979 sowie Hans-Jörg JECHEL, Die Reiterdenkmäler für Kaiser Wilhelm I., Diss. Bonn, 2 Bde., Bonn 2010. In Bezug auf die antiken Denkmäler, etwa auf den römischen Foren, teilte Schlosser im Wesentlichen die

sei, hält er fest, dass letztlich auch jedes andere Dichter- und Denkermonument ein Denkmal für die Nation sei: »Aber niemals hat ein Neuerer, und wäre es einer von solcher nationalen Wirkung wie Dante gewesen, *vor* dem XIX. Jahrhundert ein *öffentliches* Denkmal im richtigen Sinn erhalten.«[82] Den Mechanismen des Denkmalkults nähert er sich über die Begrifflichkeit der historischen Ästhetik von der Renaissance bis zum Klassizismus und der Neuromantik an.[83]

Zu den schärfsten Kritikern der Denkmäler Wiens zählte Camillo Sitte, der bereits vor 1900 den Spott auf die Spitze trieb.[84] Ganz Architekt und Urbanist nahm er weniger die Form der Denkmäler selbst als ihre Aufstellung in den Blick: »So hat jede Stadt auch in neuerer Zeit mehr oder weniger gelungene Monument-Aufstellungen zu verzeichnen, weil die Künstler im einzelnen Fall sich ihres Werkes nach Kräften annehmen, um wenigstens grobe Verstösse zu verhindern. Ausnahmslos krankt aber diese Kunst an der Verzettelung der Denkmäler auf allen Plätzen und Winkeln der Stadt. Hierher wird ein Brunnen gestellt, dorthin ein Standbild, und nur in den seltensten Fällen gelingt es, einige wenige Monumentalbauten und Denkmäler zu einem Gesammteffect zu verbinden. Jede kleinste Stadtgemeinde könnte sich eines prächtigen orginellen Platzes erfreuen, wenn alle belangreichen Bauten und alle Monumente wie zu einer Ausstellung vereinigt und wohlgeordnet aneinander gefügt wären.«[85] Wer dächte bei dieser sarkastischen Sichtweise nicht an die Ringstraße und die Berliner Siegesallee, die den von Hans Sedlmayr beschriebenen Ausstellungscharakter besitzen. Gegenentwürfe zur kritisierten, inflationären Aufstellungspraxis setzten daher am besten bei der Analyse der gesamten Stadt an und bei dem Versuch, »Gesamteffecte« zu erzielen.

Was für die Hauptstadt Österreich-Ungarns gilt, gilt in zunächst einmal vergleichbarer Weise auch für Preußen und Städte aus dem geeinigten Deutschen Reich, wenngleich die territoriale Aufsplitterung und das Bedürfnis zur Konsolidierung dort eine wesentlich intensivere Durchdringung der Provinz mit zahl-

Ansichten Sittes, der sich für die Randstellung ausgesprochen hatte. Vgl. SCHLOSSER, Denkmalkultus (wie Anm. 22), S. 6–8. Er untersuchte auch London und Paris.

82 Ebd., S. 9. Vgl. Beises Ausführungen über Dante und Walther von der Vogelweide als nationale Vertreter, BEISE, Gedenkstein (wie Anm. 50), S. 48. Bei vielen Leuten wunderte sich Kürnberger, warum man ihnen überhaupt – etwa im Prater – Denkmäler setze und anderen nicht, KÜRNBERGER, Herzenssachen (wie Anm. 12), S. 345.

83 Vgl. SCHLOSSER, Denkmalkultus (wie Anm. 22), S. 12–14. Von einer weiterführenden Analyse der Schlosser'schen Ausführungen zum *decorum* und zum Geniebegriff wird an dieser Stelle abgesehen.

84 Zum Thema der »Monument-Aufstellungen« vgl. Camillo SITTE, Der Städte-Bau nach seinen künstlerischen Grundsätzen. Ein Beitrag zur Lösung modernster Fragen der Architektur und monumentalen Plastik unter besonderer Beziehung auf Wien, Reprint der Erstausgabe von Mai 1889. Mit Anhang »Großstadtgrün« (1900), hg. v. Klaus SEMSROTH/Michael MÖNNINGER/Christiane CRASEMANN COLLINS (Camillo Sitte Gesamtausgabe, Bd. 3), Wien/Köln/Weimar 2010, S. 128ff.

85 Ebd., S. 129f. Vgl. zum Thema »Ausstellungsstadt« das Kapitel »Die Welt als Schaustellung« bei Hofmann, Paradies (wie Anm. 3), S. 86–111.

losen Denkmälern zur Folge hatten. Nur wenige Jahre nach Kürnberger machte sich Max Schasler in der Berliner Reihe »Deutsche Zeit- und Streit-Fragen. Flugschrift zur Kenntniß der Gegenwart« Gedanken »Ueber moderne Denkmalswuth«. Sein Text gilt uns als typisches Zeugnis der gründerzeitlichen Denkmalkritik. Obwohl er stellenweise versuchte, einen distanzierten, analytischen Blickwinkel auf die Thematik zu gewinnen, enthielt auch er sich nicht mancher Polemik: »Wenn man die zahlreiche Menge von Denkmälern, die im Verlauf der letzten fünfzig Jahre, namentlich aber innerhalb der letzten Decennien, errichtet wurden, in Betracht zieht und dabei den außerordentlichen Eifer berücksichtigt, womit die betreffenden Projekte entworfen und ausgeführt zu werden pflegen, so liegt für den, nur nach äußerlichen Gründen Urtheilenden, der Gedanke nahe, daß sich die gebildeten Nationen unseres Jahrhunderts, und namentlich die deutsche, durch eine besonders pietätsvolle Gesinnung auszeichnen. Denn wie anders – so scheint es – könnte diese Denkmalswuth erklärt werden als aus einem tiefen Bedürfniß, die warme Erkenntlichkeit zu bethätigen, welche die Nation für die Verdienste ihrer großen Männer der näheren und entfernteren Vergangenheit empfindet?«[86] Im Folgenden setzte er sich nicht nur mit dem Zusammenhang zwischen nationaler Gesinnung und den monumentalen Erinnerungszeichen, sondern auch mit ästhetischen und theoretischen Fragen rund um das Denkmal der Gegenwart auseinander.

Kurz vor dem Weltkrieg beschwerte sich Richard Muther lautstark in einem seiner »Aufsätze über bildende Kunst« mit dem Titel »Die Denkmalseuche«, dass diese zwar nicht in Österreich grassiere, aber in Preußen. Und weiter: »Wird von Preußen gesprochen, so steht die Siegesallee vor uns, überlebensgroße Uniformknöpfe, Marschallstäbe und Stiefel. Nur die Ideen des Monarchismus und Militarismus werden mit den Mitteln der Plastik verkündet. Und dem erleuchteten Beispiel der Capitale folgt die Provinz. In allen Städten – stets in der selben Pose – stehen ordensbesäte Uniformierte – jede Straßenkreuzung, jeden Platz versperrend: Fürsten und Generäle, deren Namen niemand weiß, von denen niemand ahnt, was sie sollen – sofern nicht ihre Aufgabe ist, die paar Kunstfreunde, die es in Deutschland noch gibt, zu Ikonoklasten zu machen.« Schließlich steigert er seine Kritik gegen die Denkmalsetzer immer mehr ins Sarkastische: »Kaum ist ein Denkmal gesetzt, kaum der Enthüllungsspeech geredet, da sammeln ehrenwerte Männer, denen es um Kunst und Dekoration – besonders ihres Knopfloches – zu tun ist, schon wieder Geld für ein neues. Wie lange wird die Seuche noch wüten? Soll aller Ungeschmack des vergangenen Jahrhunderts in das neue geschleppt werden? Will man nicht einsehen, daß diese ganze Art Kunstpflege mit Kunst fast gar nichts, desto mehr mit Strebertum und ästhetischer Roheit zu

86 Max SCHASLER, Ueber moderne Denkmalswuth, in: Deutsche Zeit- und Streit-Fragen. Flugschrift zur Kenntniß der Gegenwart, 7. Jg., H. 102 (1878), S. 1–40, hier S. 3. Schaslers Text gehört zu den vielzitiertesten in diesem Themenbereich, weshalb ich auf ihn nur kurz eingehe.

Abb. 2: Die Denkmalgruppe aus Kaiser, Bismarck sowie Helmuth Graf von Moltke (1884) von Wilhelm Albermann wurde an der Ruhrbrücke in Essen-Werden errichtet und 1932 an den Rand einer abgelegenen Parkanlage versetzt. Zur Erläuterung dient eine Infotafel (Foto: Verf., September 2011)

tun hat?«[87] Wie bei Schasler kulminiert sein Spott in Fragesätzen. Wie dieser und auch Kürnberger lenkte er den Fokus weniger auf die Form des Denkmals selbst, als auf die Kunstpflege, d. h. auf die Aufstellungspraxis. Aus seinen Zeilen spricht in rhetorischer Überspitzung die ästhetische Erfahrung der Jahrhundertwende, die weiter unten intensiver beleuchtet wird (Abb. 2).

Die Debatte hatte sich in den letzten Jahrzehnten des 19. Jahrhunderts immer weiter aufgeschaukelt, aber nur teilweise zu einem tieferen Verständnis der Hintergründe zeitgenössischer Aufstellungskonzepte beigetragen. Auch Alexander Heilmeyer machte daher die Initiatorengruppen für den Schematismus und den künstlerischen Qualitätsverlust verantwortlich: »Ein Hauptübel ist es auch, daß ein von Laien gebildetes Komitee dem Künstler meist seine Aufgabe bis in das

87 MUTHER, Denkmalseuche (wie Anm. 59), S. 59f. In der österreichischen Provinz wurden weniger Denkmäler errichtet als in der preußischen, was ganz einfach dadurch begründet ist, dass die innere Einigung des Deutschen Reichs aufgrund der jahrhundertelangen Kleinstaaterei weit weniger vorangeschritten war, als in der Donaumonarchie. Vgl. Rotraud SCHLEINITZ, Richard Muther – ein provokanter Kunstschriftsteller zur Zeit der Münchener Secession. Die »Geschichte der Malerei im XIX. Jahrhundert«, Kunstgeschichte oder Kampfgeschichte? (Studien zur Kunstgeschichte, Bd. 66), Hildesheim 1993.

kleinste Detail hinein vorschreibt. Durch ein solches Verfahren muß die künstlerische Einbildungskraft gelähmt und das sachliche Interesse abgestumpft werden.«[88] Noch heute laufen Wettbewerbe im Wesentlichen nach Grundmustern ab, die sich damals herausgebildet haben.

Die Art der Aneinanderreihung von Denkmälern, wie im Falle der Berliner Siegesallee, sah Albert Hofmann 1906, ähnlich wie schon zuvor Detlefsen, in einer Traditionslinie des Klassizismus: »Eine Wiederaufnahme des leitenden Gedankens, den einst Ludwig I. durch die Errichtung der Walhalla zu verwirklichen trachtete, wünschte man in der künstlerischen Ausgestaltung der Siegesallee verwirklicht zu sehen.«[89] Diesen Versuch des Kaisers sah er allerdings als gescheitert an. Als Leitgedanken machte er den enzyklopädischen Charakter aus, einen Kanon mit allen herausragenden Köpfen der vaterländischen Geschichte aufbauen zu wollen. Als Wilhelm II. sein neues Großprojekt 1895 den Stadtverordneten von Berlin vorstellte, betonte er besonders die übergeordnete Bedeutung für die Gesamtnation: »Als Zeichen meiner Anerkennung für die Stadt und zur Erinnerung an die ruhmreiche Vergangenheit unseres Vaterlandes will Ich daher einen bleibenden Ehrenschmuck für Meine Haupt- und Residenzstadt Berlin stiften, welcher die Entwicklung der vaterländischen Geschichte von der Begründung der Mark Brandenburg bis zur Wiederaufrichtung des Reiches darstellen soll.«[90]

Die Denkmälerallee vereinte Standbilder von Hohenzollernfürsten und bedeutenden Männern der Politikgeschichte mit zahlreichen weiteren Büstendenkmälern. Die Dokumentation der nationalen Geschichte und ihre ständige Aktualisierung stellten bei der 1901 eingeweihten Achse die eigentliche Intention dar. Hauptsächliche Gründe für die zahlreichen, scharfen Kritiken waren die fehlende Bezugnahme auf die Struktur des öffentlichen Raums und die Geschichte des Ortes sowie die Tatsache, dass die Denkmäler phantasielos abgestellt wirkten.[91] Die schier unzählbare Menge und die unüberschaubare Länge der Achse waren so nur im preußischen Berlin denkbar. In diesem Ausmaß stellte sich das Problem also nur in der Reichshauptstadt, wenngleich weiträumigere, lose verknüpfte Denkmallandschaften anderer Großstädte aus einem ähnlichen Geist heraus entstanden sind.

88 Heilmeyer, Plastik (wie Anm. 31), S. 3f.

89 Hofmann, Denkmäler II (wie Anm. 39), S. 301. Der Denkmalkult in der preußisch-deutschen Reichshauptstadt mit dem Königsplatz (Reichstag, Siegessäule, Bismarck-, Moltke- und Roon-Denkmal) und der Siegesallee als Kernprojekten, wurde in den letzten Jahren bereits intensiv erforscht. Von einer Aufzählung der Literatur wird abgesehen. In meiner Dissertation werde ich mich dem Königsplatz (heute Platz der Republik) noch eingehender widmen.

90 Zitiert nach Ebd., S. 753. Vgl. zu diesem Thema auch die S. 758 und S. 764 ff.

91 Nach zahlreichen Irrungen und Wirrungen – die Denkmäler waren zwischenzeitlich vergraben worden – wurden in den letzten Jahren einige restauriert und befinden sich heute in Charlottenburg und Spandau.

Während die Siegesallee vom Kaiser persönlich bezahlt wurde, trugen zu den kommunalen Projekten zahlreiche Investorengruppen und Spender bei. Das System der Geldwerbung für Denkmalprojekte hatten die dekorierten Herren zwar bis zur Mobilmachung für den Weltkrieg perfektioniert, im Prinzip gingen aber bereits Kürnbergers Kritikpunkte am damaligen »Denkmal-Bettel«, wie er es spöttisch nannte, in eine ähnliche Richtung: »Jahraus jahrein sieht man Herren in weißen Handschuhen und weißen Gravaten herumgehen, welche bei den Theater-Directionen recht fleißig um Benefiz-Vorstellungen für Denkmäler bitten. Was denken diese Herren – wenn sie überhaupt denken? Sie fordern dem deutschen Theater, welches die deutschen Dichter ohnedies kurz genug hält, Summen auf Summen ab, um diese Gelder – dem Marmor oder der Bronce, also der todten Hand zuzuwenden.«[92] Man sieht also, dass gesellschaftliche Konflikte durch Denkmäler nicht immer überspielt werden konnten, manchmal wurden sie durch die Projekte erst recht geschürt. Der These, dass in Österreich »das Denkmalsetzen in Standbildern« keine »nordische Sitte« sei – gemeint ist Preußen –, sondern ältere Ursprünge habe,[93] wird man nicht mehr uneingeschränkt zustimmen.

Standbilder wurden in den letzten Jahrzehnten des 19. Jahrhunderts sozusagen Ausstattungsstücke jeder Stadt, wie etwa Kirchen, Bahnhöfe, Brücken, Kioskpavillons und Bedürfnisanstalten. Es war Bürgern, Kommunen und Regionen ein Anliegen, ihrer möglichst engen Verbundenheit mit dem Kaiserhaus monumentalen Ausdruck zu verleihen, die Attraktivität von Stadt und Region zu steigern und dem lokalen Repräsentationsbedürfnis exakt zu entsprechen. Fragen der Raumwahrnehmung oder eines modernen, plastischen Stils rückten dabei erst langsam in den Vordergrund. Bereits vielen Zeitgenossen seien die Figuren fremd gewesen, konstatierte Schasler. So manche von ihnen sei ein »einsames und unverstandenes Abbild eines großen Mannes«, das nur anfangs von Neugierigen umringt würde, »so lange eben der Reiz der Neuheit« wirke.[94] Höchstens Fremde und Touristen interessierten sich manchmal noch für die Dargestellten, die über das Alltagstreiben in kühler Höhe hinwegschauten.[95] In der Tat bildete für die Gemeindeverordneten die langfristige Alltagstauglichkeit der Denkmäler nicht die erste Priorität. Entscheidend war zunächst einmal, dass Kaisertreue und eigene Leistungskraft dokumentiert wurden: Selbstvergewisserung und Identitätsbildung gingen dabei Hand in Hand. Es zeigt sich, dass der Bedeutungsverlust gründerzeitlicher Denkmäler und der damit verbundene Verfall öffentlicher Erinnerungsräume bereits von Anfang an zumindest teilweise grundgelegt waren. Es wäre also zu kurz gegriffen, den Beginn dieser Verfallsprozesse erst ab der Zeit des Wiederaufbaus anzusetzen.

Die wesentlichen Schlachtfelder der »Denkmalswuth«-Debatte waren Berlin und Wien. In den kleineren Provinzzentren und Residenzen, wie München,

92 Kürnberger, Herzenssachen (wie Anm. 12), S. 330f.
93 Ebd., S. 336.
94 Schasler, Denkmalswuth (wie Anm. 86), S. 11.
95 Vgl. ebd.

Stuttgart, Dresden, Köln oder Salzburg, lassen sich viele Phänomene nicht in der gleichen Intensität beobachten. Für einen breiteren, grundsätzlichen Diskurs fehlte dort gewissermaßen die kritische Masse. Bei der Verortung zeitgenössischer Kritiken ist also immer auf das jeweilige Zielpublikum zu achten. Nicht nur aufgrund ihrer Hauptstadtstellung, sondern auch wegen der rasanten Urbanisierung und damit einhergehend der Pluralisierung ihrer Einwohnerschaft sind die großen, vitalen Zentren insbesondere für die Moderneforschung interessant; gab es doch zahlreiche Austauschprozesse auch auf dem Gebiet der schönen Literatur. Zu denken ist etwa an den Diskursvermittler Hermann Bahr, dessen 150. Geburtstag wir 2013 gefeiert haben, und die Größen der literarischen Moderne sowie ihre überregional beachteten, publizistischen Organe. Die fragwürdig gewordene Denkmalpraxis der Gründerzeit zog zunehmend den Spott der bildenden Künstler auf sich und machte die Notwendigkeit zu neuer Reflexion und Reform allgemein bewusst.

Man versuchte, den zwischenzeitlich hohl gewordenen Bildungsanspruch neu zu beleben. Ein Mittel der Reform sollten partizipative, architektonisch ausgreifende und stärker ortsbezogene Denkmäler sein, die allerdings bis in die Zeit vor dem Ersten Weltkrieg noch fast ausschließlich die Sichtweise ihrer Initiatoren, also der herrschenden Eliten, widerspiegelten.

5. Der architektonische Raum und das architektonische Denkmal – Reformbemühungen um 1900 und die neue Ästhetik

Während des Barock und des Klassizismus regierte im Städtebau die Geometrie. Für die Aufstellung von Denkmälern hatte dies zur Folge, dass sie sich dem Diktat der architektonisch vorgegebenen Achsen und der Symmetrie von Platzanlagen unterzuordnen hatten. Folglich dominiert bis ins späte 19. Jahrhundert hinein die Achsen- bzw. Mittelstellung von Standbildern und Monumenten aller Art.[96] Erst während des Fin de siècle wurde diese Planungspraxis von der jungen Künstlergeneration grundsätzlich infrage gestellt. Ein wesentlicher Anstoß ging

96 Vgl. zum Thema der Mittelstellung: Martin HÖPPL, Wandel von Platzgestaltungskonzepten im 19. Jahrhundert. Der Max-Joseph-Platz und der Lenbachplatz in München, ungedruckte Magisterarbeit München 2009, insbesondere S. 80 (PDF-Download über die Seite der UB München: http://epub.ub.uni-muenchen.de/11161). Jüngst zum Thema der Mittelposition: Alessandro NOVA, Das Denkmal und die Platzmitte. Der Stadtraum und seine geisterhaften Erscheinungen, in: DERS./Cornelia JÖCHNER (Hg.), Platz und Territorium. Urbane Struktur gestaltet politische Räume (Italienische Forschungen des Kunsthistorischen Institutes in Florenz, Bd. 11), Berlin/München 2010, S. 21–43. Vgl. auch Cornelia JÖCHNER (Hg.), Politische Räume. Stadt und Land in der Frühneuzeit (Hamburger Forschungen zur Kunstgeschichte. Studien, Theorien, Quellen, Bd. 2), Berlin 2003. Organisiert von der Forschergruppe »Piazza e monumento« fand im Juni 2012 eine Tagung »Platz-Architekturen. Kontinuität und Wandel öffentlicher Stadträume vom 19. Jahrhundert bis in die Gegenwart« am Kunsthistorischen Institut Florenz (Max-Planck-Institut) statt, in der einige Themen, die in diesem Aufsatz behandelt werden, im Zentrum standen.

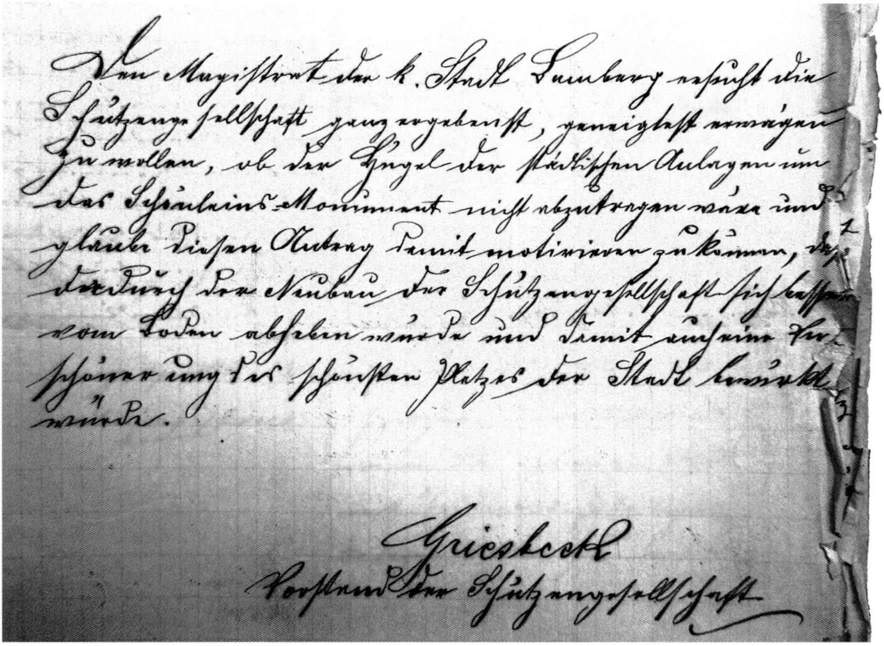

Den Magistrat der k. Stadt Bamberg ersucht die Schützengesellschaft ganz ergebenst, gefälligst erwägen zu wollen, ob der Hügel der städtischen Anlagen um das Schönleins-Monument nicht abzutragen wäre und glaubt diesen Antrag damit motivieren zu können, daß dadurch der Neubau der Schützengesellschaft sich besser vom Boden abheben würde und damit eine Verschönerung des schönsten Platzes der Stadt bewirkt würde.

Griesbeck
Vorstand der Schützengesellschaft

Abb. 3: In einem Brief vom 23. März 1893 bittet der Vorstand der Schützengesellschaft Griesbeck den Bamberger Magistrat, den Denkmalshügel abtragen zu lassen, damit man das prächtige Schützenhaus unverstellt betrachten könne (SRB, VI B, 773, 41)

dabei vom Buch »Der Städtebau nach seinen künstlerischen Grundsätzen« des Wiener Architekten und Städtebautheoretikers Camillo Sitte aus, der um 1900 zur Fundamentalkritik ansetzte.[97] Auch Kritiker, Kunsthistoriker und Ästhetiker stimmten in den Chor ein und vollzogen die große Wende hin zum »Malerischen« als neuer Leitkategorie. Für Richard Muther beispielsweise war klar, dass der geometrische Städtebau zur Monotonie geführt hatte: »Das Axeal- und Sternsystem kam – all das, was Sitte in seinem wundervollen Buche schildert. Weite Strecken leeren Geländes – nicht mehr ›Plätze‹ im alten Sinn – bildeten die Kreuzungspunkte breiter, gerader Straßen. Und in dieses leere Gelände – wer zuerst auf den Einfall kam, ist noch unerforscht – ganz genau in die Mitte, so wie Zirkel und Richtscheit es angaben, wurden die Monumente gesetzt – in den leeren Raum, in das Nichts, ein meilenweites Nirwana. Was das bedeutet, fühlt jeder, der den Colleoni des Verrocchio mit einem unserer Kaiserdenkmäler

97 Sitte, Städte-Bau (wie Anm. 84).

vergleicht.«[98] Axialität, Symmetrie, Weite des Raums und Platzmitte bildeten für Muther den Ausgangspunkt seiner rhetorisch überspitzten Kritik, die zeigt, wie emotional aufgeladen die Diskussion vor dem Ersten Weltkrieg phasenweise war. Die Denkmalfrage war zu einer Schlüsselfrage der Stadtforschung geworden.

Es ging nicht mehr einfach nur darum, wie ein Denkmal auf die Achsen der Hauptgebäude an einem Platz ausgerichtet wurde, vielmehr sah man die Denkmäler in einem übergreifenden stadträumlichen Beziehungsgefüge. Nicht mehr technische, sondern ästhetische Fragen rückten ins Zentrum des Interesses. Die Dominanz der Stadtbautechniker hatte damals zur theoretischen Vernachlässigung des urbanen Gesamtzusammenhangs im Städtebaudiskurs geführt. Vor diesem Hintergrund wirkt das Credo des Wölfflin-Schülers Albert Erich Brinckmann umso beeindruckender, dessen 1908 erschienener Klassiker »Platz und Monument« mit folgenden Worten beginnt: »Vorliegende Arbeit wendet sich einem Gebiet zu, das von der kunsthistorischen wie ästhetischen Betrachtung wenig beachtet ist. Die Handbücher der Architektur protokollieren wohl das geringste Detail [vgl. Stübben], der Stadtbau als Ganzes, der letzte Vollendung des architektonischen Gestaltens ist, blieb fast unberücksichtigt.«[99] Viele der Themen sind auch über 100 Jahre nach seiner Pionierpublikation noch nicht intensiv bearbeitet worden. Durch die Ausweitung der Perspektive von einzelnen Plätzen und Stadterweiterungsgebieten auf die Gesamtstadt bzw. den Gesamtorganismus der Stadt gibt sich Brinckmann als Kind einer neuen Ära zu erkennen. Er zeigte, welch umfangreiches Material dem Kunsthistoriker auf dem Feld der Urbanistik harrt.

Der neuen Städtebauschule und ihren Thesen eignete ein reformerischer, antiautoritärer Zug. Durch die Frage nach malerischen Qualitäten des Stadtraums wurden starre Herrschaftsgeometrien aufgebrochen und umgekehrt. Nicht mehr nur Zierde und Repräsentation sowie Verkehrsplanung, Städtetechnik und Hygienerücksichten waren von Bedeutung, sondern auch Fragen nach der Raumwirkung, passender Begrünung und transitorischen Funktionen von Promenadenanlagen. Kurz gesagt: Es kam zur geistigen Ermächtigung des wahrnehmenden Individuums als Ausgangspunkt für den urbanistischen Planungsprozess. Mit der Hinwendung zum Raum, dem *spatial turn* um 1900 sowie den Lebensreformbemühungen, wurde das Subjekt aktiviert und zur Interaktion animiert. Diverse Ansätze versuchten sich auch an einer Reform des Denkmals und des dazugehörigen Platzes. Kunsthistoriker wie Heinrich Wölfflin und August Schmarsow, Ästhetiker wie Hermann Maertens sowie Verfechter des malerischen Städtebaus wie Carl Rehorst und Julius Baum laborierten an Lösungsansätzen und neuen

98 Muther, Denkmalseuche (wie Anm. 59), S. 64–65. Freilich würde ein Vergleich von Denkmälern, die auf engen, mittelalterlichen Plätzen in Italien stehen, mit Kaiserdenkmälern, wie etwa dem in Karlsruhe, das an einem weiten, urbanen Öffnungspunkt steht, keine verwertbaren Ergebnisse liefern. Im Folgenden spricht Muther ähnlich wie Schasler von »Denkmalwut«.

99 Brinckmann, Platz und Monument (wie Anm. 56), S. V.

Abb. 4: Wilhelm von Rümanns Kaiser-Wilhelm-Denkmal (1905) auf dem Nürnberger Egidienplatz vor dem Pellerhaus (Foto: Verf., Mai 2009)

Konzepten zur Schaffung moderner Denkmäler und Stadträume. Sie forderten eine charakteristische Bildhaftigkeit und Gesamtwirkung von Architektur und Denkmalkunst. Oftmals kümmerten sich sogar die Bauherren von platzdominierenden Hauptbauten um ein perfektes Zusammenspiel von Architektur und Denkmal (Abb. 3).

Nicht nur Anthroposophen und Reformhausfanatiker, Nacktbadende und Aussteiger oder Sexualrevoluzzer und Psychoanalytiker versuchten den menschlichen Organismus in seiner Gesamtheit neu zu entdecken, auch Architekten, Kunstgewerbler, Maler, Bildhauer und Städtebauer suchten nach neuen Wegen, organische, ganzheitliche Gesamtlösungen zu finden. Das »Charakteristische« und das »Typische« eines Ortes, eines Platzbildes oder einer Stadtsilhouette rückten in das Zentrum des Interesses. Dem organischen Ganzen sowie subtilen Stimmungswerten wurde in allen Bereichen der Kunst mehr Aufmerksamkeit geschenkt. Das gilt für Bildhauer, wie Max Klinger, ebenso wie für den Maler Arnold Böcklin, den Architekten Hans Erlwein oder die Autoren Jungwiens. Gleichzeitig stieg die Skepsis gegenüber dem altväterlichen Akademismus, der Schablone sowie Reißbrettplanungen und Spekulantentum.

Eine eingehende Analyse und Diskussion der umfangreichen Literatur, etwa Wölfflins »Kunstgeschichtlichen Grundbegriffen« oder Schmarsows Überlegungen zur »Architektur als Raumschöpferin«, kann an dieser Stelle nicht geleistet werden. Ebenso muss der kurze Hinweis auf das reiche publizistische Schaffen von Architekten wie Felix Genzmer, Hermann Sörgel, Theodor Fischer und Karl Henrici genügen, die sich in ihren Schriften zum Städtebau eingehend auch mit der Denkmalaufstellung befassten. Aus all ihren Überlegungen lässt sich eine wesentliche Alternative zur Gewinnung moderner Denkmäler herausfiltern: das architektonische Denkmal. Da stets der engere Konnex zwischen Architektur und bildender Kunst gefordert wurde, liegt der Schritt zur stärkeren Tektonisierung des Denkmals selbst nahe. Abgesehen davon, dass man auch durch Denkmalsetzungen auf alten Stadtplätzen mit bereits existierender Rahmenarchitektur verblüffende Wirkungen erzielen konnte, wie etwa das Nürnberger Wilhelmsdenkmal zeigt (Abb. 4), versuchte man freilich in erster Linie Konzepte für die Neuanlage von Denkmalplätzen zu finden. Dabei dachte man an die Festlegung von Stimmungswerten, die körperliche Bewegung im Raum, die Proportion und absolute Größe des Denkmals, seinen Hintergrund und sein Umfeld. Frei nach Walter Benjamin wurde die Echtheit des Ortes, sein Ausstellungswert, d. h. seine Inszenierung und Ausstellungsart in den Blick genommen.[100] Die pseudosakrale und theatrale Zur-Schau-Stellung und die performative Rezeption der Bildwerke durch im Wandel begriffene soziale Gruppen erforderte eine ständige Aktualisierung bzw. Anpassung an die sich wandelnden ästhetischen Bedürfnisse und Repräsentationsansprüche. Das zeigt sich deutlich an den prächtigen Enthüllungsfeiern mit ihren zahlreichen ephemeren Architekturen, gilt aber nicht nur für die Fest-, sondern auch die Alltagskultur.

Die Frage nach der körperlichen Wahrnehmung von Denkmälern im Raum hängt zusammen mit dem Psychologiediskurs um die Jahrhundertwende. So analysierte Albert Hofmann die »Psychologie des Denkmals«. Er stellte fest, dass

100 Vgl. Walter BENJAMIN, Das Kunstwerk im Zeitalter seiner technischen Reproduzierbarkeit. Drei Studien zur Kunstsoziologie, Frankfurt am Main [6]1963 (Originalausgabe: 1936), S. 7–64, insbesondere S. 21.

Abb. 5: Der Wittelsbacher Brunnen (1893–1895) Adolf von Hildebrands am Münchner Lenbachplatz wirkt nach dem autogerechten Umbau des Altstadtrings wenig einladend und wie auf einer Verkehrsinsel abgestellt (Foto: Verf., September 2010)

die Denkmalpsychologie je nach Öffentlichkeitscharakter, Gegenstand, Typus und Zielgruppe unterschiedlich sei, und dass jede Zeit und Person ihr eigenes »präsentatives Bewusstsein« besitze.[101] Ihn interessierte, wie die Bevölkerung über historische Taten und Helden dachte. Daher sei zuerst einmal wichtig zu analysieren, was ein Denkmal lehre. Für ihn konnte der Raum »psychische Werte« annehmen, wenngleich unscharf blieb, wie man sich diese genau vorzustellen habe. Außerdem war für ihn eine tiefere Wirkung auf die Psyche des Subjekts nur durch architektonische Denkmäler möglich. Brinckmann befasste sich auch mit diesen Themen und bezog sich explizit auf die wohl elaborierteste Theorie zur psychischen Fundierung monumentaler Bildhauerkunst, die in den 1890er Jahren in einem längeren Prozess entstanden war: die Schrift »Das Problem der Form« aus der Feder Adolf von Hildebrands. Der berühmte Bildhauer transferierte in enger Abstimmung mit dem Kunsttheoretiker Konrad Fiedler seine Pra-

101 Albert Hofmann, Geschichte des Denkmals (Handbuch der Architektur, Bd. 4/8/2,a/I), Stuttgart 1906, S. 17f. Vgl. Silke Satjukow, Bahnhofstraßen. Geschichte und Bedeutung, Diss. Jena 2000, Köln 2002. Für »präsentative Symbolik« in Anlehnung an Ernst Cassirer, siehe insbesondere S. 5–10.

xiserfahrung in einen grundlegenden Theorietext.[102] Eine tiefergehende Analyse der Hildebrand'schen Überlegungen würde über den Denkmaldiskurs weit hinausgehen und soll daher anderen Studien vorbehalten bleiben. Die neue Denkmalauffassung lässt sich sehr gut an den Bildwerken Hildebrands nachvollziehen, wie etwa dem *Münchner Wittelsbacher Brunnen* (1893–1895), der sich in prospektartiger Randstellung als Monument der Monarchie neuen Typs dem Betrachter darbietet (Abb. 5). Es verwundert kaum, dass Hildebrands paradigmatische Realisierung der Prinzipien seiner »Relieftheorie« zur Wahrnehmung monumentaler Skulptur bald als »Erinnerungsdenkmal an die Vollendung der Wasserleitung (1890)« bezeichnet wurde.[103]

Es sei angemerkt, dass das lebendige geistige Klima einer Stadt wie München um 1900 einen intensiven Austausch zwischen Theoretikern und Praktikern beförderte. So gibt es interessante Anknüpfungspunkte zwischen den kulturanthropologischen Überlegungen eines Wilhelm Worringer, den umfangreichen Publikationen zur Raumwahrnehmung eines Psychologen wie Theodor Lipps und eines Philosophen wie Robert Vischer einerseits und dem praktischen Schaffen von Malern und Bildhauern andererseits. Interessant wäre es etwa, den Zusammenhang zwischen Erinnern und Einfühlen sowie von Verewigung und Abstraktion auch anhand von konservativ-traditionellen Kunstwerken zu untersuchen. Jedenfalls lässt sich sagen, dass der Anstoß für die Reformbewegungen vor dem Ersten Weltkrieg eine fast allgemein anerkannte Krisendiagnose bildete. Da Schablone und Traditionsbezug die Bildhauerpraxis dominiert hätten, seien »innerliche Konzentration und Seelenthätigkeit«,[104] wie sie privates Erinnern voraussetze, im öffentlichen Rahmen unterbunden worden. Der zeitgemäße Zugang wurde also nicht mehr von oben (Herrscher/Monarchie), sondern von unten (In-

102 Adolf von HILDEBRAND, Das Problem der Form, in: Henning BOCK (Bearb.), Adolf von Hildebrand. Gesammelte Schriften zur Kunst (Wissenschaftliche Abhandlungen der Arbeitsgemeinschaft für Forschung des Landes Nordrhein-Westfalen, Bd. 39), Köln/Opladen 1969, S. 41–350. Allein Hildebrands Schrift, die in verschiedenen Varianten (1890–1903) bei Bock ediert ist, und der Zusammenhang mit seinem praktischen Schaffen, etwa am Münchner *Wittelsbacher Brunnen* (1893/95), würde genügend Stoff für eine eigene Untersuchung bieten. Siehe Sigrid ESCHE-BRAUNFELS, Adolf von Hildebrand (1847–1921), Berlin 1993. In der umfangreichen Monographie sind einige Quellen zu Hildebrand ediert. Zum Thema Denkmale, vgl. ebd., S. 306–352. In den vergangenen Jahren hat sich die Forscherin in mehreren Publikationen dem praktischen und theoretischen Schaffen des Bildhauers gewidmet. Vgl. für einen ersten Überblick und weitere Literaturtipps die Internetseite der Hildebrand-Stiftung (adolf-von-hildebrand.de).

103 Emil STUTZER, Die Deutschen Großstädte. Einst und Jetzt. Mit sechs Einzelschilderungen. Berlin – Hamburg – München – Köln – Dresden – Leipzig, Berlin/Braunschweig/Hamburg 1917, hier S. 205. Vgl. zu den Hintergründen der Brunnenanlage HÖPPL, Wandel (wie Anm. 96), S. 116. Die Brunnenanlage wurde für das pluralisierte Publikum gleich mehrfach kodiert: u. a. als Erinnerung an die Leistungen Max Pettenkofers, die Schaffung der Schwemmkanalisation und die Isarregulierung. Eine eigenständige Lösung stellt Henry van de Veldes Jenaer Denkmalpavillon für Ernst Abbe (1908–1911) mit einer Bildstele von der Hand Max Klingers und Bronzereliefs von Constantin Meunier dar.

104 HOFMANN, Denkmäler I (wie Anm. 101), S. 8.

dividuum/Privatheit) her gedacht. Gerade die jüngere Generation fühlte sich von den steifen Herrscher- und Feldherrndenkmälern nicht mehr angesprochen. Anders herum formuliert: Da die Opposition gerade im 19. Jahrhundert bekanntlich keine Denkmäler errichtete, spiegelt die bürgerliche Denkmallandschaft fast ausschließlich die Ansichten der herrschenden Eliten wider.[105] Die ästhetische Wende ist also auch Ausdruck des sozialen Wandels. Es verwundert kaum, dass in einem gänzlich anderen, demokratischen Gesellschaftssystem, wie dem heutigen, gerade die Herrscherdenkmäler besondere Gleichgültigkeit hervorrufen.

Nur tiefergehende Erkenntnisse über urbane Denkmallandschaften und lokale Erinnerungstopographien, die sich über weite Zonen der Gesamtstadt erstreckt haben, können für eine neue Deutung die notwendigen Kontexte erschließen. Es verwundert dabei kaum, dass die Überfrachtung des Stadtraums mit Denkmälern schon damals als Problem erkannt wurde. Neben der gartenkünstlerischen Einbindung von Denkmälern in den architektonischen Zusammenhang und die Verwendung von Stadtgrün schlug der Architekt und Stadtplaner Theodor Fischer, dessen 150. Geburtstag wir 2012 begangen haben, bei einem berühmt gewordenen Vortrag in Stuttgart 1903 vor: »Es werden heute so viele Denkmäler gebaut, an denen niemand eine rechte Freude hat. Warum tritt nicht einmal ein Komitee zusammen, um einen Park zu gründen zum Gedächtnis des oder jenes berühmten Mannes, einen Park, meinetwegen geschmückt mit Gedächtniszeichen aller Art, in dem der Städter auf schattigen Wegen bequem zur Höhe gelangen könnte«. Von einem solchen Denkmalpark versprach sich Fischer »grossen ästhetischen Vorteil«; zudem könnte man auf diese Weise Wald- und Grünzungen bis in das Stadtgebiet hereinführen, und somit Stadt und Landschaft verbinden – ein alter Gedanke, der etwa auch dem Englischen Garten in München zugrunde lag. Die Bedeutung von Pflanzenwuchs in der Stadt wollte Fischer entschieden steigern, sodass »das verbindende Grün wieder die Oberhand gewinnt«.[106] In seinen virtuosen Perspektivzeichnungen von Platzsituationen setzte er, diesem Gedanken folgend, Bäume und Sträucher als Raumfüllung zum Abschluss der Platzwände ein. Damit umging er genau die von Brinckmann beschriebene Gefahr der ästhetischen Zergliederung, die dieser treffend charakterisierte: »Erst die gleichmäßige Weiterführung einer charakterlosen Straßenarchitektur über die Platzwände fort, das Zerreißen der Platzfläche durch Bäume und Gesträuchgruppen haben die Raumwirkung des regelmäßigen Platzes vernichtet.«[107] Wie Stübben sah Brinckmann noch nicht die regelmäßige Anlage per se als problematisch, sondern ihre konkrete Realisierung. Theoretikern wie Praktikern ging es in erster Linie um die Abschließung des Raums.

105 Vgl. NIPPERDEY, Nationaldenkmal (wie Anm. 42), S. 133.
106 Theodor FISCHER, Stadterweiterungsfragen mit besonderer Rücksicht auf Stuttgart. Ein Vortrag, Stuttgart 1903, S. 24 f.
107 BRINCKMANN, Platz und Monument (wie Anm. 56), S. 152.

6. Der Betrachter und die Promenade – Zu-Fuß-Gehen als Kulturtechnik zum Verständnis der Denkmäler

Wenn wir heute von A nach B gelangen wollen, dann meist um einzukaufen, um etwas zu essen, um uns mit Leuten zu treffen, um zum Bahnhof oder zum Parkhaus zu gelangen oder einfach nur zur Arbeit und zu Veranstaltungen. Das Zu-Fuß-Gehen ist Mittel zum Zweck und wird im Wesentlichen funktional betrachtet. Im Alltag ist es eher lästig, in der Freizeit sucht man speziell gestaltete Räume wie Fußgängerzonen oder Einkaufspassagen dazu auf, die ein entsprechendes Ablenkungspotential bieten, sodass man sich mit dem Gehen an sich nicht intensiver auseinandersetzt. In den meisten Fällen, so könnte man sagen, ist das Fußgehen im öffentlichen Raum das lästige Nebenprodukt anderer Aufenthalts- und Fortbewegungsweisen bzw. das, was notgedrungen übrig bleibt zwischen verschiedenen Aktivitäten.[108] In der Regel machen wir uns nicht klar, dass diese Art des Gehens das Resultat einer relativ jungen Entwicklung ist. Sie setzt auf technischer Seite nicht einfach nur das Vorhandensein eines ganzen Systems aufeinander abgestimmter, moderner Transportmittel voraus, sondern auch auf gesellschaftlicher Ebene die Freisetzung des Subjekts bzw. in Bezug auf den urbanen Raum gesprochen: den Abbau zahlreicher sichtbarer, aber auch vieler unsichtbarer Schranken, die noch vor 100 Jahren jedem Bürger und erst recht jedem Arbeiter und Handwerker geläufig waren.

Selbst die großen Städte in Deutschland kennen heute quasi keine durch Segregation hervorgerufenen Tabubereiche für einzelne Bevölkerungsgruppen mehr. Jeder Fremde und Einheimische kann zu jeder Zeit in jedes Stadtviertel gehen und jeden öffentlichen Platz für nahezu jede Aktivität nutzen. Diese demokratische Art der Raumnutzung hat sich erst nach dem Zweiten Weltkrieg entwickelt, wenngleich einige Schranken und Beschränkungen schon in der Zwischenkriegszeit abgebaut wurden. Im Zentrum dieser Untersuchung stehen die wesentlichen Voraussetzungen der jüngeren und jüngsten Entwicklungen im späten 19. Jahrhundert. Die damalige Form der Raumaneignung ist nur zu verstehen vor dem Hintergrund der bürgerlichen Disziplinargesellschaft. Damals beteiligten sich an der öffentlichen Promenade im Wesentlichen Großbürger. Die proletarischen Schichten blieben weitgehend außen vor, gesellschaftlich und räumlich. Ähnliches gilt für Jugendliche, die erst langsam zu geduldeten Personen in der Öffentlichkeit wurden und die sich deshalb meist bemühten, möglichst früh den Habitus alter Leute anzunehmen. Die meisten Personen des öffentlichen Lebens waren in einer Zeit aufgewachsen, für die das Lustwandeln und Spazierengehen in Landschaftsgärten und Volksparks prägende Erfahrun-

108 Stadtführungen und touristische Besichtigungsrundgänge seinen hier einmal ausgenommen. Heute wird der Begriff »Promenade« meist lediglich mit der Uferpromenade von Gewässern etwa in Hafenstädten in Verbindung gebracht, die im Folgenden nicht Teil der Analyse sein wird.

gen darstellten.[109] Es liegt auf der Hand, dass sich diese Gewohnheiten durch die rasante Urbanisierung änderten, wobei im Tempo der Entwicklung bereits der Niedergang der Promenade angelegt war. Den Verfall des öffentlichen Lebens, der sich dann auch auf den Stadtraum auswirkte, verfolgte der Sozialphilosoph Richard Sennett bis in die Frühe Neuzeit zurück und schilderte lebendig die schleichenden, gesellschaftlichen Brüche.[110]

Es ist notwendige Voraussetzung einer Analyse gründerzeitlicher Denkmäler, dass man sich die genaue Form der Bewegung im öffentlichen Raum klar macht. Dieser Rezeptionsrahmen war stets veränderlich und hat sich über längere Zeiträume im Zusammenhang mit globalen, gesellschaftlichen Prozessen entwickelt. An dieser Stelle sei noch einmal auf den Ansatz Riegls zurückgekommen. Dessen Stärke lag insbesondere darin, dass er den Kunstwert von Denkmälern an epochenübergreifende geistes- und gesellschaftsgeschichtliche Entwicklungen koppelte: »Der ganze geschilderte Prozeß, der vom gewollten Denkmalswert über den historischen Wert schließich zum Alterswert geführt hat, ist vom allgemeinen Standpunkte betrachtet bloß eine Teilerscheinung der, die neue Zeit durchaus beherrschenden Emanzipation des Individuums, die namentlich seit dem Ende des 18. Jahrhunderts einen gewaltigen Vorstoß gemacht hat.«[111] Diese Emanzipation habe zur Folge, dass jedes Denkmal durch seine »subjektive Erscheinung, das heißt in den Wirkungen, die es auf das (sinnlich wahrnehmende oder sich geistig bewußt werdende) Subjekt ausübt, zu erfassen« sei.[112] Es ist leicht einsehbar, dass der diagnostizierte Individualismus und die damit zusammenhängende Pluralisierung von Rezipientengruppen für die Denkmäler der Macht eine gewisse Gefahr darstellte. Die Veränderung der Promenade in der modernen Zeit barg enorme soziale Sprengkraft. Riegls logisch differenzierte Ausführungen zur Grundlegung des Denkmalbegriffs enthalten zwar keine weiteren, konkreten Auseinandersetzungen mit den Standbildern und ihrer enormen Vermehrung, stoßen dafür aber in den Gefühlshaushalt der damaligen Bevölkerung und somit der Promenadennutzer vor.

Aus heutiger Sicht mag es vielen schwerfallen, sich das emanzipatorische Potential der öffentlichen Promenade vorzustellen. Die Betonung sozialer Schranken und urbaner Zonen, die nicht jedermann zugänglich waren, ist ein Charakteristikum nicht nur des Absolutismus, sondern auch der neoabsolutistischen Gründerzeit. Es gab damals zahlreiche Mittel der sozialen Segregation, eines der effektivsten waren wohl Eintrittsgelder.[113] Habermas bemerkte lapidar, dass man

109 Vgl. Burkhard Fuhs, Mondäne Orte einer vornehmen Gesellschaft. Kultur und Geschichte der Kurstädte 1700–1900 (Historische Texte und Studien, Bd. 13), Hildesheim 1992.
110 Richard Sennett, Verfall und Ende des öffentlichen Lebens. Die Tyrannei der Intimität, Berlin ²2008 (Originalausgabe: The Fall of Public Man, New York 1974).
111 Riegl, Denkmalkultus (wie Anm. 17), S. 150.
112 Wyss, Kunstwollen (wie Anm. 21).
113 Vgl. zur sozialen Segregation u. a. Ulfert Herlyn (Hg.), Stadt- und Sozialstruktur. Arbeiten zur sozialen Segregation, Ghettobildung und Stadtplanung. Dreizehn Aufsätze, München 1974.

für Literatur, den Besuch von Theater, Konzert und Museum zu bezahlen hatte, nicht jedoch für das anschließende Gespräch, das die Aneignung förderte.[114] Die Promenaden wurden zwar ebenfalls stark gesellschaftlich kontrolliert, so wurden einfach gekleidete kleine Leute in den prächtigen Parkanlagen der besseren Gesellschaft kaum geduldet, ganze Gartenanlagen z. B. durch die Einführung einer Kurtaxe einem elitären Publikum vorbehalten oder sogar als Blumengarten eingezäunt. Dennoch stellte der öffentliche Spaziergang im Festgewand für mittlere Schichten noch am ehesten eine Möglichkeit der Partizipation am kulturellen Leben dar.

Man ging spazieren und unterhielt sich über das Gesehene. Beim Abschreiten der heimischen Denkmäler konnten dann auch subversive Diskurse ein Ventil finden. Die Debatten im Zusammenhang mit der Errichtung von Monumenten waren den meisten noch präsent. Denkmallandschaften stellten also gewissermaßen versteinerte Diskurse dar, auch wenn nicht davon auszugehen ist, dass man in einer Stadt wie in einer Chronik lesen kann. Das Gehen, Sehen, Darüber-Reden und Erinnern stellte beim Promenieren, anders als beim beschleunigten Autofahren, noch eine Einheit dar. Wesentlich stärker als heute wurde der Stadtraum daher auf das öffentliche Gespräch hin ausgestaltet: Er wurde gewissermaßen so geplant, dass er als Gesprächsstoff dienen konnte. Man kann von gebauten und zugleich diskursiven Räumen sprechen, von Promenaden- bzw. Denkmalräumen in den Köpfen und in der Stadt.

Grundlage jeder wissenschaftlichen Beschäftigung mit dem Spazierengehen und den Räumen, die dafür geschaffen wurden, ist die Reflexion über historisch entwickelte Leitbilder und deren Wandel und Wechsel. Literarische Beschreibungen der Romantik überliefern uns ein Bild von Wanderschaft, Promenade sowie dem Lustwandeln in Parks und der Stadt. Das Zu-Fuß-Gehen stellte noch vor 100 Jahren eine Art Kulturtechnik dar, bei der Bildung vermittelt, Kommunikation gepflegt, Diplomatie getrieben, exerziert, Geschäfte und sogar Heiraten angebahnt wurden. Im Alltag ebenso wie beim Sonntagsspaziergang erfolgte die Kommunikation durch diese interaktive, körperlich-bewegte Raumaneignungsform. Wer verstehen will, wie Denkmäler »gelesen« wurden, muss die Bedeutung des Promenierens verstehen lernen. Je abwechslungsreicher sich die Abfolge von Architektur-, Garten- und Denkmalplätzen gestaltete, desto mehr Anregungen lieferte sie dem belesenen Groß- und Bildungsbürger für die Rekapitulation der eigenen vaterländischen Geschichte und Kultur.

Zahlreiche graphische Ansichten zeigen das sicherlich manchmal geschönte und idealisierte harmonische Promenieren der Bürger auf den breiten Boulevards (Abb. 6).[115] Die lange Zeit nur teilweise gepflasterten Verkehrsflächen wurden zur Erleichterung für die Pferde immer wieder mit frischem Sand versehen. Es

114 Habermas, Strukturwandel (wie Anm. 5), S. 198.

115 Das Promenieren wird hier zwar als Vorstufe, jedoch als prinzipiell eigenständige Art großbürgerlichen Spazierengehens vom großstädtischen Flanieren der Zwischenkriegszeit abgesetzt.

Abb. 6: Das berühmte, von Kolonnaden und Platanen flankierte und eingezäunte Bowling Green vor dem klassizistischen Gesellschaftshaus in Wiesbaden. Die Graphik zeigt den Zustand der Mitte des 19. Jahrhunderts mit der Schillerbüste (StadtA Wiesbaden, Dig. MultimediaA, ST 0028A, aus: NL 1, 117)

existierten noch kaum Fahrbahnabtrennungen, keine Beschilderungen verstellten die Sicht – abgesehen von Laternen oder Kandelabern an den Trottoirs, wenn es denn überhaupt schon gesonderte Fahr- und Fußgängerstreifen gab. Die zunehmende Mobilität durch den Eisenbahnausbau seit der Mitte des 19. Jahrhunderts stellte für den Wettstreit der Kommunen eine Revolution dar. Nicht nur auf dem inszenierten Weg in die Stadt begannen Fahrrad und Pferdetram erst einzelne Funktionen von Handkarren, Fuhrwerken, Mietdroschken und unterschiedlichen Kutschen zu übernehmen.

Der Hauptstädter verkörperte das Ideal des Staatsbürgers. Das Schauspiel, das sich in der Kapitale bot, wurde durch diverse Druckerzeugnisse überall verbreitet. Es wundert kaum, dass die Inszenierungen in den Hauptstädten auch vor dem Hintergrund nationaler Rangstreitigkeiten instrumentalisiert wurden. So führte der kulturelle Konkurrenzkampf zwischen Bayern und Preußen in Süd und Nord dazu, dass sich vergleichbare Denkmalpraktiken und Gestaltungskonzepte mit durchaus unterschiedlicher Ausrichtung ausprägten.[116] Die Gestaltung von Promenaden und der darin errichteten Denkmäler bildete dann wiederum das prägende Wahrnehmungsumfeld und damit die Sehgewohnheiten der Bürger.

Durch die technischen Errungenschaften geriet die Promenade zwangsläufig in die Krise, weshalb Kommunen und Herrscher damals mit ästhetischen Mitteln versuchten, die entstehenden gesellschaftlichen Brüche zu überspielen. Durch die Steigerung des Verkehrs und die Vervielfältigung der Nutzergruppen wandelte sich der Blick auf die Denkmäler. Sie wurden gewissermaßen vom Leben und der anhaltenden Innovationswelle überrollt, wenngleich manche Autoren zunächst noch optimistisch auf das bunte Treiben am Fuße der Denkmalsockel blickten. Cornelius Gurlitt etwa setzte die Denkmäler in direkten Bezug zu Verkehr, Spaziergang und Betrachterhaltung: »Unter *Platzverkehr* versteht man denjenigen, der sich im Umherwandeln auf einem Platze vollzieht, also nicht nur im Sinne des Handels (Gemüse-, Fisch-, Blumen- und Weihnachtsmarktes), sondern auch im Sinne des Forum, auf dem die Bürger sich versammeln, plaudern, lustwandeln, die Kinder spielen, die Mädchen ihre Kinderwagen fahren, die Denkmäler großer Männer und andere Kunstwerke zu ruhiger Betrachtung stehen.«[117] Der unmittelbare Konnex zwischen Denkmal und Fortbewegungsform ist schon dadurch evident, dass manche aufwendige Denkmäler prominent an Hauptplätzen mit besonders bevorzugten Sichtachsen und großem Vorfeld präsentiert werden und somit als starke Merkzeichen fungieren, denen hohe Aufmerksamkeit breiter Besuchergruppen zuteil wird, während etwa einfache Gedenktafeln an Häusern lediglich im Vorübergehen, gewissermaßen *en passant* vom interessierten Passanten wahrgenommen werden.

Während sich das Treiben um das Denkmal durch die politischen Verwerfungen und den gesellschaftlichen Wandel veränderte, blieben die Denkmäler im Kern die gleichen.[118] Diese Statik wurde ihnen zum Verhängnis, weshalb die meisten Denkmalplätze im frühen 20. Jahrhundert mehrfach verändert wurden. Zahlreiche Promenadenplätze unterlagen ab der Jahrhundertwende einem ständigen Umgestaltungsdruck. Kommunen und Bürgervereine bemühten sich kontinuierlich um zeitgemäße Ausgestaltungen. In dieser Dynamik liegt das Charakteristikum von Promenaden bis in die Zwischenkriegszeit. Nicht selten

116 Im Großen wie im Kleinen wurden damals zahlreiche Rangstreitigkeiten und Positionskämpfe ausgetragen. Vgl. dazu Pierre BOURDIEU, Die feinen Unterschiede. Kritik der gesellschaftlichen Urteilskraft, Frankfurt am Main 1998 (Originalausgabe: La distinction. Critique social du jugement, Paris 1979).

117 Cornelius GURLITT, Der deutsche Städtebau, in: Robert WUTTKE (Hg.), Die deutschen Städte. Geschildert nach dem Ergebnisse der ersten deutschen Städtebauausstellung zu Dresden 1903, Bd. 1, Dresden 1904, S. 41. Den Forumsgedanken hatte in der zweiten Hälfte des 19. Jahrhunderts besonders der Hauptvertreter der Neorenaissance Gottfried Semper stark gemacht (vgl. dazu Anm. 60).

118 Siehe zur Zeitkrise ULLMANN, Kaiserreich (wie Anm. 4), S. 192–202. Vgl. zudem Hans-Ulrich WEHLER, Von der »Deutschen Doppelrevolution« bis zum Beginn des Ersten Weltkrieges 1849–1914 (Deutsche Gesellschaftsgeschichte, Bd. 3), München 2008.

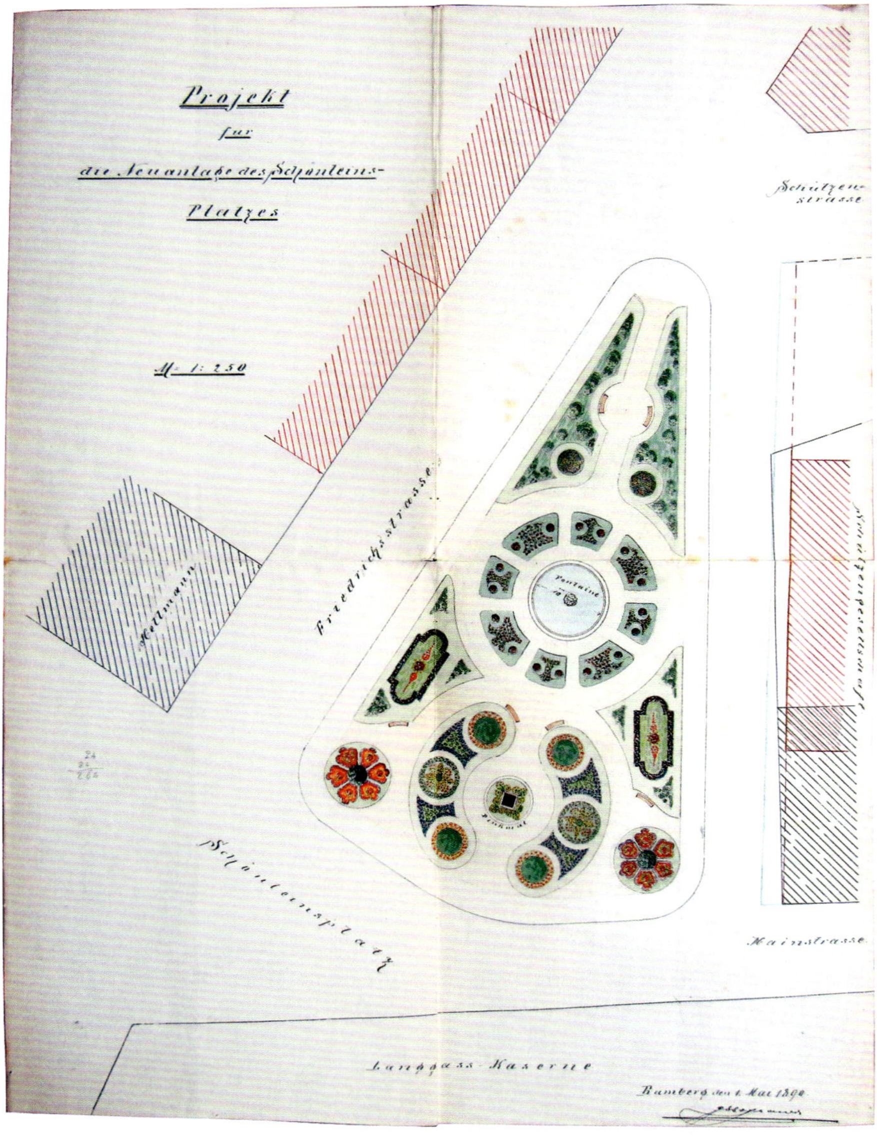

Abb. 7: Unverwirklichtes »Projekt für die Neuanlage des Schönleinsplatzes« (1890) mit kolorierter Planzeichnung eines Blumenparterres. Die geometrischen Wege waren typisch für gründerzeitliche Platzkonzepte (SRB, VI B, 773, 41)

wurden Gestaltungskonzepte zwar aufwendig ausgearbeitet, dann jedoch von der Geschwindigkeit der Entwicklung überrollt und schließlich in anderer Form realisiert (Abb. 7).

Abb. 8: Nicht selten wurde der Schönleinsplatz als der schönste Platz Deutschlands gepriesen. Am Eingang in die Altstadt war man bemüht, sich durch den Aufwand höchster technischer und künstlerischer Mittel als moderne Stadtgemeinde zu präsentieren (StadtA Bamberg, D 2007 + 123)

Nicht nur an den Umplanungen und Umgestaltungen lässt sich der rasche, soziale Wandel ablesen, sondern auch im Bereich der Nutzung, was an einer kleinen Episode aus Bamberg verdeutlicht werden kann.[119] In einer Akte der Städtischen Registratur zur »Verschönerung des Schönleinsplatzes« finden sich folgende Beschwerden aus dem Frühjahr 1916: »In heutiger Magistrats-Sitzung wurde lebhafte Klage geführt, daß der Schönleinsplatz als Kinderspielplatz benützt wird, daß dort Kinder den ganzen Tag über die Bänke belegen, sodaß Erwachsene die Bänke nicht benützen können, daß fernerhin die Kinder nicht nur den dort befindlichen Sand und Boden aufwühlen, sondern auch das Becken des Springbrunnens und die dort angebrachten elektrischen Lämpchen beschädigen.« Durch das Spielverhalten der Kinder sei den »Erwachsenen die Möglichkeit des Aufenthaltes an diesem Platze benommen«. Daher wurde der Beschluss gefasst, »an den Bänken Täfelchen mit der Aufschrift ›Nur für Erwachsene‹ anbringen zu lassen«. Doch nicht nur zwischen den Generationen kam es zu Reibereien, auch

119 Zum Schönleinsplatz (vormals Schießhausplatz) und zum Denkmal Johann Lukas Schönleins (1793–1864) existieren zahlreiche Akten in der Städtischen Registratur Bamberg (SRB) und dem Stadtarchiv Bamberg, die ich in meiner Dissertation über Promenadenplätze ausführlicher analysiere.

als nicht standesgemäß empfundenes Verhalten schien das Ansehen der Stadt zu gefährden. So wurde darüber Klage geführt, »der Schönleinsplatz werde von Frauen, die ungeniert nach geschehener Vesper ihr Papier wegwerfen, als Kinderspielplatz benützt«, weshalb »um Abstellung dieser kleinstädtischen Mißstände« gebeten wurde.[120]

Am Schönleinsplatz, der seit den 1890er Jahren von prächtigen Gebäuden gerahmt wurde, wollten sich Stadt und bürgerliche Eliten offensichtlich als modern und gesittet präsentieren, als blühendes Gemeinwesen, das das Kleinstadtstadium hinter sich gelassen hatte; die prächtigen Promenadenplätze waren längst zum Mittel der kommunalen *Image*-Politik geworden. Zeitgenössische Photographien zeigen den hygienisch-sauberen Platz mit prächtig blühenden Bosquets, säuberlich gestutzten Zierbäumen und einer Fontäne. Meist sind fein gekleidete Kindermädchen oder Damen im Sonntagsstaat und Herren in Galauniform zu sehen. Durch Blumen und Stadtgrün gerahmt, führten Wege zu einem marmornen Büstendenkmal, das der international renommierte Bildhauer Caspar von Zumbusch aus Wien geschickt hatte: das Abbild des deutschlandweit hoch angesehenen Hofarztes Johann Lukas Schönlein, der Bamberg stets als seine Heimatstadt in Ehren gehalten und der hier seinen Lebensabend verbracht hatte.[121] Er stand für eine neue Zeit, in der die moderne Medizin zur Senkung der Sterblichkeit beigetragen hatte. Über diesen Vertreter des neuen Bamberg und seine Verdienste um den nationalen Fortschritt sollte man sich, auf einer der Bänke sitzend, ruhig unterhalten (Abb. 8).

Naturwissenschaftler- und Technikerdenkmäler gelten den Verdiensten öffentlicher Personen um Stadt und Nation. Sie wurden oft im Bereich der Promenadenanlagen errichtet. Nicht selten wurden auch Bürgermeister – so im Wiener Rathauspark – oder Gartenkünstler, die Promenaden und Parks geschaffen hatten, verewigt. So erhielt beispielsweise der Königlich Bayerische Hofgärtendirektor *Carl von Effner* ein Denkmal in den Anlagen am Münchner Maximiliansplatz nach den Plänen von Rümann und Thiersch (1886). Dem Schweden *Jöns Person Lindahl*, der im Auftrag der Stadt Würzburg den dortigen Ringpark geschaffen hatte, ist ein ins Gelände hineinkomponierter Felsenbrunnen mit Bronzerelief gewidmet (1904).[122] Die Bedeutung von Standbildern innerhalb von Promenadenanlagen wurde für die Identifikationsstiftung und den Kampf um

120 SRB, VI B, 773, 41. Wie anschaulich es für ein breiteres Publikum sein kann, die soziologischen Umbrüche am Beginn des 20. Jahrhunderts mit einem Fokus auf die Jugend zu erzählen, zeigte 2009 Michael Haneke mit seinem preisgekrönten Film »Das weiße Band – Eine deutsche Kindergeschichte«.

121 Siehe zum Denkmal Stadtarchiv Bamberg, C2, 18292. Schönlein stand stellvertretend für Bamberg und für die Errungenschaften und den Rang der deutschen Ärzteschaft, vergleichbar wie etwa Pettenkofer für die Hygiene, Liebig für die Chemie, Ohm für die Physik oder Gauß u. a. für die Mathematik, denen zahlreiche Denkmäler gesetzt wurden.

122 Vgl. den kleinen Ausstellungskatalog des Stadtarchivs: Anette WOLF, Würzburger Denkmäler. Erinnerungskultur im Wandel der Zeit (Eine Ausstellung des Stadtarchivs), Würzburg 2011.

überregionale Aufmerksamkeit als hoch eingeschätzt. Stärker als bei den nationalen Ruhmeshallen Ludwigs I. wurde damit die Stadt selbst als Hort der Innovation vor der Gesamtnation inszeniert.

Von der Wertschätzung der Promenadenplätze und ihren Denkmälern ist heute kaum noch etwas geblieben. Die einstigen, sogenannten Ring- und Grünpromenaden, die als Zonen der Selbstdarstellung einer neuen, grünen, fortschrittlichen Stadt dienten, bevor man auf dem Weg vom Bahnhof kommend den alten Stadtkern betrat, dienen heute in der Regel als Altstadtring für den Autoverkehr. Damit wurde die Promenade zum Funktionsraum, der für Fußgänger häufig abschreckend laut und zu unangenehm abgasbelastet ist. Zudem schnüren die Altstadtringe den Stadtkern stark ein und lassen ihn zur isolierten und musealisierten Insel werden. Dieses Phänomen kann man vor allem in Großstädten, wie München, Nürnberg oder Augsburg, bedingt aber auch in kleineren Städten wie Ansbach und Esslingen beobachten. Der verkehrsgünstige Umbau der Promenaden war nicht nur die Folge dessen, dass die breite Bevölkerung das Autofahren gelernt hat, er führte außerdem dazu, dass wir das Spazierengehen im klassischen Sinne verlernt haben, womit uns eine Kulturtechnik abhandengekommen ist. Die beschränkte Cockpit-Perspektive des weitgehend von Umwelteinflüssen abgeschirmten Autofahrers entspricht der antrainierten, weitgehend passiven Rezeptionshaltung, wie sie auch Kino und Fernsehen, die Leitmedien der neuen Zeit, kennzeichnen. Die Wiederentdeckung des Räumlichen durch interaktive, ortsbezogene Anwendungen, wie z. B. Apps, die Hintergrundinformationen zu einem Objekt per QR-Code zur Verfügung stellen, verspricht indes in den letzten Jahren eine Gegenbewegung zu eröffnen. Es bleibt abzuwarten, ob in Zukunft einige verschüttete Qualitäten der Promenade zurückgewonnen werden können.

Die Begriffe »Spaziergangswissenschaft« und »Promenadologie« bzw. »Strollology« gehen auf den wandernden Soziologen Lucius Burckhardt zurück, der insbesondere seit den 1970/80er Jahren im Anschluss an Ökologiebewegung und Aktionskunst einen primär wahrnehmungs- und handlungsorientierten Ansatz zur Beschäftigung mit dem Spazierengehen entwickelte. Explizit verneinte er ein größeres Interesse an der »Tradition des Flanierens auf der Promenade«.[123] Es handle sich »bei den Spaziergangswissenschaften um etwas ganz anderes als das traditionelle Flanieren«. Sie seien »eine Karikatur ihrer Vorbilder«, die ihren »nostalgischen Tenor verloren« hätten und vielmehr »aus einer ironischen Haltung heraus« betrieben würden.[124] Burckhardt fasste diese Art von Wissenschaft

123 Lucius BURCKHARDT, Warum ist Landschaft schön? Die Spaziergangswissenschaft, hg. v. Markus RITTER/Martin SCHMITZ, Berlin ²2008 (Originalausgabe: 2006), S. 5–11.

124 Ebd., S. 10. Der Begriff Spaziergangswissenschaft kann scheinbar auch im Plural verwendet werden. Burckhardt trennt offensichtlich nicht zwischen dem bürgerlichen Promenieren des 19. Jahrhunderts und dem Flanieren, wie wir es etwa von Walter Benjamin und Siegfried Kracauer kennen. Eine Differenzierung historischer Phasen des Spazierengehens, Promenierens und Flanierens ist also nicht Teil seiner Überlegungen.

wie eine Kunstform auf. Im Zentrum stand daher auch der Künstler, nicht die Rezeptionszusammenhänge eines historischen Betrachterkollektivs. Seine Texte können als überaus engagierter Gegenreflex auf die Etablierung und Verfestigung der autogerechten Stadt seit der Wirtschaftswunderzeit gelesen werden. Durch die gezielte Ausblendung der historischen Gewordenheit des urbanen Raums resultieren aus diesen Reflexionen interessante Erkenntnisse über persönliche Befindlichkeiten, jedoch keine Konzepte für den geschichtswissenschaftlichen Umgang mit Konstellationen im Urbanen. Was diesem Ansatz aus Sicht des Geschichtswissenschaftlers und Kunsthistorikers abgeht, ist die geschichtliche Perspektive, gewissermaßen ein praktikabler Ansatz zu einer gänzlich nostalgiefreien, quellenbasierten »Historischen Promenadenforschung«.

7. Das Denkmal und der Tod – Über Monumente und das Monumentalische

Seine zweite »Unzeitgemäße Betrachtung« mit dem Titel »Vom Nutzen und Nachteil der Historie für das Leben« aus dem Jahre 1874 beginnt Friedrich Nietzsche mit Goethes Bekenntnis zu einer »aktiven« Kunstaneignung, die nicht einfach nur belehrt. Demnach sollte die Geschichte dem Leben dienen.[125] Diese Umwertung des Geschichtsverständnisses war überhaupt erst durch die Französische Revolution möglich geworden. Schon von Zeitgenossen wurden die Geschichtsdenkmäler – insbesondere in Preußen – als lebensfern empfunden, was bereits die Analyse der »Denkmalswuth«-Debatte zeigen konnte. Es wundert kaum, dass auf die prächtigen Initiationsfeiern einschneidende Umkodierungsprozesse folgten: Das reicht vom bloßen Missverstehen bis zur Versetzung und der gänzlichen Zerstörung noch in unseren Tagen. Häufig scheiterte das wirksame Ins-Leben-Treten der Kunstwerke von Anfang an. Es gab nicht nur für die Denkmalpraktiken, für die Einweihungsfeiern und die formale Gestaltung Vorbilder, die in die Frühe Neuzeit zurückreichen, sondern auch für die Demontage der Monumente.[126]

Kam es um 1900 zur Freisetzung des Individuums im Zusammenhang mit *psychological* und *spatial turn*, so hatten die Ereignisse von 1789 eine erste Freisetzung breiter Volksschichten aus ständischen Bindungen mit sich gebracht. Bereits damals zeigte sich, dass öffentliche Meinung, Presse und Bildpublizistik massendynamische Prozesse entscheidend befeuern konnten. Auch wenn sich die Ereignisse im Anschluss an den sogenannten Bastillesturm auf die deutschen Gebiete nicht direkt auswirkten, so zeigten sie doch das enorme Potential kollekti-

125 Vgl. NIETZSCHE, Nutzen (wie Anm. 20), insbesondere S. 3, 17 und 32.

126 Vgl. zum Thema des revolutionären Denkmalsturzes: Martin HÖPPL, Druckgraphik der Französischen Revolution. Kunstgeschichte, Kulturanthropologie und Kollektivpsyche, in: Helikon. A Multidisciplinary Online Journal 1 (2010), S. 144–183, hier S. 151–157.

ver Symbolhandlungen, wie des Denkmalsturzes, auf.[127] Zum Abbau von Denkmälern kam es verstärkt im Zuge der Modernisierung seit den 1920er Jahren und im Zusammenhang der Kriegswirren. Seit Aufklärung und Revolution sowie während des Frühklassizismus hatten die Monumente zunächst als Tugendinstrument und Mittel der Bildung gedient, wie etwa die aufgeklärten Historiker Friedrich Nicolai und Lorenz von Westenrieder gefordert hatten. Schließlich wurde die Bildungsfunktion mehr und mehr zugunsten ihrer ästhetischen Komponente ausgehöhlt. Nach dem Zweiten Weltkrieg schienen sie dann nicht mehr für Bildungszwecke geeignet, doch in den letzten Jahrzehnten haben Erinnerungsmonumente wieder eine große Blüte erfahren. Zahlreiche Werke im öffentlichen Raum von internationalen Künstlern betonen in jüngerer Zeit neuerlich das ästhetische Erlebnis, etwa durch begehbare Räume. Man kann also einen Zyklus von Skepsis gegenüber dem Denkmal, Belebung des Bildungsdenkmals, Blüte des konservativen Denkmals und Ästhetisierung des Denkmals herausabstrahieren. Dieser Kreislauf der Denkmalkonjunktur hat sich seit der Revolution vor über 220 Jahren fast zweimal wiederholt und reicht bis in die Jetztzeit. Auch Julius von Schlosser betonte einen Zusammenhang bis in die Moderne und setzte mit dem »Schlusse der alten Zeit« eine Zäsur an, die eine grundlegende Änderung des »Ethos und Pathos allgemeiner Welt- und Lebensauffassung« bewirkte.[128] Letztlich interessanter als die Zusammenschau großer Denkmalepochen ist jedoch der Wandel in den Konzepten, Identitäten, Diskursen und Mentalitäten.[129]

Sowohl die Denkmäler des 19. Jahrhunderts als auch diejenigen des 20./21. Jahrhunderts unterliegen Grundproblemen, die von denjenigen, die mehr Denkmäler forderten, nicht als entscheidend eingeschätzt wurden: Erstens lassen immer mehr neue Denkmäler die Stadtlandschaft zur musealisierten Ausstellungs- bzw. Denkmallandschaft werden. Zweitens liefern Denkmäler als versteinerte Diskurse niemals ein breites Abbild historischer Gesellschaftszustände, da sie als Kompromisslösung nur den geringsten gemeinsamen Nenner widerspiegeln und vielfachen geistigen, finanziellen und politischen Determinierungen unterliegen. Drittens ist der Stadtraum nur bedingt mit Denkmälern besetzbar bzw. belastbar, weshalb nicht beliebig viele Neusetzungen und Umkodierungen

127 Vgl. für zahlreiche Visualisierungen der revolutionären Kollektivhandlungen u. v. m. das Onlineprojekt HyperMeida zu den Bildmedien der Französischen Revolution, das ich in den vergangenen Jahren zusammen mit Fabian Bross M. A. erarbeitet habe. Zu erinnern wäre in diesem Zusammenhang auch an den Sturz der Saddam-Statue auf dem Firdos-Platz in Bagdad am 9. April 2003, der als medial inszenierter politischer Ikonoklasmus und als ein Akt symbolischer Entmachtung in die Geschichte eingegangen ist.

128 SCHLOSSER, Denkmalkultus (wie Anm. 22), S. 13.

129 Zum Mentalitätswandel vgl. BRÜCKNER, Denkmalwesen (wie Anm. 45). Zum Bruch des kulturellen Gedächtnisses nach der Wende siehe insbesondere Gabi DOLFF-BONEKÄMPER/Edward van VOOLEN/Carolin SCHÖNEMANN/Inge ZIMMERMANN (Hg.), Denkmale und kulturelles Gedächtnis nach dem Ende der Ost-West-Konfrontation (Dokumentation der internationalen Fachtagung vom 18. bis. 22. November 1998 in Berlin), Berlin 2000.

im urbanen Kontext möglich sind. Viertens können Denkmäler heute nur dann ihr lebendiges Fortbestehen sichern, wenn sie für unterschiedliche Zielgruppen kompatibel gemacht werden, d. h. nicht nur für ein elitäres Museumspublikum zugeschnitten sind. Und fünftens hängen Denkmäler stark vom *decorum* und dem von der Gemeinde gewünschten Anspruchsniveau ab, weshalb die kommunale Planungsebene häufig der entscheidende Faktor bei der Analyse von Denkmälern ist.

Neben diesen Problemen, die Denkmäler mit sich bringen, kennzeichnet sie eine paradoxe Struktur: Indem sie eine große Persönlichkeit in Stein bzw. Bronze verewigen und somit still stellen, entziehen sie diese gewissermaßen endgültig dem Kreis der Lebenden und dem noch lebendigen Andenken der Zeitgenossen. Mit dieser Überführung in ein kollektives, verstetigtes und in seiner Form normiertes Gedenken, entrückt das Denkmal, zumal dasjenige mit einem hohen Sockel, die jeweilige Persönlichkeit der unmittelbaren, alltäglichen Lebenswelt nachkommender Generationen. In Bezug auf die Denkmallandschaft ganzer Städte folgt daraus, dass die mediale Mortifizierung zahlreicher öffentlicher Personen in Form von Standbildern, einer Musealisierung des Stadtraums Vorschub leistet. Das Denkmal und der Tod sind also in mehrfacher Hinsicht eng miteinander verknüpft. Giorgio Agamben universalisierte diesen Gedanken 2005: »Die Unmöglichkeit des Benutzens hat ihren topischen Ort im Museum. Die Museifizierung der Welt ist heute eine vollendete Tatsache.«[130] Für ihn ist also nicht die Welt/Stadt der »Ort« für Musealisierung, sondern diese wird vielmehr »selbst« museifiziert. In der Methode des künstlerischen Lebensentzugs steckt bereits der Keim späterer Krisenerscheinungen, die von mangelhafter Kenntnis der historischen Figuren und folglich von fehlendem Verständnis ihren Ehrenmalen gegenüber gekennzeichnet ist. Die Aussonderung aus der Sphäre reiner Nützlichkeit kann in letzter Konsequenz zur gänzlichen Nutzlosigkeit für die Nachgeborenen führen.

Erfolgt keine Aktualisierung, kein neuerlicher Eintritt in die Lebenswelt, dann sind die Denkmäler nicht nur einem Toten, sondern auch selbst zumindest vorübergehend dem Tode geweiht; sie werden somit unsichtbar, wie Robert Musil meinte. Aleida Assmann betonte, dass sich das Gedächtnis nicht einfach fortsetze, vielmehr müsse es »immer neu ausgehandelt, etabliert, vermittelt und angeeignet werden«. Einen Ansatz für diesen Vorgang liefert der originale Aufstellungsort: »Orte können ein Gedächtnis auch über Phasen kollektiven Vergessens hinweg beglaubigen und bewahren. Demnach können Denkmäler nach einer Phase der Entfunktionalisierung, in der ein Gegenstand aus einem Nützlichkeitskreislauf herausgefallen ist«, also nach seiner Neutralisierung, die mit dem

130 Giorgio AGAMBEN, Profanierungen, Frankfurt am Main 2005, S. 81. Die Überlegungen entstammen dem berühmt gewordenen, knappen Text »Lob der Profanierung« (S. 70–91). Agambens Überlegungen könnten in diesem Zusammenhang leicht als defätistisch aufgefasst werden. Die enorme Wichtigkeit der kuratorischen und konservatorischen Tätigkeit von Museen soll daher freilich nicht vergessen werden.

beschriebenen Kreislauf der Denkmalkonjunktur zusammenhängt, den »neuen Status eines bedeutungstragenden Zeichens erlangen. Dadurch werde der Überrest zu einem ›Semiphor‹, d. h. zu einem sichtbaren Zeichen für etwas Unsichtbares und Ungreifbares wie z. B. die Vergangenheit oder die Identität einer Person«.[131] Die Besonderheit dieser Sichtweise liegt darin, dass sie die kontroverse Stellung der Denkmäler heute zu fassen versucht. Auch wer bezüglich der Aktualisierung gründerzeitlicher Denkmäler weniger optimistisch ist, wird nicht leugnen können, dass dieses topologische und semiotische Moment Chancen in sich birgt. Bei Denkmalsversetzungen wird meist von allen Beteiligten intensiv darüber gestritten, warum es notwendig ist, ein gewisses Denkmal von einem Standort weg zu versetzen, jedoch weniger über die sinnvolle Einrichtung des neuen Denkmalplatzes. In manchen Fällen passen die sekundären Aufstellungsorte eher schlecht als recht zu den Monumenten, weshalb auch die Versetzung ins Museum mit angemessener Kommentierung durch Texte und Bildquellen manchmal eine Alternative dargestellt hätte.

Agamben beschrieb die zugrunde liegenden Isolierungsvorgänge, wie sie auch die Musealisierung von Denkmälern kennzeichnet: »Die Profanierung beinhaltet jedoch eine Neutralisierung dessen, was sie profaniert.«[132] Auch er entwickelte ein zyklisches Modell, das zwischen den Polen der »Säkularisierung« und »Profanierung« kreist. Er untersuchte die Übergänge vom »Profanen« zum »Heiligen« und umgekehrt, die durch das Ritual der »Weihe« gekennzeichnet seien – man erinnere sich an Martin Heidegger, der ihn stark beeinflusste.[133] Auch die gründerzeitlichen Enthüllungszeremonien können als solche rituelle Feiern beschrieben werden. Mit Agambens Worten: »Die Vorkehrung, welche die Absonderung vollzieht und reguliert, ist das Opfer: durch eine Reihe minutiöser Rituale, sanktioniert es in jedem Fall den Übergang, vom Profanen zum Heiligen, von der menschlichen in die göttliche Sphäre«.[134] Die Koppelung von Heiligem/Sakralisierung und Profanem/Profanierung lässt sich an zahlreichen Denkmälern nachvollziehen: Auf die liebevolle Ausschmückung etwa der Kaiser- und Bismarckstandbilder folgte häufig deren Dekonstruktion und Destruktion. Allgemein gesprochen wurden plastische und räumliche Gestaltungskonzepte überlagert, modifiziert, aufgeweicht und abgelöst: Auf die Entthronung der Mächtigen folgte oftmals der öffentliche Ikonoklasmus.

Es wird vielleicht überraschen, dass der italienische Philosoph sich direkt auf den deutschen Begriff des »Ausstellungswerts« von Walter Benjamin bezieht.[135] Dieser hatte sich fast 60 Jahre zuvor bereits mit der Einbettung des Kunstwerks in einen Traditionszusammenhang, der seinen Ausdruck im Kult bzw. im säku-

131 Assmann, Erinnerungsräume (wie Anm. 6), S. 21–22.
132 Agamben, Profanierungen (wie Anm. 130), S. 74.
133 Vgl. ebd., S. 75.
134 Ebd., S. 71.
135 Benjamin, Kunstwerk (wie Anm. 11), S. 21 bzw. Agamben, Profanierungen (wie Anm. 130), S. 88.

Abb. 9: Diese handkolorierte Fotopostkarte zeigt, dass bei den öffentlichen Standbildern an Ehrentagen stets Kränze niedergelegt wurden (StadtMus Wiesbaden, SNA, AK 03793)

larisierten Ritual fand, beschäftigt.[136] Von kunsthistorischer Seite setzten sich dann Hans Sedlmayr und Werner Hofmann mit der »Ausstellung« als kulturellem Leitbild auseinander. Abgesehen von dieser engeren Bedeutung der Ausstellung ist hier die Aus-Stellung ganz allgemein von Interesse, wie sie für die Analyse jedes Denkmals entscheidend ist. Ein Grad für die lebensweltliche Verankerung dieser Art der Zurschaustellung ist die symbolische Aktualisierung des Gedächtnisses, etwa an Geburts- und Sterbetagen.[137] Auf den historischen Ansichten lässt sich diese Wertschätzung der Standbilder oft durch niedergelegte Kränze erkennen (Abb. 9).[138] Rituale der Weihe fanden also nicht nur zur Enthüllung statt, sondern wurden ständig in kleinerem Rahmen wiederholt.

In der Gründerzeit wurde über Ausstellungswerte sowie Sphären jenseits von Nützlichkeit und Zweckbestimmung in dieser Weise noch nicht diskutiert. Am häufigsten erscheint damals der Begriff »Bedürfnis«, der in zahlreichen Varianten – Verkehrsbedürfnis, hygienisches Bedürfnis, ästhetisches Bedürfnis sowie Erinnerungsbedürfnis – gebraucht wurde und zur Begründung zahlloser städtebaulicher Maßnahmen herhalten musste. So konnte Joseph Stübben 1895 beispielsweise fordern: »Die Erfüllung der modernen Bedürfnisse muß die Grundlage der modernen Städtebaukunst sein«.[139] Auch wenn die »Bedürfnisse« häufig nicht genau definiert wurden und nicht erklärt wurde, wie sie zustande kommen, war man sich doch einig, dass man im modernen Städtebau nicht mehr an der Bevölkerung und ihren Wünschen vorbeiplanen durfte. In letzter Konsequenz weitergedacht, steckte darin bereits die Idee der Beteiligung von Bürgern am Planungsprozess, wie wir sie seit der Postmoderne kennen, wenngleich unter paternalistischem Vorzeichen.

Viele Denkmäler überstanden zwischenzeitliche Phasen mangelnder Aktualisierung und fehlenden Erinnerungsbedürfnisses nicht. Sie wurden demontiert, eingeschmolzen oder an andere, weniger prominente Stellen versetzt (vgl. Abb. 2). Bereits 1844 hatte Heinrich Heine in seinem Versepos »Deutschland. Ein Wintermärchen« die preußische Pickelhaube parodiert, die mit ihrer »stählernen Spitze des Himmels modernste Blitze« anzöge.[140] Schon 1929/30 traf das Hamburger *Kaiserdenkmal* von Johannes Schilling (1903) auf dem Rathausmarkt der Bannstrahl hanseatischen Selbstbewusstseins. Die Figuren des Denkmals wurden an den Rand des bis kurz vor dem Ersten Weltkrieg ausgebauten Justizfo-

136 Vgl. BENJAMIN, Kunstwerk (wie Anm. 11), S. 19f.

137 1895 häuften sich z. B. 25jährige Jubiläen im Zusammenhang mit den Kriegsereignissen von 1870.

138 Auch am sarkophagähnlichen Sockel des Denkmals für den ersten bayerischen König auf dem Max-Joseph-Platz in München wurden bis weit ins 20. Jahrhundert hinein regelmäßig Kränze niedergelegt. Siehe das Kapitel »Das Max-Joseph-Denkmal und der Abschluss der Platzkonzeption« bei HÖPPL, Wandel (wie Anm. 96), S. 48–61.

139 J[oseph] STÜBBEN, Der Bau der Städte in Geschichte und Gegenwart, in: Centralblatt der Bauverwaltung, XV. Jg., Nr. 11 (1895), S. 105–107, 119–121 und 126–129, hier S. 119.

140 Heinrich HEINE, Deutschland. Ein Wintermärchen, in: DERS., Neue Gedichte, Hamburg 1844, S. 277–421, hier S. 290.

rums, den Sievekingplatz, geräumt. In München löste man das Ensemble rund um das *Reiterstandbild Prinzregent Luitpolds* (1913) und den *Hubertusbrunnen* Adolf von Hildebrands 1937 auf. Und in Wiesbaden wurde der *eiserne Kanzler* (1898) fast unbemerkt von der Öffentlichkeit 1966 in die Parkanlage im Nerotal verfrachtet sowie seiner Sockelfiguren beraubt. Das Bayreuther Denkmal *König Maximilians II. von Bayern* (1860) wurde 1955 von der Mitte des Ehrenhofs direkt vor das Alte Schloss versetzt, während die Bamberger *Reiterfigur des Prinzregenten* (1899) vom Domberg zunächst in ein Depot und 1972 an den Schönleinsplatz wechselte sowie der dortige *Maximiliansbrunnen* für den ersten bayerischen König aus der Hand Ferdinand von Millers (1880–1888) wegen eines Tiefgaragenbaus von der Mitte des dortigen Maxplatzes an dessen Rand versetzt wurde.[141] Man sieht, dass selbst bei denjenigen Denkmälern, die den Krieg überstanden haben, deren Halbwertszeit oft nicht einmal 100 Jahre betrug. In manchen Fällen kam es schon nach weniger als 30 Jahren zur Versetzung.

Mit diesen Maßnahmen gingen stets Umwidmungen einher, die die Fragmentierung, Musealisierung und Entkontextualisierung der Standbilder zur Folge hatten. Wie Max Schasler prognostiziert hatte, wurden sie dadurch zu unverstandenen Figuren, ihrer Lesbarkeit weitgehend beraubt. Heute stehen sie für eine diffuse Vorstellung von Geschichte, sind aber nicht in der Lage, ihre Geschichten zu erzählen. Es wäre durchaus zu bedauern, wenn es zu weiteren Demontagen und Translozierungen kommen würde. Der Wiederaufbau eines Denkmals an neuem Standort ist stets nur eine Rekonstruktion, eine Notlösung, die den Verlust von Authentizität – Benjamin hätte vielleicht gesagt: an Aura – zur Folge hat. Durch die Opferung des authentischen Präsentationszusammenhangs kann es zur Verdrängung ganzer Kapitel der Geschichte aus dem allgemeinen Bewusstsein kommen, die Schieflagen im kollektiven Gedächtnis nach sich ziehen. Aktuell wären als Beispiele die Monumente und Erinnerungsorte der DDR, nicht nur in Berlin, zu nennen. Bei den kriegsbedingten Schäden und Verlusten hielt man Instandsetzungsmaßen oft für zu aufwendig und entschied sich bewusst für die Demontage. In Wolfgang Staudtes Film »Der Untertan« von 1951 erscheint im Schlussbild das zerstörte Herrscherstandbild, das die gerechte Strafe für den übersteigerten Militarismus der Kaiserzeit durch seine Zerstörung erfahren hat. Die populäre teleologische Adaption der Deutungsachse des deutschen Sonderwegs, die das Kaiserreich als Vorgeschichte des Faschismus begriff, wirkte sich auch auf die kaiserzeitlichen Denkmäler aus.

Schon im 19. Jahrhundert gab es Stimmen, die den Zusammenhang zwischen Denkmälern und Kriegsgeschehen erkannten. Kürnberger formulierte visionär und mit nationalistischem Tenor: »Erst vor wenigen Jahren ist das große Unge-

141 In fast allen Fällen sieht man auf den ersten Blick, auch ohne Kenntnis der Vorgeschichte, dass die Denkmäler irgendwie unmotiviert und verloren herumstehen, was heute oftmals schon den ersten Weg zu ihrem Verständnis verstellt. Vgl. allgemein zum Thema ausrangierter Denkmäler: Karl Markus MICHEL, Topolatrie. Über eine modische Form, Betroffenheit zu bezeugen, in: ZIEGERT, Denkmal (wie Anm. 41), S. 73–92.

witter zwischen der deutschen und der gallischen Race zum Ausbruch gekommen, und wir Alle glauben zu wissen, daß zwischen der deutschen und der slavischen Race vielleicht noch ein größeres Ungewitter in der Luft liegt. Glückliches Volk, das dann so reiche Erz-Arsenale von Geistesheroen besitzt, die es in Kanonen umgießen kann!«[142] Aus der historischen Distanz heraus sieht man das heute freilich anders. Als Dokumente ihrer Zeit werden auch ideologisch problembehaftete Denkmale, z. B. Gebäude der Nazizeit, geschützt und erhalten. Für eine sachgemäße Einschätzung der Überreste ist eine distanzierte Haltung unerlässlich. Momentan neigt man wieder dazu, den Ort hochzuachten, was sich auch im Zusammenhang mit der Einrichtung von NS-Dokumentationszentren zeigt.[143] Diese Art von Erinnerungslandschaft geht nicht primär von der visuellen Prominenz stadträumlicher Schlüsselpositionen aus, sondern von der Vorgeschichte eines Ortes. Als dominante Elemente im Stadtraum wirken dem gegenüber heute meist nicht mehr die Zeichen der Macht, quasi die Phallussymbole des Wilhelminismus, sondern sekundäre Elemente, wie z. B. die farbintensive, großflächige Straßenbeschilderung. Da diese Schicht der Gliederung des Stadtraums sich optisch stark in den Vordergrund drängt, werden andere subtilere Bezugssysteme wie Sichtachsen häufig nicht mehr richtig wahrgenommen.

Habermas bemerkte, dass eine neue, »sinnvolle Ordnung der Stadt im Ganzen« gefunden werden müsse. Über die postmoderne Strukturierung führte er aus: »Heute ist sie, schon durch den verkehrstechnischen Funktionswechsel der Straßen und Plätze, überholt. Sie sichert weder eine räumlich geschützte Privatsphäre, noch schafft sie freien Raum für die öffentlichen Kontakte und Kommunikationen, die die Privatleute zum Publikum zusammenführen könnten«.[144] Städte bieten oft viel zu wenige Stellen für ruhige Kommunikation. Genauso finden sich nur wenige geeignete Standorte für Denkmäler. Die Nachwirkungen der autogerechten Stadt, die nach dem Weltkrieg die erschütterte, alte europäische Stadt ablöste, werden uns alle noch lange beschäftigen. Dabei ist es aber entscheidend, dass man nicht bei der pessimistischen Krisendiagnose stehen bleibt, sondern die Möglichkeiten zur Lösung des Denkmalproblems erkennt.

142 KÜRNBERGER, Herzenssachen (wie Anm. 12), S. 374.

143 Auf der Internetseite des neuen Dokuzentrums an der Stelle des ehemaligen Braunen Hauses am Königsplatz in München findet sich u. a. eine Liste von Publikationen zum Thema *Mahnmale,* Erinnerungsstätten, Erinnerungsorte für die Opfer des Nationalsozialismus in München 1933–1945. Vgl. für eine virtuelle Karte Münchner Erinnerungsorte mit Tondokumenten das Projekt Memory Loops (2008) von Michaela Melián (memorylops.net).

144 HABERMAS, Strukturwandel (wie Anm. 5), S. 191. Habermas lieferte keinen weiterführenden Ansatz zur Analyse der Stadtmorphologie. Der Zusammenhang zwischen der Öffentlichkeit und der gebauten Form der Stadt ist ein klassisches Betätigungsfeld der Kunstgeschichte. Siehe für Mittelalter und Frühe Neuzeit: Stephan ALBRECHT (Hg.), Stadtgestalt und Öffentlichkeit. Die Entstehung politischer Räume in der Stadt der Vormoderne (Veröffentlichungen des Zentralinstituts für Kunstgeschichte in München, Bd. 24), Köln/Weimar/Wien 2010.

8. Die Lösung des Denkmalproblems? – Der Mensch auf dem Sockel und vor dem Sockel

Eine Lösung des Denkmalproblems heute muss im Wesentlichen an drei Stellen ansetzen: Erstens beim Denkmal und seiner Aufstellungsart selbst, d. h. bei seiner Proportionierung, seinem Sockel, seiner Rahmung und seiner Erläuterung. Zweitens bei den Betrachtern der Denkmäler, d. h. bei uns. Und drittens bei der Gestaltung der Denkmalplätze, d. h. beim Raum sowie dem Mobilitätskonzept. Zunächst ein paar knappe Bemerkungen zum Denkmal selbst. Schon August Schmarsow erkannte, dass lebensgroße Standbilder dem Menschen ein starkes, körperlich nachvollziehbares Identifikationsangebot bieten: »Das Raumgebilde ist eine Ausstrahlung gleichsam des gegenwärtigen Menschen, eine Projektion aus dem Innern des Subjekts, gleichviel ob es leibhaftig darinnen ist oder sich geistig hineinversetzt, also auch gleichviel ob eine Statue nach dem Ebenbilde des Menschen seine Stelle einnimmt oder der Schatten eines Abgeschiedenen hineingedacht wird«.[145] Dieser Gedanke betont den Charakter des Denkmals als Stellvertreter, wie er seit alters her besonders bei Herrschermonumenten von großer Bedeutung war. Vor wahrnehmungsästhetischem Hintergrund bedeutet das, dass »das Gesetz der Proportion stets in Beziehung auf das Subjekt und seinen optischen Maßstab« gedacht wird.[146] Man kann von einem reziproken Verhältnis sprechen.

Damit sich die Identifikation immer nur als intellektueller Akt der Hineinversetzung vollzieht und zu keinem unwillkürlichen Akt wird, legte man nach konservativem Verständnis so großen Wert auf den Sockel zur scharfen Trennung der Wirklichkeit des Betrachters und des Betrachteten. Die verewigten Personen sollten in einer anderen Sphäre schweben, genauso wie sie zu Lebzeiten meist auf einer anderen Ebene der gesellschaftlichen Hierarchie gestanden hatten; demgegenüber waren zahlreiche, heute verlorene Sockelfiguren an den unteren Stufen durch einen hohen Realitätsgrad ausgezeichnet. Kurz gesagt: Im Deutschen Kaiserreich war stets klar, wer oben und wer unten steht. An diesen Grundannahmen des bürgerlichen Standbilds rüttelte erst die Moderne. Heute mag man da als Erstes an Auguste Rodins *Die Bürger von Calais* (1884–1889) denken, die jedoch zunächst auf einem fast zwei Meter hohen Sockel montiert, und erst nachträglich, dem ästhetischen Bedürfnis des museumserfahrenen Publikums folgend, zu ebener Erde aufgestellt wurden.[147] Beim *Strauß-Lanner-Denkmal* von Franz Seifert (1905) im Wiener Rathauspark stehen die beiden

145 August SCHMARSOW, Das Wesen der architektonischen Schöpfung, in: Jörg DÜNNE/ Stephan GÜNZEL (Hg.), Raumtheorie. Grundlagentexte aus Philosophie und Kulturwissenschaften, Frankfurt am Main 2006, S. 470–484, hier S. 473.

146 Ebd., S. 475.

147 Vgl. z. B. HARDTWIG, Geschichtskultur (wie Anm. 46), S. 311. Hardtwig widmete sich dem modernen Denkmaldiskurs rund um Alfred Lichtwark, Wilhelm von Bode und Hermann Obrist.

Abb. 10: Der Karikaturist Adolf Oberländers nahm 1867 übereifrige Denkmalcomités auf's Korn, die in letzter Konsequenz bei noch lebenden Lokalhelden um die Erlaubnis zum Ausstopfen angefragt hätten (Fliegende Blätter, 47/1167, S. 168 (1867), UB Heidelberg: http://digi.ub.uni-heidelberg.de/diglit/fb47/0173)

Komponisten lediglich um ein Geringes erhöht und in Lebensgröße dem Betrachter direkt gegenüber.

Das Formproblem des Denkmals beruht ganz grundlegend auf seiner Andersartigkeit: Es ist ein plastisch-räumliches Abbild, das, sofern es eine Person darstellt, durch Aufbau, Material und Darstellungsmodus vom Urbild, der lebenden Person, unterschieden ist (Abb. 10). Es ist Produkt eines künstlerischen Abstraktionsvorgangs, der mit Symbolisierung, Idealisierung und Kodierung einhergeht und zur Erfassung der Bedeutung eine Dekodierung erfordert. Die Entschlüsselung ist ein intellektueller Vorgang, der dem Rezipienten eine aktive Aneignungshaltung abverlangt. Da dieser im Fall der Denkmäler einiges Hintergrundwissen, genaues Hinsehen und Geduld erfordert, scheitern heute die meisten an der Entschlüsselung und somit auch an der angemessenen Interpretation und Verortung der Denkmäler. Daher kommt es meist schon auf der ersten Ebene der Rezeption nicht zur Ingangsetzung des Erinnerungsprozesses. Der eigentliche Kern der damaligen Monumente, wie ihn Kürnberger beschrieb, die Erinnerung an Denkwürdigkeiten, bleibt daher heute meist leer: »Das Denkmal soll an etwas erinnern, das *denkwürdig* ist, das aber in Gefahr steht, *vergessen* zu werden. Fügen wir noch das schöne Accessit hinzu: und woran sich die Nachwelt ein

Beispiel nehmen kann!«[148] Aus heutiger Sicht könnte man sagen, das gute Beispiel hätte sich die Nachwelt vielleicht nehmen können, wenn sie es überhaupt verstanden hätte.

Doch zum zweiten Problem, dem Verhältnis zwischen Betrachter und Denkmal: Warum sperren sich gerade die gründerzeitlichen Denkmäler so im Besonderen gegen den Rezipienten? Eine Erklärung dafür liegt in ihrer Form begründet. Zunächst einmal macht uns schon die visuelle Prägung der Jetztzeit durch ihre interaktiven und transitorischen Angebote mit multimedialen Immersionsanreizen auf Augenhöhe sowie die Omnipräsenz audio-visueller, bewegter Bilder und haptischer Eindrücke in Reichweite gewissermaßen immun gegenüber Kunstwerken, die ihre ästhetische Schwelle besonders betonen und markieren. Im Falle des gründerzeitlichen Denkmals verhindert der obligatorische Sockel, sei es bei kleineren Standbildern in Gestalt eines einfachen Piedestals oder bei architektonischen Denkmalbauten als massiver, rustizierter Unterbau, das direkte Begreifen des Gegenstandes. Dazu kommen noch etliche Kettenabsperrungen, opulent verzierte Geländer und Mäuerchen, verwinkelte Treppen und Rampen sowie Mosaikpflaster und gärtnerische Anlagen, die um das Denkmal herum eine Art geheiligten Bezirk schaffen, der auf ganz traditionelle Weise eine distanzierende und ehrfurchtgebietende Zone aus der Sphäre des alltäglichen Lebens auszusondern versucht.

Anders als bei heutigen Skulpturen, Plastiken und Installationen im öffentlichen Raum, etwa Bodendenkmälern, ist ein Über- und Durchschreiten immer nur partiell und bis zu einer betonten Schranke möglich. Dieses Problem war schon um 1900 in der Diskussion präsent, weshalb beispielsweise Hildebrand im Rahmen seiner Entwürfe für das Berliner Kaiser-Wilhelm-Nationaldenkmal einen Pavillontempel vorschlug, der von Jedermann hätte betreten werden können. Damit war er seiner Zeit voraus, wenngleich es verschiedentlich Ansätze für verbesserte Partizipationsmöglichkeiten gab. Als Ansatz zur Lösung des Denkmalproblems schlug etwa Schasler vor, auf den hohen Sockel zu verzichten, damit man die Physiognomie des Verehrten und nicht nur seine Füße zu sehen bekäme: Die Büste erschien ihm als idealer Typus des modernen Denkmals. Entgegen den eben beschriebenen Denkmalakzidenzien forderte er einen bescheidenen Maßstab und zurückhaltende Ornamentierung.[149] Die Büste im öffentlichen Raum findet sich als eine der einfachsten Denkmalformen vermehrt in der ersten Hälfte des 19. Jahrhunderts, verlor jedoch nie ganz an Bedeutung. Damit sind bereits Aspekte des künstlerischen Modus berührt, die hier nur angerissen werden können. Ebenso kann nur erwähnt werden, dass die Materialwahl, d. h. Bronze auf der einen Seite und Marmor, Granit, Sandstein und weitere Steinsorten auf der anderen, nicht nur den Preis und das Anspruchsniveau, sondern auch die Wahrnehmung beeinflussen.

148 Kürnberger, Herzenssachen (wie Anm. 12), S. 363.
149 Schasler, Denkmalswuth (wie Anm. 86), S. 31 f. Vgl. z. B. die zahlreichen Büstendenkmäler rund um die Universität Jena.

Zum dritten Denkmalproblem, dem Verhältnis zum Umraum bzw. der Gestaltung des Denkmalplatzes und dessen Umgestaltung im Hinblick auf ein automobildominiertes Verkehrskonzept: Könnte man durch die Reduzierung oder gänzliche Beseitigung der Aneignungshemmnisse, auf welche Weise auch immer, die Dysfunktion der Denkmäler überwinden? So einfach wird das nicht möglich sein, denn unter unserem gesamtstädtischen Analyseaspekt betrachtet wird schnell klar, dass nicht nur Formfragen der Bildhauerei entscheidend sind. Durch die Anhäufung immer weiterer Denkmäler wurden die Spielräume für die Gestaltung des urbanen Raums schon vor dem Ersten Weltkrieg entscheidend verkleinert, was für kommende Generationen vielerorts ein Problem darstellte. Zum einen deshalb, weil es überhaupt weniger freie Plätze gab, und zum anderen, weil jeder urbane Raum bereits zahlreiche historisch geprägte Konnotationen mitbrachte. Es gibt in der Stadt keinen neutralen Freiraum, der völlig neu angeeignet werden kann. Man kann den Raum durch Modifikationen und Neusetzungen stets nur uminterpretieren: »In einer Landschaft, in der jeder Stein eine Geschichte erzählt, ist die Erfindung neuer Geschichten schwierig«, stellte der Urbanist Kevin Lynch 1960 in seinem Buch »The Image of the City« überaus treffend fest.[150] Darin liegen zugleich eine Schwierigkeit und eine Chance. Gerade nach dem Zweiten Weltkrieg nutzte man zahlreiche, durch Zerstörung und Beschädigung entstandene Spielräume für neue Projekte. Die Vernichtung barg also auch kreatives Potential. Nicht selten schuf man gewaltsam die ersehnten Freiflächen.

Bereits die Überlegungen zu Denkmal und Tod haben gezeigt, dass es neuerdings wieder durchaus Möglichkeiten der Wiederbelebung gründerzeitlicher Denkmäler gibt. Große Chancen liegen, wie gezeigt wurde, in der Analyse des urbanistischen und architekturtheoretischen Denkmaldiskurses, der Auseinandersetzung mit den ursprünglichen Planungs- und Gestaltungskonzepten sowie damit verbunden in den zu rekonstruierenden Rezeptionszusammenhängen vergangener Zeiten. Auch wenn man nicht direkt aus der Geschichte lernen kann und eine einfache Übertragbarkeit von Denkansätzen nie gegeben ist, kann man sich doch gedankliche, theoretische und konzeptuelle Anregungen holen und produktiv machen.

Beteiligten sich in München um 1900 an der Stadtraumdiskussion noch Kunsthistoriker und Raumtheoretiker wie Schmarsow und Wölfflin, Psychologen wie Theodor Lipps sowie theoretisch ambitionierte Bildhauer und Architekten, wie Hildebrand und Theodor Fischer, fehlt ein breiter, inter- und multidisziplinärer Austausch über diese Fragen insbesondere auf kommunaler Ebene heute oftmals weitgehend. So konnte es zur Loslösung urbanistischer Fragen von architektonischen und verkehrstechnischen Projekten kommen, wie im Falle von

150 Kevin Lynch, Das Bild der Stadt, Berlin/Frankfurt am Main/Wien 1965 (Originalausgabe: The Image of the City, Cambridge Mass. 1960), S. 16.

Stuttgart 21.[151] Ein Problem ist also auch hier die Beschneidung um den Kontext, um das Bezugssystem, wie bereits im dritten Abschnitt beschrieben. Zunächst einmal ist der Kampf um ein Baudenkmal oder eine Denkmalfigur ein gutes Zeichen; häufig setzen solche Debatten überraschende Kreativität frei.[152]

Während der Gründerzeit existierte die Idealvorstellung, dass Monumente dem gebildeten Bürger und Patrioten auf seinen Promenaden als Anstoß zum gepflegten Gespräch dienen sollten. Mit dem Wandel der Mobilitätskonzepte und dem Umbau der Promenaden ist uns die Selbstverständlichkeit des Denkmälerlesens und -deutens abhandengekommen. Daher lässt sich sagen, dass die Promenade vorbei an Monumenten in der Praxis und aus den Köpfen weitgehend verschwunden ist. Jede Stadt besaß ihre Denkmalplätze. Die Architektur als Raumkunst und ihre spezifische, funktionale und topologische Bedingtheit ist für ein Verständnis der Einzelmonumente unerlässlich. Ein Verständnis der vorangegangenen Diskurse sowie die Kenntnis der Quellen, in Papier und Stein, sind dafür die Voraussetzungen. Es bleibt abzuwarten, wie sich die allerorten um sich greifende Praxis der Rekonstruktion von Architekturen als Geschichtskonstruktionen und der weitere Stadtumbau auf den Strukturwandel des öffentlichen Raums und seine Denkmäler auswirken wird.[153]

9. Ein Denkmal ist, was Du draus machst! – Chancen für die Rettung des Denkmals im 21. Jahrhundert

In Variation eines populären Slogans könnte man sagen: Ein Denkmal ist, was Du draus machst. Das soll nicht bedeuten, dass die Denkmalform oder die dahinterstehenden Bedeutungsgehalte beliebig geworden wären, aber für den normalen Betrachter stellt der Vorgang, die Form zu erfassen, zu interpretieren und das Gesehene zu verorten, eine erhebliche Hürde dar, zumal wenn Hintergrundwissen und sekundäre Leseanweisungen fehlen. So können manche Denkmäler für

151 Der Architekturhistoriker Vittorio Magnago Lampugnani merkte 2011 in einem Deutschlandfunk-Interview an, dass es nicht angehen könne, ein Baudenkmal wie den Bahnhof von Bonatz »als eine Art Reliquie« zu erhalten und die Freiflächengestaltung isoliert zu verhandeln.

152 Vgl. für künstlerische Beiträge zur Denkmalkritik: Monika Arndt, Ehre, wem Ehre gebührt? Karikaturen zur »Denkmalsinflation« der wilhelminischen Zeit, in: Gerhard Langemeyer u. a. (Hg.), Bild als Waffe. Mittel und Motive der Karikatur in fünf Jahrhunderten (Ausstellung im Wilhelm-Busch-Museum Hannover, 7. Oktober bis 16. Dezember 1984 und in anderen Museen), München 1984, S. 431–440. Arndt befasste sich u. a. mit der Kritik an der Berliner Siegesallee. Vgl. zur Karikatur als Denkmalkritik zudem Scharf, Nation (wie Anm. 11), S. 233–239.

153 In den letzten Jahren gab es heftige Grabenkämpfe zum Thema Rekonstruktion zwischen Architekturhistorikern und Denkmalpflegern. Vgl. dazu u. a. Winfried Nerdinger (Hg.), Geschichte der Rekonstruktion. Konstruktion der Geschichte (Ausstellung der TU München in der Pinakothek der Moderne 2010), München 2010; Adrian von Buttlar u. a. (Hg.), Denkmalpflege statt Attrappenkult. Gegen die Rekonstruktion von Baudenkmälern. Eine Anthologie (Bauweltfundamente, Bd. 146), Berlin 2011.

breite Bevölkerungsschichten schon nach wenigen Jahren völlig unverständlich sein. Wie wollen wir also mit den Denkmälern in Zukunft umgehen? Man kann das Museum Ludwig in Köln besuchen, sich die Installation bzw. das Environment *Portable War Memorial* des Pop-Art-Künstlers Edward Kienholz aus dem Jahr 1968 anschauen und zur Ansicht gelangen, dass die Soldaten beim Aufstellen der Flagge auf der kleinen Pazifikinsel Iwo Jima sehr heroisch agiert haben, dass Heldentum überhaupt eine gute Sache ist, und dass der Zweite Weltkrieg auch viel Gutes hatte – was freilich eine Fehlinterpretation wäre. Oder man kann vor einem Kaiser-Wilhelm-Denkmal stehen und sich denken, dass es gut ist, wenn wir uns heute nicht bei jedem Anlass auf die gegen Frankreich erfochtene Einigung beziehen, sondern auf die Wiedervereinigung 1989, die von unten ausging; dass es gut ist, wenn wir uns nicht in erster Linie über Schlachtensiege definieren und jedem Uniformierten katzbuckeln, nur weil er gerade einen Orden umgehängt bekommen hat. Da die Gedanken frei sind, sollten Historiker und Kunsthistoriker Deutungsangebote für die konkrete Sinnstiftung liefern und Handlungsoptionen aufzeigen. Diese können, ohne ideologische Festlegung und Verengung, die Grundlagen schaffen, die zu einer fruchtbringenden Aktualisierung für Jedermann beitragen können.

Vor 100 Jahren machten sich viele Akademiker praktische Gedanken über Kunst und deren Wahrnehmung. In den letzten Jahrzehnten sind Fragen der richtigen Vermittlung historischer Denkmäler immer häufiger gestellt geworden. Aus vielen Gründen kam es zu Störungen im Sender-Empfänger-Verhältnis und wurden überlieferte Kodes für die heutigen Betrachter unverständlich, was zu Ratlosigkeit und Vorurteilen gegenüber den Menschen der Gründerzeit und ihrer Kunst führte. Enorme Potentiale zur Förderung historischer Bildung im öffentlichen Raum liegen manchmal jahrzehntelang brach, weil nicht erkannt wird, dass auch und gerade Monumente, denen man heute nicht mehr affirmativ gegenübersteht, spannende Zeugen der Geschichte sein können. Zeugen, die ebenso erklärt und gedeutet sein wollen wie Mahnmale des 20. Jahrhunderts, ja die sogar noch erklärungsbedürftiger sind als die Erinnerungszeichen unserer Tage, wie Gedenktafeln für den zivilen Widerstand und die demokratische Minderheit während des Faschismus. Nichts kann heilsamer sein, als die am originalen Ort stattfindende, aktualisierte und hinterfragte Erinnerung an die martialischen Geister des übersteigerten Deutschtums.

Die Demontage und Versetzung gründerzeitlicher Denkmäler aus der Mitte unserer Städte ist wie die Tilgung eines Kapitels der Geschichte aus dem kollektiven Gedächtnis, ist wie die Verdrängung lästiger Erinnerungsschwaden an die Peripherie gesellschaftlicher Wahrnehmung, leistet dem Vergessen Vorschub und öffnet populärer Geschichtsklitterung und einseitiger Interpretation historischer Sinnzusammenhänge Tür und Tor. Wer sich nicht dagegen wehrt, dass Kaiser- und Kriegerdenkmäler an den Rand gedrängt werden, der tut so, als hätte es den kaiserzeitlichen Reichsnationalismus mit all seinen zweifelhaften Folgen nie gegeben und überlässt ewig gestrigen Geschichtsexegeten das Feld.

Abbau und Versetzung führen zur Marginalisierung und Fragmentierung, zur Beschneidung des Sinnzeichens um seinen urbanen Kontext, der für die Bedeutung und unsere Ausdeutung von eminenter Wichtigkeit ist. Die Erinnerung an unliebsame Abschnitte aus dem Buch der Geschichte gelingt besonders dort, wo Reibungspunkte existieren. Diese Punkte in Form historisch geformter Stadtplätze müssen erhalten bleiben, denn Reibung führt zur Freisetzung von Energie, die positiv genutzt werden kann, sofern man die richtigen Schlüsse zieht und geschichtswissenschaftliche Forschung und fundierte Interpretationen breitenwirksam, d. h. nicht nur für eine elitäre Schicht von Museumsgängern verständlich vermittelt. An Sammlungen und genau kalkulierenden Ausstellungshäusern gibt es ausgebildete Museumspädagogen und Kuratoren, die sich um Vermittlungskonzepte kümmern. Vergleichbares brauchen wir auch für den öffentlichen Raum – und nicht nur für die Denkmäler der jüngeren Vergangenheit. Während der Gründerzeit unterlag der öffentliche Stadtraum viel größerer Reglementierung als heute, vergleichbar den Zugangsbeschränkungen der Museen. Im Vergleich zu heute gab es auf den Promenaden meist eine starke Selektion des Publikums, die den Denkmälern eine gesteuerte, gefilterte und damit gezieltere Rezeption sicherte. Die Denkmäler wurden also nicht für das breite Publikum geschaffen, wie wir es heute kennen.

Der große Andrang bei historischen Ausstellungen und das Interesse für geschichtliches Infotainment in Film und Fernsehen zeigen, dass das Interesse für den Gegenstand durchaus gegeben wäre, das Publikum jedoch an die Aufbereitung durch mediale Angebote gewöhnt ist. Die grundlegende Sensibilisierung ist also bereits vorhanden, es fehlt nur an Angeboten, die die kurzen Aufmerksamkeitsspannen nutzen und den Besucher direkt involvieren. Da der öffentliche Raum nur interaktiv erfahrbar ist und körperliche Bewegung der Individuen voraussetzt, bietet er auch zahlreiche Möglichkeiten zur Implementierung aktiver Teilhabekonzepte. Zu denken wäre etwa an Zusatzangebote durch Denkmal-Apps für Smartphones und andere, auf Geokoordinaten gestützte Anwendungen. Da sich der Wandel von Mobilitätskonzepten auch in den nächsten Jahren weiter verstärken wird, ist ein weiterer Rückbau der Autoinfrastruktur in den Städten zu erwarten, der wiederum Spielräume für Ansätze zur Wiederbelebung des Raums und seiner Geschichte schafft. Bereits in der jüngeren Vergangenheit gab es solche Versuche, alte Denkmäler neu zu kontextualisieren und für unsere Wahrnehmung zu aktivieren.[154]

Da die Autoverbauungen zur überregionalen Homogenisierung des Stadtraums geführt haben, können durch ihren Rückbau historische Schichten freige-

154 Zu denken ist etwa an das Gegendenkmal *Mahnmal gegen den Krieg* Alfred Hrdlickas (1983–1986) in Hamburg-Dammtor unweit eines *Kriegerdenkmals* aus den 1930er Jahren, an das *Holocaust-Mahnmal* Rachel Whitereads (2000) auf dem Wiener Judenplatz unweit des *Lessing-Denkmals* von Siegried Charoux (1962–1968) sowie an das *Kaiserdenkmal* in Karlsruhe, dem 1998 zur 150. Wiederkehr der Badischen Revolution 27 Steinplatten zum Gedenken an die Märzgefallenen hinzugefügt wurden.

legt werden, die über Jahrzehnte hinweg weitgehend verschüttet waren. So lassen sich lokale und regionale Unterschiede entdecken, etwa zwischen den ehemaligen königlichen Hauptstädten Bayerns, Württembergs und Badens. An die Stelle des wirtschaftlichen Wettkampfs zwischen den *image*-orientierten, großstädtischen Ballungsräumen mit ihrem multimedialen Stadtmarketing könnte dann eine an der eigenen Identität orientierte Planung des Angemessenen und Ortsspezifischen treten. Ortsbezogene und kontextuelle Stadtgestaltung setzt ein Verständnis der historischen Schichtung voraus, die durch eine kritische Raumanalyse, quasi die Grundlage jeder (kunst-)historischen Stadtraumforschung, geleistet werden kann.

10. Ergebnisse: die Historische Promenadenforschung – Plädoyer für genuin stadtbezogene Forschungsansätze

Das Denkmal gilt nicht zu Unrecht als eine paradigmatische Leitgattung des langen 19. Jahrhunderts (vgl. Kapitel 1). Neben den Institutionen Theater/Oper und Museum veranschaulicht das Denkmal in all seinen vielfältigen formalen Ausprägungen einen Grundzug des bürgerlichen Zeitalters zwischen Traditionalismus, Konservativismus und Nationalismus auf der einen sowie Lebensreform, Modernisierung und beschleunigtem sozialen Wandel auf der anderen Seite (zum Denkmalbegriff vgl. Kapitel 2). Gerade die innerstädtischen Monumente auf den alten und neu geschaffenen Platzanlagen wurden häufig theatral inszeniert, sowohl durch Gartenpflanzungen als auch durch architektonische Rahmung. Aus diesem Grund mache ich mich für eine kontextbezogene, d. h. urbanistisch und architektonisch ausgerichtete Herangehensweise stark, die nicht vom Kern des Denkmalproblems ablenkt, sondern dieses vielmehr neu beleuchtet. Die Planungs- und Gestaltungskonzepte für Skulpturen und Plastiken im öffentlichen Raum sowie für Gebäude rund um die Platzräume im Zusammenhang mit dem anschließenden Straßen-Platz-Gefüge haben sich häufig über längere Zeiträume entwickelt und gewandelt. Daher sind sie nur zu verstehen, wenn man die Entwicklung der zeitgenössischen Diskurse und die übergeordneten Stadtkonzepte analysiert (zum Denkmal in den Köpfen vgl. Kapitel 3). Da eine solche Analysemethode eine genuin urbane Betrachtungsweise voraussetzt, reicht es nicht, den klassischen Ansätzen aus den historischen Disziplinen lediglich eine neue Wendung zu geben, indem man sich vordergründig zu einem *spatial turn* bekennt.

Bereits vor über 100 Jahren existierten solche Ansätze in mehreren, gerade entstehenden akademischen Fächern. Eine teilweise Rückbesinnung auf diese Herangehensweisen kann davor bewahren, dass man den spezifischen Ort in der Stadt, die konkrete urbane Konstellation bzw. die spezifische Bedingtheit des jeweiligen Untersuchungsgegenstands aus den Augen verliert. Es konnte gezeigt werden, wie eng viele Denkmalprojekte mit dem Psychologie- oder dem Bildungs- und Lebensreformdiskurs um 1900 verknüpft waren (vgl. Kapitel 5). Die Freisetzung des wahrnehmenden Individuums im wilhelminischen Neo- bzw. Spätabsolutismus führte im späten 19. Jahrhundert zu einer Blüte der Denkmalkritik, die berühmt gewordene, übersteigerte Polemiken und Satiren hervorgebracht hat, die kurz vorgestellt wurden. Die Politikgeschichte, der beschleunigte Gesellschaftswandel und der Aufschwung der Publizistik in einer Zeit der Massenproduktion führten zur Krise des bürgerlichen Denkmals, das nicht immer als Mittel der inneren Reichsgründung fungieren konnte (vgl. Kapitel 4). Fast alle kommunalen Denkmalprojekte wurden von einer in Vereinen organisierten großbürgerlichen Führungselite vorangetrieben, die in erster Linie auf Selbstvergewisserung innerhalb der starren, hierarchisch gegliederten und militärisch disziplinierten Gesellschaftsordnung bedacht war. Die unterschwelligen gesellschaftlichen Brüche traten nicht nur bei Streitigkeiten im Vorfeld von Denkmalsetzungen zutage, sondern gerade auch bei den pompösen Enthüllungszeremonien. Vor diesem Hintergrund machte man sich zwar formale, stilistische und typologische Überlegungen, rezeptionsästhetische und wahrnehmungspsychologische Fragestellungen wurden jedoch hintangestellt und räumliche, stadtgestalterische und verkehrstechnische Probleme nur unzureichend gelöst. All diese Defizite waren von Anfang an grundlegende Probleme des Denkmals und wirkten bis in die Zeit der autogerechten Stadt nach.

Um von der Ebene des historischen Diskurses und der damaligen Entwicklungen zu einer produktiven Herangehensweise vorzustoßen, ist es nötig, den Gegenstand in einen größeren chronologischen Zusammenhang zu stellen. Es wurde gezeigt, dass durch die Analysemethoden einer inter- bzw. multidisziplinär fundierten Historischen bzw. Kunsthistorischen Promenadenforschung der damalige Diskurs für die heutige Debatte anschlussfähig gemacht werden kann. Betrachtet man Stadtraum und Denkmalkunst nicht ausschließlich von globalen Diskursen aus, wie dem um die Nationalstaatlichkeit, sondern gewissermaßen von unten her, kann man ganz neue Erkenntnisse zum Wechsel und Wandel von Funktionen und Nutzungskonzepten aus einer Zeit, in der noch das Promenieren dominierte, gewinnen. Wurden in den ersten Kapiteln zahlreiche konkrete Diskurs- und Denkmalbeispiele vorgestellt und analysiert, konnten in den letzten Kapiteln durchaus optimistische Ausblicke auf eine mögliche Neuaneignung der Denkmäler des Kaiserreichs gegeben werden. In jedem Fall ist klar, dass es in Zeiten von Automobil, Internet und virtuellen Räumen neuer Vermittlungskonzepte bedarf, um die gründerzeitlichen Symbole den nachkommenden Generationen gewinnbringend zu vermitteln. Die Historische Promenadenforschung kann solche Denkanstöße liefern, indem sie geschichtliche Hintergründe und bauliche Zusammenhänge rekonstruiert. Wer die Stadt in ihrer geschichtlichen Entwicklung begreift, wird historische Erinnerungszeichen mit neuen Augen sehen.

Trophäen und Gefangene. Nicht-schriftliche Erinnerungsmedien im hochmittelalterlichen Pisa

Marc von der Höh

I.

Die Erforschung der städtischen Geschichtsschreibung war seit den Anfängen im 19. Jahrhundert eines der zentralen Themen wissenschaftlicher Stadtgeschichtsforschung.[1] Vor allem die seit den 80er Jahren des letzten Jahrhunderts verstärkt einsetzende kulturwissenschaftliche Diskussion um Gedächtnis und Erinnerung hat dann die Plurimedialität städtischer Erinnerungskulturen in den Fokus der Forschung gerückt,[2] sodass man heute davon ausgehen muss, dass das Gedächtnis der Stadt immer durch ein Zusammenspiel unterschiedlicher Medien bestimmt war. Mehr oder weniger geformte und stabile mündliche Thematisierungen der Vergangenheit, Rituale und Inszenierungen, handschriftlich überlieferte Texte, Inschriften, bildliche Darstellungen, bedeutungstragende Artefakte sowie schließlich der Stadtraum selbst als historisch geprägte und intermedial referenzierte Topographie – alle diese Speicher- und Kommunikationsformen können als Elemente der jeweiligen Erinnerungskulturen fungieren. Für die historisch arbeitenden Disziplinen stellt sich allerdings häufig das Problem, dass das theoretisch zu fordernde plurimediale Tableau für den Untersuchungszeitraum nicht mehr vollständig vorhanden oder auch nur rekonstruierbar ist, dass sich einige Medien ohnehin der direkten historischen Analyse entziehen – man denke etwa nur an den Bereich der Mündlichkeit. Man wird so zwar immer annehmen und berücksichtigen müssen, dass die aufgrund einer größeren Überlieferungswahrscheinlichkeit erhaltenen historiographischen Texte nur einen Teil einer weitere Medialisierungen umfassenden Erinnerungskultur darstellen.

1 Erinnert sei hier nur an das in seiner Bedeutung kaum zu überschätzende Editionswerk der Chroniken der deutschen Städte vom 14. bis ins 16. Jahrhundert, Leipzig 1862 ff.
2 Die Literatur ist hier kaum noch zu überblicken, neben der mittlerweile klassischen Arbeit von Jan Assmann, Das kulturelle Gedächtnis. Schrift, Erinnerung und politische Identität in frühen Hochkulturen, München 1992, verweise ich nur auf den Überblick von Astrid Erll, Kollektives Gedächtnis und Erinnerungskulturen. Eine Einführung, Stuttgart/Weimar 2005.

Deren Rolle und Funktion innerhalb des Gesamttableaus zu bestimmen, ist jedoch nur unter besonders guten Überlieferungsbedingungen möglich.

Ein in dieser Hinsicht besonders geeignetes Fallbeispiel ist die hochmittelalterliche Erinnerungskultur der italienischen Seestadt Pisa. Hier haben sich aus der Zeit zwischen der Mitte des 11. und der des 12. Jahrhunderts eine Vielzahl von handschriftlich und inschriftlich überlieferten Texten erhalten (letztere in vielen Fällen noch *in situ*), zudem ist schon für das hochmittelalterliche Pisa die bedeutungstragende Funktion von Spolien und Trophäen im Stadtraum rekonstruierbar, sodass sich hier in einzigartiger Weise das dichte plurimediale Gewebe des kommunalen Gedächtnisses erkennen und untersuchen lässt. Am Anfang der folgenden Ausführungen soll jedoch nicht ein Zeugnis aus der toskanischen Seestadt stehen, sondern ein Bericht, der die Außensicht auf die Pisaner Erinnerungskultur überliefert, ein Ausschnitt aus der Vita Bernhards von Clairvaux des französischen Benediktinerabtes Arnold von Bonneval († 1159). Die Rekonstruktion historischer Erinnerungskulturen steht häufig, wenn nicht gar immer vor einem Problem, das besonders drängend wird, wenn man das Feld schriftgebundener Medien verlässt: Zwar lässt sich von theoretischen Vorannahmen ausgehend den überlieferten Praktiken und Artefakten vergleichsweise leicht eine Gedächtnisfunktion zuschreiben. Ob eine solche Funktion jedoch intendiert war und ob die entsprechenden Elemente von den Zeitgenossen in eben dieser Weise wahrgenommen wurden, lässt sich hingegen in vielen Fällen nicht zweifelsfrei ermitteln.[3] Auf dieses Grundproblem wird weiter unten im Zusammenhang der Diskussion von Trophäen im Stadtraum noch zurückzukommen sein. Gerade für die Frühzeit städtischer Erinnerungskulturen liegen allerdings nur sehr selten Quellen vor, die diese Wahrnehmungsebene zugänglich machen und so das Funktionieren postulierter Erinnerungsmedien belegen können. Auch hier ist Pisa wiederum ein Sonder- bzw. Glücksfall für die Forschung, da mit dem Text Arnolds von Bonneval eine Quelle vorliegt, die einige auch aus heutiger Sicht zentrale Elemente der Erinnerungskultur dieser Kommune beschreibt und so die Wahrnehmung und – wie gezeigt werden wird – auch die Funktionalität der entsprechenden Formen des Vergangenheitsbezuges zu belegen vermag.

II.

In seiner Vita Bernhards von Clairvaux berichtet Arnold über den Empfang, den die Pisaner im Frühjahr 1130 dem vor den Anhängern Anaklets aus Rom fliehenden Innozenz II. bereiteten. Konsuln und Honoratioren der Kommune dankten dem Papst auf Knien, dass er ihre Stadt durch seine Anwesenheit beehrte, und schilderten ihm die anlässlich seines Einzugs geschmückte Stadt:[4] *Nos,*

3 Ein Fall, in dem einem Artefakt, das zunächst keine Gedächtnisfunktion hatte, eine solche im Laufe der Zeit zugewachsen ist, wird weiter unten noch diskutiert werden.

4 *Occurrunt igitur honorati viri et consules, et domini papae pedibus advoluti, gratias agunt, quod eos tanto dignos iudicasset honore, ut eorum eligeret urbem, quam propria di-*

Penis subactis et Balearibus insulis subiugatis, terra marique de piratis et discolis triumphantes, reges eorum captivos in vinculis Pisam induximus; de eorum spoliis et varia suppellectili hodie in adventu tuo ornantur competa et plateae, et letabunda civitas coronatur.

Schon bei der Begrüßung weisen die Pisaner auf ihre Verdienste um die Bekämpfung der Muslime im westlichen Mittelmeer hin, auf die Siege über Bône/ʿAnnāba und al-Mahdīya an der nordafrikanischen Küste (1033 bzw. 1087)[5] sowie die Eroberung der Balearen (1114–1115).[6] Nicht Größe oder Reichtum der Stadt, auch nicht die besondere Würde der Pisaner Kirche oder deren Reliquienschatz werden hier hervorgehoben. Es sind nicht die klassischen Themen des Städtelobs, wie man sie in einer solchen Rede erwarten könnte, sondern die militärischen Erfolge der Pisaner Flotten in der Vergangenheit, die hier ins Zentrum der kommunalen Selbstdarstellung gerückt werden.[7]

gnaretur illustrare presentia, Arnold von Bonneval, Vita Bernhards von Clairvaux, ed. G. Waitz, Ex vitae S. Bernardi libro II, auctore Ernaldo, MGH SS XXVI, Hannover 1882, S. 99–109, S. 100. – »Nachdem wir die nordafrikanischen Sarazenen [die ›Punier‹/Karthager, M. v. d. H.] besiegt, die Inseln der Balearen unterworfen und zu Land und zur See über Piraten und Räuber gesiegt hatten, führten wir ihre gefangenen Könige in Ketten nach Pisa; mit den von ihnen erbeuteten Trophäen [*spolia*] und Schätzen aller Art werden heute anlässlich deines Einzugs Plätze und Straßen geschmückt und wird so die sich freuende Stadt gekrönt.«

5 Die Bezeichnung der nordafrikanischen Muslime als »Punier« findet sich schon in dem wenige Jahre nach den Ereignissen entstandenen *Carmen in victoriam Pisanorum*, ed. Giuseppe Scalia: Il carme pisano sull'impresa contro i Saraceni del 1087, in: Studi di filologia romanza in onore di S. Pellegrini, Padua 1971, S. 565–627; zum Text ausführlich Marc von der Höh, Erinnerungskultur und frühe Kommune. Formen und Funktionen des Umgangs mit der Vergangenheit im hochmittelalterlichen Pisa (1050–1150) (Hallische Beiträge zur Geschichte des Mittelalters und der frühen Neuzeit, Bd. 3), Berlin 2006, S. 82 und 149 f.

6 Zur Eroberung der Balearen durch eine pisanisch-katalanische Flotte zuletzt Marco Tangheroni, La spedizione pisana del 1113–1115 e la conquista di Maiorca. Discorso pronunciato in Pisa il 6 agosto 1996, Pisa 1996; Silvia Orvietani Busch, Medieval mediterranean ports. The Catalan and Tuscan coasts, 1100 to 1235 (The medieval Mediterranean, Bd. 32), Leiden u. a. 2001.

7 Zur Tradition des Städtelobs allgemein Carl Joachim Classen, Die Stadt im Spiegel der Descriptiones und Laudes urbium in der antiken und mittelalterlichen Literatur bis zum Ende des 12. Jahrhunderts, Hildesheim/New York 1980. Zur Gattung im italienischen Raum Gina Fasoli, La coscienza civica nelle »laudes civitatum«, in: La coscienza cittadina nei Comuni italiani del Duecento. Convegni del Centro di studi sulla spiritualità medievale XI, Todi 1972, S. 11–44; Elisa Occhipinti, Immagini di città. Le »laudes civitatum« e le rappresentazioni dei centri urbani nell'Italia centrosettentrionale, in: Società e storia 14 (1991), S. 22–52; Paolo Zanna, »Descriptiones urbium« and Elegy in Latin and Vernaculars in the Early Middle Ages, in: Studi Medievali 32 (1991), S. 523–596; Fiorella Simoni, Ritmi cittadini (secoli XI–XII), in: Storiografia e poesia nella cultura medievale. Atti del Colloquio, Roma 21–23 febbraio 1990 (Nuovi studi storici, Bd. 35), Rom 1999, S. 181–211; Jean-Charles Picard, Conscience urbaine et culte de saintes. De Milan sous Liutprand à Verone sous Pipine Ier d'Italie, in: Évêques, saintes et cité en Italie et en Gaule. Études d'archéologie et d'histoire, Rom 1998, S. 349–365.

Für die Untersuchung der Erinnerungskultur der frühen Kommune ist allein schon dieser Befund bemerkenswert: Die Führungsgruppe der Kommune – so scheint dieser Bericht zu belegen – hat sich in besonderer Weise durch den Bezug auf die eigene Vergangenheit definiert. Man könnte einwenden, die Betonung der Verdienste im Heidenkampf sei dem Gast geschuldet, erkläre sich also durch das besondere Interesse, das ein Papst an der Zurückdrängung der Muslime im westlichen Mittelmeerraum haben musste.[8] Doch diese Konzentration auf die Kämpfe mit den Muslimen findet sich nicht nur in diesem Bericht, sondern sie bestimmt nahezu alle Zeugnisse der Erinnerungskultur der jungen Pisaner Kommune. Annalistische Texte, Inschriften und Geschichtsdichtungen kreisen um die Kämpfe mit den Muslimen.[9] Diese Akzentuierung der äußeren Erfolge bei gleichzeitigem Ausblenden möglicher innerstädtischer Konfliktlinien ist typisch für die frühe kommunale Erinnerungskultur in Pisa aber auch in vielen anderen Kommunen. Flankiert wird eine solche Überhöhung der militärischen Erfolge durch ein permanentes Betonen der inneren Eintracht, der Concordia zwischen den die Kommune tragenden Gruppen der Stadt.[10]

Die Gründe hierfür liegen auf der Hand und können an dieser Stelle nur knapp angedeutet werden: Als institutionelle Neuschöpfung stellten sich der Kommune vor allem zwei Probleme, für die der Verweis auf die Vergangenheit eine Lösung sein konnte: Einerseits fehlte es ihr und ihren Vertretern an Legitimität, sowohl nach innen als auch nach außen, beanspruchten die Amtsträger doch Herrschaft über die Gesamtheit der Schwurgemeinschaft und okkupierten dabei Herrschaftsrechte, die zuvor von anderen beansprucht worden waren oder noch wurden.[11] Die Grundlage der Kommune war nicht zuletzt die Erkenntnis, gemeinsame Interessen zu verfolgen, also ein Gefühl der Gemeinschaft und der Zusammengehörigkeit innerhalb der Schwurgemeinschaft. Gerade eine solche tragfähige kollektive – kommunale – Identität konnte die angesprochene Darstellung bzw. Vorstellung von der eigenen Vergangenheit herstellen und sichern.

8 Zur päpstlichen Afrikapolitik Anette HETTINGER, Die Beziehungen des Papsttums zu Afrika von der Mitte des 11. bis zum Ende des 12. Jahrhunderts (Beiheft zum Archiv für Kulturgeschichte, Bd. 36), Köln/Weimar/Wien 1993.

9 Einen Gesamtüberblick über die Pisaner Erinnerungskultur bietet VON DER HÖH, Erinnerungskultur und frühe Kommune (wie Anm. 5), dort vor allem S. 102f. auch zu den Kämpfen mit den Muslimen als zentralem Erinnerungsgegenstand.

10 Zu Pisa VON DER HÖH, Erinnerungskultur und frühe Kommune (wie Anm. 5), S. 103–108; ebd. S. 13–17 zu Vergleichsfällen (mit weiterer Literatur).

11 Zusammenfassend zur Diskussion um die Entstehung der Kommune zuletzt Christoph DARTMANN, Politische Interaktion in der italienischen Stadtkommune (11.–14. Jahrhundert) (Mittelalter-Forschungen, Bd. 36), Ostfildern 2011, S. 33–38 (mit der älteren Literatur); zu Pisa neben VON DER HÖH, Erinnerungskultur und frühe Kommune (wie Anm. 5), S. 26–33 zuletzt Mauro RONZANI, L'affermazione dei Comuni cittadini fra Impero e Papato: Pisa e Lucca da Enrico IV al Barbarossa (1081–1162), in: Giuliano PINTO (Hg.), Poteri centrali e autonomie nella Toscana medievale e moderna (Biblioteca storica toscana, Bd. 1,65), Florenz 2012, S. 1–58.

III.

Bevor die in Arnolds Bericht besonders herausgestellten Erinnerungsmedien in den Blick genommen werden, ist jedoch zunächst ein quellenkritisches Problem zu lösen: Woher konnte Arnold wissen, wie der Empfang des Papstes ablief, was wusste er von der Pisaner Erinnerungskultur der Zeit?

Es gibt keinen Grund anzunehmen, dass Arnold von Bonneval Augenzeuge der geschilderten Ereignisse war. Über einen Aufenthalt Arnolds in Pisa ist nichts bekannt. Arnold ist 1127 erstmals als Mönch der Benediktinerabtei Marmoutiers nachgewiesen,[12] seit 1129 ist er Abt von Bonneval (Bistum Chartres), wo er vermutlich 1159 starb.[13] Zum Zeitpunkt der ersten Reise Innozenz' nach Pisa 1130 lebte Arnold somit wahrscheinlich im Kloster Bonneval. Gleichwohl lassen die noch aufzuzeigenden Parallelen zwischen Arnolds Bericht und den nachweisbaren Formen der Pisaner Erinnerungskultur um 1100 vermuten, dass er über diese recht gut informiert war. Wahrscheinlich stammten Arnolds Informationen aus dem Umkreis Bernhards von Clairvaux, möglicherweise sogar von diesem selbst.[14] Bernhard hatte sich von Beginn an für Innozenz II. eingesetzt,[15] der nach seiner Wahl in Rom im Februar 1130 vor den Anhängern Anaklets Richtung Frankreich ausgewichen war und auf diesem Weg in Pisa Station gemacht hatte.[16] Im Kontext der Biographie Bernhards wird die feierliche Aufnahme des Papstes durch die Pisaner wohl nicht zuletzt deshalb so ausführlich geschildert, weil die Arno-Stadt zu den ersten Unterstützern Innozenz' gehörte und Bernhard seitdem einer der größten Förderer der Seestadt war. So schreibt Bernhard in einem Brief an die Pisaner, diese seien an die Stelle Roms getreten, da sie den rechtmäßigen Papst in ihren Mauern aufgenommen hätten:[17]

Assumitur Pisa in locum Romae, et de cunctis urbibus terrae ad Apostolicum Sedis culmen eligitur.

12 Guy-Marie OURY, Recherches sur Ernaud, abbé de Bonneval, historien de saint Bernard, in: Revue Mabillon 49 (1977), S. 97–127, hier S. 119, Anm. 3.

13 Gerhard B. WINKLER, Art. »Arnold von Bonneval«, in: LThK³ 1, Sp. 1021; vgl. ausführlich Adriaan Hendrik BREDERO, Bernhard van Clairvaux (1091–1153). Tussen cultus en historie. De ontoegankelijkheid van een hagiografisch levensverhaal, Kampen 1993, S. 124–140.

14 Zu Kontakten zwischen Bernhard und seinem Biographen WINKLER, Arnold (wie Anm. 13); BREDERO, Bernhard (wie Anm. 13); OURY, Recherches (wie Anm. 12). Arnold/Ernald wird von den modernen Bernhard-Biographen gar als »Freund« des Heiligen bezeichnet, zuletzt Peter DINZELBACHER, Bernhard von Clairvaux. Leben und Werk des berühmten Zisterziensers, Darmstadt 1998, S. 360.

15 Zuletzt zusammenfassend DINZELBACHER, Bernhard (wie Anm. 14), S. 132 ff.

16 Zum Schisma zuletzt Jochen JOHRENDT, Das innozenzianische Schisma aus kurialer Perspektive, in: Harald MÜLLER/Brigitte HOTZ (Hg.), Gegenpäpste. Ein unerwünschtes Phänomen, Köln/Weimar/Wien 2012, S. 127–163 (mit weiterer Literatur).

17 Brief 130, Bernhard von Clairvaux, Sämtliche Werke, hg. v. Gerhard B. WINKLER, Innsbruck 1990–1999, Bd. II, S. 890.

Diese Gleichsetzung mit Rom werden die Pisaner nicht nur gern gehört haben, sie wird bei ihnen auf besonders fruchtbaren Boden gefallen sein, da sie sich selber schon seit der zweiten Hälfte des 11. Jahrhunderts als »Roma altera« dargestellt hatten.[18] Denkbar ist, dass Bernhard von diesen Rom-Bezügen in Pisa gewusst hat.[19] Mit Blick auf die Quellen des Berichts ist von Interesse, dass Arnold von Bonneval diese Argumentation Bernhards dann in seiner Vita aufgreift:[20]

Audito tantorum virorum adventu, et cognita causa, propter quam de Urbe exierant, gratulata est Pisa, quod ad se Romani nominis gloria transferretur.

Anders als Bernhard, dessen Brief in den Kontext des zweiten – längeren – Aufenthalts Innozenz' II. 1135 gehört, bezieht Arnold die Gleichsetzung mit Rom allerdings schon auf den ersten Besuch des Papstes in Pisa fünf Jahre zuvor. Bernhards Brief enthält zudem keine weiteren Informationen über die Umstände des Besuchs Innozenz' II. in Pisa, insbesondere werden die von Arnold angesprochenen Aspekte der kommunalen Erinnerungskultur nicht erwähnt, sodass man ausschließen kann, dass allein dieser Brief Grundlage der durch den Biographen konstruierten Schilderung war. Die noch vorzuführenden Übereinstimmungen zwischen dem Bericht und den überlieferten Formen der Pisaner Erinnerungskultur, nicht zuletzt auch eine recht treffende Beschreibung der jungen Kommune in der fingierten Ansprache der Konsuln,[21] lassen vermuten, dass Arnold Kontakt zu Personen hatte, die sich sehr gut mit der Pisaner Situation auskannten. Denkbar ist, dass Arnold Kontakt zu Teilnehmern des Konzils von Pisa 1035 hatte, unter denen zahlreiche französische Bischöfe und Äbte waren.[22] Infrage

18 von der Höh, Erinnerungskultur und frühe Kommune (wie Anm. 5), S. 141–144.

19 Vgl. hierzu auch Mauro Ronzani, »La nuova Roma«: Pisa, Papato e Impero al tempo di San Bernardo, in: Ottavio Banti/Cinzio Violante (Hg.), Momenti di storia Pisana. Discorsi per il giorno di S. Sisto (Biblioteca del BSP, Collana storica, Bd. 37), Pisa 1991, S. 61–78.

20 Arnold von Bonneval, Vita Bernhards von Clairvaux (wie Anm. 4), S. 100.

21 Neben der Beschreibung des Gemeinwesens kann man hier möglicherweise den – unausgesprochenen – Vergleich mit der Rivalin Genua heraushören, mit der Pisa nicht zuletzt um päpstliche Gunsterweise konkurrierte: *Nichil duplicitas in Pisanis invenies; non modo adherebunt modo resilient, modo iurabunt modo iuramenta dissolvent. Non inhiat populus iste rapinis domesticis et cedibus intestinis. Non est gens nostra domi audax, extra meticulosa. Nos nec servi sumus nec domini, sed concives et fratri, honore invicem prevenientes, non sediciosis ausibus alterutrum provocantes*, Arnold von Bonneval, Vita Bernhards von Clairvaux (wie Anm. 4), S. 100. Zur Konkurrenz mit Genua zuletzt Michael Mitterauer, Pisa. Seemacht und Kulturmetropole, Essen (2007); Frank Schweppenstette, Die Politik der Erinnerung. Studien zur Stadtgeschichtsschreibung Genuas im 12. Jahrhundert, Frankfurt am Main u. a. 2003; Michael Matzke, Daibert von Pisa. Zwischen Pisa, Papst und erstem Kreuzzug (Vorträge und Forschungen, Sonderband 44), Sigmaringen 1998.

22 Zum Konzil allgemein Dieter Girgensohn, Das Pisaner Konzil von 1135 in der Überlieferung des Pisaner Konzils von 1409, in: Festschrift für Hermann Heimpel (Veröffentlichungen des Max-Planck-Instituts für Geschichte, Bd. 36), Bd. 2, Göttingen 1972, S. 1063–1100; Robert Somerville, The council of Pisa, 1135. A re-examination of the evidence for the canons, in: Speculum 45 (1970), S. 98–114; zu den französischen Teilneh-

kommen auch weitere Personen aus Bernhards Umkreis, etwa Bernhards Sekretär Balduin, ein gebürtiger Pisaner,[23] seit 1137 Erzbischof von Pisa.[24] Präzise lässt sich die Frage leider nicht beantworten, woher Arnold von Bonneval seine Informationen über die Pisaner Erinnerungskultur in der ersten Hälfte des 12. Jahrhunderts hatte. Wichtig ist jedoch, dass er Kontakt zu Augenzeugen gehabt haben kann. Die von Arnold geschilderte Situation ist so zwar einerseits sicher als fiktiv anzusehen, der entsprechende Bericht spiegelt jedoch das durchaus fundierte Wissen des Verfassers über die Erinnerungskultur Pisas in den 1130er Jahren.

IV.

Arnolds Bericht ist für die Frage nach den Medien der städtischen Erinnerungskultur von großem Interesse, da er ausschließlich die nicht-schriftlichen Formen des Gedächtnisses akzentuiert: Geschildert wird eine Begrüßungsrede der städtischen Amtsträger, die im mündlichen Vortrag die historischen Verdienste der Kommune um die Zurückdrängung der Muslime im westlichen Mittelmeerraum hervorhebt. Derartige mündliche Formen der Aktualisierung von Gedächtnisinhalten und der mit diesen verbundenen Deutungen darf man wohl als die gesellschaftlich und politisch relevantesten Formen des Vergangenheitsbezugs bezeichnen. Bei allen berechtigten und notwendigen Forschungen zu Schrift-, Bild- bzw. allgemein Artefakt-gestützten Formen der Erinnerung gerät allzu leicht aus dem Blick, dass nicht nur im Hochmittelalter die Auseinandersetzung mit der eigenen Vergangenheit in erster Linie im Bereich der Mündlichkeit stattfand. Methodisch ist deren Bedeutung für vormoderne Erinnerungskulturen allerdings nur schwer zu fassen, da sie sich aufgrund ihrer Flüchtigkeit naturgemäß dem Zugriff entzieht.[25] Zwar lassen sich immer wieder mündliche Traditio-

mern Wilhelm BERNHARDI, Lothar von Supplinburg (Jahrbücher der Deutschen Geschichte, Bd. 15), Leipzig 1879, S. 636.

23 Arnold von Bonneval, Vita Bernhards von Clairvaux (wie Anm. 4), S. 108.

24 Zu Balduin Cinzio VIOLANTE, Cronotassi dei vescovi e arcivescovi di Pisa dalle origini all'inizio del secolo XIII. Primo contributo a una nuova »Italia Sacra«, in: Miscellanea G. G. Meersseman (Italia sacra, Bd. 15–16), Padua 1970, S. 3–58, hier S. 42 ff.; und Maria Luisa CECCARELLI LEMUT, Magnum Ecclesie lumen. Baldovino, monaco cisterciense e arcivescovo di Pisa (1138–1145), in: Francesco G. TROLESE (Hg.), Monastica et humanistica. Scritti in onore di Gregorio Penco O.S.B., 2 Bde., Badia di Santa Maria del Monte 2003, Bd. 2, S. 616–663.

25 Vgl. zur theoretischen Position der Mündlichkeit in der Gedächtnisforschung ASSMANN, Das Kulturelle Gedächtnis (wie Anm. 2); Dorothea E. SCHULZ/Michael EGGERS, Art. »Oralität«, in: Jens RUCHATZ/Nicolas PETHES (Hg.), Gedächtnis und Erinnerung. Ein interdisziplinäres Lexikon, Reinbeck 2001, S. 428–431. Zur mediävistischen Diskussion etwa Hagen KELLER, Mündlichkeit – Schriftlichkeit – symbolische Interaktion. Mediale Aspekte der »Öffentlichkeit« im Mittelalter, in: Frühmittelalterliche Studien 38 (2004), S. 277–286; DERS., Oralité et écriture, in: J.-C. SCHMITT/O. G. OEXLE (Hg.), Les tendances actuelles de l'histoire du Moyen Âge en France et en Allemagne, Paris 2002, S. 127–142;

nen identifizieren bzw. die ursprünglich mündliche Transmission der handschriftlich überlieferten Texte postulieren.[26] Hinweise auf die Bedeutung der Mündlichkeit lassen sich zudem den entsprechenden Angaben in den schriftlich überlieferten Texten entnehmen, wie sie etwa auch in den Pisaner Texten des 12. Jahrhunderts erscheinen.[27] Aber auch derartige auktoriale Bezüge erlauben wiederum nur, auf die Existenz mündlicher Traditionen bzw. mündlicher Formen der Erinnerung zu schließen, ohne dass diese selbst unmittelbar zugänglich wären. Weiter kommt man hier zwar teilweise durch die Analyse historiographischer Quellen, die regelmäßig Situationen schildern, in denen die Protagonisten die städtische Öffentlichkeit durch Reden adressieren.[28] Zahlreiche Beispiele hierfür finden sich auch in den großen Pisaner Geschichtsdichtungen, etwa dem *Carmen in victoriam Pisanorum* oder dem *Liber Maiorichinus*.[29] Nicht zuletzt aufgrund der literarischen Formung der entsprechenden Reden wird man aber ausschließen können, dass es sich bei diesen um Notationen tatsächlicher mündlicher Vorträge handelt. Allzu deutlich ist zudem in den meisten Fällen das antike Vorbild.[30] In der Regel handelt es sich bei den in der Historiographie überlieferten Reden um historiographische Fiktionen, sodass bei deren Analyse im Zusammenhang der Erinnerungskultur der entsprechenden Gemeinschaften zumindest Vorsicht geboten ist. Keineswegs wird man die entsprechenden Texte direkt auf die Akteure beziehen können, denen sie durch den Historiographen in den Mund gelegt worden sind. Auch bleibt stets fraglich, ob die geschilderten Kommunikationssituationen in dieser Form tatsächlich bestanden haben.

Ludolf KUCHENBUCH, Écriture et oralité. Quelques compléments et approfondissements, in: ebd. S. 143–165; Ursula SCHAEFER, Mündlichkeit und Schriftlichkeit im Mittelalter, in: Michael Maurer (Hg.), Mündliche Überlieferung und Geschichtsschreibung (Aufriß der Historischen Wissenschaften, Bd. 5), Stuttgart 2003, S. 148–187.

26 Vermutet wird dies etwa für das *Carmen in victoriam Pisanorum*, ed. Scalia (wie Anm. 5). Weitere Belege in VON DER HÖH, Erinnerungskultur und frühe Kommune (wie Anm. 5), S. 364.

27 Vgl. etwa *Liber Maiorichinus de gestis Pisanorum illustribus*, ed. Carlo Calisse, (Fonti per la storia d'Italia, Bd. 29) Rom 1904, V. 852 f. *Flos levitarum vir nobilis et bene carus | Ista satis melius querenti narret Obertus.*

28 Zur Bedeutung öffentlicher Reden in den Kommunen Renato BORDONE, La società cittadina del regno d'Italia. Formazione e sviluppo delle caratteristiche urbane nei secoli XI e XII, Turin 1987, S. 34–45; Florian HARTMANN (Hg.), Cum verbis ut Italici solent suavibus atque ornatissimis. Funktionen der Beredsamkeit im kommunalen Italien. Funzioni dell'eloquenza nell'Italia comunale, Göttingen 2011; jetzt auch DARTMANN, Politische Interaktion (wie Anm. 11), S. 33–120 (am Beispiel Mailands). Hier S. 43 auch Dartmanns Einschätzung, »öffentliche Interaktion einer großen Menschenmenge oder vor den Augen einer zahlreichen Versammlung stellte für die Entstehungsphase der Kommune die zentrale Kommunikationssituation dar«.

29 Zu beiden ausführlich VON DER HÖH, Erinnerungskultur und frühe Kommune (wie Anm. 5), vor allem S. 111–190.

30 Gerade die Pisaner Historiographie des 11. und 12. Jahrhunderts ist voller Zitate antiker Autoren, vgl. VON DER HÖH, Erinnerungskultur und frühe Kommune (wie Anm. 5), passim.

Dies gilt auch für den Bericht Arnolds von Bonneval. Keineswegs wird man unkritisch annehmen dürfen, dass die Ansprache der Konsuln 1130 in der geschilderten Form ablief und den überlieferten Wortlaut hatte. Wahrscheinlich ist jedoch, dass solche oder ähnliche Ansprachen im Zusammenhang mit dem Einzug hochgestellter Persönlichkeiten gehalten worden sind und dass diese ähnliche Inhalte transportierten. Dies betrifft nicht zuletzt auch die intermedialen Vernetzungen, die ein wesentlicher Bestandteil der fingierten Ansprache der Konsuln in Arnolds Bericht waren. Diese verweisen ja nicht nur auf die Siege über die »Punier« und die Balearen, sondern verknüpfen diese Ereignisse mit weiteren Medien: Einerseits werden die gefangenen »Könige« genannt, die im Triumph nach Pisa geführt wurden, andererseits wird besonders betont, dass »mit den von ihnen erbeuteten Trophäen (*spolia*) und Schätzen aller Art« anlässlich des päpstlichen Besuchs »Plätze und Straßen geschmückt und so die sich freuende Stadt gekrönt« werde.[31] Beides, Gefangene und Beutestücke, sind in diesem Zusammenhang als Erinnerungsmedien aufzufassen, da sie (die Gefangenen naturgemäß weniger dauerhaft) die Erinnerung an die Siege der Pisaner im Gedächtnis der Stadt verankerten. Bemerkenswert an der von Arnold fingierten Begrüßung ist nun, dass im Mittelpunkt der konstruierten Szenerie die Vernetzung unterschiedlicher Medien des Gedächtnisses steht, indem in der mündlichen Rede auf weitere Medialisierungen der gleichen Erinnerungsbestände verwiesen wird. Genau diese intermediale Verstrebung ist ein durchgängiges Merkmal der rekonstruierbaren Erinnerungskultur der hochmittelalterlichen Kommune in Pisa. Zeigen lässt sich dies schon am Beispiel der in Arnolds Bericht erwähnten hochstehenden Kriegsgefangenen.

Der früheste Beleg für die Praxis, hochgestellte gefangene Muslime nach Pisa zu bringen, bezieht sich auf die erste Hälfte des 11. Jahrhunderts. Im *Liber Maiorichinus*, einer nach 1115 entstandenen Geschichtsdichtung über die Eroberung der Balearen, wird berichtet, dass die Pisaner bei ihren Kämpfen mit Muğāhid auf Sardinien, die die Pisaner Annalen auf 1015/16 datieren, dessen Sohn Ali gefangengenommen hatten:[32]

Hunc regis puerum, qui captus dicitur esse,
Pise victrices regi misere Lemanno.
Huius avum Petri princeps generosus amabat,
Qui dedit Alpheo, quesitum munus, Alanta.
Reddidit hic patri, karissima munera, natum.

31 Arnold von Bonneval, Vita Bernhards von Clairvaux (wie Anm. 4), S. 100.

32 Liber Maiorichinus (wie Anm. 27), Vv. 962ff. – »Den Sohn des Königs, der, wie man sagt, gefangengenommen wurde, schickte das siegreiche Pisa dem deutschen König. Dieser edle Fürst war dem Großvater des Petrus [Albicionis] sehr zugetan, und übergab dem Pisaner auf sein Bitten Alanta/Ali. Dieser gab das Kind als kostbarstes Geschenk seinem Vater zurück.« – Zu Muğāhid (Muğāhid al-Āmirī) Hans Rudolf SINGER, Art. »Āmiriden«, in: LexMA 1, Sp. 536 (mit Bibliographie).

Der Sohn Muǧāhids wurde als Zeichen des Sieges über die Muslime an den Königshof Heinrichs II. geschickt. Von dort nach Pisa zurückgesandt, wurde Ali dann durch den Vorfahren des Pisaners Petrus Albicionis wieder seinem Vater übergegeben. Dieser Fall wird mit leichten Variationen auch von der arabischen Historiographie überliefert.[33] Auch bei den späteren Kämpfen im nordafrikanischen al-Mahdīya machten die Pisaner viele Gefangene, so berichtet jedenfalls das fast zeitgleich entstandene *Carmen in victoriam Pisanorum*.[34] Nicht erwähnt wird im Epos jedoch ein – vermutlich in Zusammenhang mit diesen Kämpfen nach Pisa gelangter – weiterer fürstlicher Gefangener der Pisaner, ein Sohn des »Königs« Timinus von al-Mahdīya. Dieser erscheint im Jahre 1126 in einem Vertrag zwischen Pisa und Amalfi:[35]

[...] *iuratum in comuni colloquio, toto populo Pisano acclamante, per Timinum Timini regis Africe filium, publicum preconem Pisane civitatis.*

Wahrscheinlich ist der in der Urkunde erwähnte Sohn des Timinus nach dem Sieg der Pisaner 1087 verschleppt worden.[36] Einerseits zeigt sich hier wie schon im Fall des Sohns des Muǧāhid, dass man in Pisa zumindest die sozial höherstehenden muslimischen Gefangenen durchaus mit Respekt behandelte.[37] Gerade der Fall des Herolds Timinus belegt jedoch zudem eine bemerkenswerte Integration der Gefangenen in ihre christliche Umgebung. Es ist dabei sicher kein Zufall, dass dieser wohl schon aufgrund seiner physischen Erscheinung auffallende nordafrikanische Muslim ausgerechnet mit dem Amt des Herolds betraut wurde. Durch seine Person wird er allen, auch oder gerade auswärtigen Besuchern der Stadt, die militärischen Erfolge der Pisaner im Kampf gegen die Muslime in Erinnerung gerufen haben. Eine ähnliche Funktion als »menschliche Trophäe« er-

33 Vgl. den Bericht des Ibn Ḫaldūn, ed. Michele AMARI, Biblioteca arabo-sicula. Versione Italiana, Turin/Rom 1880, S. 111, Anm. 4, bzw. den von Bericht des Ibn al-Hatīb, zitiert bei Francisco CODERA, Mochéhid, conquistador de Cerdeña, in: Centenario della nascita di Michele Amari, Bd. 2, Palermo 1910, S. 115–133.

34 Carmen in victoriam Pisanorum (wie Anm. 5), V. 267: *Saracenos et captivos ducunt sine numero* – »Auch führten sie zahllose Sarazenen als Gefangene mit sich nach Pisa«.

35 Francesco BONAINI, Due carte pisano-amalfitane dei secoli XII e XIV, in: Archivio Storico Italiano, ser. 3, VIII/1 (1868), S. 3–8, hier S. 6 – »[...] in der Einwohnerversammlung unter Akklamation des ganzen Pisaner Volkes durch Timinus, Sohn des Königs Timinus von Afrika, den öffentlichen Herold der Stadt Pisa, höchst feierlich beschworen«.

36 So auch Adolf Schaube, Handelsgeschichte der romanischen Völker des Mittelmeergebiets bis zum Ende der Kreuzzüge (Handbuch der mittelalterlichen und neueren Geschichte, Abt. III, Bd. 14), München/Berlin 1906, S. 52 und SCALIA, Carme pisano (wie Anm. 5), S. 59. Anders hingegen BONAINI, Due carte (wie Anm. 35), S. 4, der vermutet, der Sohn des Timinus sei nach dem Tod seines Vaters nach Pisa gekommen, um den Nachstellungen seiner Verwandten zu entgehen.

37 Die große Masse der muslimischen Gefangenen hat man als Arbeitssklaven eingesetzt oder aber weiterverkauft. Vgl. zum Pisaner Einsatz von und Handel mit Sklaven Charles VERLINDEN, L'esclavage dans l'europe médiévale, Gent 1977, Bd. 2, S. 395–415, aber auch die Ausführungen zur Sklaverei in Genua ebd., S. 427ff.

füllte der gefangene König der Balearen, der 1115 nach der Eroberung Mallorcas in Ketten nach Pisa gebracht wurde:[38]

Denique victores, felici classe parata,
Ad sua quique meant. hos et de litore spectant
Et miranda canunt Christi magnalia gentes.
Pisanam tandem Burabe transductus in urbem
Prebuit Italie sese spectabile monstrum.

Was mit diesem weiter geschah, verschweigen die Quellen. Vermutlich wurde er zumindest eine Zeit lang am Leben gelassen, um durch seine Person den großen Triumph der Pisaner zu bezeugen.[39] Schon diese in der Pisaner Historiographie bezeugten Fälle stützen den Kern des konstruierten Berichts Arnolds von Bonneval, ergänzen bzw. verdeutlichen diesen jedoch auch in einem Punkt, indem sie die Trophäenfunktion der Gefangenen belegen. Im Falle des Timinus wird dieser als Herold sogar dauerhaft in die Repräsentationsstrategien der Kommune integriert. Der Fall einer weiteren prominenten muslimischen Kriegsgefangenen lässt dann die intermediale Vernetzung der unterschiedlichen Gedächtnismedien hervortreten, die schon Arnolds Bericht zugrunde lag.

An der Pisaner Domfassade, die aufgrund einer Gruppe dort angebrachter Inschriften als einer der zentralen Gedächtnisorte der Kommune bezeichnet werden kann,[40] ist eine vergleichsweise kleine Inschriftenplatte eingelassen, die an eine ursprünglich hier bestattete Muslima erinnert (Abb. 1):[41]

† REGIA ME P(ro)L[ES G]E[N]UIT PISE RAPUER[UNT]
HIS EGO CUM NATO BELLICA PR[ED]A FUI
MAIORICE REGNU(m) TENUI NUNC CON[DIT]A S[AX]O
QUOD CERNIS IACEO FINE POTITA M[EO]
QUISQUIS ES ERGO TUE MEMOR ESTO CONDITIONIS
ATQ(ue) PIA PRO ME MENTE PRECARE DEUM

Auf den ersten Blick ist der Text der Inschrift eindeutig: Eine Herrscherin Mallorcas wurde mit ihrem Sohn von den Pisanern im Zusammenhang einer kriegerischen Auseinandersetzung nach Pisa gebracht, wo sie zu einem nicht näher bestimmten Zeitpunkt verstorben ist. Der Fall dieser »Königin von Mallor-

38 Liber Maiorichinus (wie Anm. 27), Vv. 3522ff. – »Schließlich reisten die Sieger, nachdem sie die erfolgreiche Flotte ausgerüstet hatten, in ihre jeweilige Heimat. Die Völker am Ufer bestaunten sie und priesen die wundervollen Großtaten Christi. Der nach Pisa gebrachte Burabe jedoch zeigte sich ganz Italien als bestaunenswürdiges Monstrum.«

39 Vgl. die entsprechenden Angaben der späteren Pisaner Tradition im Kommentar der Edition, Calisse, Liber Maiorichinus (wie Anm. 27), S. 132.

40 Hierzu von der Höh, Erinnerungskultur und frühe Kommune (wie Anm. 5), S. 315–364.

41 Ottavio Banti (Ed.), Monumenta Epigraphica Pisana saeculi XV antiquiora (Biblioteca del Bollettino storico Pisano, Fonti Bd. 8) Pisa 2000, Nr. 60, S. 52 – »Aus königlicher Familie wurde ich geboren, Pisa hat mich verschleppt, für das ich zusammen mit meinem Sohn Kriegsbeute war. Das Königreich Mallorcas beherrschte ich, nun liege ich, wie du siehst, unter diesem Stein begraben, nachdem ich mein Ende erreicht habe. Wer immer du bist, denke an deine Bestimmung und bete mit frommem Geist für mich zu Gott.«

Abb. 1: Epitaph der »Königin von Mallorca«, Pisa, Dom, Fassade (Foto: Verf.)

ca« reiht sich ein in die schon angeführten älteren Belege muslimischer Kriegsgefangener in Pisa. Hinzu kommt in diesem Fall noch, dass selbst die verstorbene Muslima durch die inschriftliche Kommentierung ihres Grabes noch zum Erinnerungsmedium gemacht wurde: Sie, die einst über die Balearen herrschte, ist nun als »bellica preda« am Pisaner Dom bestattet.[42] Ein Problem stellt jedoch die Identifizierung der Bestatteten dar. In der Inschrift wird betont, dass diese zusammen mit ihrem Kind als Kriegsgefangene nach Pisa kam, aus einem königlichen Geschlecht stammte und Herrscherin Mallorcas war. Paläographisch lässt sich die Inschrift in die zweite Hälfte des 12. Jahrhunderts datieren,[43] sodass die Vermutung naheliegt, dass die Muslima im Verlauf der Balearenexpedition 1113–1115 zusammen mit ihrem Kind in die Hände der Pisaner gefallen ist. Da die Inschrift die Bestattete als Herrscherin Mallorcas bezeichnet (*maiorice regnum*

42 Ob die heutige Anbringung der Inschriftentafel original ist, kann nicht sicher bestimmt werden. Wahrscheinlich war das Epitaph wie vergleichbare Stücke ursprünglich in engem räumlichem Zusammenhang mit einer Bestattung am Dom angebracht gewesen. Vergleiche hierzu ausführlich VON DER HÖH, Erinnerungskultur und frühe Kommune (wie Anm. 5), S. 413f.

43 Giuseppe SCALIA, Epigraphica Pisana. Testi latini sulla spedizione contro le Baleari dal 1113–1115 e su altre imprese antisaracene del secolo XI, in: Miscellanea di studi ispanici VI (1963), S. 34–286, hier S. 278f., schlägt eine Datierung in die Mitte des 12. Jahrhunderts vor; BANTI, Monumenta (wie Anm. 41), S. 52 datiert in die zweite Hälfte des 12. Jahrhunderts.

tenui), wird man zunächst an die Ehefrau des in der Pisaner Dichtung Nazaredeolus genannten Herrschers der Balearen (Mubāšir ibn Sulaymān Naṣir ad-Daula) oder aber seines von den Pisanern verschleppten Nachfolgers Burabe (Abū-l-Rabiʿ Sulaymān) denken. Allerdings erwähnt der *Liber Maiorichinus*, der ansonsten die mit Abstand detailreichste Darstellung der Ereignisse bietet, keine gefangene Königin.[44] Hingegen hebt der Bericht der *Gesta triumphalia* die Gefangennahme der Schwester des Königs Mortada (ʿAbd Allah al-Murtada, Vorgänger Mubāšir ibn Sulaymāns) besonders hervor:[45]

Capta ibi Regis Mortade sorore cum filiis et filiabus et nepotibus et cum maxima copia auri et argenti atque palliorum. Sed quoniam ipsa in captivos, eis testantibus, omnemque Christianum illuc pervenientem misericordissima fuerat, cum sua progenie est reddita libertati factumque est ut ipsa, in insula Maiorice remanente filia sua regina cum fratre suoque filiolo, cum Pisano exercitu Pisam sponte veniret, ibique abrenuntians Paganismo, Christianum nomen cum suo parvulo filio suscepit.

Diese Gefangene könnte als Schwester des Mortada mit Recht von sich behaupten, aus königlichem Geschlecht zu stammen, die Formulierung *regia proles me genuit* ließe sich also durchaus auf diese beziehen.[46] Allerdings war diese niemals Königin Mallorcas, wie die Inschrift behauptet, schließlich – und dies wiegt sicherlich am schwersten – kam die Schwester Mortadas dem Bericht der *Gesta*

44 Liber Maiorichinus (wie Anm. 27), Vv. 3440ff. Im *Liber Maiorichinus* wird jedoch an anderer Stelle die Gefangennahme einer Muslima erwähnt. Berichtet wird von der Kaperung eines Schiffs, das eine muslimische Dame beförderte (Vv. 2887f.): *In rate iam dicta fuerat clarissima quedam | In patriam rediens cum parvo femina nato.* – »Im genannten Schiff war eine edle Dame, die mit ihrem Kind auf dem Weg in ihre Heimat war.« Der sonst so präzise Text hätte jedoch wohl erwähnt, wenn es sich bei dieser Person um ein Mitglied der königlichen Familie gehandelt hätte. Anders jedoch José Barral, Encontrada la lauda del emir al-Murtadà primer rey independiente de las Islas, in: Anuario de Ibiza y Formentera 12 (1994), S. 119–126, hier S. 126, der in der Gefangenen die Ehefrau des Abū-l-Rabīʿ Sulaymān ibn Labbūn (des »Burabe« des *Liber Maiorichinus*) sieht.

45 *Gesta triumphalia per Pisanos facta*, ed. M. Lupo Gentile, in: Rerum Italicarum scriptores, Rom [2]1930–1936, S. 93: »Dort wurde die Schwester des Königs Mortada mit ihren Söhnen, Töchtern, Enkeln und einer großen Menge an Gold, Silber und kostbaren Gewändern gefangengenommen. Doch da sie sich gegenüber den Gefangenen, wie diese selbst bezeugten, und allen dorthin kommenden Christen stets mildtätig erwiesen hatte, wurde ihr und ihren Kindern die Freiheit zurückgegeben. Diese kam jedoch freiwillig mit dem Pisaner Heer nach Pisa, wobei sie ihre Tochter als Königin mit deren Bruder und deren kleinem Sohn auf Mallorca zurückließ. In Pisa entsagte sie dem heidnischen Glauben und nahm mit ihrem kleinen Sohn das Christentum an.«

46 Eine andere Interpretation des Berichts nimmt vor Barral, Lauda del emir (wie Anm. 44), S. 122. Er schlug eine neue Interpunktion vor, wodurch die gesamte Stelle eine neue Bedeutung erhalten würde: *Factumque est ut, ipsa in insula Maiorice remanente, filia sua Regina cum fratre suoque filiolo, cum pisano exercitu Pisam sponte veniret, ibique abrenuntians Paganismo, christianum nomen cum suo parvulo filio suscepit.* In dieser Deutung wäre es nicht mehr die Schwester des Mortada, die mit nach Pisa kam, sondern deren Tochter. Entsprechend bezieht Barral das Epitaph der Domfassade auch nicht auf die Schwester des Mortada, sondern auf dessen Nichte.

triumphalia zufolge freiwillig nach Pisa, wohingegen die Inschrift mit den Formulierungen *Pise* [me] *rapuerunt* bzw. *bellica preda fui* eine solche Interpretation nicht zulässt. Möglich ist aber, dass sich in die *Gesta triumphalia*, die nur in einer späten Handschrift überliefert sind,[47] Teile einer später entstehenden Legende um die *Regina di Mallorca* eingeschlichen haben, auf die noch einzugehen ist. Eine andere Spur wurde oben schon kurz erwähnt. 1016 wurde Ali, Sohn des Herrschers von Denia, Muǧāhid, von den Pisanern gefangengenommen und nach Pisa verschleppt. Zumindest die arabische Tradition berichtet zusätzlich von der Gefangennahme der Mutter des Ali.[48] Der Taifenherrscher Abū-l-Ǧaiš Muǧāhid (1011–1044) griff jedoch nicht nur Sardinien an, wo er von Genuesern und Pisanern zurückgeschlagen wurde, sondern eroberte auch die Balearen.[49] Dass dies auch in Pisa bekannt war, zeigt der *Liber Maiorichinus,* in dem dieser als Herrscher der Balearen und Denias bezeichnet wird.[50] Einiges spricht so dafür, dass die am Dom bestattete Muslima die Frau des Muǧāhid gewesen ist.[51] Diese konnte mit Recht von sich behaupten, Herrscherin Mallorcas gewesen zu sein, auch ist sie gewaltsam nach Pisa verschleppt worden, sodass die Bezeichnung *bellica preda* zu ihr besser passt, als zur Schwester des Mortada.

Geht man davon aus, dass diese in den 1070er Jahren verstorben ist,[52] so passt diese Datierung allerdings nicht zum paläographischen Befund der Inschrift, der eindeutig in das 12. Jahrhundert und eher in dessen zweite Hälfte weist. Möglich ist jedoch, dass es sich bei der heutigen Inschrift um ein *inscriptio novicia* handelt, also um die materielle Erneuerung einer älteren Inschrift.[53] Für eine Datie-

47 Zur Überlieferung von der Höh, Erinnerungskultur und frühe Kommune (wie Anm. 5), S. 78.

48 Vgl. oben Anm. 33. Im Bericht, den Thietmar von Merseburg von den Kämpfen auf Sardinien gibt, heißt es allerdings, die gefangene Königin sei getötet worden: *Tum regina eorum capta audacia viri capite plectitur. Aurum capitale et ornamentum eius invicem gemmatum papa pre ceteris sibi vendicavit postque imperatori suam partem transmisit, que mille computabtur*, Thietmar von Merseburg, Chronik, ed. Robert Holtzmann, MGH SRG ns. IX, Berlin 1935, S. 452–453 f. – »Dabei wurde auch ihre Königin gefangen und wegen der Freveltaten ihres Gemahls enthauptet. Ihren goldenen, ringsum mit Edelsteinen gezierten Kopfschmuck nahm der Papst vor den Anderen an sich und übersandte ihn später dem Kaiser als seinen Anteil, den man auf 1.000 Pfund schätzte« (Übersetzung nach W. Trillmich in: Ausgewählte Quellen IX, S. 403).

49 Vgl. Juan Manuel del Estal, Art. »Denia«, in: LexMA 3, Sp. 695 f.

50 Liber Maiorichinus (wie Anm. 27), V. 924: *Rex fuerat Balee Mugetus rexque Diane.*

51 So zuerst Federico Patetta, Appunti sopra alcune iscrizioni medievali pisane, in: Atti della R. Accademia delle Scienze di Torino LII (1916–17), S. 1023–1037, hier S. 1032.

52 Zu diesem Ergebnis kommt Scalia, Epigraphica Pisana (wie Anm. 43), S. 278 auf der Grundlage der Angabe arabischer Quellen, Ali sei zum Zeitpunkt seiner Gefangennahme sieben Jahre alt gewesen, woraus sich ein Hinweis auf das Geburtsdatum der Mutter ableiten lässt.

53 So auch Scalia, Epigraphica Pisana (wie Anm. 43), S. 281 f. Hingegen vermutet Ottavio Banti, dass es sich bei dieser Inschrift um ein Pseudo-Epitaph handelt: »È mia oppinione infatti che si tratti di uno pseudo-epitafio per una regina di cui non si dice il nome probabilmente perché se n'è perduta la memoria, e dunque sulla base di una tradizione, che, di quella donna portata a Pisa come preda di guerra, serbava un ricordo fabuloso; dunque

rung zumindest des Textes der Inschrift an das Ende des 11. Jahrhunderts spricht dabei dessen literarische Form, die große Nähe zu den im letzten Viertel des 11. Jahrhunderts entstandenen Inschriften der Domfassade zeigt.[54] Doch wird man die Datierungsfrage beim derzeitigen Kenntnisstand nicht abschließend beantworten können. Zumindest wahrscheinlich ist jedoch, dass man in der Mitte des 12. Jahrhunderts den Text eines älteren Epitaphs, das an die in Pisa verstorbene Ehefrau des Muǧāhid erinnerte, auf eine neue Tafel übertrug und diese dann in die heutige Position einfügte.

Dieser sorgfältige und aufwändige Umgang mit älteren Inschriften, der auch für andere Pisaner Fälle sicher belegt ist,[55] zeigt einmal mehr, welche Bedeutung man den muslimischen Kriegsgefangenen und den an sie erinnernden Medien im Kontext des kommunalen Gedächtnisses zuwies. Der Fall der Königin von Mallorca ist jedoch noch aus einem anderen Grund von großem Interesse für die Erforschung städtischer Erinnerungskulturen. Um diese Königin von Mallorca rankt sich in der Folgezeit eine Reihe von – vermutlich zunächst mündlich vermittelten Legenden[56] – die mehrere historische Personen und Ereignisse miteinander verschmolzen.[57] Die vermutlich älteste Stufe dieser Legende liegt in der schon oben zitierten Passage der *Gesta triumphalia* vor. Hier wurde berichtet, die Schwester des Königs Mortada sei nach ihrer Gefangennahme mit ihren Kindern und Enkelkindern durch die Pisaner wieder freigelassen worden, da sie die gefangenen Christen auf den Balearen gut behandelt hatte. Die Königin habe die Pisaner zusammen mit ihrem Sohn dann jedoch freiwillig nach Pisa begleitet, wo sich beide zum Christentum bekehrt hätten. Eine spätere Fassung dieser Erzählung ist dann in einer anonymen Pisaner Chronik aus dem 14. Jahrhundert überliefert:[58]

è, a mio avviso, una composizione letteraria che, attraverso la commemorazione di un personaggio ritenuto tanto importante e significativo, è voltata a celebrare l'impresa anti-saracena compiuta dai Pisani alle Baleari a difesa del mondo cristiano«, BANTI, Monumenta (wie Anm. 41), S. 52. Da sich der Text der Inschrift jedoch mit keiner der nachzuweisenden Fassungen der Legenden vereinbaren lässt, wird man an dieser Interpretation Zweifel anmelden müssen.

54 VON DER HÖH, Erinnerungskultur und frühe Kommune (wie Anm. 5), S. 411.

55 Ebd., S. 336f. (zur »Guido-Inschrift«).

56 Vgl. zu Versuchen von historischer Seite, die Besonderheiten mündlich vermittelter Traditionen zu bestimmen, Johannes FRIED, Die Kunst der Aktualisierung in der oralen Gesellschaft. Die Königserhebung Heinrichs I. als Exempel, in: GWU 44 (1993), S. 493–503; Gerd ALTHOFF, Verformung durch mündliche Tradition: Geschichten über Erzbischof Hatto von Mainz, in: Hagen KELLER/Nikolas STAUBACH (Hg.), Iconologia Sacra. Mythos, Bildkunst und Dichtung in der Religions- und Sozialgeschichte Alteuropas. FS Karl Hauck, Berlin/New York 1994, S. 438–450; zuletzt Johannes FRIED, Der Schleier der Erinnerung. Grundzüge einer historischen Memorik, München 2004.

57 Ein vergleichbares Eigenleben in der oralen Tradition scheint später auch die Figur des Muǧāhid entwickelt zu haben, gegen den Pisaner und Genuesen auf Sardinien gekämpft hatten, vgl. HETTINGER, Beziehungen (wie Anm. 8), S. 195–201.

58 Archivio di Stato di Lucca, Cod. 54 [Cronaca Pisana, sec. XIV], fol. 30r. – »Am 4. Tag des März nahmen sie die Zitadelle von Mallorca ein; und dort nahmen sie auch die Tochter des Königs Mortado mit der ganzen königlichen Familie gefangen, führten von dort große

La [die Zitadelle von Mallorca, M. v. d. H.] *preseno a dì IIIJ di marso; e in quella preseno la suore del re Mortado con tutta la famiglia reale, traendone grande tezoro di denarj e d'arienti e oro e palij di seta e rachamatj; e perché questa donna verso de' cattivj pregionj era senpre stata conpassionevole, sicondo ch'essi cattivj testimoniavano a lej, con tutta la sua progenia li fu data la libertà, ma ella di sua spontanea volontà coll'armata del populo pisano a Pisa volse esse'; ella col suo unigienito figluolo renunsiò il paghanissmo e col suo picculo figluolo prese il batismo di Ihesu Xristo; lo figluolo da messer Piero fue facto calonaco in della chieza catredale; di poj fue coronato dal santo padre re di Maioricha, e lla ditta reina prima morendo in Pisa e sepulta fue apreso alla chieza catredale in magnificha tonba.*

Bis zur Annahme des Christentums entspricht der Bericht im Wesentlichen dem der *Gesta triumphalia*, der Text weiß jedoch zusätzlich zu berichten, dass der Sohn der Schwester Mortadas von Erzbischof Petrus zunächst als Kanoniker ins Domstift aufgenommen, später jedoch vom Papst zum König von Mallorca gekrönt wurde.[59] Die Schwester des Mortada, die hier im Gegensatz zu den *Gesta triumphalia* als Königin bezeichnet wird, sei schließlich in Pisa gestorben und ehrenvoll am Dom bestattet worden.

Hier stößt man dann auf weitere intermediale Vernetzungen, da der anonyme Autor im Anschluss an diesen Bericht das Epitaph von der Fassade des Doms zu zitieren vorgibt[60] (unterstrichen sind die Transkriptionsfehler des Chronisten):

> [...] *sepulta fue apreso alla chieza catredale in magnificha tonba,*
> *donde il pitafio d'essa tonba così dice:*
> *regia me proles genuit, Pise me rapuerunt,*
> *hus ego cornato bellica preda fuj,*
> *maiorice regnum tenuj, nunc condita xaso,*
> *quorum cornis iaceo fine potita meorum.*
> *Quisquis es, ergo tue memor condissionis,*
> *atque pia* [Lücke in der Hs., M. v. d. H.] *precare deum.*

Zunächst belegt die Inserierung des Inschriftentextes in die volkssprachige Chronik die Wahrnehmung von Inschriften durch die Pisaner Autoren des

Schätze an Münzen, Silber und Gold, und Stoffe aus Seide und Racamas. Und da diese Dame sich stets barmherzig gegenüber den armen Gefangenen gezeigt hatte, wie diese Gefangenen selbst bezeugten, wurde ihr und ihrer ganzen Familie die Freiheit geschenkt, doch kam diese aus freiem Willen mit der Flotte der Pisaner nach Pisa. Sie entsagte mit ihrem einzigen Sohn dem heidnischen Glauben und empfing die Taufe Jesu Christi. Der Sohn wurde von Herrn Pietro zum Kanoniker der Domkirche bestimmt und wurde danach durch den heiligen Vater zum König von Mallorca gekrönt. Vorher aber starb die genannte Königin und wurde in einem großartigen Grab am Dom bestattet.«

59 Beide Details lassen sich nicht bestätigen, weder ist ein muslimischer Konvertit unter den Kanonikern des Doms nachzuweisen, noch lässt sich ein vom Papst eingesetzter Balearenkönig ausmachen. Die Balearen wurden hingegen 1115/16 (nach dem Sturz des von den Pisaner und Katalanen eingesetzten Herrschers) in das Almoraviden-Reich eingegliedert, Hans Rudolf Singer, Art. »Almoraviden«, in: LexMA 1, Sp. 449f.

60 Cronaca Pisana (wie Anm. 58), fol. 30r.

14. Jahrhunderts.[61] Zugleich zeigt sich hier deutlich, dass der Chronist einen Zusammenhang zwischen Texten herstellt, die eigentlich nicht zusammenpassen. Hätte der Chronist (oder seine Vorlage) den Text der Inschrift wirklich gelesen bzw. verstanden, so wären ihm sicherlich gleich die Widersprüche zwischen der Inschrift (für die Frau des Muǧāhid) und dem Bericht über die Gefangennahme der Schwester des Mortada aufgefallen. Während die Schwester Mortadas der Chronik zufolge freiwillig nach Pisa mitgekommen ist, spricht die Inschrift von der *bellica preda*. Die möglicherweise direkt oder mittelbar von der anonymen Chronik abhängende *Cronaca di Pisa* des Ranieri Sardo[62] überliefert eine weitere Version dieser Erzählung, die bis auf ein allerdings entscheidendes Detail mit dem Text der Inschrift der Domfassade zu vereinbaren ist:[63]

Negli anni Domini 1116 gli Pisani […] *presono Maiolicha et uccisano lo re di quelle terre et di poi vennono a Pisa e menarono la sua donna chon un suo figliuolo saracino per prigioni et si feciono battezare la moglie chol suo figluolo nella chiesa maggiore del duomo; et battezogli lo veschovo Lanberto et si puose il suo nome al fantino della donna, et fecielo chalonacho di Pisa e cholla madre lo fecie notrichare. Non avevo ordine sagro et di poi si fu inchoronato per la santa Chiesa di Roma re di Maiolicha et si nne fu mandato cholla madre sua chon grande onore a Maiolica.*

61 Der gleiche Text enthält weitere »Transkriptionen« Pisaner Inschriften, etwa die Grabinschrift für die auf den Balearen gefallenen Pisaner aus St. Viktor in Marseille (fol. 30v.). Im Gegensatz zu einer nahezu perfekten Transkription der Palermo-Inschrift im Werk des Bernardo Maragone (Bernardo Maragone, Annales Pisani, ed. M. Lupo Gentile, (RIS² VI/2) Bologna 1930–1936, S. 1–74, hier S. 5f.) ist die Transkription der Chronik ASL 54 jedoch von vielen Fehlern durchsetzt, die ein Verständnis des Inschriftentextes über weite Teile unmöglich machen. Viele Fehler in der Transkription zeigen, dass der Sinn der Inschrift gar nicht erfasst wurde, etwa *hus ego cornato* anstelle des *his ego cum nato* der Inschrift. Ein Blick auf die Inschriftentafel des 12. Jahrhunderts zeigt aber schnell, dass es sich hierbei nicht um Lesefehler der Inschrift handeln kann. Während die Chronik das *Quisquis es ergo tue* der Inschrift korrekt auflöst (trotz Kürzung, Enklaven und Nexus), gibt er das überdeutliche *cum nato* als *cornato* wieder. Es ist wohl davon auszugehen, dass der Schreiber bzw. Verfasser der Chronik kein Latein beherrschte und seine handschriftliche Vorlage fehlerhaft abschrieb. So kann man etwa die Verwechslung von *quod* (in der Inschrift nicht gekürzt) mit *quorum* nur durch eine abgekürzte Schreibweise des Inschriftentextes in der Vorlage der Chronik erklären.

62 Zur Abhängigkeit der Herausgeber in der Einleitung zu Ranieri Sardo, Cronaca di Pisa, ed. Ottavio Banti (Fonti per la storia d'Italia, Bd. 99), Rom 1963, S. XIIff.

63 Ranieri Sardo, Cronaca di Pisa (wie Anm. 62), S. 25. – »Im Jahr des Herrn 1116 eroberten die Pisaner Mallorca und töteten den König dieses Landes und kamen danach nach Pisa [zurück, M. v. d. H.] und führten seine Frau mit einem ihrer Söhne als Gefangene mit und ließen die Frau und ihren Sohn im Dom taufen; und es taufte sie der Bischof Lanberto und er gab dem Knäblein der Frau seinen Namen [also Lanberto, M. v. d. H.] und machte ihn zum Kanoniker des Pisaner Domstifts und ließ ihn zusammen mit seiner Mutter aufziehen. Dieser hatte keine höheren Weihen und wurde später durch die heilige römische Kirche zum König von Mallorca gekrönt und mit seiner Mutter unter großen Ehrerweisungen nach Mallorca geschickt.«

Diesmal ist es die Ehefrau des Königs der Balearen, die zusammen mit ihrem kleinen Sohn von den Pisanern verschleppt wurde. Auch hier schließt sich der Bericht über die Taufe der beiden, über den Eintritt des Sohns in das Domstift und seine anschließende Krönung zum König von Mallorca durch den Papst an.[64] Wie gesagt passt diese Version besser zum Text der Inschrift an der Domfassade: Die betreffende Muslima war Königin Mallorcas, wurde verschleppt, kam also nicht freiwillig nach Pisa. Das Ende des Berichts macht dann jedoch einen Strich durch die Parallelisierung: Sohn und Mutter kehren am Ende nach Mallorca zurück, entsprechend kann diese natürlich nicht am Pisaner Dom bestattet worden sein.

V.

Für die Frage nach der Wahrnehmung inschriftlicher Texte sind die mehr oder weniger explizit auf das Epitaph der Königin von Mallorca bezogenen Berichte aufschlussreich. Da sie im Widerspruch zum sprachlichen Inhalt der referenzierten Inschrift stehen, legen sie deren Gedächtnisfunktion jenseits der Aktualisierung der Texte offen: Inschriften dienen als »Erzähl-Male«, an die sich mündlich tradierte Gedächtnisinhalte anlagern, ohne dass die Texte im eigentlichen Sinne gelesen werden mussten.[65] Das Beispiel der Königin von Mallorca belegt zudem das charakteristische Zusammenspiel unterschiedlicher Gedächtnismedien: Die Körper der gefangenen und nach Pisa deportierten Muslime verweisen auf die Siege der Kommune über die entsprechenden Reiche. Diese Gedächtnisfunktion wird im Falle der gefangenen Königin auch von deren Grab übernommen, an dem durch die zitierte Inschrift das Erinnerungspotenzial zusätzlich sprachlich explizit gemacht wird. Weitere – handschriftlich überlieferte

64 Einen Bischof Lamberto, der die beiden Gefangenen angeblich taufen ließ, hat es allerdings niemals gegeben. Zwischen 1106 und 1119 war Petrus (Erz-)Bischof von Pisa, vgl. VIOLANTE, Cronotassi (wie Anm. 24). Möglicherweise ist in der von der Chronik wiedergegebenen Tradition der Vorgänger des Petrus, Daibert gemeint, der in einigen Quellen irrtümlich Lambertus genannt wird, vgl. MATZKE, Daibert (wie Anm. 21), S. 20. Den Namen des zum Christentum bekehrten Sohns, Lamberto, überliefert auch eine Quelle des 18. Jahrhunderts. In einer Akte, mit der die Familie Rosselmini um die Anerkennung ihres Patrizierstandes ersuchte, berichtet dieser Text, Gherardo Rosselmini habe zusammen mit anderen 1135 den Pisaner Kanoniker Lambertus als König in Mallorca eingesetzt, Liber Maiorichinus, ed. CALISSE (wie Anm. 27), Anhang X, S. 145 f.

65 Auf die von der Lektüre der Texte teilweise unabhängige Bedeutung von Inschriften hat auch schon Nicoletta GIOVÈ MARCHIOLI, L'epigrafia comunale cittadina, in: Paolo CAMMAROSANO (Hg.), Le forme della propaganda politica nel Due e nel Trecento (Collection de l'école française de Rome, Bd. 201), Rom 1994, S. 263–286, hier S. 283 hingewiesen: »l'epigrafe svolge una funzione ipercomunicativa: essa assume, al di là dell'essere supporto della scrittura e dunque di un testo che ha un senso solo se prodotto per una lettura, un valore iconico assoluto, un valore cioè simbolico«. Der Begriff des »Erzähl-Mals« geht zurück auf Klaus Graf, Erinnerungsfeste in der spätmittelalterlichen Stadt, in: Hanno BRAND/Pierre MONNET/Martial STAUB (Hg.), Memoria, communitas, civitas. La mémoire urbaine au Moyen Âge (Beihefte der Francia, Bd. 59), Stuttgart 2003, S. 263–273.

– Texte beziehen sich später auf diese Gefangenen, auf die Inschrift sowie auf das Grab als nicht-sprachliches Erinnerungsmedium, greifen zudem wahrscheinlich zunächst mündlich weitergegebene Legenden auf, die sich wiederum ihrerseits auf Grab und Inschrift beziehen.

Die Funktion gefangener Muslime als Erinnerungsmedien lässt sich dem zitierten Bericht Arnolds von Bonneval nicht direkt entnehmen, wenngleich der Kontext vermuten lässt, dass hierauf angespielt werden sollte. Sie tritt deutlich erst durch die parallele Analyse der Pisaner Überlieferung zutage. Anders ist dies im Falle der in der Rede der Konsuln explizit angesprochenen Praxis, Beutestücke als Trophäen der Siege über die Muslime im Stadtraum auszustellen. Über derartig okkasionelle Trophäenausstellungen in den Straßen der Stadt wären wir ohne den Bericht Arnolds nicht informiert.[66] Man wird ihm hier aber trotz des eingangs skizzierten Konstruktionscharakters des Berichts durchaus folgen können, da auch die Pisaner Historiographie auf eine solche Gedächtnispraxis anzuspielen scheint. Das kurz nach 1087 entstandene *Carmen in victoriam Pisanorum* berichtet über die Eroberung al-Mahdiyas im heutigen Tunesien:[67]

Aurea vexilla | mille trahunt et argentea
que in Pisa gloriosa | sunt triumphi premia.

Was man mit diesen Feldzeichen nach der Rückkehr nach Pisa machte, wird hier zwar nicht gesagt. Möglicherweise sind es aber genau diese (und andere vergleichbare) Trophäen, durch die der Bericht Arnolds inspiriert wurde. Arnold macht jedoch keine genauen Angaben. Was sich hinter den *spoliis et varia suppellectili* verbarg, mit denen die Straßen und Plätze aus diesem Anlass geschmückt wurden, muss daher zunächst offenbleiben. Mehr als hinreichend belegt ist für Pisa hingegen, dass man in der ersten Hälfte des 12. Jahrhunderts den Stadtraum systematisch mit Erinnerungszeichen überzog, die sich auf die Kämpfe gegen die Muslime bezogen. Erwähnt wurde schon der Komplex der Domfassade, an dem sich noch heute eine Gruppe inschriftlicher Darstellungen der jüngeren Vergangenheit der Stadt befindet.[68] Stellvertretend für viele weitere Texte sei an dieser Stelle nur die Torinschrift der Porta Aurea am Arno-Ufer zitiert, die Innozenz II. sicher bei seinem Besuch in Pisa passiert hat,[69] da das Tor in dieser Zeit der zentrale Eingang zur Stadt war (Abb. 2):[70]

66 Dauerhafte Trophäen-Inszenierungen sind aus späterer Zeit gut belegt, vgl. etwa für Genua Rebecca MÜLLER, Sic hostes Ianua frangit. Spolien und Trophäen im mittelalterlichen Genua (Marburger Studien zur Kunst- und Kulturgeschichte, Bd. 5), Weimar 2002.

67 Carmen in victoriam Pisanorum (wie Anm. 5), Vv. 215f.; zur Datierung VON DER HÖH, Erinnerungskultur und frühe Kommune (wie Anm. 5), S. 111ff.

68 Hierzu ausführlich VON DER HÖH, Erinnerungskultur und frühe Kommune (wie Anm. 5), S. 315–364.

69 Zur Inschrift und zum Gesamtkomplex der Porta Aurea VON DER HÖH, Erinnerungskultur und frühe Kommune (wie Anm. 5), S. 211–245.

70 Text der Inschrift nach BANTI, Monumenta (wie Anm. 41), Nr. 9, S. 22 – »Von ausgezeichneten Bürgern wird dieses Tor das Goldene genannt, auf dem die Zierde des Adels (so) schreiben lässt: Haltet diese Stadt für den Stolz des ganzen Reiches, die die wilden

Abb. 2: Inschrift der ehemaligen Porta Aurea, Pisa, Santa Maria dei Galletti, Fassade (Foto: Verf.)

CIVIBUS EGREGIIS HEC AUREA PORTA VOCAT[(ur)]
IN QUA SIC [DI]CTAT NOBILITATIS HONOR
HA(n)C URBE(m) DEC(us) I(m)PERII GENERALE PUTETIS
QUE FERA PRAVORU(m) COLLA FERIRE SOLET.
MAIORIS BALEE RABIES ERAT I(m)P(ro)BA MULTU(m)
ILLA Q(ui)D HEC POSSET, VICTAQUE SENSIT EBUS
ANNIS MILLE DECE(m) CENTU(m) CU(m) Q(ui)NQ(ue) P(er) ACTI(s)
EX QUO CO(n)CEPIT VIRGO MARIA D(eu)M
PISAN(us) POPUL(us) VICTOR P(ro)STRAVIT UTRA(m)Q(ue)
HISQUE FACIT STRAGES INGEMINATA FIDE[(m)]
DILIGITE IUSTITIA(m) Q(ui) IUDICATIS T(er)R[A(m)]

Nacken der Bösen zu schlagen pflegt. Die Raserei Mallorcas war äußerst boshaft, doch was diese Stadt vermochte, spürte das besiegte Ibiza. Als 1115 Jahre vergangen waren, seitdem die Jungfrau Maria Gott empfangen hatte, warf das siegreiche Volk der Pisaner beide nieder. Die doppelte Niederlage der Sarazenen bestätigt die Worte: Liebt die Gerechtigkeit, die ihr die Erde richtet!«. Zu alternativen Übersetzungsversuchen VON DER HÖH, Erinnerungskultur und frühe Kommune (wie Anm. 5), S. 211.

Abb. 3: San Sisto, Pisa, Ansicht von Nordwesten (Foto: Verf.)

Noch bevor man die eigentliche Stadt betrat, wurde dem Besucher so die Erinnerung an den Pisaner Sieg auf den Balearen entgegengehalten. Die strukturelle Parallele zu Arnolds Bericht ist augenfällig: Was bei diesem durch die Konsuln mündlich vorgetragen wurde, richtet sich am Stadttor als inschriftliche Botschaft an die Besucher der Stadt.[71] Auf seinem Weg zum Dom hätte Innozenz dann weitere Erinnerungsmedien passiert. Unmittelbar an der Porta Aurea stand eine überarbeitete antike Herkulesstatue, die durch eine angebrachte Inschrift auf einen verdienten Konsuln der Kommune bezogen wurde.[72] Im politisch-administrativen Zentrum der jungen Kommune hätte der Papst sodann die Votivkirche San Sisto passiert, die dem Schlachtenhelfer der Pisaner geweiht war und deren Bau durch die Beute der Mahdīya-Expedition finanziert worden war (Abb. 3).[73] An deren Fassade angebrachte Keramikbecken aus muslimischer Produktion könnten eventuell bereits als Trophäen der Kämpfe gegen die Muslime verstanden worden sein (Abb. 4). Spätestens beim Einbiegen in den Domplatz[74] hätte

71 Zu vergleichbaren Stadttorinschriften, die zusätzlich belegen, dass es sich geradezu um eine epigraphische Standard-Situation handelt, von der Höh, Erinnerungskultur und frühe Kommune (wie Anm. 5), S. 215 f.
72 Ebd., S. 226–244.
73 Ebd., S. 246–254.
74 Vgl. die Rekonstruktion der Verkehrssituation am Dom ebd., S. 274–284.

Abb. 4: Fassadengiebel mit sogenannten »Bacini«, Pisa, San Sisto (Foto: Verf.)

Innozenz dann die bis heute wohl beeindruckendste Trophäe der Pisaner Kriegszüge im westlichen Mittelmeer erblickt, einen (heute allerdings in Kopie) auf dem Giebel des Domchores stehenden Bronzegreif (Abb. 5 u. 6). Ursprünglich eine Brunnenfigur, die im 11. Jahrhundert auf der iberischen Halbinsel entstanden ist, gelangte die Bronzeplastik wahrscheinlich im Zusammenhang mit der Balearenexpedition 1115 nach Pisa und wurde wenig später auf dem Dach des Domes aufgestellt.[75] Gleiches gilt möglicherweise auch für das auf dem Giebel des südlichen Querhauses stehende Kapitell aus einer islamischen Werkstatt der iberischen Halbinsel (Abb. 7). Heute verloren sind die ebenfalls von den Balearen stammenden Holztüren des Doms, die seit dem frühen 14. Jahrhundert schriftlich belegt sind.[76] Die Liste von Trophäen ließe sich weiter fortsetzen, die meisten Stücke sind heute Bestandteil des Domschatzes.

Methodisch stellen derartige Objekte allerdings eine Herausforderung dar. Vergleichsweise leicht ist es, die »exotische« bzw. fremde Herkunft von Architekturfragmenten, Bronzen, kostbaren Kristallschalen und ähnlichen Artefakten festzustellen. Dass hiermit immer gleich eine Gedächtnisfunktion, also ein Verweis auf Vergangenes verbunden war, wird man aber zunächst offen lassen müs-

75 Zur kunsthistorischen Einordnung und zu den ersten Belegen für die Anbringungssituation ebd., S. 372 ff.
76 Ebd., S. 370 ff.

Abb. 5: Bronzegreif, Pisa, Museo dell'Opera del Duomo (Foto: Verf.)

sen. Verdeutlichen lässt sich das Problem am Beispiel der in die Fassade von San Sisto eingelassenen Keramikschalen (bacini). Dass diese aus nordafrikanischer Produktion stammen, ist sicher belegt.[77] Da die Kirche selbst eine Votivstiftung

77 David ABULAFIA, The Pisan Bacini and the medieval Mediterranean Economy: a Historian's Viewpoint, in: C. MALONE/S. STODDART (Hg.), Papers in Italian Archeology IV. The Cambridge Conference, part IV: Classical and Medieval Archaeology, Oxford

Abb. 6: Domchor mit Bronzegreif (Kopie), Pisa, Dom, Ansicht von Südosten (Foto: Verf.)

anlässlich des Pisaner Siegs über al-Mahdīya ist, liegt die Verbindung zwischen den muslimischen Schalen und den Schlachtensiegen der Pisaner mehr als nahe. Gleichwohl ist in diesem Fall keineswegs auszuschließen, dass die Keramiken als Handelsware nach Pisa gelangt sind, zudem ist es recht unwahrscheinlich, dass man bei der Plünderung eines nordafrikanischen Handelsemporiums ausgerechnet Keramikschalen mitgenommen hat. Dass es sich bei den Keramikschalen zunächst ursprünglich wohl nicht um Trophäen gehandelt hat, belegen vergleichbare Einbauten solcher Schalen in der Sakralarchitektur anderer italienischer Städte, die keine Rolle in den Kämpfen gegen die Muslime gespielt haben.[78] Damit ist jedoch noch nicht ausgeschlossen, dass diesen und anderen exotischen oder allgemein fremd wirkenden Artefakten nicht nachträglich eine Gedächtnisfunktion

1985, S. 287–302, daneben den Katalog der Ausstellung Arte islamica in Italia. I bacini delle chiese pisane. Catalogo della mostra (Roma: settembre 1983), Pisa 1983 und Sauro GELICHI, Relazione introduttiva sui »bacini«, in: Graziella BERTI (Hg.), I bacini murati medievali. Problemi e stato della ricerca (Atti del 26 convegno internazionale della ceramica, Albisola 1993), Florenz 1996, S. 7–30.

78 Vgl. die Beiträge in Graziella BERTI (Hg.), I bacini murati medievali. Problemi e stato della ricerca (Atti del 26 convegno internazionale della ceramica, Albisola 1993), Florenz 1996.

Liebe Leserin, lieber Leser,

gerne informieren wir Sie künftig über unsere Neuerscheinungen. Teilen Sie uns mit, für welche Themen Sie sich interessieren und schicken einfach diese Karte zurück.
Wenn Sie außerdem unsere Fragen auf der Rückseite beantworten, helfen Sie uns, zukünftig genau die Bücher zu machen, die SIE interessieren!

Gerne revanchieren wir uns für Ihre Mühe:
Unter allen Einsendern verlosen wir monatlich Bücher aus unseren Progammen im Wert von € 50,-

....
VORNAME / NAME

....
STRASSE / HAUSNUMMER

....
PLZ / ORT

....
E-MAIL

Bei Angabe Ihrer Mail-Adresse erhalten Sie rund 6 Mal jährlich unseren Newsletter, der Sie über die uns genannten Themenbereiche informiert.

Antwort

JAN THORBECKE VERLAG
VERLAGSGRUPPE PATMOS

Senefelderstraße 12
D-73760 Ostfildern

Abb. 7: Kapitell mit arabischer Inschrift, Pisa, Museo dell'Opera del Duomo (Foto: Verf.)

zugewachsen ist. Auch hierfür lässt sich in der Pisaner Überlieferung ein aufschlussreiches Beispiel finden.

Der anonyme Autor der schon zitierten anonyme Pisaner Chronik berichtet folgendes Detail von der Einnahme Haifas durch die Kreuzfahrer im Jahre 1100:[79]

79 Cronaca di Pisa (wie Anm. 58), fol. 26v.: »[...] an diesem Tag wurde die Stadt durch die Pisaner und das Landheer genommen, wobei viele edle Ritter und viele aus dem Pisaner Popolo starben; als die Stadt geplündert wurde, erbeuteten die Pisaner dort viele Schätze und andere Güter; und unter den Dingen, die sie in dieser Stadt erbeuteten, waren als Zeichen des Triumphes zwei Steine aus wunderbarem weißem Marmor, geformt wie zwei Birnen, von denen die eine jemand aus der Casa Panchuli mitbrachte: dieser Stein ist heute im Stadtviertel Chinzica, in der Capella San Lorenzo, und er wird *Pietra del Bangnio* ge-

[...] *e presa fue per li Pisanj e per lo essercito terrestro in quello di la terra, non estante che molti gintili hominj cavalierj e molto populo pisano vi morisseno; la terra missa a ssacomanno molto thezoro e robba li Pisanj ne cavonno e fra l'autre cose che di quella terra ne cavono, per triunfo funo due pietre di marmo bianche per maestero, facte quasi come due pere, che ll'una ne rechò uno di casa Panchulj, la quale pietra si è ogi 'i' nel quartirj di Kinsicha, nella capella di sancto Lorenso ed è ditta la pietra del bangnio; l'autra la rechò uno di casa Matti, la quale è ogi posta e staravj lunghessimo tenpo i' nel quartierj di ponte fuora della cità in sul canto del porticho del monistero di santo Stefano.*

Man habe also bei der Eroberung der Stadt unter anderem zwei Steine aus weißem Marmor erbeutet, die die Form einer Birne hatten. Beide waren zur Abfassungszeit der Chronik noch im Stadtraum vorhanden, einer stand im links des Arno gelegenen Stadtteil Chinzica, in der Capella S. Lorenzo, der andere außerhalb des Stadtviertels Ponte, in der Nähe des Klosters Santo Stefano.[80] Wiederum einem Überlieferungszufall ist es zu verdanken, dass einer dieser birnenförmigen Steine noch heute vermutlich an derselben Stelle im Stadtbild erhalten ist (Abb. 8).[81] Das vermeintliche Beutestück, das die Pisaner der Chronik zufolge als Trophäe vom ersten Kreuzzug mitgebracht hatten, wird von Archäologen jedoch als etruskischer Grabcippus identifiziert, der wohl eher aus der Toskana als aus Palästina stammt.[82] Die Angabe der Chronik erklärt sich entsprechend nur durch eine nachträgliche Umdeutung der etruskischen Spolien. Offenbar haben diese durch ihre ungewöhnliche Form im Laufe der Zeit das Interesse der Stadtbewohner geweckt, wodurch eine Legendenbildung angeregt wurde, die diese Spolien mit der Beteiligung Pisas am ersten Kreuzzug in Verbindung brachte. Durch diese war die Existenz der unerklärlichen Artefakte im Stadtraum nicht nur hinrei-

nannt; den anderen brachte jemand aus der Casa Matti mit: dieser stand schon lange und steht noch heute im Stadtviertel Ponte, außerhalb der Stadt, an der Ecke der Portikus des Klosters von Santo Stefano.« – Die Chronik spricht jedoch irrtümlich von der Eroberung Akkons (vgl. fol. 26r.), vgl. zum Zusammenhang MATZKE, Daibert (wie Anm. 21), S. 171.

80 Gemeint ist sicherlich S. Stefano di Oltrozzeri (*ultra Auserem*), vgl. zum Kloster Gabriella GARZELLA, Pisa com'era. Topographia e insediamento dall'impianto tardoantico alla città murata del secolo XII (Europa Mediterranea, Quaderni Bd. 6), Pisa 1990, vor allem S. 55.

81 Die sogenannte *Pera* steht heute in einer kleinen Seitengasse der Via S. Martino in Chinzica (Via la Pera), wenige Meter von der in der Chronik des 14. Jahrhunderts erwähnten Kirche S. Lorenzo entfernt. Archäologische Untersuchungen haben ergeben, dass dieser sich heute wenige Zentimeter über den Erdboden erhebende Cippus auf einer Säule steht, die auf spätmittelalterlichem oder frühneuzeitlichem Straßenniveau aufgestellt war, Fabio REDI, Pisa com'era. Archeologia, urbanistica e strutture materiali (secoli V–XIV) (Europa Mediterranea. Quaderni Bd. 7), Pisa 1991, S. 32, Anm. 34. Der andere Cippus, den die Chronik erwähnt, ist vermutlich mit der heute im Museo dell'Opera del Duomo aufbewahrten Spolie zu identifizieren, der aus der Nähe von San Stefano di Oltrozzeri stammt. Im Gegensatz zum Cippo der Via S. Martino steht dieser noch auf seiner originalen Basis (Abb. bei REDI, Pisa com'era, S. 67).

82 Giulio CIAMPOLTRINI, Segnacoli funerari tardoarcaici di Pisa, in: Studi Etruschi 49 (1981), S. 31–38, S. 33 zum Cippus der Via S. Martino/ Via la Pera.

Abb. 8: Sogenannte »Pera«, Pisa, Via San Martino (Foto: Verf.)

chend erklärt, sondern sie erhielten auch noch Funktionen innerhalb der städtischen Erinnerungskultur.[83]

Die Bacini und die etruskischen Spolien machen deutlich, dass man bei der Interpretation vermeintlicher Trophäenpraxis große Vorsicht walten lassen muss. Wenn die entsprechende Erinnerungsfunktion nicht durch weitere (zeitgenössische) Quellen abgesichert ist, wird man hier regelmäßig auf mehr als unsicherem Boden stehen. Gerade in diesem Zusammenhang erweist sich jedoch der Wert des an den Beginn der Ausführungen gestellten Texts Arnolds von Bonneval, da in diesem die zeitgenössische Spolienpraxis explizit beschrieben wird. Anlässlich des Besuchs des Papstes seien die Beutestücke der verschiedenen Kämpfe gegen

83 Noch 1692 verfügte der *Magistrato dell'Offitio de' Fossi e Strade*, dass die *Pera* der Via S. Martino dort verbleiben und bewahrt werden solle. Der Stein sei »memoria della città di Pisa nel tempo che era repubblica; e questo serva per notitia acciò si sappia, e che si mantenga questa memoria per lo splendore della città«, zitiert nach Emilio TOLAINI, Pisa, Rom 1992, S. 8.

die Muslime hervorgeholt und an Straßen und Plätzen ausgestellt worden, um an die Siege zu erinnern, die Pisa über die »Sarazenen« erzielt habe. Dass die von Arnold geschilderte Szene nicht von einem Augenzeugen stammte, wurde schon dargelegt. Es konnten jedoch zugleich mögliche Quellen für diesen Bericht benannt werden, der, wie hoffentlich deutlich geworden ist, trotz der Kürze eine recht treffende Kennzeichnung der Pisaner Erinnerungskultur der Zeit bietet. Arnolds Bericht vermag daher einerseits die aufgestellten Hypothesen über die Erinnerungsfunktion der erhaltenen oder erschließbaren Trophäen im Stadtraum zu stützen.

Die von Arnold konstruierte Situation legt schließlich nahe, die Hierarchie der einzelnen Erinnerungsmedien in der hochmittelalterlichen Stadt gewissermaßen vom Kopf auf die Füße zu stellen: Im mündlichen Vortrag verweisen die Konsuln auf die gefangenen Muslime und die nicht-sprachlichen Artefakte im Stadtraum und erläutern dem Papst, dass ihn diese an die Verdienste der Stadt um die Verteidigung der Christenheit erinnern sollen. Keine Rede ist hier von den historiographischen Werken, von den annalistischen Texten und den möglicherweise in derartigen Situationen rezitierten Geschichtsdichtungen, nicht erwähnt werden auch die inschriftlichen Texte. Die Privilegierung historiographischer Texte im Rahmen von Studien zu städtischen (aber nicht nur städtischen) Erinnerungskulturen scheint sich so mehr der leichteren Handhabbarkeit sprachlicher Quellen zu verdanken als ihrer Funktion im Zusammenhang lebendiger Erinnerungskulturen.

Dass die Botschaft und die zu ihrer Übermittlung verwendeten Medien, wie sie sich Arnold von Bonneval vorstellte, aus Sicht der Pisaner Kommune erfolgreich waren, vermag abschließend der Text des Privilegs, mit dem Innozenz II. dem Pisaner Erzbischof Balduin 1138 die Pisaner Metropolitanrechte über Sardinien und Korsika bestätigt. Die Urkunde klingt hier geradezu wie ein Echo auf die Ansprache, die Arnold den Pisaner Konsuln für den ersten Besuch des Papstes 1130 in den Mund gelegt hatte:[84]

[...] ut Pisana civitas, quae coelesti favore de inimicis Christiani nominis victoriam frequenter obtinuit, et eorum urbes plurimas subjugavit, amplius honoretur.

Mit diesem Ergebnis offensiver Eigenwerbung durch die junge Kommune bzw. deren Erzbischof betritt man allerdings bereits wieder den Boden bewährter Strategien zur Interpretation historiographischer Erinnerungsmedien. Der Ausflug in die methodisch stärker herausfordernde Sphäre der nicht-schriftlichen Erinnerungsmedien sollte jedoch zumindest gezeigt haben, dass es dringend geboten ist, für die Untersuchung von Erinnerungskulturen über den Tellerrand der Historiographiegeschichte hinauszublicken.

84 Urkunde Innozenz' II., 1. Mai 1138, Innocentii II pontificis romani epistolae et privilegia, PL 179, Nr. 315, Sp. 362 – »[...] damit die Stadt Pisa, die schon oft durch himmlische Gunst über die Feinde des christlichen Glaubens Siege erzielte und viele ihrer Städte unterwarf, noch weiter geehrt werde«.

Archiv und Herrschaft – Comune, signoria, principato

Axel Behne

Die folgenden Betrachtungen fußen auf einem Vortrag auf der 49. Tagung des Südwestdeutschen Arbeitskreises für Stadtgeschichtsforschung im November 2010 in Esslingen. Damals wie heute ist der Hinweis voranzustellen, dass die beiden spätmittelalterlichen Archive, die ich in Oberitalien untersuchte,[1] zwar auch Schriftgut kommunalen Ursprungs enthalten, gleichwohl aber keine städtischen Institute waren. Der verfassungsgeschichtlichen Besonderheit der ober- und mittelitalienischen Stadtstaaten entsprechend waren sie vielmehr Einrichtungen von Stadtherren, die die ehedem »freie Stadtgemeinde«, den *libero comune cittadino*, zuvor in ihre Gewalt gebracht hatten.

1. Die Krise des Comune

Dieses Problem des Niedergangs der Stadtgemeinden Italiens und die daraus resultierende Entwicklung eines besonderen Typus des Fürstenstaates ist oft und gründlich behandelt worden.[2] Den Anfang vom Ende der Stadtrepubliken bilden die innerstädtischen Konflikte, die gegen Ende des 12. Jahrhunderts aufbrechen. Eines der bekanntesten Beispiele hierfür ist Pisa, wo 1182 der Bau einer neuen Brücke über den Arno zu schweren Konflikten mit jenen führte, die bis dato den einzigen festen Flussübergang kontrollierten. Es entstehen Unruhen, die schließlich die Wahl der städtischen Konsuln unmöglich machen.[3] Damit ist die kommunale Verfassung in ihrem Kern beschädigt. Solche Episoden ereignen sich damals allerorts in Ober- und Mittelitalien.

1 Vgl. Axel Behne, Archivordnung und Staatsordnung im Mailand der Sforza-Zeit, in: Nuovi annali della Scuola speciale per archivisti e bibliotecari, anno II (1988), S. 93–102; Ders., Das Archiv der Gonzaga von Mantua im Spätmittelalter, Marburg (Diss.) 1990; Antichi inventari dell'Archivio Gonzaga (Pubbl. degli Archivi di Stato, Strumenti CXVII), a cura di Axel Behne, Roma 1993.

2 Für Mantua vgl. Mario Vaini, Dal comune alla signoria. Mantova dal 1200 al 1328, Milano 1986.

3 Paraphrase zuletzt bei Giuseppe Gardoni, Conflitti, vendette e aggregazioni familiari a Mantova, in: Conflitti, paci e vendette nell'Italia comunale, a cura di Andrea Zorzi, Firenze 2009, S. 43 (http://fermi.univr.it/rm/e-book/titoli/zorzi.htm).

Parallel zu dieser Systemkrise – vielleicht sogar durch sie forciert – entwickelt der *Comune* völlig neue Praktiken der Verwaltung. Vor dem Hintergrund der Rezeption des römischen Rechts[4] stützen sich diese Praktiken samt und sonders auf Schriftlichkeit, was zu einer sprungartigen Vermehrung der Schriftzeugnisse führt. Jean-Claude Maire Vigueur hat diesen Vorgang als »révolution documentaire« bezeichnet. In Deutschland ist er durch die Forschungen aus dem Umfeld Hagen Kellers weniger emphatisch als Wende zur »pragmatischen Schriftlichkeit« geläufig geworden. Wobei unter dem Begriff pragmatischer Schriftlichkeit diejenige Dokumentation zu verstehen ist, die zur Verfolgung geschäftlicher Zwecke in häufig serieller Gestalt nach ähnlichen Mustern entsteht.[5] Die von der Forschung bisher privilegierten pragmatischen Schriftzeugnisse sind zum einen die Kodifikationen kommunalen Rechts, die Statutenbücher des ausgehenden 13. Jahrhunderts, zum anderen die enormen Registerserien, in denen das kommunale Handeln – von den Beratungen des Rates bis hin zur Finanz- und Justizverwaltung – ihren beweissichernden Niederschlag fanden.

Mit Genugtuung ist indes festzustellen, dass sich neuere und neueste italienische Forschungen[6] nun auch dem Problem zuwenden, das mein Lehrer Peter Rück bereits vor 40 Jahren benannt hat. In seiner Pionierstudie über die Ordnung der savoyischen Archive wies er darauf hin, dass die Zunahme der Schriftlichkeit im 13. Jahrhundert im darauffolgenden 14. Jahrhundert ein erstes archivisches Masseproblem auslöste und dadurch zu ersten Ansätzen einer Archivtheorie führte.[7]

Die Entwicklung und Anwendung neuer Techniken der Verwaltung und Rechtssicherung kann die krisenhafte Entwicklung der Stadtgemeinden nicht aufhalten, weil ihre Institutionen den innerstädtischen Antagonismen nicht mehr gewachsen sind. Die Auseinandersetzungen um unmittelbare oder politisch ver-

4 Vgl. zusammenfassend das Kapitel 2: *Dopo la cosa, la parola: il Comune e il suo diritto*, in: Mario Ascheri, Le città-Stato, Bologna 2006 (L'identità italiana 46), S. 53 ff., besonders S. 54: »Non a caso nel corso del XII secolo sempre più spesso alcune città si proclamarono viventi a diritto romano, quello che intanto si era ripreso a studiare nelle università, fiorite in molte città comunali a imitazione di quella di Bologna, il diritto più sofisticato e adatto ai dibattiti istituzionali in corso.«

5 Isabella Lazzarini, Introduzione, in: Scritture e potere. Pratiche documentarie e forme di governo nell'Italia tardomedievale (XIV–XV secolo), a cura di Isabella Lazzarini, Firenze 2008, S. 5: »la storiografia più recente concorda nel sottolineare come nelle società politiche comunali venga stringendosi un rapporto peculiare e specifico fra pratiche di governo e documentazione scritta di tipo pragmatico e seriale.« (www.storia.unifi.it/_RM/rivista/dwnl/saggi_Lazzarini_1_08.pdf).

6 Vgl. beispielhaft die Beiträge in dem zitierten, von Isabella Lazzarini besorgten Sammelband *Scritture e potere* (wie Anm. 5) und die Themenstellung der Herausgeberin in der Einleitung, S. 5 f.

7 Peter Rück, Die Ordnung der herzoglich savoyischen Archive unter Amadeus VIII. (1398–1451), Sonderdruck aus: Archivalische Zeitschrift 67 (1971), S. 12: »Weil es vor dem 14. Jahrhundert kein archivisches Massenproblem gibt, gibt es vorher auch keine Archivtheorie. Deren Ansätze ins 16. Jahrhundert zu verlegen, wie die bisherige Forschung es tat, ist kaum richtig«.

mittelte ökonomische Vorteile nehmen überhand und legen schließlich, wie das Beispiel aus Pisa zeigt, die Funktionen des städtischen Gemeinwesens lahm. Die Stadtrepublik – von der italienischen Historiographie des 19. und frühen 20. Jahrhunderts gern zum *libero comune cittadino* verklärt – wird Opfer ihres wirtschaftlichen Erfolgs und unterliegt dem Druck ihrer Protagonisten.

Was übrig bleibt, wird schrittweise von starken Männern vereinnahmt – auch die Techniken der Verwaltung. Diesen vorsichtigen Weg der schrittweisen Aushöhlung und Übernahme der kommunalen Strukturen beschreiten die Stadtherren, weil sie im Inneren des Stadtstaates – noch mehr aber im Außenverhältnis – von Beginn an vor einem Legitimitätsproblem stehen. Sie können ihre zur Monarchie tendierende Herrschaft eben nicht von tradierten Vorrechten herleiten. Für Kaiser und Reich sind die *Signori* zwar zahlungskräftige Alliierte, doch haftet ihnen der Makel des Emporkömmlings an. Für die päpstliche Publizistik hingegen sind sie Usurpatoren, wenn nicht gar schlechterdings Tyrannen. In dieser Richtung polemisiert sie gegen die ghibellinischen Stadtherren Oberitaliens, namentlich die Visconti in Mailand, die Scaligeri in Verona und die Bonacolsi in Mantua.[8] Und in diesem Sinne stellt sie übrigens auch der Republikaner Jacob Burckhardt noch dar, wenn er von der spätmittelalterlichen »Tyrannis« und ihren Gegnern schreibt.

2. Die Situation in Mantua

In Mantua, am Wegekreuz zwischen Rom und dem Reich und zwischen Mailand und Venedig gelegen,[9] wird der Wandel vom kommunalen zum signorilen System durch einen gewissen Pinamonte Bonacolsi vollzogen, das Oberhaupt einer ursprünglich ländlichen Magnatenfamilie. Er setzt sich ab 1272 an die Spitze des Gemeinwesens und bricht die traditionellen ghibellinisch-guelfischen Fronten auf, indem er deren Führer von ihren jeweiligen Gefolgsleuten löst. Damit setzt er einen allmählichen sozialen Wandel in Gang. Es kommt zur Aufnahme von Eheverbindungen zwischen Familien, die bisher den streng von einander

8 Vgl. einen Brief Papst Johannes XXII. im Tauziehen mit Ludwig dem Bayern vom 29. April 1319: *... ad instantiam tyrannorum partis Gibeline Ytalie ... ad tractandum quod idem comes capitaneatum partis Gibeline Italie debeat acceptare non attendens quod iidem tyranni sunt cum suis fautoribus* (zitiert nach Marsile de Padoue, Le défenseur de la paix, ed. Jeannine QUILLET, Paris 1968, S. 18) und die Ausführungen hier Anm. 15 und oben über den wenig pietätvollen Umgang der Gonzaga mit ihrem letzten Vorgänger aus dem Hause Bonacolsi.

9 Die geographische Position Mantuas nötigt dazu, das staatlich-dynastische Überleben durch politische Maßnahmen – Diplomatie, Heiratspolitik und ein brauchbares Archiv – zu sichern. Ähnliches gilt, wie RÜCK (wie Anm. 7), S. 13, bemerkt, auch für Savoyen: »Im Spannungsfeld zwischen Frankreich und Mailand mußte ein Staat seine Existenz immer wieder durch Verträge und Kriege retten, ein Staat im modernen Sinn überhaupt erst geschaffen werden.«

getrennten Lagern der *milites* oder der *pedites*, der ländlichen Aristokratie oder den städtischen Kreisen der Kaufleute und Handwerkerschaft angehörten.[10]

Pinamonte Bonacolsis wirkungsvollstes Mittel zur schrittweisen Durchsetzung seiner Vorherrschaft besteht indes in der Wahrung der Formen und der fundamentalen politischen Ziele der Stadtgemeinde,[11] die de facto, aber unter seiner Kontrolle, fortexistiert. Zum einen geschieht dieses durch das Zusammenschweißen der Stadtkommune mit ihrem Umland, dem *Contado*,[12] zum andern durch die formale Anerkennung der kommunalen Souveränität im Hinblick auf ihre innere und äußere Verfassung. Wenn er auch die bestehenden juristischen Verhältnisse aufschreiben lässt, so enthält er sich doch eigener gesetzgeberischer Akte. Die Position des ersten Bonacolsi ist somit die eines Patrons, nicht die eines Herrn. Um 1291 beginnt die Redaktion eines *Liber privilegiorum comunis Mantue*,[13] in dem Pinamonte, beginnend mit den Bestimmungen des Friedens von Konstanz, die Grundlagen des Mantuaner ›Staatswesens‹ festhalten lässt. Seine politische Vorsicht ist an der Tatsache abzulesen, dass er sich erst im selben Jahr 1291, ironischerweise dem Jahr seiner Entmachtung, erstmals als *capitaneus generalis Mantue* bezeichnen lässt.

Ungleich umfassender erscheint die Signorie demgegenüber 1299 bei der Wahl seines Enkels Guido zum *capitaneus generalis perpetuus communis et hominum et civitatis et districtus Mantue*. Im Wahlakt wird dem Guido Bonacolsi das Recht erteilt, sämtliche Beamten zu ernennen und das Gemeinwesen zu lenken *ad suum merum, purum et liberum et generale arbitrium et voluntatem secundum quod melius et utilius sibi videbitur convenire cum consilio et sine consilio*. Diese Position wird 1311 von Kaiser Heinrich VII. durch die Übertragung des Reichsvikariats legitimiert. Darüber hinaus benötigen die Bonacolsi aber auch im Inneren des Gemeinwesens eine Rechtfertigung ihrer Vorherrschaft. Diese Legitimierung kann aber nicht auf herkömmlichem Wege erfolgen, sondern nur aus gewissen Tatsachen abgeleitet werden: einem festungsartigen Sitz in der Stadt und einem immens ausgedehnten Grundeigentum im ›Staatsgebiet‹.[14]

10 Vgl. VAINI (wie Anm. 2), S. 221.

11 Vgl. Gian Maria VARANINI, I notai e la signoria cittadina. Appunti sulla documentazione dei Bonacolsi di Mantova, in: Scritture e potere (wie Anm. 5), S. 4: »Pinamonte Bonacolsi è un *dominus* che gode di un reale consenso da parte della società urbana, e che non introduce nel funzionamento delle istituzioni comunali ... nessun elemento di forzatura, nessuno stravolgimento.« (fermi.univr.it/rm/rivista/dwnl/saggi_varanini_1_08.pdf)

12 Vgl. VAINI (wie Anm. 2), S. 220: »Per opera sua Comune cittadino e contado saranno saldati in un'unità statale, destinata a diventare uno dei tratti peculiari della storia mantovana«.

13 *Liber Privilegiorum Communis Mantue*, a cura di Roberto NAVARRINI, Mantova 1988 (Fonti per la storia di Mantova e del suo territorio I).

14 VAINI (wie Anm. 2), S. 227: »Questa non poteva essere rappresentata nella realtà mantovana che da un blocco di edifici nella *civitas vetus*, tali da costituire una fortezza, e da una vastissima proprietà fondiaria nel contado«.

Abb. 1: Domenico Morone (ca. 1442–1517): Die Vertreibung der Bonacolsi, Öl auf Holz, 1494 (Palazzo Ducale, Mantova). Die heutige Piazza Sordello, insbesondere der zum Komplex des Herzogspalastes gehörende Palazzo del Capitano zur Rechten, ist unschwer zu erkennen

3. Der Aufstieg der Gonzaga – reflektiert in ihrem Archiv

Doch die Signorie der Bonacolsi wird gestürzt. 1328 wird Pinamontes Enkelsohn und Nachfolger Passarino Bonacolsi im Laufe einer von Luigi da Gonzaga angezettelten Revolte tödlich verletzt. Sein mumifizierter, auf einem Flusspferd sitzender Leichnam »bereichert« übrigens noch Jahrhunderte später die Wunderkammer der Gonzaga (Abb. 1).[15]

Im Anschluss an den Umsturz von 1328 wird der Immobilienbesitz der Bonacolsi von den Gonzaga gekauft.[16] Die bewegliche Habe der Bonacolsi, darunter auch ihre Urkunden, wird hingegen konfisziert und gelangt so in den Besitz des neuen Herrn. Die Signorie als Institution ist noch schwach, und die der Gonzaga ist wegen des gewaltsamen Umsturzes um so schwächer. Also müssen die Gonzaga sich auf (möglichst) legalem Wege die Güter ihrer Vorgänger aneignen und dabei deren Politik folgen: Die *potestas publica* muss als Konsequenz des ausgedehnten *dominium privatum* erscheinen.

Die Archivgeschichte der Gonzaga bestätigt diesen Grundsatz. Aus der Zeit zwischen 1328 und 1500 sind uns vier archivische Repertorien überliefert. Für die

15 Damit waren die Gonzaga Ferrante von Aragon, dem König von Neapel, der gleich mehrere seiner Feinde ausstopfen ließ, um einiges voraus, vgl. Jacob BURCKHARDT, Die Kultur der Renaissance in Italien, Stuttgart 1952, S. 35, und Attilio ZANCA, Passerino Bonacolsi sull'ippopotamo, in: Civiltà Mantovana 111 (2000), S. 36–44.
16 Vgl. Ercolano MARANI, La reggia gonzaghesca, in: I Gonzaga a Mantova, a cura di Mirko ZAGNOLI, Milano 1975, S. 119–294, hier S. 138.

Annahme einer ursprünglich höheren Zahl, also des eventuellen Verlustes eines Repertoriums, findet sich kein Hinweis. Somit dürfen wir davon ausgehen, dass diese vier Dokumente uns die erste Entstehung des noch heute vorhandenen Archivio Gonzaga vollständig widerspiegeln. Nur eines dieser vier Dokumente stammt aus dem 14. Jahrhundert, und es ist das mit Abstand umfangreichste. Sein Entstehen hängt vermutlich mit den instabilen inneren Verhältnissen nach dem Tode Luigi Gonzagas († 1360) zusammen, einer Phase von Mord und Totschlag im Hause Gonzaga.

Dieses älteste Archivrepertorium trägt kein Incipit. Es enthält auch keine Transsumpte oder Imbreviaturen. Aus diesem völligen Fehlen von Authentica und auch authentifizierender Merkmale – wie Autor, Datum, Titel es sind – lässt sich folgern, dass dieses Dokument auf keine Weise zur Vorlage außerhalb der herrschaftlichen Verwaltung bestimmt war. Dafür spricht auch die Tatsache, dass das Repertorium keinerlei Hinweis auf den physischen Aufbewahrungsort der verzeichneten Dokumente gibt. Der Grund dieses Mangels liegt auf der Hand: Jeder, der es benutzte, wusste, in welchem Raum er die verzeichneten Dokumente zu suchen hatte. Demnach war dieses Dokument zur ausschließlichen Nutzung durch die herrschaftliche Kanzlei bestimmt,[17] und zwar zunächst – gleichsam noch in der Kanzlei – als Instrument zum Gewinn einer raschen Übersicht über die Zahl und den Umfang der Verbriefungen herrschaftlicher Rechte, sodann am Ort, an dem die Dokumente verwahrt wurden, als konkretes archivisches Findmittel.[18] Dabei ist es Reflex einer bereits bestehenden, d. h. vor seiner Niederschrift schon entwickelten Ordnung des dokumentarischen Materials. Das wird daran deutlich, dass der von mir ermittelte Autor, ein Mantuaner Bürger und Notar namens Zaninus de Miglio, der vermutlich exklusiv für die Gonzaga arbeitete, sein Repertorium mit archivkritischen Handhabungshinweisen versah, die anderen das Suchen im Archiv erleichtern sollten. So findet sich in Fällen zweifelhafter Zuordnung von Archivalien mehrfach die Wendung »poteris temptare« – »wenn du das Gesuchte hier nicht findest, so kannst du es noch dort versuchen« (Abb. 2).

In etwa 1.950 Regesten listet dieses Repertorium eine noch höhere Zahl von Dokumenten. Ordnungskriterium nicht nur des Repertoriums, sondern höchstwahrscheinlich auch der aufgeführten Dokumente sind 86 alphabetisch gelistete Orte des *districtus Mantue*. An *Privilegia maiora* sind ganze vier Stück gelistet: Das Erste existiert nicht einmal als Original, sondern nur in Form eines Hinweises auf eine (vermutlich notarielle) Abschrift im sogenannten *Liber Rote*, einem der vier Kartulare im Gonzaga-Archiv. Die anderen drei interessieren die Gon-

17 Vgl. Varanini (wie Anm. 11), S. 16: »redatto nel 1367 ad uso della cancelleria«; er folgt meinen Überlegungen in Behne, Archiv (wie Anm.1), S. 40.

18 Vgl. Axel Behne, Il primo repertorio dell'Archivio Gonzaga nella storia degli archivi tardomedievali, in: Archivio Storico Lombardo CXVII (1991), S. 355–366, hier S. 359: »il repertorio fu in primo luogo concepito per evidenziare i diritti signorili«.

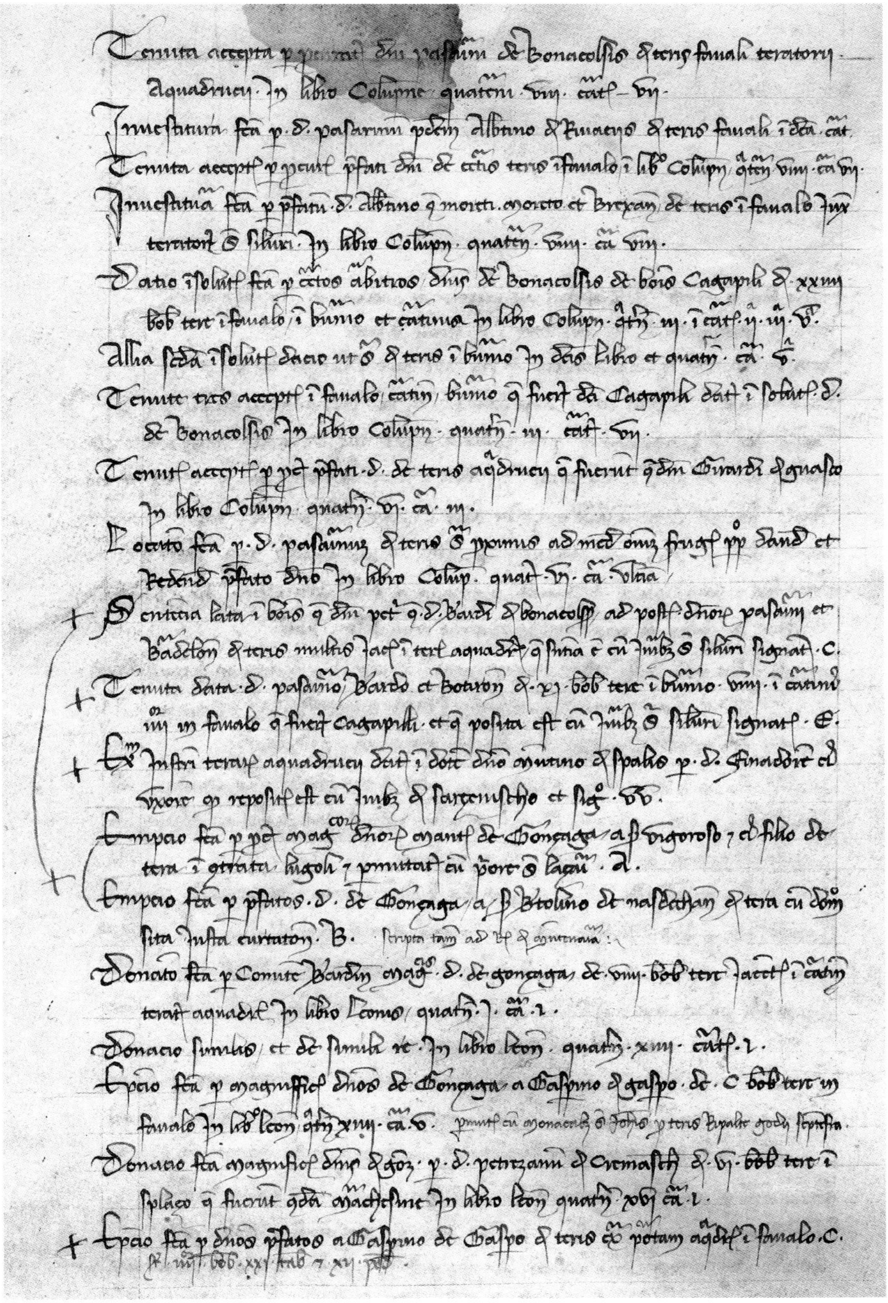

Abb. 2: Repertorium bzw. Index des Gonzaga-Archivs, ca. 1367, abgebildet der Bogen, auf dem die um jene Zeit vorhandenen Dokumente zum Ort *Aquadrucium* verzeichnet sind (Archivio di Stato Mantova, A. G., busta U)

Abb. 3: Antonio di Puccio Pisano, gen. Il Pisanello (ca. 1395–1455), Detail aus den Fresken in der Sala del Pisanello (Palazzo Ducale, Mantova). Nach der Rangerhöhung Mantuas zur Markgrafschaft erscheinen Details seiner Architektur in den von Ludovico Gonzaga um 1440 in Auftrag gegebenen Wandgemälden als Kulisse eines Artus-Zyklus. Hier ist es das Castello San Giorgio, das den Hintergrund abgibt für das Turnier von Louverzep

zaga nur mittelbar, insofern es sich um Privilegierungen des Bistums Mantua, des *Comune Mantue* und des Passarino Bonacolsi handelt.

Demnach wird um 1367 zwar der umfangreichste, gleichwohl aber nur ein Teil des dokumentarischen Eigentums der regierenden Familie verzeichnet, dem überdies Verweise auf nur abschriftlich überlieferte Dokumente beigegeben sind. Nicht die Ordnung und Aufbewahrung des originalen archivischen Materials steht im Zentrum, sondern das Bedürfnis, die Vorherrschaft der Herren durch schnellstmögliche Übersicht und Auffindung der juristisch relevanten Belege zu sichern. Der erste archivische Index des Gonzaga-Archivs ist deshalb ein Herrschaftsinstrument erster Ordnung und somit auch ein erstklassiges Beispiel pragmatischer Schriftlichkeit.

Auch die beiden zeitlich folgenden Repertorien des Gonzaga-Archivs beweisen die Nähe zwischen Staatsordnung und Archivordnung. Das frühere ist ebenfalls anonym und undatiert, ist aber mit großer Wahrscheinlichkeit im Jahre 1432 entstanden. Der Anlass seiner Redaktion ist die Vollendung der politischen Ziele Gianfrancesco Gonzagas, nämlich die Erhebung Mantuas zur Markgrafschaft durch Kaiser Sigismund.[19] Mit dem Einzug der Gonzaga in den Kreis der Reichsfürsten und mit der Erblichkeit ihres Titels entsteht ihr dynastisches Selbstverständnis und wandelt sich ihre Politik. Ist der innere Primat nun gesichert, so treten fortan die Beziehungen nach außen in den Vordergrund des politischen Handelns (Abb. 3).

Dies reflektieren die Inventarisierungen ihres Kanzleiarchivs von 1432 und 1456. Ohne Darstellung im Einzelnen sei hier nur vermerkt, dass diesen beiden Inventaren erstmals die Topographie der Archivräume sowie die Art der Aufbewahrung der Dokumente in Truhen, Beuteln etc. zu entnehmen ist. Gewissen Anmerkungen in dem früheren Inventar ist ein chronikalisches, wenn nicht gar historiographisches Interesse des Redakteurs anzumerken, in jedem Fall eine intensive Kenntnis der von ihm verzeichneten Dokumente. Nirgends ist davon die Rede, doch ist es sehr wahrscheinlich, dass er der markgräfliche Archivar war. Dieser Mann, Paolo de' Micheli, stirbt 1455 (Abb. 4).

Vermutlich wegen dieses Todesfalles entsteht im Sommer 1456 ein neues Inventar derselben Räume und Behältnisse. Wieder erweist sich das Archiv als hoch geschätztes Herrschaftsinstrument, denn mit seiner neuerlichen Inventarisierung werden zwei herausragende Beamte betraut: Filippino Grossi ist *maestro delle entrate*, d. h. einer der beiden ranghöchsten Finanzbeamten der Markgrafschaft,[20] und Marsilio Andreasi ist der aufgehende Stern unter den Beamten der markgräflichen Kanzlei. Dieser Marsilio verfügt über *publica fides* als Notar und hohes Ansehen bei den auswärtigen Fürsten, zu denen er Gesandtschaften unternimmt. Seine Laufbahn und sein Lebensweg enden Anfang 1480 als *prothocancellarius* des Markgrafen Federico Gonzaga.[21]

Nicht von ungefähr, so will uns scheinen, wird Marsilios Sohn Giacomo noch im selben Jahr 1480 mit einer Inventur des sogenannten *Cassono da li Signi* be-

19 Häufig wird das Jahr 1433 als dasjenige der Erhebung Gianfrancescos in den Reichsfürstenstand genannt. Tatsache ist, dass das entsprechende kaiserliche Privileg am 6. Mai 1432 in Parma ausgestellt wurde; im Jahr darauf weilte Sigismund auf dem Rückweg nach Deutschland in Mantua, wo er dem Gonzaga am 22. September 1433 in einem feierlichen Akt die Insignien seiner neuen Würde verlieh.

20 Vgl. Isabella LAZZARINI, Materiali per una didattica delle scritture pubbliche di cancelleria nell'Italia del Quattrocento, in: Scrineum 2 (2004), S. 73: »È interessante considerare come, accanto ad un cancelliere dal ruolo rilevante come l'Andreasi, operi in questo caso anche uno dei due principali officiali finanziari del marchesato.« (scrineum.unipv.it/rivista/2–2004/lazzarini.pdf). Die Präsenz des ›Finanzbeamten‹ ist indes nicht erstaunlich, denn »die Erhaltung der fiskalischen Rechte, die *Renovatur* (renovatio extentarum u. a.) ist«, wie Peter RÜCK (wie Anm. 7), S. 101, bemerkt, »überall die Mutter der *Registratur*«.

21 Betr. einer Geldschuld bei Markgraf Ludovico schreibt Galeazzo Maria Sforza diesem im Juli 1472: *domane ne faremo obligatione a Marsilio* (AG B XXVII,5 b. 52); in einem Schreiben des Grafen Leonhard von Görz vom 20. Januar 1480 wird das Ableben Marsilios zu Anfang desselben Monats bedauernd bemerkt.

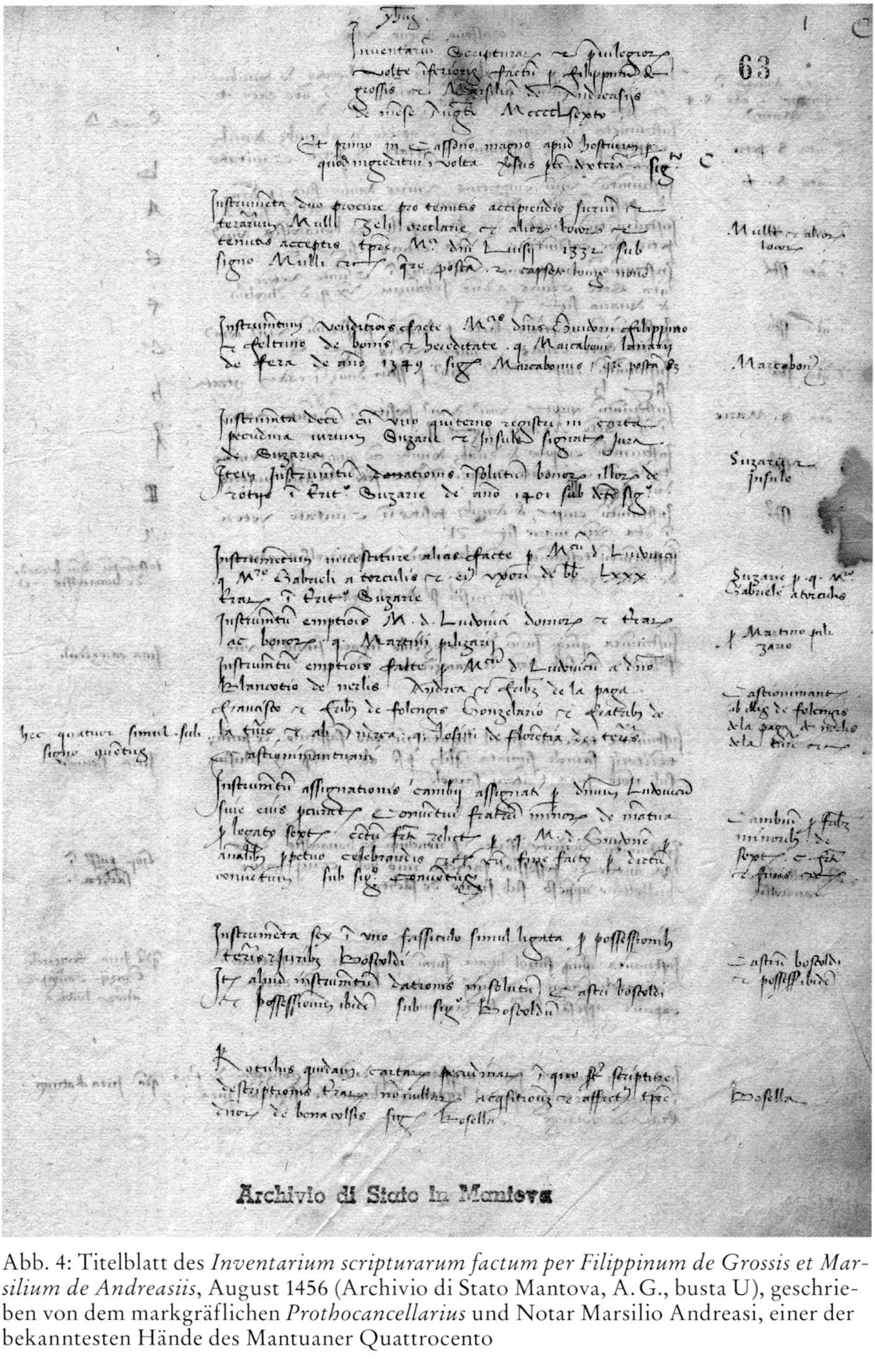

Abb. 4: Titelblatt des *Inventarium scripturarum factum per Filippinum de Grossis et Marsilium de Andreasiis*, August 1456 (Archivio di Stato Mantova, A. G., busta U), geschrieben von dem markgräflichen *Prothocancellarius* und Notar Marsilio Andreasi, einer der bekanntesten Hände des Mantuaner Quattrocento

traut. Bei diesem vierten Mantuaner Inventar des Spätmittelalters handelt es sich um die Aufnahme eines dokumentarischen Selektbestandes, der sich in nur einem einzigen Möbel und – was noch wesentlicher ist – nicht im (unteren) Briefgewölbe (*Volta Inferior*), d. h. nicht im Zugriffsbereich der Kanzlei befand (Abb. 5).

Wo waren die Urkunden dann und warum? – Das Möbel selbst, eine gewaltige Truhe, in der, wie ihr Name sagt, die *contrassegni* der markgräflichen Lokalverwaltungen[22] verwahrt wurden, hatte sich in der ersten Hälfte des 15. Jahrhunderts noch im (oberen) Schatzgewölbe (*Volta Superior Iocalium*) befunden. Während der Regentschaft Ludovico Gonzagas gelangten dann nicht nur die Schlüssel desselben, sondern das ganze Möbel in den *Guardaroba* seiner Ehefrau Barbara, d. h. ins Frauenzimmer – was freilich an einem Hof der italienischen Frührenaissance ein anderer Ort war als in einer deutschen Provinzresidenz.[23]

Das *Studiolo* Barbaras war gerade wegen der Persönlichkeit, die hier das Sagen hatte, der sicherste Ort zur Aufbewahrung der allerwichtigsten Dokumente der regierenden Dynastie – zumal ihr Ehemann, der Markgraf Ludovico, als *Condottiere*, d. h. wegen seiner auswärtigen Waffendienste, oft wochen-, wenn nicht gar monatelang ortsabwesend war.

Damit standen die Verhältnisse am Hof der Gonzaga übrigens ganz im Gegensatz zu dem, was der vorübergehend in Mantua tätige Leon Battista Alberti ein Menschenalter zuvor in seiner Theorie zum Hauswesen verkündet hatte. Alberti hatte nämlich gefordert, der Mann solle »seine Sachen, seine ›Schriften‹ (Bücher und Briefe beispielsweise), in einem Studio aufbewahren, zu dem die Frau keinen Zutritt haben darf, denn sie ›darf die Schriften nicht nur nicht lesen, sondern nicht mal sehen‹«.[24]

Offenbar stand die Markgräfin bei ihrem Ehemann in wesentlich höherem Ansehen als die Gattin des Architekten bei dem ihren. Markgraf Ludorico Gon-

22 An den Sitzen der markgräflichen Lokalverwaltungen im *districtus Mantue* war jeweils die Hälfte eines zerbrochenen Gegenstandes (Täfelchen aus Keramik o. ä.) deponiert. Die andere Hälfte befand sich in Mantua in eben jener Truhe. Wurde ein Bote ausgesandt, so wurde ihm – nach dem Prinzip des Chirographen (Zerter) – die in Mantua verbliebene Hälfte zur Legitimation gegenüber dem lokalen Beamten ausgehändigt und mitgegeben.

23 Zum ungleich freieren Frauenleben am Hof der Gonzaga vgl. Christina Antenhofer, Eine Familie organisiert sich. Familien- und Hofstrukturen der Gonzaga im 15. Jahrhundert, in: Von Mantua nach Württemberg: Barbara Gonzaga und ihr Hof. Begleitbuch und Katalog zur Ausstellung des Landesarchivs Baden-Württemberg, bearb. von Peter Rückert u. a., Stuttgart 2011, S. 36–48.

24 Tiziana Romelli, Bewegendes Sammeln. Das *studiolo* von Isabella d'Este und das *petit cabinet* von Margarete von Österreich im bildungstheoretischen Vergleich, Berlin (Diss.) 2008, S. 49, bezieht sich damit auf die Ausführungen in Albertis *Libri della famiglia*: *Solo e' libri e le scritture mie e de' miei passati a me piacque … avere in modo rinchiuse che mai la donna le potesse non tanto leggere, ma nè vedere. Sempre tenni le scritture … serrate … nel mio studio quasi come cosa sacrata e religiosa, in quale luogo mai diedi licenza alla donna mia né meco né sola v'intrasse* (Opere volgari, a cura di Cecil Grayson, Bd. 1, Bari 1960, S. 219 f.). Zum Studiolo vgl. auch die grundlegende Arbeit von Wolfgang Liebenwein, Studiolo. Die Entstehung eines Raumtyps und seine Entwicklung bis zum 1600, Berlin 1977 (Frankfurter Forschungen zur Kunst 6).

zaga wusste, dass die Geschicke seiner Familie bei diesem moralischen Muster einer deutschen Frau bestens aufgehoben waren. Barbara war »ein Schatz im Hause Gonzaga«, weshalb Ludovico auch – im Gegensatz zu den Historiographen der älteren und der neueren Zeit – ihre Zuverlässigkeit und ihre Klugheit über die (angeblichen) Defekte ihres Äußeren stellte und acht Kinder mit ihr zeugte.[25] Er handelte absichtsvoll gegen den theoretischen Zeitgeist, indem er es zuließ, dass in den Privatgemächern seiner Gattin die Frühstufe eines von der Kanzlei getrennten, ›unteilbaren‹ Hausarchivs entstand.

4. Die Situation in Mailand – das Archiv als Mittel zur Konstruktion und Rekonstruktion der Macht

Auf neuen Studien von Franca Leverotti fußend, möchte ich nun noch einen kurzen Blick auf die Archivgeschichte des benachbarten Herzogtums Mailand werfen.[26] Dort laufen die Dinge weit verworrener als in dem kleinen Mantua.

Im August 1447 stirbt Filippo Maria Visconti, Herzog von Mailand, ohne männlichen Erben und ohne Nachfolgeregelung. In diesem politischen Vakuum kommt es zum »letzten Aufbäumen städtischer Autonomie«: Es entsteht ein kurzlebiges kommunales Stadtregiment, die sogenannte Ambrosianische Republik.[27] Deren Anführer – sie nennen sich bezeichnenderweise *capitani e difensori della libertà* – erlassen einen Aufruf zum Verbrennen des herzoglichen Archivs. Pflichtbewussten Beamten gelingt es jedoch, einen Teil des Materials vor dem ›Volkszorn‹ zu bergen.

Die Republik scheitert angesichts des starken Mannes vor ihren Toren. Francesco Sforza zieht im März 1450 in Mailand ein. Dabei sind die Aussichten auf den Erhalt seiner Macht nur mäßig. Zwar hat die Stadt als Zentrum des Herzogtums ihn schließlich gerufen, doch Sforza weiß um den Wankelmut der führenden Schichten und um die Schwäche seines objektiven Anspruchs. Ohne förmliche Investitur, die ihm Friedrich III. zeitlebens verwehren wird, kann Sforza sich nur auf seine militärische Stärke stützen und darauf, dass er Ehemann Bianca Marias ist, der legitimierten natürlichen Tochter Filippo Maria Viscontis. Aufgrund dieses Mangels an Legitimität sind die Sforza darauf angewiesen, ihre Herrschaft auf ein Maximum an Kontinuität zu stützen.

25 Vgl. den Katalog zur Ausstellung des Landesarchivs Baden-Württemberg, bearb. von Peter Rückert, Stuttgart 2005, unter dem Titel *Antonia Visconti – ein Schatz im Hause Württemberg*. Bezeichnenderweise sind Barbaras fiktive Briefe aus Mantua an ihre fiktive Cousine in Deutschland – der Roman *La princesse de Mantoue*, mit dem Marie Ferranti 2002 den Großen Preis der Académie Française gewann – bis heute nicht ins Deutsche übersetzt. Und bezeichnenderweise beginnt dieser Roman mit der Feststellung: »Barbara de Brandebourg était laide.«

26 Franca Leverotti, L'archivio dei Visconti signori di Milano, in: Scritture e potere (wie Anm. 5) (fermi.univr.it/rm/rivista/dwnl/saggi_leverotti_08_1.pdf). Vgl. auch Axel Behne, Archivordnung und Staatsordnung (wie Anm. 2).

27 Ebd., S. 2.

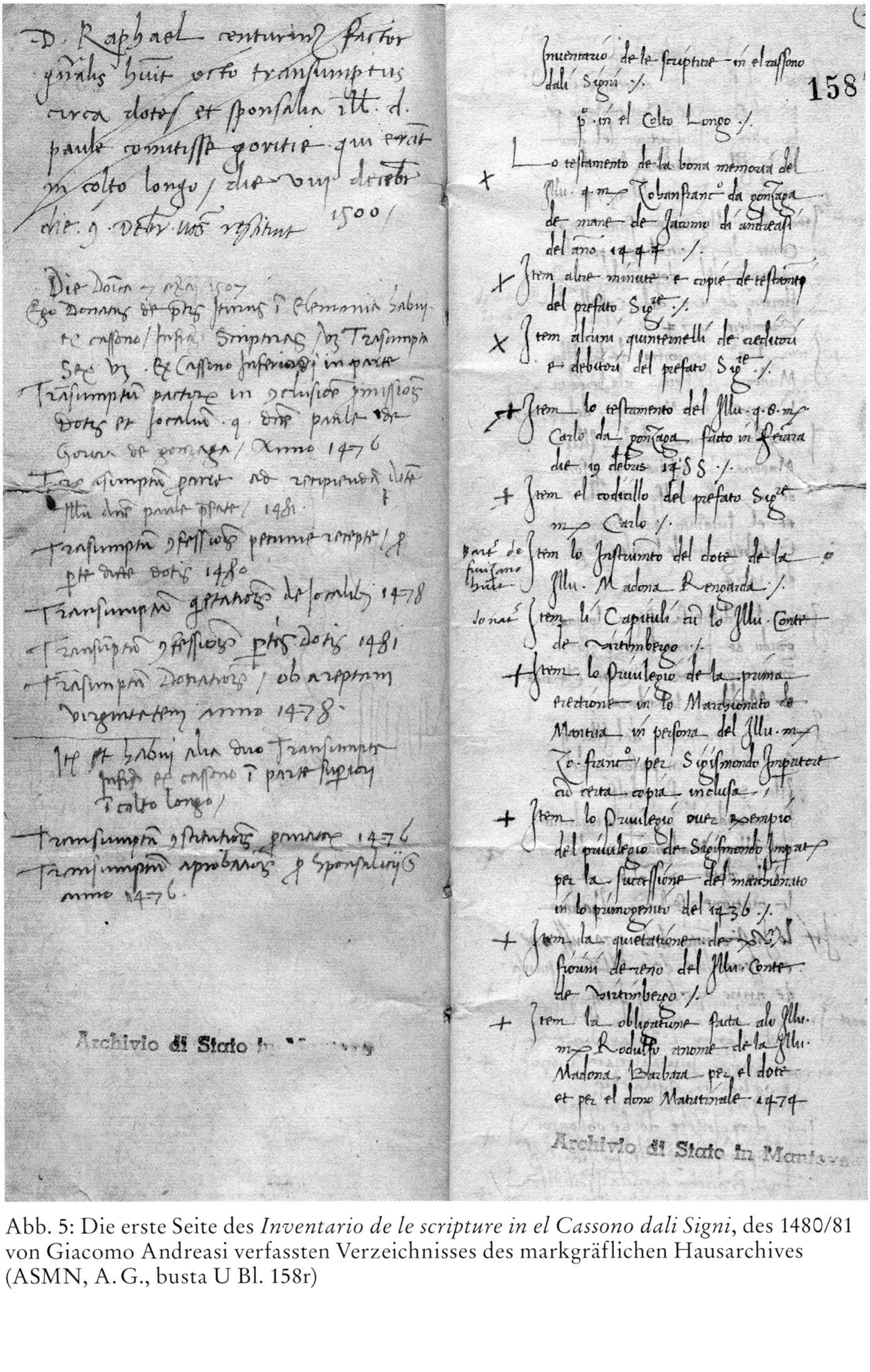

Abb. 5: Die erste Seite des *Inventario de le scripture in el Cassono dali Signi*, des 1480/81 von Giacomo Andreasi verfassten Verzeichnisses des markgräflichen Hausarchives (ASMN, A. G., busta U Bl. 158r)

Demnach ist es für Francesco Sforza eine politische Überlebensfrage, die noch erhaltenen Archivalien der Visconti an sich zu bringen, um einerseits – je nach Opportunität – Spuren zu verwischen oder wieder aufzunehmen und anderseits um seine Verwaltungspraxis, so weit möglich, der der Visconti anzugleichen. Zu diesem Zweck behält er zunächst das Personal der visconteischen Lokalverwaltungen, setzt die Leute jedoch konsequent an anderen Orten ein.

Sodann gilt es, die Anspruchsgrundlagen weiterer Visconti-Nachkommen in weiblicher Linie zu neutralisieren. Als er 1452 erfährt, dass Giangaleazzo Visconti vor seinem Ableben († 1402) Anordnungen für einen weiblichen Erbgang hinterlassen hat, sendet er nach Pavia zu dem Sohn des Notars, der das Testament des ersten Herzogs verfasste. Das hält ihm zunächst den Rücken frei – seinen Nachfolgern hingegen nicht, denn Ludwig XII. sollte sich noch darauf berufen, dass er Enkel der Valentina Visconti war.

Ähnliches geschieht 1454. Da befiehlt Sforza einem seiner Kastellane – er ist der Sohn eines anderen Paveser Notars, der seit 1385 im Dienst der Visconti gestanden hatte – sämtliche hinterlassenen Papiere des Vaters, darunter zahlreiche Beglaubigungen für die herzogliche Kammer, nach Mailand zu bringen. Weil er sich durch ihren Besitz erhebliche Einnahmen verspricht, zahlt Francesco Sforza für diese Papiere stolze 400 Dukaten. – Wie man an der Episode der Archivalienvernichtung 1447 oder an diesem Beispiel des Archivalienkaufs sieht, gibt es historische Konstanten des Umgangs mit Dokumenten, vor allem wenn es sich um Listen von Steuerschuldnern handelt ...!

Im Mai 1469 schließlich nutzen die Sforza das visconteische Archiv zur Schaffung einer höchst symbolträchtigen Kontinuität: Galeazzo Maria, Sohn und Nachfolger Francesco Sforzas, erwartet Nachwuchs von seiner Gattin Bona von Savoyen. Aufgrund seines Namens und der Herkunft seiner Frau lässt der werdende Vater die Dokumente suchen, aus denen die Namen und die Geburtsorte der Kinder hervorgehen, die Galeazzo Visconti mit seiner Gemahlin Bianca von Savoyen hatte. Offenbar ließ sich dieses Dokument wegen der mangelhaften Ordnung der Archive nicht so schnell finden. Und so wurde Bianca am 20. Juni von einem Knaben entbunden, der indes leider in Abbiategrasso zur Welt kam und nicht in Pavia, dem Geburtsort seines legendären Vorfahren Giangaleazzo. Die auf archivischem Wege versuchte dynastische Inszenierung schlug fehl.

5. Fazit: ›Archivisches Bewusstsein‹ im Spätmittelalter?

Es geht zu weit, für das Spätmittelalter von einer archivischen Theoriebildung zu sprechen. Einen solchen Eindruck mag die von Peter Rück untersuchte Archivordnung Savoyens wohl punktuell vermitteln, verallgemeinern lässt er sich jedoch, soweit ich sehe, nicht. Völlig richtig ist aber die Behauptung – das zeigen gerade die zuletzt angeführten Beispiele aus Mailand –, dass die Verwaltungspraxis der Städte, über ihr Scheitern hinweg, und über den Weg des Masseproblems, zum Erwachen eines echten archivischen Bewusstseins im 15. Jahrhundert führte.[28]

28 Vgl. Jean-Claude Maire VIGUEUR, Révolution documentaire et révolution scripturaire. Le cas de l'Italie médiévale [= Diskussion von Paolo CAMMAROSANO: Italia medievale. Struttura e geografia delle fonti scritte, Roma 1991], in: Bibliothèque de l'École des Chartes 153 (1995), S. 177–185, hier S. 183: »Pas de révolution donc à proprement parler mais à coup sûr de nouvelles pratiques documentaires et surtout ce que l'on pourrait appeler l'éveil d'une véritable conscience archivistique de la part des pouvoirs publics«. (www.persee.fr/web/revues/home/prescript/article/bec_0373-6237_1995_num_153_1_450767).

Sektion II:
Stadt und Gedächtnis: Medien

Medien der Erinnerung in der spätmittelalterlichen und frühneuzeitlichen Stadt

Mark Mersiowsky

1. Einführung

Im Jahre des Herrn 1590 wurde am Donnerstag nach dem ersten Advent die ehemals katholische Jakobi-Kirche im ostwestfälischen Herford feierlich eingeweiht. Sie war 60 Jahre vorher als päpstlich privilegierte Pilgerkirche für Santiagopilger vom Rat der Altstadt Herford geschlossen worden, neben Einrichtung einer Schulordnung eine der ersten reformatorischen Taten des Stadtrates. Der neue lutherische Gottesdienst mit seiner zentralen Rolle der Predigt veränderte den Kirchenraum, so war nun Bedarf nach Kirchengestühl, denn jedes Gemeindemitglied und nicht mehr nur wenige Privilegierte hatte ein Recht auf einen Sitzplatz. Ausgestattet mit einer reichen, neuen Renaissance-Innenausstattung, die die als anstößig empfundene und zum Teil schon in einer Art Bildersturm entfernte mittelalterliche entweder ersetzte oder integrierte, Schnitzereien, Gemälden von biblischen Geschichten, Propheten und natürlich einem Bildnis Martin Luthers, sollte die neue lutherische Pfarre des Herforder Stadtteils Radewig das Selbstbewusstsein des städtischen Bürgertums kundtun und einen feierlichen Rahmen für den Gottesdienst nach der neuen Lehre bilden. Initiator dieser Aktion und gleichzeitig Stifter der neuen Kanzel war der Herforder Kaufmann, Ratsmann und spätere Bürgermeister der Altstadt Anton Brutlacht (wohl 1545–1612), der in der Radewig wohnte.[1] Gleichzeitig sollte dieser Neuanfang in der

1 Zu Brutlacht Rainer Pape, Die Jakobiten, Anton Brutlacht und das Radewiger Kohlfest, in: Herforder Jahrbuch 9 (1968), S. 7–42; Ders., Sancta Herfordia. Geschichte Herfords von den Anfängen bis zur Gegenwart, Herford 1979, S. 190–193, hier S. 191 (ohne Belege); Ders., Die Jakobspilger, Bürgermeister Brutlacht und das Radewiger Kohlfest, in: Der Remensnider 18 (1990), S. 92–106; Jens Jürgen Schulz, Häuser und ihre Geschichte: die Radewig, in: Theodor Helmert-Corvey/Thomas Schuler (Hg.), 1200 Jahre Herford. Spuren der Geschichte (Herforder Forschungen, Bd. 2), Herford 1989, S. 37–64, hier S. 50f. Zur Ausstattung der Jakobikirche Gertrud Angermann, Volksleben im Nordosten Westfalens zu Beginn der Neuzeit. Eine wachsende Bevölkerung im Kräftefeld von Reformation und Renaissance, Obrigkeit und Wirtschaft (Minden – Herford – Ravensberg – Lippe), Münster/New York 1995, S. 183 mit Abb. 39, S. 184, zum Herforder Bildersturm ebd. S. 97f.; Horst Paul, Der Bäckeramtsstuhl in der Radewiger Jakobi-Kirche zu Her-

traditionsreichen Stadt an Werre und Aa aber dem Gedächtnis der Gemeinde eingeschrieben werden. Daher stiftete Brutlacht testamentarisch einen erheblichen Teil seines Vermögens, um jährlich zum Jahrtag der Wiedereröffnung einen Gottesdienst, Musik und ein festliches Essen zu veranstalten.[2] Natürlich steckte dahinter vielleicht auch der Gedanke, die Tradition der katholischen Kirchweihe und des Kirchweihfestes durch eine neue, gut evangelische Tradition zu ersetzen, später die Abgrenzung zum reformierten Lippe.[3] Als Radewiger Grünkohlfest schrieb sich dieses mit gewissen Lücken lange durchgeführte und im 19. Jahrhundert gezielt revitalisierte Erinnerungsfest der Herforder Bevölkerung ins kollektive Bewusstsein. Die seit dem 19. Jahrhundert greifbare, zumindest noch vor wenigen Jahrzehnten zum Grundbestand des Heimatkundeunterrichts gehörende Tradition besagte, man habe die Kirche bei der Wiedereröffnung im Dezember 1590 nicht mit Blumen schmücken können oder – andere Variante – nicht mit Tannenzweigen schmücken wollen, sondern habe Grünkohl als Schmuck benutzt. Zum Gedenken daran veranstalte man noch heute an diesem Tag ein jährliches Grünkohlessen.[4]

ford, in: Historisches Jahrbuch für den Kreis Herford 14 (2007), S. 242–251. Zu den Veränderungen des kirchlichen Raumes Thomas WELLER, Theatrum Praecedentiae. Zeremonieller Rang und gesellschaftliche Ordnung in der frühneuzeitlichen Stadt: Leipzig 1500–1800 (Symbolische Kommunikation in der Vormoderne), Darmstadt 2006, S. 341–347.

2 Zur Bedeutung der Pfarre für die Stadt und ihre Identität Werner FREITAG, Die Pfarre in der Stadt. Siedlungskern – Bürgerkirche – Urbanes Zentrum, in: DERS. (Hg.), Die Pfarre in der Stadt. Siedlungskern – Bürgerkirche – Urbanes Zentrum (Städteforschung, Bd. A 82), Köln/Weimar/Wien 2011, S. XI–XVII, besonders S. XIII–XV; Felicitas SCHMIEDER, »Wider die geistlichen Freiheiten« – für die Herrschaft des Rates. Das Ringen um die Kontrolle der Pfarrseelsorge in Frankfurt am Main im 15. Jahrhundert, in: FREITAG (Hg.), Die Pfarre in der Stadt (wie Anm. 2), S. 63–75, hier S. 63 f.

3 PAPE, Sancta Herfordia (wie Anm. 1), S. 190–193. Zur Reformation in Herford ebd., S. 164–179; Heinz-Joachim BUSS, Religion eint und entzweit: Die Reformation, in: Christine BRADE u. a., Religion prägt das Leben: Die Erben der »Sancta Herfordia«, in: HELMERT-CORVEY/ SCHULER (Hg.), 1200 Jahre Herford (wie Anm. 1), S. 269–306, S. 293–298, hier S. 293–295; jetzt auch die verschiedenen Beiträge im Sammelband Gregor ROHMANN (Hg.), Bilderstreit und Bürgerstolz. Herforder Kirchen im Zeitalter der Glaubenskämpfe (Herforder Forschungen 20), Bielefeld 2006. Zur lutheranischen Auffassung der Kircheinweihung als durch Handlung konstituierte Heiligung Renate DÜRR, Die Dreiständelehre in lutherischen Gemeinden des 16. und 17. Jahrhunderts, in: FREITAG (Hg.), Die Pfarre in der Stadt (wie Anm. 2), S. 97–109, hier S. 100 f. Zur nachreformatorischen Kontinuität von Stifterverhalten Stefanie RÜTHER, Soziale Distinktion und städtischer Konsens. Repräsentationsformen bürgerlicher Herrschaft in Lübeck, in: Marian FÜSSEL/Thomas WELLER (Hg.), Ordnung und Distinktion. Praktiken sozialer Repräsentation in der ständischen Gesellschaft (Symbolische Kommunikation und gesellschaftliche Wertesysteme. Schriftenreihe des SFB 496, Bd. 8), Münster 2005, S. 103–135, hier S. 128–133.

4 Vgl. http://www.stadtfuehrung-herford.de/html/1590.html; http://de.wikipedia.org/wiki/St._Jakobi_(Herford); Es gibt noch weitere Varianten, vgl. etwa http://www.wolfgangheinrich-mbe.de/index_htm_files/Das%20Radewiger%20Kohlfest.pdf. Erfrischend kritisch, obschon für Kinder http://geschichtsvereinherford.de/das-radewiger-kohlfest/; ähnlich http://www.rbrinckmann.de/Herford/Kirchen/jakobikirche.htm. Die Legende

Eine bewusste Maßnahme von Erinnerungsstiftung durch Finanzeinsatz, Gottesdienst, Fest und das Mahl als Medium der Erinnerung und schließlich der Grünkohl, diese traditionelle westfälische Speise als Erinnerungsträger: Vielleicht sind dies nicht gerade die Medien der Erinnerung in der spätmittelalterlichen und frühneuzeitlichen Stadt, die ein mit der Sache unvertrauter Leser erwartet. Und doch führten solche Befunde wie die Beobachtung, dass sich auf Dauer ganz andere Informationen als die intendierten in das kollektive Gedächtnis der Region eingeschrieben haben und das ursprünglich gemeinschafts- wie erinnerungsstiftende Mahl nicht mehr verstanden und mit einer Erklärungslegende versehen wurde, zu einer Reihe von Fragen, die in diesem Beitrag diskutiert werden sollen. Gerade die Funktionen von Fest[5] und Mahl[6] gehörten zu den ersten intensiv erforschten Themen im Zuge der kulturgeschichtlichen Neuausrichtung der Geisteswissenschaften. Die Wiederöffnung der Radewiger Pfarrkirche in Herford zeigt, dass diese Welt städtischer Erinnerungskultur also ganz eng mit hochaktuellen Fragen der modernen Geschichtswissenschaften zusammenhängt. Um die Räume städtischer Erinnerung zu umreißen, bietet es sich an, zunächst einmal die wichtigsten Themenbereiche zu skizzieren. Gerade weil sich in den letzten Jahren viel in der Forschung bewegt hat, müssen zunächst die Medien der Erinnerung als Themen der Forschung und die theoretischen Diskussionen über Stadt und Erinnerung beleuchtet werden. Auf dieser Basis soll es um die verschiedenen Typen städtischen Gedächtnisses gehen, dann um die unterschiedlichen Medien der Erinnerung, dann soll die Stadt als multipler Erinne-

fand Eingang in die populäre Literatur, zuletzt Verena HELLENTHAL, Weihnachten in Ostwestfalen-Lippe, Erfurt 2012, S. 17f., verbunden mit einem Grünkohlrezept S. 20.

5 Zur Rolle der Feste in der Stadt Heinz-Dieter HEIMANN, Gegenfeste im Spektrum stadtbürgerlicher Kultur und gesellschaftlichen Wandels. Über Prozessions- und Fastnachtsfeiern als Medium und Zeigefelder partizipatorischer Botschaften, in: Mediaevistik 2 (1989), S. 173–184; DERS., Städtische Feste und Feiern. Manifestationen der Sakralgemeinschaft im gesellschaftlichen Wandel, in: Ferdinand SEIBT u. a. (Hg.), Vergessene Zeiten. Mittelalter im Ruhrgebiet. Katalog zur Ausstellung im Ruhrlandmuseum Essen, 26. September 1990 bis 6. Januar 1991, Essen 1990, S. 171–176; Peter JOHANEK, Fest und Integration, in: Detlef ALTENBURG/Jörg JARNUT/Hans-Hugo STEINHOFF (Hg.), Feste und Feiern im Mittelalter. Paderborner Symposion des Mediävistenverbandes, Sigmaringen 1991, S. 525–540; Thomas ZOTZ, Die Stadtgesellschaft und ihre Feste, ebd., S. 201–213; François DE CAPITANI, Schweizerische Stadtfeste als bürgerliche Selbstdarstellung, in: Bernhard KIRCHGÄSSNER/Hans-Peter BECHT (Hg.), Stadt und Repräsentation. 31. Arbeitstagung in Pforzheim (Stadt in der Geschichte, Bd. 21), Sigmaringen 1995, S. 115–126, hier S. 115–119.

6 Zum Mahl als Form der Öffentlichkeit Gerhard FOUQUET, Das Festmahl in den oberdeutschen Städten des Spätmittelalters. Zu Form, Funktion und Bedeutung öffentlichen Konsums, in: Archiv für Kulturgeschichte 74 (1992), S. 83–123; Patrick OELZE, Die Austreibung der Geselligkeit. Der Wandel städtischer Politik im spätmittelalterlichen Konstanz, in: Romy GÜNTHART/Michael JUCKER (Hg.), Kommunikation im Spätmittelalter. Spielarten – Wahrnehmungen – Deutungen, Zürich 2005, S. 27–39, hier S. 33f.; André KRISCHER, Rituale und politische Öffentlichkeit in der alten Stadt, in: DERS. (Hg.), Stadt und Öffentlichkeit in der Frühen Neuzeit (Städteforschung, Bd. A 83), Köln/Weimar/Wien 2011, S. 125–157, hier S. 148–154.

rungsraum betrachtet und schließlich sollen einige Schlussbemerkungen angefügt werden.

2. *Medien der Erinnerung als Themen der Forschung*

Die Geschichtswissenschaft hat sich ebenso wie ihre Nachbardisziplinen in den letzten Jahrzehnten mit Medien der Erinnerung zu beschäftigen begonnen.[7] Das spezielle Interesse daran liegt natürlich im Wandel der Zeit begründet. Nicht nur die Feuilletons internationaler Zeitschriften, sondern auch das Web 2.0 verstehen unsere Welt als Medienzeitalter. In der Tat ist es abenteuerlich, wie grundlegend sich Möglichkeiten und Gefahren des Mediengebrauchs in den letzten drei Jahrzehnten gewandelt haben. Diesem auch in der ganz persönlichen Lebenswelt als ständige, zunächst fast unvorstellbare Innovation präsenten Wandel können sich natürlich auch die Wissenschaften ganz unterschiedlicher Ausrichtung nicht verschließen. An deutschen wie österreichischen Universitäten schießen Studiengänge mit den unterschiedlichen verbalen Umschreibungen von Medienwissenschaften wie Pilze aus dem Boden. Verständlicherweise bleiben diese Fragen nicht nur auf die Lehre beschränkt. Sei es der Wille, an der Speerspitze der Entwicklung zu stehen und diese Wandlungen zu reflektieren oder sogar zu lenken, seien es intellektuelle Mitläuferphänomene, sei es die schnöde Notwendigkeit, so leichter an die so dringend erwünschten Drittmittel zu gelangen, in jedem Falle gab es um das Jahr 2000 geradezu einen Hype der Beschäftigung mit Medien,[8] und derzeit läuft eine fast unabsehbare Anzahl von Projekten, die sich Medien oder medialen Aspekten widmen und oft theoretisch ausgerichtet sind.[9]

Ein guter Teil der Forschung zu Medien und Kommunikation konzentriert sich auf spätmittelalterliche und/oder frühneuzeitliche Städte.[10] Im Mittelpunkt

7 Vgl. den Sammelband von Andrea von Hülsen-Esch (Hg.), Medien der Erinnerung in Mittelalter und Renaissance (Studia Humaniora, Bd. 42), Düsseldorf 2007.

8 Hier sei nur in Auswahl auf einige Beispiele verwiesen: Klaus Schreiner/Gabriela Signori (Hg.), Bilder, Texte, Rituale. Wirklichkeitsbezug und Wirklichkeitskonstruktion politisch-rechtlicher Kommunikationsmedien in Stadt- und Adelsgesellschaften des späten Mittelalters (Zeitschrift für historische Forschung, Beiheft 24), Berlin 2000; Karl-Heinz Spiess (Hg.), Medien der Kommunikation im Mittelalter (Beiträge zur Kommunikationsgeschichte, Bd. 15), Stuttgart 2003; Wolfgang Ernst, »Medien« im Mittelalter? Kulturtechnische Retrospektive, in: Hans-Werner Goetz/Jörg Jarnut (Hg.), Mediävistik im 21. Jahrhundert. Stand und Perspektiven der internationalen und interdisziplinären Mittelalterforschung (MittelalterStudien, Bd. 1), München 2003, S. 347–357.

9 Vgl. etwa Michael Giesecke, Die Entdeckung der kommunikativen Welt. Studien zur kulturvergleichenden Mediengeschichte, Frankfurt am Main 2007; Andreas Würgler, Medien in der Frühen Neuzeit (Enzyklopädie deutscher Geschichte, Bd. 85), München 2009.

10 Rolf Kiessling, Kommunikation und Region, in: Carl A. Hoffmann/Rolf Kiessling (Hg.), Kommunikation und Region (Forum Suevicum, Bd. 4), Konstanz 2001, S. 11–39, hier S. 14–22; Carl. A. Hoffmann, »Öffentlichkeit« und »Kommunikation« in den

stehen dabei die verschiedenen Medien,[11] daneben unterschiedliche Formen[12] und die verschiedenen Orte der Kommunikation in der mittelalterlichen wie frühneuzeitlichen Stadt,[13] aber etwa auch die innerstädtischen Kommunikati-

Forschungen zur Vormoderne. Eine Skizze, ebd., S. 69–110; Luise SCHORN-SCHÜTTE, Einleitung, in: DIES. (Hg.), Aspekte der politischen Kommunikation im Europa des 16. und 17. Jahrhunderts (Historische Zeitschrift, Beiheft 39), München 2004, S. 1–12, hier S. 4–8; Johannes BURKHARDT/Christine WERKSTETTER (Hg.), Kommunikation und Medien in der Frühen Neuzeit (Historische Zeitschrift, Beiheft 41), München 2005. Einen neuen Überblick mit einer Vielzahl von weiterführenden Titeln bietet Dieter SCHOTT, Stadt in der Geschichtswissenschaft, in: Harald A. MIEG/Christoph HEYL (Hg.), Stadt. Ein interdisziplinäres Handbuch, Stuttgart/Weimar 2013, S. 120–147.

11 Valentin GROEBNER, Der öffentliche Leichnam, reproduziert: der Gekreuzigte und die Medien städtischer Gewalt, in: Micrologus 7 (1999), S. 383–403; DERS., Gefährliche Geschenke. Ritual, Politik und die Sprache der Korruption in der Eidgenossenschaft im späten Mittelalter und am Beginn der Neuzeit, Konstanz 2000, englisch als: Liquid assets, dangerous gifts. Presents and politics at the end of the Middle Ages, Philadelphia 2002; DERS., Grosszügigkeit als politische Kommunikation. Geschenke in Basler Rechnungsbüchern des späten Mittelalters, in: Simona SLANICKA (Hg.), Begegnungen mit dem Mittelalter in Basel. Eine Vortragsreihe zur mediävistischen Forschung (Basler Beiträge zur Geschichtswissenschaft, Bd. 171), Basel 2000, S. 165–184; Valentin GROEBNER, The City Guard's Salute: Legal and illegal, public and private gifts in the Swiss confederation around 1500, in: Gadi ALGAZI/Bernhard JUSSEN/Valentin GROEBNER, (Hg.), Negotiating the gift – Negocier le don (Veröffentlichungen des Max-Planck-Instituts für Geschichte, Bd. 188), Göttingen 2003, S. 247–267; Gudrun GLEBA, Sehen, Hören, Schmecken: Identifikationsangebote am Beispiel norddeutscher Städte, in: Giorgio CHITTOLINI/Peter JOHANEK (Hg.), Aspetti e componenti dell'identità urbana in Italia e in Germania (secoli XIV–XVI). Aspekte und Komponenten der städtischen Identität in Italien und Deutschland (14.–16. Jahrhundert) (Annali dell'Istituto storico italo-germanico in Trento. Contributi, Bd. 12/Jahrbuch des italienisch-deutschen historischen Instituts in Trient. Beiträge, Bd. 12), Bologna/Berlin 2003, S. 135–153; Jörg ROGGE, Kommunikation, Herrschaft und politische Kultur. Zur Praxis der öffentlichen Inszenierung und Darstellung von Ratsherrschaft in Städten des deutschen Reiches um 1500, in: Rudolf SCHLÖGL (Hg.), Interaktion und Herrschaft. Die Politik der frühneuzeitlichen Stadt (Historische Kulturwissenschaft, Bd. 5), Konstanz 2004, S. 381–407; Anne-Kathrin REICH, Kleidung als Spiegelbild sozialer Differenzierung. Städtische Kleiderordnungen vom 14. bis zum 17. Jahrhundert am Beispiel der Altstadt Hannover (Quellen und Darstellungen zur Geschichte Niedersachsens, Bd. 125), Hannover 2005; Mark MERSIOWSKY, Wege zur Öffentlichkeit. Kommunikation und Medieneinsatz in der spätmittelalterlichen Stadt, in: Stephan ALBRECHT (Hg.), Stadtgestalt und Öffentlichkeit. Die Entstehung politischer Räume in der Stadt der Vormoderne (Veröffentlichungen des Zentralinstituts für Kunstgeschichte in München, Bd. 24), Köln/Weimar/Wien 2010, S. 13–57; Gerd SCHWERHOFF, Stadt und Öffentlichkeit in der Frühen Neuzeit – Perspektiven der Forschung, in: KRISCHER (Hg.), Stadt und Öffentlichkeit in der Frühen Neuzeit (wie Anm. 6), S. 1–28, hier S. 18–23.

12 Jörg OBERSTE (Hg.), Kommunikation in mittelalterlichen Städten (Forum Mittelalter-Studien, Bd. 3), Regensburg 2007; Arne ZIEGLER, Städtische Kommunikationspraxis im Spätmittelalter. Historische Soziopragmatik und Historische Textlinguistik (Germanistische Arbeiten zur Sprachgeschichte, Bd. 2), Berlin 2003; KRISCHER, Rituale und politische Öffentlichkeit (wie Anm. 6).

13 Gerhard FOUQUET, Trinkstuben und Bruderschaften – soziale Orte in den Städten des Spätmittelalters, in: DERS./Matthias STEINBRINK/Gabriel ZEILINGER (Hg.), Geschlechtergesellschaften, Zunft-Trinkstuben und Bruderschaften in spätmittelalterlichen und

onsräume und -kreise.[14] Natürlich hat der vielbeschworene *Performative Turn* inzwischen die Stadt erreicht.[15] In der neueren Forschung besteht Einigkeit darüber, dass die Stadt ein performativer Raum ist.[16] Der Aufschwung der Beschäftigung mit symbolischer Kommunikation hat die Sensibilität für städtische Rituale geschärft und entsprechende Studien angeregt.[17] Die Beschäftigung mit

frühneuzeitlichen Städten. 40. Arbeitstagung in Pforzheim, 16.–18. November 2001 (Stadt in der Geschichte, Bd. 30), Ostfildern 2003, S. 9–30; Andreas RÜTHER, Predigtstuhl, Zunftstube, Ratsbank: Orte politischer Kommunikation im spätmittelalterlichen Breslau, in: Sigrid SCHMITT/Sabine KLAPP (Hg.), Städtische Gesellschaft und Kirche im Spätmittelalter. Kolloquium Dhaun 2004 (Geschichtliche Landeskunde, Bd. 62), Stuttgart 2008, S. 141–166; Susanne RAU/Gerd SCHWERHOFF, Öffentliche Räume in der Frühen Neuzeit. Überlegungen zu Leitbegriffen und Themen eines Forschungsfeldes, in: Susanne RAU/Gerd SCHWERHOFF (Hg.), Zwischen Gotteshaus und Taverne. Öffentliche Räume in Spätmittelalter und Früher Neuzeit (Norm und Struktur, Bd. 21), Köln/Weimar/Wien 2004, S. 11–52; Gerd SCHWERHOFF, Öffentliche Räume und politische Kultur in der frühneuzeitlichen Stadt: Eine Skizze am Beispiel der Reichsstadt Köln, in: SCHLÖGL (Hg.), Interaktion und Herrschaft (wie Anm. 11), S. 113–136; SCHWERHOFF, Stadt und Öffentlichkeit (wie Anm. 11), S. 11–18; Susanne RAU, Orte – Akteure – Netzwerke. Zur Konstitution öffentlicher Räume in einer frühneuzeitlichen Fernhandelsstadt, in: KRISCHER (Hg.), Stadt und Öffentlichkeit in der Frühen Neuzeit (wie Anm. 6), S. 39–63; Beat KÜMIN, *In vino res publica?* Politische Soziabilität im Wirtshaus der Frühen Neuzeit, in: KRISCHER (Hg.), Stadt und Öffentlichkeit in der Frühen Neuzeit (wie Anm. 6), S. 65–79; Ellen WIDDER, Der Herrscher in der Stadt. Überlegungen zu Handlungsorten und Handlungsräumen Heinrichs VII. (1308–1313) in Deutschland und Italien, in: ALBRECHT (Hg.), Stadtgestalt und Öffentlichkeit (wie Anm. 11), S. 71–98.

14 SCHWERHOFF, Öffentliche Räume (wie Anm. 13); DERS., Öffentliche Räume und politische Kultur (wie Anm. 13); Philip R. HOFFMANN, Rechtmäßiges Klagen oder Rebellion? Konflikte um die Ordnung politischer Kommunikation im frühneuzeitlichen Leipzig, in: SCHLÖGL (Hg.), Interaktion und Herrschaft (wie Anm. 11), S. 309–356, hier S. 314–316; Uwe GOPPOLD, Politische Kommunikation in den Städten der Vormoderne. Zürich und Münster im Vergleich (Städteforschung, Bd. A 74), Köln 2007; Ursula KUNDERT/Barbara SCHMID/Regula SCHMID (Hg.), Ausmessen – Darstellen – Inszenieren. Raumkonzepte und die Wiedergabe von Räumen in Mittelalter und früher Neuzeit, o. O. 2007; Christine KLEINJUNG, Frauenklöster als Kommunikationszentren und soziale Räume. Das Beispiel Worms vom 13. bis zum Beginn des 15. Jahrhunderts (Studien und Texte zur Geistes- und Sozialgeschichte des Mittelalters, Bd. 1), Korb 2008; Patrick OELZE, Recht haben und Recht behalten. Konflikte um die Gerichtsbarkeit in Schwäbisch Hall und seiner Umgebung (15.–18. Jahrhundert) (Historische Kulturwissenschaft, Bd. 16), Konstanz 2011, besonders S. 164–171.

15 Ilse HELBRECHT/Peter DIRKSMEIER, Stadt und Performanz, in: MIEG/HEYL (Hg.), Stadt. Ein interdisziplinäres Handbuch (wie Anm. 10), S. 283–298.

16 Regine SCHWEERS, Die Bedeutung des Raumes für das Scheitern oder Gelingen des Adventus, in: Peter JOHANEK/Angelika LAMPEN (Hg.), Adventus. Studien zum herrscherlichen Einzug in die Stadt (Städteforschung, Bd. A 71), Köln/Weimar/Wien 2009, S. 37–55, hier S. 41 f.

17 Barbara STOLLBERG-RILINGER, Symbolische Kommunikation in der Vormoderne. Begriffe – Forschungsperspektiven – Thesen, in: Zeitschrift für historische Forschung 31 (2004), S. 489–527; FÜSSEL/WELLER (Hg.), Ordnung und Distinktion (wie Anm. 3); speziell für die Stadt Stefanie RÜTHER (Hg.), Integration und Konkurrenz. Symbolische Kommunikation in der spätmittelalterlichen Stadt (Symbolische Kommunikation und gesell-

städtischer Chronistik, für oft allzu schrifthörige Historiker ja zunächst einmal das naheliegende Medium der Erinnerung, durch das große Vorhaben der Chroniken der deutschen Städte schon seit dem späteren 19. Jahrhundert ausschnittsweise erschlossen und so leicht zugänglich,[18] hat nach Heinrich Schmidts Dissertation über die städtische Geschichtsschreibung und städtische Identität einen großen Aufschwung genommen.[19] Gerade Peter Johanek und Wilfried Ehbrecht haben weit über die Chronistik hinaus die Verbindung von Geschichtsbewusstsein, Geschichtskonstruktion, Textproduktion, aber auch Riten, Symbolen, Denkmälern aufgehellt und die Stadt als Erinnerungsgemeinschaft[20] charakterisiert. In der Mediengeschichte besteht eine große Gefahr darin, moderne Konzepte und das moderne Verständnis einfach auf das Mittelalter oder die Frühe Neuzeit zu übertragen. Dabei gilt es ganz klar zu scheiden, was wir als Medium interpretieren – und damit vielleicht falsch liegen – und was die Zeit willentlich als Medium genutzt hat. Galt die städtische Historiographie lange Zeit als Verkörperung städtischen Selbstverständnisses, hat die jüngere Forschung immer

schaftliche Wertesysteme. Schriftenreihe des SFB 496, Bd. 21), Münster 2009; Goppold, Politische Kommunikation (wie Anm. 14), S. 34–39; Johanek/Lampen (Hg.), Adventus (wie Anm. 16).

18 Vgl. die wichtigen kritischen Bemerkungen von Peter Johanek, Einleitung, in: Ders., (Hg.), Städtische Geschichtsschreibung im Spätmittelalter und in der Frühen Neuzeit (Städteforschung, Bd. A 47), Köln/Weimar/Wien 2000, S. VII–XIX, hier S. XI–XIII; Klaus Wriedt, Bürgerliche Geschichtsschreibung im 15. und 16. Jahrhundert, in: Johanek (Hg.), Städtische Geschichtsschreibung (wie Anm. 18), S. 19–50, hier S. 19–25; Robert Stein, Selbstverständnis oder Identität? Städtische Geschichtsschreibung als Quelle für die Identitätsforschung, in: Hanno Brand/Pierre Monnet/Martial Staub (Hg.), Memoria, Communitas, Civitas. Mémoire et conscience urbaines en occident à la fin du Moyen Âge (Francia, Beihefte, Bd. 55), Ostfildern 2003, S. 181–202, hier S. 182–195; Regula Schmid, Geschichte im Dienst der Stadt. Amtliche Historie und Politik im Spätmittelalter, Zürich 2009, S. 33, 38f.; Sascha Möbius, Das Gedächtnis der Reichsstadt. Unruhen und Kriege in der lübeckischen Chronistik und Erinnerungskultur des späten Mittelalters und der frühen Neuzeit (Formen der Erinnerung, Bd. 47), Göttingen 2011, S. 24f.

19 Heinrich Schmidt, Die deutschen Städtechroniken als Spiegel des bürgerlichen Selbstverständnisses im Spätmittelalter (Schriftenreihe der Historischen Kommission bei der Bayerischen Akademie der Wissenschaften, Bd. 3), Göttingen 1958; vgl. dazu Johanek, Einleitung (wie Anm. 18), S. XII; Heinrich Schmidt, Bürgerliches Selbstverständnis und städtische Geschichtsschreibung im deutschen Spätmittelalter, in: Johanek (Hg.), Städtische Geschichtsschreibung (wie Anm. 18), S. 1–17; Wriedt, Bürgerliche Geschichtsschreibung (wie Anm. 18), S. 26f.; Werner Rösener, Einleitung, in: Ders. (Hg.), Adelige und bürgerliche Erinnerungskulturen des Spätmittelalters und der Frühen Neuzeit (Formen der Erinnerung, Bd. 8), Göttingen 2000, S. 9–20, hier S. 12–15; Pierre Monnet, La mémoire des élites urbaines dans l'Empire à la fin du Moyen Âge entre écriture de soi et histoire de la cité, in: Brand/Monnet/Staub (Hg.), Memoria, communitas, civitas (wie Anm. 18), S. 49–70; Schmid, Geschichte (wie Anm. 18), S. 15–19; Susanne Rau, Geschichten von Stadt, Land und Universum: Räume der Stadtchroniken und Stadtgeschichten seit dem späten Mittelalter, in: Dies./Birgit Studt (Hg.), Geschichte schreiben. Ein Quellen- und Studienhandbuch zur Historiografie (ca. 1350–1750), Berlin 2010, S. 459–474, hier S. 459–461; Möbius, Gedächtnis (wie Anm. 18), S. 25–27.

20 Diese Formulierung bei Johanek, Einleitung (wie Anm. 18), S. VII.

wieder auf die begrenzte Reichweite dieses Kanals verwiesen.[21] Wirkmächtiger scheinen auch hier andere mediale Wege gewesen zu sein. In jüngerer Zeit wurde beispielsweise mehrfach die Bedeutung von Prozessionen als symbolische Klammer der Stadt, als bewusste Maßnahme zur Schaffung eines erinnerungsaufgeladenen Stadtraumes vor Augen gestellt.[22] Die Aufstellung der Prozession spiegelte

21 SCHMIDT, Bürgerliches Selbstverständnis (wie Anm. 19), S. 11–13; Regula SCHMID, Die Chronik im Archiv. Amtliche Geschichtsschreibung und ihr Gebrauchspotential im Spätmittelalter und in der frühen Neuzeit, in: Das Mittelalter 5,2 (2000), S. 115–138. Vgl. auch die an einem konkreten Fall geknüpften Befunde von DERS., Reden, rufen, Zeichen setzen. Politisches Handeln während des Berner Twingherrenstreits 1469–1471, Zürich 1995, S. 39–49.

22 Gerd SCHWERHOFF, Das rituelle Leben der mittelalterlichen Stadt. Richard C. Trexlers Florenzstudien als Herausforderung für die deutsche Geschichtsschreibung, in: Geschichte in Köln 35 (1994), S. 33–60; Wilfried EHBRECHT, Die Stadt und ihre Heiligen. Aspekte und Probleme nach Beispielen west- und norddeutscher Städte, in: Ellen WIDDER/Mark MERSIOWSKY/Peter JOHANEK (Hg.), Vestigia Monasteriensia. Westfalen – Rheinland – Niederlande (Studien zur Regionalgeschichte, Bd. 5), Bielefeld 1995, S. 197–261; Andrea LÖTHER, Städtische Prozessionen zwischen repräsentativer Öffentlichkeit, Teilhabe und Publikum, in: Gert MELVILLE/Peter VON MOOS (Hg.), Das Öffentliche und Private in der Vormoderne (Norm und Struktur, Bd. 10), Köln/Weimar/Wien 1998, S. 435–459; Andrea LÖTHER, Prozessionen in spätmittelalterlichen Städten. Politische Partizipation, obrigkeitliche Inszenierung, städtische Einheit (Norm und Struktur, Bd. 12), Köln/Weimar/Wien 1999; Wilfried EHBRECHT, Konsens und Konflikt. Skizzen und Überlegungen zur älteren Verfassungsgeschichte deutscher Städte, hg. von Peter JOHANEK (Städteforschung, Bd. A 56), Köln/Weimar/Wien 2001, S. 403–428; Klaus SCHREINER, Soziale, visuelle und körperliche Dimensionen mittelalterlicher Frömmigkeit, in: DERS., in Zusammenarbeit mit Marc MÜNTZ (Hg.), Frömmigkeit im Mittelalter. Politisch-soziale Kontexte, visuelle Praxis, körperliche Ausdrucksformen, München 2002, S. 9–38, hier S. 19f.; Kerstin BEIER, Maria Patrona. Rituelle Praktiken als Mittel stadtbürgerlicher Krisen- und Konfliktbewältigung, Siena 1447–1456, in: SCHREINER/MÜNTZ (Hg.), Frömmigkeit im Mittelalter (wie Anm. 22), S. 97–124; GLEBA, Sehen, Hören, Schmecken (wie Anm. 11), S. 148f.; Sonja DÜNNEBEIL, Öffentliche Selbstdarstellung sozialer Gruppen in der Stadt, in: BRAND/MONNET/STAUB (Hg.), Memoria, communitas, civitas (wie Anm. 18), S. 73–86, hier S. 75–82; Jörg ROGGE, Stadtverfassung, städtische Gesetzgebung und ihre Darstellung in Zeremoniell und Ritual in deutschen Städten vom 14. bis 16. Jahrhundert, in: CHITTOLINI/JOHANEK (Hg.), Aspetti e componenti dell'identità (wie Anm. 11), S. 193–226, hier S. 205–209; Enno BÜNZ, Klerus und Bürger. Die Bedeutung der Kirche für die Identität deutscher Städte im Spätmittelalter, in: CHITTOLINI/JOHANEK (Hg.), Aspetti e componenti dell'identità (wie Anm. 11), S. 351–389, hier S. 362–365; Kathrin ENZEL, »Eins Raths Kirmiß …«. Die »Große Kölner Gottestracht« als Rahmen der politischen Selbstdarstellung städtischer Obrigkeiten, in: SCHLÖGL (Hg.), Interaktion und Herrschaft (wie Anm. 11), S. 471–497; Klaus HERBERS (Hg.), Die oberdeutschen Reichsstädte und ihre Heiligenkulte. Traditionen und Ausprägungen zwischen Stadt, Ritterorden und Reich (Jakobus-Studien, Bd. 16), Tübingen 2005; Sabine VON HEUSINGER, »*Cruzgang*« und »*umblauf*«. Symbolische Kommunikation im Stadtraum am Beispiel von Prozessionen, in: OBERSTE (Hg.), Kommunikation in mittelalterlichen Städten (wie Anm. 12), S. 141–155; DIES., Die Handwerkerbruderschaften in Straßburg, in: SCHMITT/KLAPP (Hg.), Städtische Gesellschaft und Kirche (wie Anm. 13), S. 123–140, hier S. 129–134; Gabriela SIGNORI, Ereignis und Erinnerung: Das Ritual in der städtischen Memorialkultur des ausgehenden Mittelalters (14. und 15. Jahrhundert), in: Jörg GENGNAGEL/Monika HORSTMANN/

die politische und soziale Ordnung wider, jede Änderung solcher Konfigurationen hatte mediale Wirkung und wurde von den Zeitgenossen genau beachtet.[23] So sind die Reaktionen der Colmarer Brotbäckergesellen, die in einer veränderten Prozessionsordnung für Fronleichnam 1495 eine Ehrverletzung ihrer Bruderschaft sahen und deshalb für zehn Jahre die Stadt verließen und boykottierten,[24] ein klarer Beleg dafür, wie wichtig und wie durchschlagend dieses Medium war. Jörg Rogge hat die Stabilisierung und Standardisierung der politischen Kultur durch die städtische Obrigkeit als Versuch, die Wertegemeinschaft auf Dauer zu stellen und Konflikte zu vermeiden, interpretiert und dabei Texten, Bildern und Ritualen besonderen Raum zugemessen.[25] An diese Untersuchungen gilt es anzuknüpfen.

3. Stadt und Erinnerung

In einem jüngst erschienenen interdisziplinären Handbuch ist dem Gedächtnis der Stadt ein eigenes Kapitel gewidmet, dem allerdings die historische Tiefenschärfe fehlt. Die Autorin dieses Kapitels, Kirsten Buchinger, konstatierte ganz zu Recht einen Memory-Boom mit einer großen Anzahl ganz unterschiedlicher Publikationen.[26] Im Zuge der Esslinger Tagung des Südwestdeutschen Arbeitskreises hatte ich die Aufgabe übernommen, die Medien der Erinnerung in der spätmittelalterlichen und frühneuzeitlichen Stadt darzustellen. Angesichts der Forschungskonjunktur verwandter Themen kann hier schwerlich Neuland gewonnen werden, zu unüberschaubar ist inzwischen schon die Literatur geworden.[27] Es gilt zu fragen, welche Bedeutung Geschichte und Erinnerung für die

Gerald SCHWEDLER (Hg.), Prozessionen, Wallfahrten, Aufmärsche. Bewegung zwischen Religion und Politik in Europa und Asien seit dem Mittelalter (Menschen und Kulturen, Bd. 4), Köln/Weimar/Wien 2008, S. 106–121; RAU, Orte – Akteure – Netzwerke (wie Anm. 13), S. 54; Olivier RICHARD, Mémoires bourgeoises. Memoria et identité urbaine à Ratisbone à la fin du Moyen Âge, Rennes 2009, S. 277–283. Allgemein zur Bedeutung von Raum und Raumkonzepten in der modernen Forschung Barbara SCHMID/Regula SCHMID, Die Allgegenwart des Raumes in den Kulturwissenschaften und die Ordnung der Dinge, in: Ausmessen – Darstellen – Inszenieren (wie Anm. 13), S. 9–22.

23 LÖTHER, Prozessionen (wie Anm. 22), S. 140–147. Vgl. Marian FÜSSEL, Hierarchie in Bewegung. Die Freiburger Fronleichnamsprozession als Medium sozialer Distinktion in der Frühen Neuzeit, in: Patrick SCHMIDT/Horst CARL (Hg.), Stadtgemeinde und Ständegesellschaft. Formen der Integration und Distinktion in der frühneuzeitlichen Stadt (Geschichte. Forschung und Wissenschaft, Bd. 20), Berlin 2007, S. 31–55.

24 LÖTHER, Prozessionen (wie Anm. 22), S. 144f.; VON HEUSINGER, Handwerkerbruderschaften (wie Anm. 22), S. 130. Zur Bedeutung der Umzüge und Prozessionen als Medium zur Repräsentation und Inszenierung städtischer Ordnung Marian FÜSSEL/Thomas WELLER, Einleitung, in: DIES., Ordnung und Distinktion (wie Anm. 3), S. 9–22, hier S. 15–18.

25 ROGGE, Kommunikation, Herrschaft und politische Kultur (wie Anm. 11), S. 386f.

26 Kirstin BUCHINGER, Das Gedächtnis der Stadt, in: MIEG/HEYL (Hg.), Stadt. Ein interdisziplinäres Handbuch (wie Anm. 10), S. 263–270, hier S. 263.

27 Nach der Esslinger Tagung 2010 hat der durch verschiedene Werke einschlägig ausgewiesene Klaus Graf auf einer Bautzener Tagung 2013 ganz ähnliche Gedanken vorgetra-

spätmittelalterliche und frühneuzeitliche Stadt überhaupt hatten. Vielleicht von der eindrucksvollen baulichen Gestalt spätmittelalterlicher Städte mit ihren Bürgerhäusern hinter einem großen Mauerbering geschützt – ein Bild, das als Selbstbild der Städte des 15. und 16. Jahrhunderts fassbar ist[28] – geblendet, sieht man die Stadt viel zu leicht als ein dauerhaftes, in sich stabiles Gebilde.

Sozialgeschichtliche wie sozialtopographische Untersuchungen der letzten Jahrzehnte haben die Forschung eines besseren belehrt. Permanenter massiver Zuzug, das Aussterben oder Auswandern vieler Familien sowie ständige räumliche Verschiebungen innerhalb der Stadt lassen den sozialen Körper der Stadt als ein durchaus starkem Wandel unterliegendes, sektoral kurzlebiges Gebilde erscheinen. Immerhin tauschte sich die Bevölkerung im Laufe eines Jahrhunderts mehrfach aus.[29] Franz-Josef Arlinghaus hat kürzlich wiederholt darauf hingewiesen, dass die Forschung oft und unreflektiert die Einheit der mittelalterlichen Stadt annimmt oder voraussetzt, wohingegen diese Einheit aus dem Neben- und Miteinander mehr oder minder autonomer Sondergemeinden und Gemeinschaften erst einmal geschaffen und zentrifugale wie zentripetale Momente ausgeglichen werden mussten.[30] Doch auch diese zu schaffende Einheit veränderte sich immer wieder. Die Stadt war verfassungsgeschichtlich »unterwegs«, sich verändernde sozioökonomische Verhältnisse verschoben ständig die politischen Friktionsebenen und Aktionsfelder und führten zu den jeweiligen Gegebenheiten entsprechenden verfassungstechnischen Lösungen oder Kompromissen.[31] Wenn noch frühneuzeitliche Politik in den Städten vor allem darauf bedacht war, sozi-

gen, die mir bisher nur durch die Kurzzusammenfassung bekannt sind, vgl. seinen Blog Archivalia: http://archiv.twoday.net/stories/640155315/ sowie den Tagungsbericht unter http://www.olgdw.de/veranstaltungen/tagungsberichte/ab-2010/ht-2013-bautzen/ (13.08.2014).

28 Vgl. dazu Bernd Roeck, Identität und Stadtbild. Zur Selbstdarstellung der deutschen Stadt im 15. und 16. Jahrhundert, in: Chittolini/Johanek (Hg.), Aspetti e componenti dell'identità (wie Anm. 11), S. 11–24.

29 Roland Gerber, Die Einbürgerungsfrequenz spätmittelalterlicher Städte im regionalen Vergleich, in: Rainer Christoph Schwinges (Hg.), Neubürger im späten Mittelalter. Migration und Austausch in der Städtelandschaft des alten Reiches (1250–1550) (Zeitschrift für Historische Forschung, Beiheft 30), Berlin 2002, S. 251–288, besonders eindrucksvoll Abb. 2, S. 262, Abb. 4, S. 269; Hans Jörg Gilomen, Demographie und Mobilität. Fragen nach den Grenzen der Bindung von Familienidentität an den Wohnsitz in der spätmittelalterlichen Stadt, in: Katja Czaja/Gabriela Signori (Hg.), Häuser – Namen – Identitäten. Beiträge zur spätmittelalterlichen und frühneuzeitlichen Stadtgeschichte (Spätmittelalterstudien, Bd. 1), Konstanz 2009, S. 11–28, hier S. 11–15.

30 Franz-Josef Arlinghaus, Einheit der Stadt? Religion und Performanz im spätmittelalterlichen Braunschweig, in: Freitag (Hg.), Die Pfarre in der Stadt (wie Anm. 2), S. 77–96, hier S. 77–80, 95 f. Vgl. auch die Überlegungen bei Patrick Schmidt/Horst Carl, »Integration« und »Distinktion« als Kategorien frühneuzeitlicher Gesellschaftsanalyse, in: Schmidt/Carl (Hg.), Stadtgemeinde und Ständegesellschaft (wie Anm. 23), S. 7–30, hier S. 1–13, 16–25.

31 Anhand der Stadt Soest dargestellt von Mark Mersiowsky, Städtische Verfassung und Verwaltung im spätmittelalterlichen Soest, in: Heinz-Dieter Heimann in Verbindung mit Wilfried Ehbrecht/Gerhard Köhn (Hg.), Soest. Geschichte der Stadt, Bd. 2. Die

ale Hierarchien und deren Reproduktion zu sichern,[32] dann war gerade die Erinnerung ein wichtiges Feld der Politik. Die Stadt entwickelte bis weit ins 18. Jahrhundert keine sie selbst thematisierende politische Theorie.[33] So muss es Elemente gegeben haben, die trotz systemimmanenter Instabilität und fehlender Theorie auf ganz unterschiedlichen Ebenen langfristig effektiv stabilisierend wirkten. Sicher spielen Bürgerrecht und Bürgereid[34] wie Ratswahl und Ratserneuerung[35] als Klammern eine entscheidende Rolle. Offensichtlich ist es die Historiographie hingegen nicht oder nur in eingeschränktem Maße.[36] Es müssen noch weitere Kohärenzfaktoren hinzutreten, um einem so wandelbaren Gemeinwesen Identität zu verleihen und einen politischen Raum zu konstituieren.[37] Im

Welt der Bürger. Politik, Gesellschaft und Kultur im spätmittelalterlichen Soest (Soester Beiträge, Bd. 53), Soest 1996, S. 57–151.

32 Rudolf Schlögl, Vergesellschaftung unter Anwesenden in der frühneuzeitlichen Stadt und ihre (politische) Öffentlichkeit, in: Krischer (Hg.), Stadt und Öffentlichkeit in der Frühen Neuzeit (wie Anm. 6), S. 29–37, hier S. 34 f.

33 Schlögl, Vergesellschaftung (wie Anm. 32), S. 35; Krischer, Rituale und politische Öffentlichkeit (wie Anm. 6), S. 143; Marcus Sandl, Die Stadt, der Staat und der politische Diskurs am Beginn der Moderne, in: Schlögl (Hg.), Interaktion und Herrschaft (wie Anm. 11), S. 357–378, hier S. 360–373. Vgl. für das Mittelalter Eberhard Isenmann, Ratsliteratur und städtische Ratsordnungen des späten Mittelalters und der frühen Neuzeit. Soziologie des Rats – Amt und Willensbildung – politische Kultur, in: Pierre Monnet/Otto Gerhard Oexle (Hg.), Stadt und Recht im Mittelalter. La ville et le droit au Moyen âge (Veröffentlichungen des Max-Planck-Instituts für Geschichte, Bd. 174), Göttingen 2003, S. 215–479. Parallele Ansätze wie hier schon bei Rogge, Kommunikation, Herrschaft und politische Kultur (wie Anm. 11), S. 387.

34 Gerhard Dilcher, Bürgerrecht und Bürgereid als städtische Verfassungsstruktur, in: Schwinges (Hg.), Neubürger im späten Mittelalter (wie Anm. 29), S. 83–97; Eberhard Isenmann, Bürgerrecht und Bürgeraufnahme in der spätmittelalterlichen und frühneuzeitlichen Stadt, in: Schwinges (Hg.), Neubürger im späten Mittelalter (wie Anm. 29), S. 203–249; Rogge, Kommunikation, Herrschaft und politische Kultur (wie Anm. 11), S. 387–398.

35 Grundlegend Dietrich W. Poeck, Rituale der Ratswahl. Zeichen und Zeremoniell der Ratssetzung in Europa (12.–18. Jahrhundert) (Städteforschung, Bd. A 60), Köln/Wien/Weimar 2003; vgl. Antje Diener-Staeckling, Der Himmel über dem Rat. Zur Symbolik der Ratswahl in mitteldeutschen Städten (Studien zur Landesgeschichte, Bd. 19), Halle an der Saale 2008; Goppold, Politische Kommunikation (wie Anm. 14), S. 4 f.; Andreas Würgler, Zwischen Verfahren und Ritual. Entscheidungsfindung und politische Integration in der Stadtrepublik Bern in der Frühen Neuzeit, in: Schlögl (Hg.), Interaktion und Herrschaft (wie Anm. 11), S. 63–91, hier S. 81–86, 88; Rogge, Kommunikation, Herrschaft und politische Kultur (wie Anm. 11), S. 388–390.

36 Für Regensburg Richard, Mémoires bourgeoises (wie Anm. 22), S. 50–53; für Nürnberg Günther Lottes, Stadtchronistik und städtische Identität. Zur Erinnerungskultur der frühneuzeitlichen Stadt, in: Mitteilungen des Vereins für Geschichte der Stadt Nürnberg 87 (2000), S. 47–58.

37 Zum Begriff der städtischen Identität Gleba, Sehen, Hören, Schmecken (wie Anm. 11), S. 135–142; vgl. Johanek, Einleitung (wie Anm. 18), S. VII–IX; Rogge, Kommunikation, Herrschaft und politische Kultur (wie Anm. 11), S. 384 f.; Ders., Politische Räume und Wissen. Überlegungen zu Raumkonzepten und deren heuristischen Nutzen für die Stadtgeschichtsforschung (mit Beispielen aus Mainz und Erfurt im späten Mittelal-

Rahmen dieses Sammelbandes über Stadt und Gedächtnis können hier nur die Elemente betrachtet werden, die mit Erinnerung im engeren Sinne zu tun haben.[38]

Wenngleich hier pragmatisch von »der« Erinnerung ausgegangen wird, ist es selbstverständlich, sich der komplexen Verhältnisse in Mittelalter und Früher Neuzeit bewusst zu sein. Intensiv wurde in den letzten Jahren über den Begriff der Öffentlichkeit in der spätmittelalterlichen und frühneuzeitlichen Stadt nachgedacht.[39] Der erst ab dem mittleren 18. Jahrhundert tragende Begriff der Öffentlichkeit nach Jürgen Habermas wurde nach langen Diskussionen durch für die älteren Epochen adäquatere Erklärungsmodelle ergänzt.[40] Der Charakter spätmittelalterlicher und frühneuzeitlicher Öffentlichkeit im Hinblick auf die Stadt ist kürzlich noch von Gerd Schwerhoff vor allem unter Rückgriff auf die Überlegungen von Rudolf Schlögl formuliert worden. Die spätmittelalterliche

ter), in: Ders. (Hg.), Tradieren – Vermitteln – Anwenden. Zum Umgang mit Wissensbeständen in spätmittelalterlichen und frühneuzeitlichen Städten (Beiträge zu den Historischen Kulturwissenschaften, Bd. 6), Berlin 2008, S. 115–154, hier S. 128–132; Lottes, Stadtchronistik (wie Anm. 36), S. 48–53; Möbius, Gedächtnis (wie Anm. 18), S. 35–40.

38 Eine neuere Einleitung mit Überblick der wichtigsten neueren Literatur, die hier nicht mehr im Einzelnen aufgeführt werden soll, bietet Möbius, Gedächtnis (wie Anm. 18), S. 15–23. Natürlich kann hier nicht das gesamte Ensemble städtischer Repräsentation und Selbstdarstellung behandelt werden, wie es etwa Gleba, Sehen, Hören, Schmecken (wie Anm. 11), S. 145–155 behandelt.

39 Vgl. auch Christoph Heyl, Privatsphäre, Öffentlichkeit und urbane Modernität. London als historischer Präzedenzfall, in: Mieg/Heyl (Hg.), Stadt. Ein interdisziplinäres Handbuch (wie Anm. 10), S. 271–282, hier S. 271 f.; Hoffmann, »Öffentlichkeit« (wie Anm. 10), S. 72–110.

40 Jürgen Habermas, Strukturwandel der Öffentlichkeit. Untersuchungen zu einer Kategorie der bürgerlichen Gesellschaft, Neuwied 1962. Eine frühe Auseinandersetzung mit Habermas bei Martin Bauer, Die »Gemain Sag« im späteren Mittelalter. Studien zu einem Faktor mittelalterlicher Öffentlichkeit und seinem historischen Auskunftswert, Diss. Erlangen 1981, S. 1–25; jetzt mit Entwicklung adäquaterer Modelle für Spätmittelalter und Frühneuzeit Hoffmann, »Öffentlichkeit« (wie Anm. 10); Robert Giel, Politische Öffentlichkeit im spätmittelalterlich-frühneuzeitlichen Köln (1450–1550) (Berliner Historische Studien, Bd. 29), Berlin 1998, S. 29–37; Karen Lambrecht, Kommunikationsstrukturen und Öffentlichkeiten in ostmitteleuropäischen Zentren um 1500. Forschungsstand und Perspektiven, in: Jahrbuch für Kommunikationsgeschichte 2 (2000), S. 1–23; Ernst Schubert, Erscheinungsformen der öffentlichen Meinung im Mittelalter, in: Das Mittelalter 6,1 (2001), S. 109–127; Stollberg-Rilinger, Symbolische Kommunikation (wie Anm. 17); Schwerhoff, Öffentliche Räume und politische Kultur (wie Anm. 13), S. 115–118; Arié Malz, Der Begriff »Öffentlichkeit« als historisches Analyseinstrument. Eine Annäherung aus kommunikations- und systemtheoretischer Sicht, in: Günthart/Jucker (Hg.), Kommunikation im Spätmittelalter (wie Anm. 6), S. 13–26; Rudolf Schlögl, Politik beobachten. Öffentlichkeit und Medien in der Frühen Neuzeit, in: Zeitschrift für historische Forschung 35 (2008), S. 581–616; Schwerhoff, Stadt und Öffentlichkeit (wie Anm. 11); Schlögl, Vergesellschaftung (wie Anm. 32); Kleinjung, Frauenklöster als Kommunikationszentren (wie Anm. 14), S. 166–169; Rau, Orte – Akteure – Netzwerke (wie Anm. 13), S. 39–46; Patrick Boucheron/Nicolas Offenstadt (Hg.), L'espace publique au Moyen Âge. Débats autour de Jürgen Habermas (Le nœud gordien), Paris 2011.

und frühneuzeitliche städtische Öffentlichkeit war eine Präsenzöffentlichkeit und konstituierte sich an Orten unterschiedlicher Zugänglichkeit. Damit war sie stets räumlich fragmentiert und funktional differenziert. Vielfältige Kommunikations- und Interaktionsprozesse überspannten und vernetzten jedoch dieses heterogene Geflecht, das aufgrund seiner Komplexität von der Obrigkeit nicht wirklich kontrolliert oder gar beherrscht werden konnte. Schließlich hatte Öffentlichkeit einen stark performativen Grundzug.[41] Dabei zeigt sich keine grundlegende Differenz zwischen Spätmittelalter und Früher Neuzeit. Daher geht es nicht an, in traditioneller Epochenteilung hier eine künstliche Trennung vorzunehmen, auch wenn sich der Verfasser als Mediävist seiner begrenzten Kompetenz für die Frühe Neuzeit bewusst ist.[42] Da sich diese Öffentlichkeit nach derzeitigem Stand der Diskussion im Zuge des 18. Jahrhunderts grundlegend änderte,[43] heißt das für den vorliegenden Aufsatz, sich auf die Zeit vor dieser Wende zu konzentrieren. Was den räumlichen Bereich angeht, beschränke ich mich auf die vielbeschworene »deutsche« Stadt, wobei selbstverständlich die hier gestellten Fragen auch für andere Regionen untersucht werden können und müssen.[44] Keineswegs sei behauptet, ähnliche Phänomene habe es außerhalb des Untersuchungsraumes nicht oder nicht in dieser Dichte gegeben. Dies verbietet schon ein Blick in die Forschung. Michael Mitterauer hat sich mit der Entstehung öffentlicher Gedenktage beschäftigt und Venedig dabei als Ort ausgemacht, an dem sich schon im 14. Jahrhundert die Verbindung von städtischen Gedenkfesten mit Heiligentagen, die mit Prozessionen und Festen begangen wurden, in voller Blüte befand.[45]

Nicht nur der Begriff der Medien bedarf der Diskussion, auch der der Erinnerung. Groß ist die Gefahr, alles zur Erinnerung zu erklären. Wo liegen die Grenzen zwischen Repräsentation, Symbolisierung und Konstruktion von

41 Rudolf SCHLÖGL, Vergesellschaftung unter Anwesenden. Zur kommunikativen Form des Politischen in der vormodernen Stadt, in: DERS. (Hg.), Interaktion und Herrschaft (wie Anm. 11), S. 9–60; MALZ, Der Begriff »Öffentlichkeit« (wie Anm. 40), S. 21 f.; SCHWERHOFF, Stadt und Öffentlichkeit (wie Anm. 11), S. 23–25; KRISCHER, Rituale und politische Öffentlichkeit (wie Anm. 6), S. 127–132, der dies in der »Alten Stadt« ausgeprägt sah; Stefanie RÜTHER, Integration und Konkurrenz. Einleitung, in: DIES. (Hg.), Integration und Konkurrenz (wie Anm. 17), S. 7–17, hier S. 11.

42 Vgl. auch die Befunde bei DERS., Soziale Distinktion (wie Anm. 3), S. 128–135.

43 SCHLÖGL, Politik beobachten (wie Anm. 40), S. 615; SCHWERHOFF, Stadt und Öffentlichkeit (wie Anm. 11), S. 26–28; SCHLÖGL, Vergesellschaftung (wie Anm. 32), S. 36 f. Fréderic BARBIER, Stadt und Öffentlichkeit im Ancien Régime und im 19. Jahrhundert. Anmerkungen aus buchgeschichtlicher Perspektive, in: KRISCHER (Hg.), Stadt und Öffentlichkeit in der Frühen Neuzeit (wie Anm. 6), S. 201–216, hier S. 213, verweist auf die »zweite Medienrevolution« ab 1750, die Entwicklung von Massenmedien.

44 Vgl. etwa für Italien Paola VENTRONE, Feste e rituali civici: città italiane a confronto in: CHITTOLINI/JOHANEK (Hg.), Aspetti e componenti dell'identità (wie Anm. 11), S. 155–191 mit Beispielen aus Florenz, Venedig und Mailand.

45 Michael MITTERAUER, Anniversarium und Jubiläum. Zur Entstehung und Entwicklung öffentlicher Gedenktage, in: DERS., Dimensionen des Heiligen. Annäherungen eines Historikers, Wien/Köln/Weimar 2000, S. 137–213, zu Venedig S. 149–152.

Erinnerung?[46] Oft dürften die Grenzen schwimmend gewesen sein. In einer Reihe von Artikeln hat Klaus Graf sein Verständnis von Erinnerungskultur skizziert als ein »Ensemble von Medien, die Erinnerung stiften oder sichern sollen, sei es prospektiv durch Überlieferungsbildung, also Weitergabe historischer Erfahrung, sei es retrospektiv durch Bewahren und Aufgreifen von Traditionen«.[47] Mit seinen Arbeiten zu Erinnerungsfesten in der Stadt und dem Schlachtengedenken[48] hat Graf gerade auch im Rahmen des Südwestdeutschen Arbeitskreises für Stadtgeschichte wichtige Überlegungen angestellt, die die Grundlage unserer Darlegungen bilden müssen. Michael Mitterauer hat darauf verwiesen, dass sich in Republiken die Frage der staatlichen Integration, wie er es nennt, anders stellte als in Monarchien. Die in Monarchien an der Person des Herrschers und der Dynastie orientierten Formen der Symbolkultur werden nach Mitterauer in solch anders strukturierten Gemeinwesen durch Stadtpatrone und Tage öffentlichen Gedenkens ersetzt. Tage feierlichen Gedenkens wären ein Angebot städtischer Identifikationsmöglichkeiten und gäben diesen Gebilden inneren Zusammenhalt.[49] Daher hätten sich solche auch nördlich der Alpen in Städten viel früher

46 Vgl. die Überlegungen bei Klaus GRAF, Justiz und Erinnerung in der frühen Neuzeit, in: Andrea GRIESEBNER/Martin SCHEUTZ/Herwig WEIGL (Hg.), Justiz und Gerechtigkeit. Historische Beiträge (16.–19. Jahrhundert) (Wiener Schriften zur Geschichte der Neuzeit, Bd. 1), Innsbruck/Wien/München/Bozen 2002, S. 51–60, hier S. 53f., abrufbar unter http://www.listserv.dfn.de/cgi-bin/wa?A2=ind0206&L=HEXENFORSCHUNG &P=R1703&I=-3.

47 Klaus GRAF, Erinnerungsfeste in der spätmittelalterlichen Stadt, in: BRAND/MONNET/STAUB (Hg.), Memoria, Communitas, Civitas (wie Anm. 18), S. 263–273, online unter http://www.perspectivia.net/content/publikationen/bdf/brand-monnet-staub_memoria/graf_erinnerungsfeste; Klaus GRAF, Retrospektive Tendenzen in der bildenden Kunst vom 14. bis zum 16. Jahrhundert. Kritische Überlegungen aus der Perspektive des Historikers, in: Andrea LÖTHER u. a. (Hg.): Mundus in imagine. Bildersprache und Lebenswelten im Mittelalter. Festgabe für Klaus Schreiner, München 1996, S. 389–420, hier S. 414f., abrufbar unter http://archiv.ub.uni-heidelberg.de/artdok/395/1/Graf_Retrospektive_Tendenzen_1996.pdf.

48 Klaus GRAF, Schlachtengedenken in der Stadt, in: Bernhard KIRCHGÄSSNER/Günter SCHOLZ (Hg.), Stadt und Krieg. 25. Arbeitstagung in Böblingen (Stadt in der Geschichte, Bd. 15), Sigmaringen 1989, S. 83–104, abrufbar unter http://www.freidok.uni-freiburg.de/volltexte/5416/; Klaus GRAF, Schlachtengedenken im Spätmittelalter. Riten und Medien der Präsentation kollektiver Identität, in: ALTENBURG/JARNUT/STEINHOFF (Hg.), Feste und Feiern im Mittelalter (wie Anm. 5), S. 63–69, abrufbar unter http://edocs.ub.uni-frankfurt.de/volltexte/2010/14551/; vgl. auch Klaus GRAF, »Der adel dem purger tregt haß«. Feindbilder und Konflikte zwischen städtischem Bürgertum und landsässigen Adel im späten Mittelalter, in: RÖSENER (Hg.), Adelige und bürgerliche Erinnerungskulturen (wie Anm. 19), S. 191–204, hier S. 197–199. Neben Graf ist zu verweisen auf Renate NEUMÜLLERS-KLAUSER, Schlachten und ihre »memoria« in Bild und Wort, in: Konrad KRIMM/Herwig JOHN (Hg.), Bild und Geschichte. Studien zur politischen Ikonographie. Festschrift für Hansmartin Schwarzmaier zum fünfundsechzigsten Geburtstag, Sigmaringen 1997, S. 181–196, die allerdings meist nichtstädtische Beispiele behandelt.

49 MITTERAUER, Anniversarium und Jubiläum (wie Anm. 45), S. 152. Zu republikanischen Formen Antony BLACK, Republikanismus als europäisches Phänomen, in: Peter

entwickelt als in Territorien.[50] Eine grundlegende Studie hat Regula Schmid zur Geschichte im Dienst der Stadt für die Schweiz vorgelegt. Systematisch hat sie die städtische Geschichtsschreibung wie andere mediale Formen der Erinnerung untersucht.[51]

4. Typen städtischen Gedächtnisses

Klaus Graf stellte als wesentliche Typen des Gedächtnisses das Stiftergedenken, dann das Katastrophengedenken mit Erinnerung an Pestzüge, Erdbeben und Überschwemmungen und schließlich das Konfliktgedenken, das Schlachten, Belagerungen, Aufständen gilt und von ihm unter der Chiffre Schlachtenerinnerung subsummiert wurde, vor.[52] Seine in mehreren Aufsätzen vorgestellte Typologie soll hier zugrunde gelegt werden, um diese Räume städtischer Erinnerung auszumessen.

Beginnen wir zunächst mit dem Stiftergedenken. Nicht in jeder Stadtchronik griffen die Autoren in die Frühzeit der städtischen Geschichte zurück, doch im Zuge des 15. Jahrhunderts suchten sie in verstärktem Maße nach ihrer Gründungsgeschichte – durchaus parallel zu ähnlichen Versuchen von Adel und Patrizierfamilien.[53] So wird in der wohl für den Schwäbisch Gmünder Rat verfassten Gmünder Kaiserchronik auf die Herzöge von Schwaben als Stifter und Wohltäter der Stadt verwiesen.[54] Das Stiftergedenken lässt sich an mehreren Beispielen verdeutlichen. Da bei Thietmar von Merseburg und Otto von Freising ein Hirsch dem von den Sachsen bedrohten Karl dem Großen den Rückzug über eine Furt ermöglichte, wurde sie danach Frankenfurt genannt. So avancierte Karl der Große zum Stifter der Stadt. Daher wurde das Gedächtnis an Karl den Großen in Frankfurt mit ganz verschiedenen Medien wachgehalten. Gepflegt wurde es sowohl vom Bartholomäusstift als auch vom Rat der Stadt wie von führenden Patrizierfamilien. Mit liturgischen Feiern und Prozessionen an Karls Todestag und dem seiner Translation, mit städtischen Münzen, Stiftungen von Patriziern, auf

Blickle (Hg.), Verborgene republikanische Traditionen in Oberschwaben (Oberschwaben – Geschichte und Kultur, Bd. 4), Tübingen 1998, S. 13–24.

50 Mitterauer, Anniversarium und Jubiläum (wie Anm. 45), S. 152 f.

51 Schmid, Geschichte (wie Anm. 18).

52 Graf, Erinnerungsfeste (wie Anm. 47), S. 264. Am Beispiel Regensburgs Richard, Mémoires bourgeoises (wie Anm. 22), S. 275–277.

53 Joachim Schneider, Das erste Ereignis einer Geschichte: Die Bedeutung der angeblich römischen Gründung Nürnbergs in der Stadtchronik des Sigmund Meisterlin, in: Rau/Studt (Hg.), Geschichte schreiben (wie Anm. 19), S. 491–500, hier S. 491–493. Vgl. auch die Beispiele bei Klaus Graf, Ursprung und Herkommen. Funktionen vormoderner Gründungserzählungen, in: Hans-Joachim Gehrke (Hg.), Geschichtsbilder und Gründungsmythen, Würzburg 2001, S. 23–36, hier S. 28–30, abrufbar unter http://edocs.ub.uni-frankfurt.de/volltexte/2009/13798/.

54 Klaus Graf, Exemplarische Geschichten. Thomas Lirers »Schwäbische Chronik« und die »Gmünder Kaiserchronik« (Forschungen zur Geschichte der älteren deutschen Literatur, Bd. 7), München 1987, S. 166 f.

Fresken, in der Buchmalerei wie als Statuen werden die Stadtpatrone Bartholomäus und Karl der Große memoriert und in Verbindung gebracht. Der Rat feierte diese legendarische Gründung durch Karl den Großen mit einem rituellen Mahl, dem Hirschessen, das durch die Patriziergesellschaft Alt-Limpurg finanziert wurde.[55] Schließlich schmückte Karls Bild das Stadtsiegel (Abb. 1).

In Worms wurde nach der Entmachtung der Münzerhausgenossen 1493 die alte Münze gegenüber dem Dom mit Monumentalmalereien und Inschriften versehen, darunter Figuren der Nibelungensage, die mit Worms verbunden waren.[56] Dabei blieb es nicht. Die Stadt führte sich auf die Nibelungen zurück und wies das angebliche Grab des Riesen Seifried vor. Klaus Graf zeigte, dass Worms 1569 Absatzort für 25 von 34 auf der Frankfurter Messe verkaufte Drucke des Liedes vom Hünen Seifried war. 1616 wurde der Sänger, der dieses Lied fehlerfrei vortragen konnte, nach alter Gewohnheit vom Rat belohnt.[57] In Soest ist das Stiftergedenken in Form des Philipps-Essen präsent, einer erstmals 1338 in der Soester Stadtrechnung belegten Memorie für den Kölner Erzbischof und Stadtherrn Philipp von Heinsberg, die bis in den Dreißigjährigen Krieg – auch über die Reformation hinaus – bestehen blieb und 1955 wiederbelebt wurde.[58] In Lüneburg stand seit 1371 in der Ursulakapelle der Hauptpfarrkirche St. Johannes eine Steinsäule, die aus der abgebrochenen Michaelskirche auf dem Kalkberg stammte und die angeblich Julius Cäsar zu Ehren des Mondgottes Luna gestiftet hatte, von dem Name und Wappen der Stadt Lüneburg abgeleitet wurden.[59]

55 MONNET, La mémoire (wie Anm. 19), S. 57–59.

56 Gerold BÖNNEN, Wormser Stadtmythen im Spiegel spätmittelalterlicher Überlieferung, in: Hans-Peter BECHT/Bernhard KIRCHGÄSSNER (Hg.), Städtische Mythen (Stadt in der Geschichte, Bd. 28), Stuttgart 2003, S. 9–28; Gerold BÖNNEN, Stadt und Öffentlichkeit am Beispiel mittelrheinischer Bischofsstädte im späten Mittelalter, in: ALBRECHT (Hg.), Stadtgestalt und Öffentlichkeit (wie Anm. 11), S. 177–190, hier S. 181–183; Klaus GRAF, Heroisches Herkommen. Überlegungen zum Begriff der »historischen Überlieferung« am Beispiel heroischer Traditionen, in: Leander PETZOLDT/Ingo SCHNEIDER/Petra STRENG (Hg.), Das Bild der Welt in der Volkserzählung. Berichte und Referate des fünften bis siebten Symposiums zur Volkserzählung, Brunnenburg/Südtirol 1988–1990 (Beiträge zur Ethnologie und Folklore, Bd. B 4), Frankfurt am Main u.a. 1993, S. 45–64, hier S. 45, 57.

57 GRAF, Heroisches Herkommen (wie Anm. 56), S. 57.

58 DERS., Erinnerungsfeste (wie Anm. 47), S. 264; Gerhard KÖHN, Soester Stadtgeschichten. Das ist eine Sammlung wahrhaftiger und kurioser Beschreibungen und Begebenheiten aus dem alten Soest. Zu Nutzen und Belustigung wohlmeinend zum jährlichen Philippsessen des Soester Rates verfertigt und erzählt. Jetzt endlich zum Druck befördert, Soest 1985, darin zur Geschichte des Essens und zum Soester Selbstverständnis S. 5 f., 37–119, 345–358. Der Erstbeleg in Stadtarchiv Soest, A 4525; zu den Soester Stadtrechnungen MERSIOWSKY, Städtische Verfassung (wie Anm. 31), S. 89–93.

59 Peter JOHANEK, Geschichtsbild und Geschichtsschreibung in den sächsischen Städten im 15. und 16. Jahrhundert, in: Matthias PUHLE (Hg.), Hanse, Städte, Bünde. Die sächsischen Städte zwischen Elbe und Weser um 1500. Ausstellung. Kulturhistorisches Museum Magdeburg, 28. Mai bis 25. August 1996, Braunschweigisches Landesmuseum Ausstellungszentrum Hinter Aegidien, 17. September bis 1. Dezember 1996, Bd. 1: Aufsätze (Magdeburger Museumsschriften, Nr. 4), Magdeburg 1996, S. 557–574, hier S. 562 f.

Abb. 1: Karl der Große auf dem Frankfurter Stadtsiegel, 1450, Privatsammlung (diese und alle weiteren Fotos: Verf.)

In Bern wurde die Erinnerung an die Stadtgründung durch Herzog Berthold von Zähringen 1191 in besonders eindrucksvoller Weise präsentiert. Am Nordportal des Berner Münsters halten Engel je eine Urkunde über die Grundsteinlegung und eine weitere: *us. warer. schrift. a[n]fa[n]g. diser. stat/ die hertzich. pechtold. von/ tzeringhen. ghestiftet. ha[t] nach xps. gheburt mclxxxxi/ jar. ghelobe[n]. wir. es. ist. war.* Das steinerne Siegel kopiert seitenverkehrt das Stadtsiegel von 1470 und nennt in der Umschrift statt der Bürgerschaft den Baumeister Erhart Küng. In dieser Inschrift wird urkundliche Schriftlichkeit inszeniert und gleichzeitig auf wahre Schriften verwiesen, auch auf Rituale des Zeigens solcher Dokumente rekurriert.[60] Auch auf dem sogenannten Zähringerbrunnen von 1535 wird auf Latein und Deutsch auf den Stadtgründer und das Gründungsjahr verwiesen, 1598 setzte man dem Herzog im Berner Münster sogar ein Denkmal.[61]

60 Regula SCHMID, Öffentliche Geschichte. Kommunale Inschriften in der frühneuzeitlichen Stadt, in: SCHLÖGL (Hg.), Interaktion und Herrschaft (wie Anm. 11), S. 409–448, hier S. 414–420, 431 f., besonders S. 418, danach auch die Umschrift der Inschrift; SCHMID, Geschichte (wie Anm. 18), S. 172 f., 177–181, Zitat der Inschrift S. 178.

61 SCHMID, Öffentliche Geschichte (wie Anm. 60), S. 422 f.; SCHMID, Geschichte (wie Anm. 18), S. 182 f.

Abb. 2: Figurenschmuck des Braunschweiger Altstadtrathauses

Eine konsequente Fortsetzung des Stiftergedenkens hin zu einer Geschichte der Stadtfreiheit durch Kontextualisierung des Gedenkens an Stifter oder Wohltäter städtischer Freiheit, die somit ein historisches Konstrukt präsentierten, lässt sich im zwischen 1456 und 1462 geschaffenen Figurenschmuck des Braunschweiger Altstadtrathauses ablesen (Abb. 2). An diesem Ort innerstädtischer Versammlungen fanden auch die Huldigungen der welfischen Herzöge nach Bestätigung der städtischen Privilegien statt, denen ihre wirklichen oder vermeintlichen Vorgänger im wahrsten Sinne des Wortes vor Augen geführt wurden.[62] So lassen sich unterschiedliche Spielarten des Stiftergedenkens im typischen »Medien-Mix« ausmachen.

Nach dem Stiftergedenken soll nun das Katastrophengedenken vorgestellt werden. Beispiele für städtisches Gedenken an Katastrophen hat Klaus Graf schon mehrfach präsentiert, sie sind von ihm selbst und anderen immer wieder erweitert worden.[63] In Basel erinnern noch heute erhaltene Inschriften an ein Erdbeben 1356. Die katastrophalen Birsighochwässer 1529 und 1530 wurden in einer bronzenen Gedenktafel in der Erdgeschosshalle des Rathauses verewigt, die wie bei modernen Erinnerungstafeln die Wasserstandslinien der Hochwasserjahre dokumentiert.[64] Als Spielart des Katastrophengedenkens kann die Erinnerung an den glücklichen Ausgang eines Turmeinsturzes 1497 in Schwäbisch Gmünd betrachtet werden.[65]

Eine zentrale Rolle spielten im Katastrophengedenken städtische Prozessionen. Hier sei nur auf die Straßburger Lukasprozession nach den Erdbebenereignissen der Jahre 1356 und 1357, die Erfurter, Braunschweiger und Fuldaer Pestprozessionen und die Frankfurter Maria-Magdalena-Prozession, die an eine große Mainüberschwemmung erinnert, verwiesen.[66] Eine Rotsandsteininschrift, ursprünglich in der Weißfrauenkirche in der Hirschgasse angebracht, heute im Frankfurter Historischen Museum (Abb. 3), verewigt die Hochwasserkatastrophe des Mains vom Vortag des Magdalenentags (22. Juli) 1342 wie das Gelöbnis

62 Johanek, Geschichtsbild (wie Anm. 59), S. 559f.; Matthias Ohm, »Darna geyt der rad vppe de loewene, vnde de borghermester secht to dem volke van der loewene«. Das Rathaus als Ort der Kommunikation im spätmittelalterlichen Braunschweig, in: Günthart/Jucker (Hg.), Kommunikation im Spätmittelalter (wie Anm. 6), S. 53–63, hier S. 60f. Zur Huldigung André Holenstein, Die Huldigung der Untertanen. Rechtskultur und Herrschaftsordnung (800–1800) (Quellen und Forschungen zur Agrargeschichte, Bd. 36), Stuttgart/New York 1991, S. 9–40; Johanek, Geschichtsbild (wie Anm. 59), S. 560–561 verweist noch auf das Beispiel Bremens, das Karl als seinen Gründer inszenierte.

63 Zuerst Graf, Exemplarische Geschichten (wie Anm. 54), S. 199f. Vgl. jetzt die Übersicht von Gerrit Jasper Schenk, Lektüren im »Buch der Natur«. Wahrnehmung, Beschreibung und Deutung von Naturkatastrophen, in: Rau/Studt (Hg.), Geschichte schreiben (wie Anm. 19), S. 507–521.

64 Schmid, Öffentliche Geschichte (wie Anm. 60), S. 427–429; Schmid, Geschichte (wie Anm. 18), S. 184–187, Abb. Tafel 4 hinter S. 48.

65 Graf, Schlachtengedenken in der Stadt (wie Anm. 48), S. 88 Anm. 33.

66 Ders., Erinnerungsfeste (wie Anm. 47), S. 264f.; Signori, Ereignis und Erinnerung (wie Anm. 22), S. 113f.; Löther, Prozessionen (wie Anm. 22), S. 138f., 183–202.

Abb. 3: Frankfurter Hochwasserinschrift zu 1342

von Senat und Volk zu Besuchen, sicher im Rahmen von Prozessionen: *A(nno) m° ccc° xlii in profesto Magdalene inundavit Mogonus et senatus populusque Franckfordensis voto me frequentat.*[67]

Nicht jedes Katastrophengedenken war von vornherein als solches gedacht, zum Teil wurde es erst durch die Wiederholung vom Remedium zum Medium der Erinnerung. Natürlich gab es bei Bedrohungen und Katastrophen sozusagen spontane und dann einmalige oder zeitnah wiederholte Bittprozessionen.[68] Zum Medium der Erinnerung wurden sie erst durch ihre Verstetigung und periodische Wiederholung. In Erfurt erinnerte die Prozession von Erfurt über den Friedhof von Schmidtstedt und die Kirche von Dittelstedt nach Erfurt zurück an eine Hungersnot. Kommemoriert wurde ab einem nicht mehr genau festzumachenden Datum, sicher ab 1341, der Tod von angeblich über 8.000 Opfern der großen Hungersnot 1315/17, die in Massengräbern auf dem außerhalb der Stadt gelegenen Friedhof des Dorfes Schmidtstedt beigesetzt waren, weil die Erfurter Friedhöfe die vielen Hungertoten nicht mehr aufnehmen konnten. In die Gegenwart und Jetztzeit wirkten nach dem Verständnis der Zeit die Gebete gegen die Pest und andere ansteckende Krankheiten ebenso wie die Segnung der Äcker.[69]

Im Kontrast zu prächtig inszenierten Festprozessionen waren diese Prozessionen zum Katastrophengedenken als Buß- und Bittprozessionen demonstrativ einfach gestaltet, in der Straßburger Lukasprozession etwa waren die Ratsherren barfuß und in grauen Kapuzenmänteln, in der Großen Prozession von Münster trugen die Teilnehmer schwarze Kleidung.[70] Gerade bei den Prozessionen lässt sich beobachten, wie form- und wandelbar das städtische Gedächtnis war. Das Katastrophengedächtnis konnte sich wandeln, neue Aspekte konnten hinzutreten oder alte aufgewertet werden. Ein Musterbeispiel dafür ist die sogenannte

67 Frankfurt, Historisches Museum, hmf.XBP348 (Dauerausstellung).
68 Löther, Prozessionen (wie Anm. 22), S. 236–254.
69 Ders., Prozessionen (wie Anm. 22), S. 174–183.
70 Ders., Prozessionen (wie Anm. 22), S. 138 f., 195, weitere Beispiele S. 277–279; Graf, Erinnerungsfeste (wie Anm. 47), S. 264 f.

Große Prozession in Münster. Sie wurde als Buß- und Bittprozession nach Pest (1382) und Stadtbrand 1383 eingeführt. Die spätmittelalterlichen Quellen rekurrieren aber kaum auf die historischen Ursprünge. Im Vordergrund stand der Wunsch, mit Hilfe der Prozession vor ähnlichen Gefahren in der Gegenwart verschont zu bleiben. Das ändert sich grundlegend in der zweiten Hälfte des 16. Jahrhunderts. Nun wurde die Prozession als klares Bekenntnis zur katholischen Kirche, als Verbindung zur alten Geschichte der Stadt und klare Abkehr von den Exzessen der Wiedertäufer aktualisiert und neben der Ratswahl zum wichtigsten städtischen Feiertag, als das sie bis heute begangen wird.[71]

Sowohl Stifter- wie Katastrophengedenken sind nach Graf der traditionellen Totenmemoria recht nahe.[72] Andrea Löther hat für Erfurt die Ausformung des Katastrophengedenkens durch Pest- und Hungersnotprozessionen als besondere Form dieser Memoria unter besonderen Umständen verstanden. In Zeiten massenhaften Sterbens brachen soziale Beziehungen auseinander und persönliche Strategien der Totenmemoria versagten. Statt individueller Sorge um den Tod übernahm die Gemeinschaft die Aufgabe und schuf kollektive Formen.[73] Die Nähe vieler Formen des städtischen Gedenkens zu religiösen Praktiken oder sogar deren Identität machte sie zu durch die Reformation besonders gefährdeten Elementen. Prozessionen waren gebräuchliche und wichtige Rituale und wurden so zu symbolischen Konfliktfeldern, auf denen die unterschiedlichen theologischen Inhalte sichtbar wurden und Konflikte zwischen Katholiken und Protestanten ausbrachen. Protestanten kritisierten, verhöhnten und konterkarierten Prozessionen,[74] Katholiken intensivierten sie im Gegenzug proklamant. Die Prozessionen wurden Streitobjekt der sich ausbildenden Konfessionen. In vielen reformierten Städten wurden sie schrittweise aufgegeben, manchmal gab es aber auch schnelle Schnitte. So verschwanden die Frankfurter Hochwasserprozessionen abrupt 1527; in Erfurt unterbrach die Reformation zunächst sowohl Pest- als auch Hungersnotgedenken. Doch nach der Einigung der reformierten Stadt mit dem Erzbischof von Mainz, ihrem Landesherrn, im Vertrag von Hammelburg 1530 behielt die kleine katholische Minderheit das Recht freier Religionsausübung. 1581 wurde die Erfurter Prozession nach Schmidtstedt wieder eingerichtet und diente fortan der Verankerung der katholischen Minderheit in der

71 Ludwig Remling, Die »Große Prozession« in Münster als städtisches und kirchliches Ereignis in Spätmittelalter und in der frühen Neuzeit, in: Helmut Lahrkamp (Hg.), Beiträge zur Stadtgeschichte, Münster 1984, S. 197–233; Löther, Prozessionen (wie Anm. 22), S. 195 f.; Graf, Schlachtengedenken in der Stadt (wie Anm. 48), S. 87.

72 Graf, Erinnerungsfeste (wie Anm. 47), S. 264; Ders., Schlachtengedenken im Spätmittelalter (wie Anm. 48), S. 65; Ders., Schlachtengedenken in der Stadt (wie Anm. 48), S. 88. Zur Erforschung der Memoria in der Stadt des Spätmittelalters jetzt Richard, Mémoires bourgeoises (wie Anm. 22), S. 9–16.

73 Löther, Prozessionen (wie Anm. 22), S. 196–199.

74 Heimann, Gegenfeste (wie Anm. 5), S. 175–178.

Stadt wie in der Erfurter Stadtgeschichte; in Münster stieg die Große Prozession zum identitätsstiftenden Festtag auf.[75]

Das dritte Segment städtischer Erinnerung ist das Schlachtengedenken. Gerade dieses ist von der Forschung schon oft bearbeitet worden.[76] Die Schlacht von Bornhöved der Stadt Lübeck gegen den dänischen König Waldemar II. 1227, ein Wendepunkt in der Geschichte des Ostseeraumes, wurde in Lübeck seit dem 14. Jahrhundert mit einem Dankgottesdienst am Schlachttag (Maria Magdalena) und einer vielleicht schon 1227 eingerichteten jährlichen Armenspeisung bis 1683 begangen, die eigentlich schon ein halbes Jahr vorher erfolgte Stiftung des dominikanischen Burgklosters wird in der Überlieferung und im kollektiven Gedächtnis mit Bornhöved verschmolzen.[77] In Bern lässt sich in der Chronik des Conrad Justinger um 1420 eine dem Gedenken an die Schlacht bei Laupen 1339 gewidmete Beschreibung wohl aus der Feder eines Deutschordensklerikers finden, die mit einer Jahrzeitstiftung und einem jährlich wiederkehrenden Umgang um das Münster sowie Spenden an Arme verbunden war.[78] In Lüneburg gedachte man der in der Ursulanacht 1371, also auf den 21. Oktober, in den Auseinandersetzungen mit dem welfischen Stadtherren Gefallenen durch einen Jahrtag in der eigens angebauten Ursulakapelle der Hauptpfarrkirche St. Johannes. Weitere Elemente waren Einträge in das Stadtbuch und ein über das Ereignis gedichtetes Lied. Retrospektiv entstand im 16. Jahrhundert eine Bilderchronik.[79] Im Statutenbuch der Stadt Dorsten sind genaue Festlegungen über die Begehung des *Stryt Vyrdages* 1382 mit unterschiedlichen Messbesuchen des Rats und Prozession sowie einer Liste der Toten erhalten; neben Messbesuchen gehörte eine Armenspei-

75 SIGNORI, Ereignis und Erinnerung (wie Anm. 22), S. 114; LÖTHER, Prozessionen (wie Anm. 22), S. 175, 207f., 300–329. Zur Großen Prozession in Münster vgl. oben Anm. 71. Im Gegensatz zu den Prozessionen wurde etwa die Ratswahl durch die Reformation kaum verändert, vgl. DIENER-STAECKLING, Himmel (wie Anm. 35), S. 234–241.

76 HEIMANN, Städtische Feste (wie Anm. 5), S. 171 f.; GLEBA, Sehen, Hören, Schmecken (wie Anm. 11), S. 147f.; GRAF, Exemplarische Geschichten (wie Anm. 54), S. 119f.; GRAF, Erinnerungsfeste (wie Anm. 47); Sascha MÖBIUS, Die Schlacht bei Bornhöved in der Lübeckischen Erinnerungskultur des 15. Jahrhunderts, in: Horst CARL/Ute PLANERT (Hg.), Militärische Erinnerungskulturen vom 14. bis zum 19. Jahrhundert. Träger – Medien – Deutungskonkurrenzen (Herrschaft und soziale Systeme in der Frühen Neuzeit, Bd. 15) Göttingen 2012, S. 47–68; Oliver LANDOLT, Eidgenössisches »Heldenzeitalter« zwischen Morgarten 1315 und Marignano 1515? Militärische Erinnerungskultur in der Alten Eidgenossenschaft, in: CARL/PLANERT (Hg.), Militärische Erinnerungskultur (wie Anm. 76), S. 69–100, hier S. 72; MÖBIUS, Gedächtnis (wie Anm. 18), S. 32f., 131–205. Die hier genannte Literatur bezieht sich zwar vor allem auf städtisches Schlachtengedenken, aber es ist natürlich ein Phänomen, das es auch im Adel gibt, vgl. etwa Christoph BRACHMANN, Memoria, Fama, Historia. Schlachtengedenken und Identitätsstiftung am lothringischen Hof (1477–1525) nach dem Sieg über Karl den Kühnen, Berlin 2006.

77 MÖBIUS, Gedächtnis (wie Anm. 18), S. 133f.

78 SCHMID, Geschichte (wie Anm. 18), S. 60–62, zu Justinger und seiner Chronik S. 62–64.

79 GRAF, Schlachtengedenken im Spätmittelalter (wie Anm. 48), S. 67; JOHANEK, Geschichtsbild (wie Anm. 59), S. 566.

sung zum Programm.[80] Die städtischen Toten der Schlacht von Reutlingen 1377 zwischen dem Grafen Ulrich von Württemberg und den Bürgern von Reutlingen wurden nicht nur in Form einer einem Schreiben der Stadt Reutlingen an ihre Bundesgenossen beigelegten Liste memoriert und in zeitgenössische Chroniken übernommen, sondern wohl mit Namen und Wappen auf den Fenstern des Reutlinger Rathauses verewigt.[81] Die Wappen der in der Ursulanacht gefallenen Lüneburger waren am nordöstlichen Chorpfeiler der Johanneskirche angebracht.[82] In Lübeck schmückte von etwa 1430/40 bis 1795 ein 15-teiliger Bilderzyklus der lübeckischen Geschichte die Hörkammer, den internen Beratungsraum der Ratsherren, fünf der Szenen schilderten die Erlangung der Reichsfreiheit 1226 und die Schlacht bei Bornhöved.[83] Den Ratssaal im Rathaus von Freiburg im Uechtland schmückte ein um 1480 entstandenes monumentales Fresko der Schlacht bei Murten, in der Berner Burgerstube gab es im 16. Jahrhundert Bilder der Schlachten von Murten 1476, Dornach 1499 und Sempach 1386. Auch im Rathaus von Luzern hingen 1599 Gemälde der Schlachten von Sempach, Dornach und Murten, die zum Teil heute noch erhalten sind.[84] Mehrfach können auch erläuternde Schrifttafeln nachgewiesen werden.[85] Aus den städtischen Rechnungen von Freiburg im Uechtland, Luzern, Zürich, Basel und Bern hat Regula Schmid die Besoldung von Sängern, die Lieder zur Erinnerung an städtische Schlachten vortrugen, zusammengestellt.[86]

Klaus Graf hat für das Schlachtengedenken sicher zu Recht Totengedenktage als Ausgang angenommen, die dann im Zuge des Spätmittelalters allmählich »verweltlichten«[87] oder vielleicht besser allmählich anderweitig mit Sinngehalt aufgeladen wurden. Als zweite Wurzel benannte er das kommunale Votivwesen.[88] Der Ursprung in solchen Traditionen erklärt die große Rolle von Prozessionen auch im Schlachtengedenken. In Braunschweig stifteten der Rat und die

80 Vgl. H. A. ERHARD, Willküren der Stadt Dorsten. Aus dem, im fünfzehnten Jahrhundert angelegten *Libro Statutorum opidi Dursten*, in: Zeitschrift für vaterländische Geschichte und Alterthumskunde 7 (1844), Neudruck Osnabrück 1971, S. 172–231, hier S. 181–183, ebenso S. 223–225; vgl. GRAF, Schlachtengedenken im Spätmittelalter (wie Anm. 48), S. 63 f.; DERS., Schlachtengedenken in der Stadt (wie Anm. 48), S. 85–87.
81 Stefanie RÜTHER, Ungleiche Gegner? Zur Wahrnehmung und Bewertung kriegerischer Gewalt in den Süddeutschen Städtekriegen, in: DIES. (Hg.), Integration und Konkurrenz (wie Anm. 17), S. 37–60, hier S. 52 f., zur Schlacht bei Reutlingen S. 48–59. Zum Rathaus als Kommunikationsort Christopher R. FRIEDRICHS, Das städtische Rathaus als kommunikativer Raum in europäischer Perspektive, in: BURKHARDT/WERKSTETTER (Hg.), Kommunikation und Medien in der Frühen Neuzeit (wie Anm. 10), S. 159–174.
82 GRAF, Schlachtengedenken im Spätmittelalter (wie Anm. 48), S. 67.
83 MÖBIUS, Gedächtnis (wie Anm. 18), S. 134.
84 SCHMID, Geschichte (wie Anm. 18), S. 100, 150–152, 154 f., 157, 159 f., 215–217.
85 DERS., Geschichte (wie Anm. 18), S. 160, 215 f.
86 DERS., Geschichte (wie Anm. 18), S. 136–144; vgl. SCHLÖGL, Politik beobachten (wie Anm. 40), S. 593.
87 Graf, Erinnerungsfeste (wie Anm. 47), S. 270, 272.
88 DERS., Erinnerungsfeste (wie Anm. 47), S. 270 f. Zu Schlachtjahrzeiten in der Schweiz vgl. LANDOLT, Eidgenössisches »Heldenzeitalter« (wie Anm. 76), S. 77 f.

welfischen Herzöge Friedrich zu Lüneburg und Heinrich zu Braunschweig als Erinnerung an den Sieg in der Schlacht von Winsen an der Aller am Fronleichnamstag 1388 eine Prozession, eine Erinnerungsinschrift findet sich an der Westseite der Franziskanerkirche (Abb. 4).[89]

Zum Gedenken an die Schlacht von Worringen 1288 fand in Köln eine Bonifatiusprozession statt. Der Kölner Rat feierte seit den 1480er Jahren sowohl die erfolgreich abgewehrte Belagerung von Neuss durch eine Prozession am 28. Juni wie die Niederschlagung des Handwerkeraufstandes am Fastnachtsdienstag.[90] Die Zahl der Beispiele lässt sich noch vermehren, wobei das Phänomen in Groß- wie Kleinstädten zu beobachten ist.[91]

Die Erinnerung an die Niederschlagung eines Handwerkeraufstandes bildet den Übergang zu Markierungen innerstädtischer Siege, die ein eigenes Segment des Schlachtengedenkens sind. In Lübeck gab es eine Prozession, die ab 1416 am Sonntag nach Trinitatis gefeiert wurde und die an die Wiedereinsetzung des Rates nach acht Jahren Exil erinnerte. Parallel feierte die exklusive Zirkel-Gesellschaft aus diesem Anlass ihr dreitägiges jährliches Treffen mit Gottesdienst und Totengedenken, Umzug und Festgelage.[92] In die Kategorie dieser Feste dürfte auch der von Graf näher beschriebene Severinstag, der an einen missglückten Handstreich der Münzerhausgenossen zur Wiederherstellung des Geschlechterregiments in Speyer 1330 erinnert, zählen, ein Fest, das selbst die Reformation überlebte.[93]

Gerade für das Schlachtengedenken hat Klaus Graf auf zahlreiche Inschriften verwiesen, so eine Gedenkinschrift an die Gefallenen der Schlacht bei Döffingen 1388 und einen um 1500 angefertigtem Gedenkstein für den damals gefallenen Anselm Reinhart an der Außenwand der örtlichen Pfarrkirche.[94] Für die prominentesten Gefallenen der Lüneburger Ursulanacht 1371 wurden jeweils am Ort ihres Todes Gedenksteine angebracht.[95] Für das Schlachtengedenken sind nicht nur einzelne Inschriften, sondern ganze Bauten entstanden. In der Schweiz gibt es eine ganze Reihe sogenannter Schlachtgedächtniskapellen, die lange als eidgenössische Besonderheit betrachtet wurden (Abb. 5). Inzwischen sind weit über die Schweiz hinaus viele städtische Kapellenstiftungen und Kapellenbauten mit

89 Löther, Prozessionen (wie Anm. 22), S. 87f.

90 Heimann, Gegenfeste (wie Anm. 5), S. 180; Löther, Prozessionen (wie Anm. 22), S. 140f., 200–202; Graf, Erinnerungsfeste (wie Anm. 47), S. 265; Ders., Schlachtengedenken in der Stadt (wie Anm. 48), S. 87; Dünnebeil, Öffentliche Selbstdarstellung (wie Anm. 22), S. 80. Weitere Beispiele bei Johanek, Geschichtsbild (wie Anm. 59), S. 566, 568.

91 Graf, Schlachtengedenken im Spätmittelalter (wie Anm. 48), S. 65f.

92 Dünnebeil, Öffentliche Selbstdarstellung (wie Anm. 22), S. 82f. und S. 84 mit Anm. 48; Graf, Erinnerungsfeste (wie Anm. 47), S. 265; Löther, Prozessionen (wie Anm. 22), S. 200.

93 Graf, Erinnerungsfeste (wie Anm. 47), S. 267f.; Ders., Schlachtengedenken im Spätmittelalter (wie Anm. 48), S. 69.

94 Ders., Erinnerungsfeste (wie Anm. 47), S. 269; Ders., Schlachtengedenken in der Stadt (wie Anm. 48), S. 87.

95 Ders., Schlachtengedenken im Spätmittelalter (wie Anm. 48), S. 67.

Abb. 4: Gedenkinschrift an die Schlacht von Winsen an der Aller 1388 an der Franziskanekirche in Braunschweig

dieser Form der Erinnerung in Zusammenhang gebracht worden. Es handelte sich dabei selbstverständlich nicht nur um die Bauten selbst, sie waren mit Fresken geschmückt, es gab Altäre, liturgisches Gerät und oft sogar eigene Pfründen.[96]

Wie für andere Formen der Erinnerung begegnet in den hier erwähnten Beispielen wieder der schon übliche »Medien-Mix«. Besonders eindrucksvoll sind die Belege aus Bern, wo der Sieg der Eidgenossen über den Burgunderherzog Karl den Kühnen bei Murten jeweils am Jahrtag begangen wurde. Der Stadtschreiber musste einen kurzen Bericht verfassen, den Ratsherren verlesen, dann wurde auch von der Kanzel des Berner Münsters öffentlich ein Bericht verlesen.[97] Im Berner St. Vinzenzmünster wie in der Pfarrkirche zu Schwyz hingen die erbeuteten Banner und Feldzeichen und wurden von zeitgenössischen Reisenden in ihren Berichten vermerkt.[98] Parallel zum öffentlichen und ratsobrigkeitlichen Gedenken gab es stets auch private und familiäre Gedenken und Stif-

96 Ders., Schlachtengedenken im Spätmittelalter (wie Anm. 48), S. 64 f.; Ders., Schlachtengedenken in der Stadt (wie Anm. 48), S. 92; Landolt, Eidgenössisches »Heldenzeitalter« (wie Anm. 21), S. 85–88.

97 Ders., Eidgenössisches »Heldenzeitalter« (wie Anm. 21), S. 79.

98 Ders., Eidgenössisches »Heldenzeitalter« (wie Anm. 21), S. 89–91 mit weiteren Beispielen.

Abb. 5: Schlachtenkapelle auf dem Schlachtfeld von Sempach

tungen.[99] Viele dieser offiziellen wie privaten Schlachtengedenken fanden mit der Reformation ein abruptes Ende.[100] Andere aber bestanden weiter. Die für die Durchsetzung der Reichsfreiheit Lübecks so wichtige Schlacht bei Bornhöved wurde auch nach der Reformation durch Dankgottesdienst und Armenspeise gefeiert, wenn auch ersteres nicht mehr am Tag der heiligen Maria Magdalena, sondern am Sontag darauf; selbst das Bild Maria Magdalenas, die auf einer Wolke erschien und das lübische Heer segnete, fanden die Ratsherren in der Hörkammer sichtlich nicht anstößig, sondern es blieb bis 1795 unverändert.[101]

Ein solches Schlachtengedenken konnte sich natürlich in seiner Bedeutung für die Gemeinde verändern und von einzelnen Gruppen für ihre Interessen umgedeutet werden. Die Listen der 1499 in der Calwenschlacht gegen Kaiser Maximilian gefallenen Helden sind um Leute erweitert worden, die die Schlacht überlebt hatten und wohl deshalb unter den Gefallenen aufscheinen, weil spätere

99 Ders., Eidgenössisches »Heldenzeitalter« (wie Anm. 21), S. 81.
100 Ders., Eidgenössisches »Heldenzeitalter« (wie Anm. 21), S. 84.
101 Möbius, Gedächtnis (wie Anm. 18), S. 133f., 136f. Es sei hier darauf verwiesen, dass lutherische Ratsherren insoweit mit Heiligen, die biblische Gestalten waren, keine unüberwindbaren Probleme hatten und ihre Bilder selbst in den Kirchen verbleiben konnten.

Generationen von Familienangehörigen sie als vermeintliche Kriegshelden für ihre eigenen Belange einsetzten und sie als Legitimationsfiguren benutzten.[102]

So waren die Spielarten des Schlachtengedenkens vielgestaltig: Siege über den Stadtherren, gemeinsame Siege mit dem Stadtherrn, Siege über Gruppen innerhalb der Stadt – der Spielraum war groß.[103] Es gibt sogar Beispiele dafür, dass unterschiedliche Gruppen innerhalb der Stadt dasselbe Ereignis unterschiedlich erinnerten. Klaus Graf verwies auf die Erinnerung an die Schlacht von Varlar in der münsterischen Stiftsfehde[104] in der Stadt Münster: Rat und Gemeinde erinnerten in einer Inschrift in der Minoritenkirche an die Gefallenen der Niederlage, während das Domkapitel am selben Tag den Sieg seines Bischofskandidaten feierte.[105]

Im Rahmen städtischen Gedenkens ist dem Schlachtengedenken eine besondere Rolle zuzuweisen, berührt es doch den militärischen Bereich, symbolisierte die Wehrhaftigkeit und Männlichkeit der Bürger und bietet gleichzeitig mit der unterschiedlichen Partizipation unterschiedlicher Gruppen am kriegerischen Auftreten verschiedene Abstufungen von Gruppenhierarchien. Andrea Löther ist die Aufarbeitung der erstaunlichen (oder dann eben doch nicht so erstaunlichen) Bedeutung bewaffneten Gefolges bei Prozessionen und den unterschiedlichen Spielarten, je nach Bedeutung der Prozession und Zielrichtung sozialer Repräsentanz zu verdanken.[106]

Nicht immer lassen sich die drei Segmente städtischer Erinnerungskultur gut voneinander trennen, sie verschmelzen zu einem Erinnerungsraum. Hier seien nur zwei Beispiele erwähnt, zum einen die Rückseite des berühmten Wildunger Altars, zum anderen ein Fresko an der Südseite des heutigen Grazer Domes. Der 1403 datierte Wildunger Altar des Konrad von Soest ist eines der Hauptwerke des Schönen Stils. Doch nicht dieses Meisterwerk, sondern seine Rückseite soll hier interessieren. Die auf die Rückseite gemalten und heute schlecht erhaltenen Inschriften erwähnen neben dem Einzug des Papstes in Konstanz am Allerheiligentag die Belagerung von Korbach durch die von Padberg 1414, den Beginn des Sternerkrieges 1374, eine Überschwemmung in Wildungen 1360, eine Erinnerung an Judenmord und Pest: *anno domini m° ccc° XL IX bartholomei du worden dy juden gebrand und in dem sulben iare gyngen dy geysselbruder und war eine*

102 Eine Reihe von Beispielen bei Graf, Schlachtengedenken in der Stadt (wie Anm. 48), S. 90f., 100. Zur Calwenschlacht Landolt, Eidgenössisches »Heldenzeitalter« (wie Anm. 21), S. 78f.

103 Graf, Schlachtengedenken in der Stadt (wie Anm. 48), S. 84f.

104 Zur Stiftsfehde Joseph Hansen, Westfalen und Rheinland im 15. Jahrhundert. Bd. 2: Die Münsterische Stiftsfehde (Publicationen aus den K. Preußischen Staatsarchiven, Bd. 42), Leipzig 1890; Wilfried Ehbrecht, Rat, Gilden und Gemeinde zwischen Hochmittelalter und Neuzeit, in: Franz-Josef Jakobi unter Mitwirkung von Thomas Küster (Hg.), Geschichte der Stadt Münster, Bd. 1., Münster 1993, S. 91–144, hier S. 131–137.

105 Graf, Schlachtengedenken in der Stadt (wie Anm. 48), S. 83.

106 Löther, Prozessionen (wie Anm. 22), S. 223–231; vgl. schon die Überlegungen bei Graf, Schlachtengedenken im Spätmittelalter (wie Anm. 48), S. 68f.

gemeine sterben, sowie *anno domini m° cccc° XX du war en gemeine sterben ume uns her* […] *myle in diesen landen.*[107] Da der Altar 1403 gestiftet wurde, sind zumindest einige der Nachrichten retrospektiv vermerkt worden. Wieso die Rückseite des Wildunger Altares zum Ort des Gedächtnisses wurde, darüber können nur Vermutungen angestellt werden, vielleicht, weil hier der Ort der Beichte war und alle Gemeindemitglieder mindestens einmal im Laufe des Jahres vor Gründonnerstag dort erscheinen mussten.[108]

An der Südseite des heutigen Domes von Graz, früher der Stadtpfarr- und Hofkirche, die Friedrich III. neu hat erbauen lassen, findet sich ein großformatiges Fresko, das gleich mehrere Ereignisse des Jahres 1479/80 memoriert, nämlich eine Heuschreckenplage in der Steiermark 1480, die Belagerung der Stadt und Zerstörung des Umlandes durch die Türken im August 1480 und eine Seuche (Abb. 6). Diese Ereignisse werden in doppelter Form vergegenwärtigt, zum einen durch eine lateinische und deutsche Inschrift, zum anderen durch die Fresken. Die drei Ereignisse sind im unteren Register nebeneinander dargestellt, im oberen Register findet sich eine Darstellung der Dreifaltigkeit, umgeben von Heiligen und Propheten. Die fürbittende Maria und Johannes der Täufer halten ein Tuch, das die Plagen, die als dreifache Lanze auf die Menschheit niedergehen, abweisen soll, eine klare Anlehnung an den Typus der Schutzmantelmadonna. Geistliche, an ihrer Spitze der Papst, wie Weltliche sind unter diesem Tuch dargestellt. Die Mittlerstellung der Heiligen, die die verdienten Strafen und Plagen abzuwenden vermögen, die Notwendigkeit von Buße und Bitte werden bildlich dargestellt und in den Inschriften konkretisiert.[109]

107 Brigitte Corley, Conrad von Soest. Painter among Merchant Princes, London 1996, S. 183–193, Cat. No. 1, zum Wildunger Altar (dort nach dem älteren Namen von Bad Wildungen »Niederwildungen Altarpiece«) mit Abb. 133, S. 186, Edition der Inschriften Appendix B, S. 264. Zu den Herren von Padberg und ihren Aktivitäten vgl. Michael Drewniok, Das Kloster Bredelar und die Herren von Padberg. Eine komplizierte Nachbarschaft im Mittelalter, in: Thomas Scharff/Thomas Behrmann (Hg.), Bene vivere in communitate. Beiträge zum italienischen und deutschen Mittelalter. Hagen Keller zum 60. Geburtstag überreicht von seinen Schülerinnen und Schülern, Münster 1997, S. 179–204, hier S. 182–204; zum Sternerkrieg Claudia Zimmermann, Der Sternerkrieg, in: Bernhard Schroth (Bearb.), Burgenforschung in Hessen. Begleitband zur Ausstellung im Marburger Landgrafenschloß vom 1. November 1996 bis 2. Februar 1997 (Kleine Schriften aus dem Vorgeschichtlichen Seminar der Philipps-Universität Marburg, Bd. 46), Marburg 1996, S. 147–150.

108 Zur Altarrückseite als Ort der Beichte vgl. Jörg Rosenfeld, Malerische Retabelrückseiten. Prolegomena zu Bedingungen und Möglichkeiten des Abseitigen vornehmlich nordalpiner Kunst des späten Mittelalters und der frühen Neuzeit. Ein Zwischenbericht, in: Anna Moraht-Fromm (Hg.), Kunst und Liturgie. Choranlagen des Spätmittelalters: Ihre Architektur, Ausstattung und Nutzung, Ostfildern 2003, S. 253–339, eine Kurzfassung ist verfügbar unter http://www.joerg-rosenfeld.de/wp-content/uploads/2011/10/J%C3%B6rg-Rosenfeld_Archiv-Retabelr%C3%BCckseiten-Auszug1.pdf.

109 Erwin Schimitschek, Die Darstellung einer Heuschreckenplage auf dem Wandgemälde des Thomas von Villach am Dom zu Graz, in: Anzeiger für Schädlingskunde 26, Heft 3 (1953), S. 42–44 (mit schematischer Zeichnung); Dorothea Wiesenberger, Türken,

Abb. 6: Plagenfresko am Dom von Graz

Mit Stifter-, Katastrophen- und Schlachtengedenken sind die wichtigsten Segmente des städtischen Erinnerungsraumes ausgemessen. Allerdings lassen sich durchaus noch andere Formen des Gedenkens festmachen. So könnte man vom wirtschaftlichen Gedenken sprechen. Immer wieder begegnet man in der Historiographie Angaben über Preise. Als Beispiel seien die Notizen des Esslinger Arztes Trutwin in seinen eigenen Handschriften genannt. So vermerkte er etwa: *Anno domini M° cc° lxx° ix° anno vi regni Růdolfi Romanorum regis dabatur modium siliginis pro duobus solidis, modium spelte pro xxti denariis. modium avene pro pro xvi denariis. mensura vini pro dimidio modio siliginis.*[110] Ähnliche Angaben finden sich auch in Inschriften. Die ehemals am Lustnauer Tor in Tübingen angebrachte Inschrift (Abb. 7), die nach Abriss des mittelalterlichen Stadttors und der Umgestaltung des 19. Jahrhunderts in der Mühlstraße verbaut

Pestilenz und Heuschrecken, in: Die Steiermark. Brücke und Bollwerk. Katalog der Landesausstellung auf Schloß Herberstein bei Stubenberg, 3. Mai bis 26. Oktober 1986 (Veröffentlichungen des Steiermärkischen Landesarchives, Bd. 16), Graz 1986, S. 181–189; Christian Rohr, Zum Umgang mit Tierplagen im Alpenraum in der Frühen Neuzeit, in: Katharina Engelken/Dominik Hünniger/Steffi Windelen (Hg.), Beten, Impfen, Sammeln. Zur Viehseuchen- und Schädlingsbekämpfung in der frühen Neuzeit, Göttingen 2007, S. 99–133, hier S. 103–105.

110 Universitäts- und Landesbibliothek Innsbruck, Cod. 141, f. 1v. Zu Trutwin Walther Ludwig, Der Esslinger Arzt Trutwein und sein Siegesgedicht von 1312, in: Esslinger Studien 34 (1995), S. 1–19; Klaus Graf, Trutwin, in: Die deutsche Literatur des Mittelalters. Verfasserlexikon. 2. Aufl., hg. von Burghart Wachinger, Bd. 9, Berlin/New York 1995, Sp. 1109–1111.

ist, vermerkt in ähnlicher Weise für das Jahr 1530 Korn-, Roggen-, Hafer-, Salz-, Schmalz- und Weinpreis.[111] In der Lüdinghauser Stadtkirche St. Felicitas wurde anlässlich der Fertigstellung des Turms 1558 auf einer Säule in der Kirche auch der aktuelle Roggenpreis vermerkt.[112] Die Funktionen solcher Aufzeichnungen sind in der bisherigen Literatur zum Gedächtnisraum Stadt noch nicht intensiv diskutiert worden; es wäre lohnenswert, die städtische Chronistik auf solche Hinweise durchzusehen und zu fragen, welche Rolle wirtschaftliche Daten für das städtische Gedächtnis spielten und wo solche Informationen notiert wurden.

5. Medien der Erinnerung

In einem weiteren Schritt sollen nun noch einmal die unterschiedlichen Medien der Erinnerung, die diesen Erinnerungsraum aufspannten, betrachtet werden. In der systematischen Darstellung von Stifter-, Katastrophen- und Schlachtengedenken sind städtische Feste,[113] Prozessionen und Riten schon intensiv besprochen worden, sodass sich eine nochmalige Erörterung hier erübrigt. Ich konzentriere mich daher im Folgenden auf die noch nicht so eingehend behandelten Medien. Peter Johanek schrieb 1996: »Die geschichtliche Überlieferung einer Stadt vermittelte sich in jener Zeit am wirksamsten in nichtschriftlichen Formen, in oraler Tradition, in Liedern, Sprüchen und Dichtung, in Bildern und Denkmälern, Bauten, Symbolen, in Liturgie und Ritus«.[114] Diese quellengestützte Beschreibung deckt sich mit der theoretischen Erwägung von Rudolf Schlögl, der Schrift und Druck in der politischen Kommunikation der frühneuzeitlichen Stadt lange Zeit nur in einer Aufbewahrungs- und Verbreitungsfunktion sieht und stattdessen die Interaktionskommunikation als das ansieht, was die Stadt als sozialen Körper formte. So seien die zentralen Medien nicht beschriebenes und bedrucktes Papier, sondern neben der Rede »der Körper und die Dinge in ihrem Arrangement, der Raum und die Zeit«.[115] Medien der Erinnerung in der Stadt sind daher Feste, Denkmäler, Prozessionen, Riten, Lieder, Sprüche, Wahrzeichen

111 Tübingen, Mühlstraße.

112 Lüdinghausen, St. Felicitas, südlicher Turmpfeiler im Mittelschiff, Inschriften.

113 Auf die zu wenig beachtete Öffentlichkeit der Feste verwies besonders KRISCHER, Rituale und politische Öffentlichkeit (wie Anm. 6), S. 145–148.

114 JOHANEK, Geschichtsbild (wie Anm. 59), S. 559. Vgl. auch DERS., Einleitung (wie Anm. 18), S. IX; SCHMID, Chronik (wie Anm. 21), S. 117.

115 SCHLÖGL, Vergesellschaftung (wie Anm. 41), S. 33, vgl. auch S. 36, 49f.; DERS., Der Körper als Medium. Einleitung, in: BURKHARDT/WERKSTETTER (Hg.), Kommunikation und Medien in der Frühen Neuzeit (wie Anm. 10), S. 429–431; Rudolf SCHLÖGL: Resümee: Typen und Grenzen der Körperkommunikation in der Frühen Neuzeit, in: BURKHARDT/WERKSTETTER (Hg.), Kommunikation und Medien in der Frühen Neuzeit (wie Anm. 10), S. 547–560; KRISCHER, Rituale und politische Öffentlichkeit (wie Anm. 6), S. 128. Weitere Anregungen zur Frage des Raumes und seiner Bedeutung bieten die Beiträge in Christian HOCHMUTH/Susanne RAU (Hg.), Machträume der frühneuzeitlichen Stadt (Konflikte und Kultur – Historische Perspektiven, Bd. 13), Konstanz 2006.

Abb. 7: Inschrift aus dem Jahr 1530 vom ehemaligen Lustnauer Tor, Mühlstraße, Tübingen

und erst dann historiographische Texte und Inschriften.[116] Und sie treten, meist nicht vereinzelt, sondern in der Regel als mediales Bündel oder »Medien-Mix«[117] auf, wie dies im eingangs beschriebenen Beispiel des Radewiger Kohlfestes in Herford wie in vielen der Beispiele für die unterschiedlichen Typen der Erinnerung in der Stadt der Fall war. Das gebündelte Auftreten dieser Medien war notwendig, sollte die Erinnerung sowohl fixiert wie weit verbreitet werden. Für literarische wie historiographische Texte hat die interdisziplinäre Mediävistik ein methodisches Rüstzeug geschaffen, um Perzeption und Rezeption der Texte wissenschaftlich fassen zu können. Für andere Medien der Erinnerung stehen solche Methoden nur sehr eingeschränkt zur Verfügung.[118]

Natürlich ist die städtische Historiographie für Historiker der wichtigste Ausgangspunkt, geht es um städtische Erinnerung. Die städtischen Chronisten

116 GRAF, Erinnerungsfeste (wie Anm. 47), S. 263; JOHANEK, Einleitung (wie Anm. 18), S. XVIf.; SCHMID, Geschichte (wie Anm. 18), S. 170–172.

117 So auch Gerd SCHWERHOFF, Kommunikationsraum Dorf und Stadt. Einleitung, in: BURKHARDT/WERKSTETTER (Hg.), Kommunikation und Medien in der Frühen Neuzeit (wie Anm. 10), S. 137–157, hier S. 144f.; GOPPOLD, Politische Kommunikation (wie Anm. 14), S. 69f.

118 GRAF, Exemplarische Geschichten (wie Anm. 54), S. 203–208. Vgl. die Ansätze bei Sabine SOMMERER, Kommunikationsmodelle im Vergleich, in: GÜNTHART/JUCKER (Hg.), Kommunikation im Spätmittelalter (wie Anm. 6), S. 65–78.

des Spätmittelalters wie der Frühen Neuzeit nutzten das Medium der Schrift, um Erinnerung festzuschreiben, sie griffen routiniert auf lokale, regionale wie übergreifende Werke und Hilfsmittel zurück. Die Bandbreite war groß, vom knappen Eintrag in ein Stadtbuch bis hin zur umfangreichen Chronik.[119] Allerdings blieb ein Großteil der städtischen Historiographie bis weit in die Neuzeit hinein ungedruckt – schon weil der überörtliche Absatzmarkt fehlte.[120] Die Stadtbücher wie die Historiographie sind also Handschriften, in der Regel nicht besonders feierlich ausgestattet, aber es gibt auch Ausnahmen. Für das adlige Milieu ist die Nutzung der Buchmalerei als Medium der Erinnerung weithin bekannt.[121] Mehr als die Hälfte der seit der Mitte des 15. Jahrhunderts für die Räte angefertigten schweizerischen Stadtchroniken waren reich ausgestattet, vor allem illuminiert.[122] Sie wurden so zu wahren Prachtstücken städtischer Identität oder zu Repräsentationsobjekten des Rates. Oft war die städtische Chronistik nur der Ratsobrigkeit zugänglich und wurde sogar wie Urkunden und Schatz in verschlossenen, gesicherten Gewölben verwahrt, manchmal auch in der städtischen Kanzlei.[123] Man kann – vor allem in der Frühen Neuzeit – neben dem Rat auch Mitglieder der städtischen Führungsschicht als Auftraggeber ausmachen,[124] es heißt also genau aufzupassen, wessen Interessen in wessen Auftrag sich nieder-

119 JOHANEK, Geschichtsbild (wie Anm. 59), S. 564 f., 568 f. sowie die eingehende Studie von SCHMID, Geschichte (wie Anm. 18).
120 JOHANEK, Einleitung (wie Anm. 18), S. XVIf.; vgl. SCHMID, Geschichte (wie Anm. 18), S. 29 f. Die geringe Identitätsbildung mittels historiographischer Zeugnisse in Hessen stellt heraus Thomas FUCHS, Von der Übermacht der Fürstengeschichte. Städtische Chronistik in der Landgrafschaft Hessen und in Hessen-Kassel, in: SCHLÖGL (Hg.), Interaktion und Herrschaft (wie Anm. 11), S. 449–469. Zur Nutzung des Druckes durch den Rat exemplarisch für das Beispiel Köln GIEL, Politische Öffentlichkeit (wie Anm. 40), S. 86–140, für Bern SCHMID, Chronik (wie Anm. 21), S. 118 f. Eine Sonderstellung scheinen hier die niederländischen Städte zu spielen. Für fast jede niederländische Stadt, gleich welcher Größe, wurde in 17. und 18. Jahrhundert eine Stadtbeschreibung mit Chronik verfasst und gedruckt, vgl. Boekenlust. Bücherschätze aus Hollands Goldenem Zeitalter. 6. Mai bis 30. September 2007, Schloß Rheydt, o. O. 2007, S. 11 f. Die bei dieser Gelegenheit der Öffentlichkeit präsentierte niederrheinische Privatsammlung enthält in seltener Vollständigkeit die verschiedenen Stadtbeschreibungen von über 80 Städten. Vgl. auch Raingard ESSER, Historisch-topografische Erfassung des Raumes – Chorografien in den Niederlanden und in England im 17. Jahrhundert, in: RAU/STUDT (Hg.), Geschichte schreiben (wie Anm. 19), S. 449–458.
121 Zusammenfassend Andrea VON HÜLSEN-ESCH, Die Buchmalerei als Medium der Erinnerung, in: DIES. (Hg.), Medien der Erinnerung (wie Anm. 7), S. 83–111.
122 SCHMID, Geschichte (wie Anm. 18), S. 91–102.
123 JOHANEK, Geschichtsbild (wie Anm. 59), S. 569 f.; SCHMID, Chronik (wie Anm. 21), S. 115, 117, 127 f., 136 f.; LANDOLT, Eidgenössisches »Heldenzeitalter« (wie Anm. 21), S. 74; SCHMID, Geschichte (wie Anm. 18), S. 65, 67, 80 f., 88–90. Zur Zugänglichkeit des Kölner Archivs Klaus MILITZER, Entstehung und Bildung von Archiven in Köln während des Mittelalters, in: Hedwig POMPE/Leander SCHOLZ (Hg.), Archivprozesse: Die Kommunikation der Aufbewahrung (Mediologie, Bd. 5), Köln 2002, S. 27–37, hier S. 31 f.
124 JOHANEK, Geschichtsbild (wie Anm. 59), S. 570; SCHMID, Geschichte (wie Anm. 18), S. 78 f., 84–87.

schlugen und ob sich allgemeine Erinnerung oder partikulare Erinnerung im jeweiligen Werk manifestiert. Vielleicht waren diese oft ausführlichen Werke für eine breitere Rezeption auch gar nicht geeignet. Schriftliche Aufzeichnungen in Handschriftenform hatten wenig Publizität und mussten gedruckt oder verlesen werden, um ein größeres Publikum zu erreichen, selbst noch in der Frühen Neuzeit.[125] Die menschliche Stimme hatte dabei nur eine begrenzte Reichweite.

Welche Rolle die frühen Stadtarchive für die Erinnerungskultur gehabt haben, ist schwer auszumachen, waren sie zunächst nur für einen sehr exklusiven Kreis überhaupt zugänglich.[126] Es dürfte nicht nur die rechtshistorische Brille der Archivarszunft sein, die in den älteren Archiven in erster Linie Rechtsmitteldepots sahen. In der Frühen Neuzeit wurden die Archive jedoch zur wesentlichen Stütze. Betrachtet man die ältesten erhaltenen städtischen Archivräume, so sind dies möglichst feuersichere, gewölbte Räume mit zweckmäßiger, aber keineswegs prächtiger oder repräsentativer Ausstattung. Hier sei nur an das Alte Archiv der Stadt Lüneburg direkt neben der Gerichtslaube mit seinen gotischen, zum Teil bemalten oder verzierten Archivtruhen und Schränken oder das Rathaus-Archiv der Stadt Freiburg erinnert, dessen Einrichtung mit Vertäfelungen und 278 hölzernen Laden aus dem Jahre 1553 noch heute erhalten ist. Auch das Archivgewölbe im Südturm von St. Dionys in Esslingen sei erwähnt.[127] Das

125 Stollberg-Rilinger, Symbolische Kommunikation (wie Anm. 17), S. 516; Schmid, Öffentliche Geschichte (wie Anm. 60), S. 409f. Diese mangelnde Reichweite war schon dem 18. Jahrhundert bewusst, vgl. den Beleg bei Schmid, Chronik (wie Anm. 21), S. 119. Ganz zu Recht betont Jan Marco Sawilla, Prozesse, in: Rau/Studt (Hg.), Geschichte schreiben (wie Anm. 19), S. 169–182, hier S. 170–173, die fortdauernde Bedeutung der handschriftlichen Tradierung für Werke der Historiographie, vgl. auch Cornelia Laussat/Joachim Schneider, Schreiben und Redigieren, in: Rau/Studt (Hg.), Geschichte schreiben (wie Anm. 19), S. 230–234, hier S. 230f.

126 Hannes Obermair, The Use of Records in Medieval Towns: The Case of Bolzano, South Tyrol, in: Marco Mostert/Anna Adamska (Hg.), Writing and the Administration of Medieval Towns: Medieval Urban Literacy, Bd. I (Utrecht Studies in Medieval History, Bd. 27), Turnhout 2014, digitale Vorabversion unter http://www.academia.edu/3353027/The_Use_of_Records_in_Medieval_Towns_The_Case_of_Bolzano_South_Tyrol, S. 14. Vgl. auch Schmid, Öffentliche Geschichte (wie Anm. 60), S. 409f.

127 Gustav Luntowski, Stadtarchiv und Ratsbücherei Lüneburg, Lüneburg 1963, S. 7–14 mit Abb. S. 12; Franz Lautenberger, Stadtrechte, Stadtverfassung, Verwaltung, Stadtgericht, in: Walter Bernhardt (Hg.), Acht Jahrhunderte Stadtgeschichte. Vergangenheit und Gegenwart im Spiegel der Kommunalarchive in Baden-Württemberg, Sigmaringen 1981, S. 22–28, hier Kat. Nr. 3, S. 27 und Abb. 8, S. 23. Die Entwicklung der Esslinger Archivräume stellt Joachim Halbekann in diesem Band vor, als Separatdruck ist erschienen: Joachim J. Halbekann, Vom knöchernen zum papiernen Gedächtnis. 400 Jahre Stadtarchiv Esslingen in der Allerheiligenkapelle. Öffentlicher Abendvortrag im Rahmen der 49. Arbeitstagung des Südwestdeutschen Arbeitskreises für Stadtgeschichtsforschung: »Stadt zwischen Erinnerungsbewahrung und Gedächtnisverlust«, 19. November 2010, Esslingen, Altes Rathaus, Esslingen 2010. Nur eigenständige Bauten und nur fürstliche Beispiele behandelt Katja Leiskau, Architektur und Geschichte der staatlichen Archivzweckbauten in Deutschland 1871–1945, Band I: Text, Diss. Marburg 2008, S. 13–24, abrufbar unter http://archiv.ub.uni-marburg.de/diss/z2008/0481/pdf/disskl1.pdf.

Abb. 8: Schützenscheibe mit Archiv, Schwäbisch-Hall

Stadtarchiv Speyer war bis 1995 im Erdgeschoss des Rathauses von 1726 untergebracht. Die noch heute in dem jetzt als Trauzimmer genutzten Raum untergebrachten Wandschränke, in denen die Archivalien lagerten, waren transportabel und konnten mit den an ihren Seiten angebrachten Traggriffen als Fluchtkisten im Notfall schnell aus den Räumlichkeiten evakuiert werden.[128] Die Sicherheit war wichtiger als Repräsentation.

Wie anders im 17. und 18. Jahrhundert der Raum von Wissensspeichern inszeniert werden konnte, zeigt der Vergleich mit Bibliotheksräumen. Die Stadtarchive des 17. und 18. Jahrhunderts waren meist nicht so prächtig ausgestattet wie etwa barocke Klosterbibliotheken.[129] Einen zeitgenössischen Blick in ein früh-

128 https://www.flickr.com/photos/stadtarchiv_speyer/6028004641/in/set-72157627399357266.

129 Grundlegender Überblick zu den Bibliotheken bei Margarete BAUR-HEINHOLD, Schöne alte Bibliotheken. Ein Buch vom Zauber ihrer Räume, München 1972, Lizenzausgabe Hamburg 2000, S. 143–252; knapper und nur für bestimmte Bibliothekstypen Marianne BERNHARD, Stifts- und Klosterbibliotheken (Keysers kleine Kulturgeschichte), München 1983. Ein repräsentativer Bildband bietet interessantes Material: Guillaume DE LAUBIER/Jacques BOSSER, Die schönsten Bibliotheken der Welt, München 2003; für Österreich Walter JAKSCH/Edith FISCHER/Franz KROLLER, Österreichischer Bibliotheks-

neuzeitliches Stadtarchiv gewährt eine im Hällisch-Fränkischen Museum aufbewahrte Schützenscheibe aus dem 18. Jahrhundert (Abb. 8).[130]

Anders als die spätmittelalterliche Historiographie harrt die frühneuzeitliche, vor allem dann, wenn sie nicht gedruckt, sondern nur handschriftlich überliefert ist, oft noch der Erschließung. Im Zuge des 17. und 18. Jahrhunderts werden in vielen Städten große Kompilationen aus dem Quellenmaterial erarbeitet, etwa in Soest die Rademacherschen Kollektaneen oder in Esslingen das »Archivum portatile« des Eberhard Friedrich Eckher.[131] Die moderne Historiographiegeschichte hat immer wieder auf die enge Verbindung von amtlichen Schriftgut und Anfängen chronikalischer städtischer Überlieferung verwiesen.[132] So wurden die Wismarer Chronik des Heinrich Balsee von 1384 wie die Helmstedter Chronik des Henning Hagen von 1491 vor dem Rat regelmäßig verlesen und standen seinen Mitgliedern zur Orientierung zur Verfügung.[133] Die enge Bindung von Chronik und Geschäftsschriftgut bedingte ihren Arkancharakter und ihre Beschränkung auf die Ratsöffentlichkeit. Materialien aus den Archiven wurden in ganz unterschiedlichem Maße von der städtischen Chronistik wahrgenommen bzw. als Grundlage der Darstellung genutzt.[134]

Scheint das Archiv als Gesamtheit erst in späterer Zeit als Gedächtnisort jenseits seiner praktischen Zwecke wirklich ins Bewusstsein gekommen zu sein, so waren es einzelne Texte stets.[135] Barbara Stollberg-Rilinger verwies darauf, dass Rechtstexte ihre Geltung erst durch Akte öffentlicher symbolischer Interaktion erhielten und behielten.[136] In Luzern wurde nachweislich seit 1328 bei der Wahl

bau, 1. Bd.: Von der Gotik bis zur Moderne, Graz 1992, Überblick S. 31–40; Gerfried SITAR/Anna HOFFMANN, Magie und Macht des Schreibens. Die schönsten Bibliotheken Österreichs, Wien 2002.

130 Vgl. zu den Haller Schützenscheiben und ihrem Quellenwert Heinrich MEHL/Hans-Jürgen FLAMM, Haller Schützenscheiben. Eine gemalte Chronik der Stadt Schwäbisch Hall und ihres Umlands (Forschungen aus Württembergisch Franken, Bd. 21), Sigmaringen 1985.

131 Ludwig Eberhard RADEMACHER, Annales oder Jahr-Bücher der Uhr-alten und weitberühmten Stadt Soest, hg. von Gerhard KÖHN, 4 Bde., Soest 1999, zu RADEMACHER und seinem Werk Bd. 1, S. VII–XI; zu ECKHER und dem Archivum portatile Eberhard NIKITSCH, Studien zur Handwerkermentalität in frühneuzeitlichen Reichsstädten am Beispiel des Esslinger Kürschners und Chronisten Dionysius Dreytwein. Mit einer Edition seiner »Franziskaner-Reimchronik«, phil. Diss. Masch. Tübingen 1985, S. 49f.; SCHMID, Chronik (wie Anm. 21), S. 125 für die Schweiz.

132 WRIEDT, Bürgerliche Geschichtsschreibung (wie Anm. 18), S. 29–34.

133 DERS., Bürgerliche Geschichtsschreibung (wie Anm. 18), S. 31f.; vgl. auch SCHMID, Öffentliche Geschichte (wie Anm. 60), S. 410.

134 SCHMID, Chronik (wie Anm. 21), S. 126–135; SCHMID, Geschichte (wie Anm. 18), S. 63, 239f.

135 Christoph Friedrich WEBER, Dauer und Wandel, Identität und Schriftgebrauch in der symbolischen Kommunikation des Spätmittelalters. Das Beispiel der öffentlichen Begegnungen im Basler Herrschaftsverband, in: RÜTHER (Hg.), Integration und Konkurrenz (wie Anm. 17), S. 19–35, hier S. 25f., 28–35; ROGGE, Kommunikation, Herrschaft und politische Kultur (wie Anm. 11), S. 391.

136 STOLLBERG-RILINGER, Symbolische Kommunikation (wie Anm. 17), S. 515f.

und Vereidigung der Ratsherren an den Johannesfeiertagen im Sommer (24. Juni) und Winter (27. Dezember) den Bürgern jeweils der sogenannte »Geschworene Brief« von 1252 verlesen, auf den die Ratsherren dann vereidigt wurden.[137] In Naumburg wurde bis ins 19. Jahrhundert die Urkunde Bischof Heinrichs von Naumburg von 1329 über die Ratswahl bei jeder Ratswahl in deutscher Sprache öffentlich in der Stadtkirche St. Wenzel verlesen.[138] Nachdem Gemeinde und Zünfte in mehreren teils gewaltsamen Auseinandersetzungen die patrizische Mehrheit im Erfurter Rat haben durchbrechen können, wurde 1325 eine Relation des Erfurter Rates aufgezeichnet: *Wanne alle dinc, di da geschen in der zit, ensamment vorgenlich sint mit der zit, darumme so ist iz mit mit zitlicher vorsichtikeit herekomen, daz man pflit sogetane geschichte unde gescheffede, die des werdic sint, daz man ir ewiclichen gedenke, daz man die durch ein ewic gehucnisse let bescribe.*[139] Die Ereignisse seit 1309 wurden, um sie nicht der Vergessenheit anheimzugeben, minutiös aufgezeichnet.[140] Das Ziel der Aufzeichnung war, derartige Auseinandersetzungen nie wieder aufkommen zu lassen: *So ist diese rede bescriben, uffe daz daz die, die der gemeinde vore sint, davor denken unde davore sint flizziclichen unde getruwelichin, daz diese rede unde diese geschicht nimmer me gesche adir ummer me sich irhebe. Daz gebe got! Amen.*[141] Der Text wurde jährlich im Zuge der Eidleistung der sogenannten Vierherren und der Huldigung der Bürger verlesen.[142] Das Procedere des Ulmer Schwörtages ist seit dem 15. Jahrhundert bekannt. Im Rahmen des Schwörtages wurde der Schwörbrief von 1397 verlesen, dazu verschiedene Verordnungen. Darauf rief der Bürgermeister: *also hebent uff und sprech mir ein Jeder nach: Als ich mit Worten beschaiden bin und des verlesen brieff innhalt, das ich das hallten und thun wolle getrewlich und ungevarlich, also bitt Ich mir Gott zu helffen.*[143] Auch in Esslingen gehörte die Verlesung der Regimentsordnung und der Eid des Bürgermeisters gegenüber der Gemeinde wie umgekehrt seit 1376 zum festen Ritual.[144] In Straßburg wurde nach 1482 am Schwörtag ein Podest vor dem Münster errichtet, auf das Rat und Stadtschreiber traten, der Schreiber las den Schwörbrief von 1482 vor, und die barhäuptige Bürgerschaft wurde auf den Schwurbrief eingeschworen: *Und sol man ouch disen brieff alle jor vor dem munster sweren stete zu halten*

137 Poeck, Rituale der Ratswahl (wie Anm. 35), S. 17.
138 Diener-Staeckling, Himmel (wie Anm. 35), S. 96f., zur Wenzelskirche S. 97f.
139 Monumenta Erphesfurtensia saec. XII. XIII. XIV., hg. v. Oswald Holder-Egger, Hannover/Leipzig 1899 (SS rer. Germ. in usum scholarum [42]), S. 409.
140 Monumenta Erphesfurtensia (wie Anm. 139), S. 409–413. Zu den Hintergründen mit weiterer Literatur Löther, Prozessionen (wie Anm. 22), S. 178–180.
141 Monumenta Erphesfurtensia (wie Anm. 139), S. 414.
142 Mit entsprechenden Nachweisen Monumenta Erphesfurtensia (wie Anm. 139), S. 409, die Eide sind S. 414 hinter dem Text vermerkt; vgl. Löther, Prozessionen (wie Anm. 22), S. 180.
143 Wolf-Henning Petershagen, Schwörpflicht und Volksvergnügen. Ein Beitrag zur Verfassungswirklichkeit und städtischen Festkultur in Ulm, Stuttgart 1999, S. 21–88.
144 Zur Eidverlesung Holenstein, Huldigung (wie Anm. 62), S. 278.

[...].[145] Noch im Zürich des 18. Jahrhunderts wurden der geschworene Brief sowie weitere fundamentale Satzungen der Gemeinde am Schwörtag im Sommer komplett verlesen und gezeigt, im Winter wählte man ein kürzeres Verfahren.[146]

Nicht nur im Zuge von Schwörtagung und Ratserneuerungen traten einzelne Texte hervor. In Bremen wurde nach einer 1427 ausgebrochenen Krise zwischen Altem und Neuem Rat der Schiedsspruch der Konfliktbeilegung 1433[147] nicht nur ins Stadtbuch eingetragen, sondern eigens als Kopie im Rathaus aufgehängt, wie ein Eintrag des frühen 16. Jahrhunderts im sogenannten Ratsdenkelbuche ausweist: *Item de principall besegelde hovetbreff, ludende uppe de vorenynge des olden rades unnde des nyen rades myt sampt der gantzen menheit, borgerenn unnde inwaneren to Bremen,* [...] *des de copie daraff uppe dem rathusze in der tafelen hangende ys unnde ock in der stad bock gescreven steit* [...].[148]

Natürlich waren dies Rechtstexte, die wichtige Bestimmungen enthielten. Darüber hinaus wurden sie aber durch ihre Präsenz wie durch ihr Verlesen zu wichtigen Bausteinen städtischer Identität. Wie dies immer wieder beobachtet wurde, bedurfte solche städtische Identität, städtische Erinnerung manchmal der Nachjustierung. In Basel wurde seit etwa 1260 die sogenannte Baseler Handfeste, die die Privilegien des bischöflichen Stadtherrn für die Stadt enthielt, nicht nur von jedem neuen Bischof bestätigt, sondern an den vier Fronfasten, einmal im Jahr sogar kombiniert mit der alljährlichen Ratssetzung, vor der zusammengerufenen Stadtgemeinde vor dem bischöflichen Münster öffentlich verlesen, weiterhin eine kaiserliche Goldbulle.[149] Im Zuge des frühen 16. Jahrhunderts änderte der Rat, der durch Ritual, Ort und Handfeste angesichts der Entwicklung städtischer Autonomie vom Stadtherrn die Rolle des Bischofs in diesem medialen Ereignis zu stark betont fand, das Ritual und ersetzte es durch die alle fünf Jahre am Festtag Heinrichs II. stattfindende Verlesung und Beschwörung des Bundesbriefes von 1501, mit dem Basel Teil der Eidgenossenschaft wurde, die dann auch an anderem, städtischen Ort durchgeführt wurde. Stärker noch als Weber dies tat,[150] ist auf die identitätsstiftende Funktion der vertrauten historischen Texte zu verweisen. Hier wurde der Bezug auf den Bischof durch einen Bezug auf die Schweizer Eidgenossenschaft ersetzt. Damit positionierte sich die Stadt in einem ganz anderen Erinnerungsraum.

145 Poeck, Rituale der Ratswahl (wie Anm. 35), S. 26
146 Goppold, Politische Kommunikation (wie Anm. 14), S. 184f.
147 Schied Bremisches Urkundenbuch, Bd. 5: Urkunden von 1411–1433, hg. v. D.R. Ehmck/W. v. Bippen, Bremen 1902, Nr. 499, S. 556–560; vgl. Poeck, Rituale der Ratswahl (wie Anm. 35), S. 159.
148 Bremisches Urkundenbuch 5 (wie Anm. 147), Nr. 499, Anm. 1, S. 560.
149 Weber, Dauer und Wandel (wie Anm. 135), S. 29–31, 34; Christoph Friedrich Weber, Vom Herrschaftsverband zum Traditionsverband? Schriftdenkmäler in öffentlichen Begegnungen von bischöflichem Stadtherrn und Rat im spätmittelalterlichen Basel, in: Frühmittelalterliche Studien 38 (2004), S. 449–491, hier S. 455–458, 467–470.
150 Ders., Dauer und Wandel (wie Anm. 135), S. 34f.; Ders., Herrschaftsverband (wie Anm. 149), S. 479–485.

Zu den Texten, die Identität schufen, gehörten nicht nur die verlesenen Urkunden, sondern ebenso die regelmäßig abgeleisteten Eide. Um sie noch eingängiger zu machen, gab es in manchen Städten Regelungen, sie in Reimform abzulegen. So wurde in Colmar 1360 bestimmt: *Und sol man ouch jêrglich ze pfingesten in der stat ze Colmer uberal sweren mit gestabeten eiden* [...].[151]

Im Zuge von Schwörtagen oder Ratswahlen bzw. -setzungen wurden nicht nur Verfassungsurkunden, sondern auch Stadtrechte oder städtische Statuten verlesen.[152] In Braunschweig ging der Rat auf die Laube des Rathauses, und der Bürgermeister hielt eine genau festgelegte Ansprache an das Volk: *Gy fromen lude, de rad wel gyk kundeghen laten dat echte dingh, dar schal malk na hoeren, vp dat malk wete wat he don vnde laten moeghe, vnde vp dat malk sek vor schaden vnde vor broeken vorwaren moeghe. Darna list denne de scryuer dat echte dingh.*[153] Auch nach der Dorstener Willkür von 1400 sollten bei der Ratserneuerung die Statuten verlesen werden.[154] Allerdings waren verschiedene Kapitel im Statutenbuch der Stadt Dorsten mit der Notiz *non legitur* versehen.[155] Das Soester Stadtbuch von etwa 1350,[156] das bis ins 16. Jahrhundert alljährlich verlesen wurde, beginnt mit den Worten *Nu sal horen dey ghemeynheyt der borghere dat alde ghekorne unde gepruvede recht.*[157] Sicherlich sind die zitierten Beispiele, die sich ohne Mühe erweitern ließen, natürlich in erster Linie Rechtstexte und mussten der Bürgerschaft bekannt sein.[158] Die zur öffentlichen Verlesung benutzte mittelalterliche Rollenhandschrift war seit 1945 verschollen und ist gerade aus dem amerikanischen Antiquariatshandel zurück ins Stadtarchiv Bremen gekommen. Aber sie waren auch unverzichtbare Grundlagen bürgerlicher und städti-

151 Elsässische Stadtrechte 3: Colmarer Stadtrechte, bearb. von Paul Willem FINSTERWALDER, Bd. 1 (Oberrheinische Stadtrechte, Dritte Abteilung: Elsässische Rechte), Heidelberg 1938, Nr. 116, S. 143; vgl. POECK, Rituale der Ratswahl (wie Anm. 35), S. 31.

152 Vgl. die Beispiele bei DIENER-STAECKLING, Himmel (wie Anm. 35), S. 47, 50, 85, 92, 110.

153 Urkundenbuch der Stadt Braunschweig, Bd. 1: Statute und Rechtebriefe 1227–1671, hg. v. Ludwig HÄNSELMANN, Braunschweig 1873, Nr. 63, cxix S. 176.

154 ERHARD, Willküren (wie Anm. 80), S. 199: *Inde daer sal men dan den Rait bestedigen, Ind der gemeynt laten lesen der Stad statuten, up dat sich eyn ider vor den brocke moge hoiden.* Ebd. S. 197: *Inde dar sal men on laten lesen die statuten unde oilden gewonten unser Stad.*

155 DERS., Willküren (wie Anm. 80), S. 1, 206.

156 Gegenüber der zuletzt von mir selbst, MERSIOWSKY, Städtische Verfassung (wie Anm. 31), S. 86–88 vertretenen Datierung um 1350 wurde jetzt, gestützt auf bisher nicht publizierte Erkenntnisse der mittelniederdeutschen Philologie, die Datierung vor 1367 vertreten, vgl. Stefan DUSIL, Die Soester Stadtrechtfamilie. Mittelalterliche Quellen und neuzeitliche Historiographie (Forschungen zur Deutschen Rechtsgeschichte, Bd. 24), Köln u. a. 2007, S. 125.

157 Stadtarchiv Soest, A 2737c, f. 1r; Soester Recht. Eine Quellensammlung, 1. Lieferung: Statuten (Soester Beiträge, Bd. 32), hg. v. Wolf-Herbert DEUS, Soest 1969, § 226, S. 52.

158 ROGGE, Kommunikation, Herrschaft und politische Kultur (wie Anm. 11), S. 387.

scher Identität, wurden jährlich präsentiert und zelebriert,[159] aus dem Medium der Schriftlichkeit in das der Mündlichkeit transferiert[160] und wie im Falle Colmars sogar der oralen Gedächtniskultur angepasst. In Rostock, Anklam, Wismar und Greifswald wurden nach dem Verlesen der Bursprakén[161] hölzerne Becher verteilt.[162]

Die Bedeutung dieser Rechtsbücher als *lieu de mémoire* städtischer Erinnerung zeigt die Tatsache, dass ihr Verschwinden starke Proteste auslöste. Als in der Soester Reformation die Alte Schrae, das Stadtbuch aus der Mitte des 14. Jahrhunderts, das alljährlich bei der Bursprake verlesen wurde, als verloren galt, kam es zu einem Aufstand der Bürgerschaft. Das Stadtbuch war eben nicht nur ein Rechtstext, sondern auch ein Element städtischer Identität und ein konkretes Objekt. Gerade die Funktion von spätmittelalterlichen Stadtrechten oder Statuten lassen an den vielbeschworenen bundesrepublikanischen »Verfassungspatriotismus« denken, denn auch in der alten Bundesrepublik vor der Wiedervereinigung 1990 bildete ein Rechtstext ein Identitätselement.

Unter den Texten als Medien der Erinnerung ist neben einzelnen Urkunden und Handschriften vor allem auf die Inschriften zu verweisen. Zumindest Inschriften in Holz und Stein (es gab durchaus vergänglichere Formen) hatten den Wert hoher Haltbarkeit wie hoher Ortsfestigkeit, doch konnten sie nicht von allen gelesen werden, vor allem nicht dann, wenn sie in lateinischer Sprache waren. Schon Regula Schmid hob hervor, dass Inschriften historischen Inhalts in Spätmittelalter und Früher Neuzeit relativ selten sind.[163] So können hier nur wenige Beispiele angeführt werden. Auf einer Tafel in der Magdeburger Johanneskirche war Ende des 16. Jahrhunderts ein Grundgerüst von Daten der Stadtgeschichte von 1115 bis 1566 ausgehängt.[164] Immer wieder begegnet man derartigen gemalten Gedenktafeln, ebenso solchen mit knappen chronikalischen Berichten.[165] Nicht immer waren die Inschriften aus einem Guss, gerade für historische Inschriften scheint es den Sondertyp des okkasionellen Gedächtnisortes gegeben zu haben. Schon oben war von den gemalten Inschriften auf der Rückseite des Wildunger Altares aus dem 15. Jahrhundert die Rede gewesen. Leider lässt die schlechte Erhaltung keine Aussagen darüber zu, ob die Inschriften in einem Zuge

159 Ders., Kommunikation, Herrschaft und politische Kultur (wie Anm. 11), S. 389–392.
160 Goppold, Politische Kommunikation (wie Anm. 14), S. 273.
161 Zu diesem Begriff Giel, Politische Öffentlichkeit (wie Anm. 40), S. 52–54; Antjekathrin Grassmann, Die städtische Verwaltung, in: Jörgen Bracker (Hg.), Die Hanse – Lebenswirklichkeit und Mythos, Bd. 1, Hamburg 1989, S. 350–360, hier S. 358f.
162 Rogge, Kommunikation, Herrschaft und politische Kultur (wie Anm. 11), S. 391f.
163 Schmid, Öffentliche Geschichte (wie Anm. 60), S. 413f.
164 Johanek, Geschichtsbild (wie Anm. 59), S. 565, 572 mit Anm. 39.
165 Volker Honemann, Vorformen des Einblattdruckes. Urkunden – Schrifttafeln – Textierte Tafelbilder – Anschläge – Einblatthandschriften, in: Volker Honemann u.a. (Hg.), Einblattdrucke des 15. und frühen 16. Jahrhunderts. Probleme, Perspektiven, Fallstudien, Tübingen 2000, S. 1–43, hier S. 23f.

oder sukzessive erfolgten; es sieht eher so aus, als seien sie einheitlich in einem Zuge eingetragen.[166] Klarer und typisch für okkasionelle Gedächtnisorte sind die Inschriften in der Lüdinghauser Stadtkirche St. Felicitas. An der mächtigen südlichen Säule im Mittelschiff, die mit einer weiteren Rundsäule und der Westwand den gewaltigen Turm trägt, findet sich die spätgotische Bauinschrift in gotischer Textualis und in mittelniederdeutscher Sprache aus dem Jahre 1515. Darüber findet sich eine frühneuzeitliche und frühneuhochdeutsche Übersetzung in Capitalis, darunter eine weitere, die die Fertigstellung des Turms 1558 vermerkt. Diesen prominenten Ort nutzte man, um Nachrichten über Stadtbrände in weiteren Inschriften anzubringen: 1558 brannten 111 Häuser, 1594 113 Häuser, 1697 48 Häuser, 1832 153 Gebäude ab. 1619, so vermerkt eine weitere Inschrift, sei Lüdinghausen völlig abgebrannt mit Ausnahme der Kirche, des Wedemhove und dreier Häuser an der Steverbrücke.[167]

Neben den Texten in Form von Handschriften, Drucken und Inschriften gab es, oft mit letzteren kombiniert, die reiche Welt der Bilder. Im Zusammenhang mit dem Katastrophen- und Schlachtengedenken sind bereits eine Reihe von Beispielen angeführt worden, die hier nicht noch einmal in extenso aufgelistet werden können. Im Dogenpalast von Venedig war der Saal des Großen Rates ab 1365 mit Szenen des Friedens von Venedig und der Rolle der Stadt als Vermittlerin zwischen Kaiser und Papst geschmückt,[168] in Lübeck war es ein um 1430/40 angelegter, 15 Bilder umfassender und heute leider nur noch in ganz wenigen Fragmenten erhaltener Zyklus zur Frühgeschichte der Stadt in der Hörkammer des Rathauses.[169] In verschiedenen Schweizer Rathäusern gab es Schlachtengemälde.[170] Im frühen 17. Jahrhundert schmückte der Maler Heinrich Wägmann die aus dem 14. Jahrhundert stammende Luzerner Kapellbrücke mit historischen Gemälden. Neben der Luzerner Geschichte standen die Schweizergeschichte und das Schicksal der Stadtheiligen – Luzern blieb bekanntlich katholisch – im Mittelpunkt. Wägmann lieh sich als Material wie Vorlage für seine Gemälde die 1513 dem Luzerner Großen und Kleinen Rat wie der Gemeinde geschenkte Chronik des Diebold Schilling. Auf der gedeckten Brücke befand sich ein Zyklus von fast 160 Bildern, gestiftet von Ratsfamilien, die sich links und rechts mit ihrem Wappen verewigten. Die Darstellungen wurden auf der Rückseite von erläuternden Ver-

166 Corley, Conrad von Soest (wie Anm. 107), S. 264 mit Abb. 133, S. 186.
167 Lüdinghausen, St. Felicitas, südlicher Turmpfeiler im Mittelschiff, Inschriften.
168 Élisabeth Crouzet-Pavan, Jeux d'identité: mémoires collectives et mémoires individuelles – l'exemple venetian, in: Brand/Monnet/Staub (Hg.), Memoria, communitas, civitas (wie Anm. 18), S. 21–31, hier S. 24.
169 Annegret Möhlenkamp, Die Ausstattung der Ratsstube im Lübecker Rathaus im 14. und 15. Jahrhundert – ein Rekonstruktionsversuch, in: Nordelbingen 67 (1998), S. 11–27, hier S. 11–13; Möbius, Schlacht (wie Anm. 76), S. 49f., 62–67 mit weiterer Literatur; Ders., Gedächtnis (wie Anm. 18), S. 153–166; Stefanie Rüther, Prestige und Herrschaft. Zur Repräsentation der Lübecker Ratsherren in Mittelalter und Früher Neuzeit (Norm und Struktur, Bd. 16), Köln/Weimar/Wien 2003, S. 129.
170 Landolt, Eidgenössisches *Heldenzeitalter* (wie Anm. 21), S. 75f.

sen begleitet.[171] Wem das nicht genügte, konnte sich im 18. Jahrhundert auch gedruckte Erklärungen verschaffen, so eine eingehende Vorstellung von acht Gemälden, verbunden mit einer Einleitung in die Schweizergeschichte, die Geschichte von Luzern und den Aufbau von Stadt, Territorium, Verwaltung und Verfassung.[172] Der von 1641 bis 1644 erneuerte Berner Käfigturm, eines der Stadttore der Altstadt, ist im Durchgang durch mehrere Historienbilder geschmückt, die mit deutschen Gedichten erläutert sind: *Wo har nun Bern, die lopplich Statt, ir Anfang, Namen, und Freyheit hatt, By welches Fürsten und Königs Zeit wird hie in disem Gmöl bedüt. Solch Guttat, wird mit Danck erkennt, Gott sy ir Schirmmherr und Regent* (Abb. 9). Dargestellt ist auf diesem Bild die Verleihung einer Urkunde an einen gewappneten Berner in Rüstung, der vor einem römisch-deutschen Herrscher kniet. Das allerdings in Form einer neuzeitlichen Urkunde dargestellte Dokument ist von König Friedrich ausgestellt und trägt die Datierung 1218, eine weitere Urkunde hält Friedrich II. in der Hand, sie ist mit einer Goldbulle besiegelt und als *Handfeste* bezeichnet.

Bei aller Bedeutung und Faszination dieser Beispiele bildlicher Überlieferung und Inszenierung städtischer Geschichte darf eine Tatsache nicht aus dem Blick geraten: Betrachtet man die Informationen über die Ausstattung mittelalterlicher Rathäuser, so scheinen Repräsentation und Vermittlung überzeitlicher Ideale viel wichtiger gewesen zu sein als die Erinnerung.[173]

Eine besondere Form von Erinnerung sind umfangreiche Zyklen von Bürgermeistern oder Amtsinhabern. Sie zeigen augenfällig Kontinuität und damit Legitimität, denn die aktuellen Amtsträger stellen sich so in einen langen, angeblich ungebrochenen Traditionsstrom, gleichzeitig heben sie die Idoneität einzelner Familien hervor. Außerhalb unseres Untersuchungsraumes sei an das berühmte Beispiel der Ratsannalen von Toulouse erinnert.[174] Wann Reihen von Portraits oder auch nur von Wappen von Amtsinhabern aufgehängt wurden, bedürfte noch intensiverer Untersuchung. Die Reihe der Lübecker Bürgermeisterportraits im Rathaus beginnt heute mit Thomas (I.) von Wickede, Bürgermeister 1511, allerdings ist es nicht ganz klar, wann die jetzt noch 39 Bilder von Bürgermeistern und Ratsherren im Lübecker Rathaus zusammengestellt wurden.[175] Das Gegenbild solcher Porträtreihen lässt sich in unserem Untersuchungsraum nicht ausmachen; die Tradition der Schandbilder von Gehängten im italienischen Mittelalter lässt sich nördlich der Alpen so nicht finden.[176] Gerade die bildliche Überliefe-

171 SCHMID, Geschichte (wie Anm. 18), S. 171.
172 [Joseph Anton Felix VON BALTHASAR], Historische und Moralische Erklärungen der Bilder und Gemählde auf der Kapell-Brücke der Stadt Lucern, Zürich 1775, Digitalisat unter http://www.e-rara.ch/doi/10.3931/e-rara-12476.
173 DIENER-STAECKLING, Himmel (wie Anm. 35), S. 202–220.
174 Zuletzt Trésors enluminés de Toulouse à Sumatra, Toulouse 2013, Nr. 31, S. 107f., vgl. François BORDES, Les Annales manuscrites de Toulouse, ebd., S. 105f.
175 RÜTHER, Prestige (wie Anm. 169), S. 197f.
176 Hans KÖRNER, Tod in Florenz. Die Pazzi-Verschwörung (1478) und die Bilder, in: HÜLSEN-ESCH (Hg.), Medien der Erinnerung (wie Anm. 7), S. 141–167, hier S. 148–154,

Abb. 9: Berner Käfigturm, Verleihung der Handveste durch König Friedrich II. 1218

rung hat ihre ganz eigenen Überlieferungsbedingungen in einer Zeit, in der es noch keine Museen als Verwahrorte gab. Innenräume mussten regelmäßig gestrichen werden, sodass Wandfresken stets der Gefahr des Untergangs ausgesetzt waren. Regula Schmid hat für Schweizer Beispiele nicht nur auf unterschiedliche Überlieferungschancen verwiesen, sondern auch darauf, dass auch Tafel- und Leinwandbilder nach etwa 50 Jahren wieder kopiert oder übermalt werden mussten.[177] Die Fresken im Innenhof des Basler Rathauses von 1510 wurden laut Inschrift 1610 und 1710 erneuert.

Flüchtiger als andere Texte und Bilder sind die historischen Lieder, über deren Bedeutung als Speicher und Verbreiter historischen Wissens kein Zweifel bestehen kann. Sie waren sicher eines der verbreitetsten Medien, das Texte in gebundener Form merkbar und transportierbar machte.[178] Allerdings lässt ihre Präsenz im städtischen Erinnerungsraum sich oft nur indirekt nachweisen. In Freiburg im Uechtland, Luzern, Zürich, Basel und Bern wurden Sänger, die Lieder zur Erinnerung an städtische Schlachten vortrugen, ausweislich der spätmittelalterli-

vgl. aber die Zusammenstellungen von Klaus Graf, Das leckt die Kuh nicht ab. »Zufällige Gedanken« zu Schriftlichkeit und Erinnerungskultur der Strafgerichtsbarkeit, in: Andreas Blauert/Gerd Schwerhoff (Hg.), Kriminalitätsgeschichte. Beiträge zur Sozial- und Kulturgeschichte der Vormoderne, Konstanz 2000, S. 245–288, abrufbar derzeit unter http://archive.today/Afmyb#selection-4489.6–4489.240.

177 Schmid, Geschichte (wie Anm. 18), S. 193 f.

178 Landolt, Eidgenössisches »Heldenzeitalter« (wie Anm. 21), S. 73 f.; Schmid, Geschichte (wie Anm. 18), S. 135–146.

chen Stadtrechnungen von der Obrigkeit belohnt oder besoldet.[179] In der Frühen Neuzeit war die Stadt Worms mit ihrem betonten Stiftergedenken und dem angeblichen Grab Siegfrieds 1569 der Hauptabsatzort des gedruckten Liedes vom Hünen Siegfried, 1616 wurde der Sänger, der dieses Lied fehlerfrei vortragen konnte, nach alter Gewohnheit vom Rat belohnt.[180] Lied und Spruch waren durch ihre knappe Fassung wie Offenheit als Elemente der oralen Welt Veränderungen unterworfen, sie unterlagen den Regeln oraler Tradition. Überdies sind sie uns meist nur dann greifbar, wenn sie in der städtischen Historiographie zitiert werden oder als Einzelblattdruck erhalten sind.[181] Mit den Liedern sind nicht alle überwiegend in der oralen Kultur verankerten Texte genannt. Auch Predigten spielten ihre Rolle für das Erinnerungswesen. Selbst kurze Gebete konnten kommunale Selbstbilder transportieren.[182]

Die akustische Welt der mittelalterlichen und frühneuzeitlichen Stadt ist vergangen. Ob Musik eine Rolle in der Erinnerungskultur spielte, müsste noch näher untersucht werden. Die Rolle von Musik und Musikern in der spätmittelalterlichen Stadt steht außer Zweifel, auch die der städtischen Glocken und Schellen.[183] Ob sie aber Träger oder Vehikel von Erinnerung waren, ist schwer zu ermitteln. Für Mühlhausen und Leipzig hat Johann Sebastian Bach Ratswahlkantaten verfasst. Da er aber jährlich immer wieder neue Werke schuf, ist zweifelhaft, ob es Memorialmusik oder eher doch Gelegenheitsmusik war.[184]

Auch die Kleidung muss noch angesprochen werden. Dass sie gerade in der spätmittelalterlichen Stadt Zeichencharakter hatte, bedarf heute keiner Diskussion mehr. Wenn aber wie etwa in Köln jährlich die von den städtischen Bediensteten zu tragenden Farben festgelegt wurden, waren sie aktuelles Zeichen, nicht Medium der Erinnerung.[185]

Eine Rolle als Medium der Erinnerung ist durchaus auch dem Raum zuzuschreiben, wie jüngere Forschungen gezeigt haben. Bereits Michael Mitterauer verwies in seiner Studie zu Anniversar und Jubiläum darauf, dass schon früh in

179 Schmid, Geschichte (wie Anm. 18), S. 136–144; vgl. Schlögl, Politik beobachten (wie Anm. 40), S. 593.
180 Graf, Heroisches Herkommen (wie Anm. 56), S. 57.
181 Vgl. Ernst Schubert, Die Lieder vom Würzburger Städtekrieg (1397–1400), in: Jahrbuch für fränkische Landesforschung 64 (2004), S. 39–81; schon Bauer, »Gemein sag« (wie Anm. 40), S. 40–52; Johanek, Geschichtsbild (wie Anm. 59), S. 565 f.
182 Goppold, Politische Kommunikation (wie Anm. 14), S. 74–76 am Beispiel der frühneuzeitlichen Wahl Züricher Großräte.
183 Mersiowsky, Wege (wie Anm. 11), S. 17–21; zu ergänzen jetzt Jörg Bölling, *Musicae utilitas*. Zur Bedeutung der Musik im Adventus-Zeremoniell der Vormoderne, in: Johanek/Lampen (Hg.), Adventus (wie Anm. 16), S. 229–266.
184 Zu Bach und seinen Ratswahlkantaten Diener-Staeckling, Himmel (wie Anm. 35), S. 106–109.
185 Franz-Josef Arlinghaus, Gesten, Kleidung und die Etablierung von Diskursräumen im städtischen Gerichtswesen (1350–1650), in: Burkhardt/Werkstetter (Hg.), Kommunikation und Medien in der Frühen Neuzeit (wie Anm. 10), S. 461–498, hier S. 463–466.

städtischen Gedenktagen neben dem Heiligentag ein Bezug zu einem bestimmten Ort bemerkbar ist.[186] Prozessionen folgen oft anachronistischen Routen. Dafür können unterschiedliche Phänomene verantwortlich sein. In Köln folgte die Sylvesterprozession der römischen Stadtmauer und erinnerte so an die Ursprünge der Stadt.[187] Als Medium der Erinnerung wurde auch der gewollt geschaffene leere Raum, die Zerstörung genutzt. Eine Inschrift aus der Mitte des 14. Jahrhunderts in Colmar (Abb. 10) erinnert daran, dass nach Niederschlagung eines innerstädtischen Aufstandes 1350 das Gebäude des Anführers auf Befehl des Landvogts und Rates niedergerissen wurde und nie wieder aufgebaut werden darf.[188]

Solche bewusste Zerstörung und Austilgung der Zeichen unterlegener Gruppen gehörte in innerstädtischen Konflikten zu den gängigen demonstrativen Aktionen. Nach der Koelhoffschen Chronik reagierte der Kölner Rat nach der Weberschlacht 1371 durch Zerstörung der beiden Gewandhäuser, der Versammlungsplätze der Weber: *Item up dat die gewalt der wevere mere underdruckt wurde, so deden die oversten van Coellen die zwei husere afbrechen van oven af bis in den grunt, dat der wevere gewanthusere waren ind daruip si plaegen zo rait zo gain* […] *ind do wart in al ir macht benommen.*[189] Die Stiftung von Marienkapellen auf dem Grund zerstörter Judenviertel in Nürnberg, Würzburg und Regensburg bei Bestehen größerer Freiräume markierten und redefinierten den Raum.[190] Spätmittelalterliche Zeitgenossen konnten sich noch viel größer dimensionierte absichtsvolle Zerstörungen vorstellen. Klaus Graf verwies auf ein in Genf umgehendes Gerücht, das 1474 Bern in Angst und Schrecken versetzte. Eine große Koalition europäischer Herrscher, hieß es, wolle Freiburg und Bern einnehmen, Bern zerstören und in der Mitte ein Denkmal aufrichten mit der Inschrift: *Hier war einist ein Statt, die hiess Bern.*[191]

Neben Texten, Bildern und dem Raum gab es, wie schon gesagt, eine große Bandbreite von Medien der Erinnerung. Objekte oder Dinge spielten dabei eine erhebliche Rolle. Eine wichtige Gruppe waren Erinnerungs- und Wahrzeichen. In Braunschweig hingen in der Kapelle des Stadtheiligen Auctor die Wappen-

186 Mitterauer, Anniversarium und Jubiläum (wie Anm. 45), S. 154f.

187 Löther, Prozessionen (wie Anm. 22), S. 107f.

188 Beispiele aus der frühen Neuzeit bei Graf, Justiz (wie Anm. 46), S. 55. Vgl. auch Ernst Fischer, Die Hauszerstörung als strafrechtliche Maßnahme im deutschen Mittelalter, Stuttgart 1957.

189 Koelhoffsche Chronik, in: Die Chroniken der niederrheinischen Städte. Coeln, Bd. 3 (Die Chroniken der deutschen Städte vom 14. bis ins 16. Jahrhundert, Bd. 14), Leipzig 1877, S. 641–918, hier S. 713.

190 Hedwig Röckelein, Marienverehrung und Judenfeindlichkeit in Mittelalter und früher Neuzeit, in: Claudia Opitz u.a. (Hg.), Maria in der Welt. Marienverehrung im Kontext der Sozialgeschichte, 10.–18. Jahrhundert (Clio Lucernensis, Bd. 2), Zürich 1993, S. 279–307; Löther, Prozessionen (wie Anm. 22), S. 83f.

191 Johann Caspar Zellweger, Versuch die wahren Gründe des burgundischen Krieges aus den Quellen darzustellen und die darüber verbreiteten irrigen Ansichten zu berichtigen, in: Archiv für Schweizerische Geschichte 5 (1847), S. 3–149, hier S. 33, der Verweis darauf bei Graf, Das leckt die Kuh nicht ab (wie Anm. 176).

Abb. 10: Colmarer Gedenkstein 1350

schilde der während der sogenannten Ratsherrenschicht, einem innerstädtischen Konflikt von 1374, getöteten Bürgermeister und Ratsherren.[192] Eine wichtige Rolle spielten Fahnen und Banner, seien es die Fahnen des geschlagenen Heeres Karls des Kühnen in der Berner Burgunderbeute, die in den Kirchen der Stadt hingen,[193] die bei der gescheiterten Rache des Herzogs in der Ursulanacht 1371 von den Lüneburgern erbeuteten Fahnen der Herzöge von Braunschweig,[194] die 1386 in der Schlacht von Sempach erbeuteten Fahnen, die in der Luzerner Franziskanerkirche hingen, im 15. Jahrhundert bereits kopiert und im 17. Jahrhundert in Form von Fresken in der Kirche perpetuiert wurden.[195] Aber es gab auch andere Wahrzeichen, seien es die Rüstung und das Schwert des Ritters Bassewitz, der 1381 die Stadt Kyritz einnehmen wollte, die im Rathaus aufbewahrt

192 Johanek, Geschichtsbild (wie Anm. 59), S. 568.
193 Landolt, Eidgenössisches »Heldenzeitalter« (wie Anm. 21), S. 89–91 mit weiteren Beispielen, zu den Fahnen in der Züricher Wasserkirche Schmid, Geschichte (wie Anm. 18), S. 162; umfassend Regula Schmid, Fahnengeschichten. Erinnern in der spätmittelalterlichen Gemeinde, in: Traverse 1 (1991), S. 39–48.
194 Mitterauer, Anniversarium und Jubiläum (wie Anm. 45), S. 153; Graf, Schlachtengedenken im Spätmittelalter (wie Anm. 48), S. 67.
195 Josef Riedmann, Über mittelalterliche Fahnen in und aus Tirol, in: Claudia Sporer-Heis (Hg.), Tirol in seinen alten Grenzen. Festschrift für Meinrad Pizzinini zum 65. Geburtstag (Schlern-Schriften, Bd. 341), Innsbruck 2008, S. 189–207, hier S. 202f., weitere Beispiele S. 204–206.

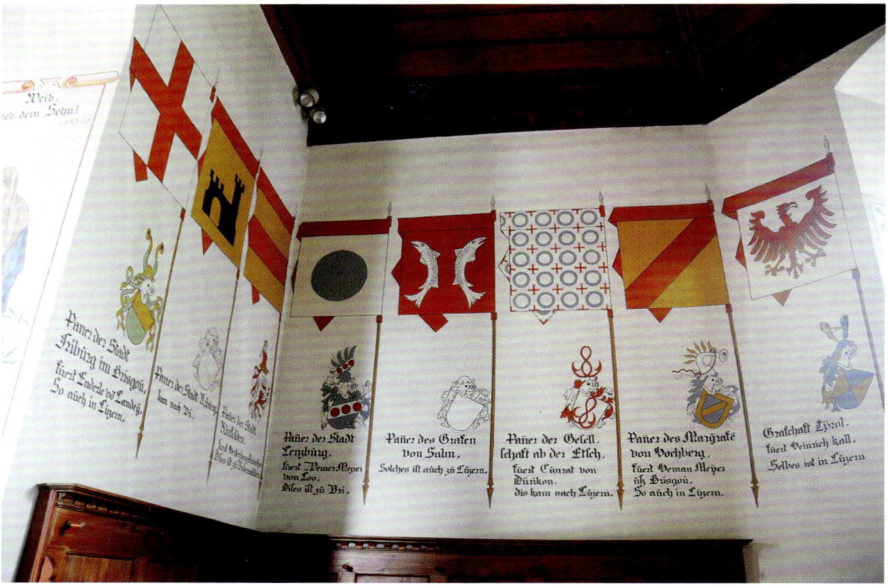

Abb. 11: Fresken der Wahrzeichen in der Schlachtenkapelle zu Sempach

wurden,[196] seien es die zusammenlegbaren Sturmleitern und Strickleitern, die die Armagnaken 1445 vergeblich zur Besteigung der Mauern von Guebwiller im Elsass benutzen wollten und die als Erinnerungszeichen an die bewältigte Bedrohung bis heute in der Pfarrkirche hängen,[197] der von den Staufergegnern 1247 nach der vergeblichen Belagerung von Reutlingen zurückgelassene und bis ins 18. Jahrhundert aufbewahrte Mauerbrecher,[198] die Münsteraner Wiedertäuferkäfige, in denen 1536 die Leichen der hingerichteten Haupträdelsführer aufgehängt wurden,[199] oder die vielen Türkenkugeln in Niederösterreich.[200] Auch die schon mehrfach angesprochene Lüneburger Luna-Säule aus der zerstörten herzoglichen Burg auf dem Kalkberg in der Ursulakapelle wäre hier zu nennen.[201] Diese Objekte wurden nicht nur gezeigt und bestaunt, sondern ganz selbstverständlich »bespielt«, soll heißen performativ genutzt. So wurde die Rüstung des Ritters Bassewitz, der 1381 die Stadt Kyritz einnehmen wollte, alljährlich vom Bürger-

196 Graf, Erinnerungsfeste (wie Anm. 47), S. 269.
197 Alexandre Meichler, Sankt Leodegar Gebweiler, 3., verbesserte Auflage, Lyon 1987, o. S.
198 Graf, Schlachtengedenken in der Stadt (wie Anm. 48), S. 92.
199 Ders., Justiz (wie Anm. 46), S. 54.
200 Zu eingemauerten Kanonenkugeln als lieu de mémoire Ders., Schlachtengedenken in der Stadt (wie Anm. 48), S. 93.
201 Johanek, Geschichtsbild (wie Anm. 59), S. 562 f., 566.

meister maltraktiert.[202] Um sie zu konservieren, wurden die Wahrzeichen, etwa Fahnen, durch Kopien ersetzt oder in das Medium der Handschrift oder des Wandfreskos (Abb. 11) übertragen.[203]

Neben solchen primären scheint es auch sekundäre Erinnerungszeichen gegeben zu haben, Zeichen, die nicht an das Ereignis selbst, sondern an die Erinnerung daran erinnern. Als solche könnte man die speziellen Formen des Gebäcks bezeichnen, die beim Greifswalder Weckenfest an die Schüler der Stadtschule verteilt wurden und an einen städtischen Sieg des Jahres 1327 erinnerten. Auch an anderen Orten wie Amöneburg gab es solche Gebäckformen zu Gedächtniszwecken.[204] Vielleicht schwingen hier noch die auch aus der Totenmemoria bekannten Gaben an Arme und Bedürftige mit. Solche Armenspeisungen im Zusammenhang mit dem Schlachtengedenken lassen sich etwa in Bremen nachweisen, wo zur Erinnerung an den Sieg über die Stiftsritterschaft 1505 am Jahrtag in allen vier Kirchspielen der Stadt verkündet wurde, dass in der Liebfrauenkirche, die zugleich Pfarr- und Ratskirche war, jedem armen Menschen Brot für einen Bremer Pfennig gegeben werde.[205] Deutlicher ist der Objektcharakter bei den schon angesprochenen, in Rostock, Anklam, Wismar und Greifswald nach Verlesen der Burspraken verteilten hölzernen Bechern. In Rostock waren sie sogar mit Stadtwappen und Jahreszahl versehen und wurden so – ähnlich wie die Pfandbecher moderner Weihnachtsmärkte – zu Objekten persönlicher Erinnerung im häuslichen Umfeld.[206]

Die Bedeutung der Dinge als Erinnerungszeichen lässt sich auch darin erkennen, dass sie in bestimmten Situationen sogar bewusst zerstört wurden. Die Koelhoffsche Chronik berichtet im Kontext der als Weberschlacht bekannten großen innerstädtischen Auseinandersetzungen in Köln 1371, dass das Banner der Weber[207] in die Hände des Rates fiel und demonstrativ vernichtet wurde: *do wart der wever banner zerhauwen, zorissen ind zosplissen zo allen stucken.*[208] In der Braunschweiger Schicht 1490 mussten die Gilden ihre Privilegien dem Rat aushändigen, dann wurden die Siegel abgeschnitten und die Urkunden verbrannt, schließlich die Gemeinde neu vereidigt, Gildemeister und Hauptleute erhielten

202 Graf, Erinnerungsfeste (wie Anm. 47), S. 269.
203 Eine Reihe von Beispielen bei Schmid, Fahnengeschichten (wie Anm. 193), S. 42f.
204 Graf, Erinnerungsfeste (wie Anm. 47), S. 269. Weitere Gedenkwecken aufgeführt bei Dems., Schlachtengedenken im Spätmittelalter (wie Anm. 48), S. 67; Ders., Schlachtengedenken in der Stadt (wie Anm. 48), S. 93.
205 Gleba, Sehen, Hören, Schmecken (wie Anm. 11), S. 150.
206 Rogge, Kommunikation, Herrschaft und politische Kultur (wie Anm. 11), S. 391f.
207 Koelhoffsche Chronik (wie Anm. 189), S. 710: *so machten sich die wever risch up mit einre groisser schair ind versamelden sich bi unser lieverfrauwen broederen ind hadden ouch ir banner.*
208 Koelhoffsche Chronik (wie Anm. 189), S. 711. Vgl. zur Bedeutung der Banner Mersiowsky, Wege (wie Anm. 11), S. 22f. Weitere Beispiele von Fahnenzerstörungen bei Schmid, Fahnengeschichten (wie Anm. 193), S. 39–41, 44f.

neue Privilegien.[209] Es war ein symbolisch inszenierter Akt, keineswegs nur eine Ungültigmachung von Urkunden, denn dazu hätten Kanzellierungsschnitte oder Striche und das Abschneiden der Siegel genügt. In Schwyz war die Zerstörung der in den Appenzellerkriegen erbeuteten Überlinger Fahne 1448 dagegen ein Zeichen des *good will*.[210]

Es gab neben solchen demonstrativen und sicher inszenierten Vernichtungen aber auch proklamante Aussparungen von Zerstörung. Der Berner Rat bewahrte beim Bildersturm 1528 zentrale Elemente städtischer Erinnerung vor der Zerstörung und gab privaten Stiftern die Gelegenheit, ihre Objekte vor der Demolierung zu entfernen.[211] In Lübeck beschloss der Rat 1530, dass alle Kirchenschätze und das Silber registriert und in Verwahrung genommen werden sollten, ausgenommen die Objekte, die von den einzelnen Ämtern und Korporationen gestiftet worden waren. So verschaffte sich der Rat gleich zu Beginn der Reformation Verfügungsgewalt über Schätze, verhinderte die Weiterführung der Messen, sicherte sich aber auch seine Erinnerungsobjekte.[212]

Eine besondere Form von Dingen, die als Erinnerungsmedien dienten, sind Spolien, bewusst in neuen Zusammenhang gesetzte Elemente älterer Bauten. Schon im Zusammenhang mit dem Stiftergedenken wurde oben auf die Lüneburger Luna-Säule verwiesen, die als Spolie aus der zerstörten herzoglichen Burg auf dem Kalkberg in die Ursulakapelle gebracht wurde, in der man der Gefallenen der Ursulanacht 1371 gedachte.[213] In der Tübinger Stiftskirche sind in der Fassade zum Holzmarkt hin Teile einer romanischen Blendbogengalerie und ein Grabstein eingelassen. An der südwestlichen Ecke zum Neckartal hin ist sogar ein pseudoromanischer Bildnisstein als Ecke benutzt worden (Abb. 12).

Leider liegen keine Informationen dafür vor, wozu die Spolien dienten. Sicher zeigten sie hohes Alter. Die Verwendung von Spolien oder gar die künstliche Erzeugung (also Fälschung) solcher passen sich in die retrospektiven Tendenzen der Zeit um 1500 ein, auf die Klaus Graf mehrfach aufmerksam gemacht hat.[214]

Handschriften und Inschriften hatten die Möglichkeit der Präzision, sie waren fixiert, und wenn sie ergänzt wurden, sah man das. Statt ältere Texte zu überarbeiten, fertigte man oft nach Aufständen und Unruhen neue Chroniken an, die

209 Die Chroniken der niedersächsischen Städte. Braunschweig, Bd. 3,1 (Die Chroniken der deutschen Städte vom 14. bis ins 16. Jahrhundert, Bd. 35,1), Stuttgart/Gotha 1928, Neudruck Göttingen 1969, S. 56f.

210 Schmid, Fahnengeschichten (wie Anm. 193), S. 39–41.

211 Schmid, Öffentliche Geschichte (wie Anm. 60), S. 434–437.

212 Rüther, Prestige (wie Anm. 169), S. 81–85.

213 Johanek, Geschichtsbild (wie Anm. 59), S. 562f., 566.

214 Graf, Retrospektive Tendenzen (wie Anm. 47), zu den Spolien S. 402f.; Ders., Stil als Erinnerung. Retrospektive Tendenzen in der deutschen Kunst um 1500, in: Norbert Nussbaum/Claudia Euskirchen/Stephan Hoppe (Hg.), Wege zur Renaissance. Beobachtungen zu den Anfängen neuzeitlicher Kunstauffassung im Rheinland und den Nachbargebieten um 1500, Köln 2003, S. 19–29, abrufbar unter http://archiv.ub.uni-heidelberg.de/artdok/396/1/Graf_Stil_als_Erinnerung_2003.pdf.

Abb. 12: Pseudoromanische Spolien, Stiftskirche Tübingen

sich der älteren als Material bedienten.[215] Riten und Prozessionen hatten den Nachteil, erläuterungsbedürftig zu sein; sie transportierten keinen sicheren Inhalt[216], ebenso wenig wie Wahrzeichen, die ohne textliche Festschreibung bedeu-

215 Für das Beispiel Lübeck eingehend Möbius, Gedächtnis (wie Anm. 18), S. 322–330.
216 Instruktiv am Beispiel der Frankfurter Hochwasserprozession analysiert bei Signori, Ereignis und Erinnerung (wie Anm. 22), S. 114–116.

tungsoffen waren.[217] Für die bestimmten Medien innewohnende Unschärfe und damit Wandlungsfähigkeit gibt es eine Reihe gut dokumentierter Beispiele. An die seit dem 16. Jahrhundert in der Schweiz weitverbreiteten steinernen Brunnen mit eigentlich anonymen Bannerherren in eidgenössischem Kleid, mit Banner, Schweizerdolch und Hellebarde lagerten sich lokale Identifikationen an.[218]

In Graz wurde die Hausfigur des erst in den 1560er Jahren erbauten Palais Saurau (Abb. 13), ursprünglich wohl eine Drehfigur für ritterliche Stechspiele, zu einem Gedächtnisort für den Abzug der Türken 1532; eine erst seit 1753 überlieferte lokale Sage entstand, nach der der türkische Kommandant in dem Haus gewohnt habe. Vom Schlossberg aus sei geschossen worden, sodass eine Kanonenkugel beim Essen direkt in den Herd geflogen sei. Einer seiner Offiziere habe vor Angst aus dem Fenster springen wollen, sei aber steckengeblieben. Diese Erinnerung wurde im 19. und vor allem im 20. Jahrhundert mehrfach aktualisiert und für politische Zwecke umgeformt.[219]

Die Kombination der verschiedenen Medien war wohl eine Notwendigkeit, sie erweiterte damit ebenso Präzision wie Reichweite und Bedeutung.

7. Die Stadt als multipler Erinnerungsraum

Nach Betrachtung der verschiedenen Formen städtischer Erinnerung wie der Betrachtung unterschiedlicher Medien der Erinnerung kommen wir nun zum dritten Punkt, der Frage nach dem städtischen Erinnerungsraum. Die verschiedenen Formen der Erinnerung wie die große Bandbreite medialer Wirkmöglichkeiten in der spätmittelalterlichen Stadt standen nämlich auch anderen Gruppierungen, nicht nur der Stadt selbst, offen. Wenn man die spätmittelalterliche und frühneuzeitliche Stadt als Einheit aus dem Neben- und Miteinander mehr oder minder autonomer Sondergemeinden und Gemeinschaften mit einer »Vielfalt von ›Kommunikationsgemeinschaften‹ und kommunikativen Sphären mit unterschiedlichen sozialen und räumlichen Reichweiten«[220] versteht, ist das nur logisch. Jedes Individuum, so Patrick Schmidt, gehört stets mehreren Erinnerungs-

217 Vgl. auch die Überlegungen bei Theo BROEKMANN, Formen und Institutionen spätmittelalterlicher Unterwerfungsrituale. Tiengen 1499 und das Beispiel der Schweizer Eidgenossen, in: RÜTHER (Hg.), Integration und Konkurrenz (wie Anm. 17), S. 61–79, hier S. 62–64.
218 LANDOLT, Eidgenössisches »Heldenzeitalter« (wie Anm. 21), S. 76.
219 Günther JONTES, Der Türke am Palais Saurau. Überlieferung einer Grazer Geschichtssage, in: Historisches Jahrbuch der Stadt Graz 16/17 (2006), S. 9–19; http://www.tuerkengedaechtnis.oeaw.ac.at/ort/graz-der-%E2%80%9Aturke-am-palais-saurau-in-der-sporgasse/ mit Angabe der wesentlichen Literatur.
220 SCHWERHOFF, Stadt und Öffentlichkeit (wie Anm. 11), S. 7; vgl. auch Patrick SCHMIDT, Wandelbare Traditionen – tradierter Wandel. Zünftige Erinnerungskulturen in der Frühen Neuzeit (Norm und Struktur, Bd. 36), Köln/Weimar/Wien 2009, S. 20–26; ARLINGHAUS, Einheit der Stadt (wie Anm. 30), S. 77–80, 95f.; SCHMIDT/CARL, »Integration« und »Distinktion« (wie Anm. 30), S. 1–13, 16–25.

Abb. 13: Hausfigur im Palais Saurau, Graz

kollektiven an.[221] Nicht nur auf städtischer Ebene, sondern auch in den für die spätmittelalterliche und frühneuzeitliche Stadt so typischen Teilöffentlichkeiten haben verschiedene Medien Erinnerung geschaffen und gesichert. Ganz wesentliche Erinnerungsgemeinschaften waren Familien und Familienverbände. Die ganze Reihe oben schon betrachteter Medien lässt sich wieder ausmachen. Dass frühneuzeitliche Menschen die Stadt als Gedächtnisraum wahrnahmen, zeigt Hermann von Weinsberg. Er strebte im 16. Jahrhundert an, mit Hilfe einer Hausstiftung einen bleibenden Gedächtnisort seiner Familie zu schaffen, und er begründete dies folgendermaßen: *Man findet auch wol in alten gemelen und finstern in kirchen und heusern vil vernoimder leut, die auch nit lange doit gewesen sint, aber man weis eiz nit van irem geblode, ja van irem gebeins und war sei gewont haben und wem sei zustendich gewesen sint, wo auch alles ir grois gut verbliben ist. Und wan das gemeils nit uberich, so weren sei gar uis der gedechtnis komen, als weren sei uff erdrich nehe gewesen, unser her und got mogt ire namen dan zu irer selichet wissen.*[222] Nach neueren Forschungen war die kleinräumige

221 SCHMIDT, Wandelbare Traditionen (wie Anm. 220), S. 44.

222 Das Buch Weinsberg. Kölner Denkwürdigkeiten aus dem 16. Jahrhundert, bearb. v. Konstantin HÖHLBAUM (Publikationen der Gesellschaft für Rheinische Geschichtskunde, Bd. 3), Bd. 1, Leipzig 1886, S. 221, vgl. Kerstin SEIDEL, Freunde und Verwandte. Soziale Beziehungen in einer spätmittelalterlichen Stadt (Campus Historische Studien, Bd. 49), Frankfurt/New York 2009, S. 188–190. Zu Hermann von Weinsberg und seinen Aufzeichnungen mit Angabe der älteren Literatur Manfred GROTEN (Hg.), Herrmann Weinsberg (1518–1597). Kölner Bürger und Ratsherr. Studien zu Leben und Werk (Geschichte in Köln. Beihefte: Beiträge zur Stadt und Regionalgeschichte, Bd. 1), Köln 2005; Wolfgang SCHMID, Ein Bürger und seine Zeichen. Hausmarken und Wappen in den Tagebüchern des Kölner Chronisten Hermann Weinsberg, in: CZAJA/SIGNORI (Hg.), Häuser – Namen –

Mobilität innerhalb der Städte groß, und nur die Reichen und sehr Reichen bildeten so etwas wie einen festen Familiensitz aus.[223] Karsten Igel hat auf die demonstrative Seite Greifswalder Ratsherrenhäuser des 15. Jahrhunderts verwiesen.[224] Hermann von Weinsberg berichtet in seinem Gedenkbuch von seiner empirischen Grundlegung seines Gedächtnisprojektes, er habe nämlich im Kölner Kirchspiel Sankt Jakob nach Häusern im langfristigen Besitz alter Geschlechter gesucht und dabei kaum solche gefunden: *Zu sulchem vurnemen hat mich bewecht, das ich das ganse kirspel s. Jacob durchsehen hab, ja auch die stat Coln und hab im kirspel nit uber 3 heuser fonden, die uff das dritte gelit vam geblode her bei den erben und leibsnachkomen sind verbleiben und bei 100 jaren bei dem geblode sint gewesen. So gar sint sei in fremde hende komen, wiewol sunst in der stat wol gesclechter vurhanden, die bei 100 ader 200 jaren bei den nachkomen sint verpliben, so sint irer doch gar wenich.*[225] Solch hohe Mobilität bei Stabilität nur der prestigereichsten und mächtigsten Gruppierungen erzwang Strategien der Erinnerung. Kerstin Seidel verwies in ihrer Arbeit zu Verwandten und Freunden in der spätmittelalterlichen Stadt am Kölner Beispiel auf den Versuch vor allem patrizischer, aber auch nichtpatrizischer Familien, generationenübergreifende Grablegen zu nutzen.[226] Sie zeigt am Beispiel des Familienbuchs des Werner Overstolz, das zwischen 1444 und 1446 entstand, wie eng familiäres Selbstbewusstsein, Memoria, Wappen und familiäre Altarstiftungen miteinander verbunden sind.[227] Werner Overstolz stellte in seinem Familienbuch unter der Überschrift *Dat mir, Wernher Overstoultz, kundich is, wae ind wie deis naegeschreven myn alderen begraven ligent* alle Angaben über die Gräber seiner Vorfahren und Geschwister.[228] Ganz ähnliche Befunde haben Stefanie Rüther für verschiedene

Identitäten (wie Anm. 29), S. 43–64, hier S. 43 f., zu seinen Beschreibungen eigener Stiftungen S. 47–51, zu seinen Häusern S. 51–56. Den Beziehungen Regensburger Bürgerfamilien zu ihren Häusern geht nach Olivier RICHARD, Haus und agnatisches Familienbewußtsein im spätmittelalterlichen Regensburg, in: CZAJA/SIGNORI (Hg.), Häuser – Namen – Identitäten (wie Anm. 29), S. 93–108, hier S. 100–104. Eine Untersuchung zu frommen Hausstiftungen hat jetzt vorgelegt Gabriela SIGNORI, Haus, Name und memoria. Bürgerhäuser als Seelen- und Armenhäusern im ausgehenden Mittelalter, in: CZAJA/SIGNORI (Hg.), Häuser – Namen – Identitäten (wie Anm. 29), S. 81–91.

223 GILOMEN, Demographie und Mobilität (wie Anm. 29), S. 15–21, 26 f.; vgl. aber auch die Befunde von RICHARD, Haus und agnatisches Familienbewußtsein (wie Anm. 222), S. 100–104.

224 Karsten IGEL, Obrigkeitliche Reglementierung und bürgerlicher Repräsentationswille. Die Hansestädte Lübeck, Greifswald und Stralsund im Vergleich, in: CZAJA/SIGNORI (Hg.), Häuser – Namen – Identitäten (wie Anm. 29), S. 123–142, hier S. 130–140.

225 Das Buch Weinsberg, Bd. 1 (wie Anm. 222), S. 220 f.

226 SEIDEL, Freunde und Verwandte (wie Anm. 222), S. 64–72.

227 SEIDEL, Freunde und Verwandte (wie Anm. 222), S. 155–176; vgl. MONNET, La mémoire (wie Anm. 19), S. 56; RÜTHER, Soziale Distinktion (wie Anm. 3), S. 115–123. Zur Quelle Marc VON DER HÖH, Historiografie zwischen Privatheit und Geheimnis – das Familienbuch des Werner Overstolz, in: RAU/STUDT (Hg.), Geschichte schreiben (wie Anm. 19), S. 115–126.

228 Edition bei VON DER HÖH, Historiografie (wie Anm. 227), S. 120–122.

Lübecker Familien[229] und Wolfgang Schmid für die Repräsentation des Hermann von Weinsberg ein Jahrhundert später herausgearbeitet. Alle Weinsberger Stiftungen waren übrigens mit seinem Wappen versehen.[230] Waren es normalerweise Kapellen, Pfarrkirchen, Konvente oder Hospitäler, an die sich solche Erinnerungen knüpften,[231] sollte es für Hermann von Weinsberg ein Privathaus sein.[232] Auch innerhalb seines Hauses prangte auf Glasmalereien wie Wandbildern, Textilien, dem Tafelsilber wie dem Siegburger Steinzeug sein Wappen.[233]

Wie bei den Medien des kollektiven Stadtgedächtnisses stellt sich auch für die Medien privater oder familiärer Erinnerung die Frage, welchen Stellenwert hier das geschriebene Wort innehatte. Die sogenannten spätmittelalterlichen und frühneuzeitlichen Familienbücher sind vor einiger Zeit in einem Sammelband vorgestellt worden, sie erwiesen sich wenig erstaunlich als eine heterogene Gruppe von Dokumenten.[234] Oft sind dies sehr schlichte Aufzeichnungen, persönliche Notizen in kaufmännischem Geschäftsschriftgut, meist Kinderlisten, und dienten der familiären Identitätsstiftung.[235] Als Beispiel sei das Handlungsbuch des Ludwig von Fulach, später Hauptmann zu Schaffhausen, genannt. Der Hauptinhalt sind ab 1490 bis in die dreißiger Jahre des 16. Jahrhunderts geführte und to-

229 RÜTHER, Prestige (wie Anm. 169), S. 179–218.

230 SCHMID, Ein Bürger und seine Zeichen (wie Anm. 222), S. 47–51. Vgl. auch Thomas ZOTZ, Der Stadtadel im spätmittelalterlichen Deutschland und seine Erinnerungskultur, in: RÖSENER (Hg.), Adelige und bürgerliche Erinnerungskulturen (wie Anm. 19), S. 145–161, hier S. 148 f.

231 Vgl. das instruktive Leidener Beispiel bei Hanno BRAND, Mémoire individualisé et conscience communautaire – souvenir, charité et représentation au sein des élites de Leyde à la fin du Moyen Âge, in: BRAND/MONNET/STAUB (Hg.), Memoria, Communitas, Civitas (wie Anm. 18), S. 87–116, hier S. 99–107; auch Wolfgang SCHMID, Memoria in der Kathedralstadt – zu den Grablegen der Erzbischöfe von Trier, Köln und Mainz vom 14. bis 16. Jahrhundert, in: BRAND/MONNET/STAUB (Hg.), Memoria, Communitas, Civitas (wie Anm. 18), S. 243–262, hier S. 258–260; RICHARD, Mémoires bourgeoises (wie Anm. 22), S. 158 f., 197–212; RÜTHER, Prestige (wie Anm. 169), S. 179–218; Gerd SCHWERHOFF, Handlungswissen und Wissensräume in der Stadt. Das Beispiel des Kölner Ratsherren Hermann von Weinsberg (1518–1597), in: ROGGE (Hg.), Tradieren – Vermitteln – Anwenden (wie Anm. 37), S. 61–102, hier S. 73–79.

232 Zur Bedeutung des Hauses für Hermann vgl. SCHWERHOFF, Handlungswissen (wie Anm. 231), S. 68–72.

233 SCHMID, Ein Bürger und seine Zeichen (wie Anm. 222), S. 51–54.

234 Birgit STUDT (Hg.), Haus- und Familienbücher in der städtischen Gesellschaft des Spätmittelalters und der frühen Neuzeit (Städteforschung, Bd. A 69), Köln/Weimar/Wien 2007; vgl. auch ZOTZ, Stadtadel (wie Anm. 230), S. 149–152; Benedikt MAURER, Patrizisches Bewußtsein in Augsburger Chroniken, Wappen- und Ehrenbüchern, in: RÖSENER (Hg.), Adelige und bürgerliche Erinnerungskulturen (wie Anm. 19), S. 163–176; Katrin CZAJA, Häuser, Truhen und Bücher. Familienarchive in der spätmittelalterlichen Stadt, in: DIES./SIGNORI (Hg.), Häuser – Namen – Identitäten (wie Anm. 29), S. 109–120, hier S. 109–111; Birgit STUDT, Orte der Exklusivität, in: RAU/STUDT (Hg.), Geschichte schreiben (wie Anm. 19), S. 111–115; VON DER HÖH, Historiographie (wie Anm. 227), S. 115 f.

235 Vgl. am Kölner Beispiel SEIDEL, Freunde und Verwandte (wie Anm. 222), S. 130–152, zum Sinn dieser Bücher besonders S. 141–143.

pographisch geordnete Abrechnungen mit verschiedensten Personen, die von einer ganzen Anzahl verschiedener Hände eingetragen, später oft gestrichen und durch weitere Einträge fortgesetzt wurden, daneben Kreditvermerke, ergänzt durch Notizen zur Familiengeschichte und Rezepte.[236] Es gibt aber durchaus auch Familienchroniken, die systematisch auf ältere Quellen zurückgriffen[237] und schließlich solche, die systematisch fortgesetzt wurden.[238] Unter bestimmten Konstellationen, etwa unter Distinktionszwang, kam es zu richtiggehenden Konjunkturen der Familiengeschichtsschreibung.[239] Solche Quellen lagen im Spätmittelalter eher unsystematisch oft in Gemengelage mit anderen wertvollen Objekten in Laden und Truhen der Schlafzimmer oder eigener Schreibkammern der bürgerlichen Häuser, manchmal auch deponiert in Kirchen.[240] Ein erheblicher Schritt weiter zu einer der Konstituierung familialen Gedächtnisses folgenden, sich notwendigerweise aus ihr ergebenden Konservierung lässt sich bei Hermann von Weinsberg ausmachen. *Ir moist auch sorg tragen und mit fleis versehen, das diss gedenkboich und was man dan uffschribt in gutter hut und custudia verwart worde.* [...] *Derwegen wil hie die hoich noitturft erforderen, das durch uch und alle hausfetter diss gedenkboich und alles ander geschriben wirk uff einem sonderlichen gewissen orde verwart und wol beschlossen worde.*[241] Hier wird ein an einem bestimmten Ort verbrachtes und wohl verschlossenes Familienarchiv als Kern eigener Erinnerung greifbar.

Natürlich war ebenso wenig die Nutzung von Texten wie die von Wahrzeichen etwas exklusiv städtisches.[242] Familiäre Erinnerungszeichen waren die mit Wappen oder gar mit Abbildungen der Stifter versehenen Gegenstände wie Altäre, Messbücher, Leuchter und Kelche.[243]

Zu partikularen Erinnerungsräumen dürfen wir das neben dem Züricher Großmünster gelegene Haus zum Loch zählen, in dessen Erdgeschosssaal die größte Wappenfolge im süddeutschen Raum die Decke ziert und die wohl zwischen Sommer 1305 und Februar 1306 im Zusammenhang mit dem Besuch König Albrechts I. in Zürich entstanden ist. Die Folge kombiniert die Wappen des Reiches, der Habsburger, verschiedener europäischer und außereuropäischer Königtümer, des Adels der Habsburger, des Züricher Umfeldes und die der führenden

236 GLA Karlsruhe 65/11450.

237 Vgl. die Nürnberger Beispiele bei CZAJA, Häuser, Truhen und Bücher (wie Anm. 234), S. 112; ZOTZ, Stadtadel (wie Anm. 230), S. 153.

238 ZOTZ, Stadtadel (wie Anm. 230), S. 151.

239 Christian KUHN, Das Erbe tradieren, die Gegenwart rezipieren. Erinnerungstendenzen der Familiengeschichte der Nürnberger Tucher in der zweiten Hälfte des 16. Jahrhunderts, in: RAU/STUDT (Hg.), Geschichte schreiben (wie Anm. 19), S. 308–318, hier S. 308f.

240 CZAJA, Häuser, Truhen und Bücher (wie Anm. 234), S. 113–117.

241 Das Buch Weinsberg, Bd. 1 (wie Anm. 222), S. 13; vgl. CZAJA, Häuser, Truhen und Bücher (wie Anm. 234), S. 112f.

242 Vgl. die bei NEUMÜLLERS-KLAUSER, Schlachten (wie Anm. 48), S. 188, 192f. erwähnten Beispiele.

243 KLEINJUNG, Frauenklöster als Kommunikationszentren (wie Anm. 14), S. 224f.

Züricher Familien. Links vom Eingang, gegenüber den Wappen von Reich und Habsburg, steht das Wappen der damaligen Besitzer des Hauses, der Wisso, die so ihre Bedeutung nicht nur als Gastgeber memorierten.[244] Im repräsentativen Saal der Bilgeri, dem Haus zum langen Keller, in Zürich findet sich eine Freskenfolge, die der Interpretation Harald Wolter-von dem Knesebecks zufolge den König mit den Kurfürsten in einer Stadt samt Stadthäusern und Stadtmauer mit Wächtern, die Gäste begrüßen und Bedürftigen helfen, kombiniert mit Monatsdarstellungen, zeigen und damit Gastfreundschaft und Hausehre der Bilgeri thematisieren.[245]

Mit Blick auf die »Vielfalt von ›Kommunikationsgemeinschaften‹ und kommunikativen Sphären mit unterschiedlichen sozialen und räumlichen Reichweiten«[246] müssen nach den Familien noch weitere Gruppen und Teilöffentlichkeiten in den Blick genommen werden, vor allem die Zünfte. Es gibt sogar chronikalische Aufzeichnungen, etwa in den Zunftbüchern der Frankfurter Schuhmacherzunft ab 1485.[247] Klaus Graf hat die Umdeutung städtischen Schlachtengedenkens auf Zünfte herausgestellt, mit der sich diese Gruppierungen an die städtische Erinnerungskultur sozusagen ansippten und deren Akzeptanz für eigene Konstrukte instrumentalisierten.[248] Zur Konstruktion von Gruppenidentität nutzten die Zünfte, wie Patrick Schmidt herausstellte, in der Frühen Neuzeit mehrere Narrative, zum einen heroische Taten einzelner Zunftangehöriger oder der ganzen Zunft, die damit Privilegien eines berühmten Fürsten erlangten, zum andern die Ursprünge des Handwerks, die entweder mit biblischen Geschichten und Figuren oder mit Geschichte und Mythologie der klassischen Antike verbunden waren.[249] Solche Narrative wurden beispielsweise 1768 von den Nürnberger Schreinern, die sich auf den griechischen Architekten Agatharchos zurückführten, bei einem feierlichen Zunftumzug durch ihre Stadt visualisiert und damit der Öffentlichkeit kommuniziert.[250] Die Nürnberger Drechsler

244 Harald Wolter-von dem Knesebeck, Der König als Gast. Formen der Vergegenwärtigung und Indienstnahme königlicher Präsenz in der profanen Wandmalerei der ersten Hälfte des 14. Jahrhunderts, in: Rüther (Hg.), Integration und Konkurrenz (wie Anm. 17), S. 111–129 sowie Abbildungen, hier S. 119f. mit Abb. 5 mit weiterer Literatur.

245 Wolter-von dem Knesebeck, König (wie Anm. 244), S. 121–129 mit Abb. 7–13.

246 Schwerhoff, Stadt und Öffentlichkeit (wie Anm. 11), S. 7.

247 Instruktive Übersicht bei Schmidt, Wandelbare Traditionen (wie Anm. 220), S. 39–41, 85–96; vgl. Schmidt, Zünfte, Handwerker und aufklärerische Öffentlichkeit. Annäherungen an ein distanziertes Verhältnis, in: Krischer (Hg.), Stadt und Öffentlichkeit in der Frühen Neuzeit (wie Anm. 6), S. 179–200, hier S. 195f.

248 Graf, Erinnerungsfeste (wie Anm. 47), S. 272f.

249 Schmidt, Wandelbare Traditionen (wie Anm. 220), S. 266–288; Schmidt, Zünfte (wie Anm. 247), S. 196f.; Patrick Schmidt, Die symbolische Konstituierung sozialer Ordnung in den Erinnerungskulturen frühneuzeitlicher Zünfte, in: Schmidt/Carl (Hg.), Stadtgemeinde und Ständegesellschaft (wie Anm. 23), S. 106–139.

250 Schmidt, Zünfte (wie Anm. 247), S. 197.

verteilten ihre Ursprungserzählung 1688, 1760 und 1801 in Form eines als Einblattdruck erstellten Lobspruches.[251]

Im Stadtmuseum Reutlingen sind aufschlussreiche Zeugnisse zünftiger Erinnerungskultur aus der Frühen Neuzeit erhalten, die hier nur als Beispiel für ganz ähnliche Denkmäler in anderen Städten aufgeführt werden sollen. Die Metzgerzunft, einer der ältesten und reichsten in Reutlingen, ließ 1586 eine Kabinettscheibe anfertigen, auf der ihre Mitglieder mit reicher Kleidung und durch eine umlaufende Reihe von Wappen mit Namensangaben bei einem festlichen Mahl dargestellt sind (Abb. 14). Sie konstruiert hier eine Einheit, die erinnert werden kann und der ähnliche Scheiben aus späterer Zeit an die Seite gestellt werden konnten. Mit dem Medium der Kabinettscheibe nimmt die Metzgerzunft Vorbilder aus dem adligen und patrizischen Bereich auf, in den Kabinettscheiben im 16. Jahrhundert modisch waren.[252]

Ebenso hat sich die heute ins Stadtmuseum transferierte Zunftstube der Weinbauern erhalten. Umgeben von Portraits und Inschriften ehemaliger und damaliger Mitglieder tagten sie an einem langen Tisch; der Tischaufsatz eines Weinbauers mit Rebmesser trägt heute die Amtskette, die – ähnlich wie Schützenketten – die Abfolge von Zunftmeistern dokumentiert und getragene Tradition ist. So ist die Zunftstube der Weinbauern ein Gedächtnisraum im übertragenen wie engeren Sinne.

Fasst man also die Überlegungen zusammen, so schufen unterschiedliche Erinnerungsgruppen innerhalb der Stadt partikulare Erinnerungsräume. Solche partikularen Erinnerungsräume wurden von der städtischen Obrigkeit wahrgenommen und zumindest teilweise geduldet. Schon verwiesen wurde darauf, dass der Lübecker Rat 1530 bei der Beschlagnahmung aller Kirchenschätze und des Silbers die Objekte ausnahm, die von den einzelnen Ämtern und Korporationen gestiftet worden waren.[253] Vielleicht sind manche der Bestimmungen über die Beschränkung des erlaubten Aufwandes bei Gelegenheiten wie Taufen, Hochzeiten, anderen Feiern und Begräbnissen, die als Luxusgesetzgebung und Anzeige von Sozialdisziplinierung verstanden wurden,[254] auch aus dem Versuch, alternative partikulare Erinnerungsstrategien in der Stadt zu begrenzen, zu verstehen.

Wie war nun die Gewichtung innerhalb der städtischen Erinnerungskultur, welchen Raum nahmen partikulare Erinnerungsräume ein? Viele der oben genannten Medien sind in den Quellen schwer fassbar. Ich habe mich daher auf die

251 SCHMIDT, Zünfte (wie Anm. 247), S. 197 f.

252 Klaus TIEDEMANN, Gemalt auf Glas & Licht. Kabinettscheiben von Gotik bis Barock, Dettelbach 2009.

253 RÜTHER, Prestige (wie Anm. 169), S. 81–85.

254 Thomas WELLER, Das Begräbnis des Bürgermeisters. Städtische Begräbniskultur, Trauerzeremoniell und soziale Repräsentation im frühneuzeitlichen Leipzig, in: FÜSSEL/WELLER (Hg.), Ordnung und Distinktion (wie Anm. 3), S. 75–101, besonders S. 76–79, 85–87 mit reicher Literatur. Zum Kölner Beispiel SEIDEL, Freunde und Verwandte (wie Anm. 222), S. 38–46. Zum Begräbnis als Ausdruck sozialer Ordnung auch RICHARD, Mémoires bourgeoises (wie Anm. 22), S. 191–195.

Abb. 14: Kabinettscheibe der Metzgerzunft, Stadtmuseum Reutlingen

Inschriften gestützt und anhand der Bände des großen Werkes der Deutschen Inschriften, von dem trotz eindrucksvoller Arbeiten bisher nicht allzu viele Bände vorliegen, ausgezählt, welche Typen von Inschriften denn überhaupt überliefert sind, wobei die Deutschen Inschriften sowohl die originalen wie nur kopialen Überlieferungen erfassten.[255] Die uns hier interessierenden »großen« stadtgeschichtlichen Erinnerungselemente spielen in den Inschriftenbänden, im öffentlichen wie kirchlichen Raum, kaum eine Rolle.[256] Der größte Teil sowohl mittelalterlicher wie frühneuzeitlicher Inschriften waren persönliche Memorialinschriften, der Anteil liegt zwischen 60 und 70 Prozent, und zwar sowohl im evangelischen wie katholischen Bereich. Den zweitgrößten Anteil machen die Bau- und Hausinschriften aus, meist um die 25 Prozent. Den geringeren Rest machen dann wiederum oft persönliche Inschriften auf Vasa sacra aus.[257] Diesen statistischen Befund gilt es vor Augen zu haben, wenn wir uns mit den Faktoren Stiftergedenken, Schlachtengedenken, Katastrophengedenken beschäftigen – sie sind nur die Spitze des Eisberges einer viel weiter gespannten Erinnerungskultur,

255 Vgl. schon Schmid, Öffentliche Geschichte (wie Anm. 60), S. 413.
256 So auch Schmid, Öffentliche Geschichte (wie Anm. 60), S. 413.
257 Die Einleitungen der Deutschen Inschriften zählen jeweils die unterschiedlichen Typen von Inschriften aus. Ich verweise hier auf http://www.inschriften.net/, in dem bereits ein Teil der bisher erschienenen Bände digitalisiert leicht zugreifbar ist.

die in der Regel von Einzelpersonen getragen wurde und an Einzelpersonen erinnerte.

Das absolute Vorherrschen von Medien persönlicher Memoria im Inschriftenmaterial deckt sich mit den Befunden aus anderen Quellen wie Testamenten.[258] Ähnliche Befunde zeigen auch die Wandfresken, wie sich am Beispiel der mustergültig erfassten und aufgearbeiteten Malerei des 14. und frühen 15. Jahrhunderts in den Bozener Kirchen und Kapellen zeigt.[259] Interessanterweise blieb auch in reformierten Städten die Familiengrabstätte von großer Bedeutung und nahm sogar noch zu, ihr fielen damit Funktionen des mittelalterlichen Totengedenkens zu.[260] Dass nicht nur die »großen« Geschichtskonstruktionsprojekte, sondern gerade auch das Normale, das uns in den Inschriftencorpora in der Masse entgegentritt, ein wesentlicher Teil der städtischen Erinnerungskultur waren, zeigt ein besonderes Faktum, nämlich das, dass städtische Obrigkeiten, so sie die Möglichkeiten dazu hatten, Einfluss darauf zu nehmen suchten. Bekanntlicherweise ist Nürnberg ein herausragender Fall, gelang es doch Rat und Patriziern in besonderer Weise, im Spätmittelalter und der Frühen Neuzeit die Zügel in der Hand zu behalten und über ein ebenso effektives wie überlieferungsintensives Verwaltungssystem zwecks Umsetzung ihrer Beschlüsse zu verfügen.[261] In den Nürnberger Ratsverlässen finden sich verschiedentlich für uns einschlägige Bestimmungen.[262] So entschied der Rat der Stadt Nürnberg, ob es überhaupt einem Bürger gestattet war, ein Denkmal zu errichten. Am 1. Juli 1463 wurde Endres Zeringer erlaubt, ein Kreuz in einem steinernen Gehäuse auf die Steinbrücke zu setzen.[263] Der Rat schränkte auch die Leichenschilde und Kirchenausstattungen ein und verlangte Angemessenheit.[264] In den sogenannten Nürnberger Polizeiordnungen des Spätmittelalters wurden für die beiden Nürnberger Pfarren, das

258 RICHARD, Haus und agnatisches Familienbewußtsein (wie Anm. 222), S. 104–106; DERS., Mémoires bourgeoises (wie Anm. 22); RÜTHER, Prestige (wie Anm. 169), S. 58–75, 104–109.

259 Das gesamte Material ist greifbar in Andrea DE MARCHI u.a. (Hg.), Altas Tr3cento [!]. Gotische Maler in Bozen, Bozen 2001, der komplett die erhaltene wie nachweislich verlorene Wandmalerei erfasst.

260 Vgl. die Ausführungen bei RÜTHER, Prestige (wie Anm. 169), S. 104–109.

261 Vgl. Elisabeth VAVRA, Pro remedio animae – Motivation oder leere Formel. Überlegungen zur Stiftung religiöser Kunstobjekte, in: Materielle Kultur und religiöse Stiftung im Spätmittelalter. Internationales Round-Table-Gespräch Krems an der Donau 26. September 1988 (Sitzungsberichte der Akad. der Wiss. Wien, Philos.-Hist. Klasse, Bd. 554 = Veröffentlichungen des Instituts für mittelalterliche Realienkunde Österreichs, Bd. 12), Wien 1990, S. 123–156, hier S. 124; LÖTHER, Prozessionen (wie Anm. 22), S. 50–55.

262 Theodor HAMPE, Nürnberger Ratsverlässe über Kunst und Künstler im Zeitalter der Spätgotik und Renaissance (1449) 1474–1618 (1633), Bd. 1: (1449) 1474–1570. (Quellenschriften für Kunstgeschichte und Kunsttechnik des Mittelalters und der Neuzeit. Neue Folge, Bd. 11), Wien/Leipzig 1904.

263 HAMPE, Nürnberger Ratsverlässe (wie Anm. 262) Nr. 45: [1. Juli] 1463: *Item dem Zeringer [am Rande: Endres Czeringer] vergönnt, ein creucz uf der steynnen brücken in einem steinen geheuß zu setzen.*

264 HAMPE, Nürnberger Ratsverlässe (wie Anm. 262), Nr. 537.

neue Spital und die Liebfrauenkirche, eine Art erinnerungstechnischer Hoheit der Stadt und ihrer Kirchenpfleger vorgeschrieben: *Auch gebietten unnser herren vom rate, das hinfür kayn ir burger, burgerin, ir gewalt oder yemants von iren wegen zu sant Sebolt, zu sant Lorenntzen, zum newen spital und unnser lieben frowen capeln inn eynichen stull derselben kyrchen, noch an oder inn dieselben kyrchen eynich gemelhde, schylt, zaychen oder tafeln nyt schlahen, henncken oder malen, auch nit abprechen lassen, auch auf kaynen grabstayn eynichen schylt oder zaychen machen lassen, on wissen unnd sonnder vergunst des kyrchenmaysters. Wer sollichs uberfüre, der solt von ainer yeden überfaren fart eynes yeden stucks zway phundt newer haller gemayner statt zu puss geben.*[265]

So zeigt uns der Rat der Stadt Nürnberg, wie bewusst sich die spätmittelalterliche Stadtobrigkeit der medialen Welt ihrer Zeit war. Sie kontrollierten nicht nur die wenigen, hochbedeutenden Erinnerungsorte, sondern auch das Alltägliche, das den Erinnerungsraum Stadt weitgehend ausfüllte und prägte. Selbst wenn dies in Nürnberg durch die verfassungsgeschichtlichen Besonderheiten dieser Stadt besonders stark ausgeprägt war, lassen sie zumindest ähnliche Tendenzen auch für andere Städte nachweisen.[266] Der Erfurter Chronist und Ratsmann Hartung Cammermeister hatte nach dem Eintrag eines unbekannten Schreibers in der Handschrift seiner Chronik gewünscht, dass diese nach seinem Tod († 15. März 1467) im Chor von St. Georg ausliegen solle, doch die Alderleute der Pfarrkirche befürchteten, dass der Kirche durch die Einsicht mancher Leute Schande geschehen könne und beschlossen, das Buch dem Rat zu übereignen.[267]

8. Schlussbemerkungen

Es war kaum möglich, auf begrenztem Raum einen Gesamtüberblick über diese ebenso intensiv erforschte wie facettenreiche und immer noch weiterer Forschungen bedürfende Welt der Medien der Erinnerung in der spätmittelalterlichen und frühneuzeitlichen Stadt zu geben. Ich konnte nur einzelne Facetten herausgreifen und zeigen, wie wichtig es ist, quellen- und methodenbewusst an diese Fragen heranzugehen. Man muss fragen, welchen Stellenwert die hier interessierenden Phänomene haben und muss auch offen dafür sein, wenn die Überlieferung das, was uns so wichtig erscheint, dann doch als Ausnahme wirken lässt. Die Frage, welche Bedeutung Geschichte und Erinnerung für die spätmit-

265 Joseph BAADER (Hg.), Nürnberger Polizeiordnungen aus dem XIII. bis XV. Jahrhundert (Bibliothek des litterarischen Vereins in Stuttgart, Bd. 63), Stuttgart 1861, S. 113 f., hier S. 114.
266 Ich verweise nur auf die Regelungen in Braunschweig, vgl. OHM, »Darna geyt der rad …« (wie Anm. 62), S. 56, sowie die Untersuchungen von RICHARD, Mémoires bourgeoises (wie Anm. 22), S. 217–243 zu Regensburg.
267 Katharina NEUGEBAUER, Politische Alltagskultur im Spiegel spätmittelalterlicher Chroniken aus Erfurt und Hildesheim, in: ROGGE (Hg.), Tradieren – Vermitteln – Anwenden (wie Anm. 37), S. 103–114, hier S. 106–108. Zu Cammermeisters Chronik mit weiteren Angaben http://www.geschichtsquellen.de/repOpus_00756.html.

telalterliche und frühneuzeitliche Stadt überhaupt hatten, führte zunächst zu der Feststellung, dass die Betrachtung der Stadt als dauerhaftes, in sich stabiles Gebilde fehlgeht. Stattdessen stellt sie sich als durchaus starkem Wandel unterworfenes und sektoral kurzlebiges Gebilde dar, in dem sich angesichts sich verändernder sozioökonomischer Verhältnisse ständig die politischen Friktionsebenen und Aktionsfelder verschoben und zu den den jeweiligen Gegebenheiten entsprechenden verfassungstechnischen Lösungen oder Kompromissen führten. Seine Einheit musste aus dem Neben- und Miteinander mehr oder minder autonomer Sondergemeinden und Gemeinschaften erst einmal geschaffen werden, und zentrifugale wie zentripetale Momente mussten ausgeglichen werden. Um einem so wandelbarem Gemeinwesen trotz systemimmanenter Instabilität und fehlender Theorie Identität zu verleihen und einen politischen Raum zu konstituieren, mussten auf ganz unterschiedlichen Ebenen Kohärenzfaktoren langfristig effektiv stabilisierend wirkten.

In einem ersten Schritt wurden die unterschiedlichen Typen städtischen Gedächtnisses untersucht. Stiftergedenken, Katastrophengedenken und Konfliktgedenken erwiesen sich als sinnvolle Kategorien, obwohl sich die drei Segmente städtischer Erinnerungskultur nicht immer gut voneinander trennen lassen, sondern zu einem Erinnerungsraum verschmelzen. Daneben ließen sich durchaus noch andere Formen des Gedenkens festmachen, so könnte man vom wirtschaftlichen Gedenken sprechen. Oft wurzelten sie in der die spätmittelalterliche Gesellschaft durchdringenden Praxis der Memoria. In der Vielzahl betrachteter Beispiele zeigte sich immer wieder, dass meist, wie im eingangs behandelten Beispiel des Herforder Radewiger Kohlfestes, nicht auf ein einzelnes Medium, sondern einen »Medien-Mix« gesetzt wurde. Städtische Feste, Prozessionen und Riten traten in besonderer Weise hervor. Auch zeigte sich, dass manche Handlungen erst durch Verstetigung und periodische Wiederholung zum Medium der Erinnerung wurden. Die Nähe vieler Formen des städtischen Gedenkens zu religiösen Praktiken oder sogar deren Identität machte sie zu durch die Reformation besonders gefährdeten Elementen, wobei sich allerdings ganz unterschiedliche Entwicklungen abzeichneten. Parallel zum öffentlichen und ratsobrigkeitlichen Gedenken gab es stets auch private und familiäre Gedenken und Stiftungen.

In einem weiteren Schritt wurden die unterschiedlichen Medien der Erinnerung, die diesen Erinnerungsraum aufspannten, betrachtet. Medien der Erinnerung in der Stadt waren Feste, Denkmäler, Prozessionen, Riten, Lieder, Sprüche, Wahrzeichen und erst dann historiographische Texte und Inschriften. Reichweite und Bedeutung der Historiographie waren beschränkt, die Archive waren als exklusives Gedächtnis der Stadt kaum im allgemeinen Bewusstsein. Einzelne Texte, Urkunden wie Rechtsbücher, spielten hingegen eine wichtige Rolle für die städtische Identität. Inschriften historischen Inhalts waren in Spätmittelalter und Früher Neuzeit relativ selten. Neben programmatisch konzipierten Großprojekten bildeten sich okkasionelle Erinnerungsorte, indem eine Erinnerungsinschrift durch weitere ergänzt und erweitert wurde. Reiche Verwendung in Rathäusern wie anderen öffentlichen Orten fanden Bilder. Schwieriger, da nur indirekt in den

Quellen zu fassen, waren historische Lieder, einst sicher eines der verbreitetsten Medien. Über die Rolle der akustischen Welt und der Kleidung ließen sich nur Vermutungen anstellen. Klarer ist der Raum als Erinnerungsträger, zum Teil durch gewohnte Wege, zum Teil durch Zerstörungen und das Bestehenbleiben dadurch entstandener Freiflächen. Eine wesentliche und hochsymbolische Rolle spielten schließlich Erinnerungs- und Wahrzeichen, die zum Teil performativ genutzt und sogar bewusst zerstört wurden. Riten und Prozessionen wie Wahrzeichen hatten den Nachteil, erläuterungsbedürftig zu sein, sie hatten eine innewohnende Unschärfe, transportierten keinen sicheren Inhalt, sondern waren ohne textliche Festschreibung bedeutungsoffen und wandlungsfähig. Die Medien der Erinnerung traten meist nicht vereinzelt, sondern in der Regel als mediales Bündel oder »Medien-Mix« auf. Das gebündelte Auftreten dieser Medien war notwendig, sollte die Erinnerung sowohl fixiert wie weit verbreitet werden, ihre Kombination war wohl eine Notwendigkeit, sie erweiterte ebenso Präzision wie Reichweite und Bedeutung.

Die verschiedenen Formen der Erinnerung wie die große Bandbreite medialer Wirkmöglichkeiten in der spätmittelalterlichen Stadt standen nicht nur der Stadt selbst offen. Die spätmittelalterliche und frühneuzeitliche Stadt als Einheit aus dem Neben- und Miteinander mehr oder minder autonomer Sondergemeinden und Gemeinschaften mit einer »Vielfalt von ›Kommunikationsgemeinschaften‹ und kommunikativen Sphären mit unterschiedlichen sozialen und räumlichen Reichweiten«[268] wies verschiedene Erinnerungskollektive auf, unter denen Familien, Familienverbände und die Zünfte in besonderer Weise hervortraten und in ähnlicher Weise wie die Stadt selbst alle Medien und Formen der Erinnerung nutzten. Fragt man nach der Gewichtung innerhalb der städtischen Erinnerungskultur, welchen Raum partikulare Erinnerungsräume einnahmen, so stellt sich heraus, dass die »großen« stadtgeschichtlichen Erinnerungselemente in den Inschriften, Texten und Fresken im öffentlichen wie kirchlichen Raum gegenüber der persönlichen Memoria kaum eine Rolle spielten. Die Erinnerungskultur wurde in der Regel von Einzelpersonen getragen, und es wurde an Einzelpersonen erinnert.

Klaus Graf sah die Stadt ganz zu Recht als Erinnerungsgemeinschaft,[269] doch darf sie nicht als sozusagen monolithische Erinnerungsgemeinschaft missverstanden werden. Ebenso wie es verschiedene Teilöffentlichkeiten gab, so gab es auch verschiedene partikulare Erinnerungsgemeinschaften, denen Kollektive wie Individuen in der spätmittelalterlichen und frühneuzeitlichen Stadt angehörten. Die Stadt war ein multipler Erinnerungsraum.

Wie die verschiedenen Beispiele gezeigt haben, reicht die städtische Erinnerungskultur weit bis ins 14. Jahrhundert zurück. Wenn in der bisherigen Forschung vor allem das »erinnerungstrunkene« 15. Jahrhundert oder gleich die

268 Schwerhoff, Stadt und Öffentlichkeit (wie Anm. 11), S. 7.
269 Graf, Erinnerungsfeste (wie Anm. 47), S. 273; Ders., Schlachtengedenken im Spätmittelalter (wie Anm. 48), S. 65.

Frühe Neuzeit im Mittelpunkt standen, so liegt das an der Quellenlage, die die Phänomene städtischer Erinnerung einfacher fassbar macht. Die Vielzahl der Spielarten von Gedenken zeigt, dass trotz struktureller Ähnlichkeiten, die in der Bedeutung von aktualisierter Erinnerung für die Stadt als wesentliches Element städtischer Identität begründet liegen,[270] und trotz ähnlicher Formen und Medien der Erinnerung die jeweiligen Funktionen ganz unterschiedlich gelagert sein konnten. Wenn sich im Zuge der städtischen Verfassungsentwicklung die Konstellationen und damit die Friktionsebenen zwischen unterschiedlichen Gruppierungen innerhalb wie außerhalb der Stadt veränderten, dann verlagerte sich auch die Erinnerungskultur, erhielt neue Züge, neue Inhalte, verlor ihre konkreten Inhalte oder wurde aktualisiert.

270 Ders., Schlachtengedenken im Spätmittelalter (wie Anm. 48), S. 68f.

Die »Neuerfindung« städtischer Identität: Der Wandel von kollektiver Erinnerung und Gedächtnis der Stadt Worms im langen 19. Jahrhundert*

Gerold Bönnen

1. *Einleitende Überlegungen*

Nur wenige Städte des deutschen Sprachraums dürften in ihrer Geschichte ein so dramatisches, überaus wechselvolles Auf und Ab in ihrer Bedeutung und ein heute derart heterogenes Stadtbild aufzuweisen haben wie die Stadt Worms. Als bis 1798/1801 geistlich geprägte Bischofs- und Reichsstadt mit einem hochkomplexen Regelungswerk des Neben- und Miteinanders von vier unterschiedlichen Konfessionen in der Stadtverfassung ging das auf etwa 5.400 Einwohner geschrumpfte Worms bzw. das, was von seinem mittelalterlichen Glanz spätestens nach der Stadtzerstörung von 1689 übrig oder schon wieder aufgebaut worden war, nach einer überaus folgenreichen 16-jährigen Zugehörigkeit zum französischen Staat 1816 als mehr oder weniger ruinöse Landstadt jetzt im Großherzogtum Hessen (Rheinhessen) – aller seit dem frühen Mittelalter kennzeichnenden zentralörtlichen Funktionen beraubt – in das lange 19. Jahrhundert. Hier musste sich das Gemeinwesen gleichsam ganz neu erfinden – gewissermaßen eine neue Stadt an alter Stelle, in der Hülle des verbliebenen Äußeren.

Mit der vorliegenden Skizze soll der Versuch unternommen werden, den langen Weg zwischen der Zeit des Verlusts jahrhundertlang gewachsener Identitäten und nicht zuletzt eines reichen kirchlichen Bauerbes in den entscheidenden Wendejahren der Stadtgeschichte zwischen 1798 und 1816 zu einer neuen, wirkmächtigen Neuerfindung der Stadt und einer besonders nachhaltig historisch fundierten Identität bzw. eines kommunalen Geschichtsbildes mit zehnmal so vielen Einwohnern in den 1880er Jahren abzuschreiten.

Vor diesem Hintergrund geht es um folgenden Fragen- und Problemkomplex: Von wem wurde wann was in Worms während der Entfaltung der bürgerlichen

* Einige hier angesprochene Aspekte wurden parallel aufgegriffen in: Gerold Bönnen, Reichsstädtische Vergangenheiten links des Rheins: Worms und Speyer zwischen Zäsuren und Neu-Aneignung, in: Tempi passati. Die Reichsstadt in der Erinnerung, 1. Tagung des Arbeitskreises, ›Reichsstadtgeschichtsforschung‹ Mühlhausen 11.–13.2.2013, hg. v. Helge Wittmann, Petersberg 2014 (Studien zur Reichsstadtgeschichte 1), S. 113–148.

Stadt zwischen dem Übergang der Stadt auf das Großherzogtum Hessen 1816 bis um 1880/90 öffentlich erinnert? Wie steht es mit den Teilidentitäten der drei hier verwurzelten Konfessionen? Wie lässt sich der Umgang der führenden Gruppen in der Stadt mit ihrer Geschichte und ihren archivalischen wie baulichen Hinterlassenschaften beschreiben und erklären, welchen Stellenwert hatten das Archiv, die erhaltenen Baudenkmäler? Wann und wie ist eine städtische Geschichts-bzw. Gedächtnispolitik zu verfolgen, welches Bild hatte man in der sich neu etablierenden bürgerlichen Elite der Stadt von der eigenen Geschichte? Was können wir über die Mechanismen und die Funktionen örtlicher Geschichtskonstruktion, den Umgang mit Bauerbe und Archivüberlieferung zwischen vor allem etwa 1800 und 1880 aussagen, und welche überörtliche Relevanz besitzen diese Erkenntnisse möglicherweise?

Es ist zu betonen, dass es sich angesichts des Wissensstandes bei dem vorliegenden Beitrag eher um eine Problemskizze als um die Präsentation elaborierter Forschungserträge handelt. Nicht alle dieser Fragen werden daher auch angemessen beantwortet werden können. Bislang fehlt es unter anderem an Recherchen zu Selbstzeugnissen der Akteure, an der systematischen Auswertung von Hinweisen auf das Selbstverständnis der an der Stadtspitze des 19. Jahrhunderts handelnden Gruppen über eine rein institutionsgeschichtliche Abhandlung zur Archivgeschichte hinaus.[1] So versteht sich der Beitrag zugleich auch als Aufforderung, die hier skizzierten Fragen und Probleme vor dem Hintergrund der außerordentlich reichen Forschungskonjunktur des Themenkomplexes der Erinnerungspolitik und -konstruktion vergleichend aufzugreifen und vertiefend zu analysieren.

2. Ausgangssituation um 1790 bis 1816

Mit dem seit 1792 in mancher Hinsicht zu erwartenden und in mehreren Anläufen vorbereiteten Übergang des linken Rheinufers an Frankreich 1798/1801 endete zu Beginn des Jahres 1798 auch die Epoche der Reichsstadt Worms mit ihren komplexen Verfassungs- und Konfessionsverhältnissen endgültig. Worms

1 Den Stand der Forschung bis 2005 markieren die Beiträge in der Wormser Stadtgeschichte: Geschichte der Stadt Worms, hg. v. Gerold BÖNNEN, Stuttgart 2005; hier: Gunter MAHLERWEIN, Die Reichsstadt Worms im 17. und 18. Jahrhundert, S. 291–352, Franz DUMONT, Worms im Zeitalter der französischen Revolution und Napoleons (1789/92–1814/16), S. 353–400; Manfred KÖHLER, Die hessische Landstadt in Vormärz und Revolution 1848/49 (1816–1852), S. 401–440; Fritz REUTER, Zwischen Reaktion und hessischer Städteordnung (1852–1874), S. 441–478. Nach wie vor besonders herauszuheben ist: Hans KÜHN, Politischer, wirtschaftlicher und sozialer Wandel in Worms 1798–1866 unter besonderer Berücksichtigung der Veränderungen in der Bestellung, den Funktionen und der Zusammensetzung der Gemeindevertretung, Worms 1975 (Der Wormsgau, Beiheft 26); wichtig auch: Fritz REUTER, Worms zwischen Reichsstadt und Industriestadt 1800–1882. Beobachtungen und Materialien, Worms 1993 (Der Wormsgau, Beiheft 32). Eigene Arbeiten zur städtischen Erinnerungs- und Geschichtspolitik fehlen bislang; vgl. auch unten Anm. 74.

gelangte als Kantonsstadt mit 1800 noch 4.768 Einwohnern – diesbezüglich einen Tiefstand erreichend, von dem es dann nur sehr langsam bergauf gehen sollte – in das neue Department Donnersberg (Mont Tonnèrre, Sitz Mainz) und verlor alle Rechte, Traditionen und zentralörtlichen Funktionen, darunter 1801 auch den Bischofssitz: Der Dom wurde zur Pfarrkirche. Überhaupt hatte die mit den gravierenden und fundamentalen Umwälzungen der Jahre 1798 bis etwa 1803 einhergehende Aufhebung der Klöster und Stifte, die trotz der lutherischen Bevölkerungsmehrheit und politischer Dominanz (nur die zwei Drittel Lutherischen in der Stadt hatten seit der Durchsetzung der Reformation in der zweiten Hälfte des 16. Jahrhunderts das Recht auf politische Teilhabe am Gemeinwesen, die anderen drei Konfessionen, vor allem die erst nach der Stadtzerstörung 1689 zugelassenen Reformierten standen hier zurück) weiterbestehen durften, grundlegende Umwälzungen zur Folge.

Die wichtigste damit einhergehende Wandlung war die im Gefolge der Verstaatlichung der religiösen Besitzungen und dann zwischen 1803 und 1812 sehr rasch folgenden Nationalgüterversteigerungen gravierende Besitzverschiebung vor allem zugunsten der jetzt politisch besonders hervortretenden katholischen und reformierten Einwohner.[2] Sie legte unter anderem die Grundlage für die langsame Herausbildung einer auf Leistung, Vermögen und zunehmend auch Bildung begründeten, dem bürgerlich-liberalen Ideal entsprechenden Führungsgruppe in der Stadt. Als Notabeln aus Besitzbürgern und Beamten wurden die neuen Kräfte unter Napoleon sehr intensiv gefördert und über ihre örtlichen Aufgaben in die öffentlichen Funktionen des Kaiserreiches integriert. Ohne irgendeinen Bruch (so amtierte der aus katholischer Weinhändlerfamilie stammende Peter Joseph Valckenberg, der 1784/86 aus den Niederlanden nach Worms gekommen war, von 1813 bis 1837 als Bürgermeister[3]) setzte sich die Etablierung dieser neuen Schicht in der hessischen Zeit ab 1816 fort, zumal die Grundzüge der Kommunalverfassung auch über die Reformen von 1821 ebenso beibehalten wurden wie die bewährten und linksrheinisch generell mit Argusaugen gehüteten

2 Vgl. mit weiteren Hinweisen am Beispiel der im Laufe des 19. Jahrhunderts überaus wichtig gewordenen reformierten Schiffer- und später Industriellenfamilie Heyl: Gerold Bönnen, Die Familie von Heyl und ihr Wirken (ca. 1850 bis 1980), in: Die Wormser Industriellenfamilie von Heyl. Öffentliches und privates Wirken zwischen Bürgertum und Adel, hg. v. Gerold Bönnen/Ferdinand Werner, Worms 2010, S. 35–186, v. a. S. 35–37.

3 Vgl. u. a. den Artikel in Wikipedia; Fritz Reuter, Vier bedeutende Wormser Familien im 19. und 20. Jahrhundert: Heyl, Valckenberg, Doerr und Reinhart, in: Genealogie. Deutsche Zeitschrift für Familienkunde Bd. 21, 42. Jg. (1993), S. 644–661; Reuter, Worms (wie Anm. 1), u. a. S. 71–73; vgl. die die lückenhaften kommunalen Akten in StadtAWo Abt. 5 (Stadtverwaltung 1815–1945) ergänzenden Unterlagen StadtAWo Abt. 170/11, vgl. auch Unterlagen zu Firma und Familie im Unternehmens- bzw. Familienarchiv StadtAWo Abt. 180/9. – Die Teilnahme an den Nationalgüterversteigerungen war für die Entfaltung des bis heute bestehenden Unternehmens von noch näher zu erforschender Bedeutung. Johann Peters Bruder Wilhelm war in Worms ein führender Freimaurer, sein Sohn von 1841 bis 1846 Landtagsabgeordneter der 2. hessischen Ständekammer.

Institutionen aus der Zeit der französischen Herrschaft, die überhaupt insgesamt noch längere Zeit durchweg positiv im Gedächtnis blieb.

Da im Zuge der Teilhabe an den in Stadt und Land durchgängig begrüßten und als fortschrittlich schnell akzeptierten umfassenden Rechtsreformen (Gleichheit vor dem Gesetz, Trennung von Justiz und Verwaltung, Einführung einer neuen Rechtsordnung parallel zu Innerfrankreich, Gewerbefreiheit unter Aufhebung der Zünfte und Zollgrenzen etc., Abschaffung der Feudallasten, Einführung der Zivilstandsregister und damit auch der Zivilehe im Zuge der Trennung von Staat und Kirche, Aufhebung der Privilegien für bestimmte Religionen, weitgehende Judenemanzipation) auch die hergebrachten Beschränkungen der Teilhabe an den Gemeindeangelegenheiten wegfielen, ist es nicht verwunderlich, dass sich gerade die Reformierten und Katholiken jetzt in besonderer Weise in der Gemeinde und aufseiten der neuen Herren engagierten; die rechtlich im Wesentlichen gleichgestellten Juden erhielten erst seit dem Vormärz Zugang zu öffentlichen Funktionen in der Stadt. Bereits der im November 1792 in Worms begründete Jakobinerklub hatte in seiner Zusammensetzung die soziale Struktur der Stadt mit ihrer traditionellen Dominanz oligarchisch vernetzter orthodoxer Lutheraner auf den Kopf gestellt und vor allem reformfreudigen katholischen und reformierten Kräften einen Ort für ihr Engagement zugunsten der neuen Ideen gegeben.

Gleichzeitig waren die Handlungsspielräume kommunalen Gestaltens nach dem ohne besondere emotionale Aufwallungen hingenommenen Ende der reichsstädtischen Zeit durch die Einbindung in den zentralistischen Staat und das System der Departements ab 1801 stark eingeschränkt. Um 1800 begann vor dem Hintergrund der totalen Umwälzungen eine längere, durch nur sehr langsame wirtschaftliche Stabilisierung und Bevölkerungszuwachs (bei Ende der französischen Zeit 1815 lag die Einwohnerzahl bei ca. 6.200, 1835 waren es gut 8.440, 1848 knapp 8.900) gekennzeichnete Übergangsphase, die bis in den Vormärz hineinreichte und in der auch und gerade der Umgang mit der eigenen Geschichte und Identität erst ganz neu »erfunden« werden musste.

Keine ideelle Rolle für das Selbstverständnis der neuen Oberschicht an der Stadtspitze spielte der noch 1792, im Vorfeld des Herrschaftsübergangs vom Magistrat der Stadt auf den französischen Staat deutlich artikulierte reichsstädtisch-altständische Republikanismus,[4] wie er auch in Speyer und Frankfurt am Main zu beobachten ist. Der Hinweis der in die alte Herrschaftsordnung intensiv eingebundenen Zünfte gegenüber dem gerade gegründeten Jakobinerklub, *dass sie bereits unter einer republikanischen Verfassung lebten,* somit die neuen Ideen ja bereits Realität seien und damit Veränderungen nicht auf der Tagesordnung stünden, zeigt ein Missverständnis auf, insofern hier die auf ständischer Gliederung beruhende Libertät mit dem vollkommen andersartigen revolutionären Freiheits- und Gleichheitsdenken gleichgestellt wurde. Es erstaunt daher nicht, dass derlei

4 Vgl. DUMONT, Worms (wie Anm. 1), S. 364.

verflossene Ideale für die neuen Männer an der Stadtspitze kein mobilisierbares Potential an Ideen und Werten mehr verkörpern konnten, zumal die hier erwähnten Rechte nur für die nun in die Defensive geratene Konfession gegolten hatte, deren Vertreter gleichsam zu den »Verlierern« der neuen Zeit gehörten. Erinnerungskulturen und Identitäten waren vor 1798 geteilt und nach Konfessionen und rechtlichen Spielräumen fragmentiert. Ein Beispiel dafür markiert in gewisser Weise selbst das vom Rat organisierte Gedenken an die Stadtzerstörung des Jahres 1689 genau einhundert Jahre später, das von getrennten Gottesdiensten und ratsoffiziellem Programm im Sinne des Dankes für den seither erreichten Aufbau im weitgehenden Frieden gekennzeichnet war.[5] Die Veranstaltungen markieren die letzte, in reichsstädtischer Tradition stehende Gedenkfeier mit geschichtlichem Bezug unter der alten Ordnung. Die hier noch selbstverständlich eingehaltenen Trennlinien sollten nach 1798 abrupt ein Ende finden.

Für die Frage, welche Folgen die Wucht des Wandels der Jahre 1798 bis etwa 1806, als sich die neue Herrschaft stabilisiert hatte und die wesentlichen Reformen realisiert waren, für die Erinnerungskultur und den Umgang mit der eigenen Geschichte in Worms hatten, ist sicher die Frage nach den Trägergruppen entscheidend, also die bisher noch nicht abschließend geklärte Problematik der Zusammensetzung der im Gemeinderat seinen Ausdruck findenden neuen politisch-ökonomischen Führungsgruppe der Stadt.[6] Solange eine umfassende Studie zur Entwicklung des Wormser Bürgertums im langen 19. Jahrhundert noch aussteht (wobei es wichtige Vorarbeiten der letzten Jahre gibt, auf denen eine solche Studie aufbauen könnte), bleiben diesbezüglich viele Fragen offen.

Wie erwähnt, muss man für die Zeit ab 1800 faktisch von einem raschen Austausch der politisch-ökonomisch aktiven Führungsgruppe der Stadt ausgehen.[7]

5 Mit weiteren Hinweisen vgl. DUMONT, Worms (wie Anm. 1), S. 353 f.; Druckschriften in StadtAWo Abt. 204 Nr. 01/14 und in den Beständen der Stadtbibliothek.

6 Zusammenfassende Einschätzung: Gunter MAHLERWEIN, Die Entwicklung der Gesellschaft von 1783 bis zum Ende des Ersten Weltkriegs, in: Ulrich OELSCHLÄGER/Gerold BÖNNEN (Hg.), 1783–2008 Kasino- und Musikgesellschaft Worms. Festschrift zur 225-Jahrfeier, Worms 2008 (Der Wormsgau, Beiheft 40), S. 16–119, S. 53 f.; sehr wichtig sind die differenzierenden Beobachtungen unter Auswertung der Quellen bei KÜHN, Wandel (wie Anm. 1), S. 69 ff. zu Wanderungsbewegungen und der Frage der Erneuerung der Oberschicht (»fast vollständige Erneuerung«, S. 72, aber nicht vornehmlich durch Zuwanderung, betont den hohen Anteil vor allem der Reformierten in der neuen Führungsschicht und unterstreicht den auffallenden Aderlass bei den Lutheranern durch deren starke Abwanderung). Zur demographischen Entwicklung der Stadt: Martina ROMMEL, Die Wormser und ihre Stadt 1750–1875. Demographische, soziale und konfessionelle Aspekte des Wandels von einer Ackerbürger- zur Fabrikarbeiterstadt, Darmstadt/Marburg 1996 (Quellen und Forschungen zur hessischen Geschichte 107), dort S. 563 Daten zur Bevölkerungsentwicklung 1800 bis 1875; eine graphische Darstellung der Bevölkerungsentwicklung mit Konfessionszahlen im Anhang B S. 206 f. der in Anm. 1 genannten Arbeit von KÜHN, Wandel.

7 KÜHN, Wandel (wie Anm. 1), S. 69 ff.: Die Abwanderungen nach 1798 betrafen zum einen Angehörige von Adel und Klerus nach Wegfall ihrer wirtschaftlichen Basis in der Stadt; dazu sind »nicht wenige Angehörige jener alten Wormser Familien abgewandert

Die Notabeln der Stadt seit etwa 1810 hatten sich auf Kosten der bisher tonangebenden lutherischen Obrigkeit aus neuen, bereits in Worms aktiven, aber aus der Politik ausgeschlossenen Kräften (wie erwähnt stark aus reformierter und katholischer Richtung kommend) zusammengesetzt. Gerade diese Gruppen und ihre führenden Vertreter aber hatten wenig Anlass zu einem Blick zurück in die reichsstädtische Zeit. Die neuen Kräfte waren geprägt und beansprucht durch die rasant wachsenden Möglichkeiten der neuen Zeit und wandten sich den dramatischen Umwälzungen ihrer eigenen Gegenwart umso mehr zu, als die bisherigen Maßstäbe, Rechtstitel und Ideen weder Gültigkeit besaßen noch ein positives Identitätsangebot mehr bedeuteten.

An dieser Stelle ist daran zu erinnern, dass die letzten Jahrzehnte der reichsstädtischen Zeit (nicht nur in Worms) von massiven rechtlichen und sozialen Konflikten um die Teilhabe an der Stadtherrschaft und die Ausgestaltung der Verfassung gekennzeichnet waren.[8] Den in Worms sozialisierten neuen Kräften waren die vor allem seit 1780 aufgrund der Unzufriedenheit mit der äußerst oligarchischen Ausrichtung der Stadtherrschaft gravierenden rechtlichen Auseinandersetzungen (unter anderem Klage der Bürgerschaft beim Reichshofrat gegen den Rat 1788 mit einer Schrift »Ueber den Oligarchendruck in Worms«) noch sehr geläufig. Die Dynamik einer massiven Oligarchisierung, die Dominanz immer derselben wenigen Familien, eine als grassierend wahrgenommene Miss- und Vetternwirtschaft, die Zwecklosigkeit rechtsförmlicher Verfahren vor den Reichsinstitutionen, Vorbehalte gegen aufgeklärte Ideen aufseiten der orthodox-lutherischen Obrigkeit auch in der Bildung und anderes bereiteten nicht zuletzt den Boden für durchaus grundsätzliche Sympathien für die Ereignisse in Paris ab 1789, über die die Wormser in den Zeitungen gut informiert waren.

Diese inneren Risse in der Verfassung der Stadt immunisierten die Gewinner der Reformen gegen jede Form verklärend-positiver Rückschau in die alten Zeiten und führten zu einem radikalen Bruch mit der Vergangenheit, wie sie auch im Umgang mit den nun oft herren- und vermögenslosen Kirchen, Kapellen und Klöstern zu einer emotionsfreien »Entsorgungshaltung« befähigte.

[…], die in der zweiten Hälfte des 18. Jahrhunderts die Magistratsmitglieder stellten«, viele der Namen traten fortan nicht mehr auf; deutlicher Wanderungsgewinn 1802 bis 1806 unter Verschiebung der konfessionellen Gewichte, Anstieg der Zahl der Katholiken und Reformierten (Katholiken von etwa 600 auf 1.600, bedeutet plus von ca. 165 Prozent, Reformierte: Anstieg um ca. 115 Prozent, Lutheraner hatten in dieser Zeit ca. 700 Angehörige durch Abwanderung verloren, Abwanderung geht dabei über die Oberschicht hinaus).

8 Vgl. zu den Verfassungskonflikten ab 1778: MAHLERWEIN, Reichsstadt (wie Anm. 1), S. 320 ff., auch zu den Konflikten innerhalb des Rates; vgl. immer noch hilfreich: Wilhelm MÜLLER, Die Verfassung der freien Reichsstadt Worms am Ende des 18. Jahrhunderts mit besonderer Berücksichtigung der Zeit unter französischer Besetzung bis zum Frieden von Lunéville, Worms 1937 (Der Wormsgau, Beiheft 5; hier S. 41–50 zur Klage gegen den Rat vor dem Reichshofrat 1788); wichtig auch: DUMONT, Worms (wie Anm. 1), S. 355 ff. zur Klage und den massiven Beschwerden ab 1786.

Dies alles sorgte für eine gleichsam unausgesprochene, aber klare Abgrenzung von der verlorenen und für die Träger neuer Ämter und Inhaber wirtschaftlicher Entfaltungsmöglichkeiten durchweg negativ besetzten Vergangenheit. Es stellt sich die Frage, wann diese sich langsam neu formierende gesellschaftliche Schicht von Vermögenden an der Stadtspitze zu einem eigenen neuen Umgang mit der langen Geschichte ihrer Stadt fähig sein würde und welche Formen dieser Umgang annehmen könnte. Seit wann konnte (auch angesichts der kommunalen bzw. ökonomischen Spielräume) überhaupt eine neuformulierte Identitätsfähigkeit und ein eigenes Selbstverständnis bestehen, auch angesichts der selbstempfundenen Abgründe zwischen dem Vorher und dem Jetzt?

Die reichsstädtische Vergangenheit jedenfalls stellte für die jetzt handlungsfähigen, ja in vielem tonangebenden Katholiken und Reformierten definitiv keine positive Projektionsfläche für eine Identität dar. Es bestand für sie kein Anlass zu einer verklärend-positiven Sichtweise auf diese definitiv abgeschlossene Zeit, zumal mit der Kurpfalz auch der Hauptkonkurrent der Stadt um ihre Freiheit nach 1800 restlos verschwunden war. Das gewaltige Ausmaß der Umwälzungen einschließlich der nie dagewesenen Besitzverschiebungen durch die erwähnten Nationalgüterversteigerungen und der vollkommene Verlust aller Funktionen für das Umland absorbierte die Aufmerksamkeit völlig und ließ die Geschichte der Stadt vor allem als eines erscheinen: als abgeschlossen.

3. Träger kollektiver Identitäten und Erinnerungen in hessischer Zeit (ab 1816)

Fragt man vor dem Hintergrund der hier skizzierten, im Einzelnen bislang nicht untersuchten Wandlungen hinsichtlich der Träger kollektiver Identitäten und Erinnerungen in der Zeit der Zugehörigkeit zum Großherzogtum Hessen ab 1816, so ist zunächst auf die bis zur Vereinigung der beiden evangelischen Konfessionen 1822 vier Religionsgemeinschaften hinzuweisen.

Für die Lutheraner[9] als »Verlierer« der Umwälzungen seit 1798 boten die Jubiläen der Jahre 1817 (Jahrestag des Thesenanschlags Luthers in Wittenberg) und 1821 (300 Jahre Reichstag in Worms mit Luthers Auftritt vor Kaiser und Reich) wichtige Möglichkeiten der historisch fundierten Selbstvergewisserung.[10] Mit Friedrich Alexander Graf (1770–1835) markierte einer der beiden lutherischen Pfarrer die Kontinuität der Gemeinde seit dem Ende der reichsstädtischen Zeit, denn er war noch 1796 vom Rat der Stadt in sein Amt berufen worden und blieb

9 Zuletzt zum zeitlichen und personellen Umfeld: Joachim UFER, Die Gründung der Rheinischen Bibelgesellschaft zu Worms im Jahre 1816, in: Ebernburg-Hefte 46 (2012), S. 81–97. Eine angemessene Darstellung der Entwicklung des evangelischen Worms fehlt sowohl für die Zeit des Alten Reiches als auch im Blick auf das 19. und 20. Jahrhundert, vgl. aber Anm. 13. Unterlagen zur Geschichte des evangelischen Worms befinden sich u. a. in den verzeichneten Akten und Amtsbüchern in der Evangelischen Gesamtgemeinde Worms, masch. Findbuch im Stadtarchiv Worms, hier u. a. Rechnungs- und Bauwesen, Kirchenvorstandsprotokolle 1823–1836 (III Nr. 4).

10 Gedruckte Reden zu diesen Anlässen in: StadtAWo Abt. 204 Nr. 01/11.

Abb. 1: Stadtplan Worms von Pierre Aubertel (1830, StadtAWo Abt. 218 VIII Nr. 80, vgl. Anm. 46)

in der Stadt bis zu seinem Lebensende; im Jahr des Übergangs der Herrschaft 1816 trat neben ihm mit Johann Georg Zimmer (1777–1853) ein zuvor als Buchhändler und Verleger tätiger, gebildeter und in der Geisteswelt der Romantik hervorragend vernetzter Mann, der ab 1811 in Heidelberg evangelische Theologie studiert hatte, bis 1823 ein zweiter Geistlicher an seine Seite.[11]

Im Gegensatz zu den beiden lutherischen Pfarrern war deren 1762 hier geborener reformierter Kollege Ludwig W. Rödiger als Geistlicher der Friedrichsgemeinde seit seiner Kinder- und Jugendzeit mit den Verhältnissen in Worms vertraut. Von 1804 über die Union hinweg blieb er bis zu seinem Tod 1827 als Pfarrer tätig, seit 1824 als zweiter evangelischer Geistlicher neben Graf. Die protestantische Geistlichkeit zeigt in sich also das Nebeneinander von Kontinuität und Neuanfang.

Das Reichstagsjubiläum 1821 und die im Folgejahr 1822 erfolgte Union der Reformierten und Lutherischen[12] können auch (ohne dass dies allerdings bisher genauer untersucht wäre) als Impulsgeber für eine stärkere Lutherrezeption[13] und vor allem für den Plan der Errichtung eines Standbildes oder Denkmals zu Ehren Luthers in der Stadt angesehen werden, mit dem man sich eines wichtigen Moments in der Stadtgeschichte besinnen könnte. Im Jahre 1838/39, als auch andere Indizien für eine gewisse Hinwendung zur Geschichte fast zeitgleich deutlich hervortreten, ist erstmals der Plan eines solchen Monuments greifbar. Im September 1838 ist in einer Eingabe von Geschäftsleuten aus dem Umfeld des Marktplatzes an den Gemeinderat die Rede davon, das Innenministerium habe zur Errichtung eines Denkmals auf dem Marktplatz vor der Dreifaltigkeitskirche bereits seine Zustimmung signalisiert.[14] Ob der hier erhobene Protest gegen die damit verbundenen Beeinträchtigungen des gewerblichen Lebens zum Einschla-

11 Heinrich W. ZIMMER, Johann Georg Zimmer und die Romantiker. Ein Beitrag zur Geschichte der Romantik, Frankfurt am Main 1888, S. 330 ff.; zu seinem Wirken in Worms 1816 bis 1823 und dem damals weiter gepflegten Briefwechsel mit Verlegern wie Perthes und Schriftstellern aus dem Umfeld der Romantik, darunter Clemens Brentano, der ihn auch in Worms besuchte; Aktivitäten bei den Jubiläen 1817 und 1821, zu letzterer Archivrecherchen, Auszug aus Predigt zur Feier 1821, S. 332 und 334; zur Vorbereitung einer Schrift zu den Ereignissen bemühte sich Zimmer um Erkenntnisse aus der Nutzung des städtischen Archivs, hier ein Verweis auf seinen Freund Hofrat Georg W. Issel (1785–1870), Darmstädter Maler und Kunsthistoriker, der das vernachlässigte Archiv ebenfalls nutzte. – Zur reformierten Gemeinde vgl. Friedrich M. ILLERT, Geschichte der Reformierten Gemeinde und der Friedrichskirche in Worms von den Anfängen bis zur evangelischen Union 1833, Worms 1939 (Der Wormsgau, Beiheft 8), S. 93–131 Quellen und Dokumente.

12 Dazu auch ROMMEL, Wormser (wie Anm. 6), S. 88 f.

13 Grundlegend und materialreich zur Wormser Lutherrezeption: Busso DIEKAMP, Auf Martin Luthers Spuren in Worms, in: Werner ZAGER (Hg.), Martin Luther und die Freiheit, Darmstadt 2010, S. 163–265.

14 Schreiben an den Gemeinderat mit ca. 50 Unterschriften, 14. September 1838 (StadtA Wo Abt. 5 Nr. 241). Eine Untersuchung der seit dem Jahrgang 1838 bis 1876 digitalisierten Wormser Zeitungen (vgl. unten Anm. 74) steht aus. Die namentlich Unterzeichnenden, unter ihnen viele jüdische Gewerbetreibende aus dem Umfeld des Marktes, erbitten die Wahl eines anderen Platzes anstelle des *allen Confessionen gehörenden Marktplatzes*. Die

fen des Vorhabens beigetragen hat und was im Vorfeld überhaupt passiert ist, wurde bislang noch nicht geklärt; das Schreiben zeigt aber, wie weit die Überlegungen bereits gediehen waren.

Akten des Kreisamtes Worms[15] aus den Jahren 1838 und 1842 geben punktuell weitere Einblicke: Im Mai 1838 berichtet der Kreisrat an den Innenminister, *dass vor etlichen Monaten einige öffentliche Blätter* den Gegenstand der *Errichtung eines Monuments für den großen Kirchen-Reformator Dr. Luther zu Worms mehrfach behandelten* und bittet bezüglich der Reaktionen auf das Vorhaben um »Verhaltungsbefehle«. In einem Schriftwechsel zwischen Kreisamt und evangelischem Kirchenvorstand vom Herbst 1842, in dem »nur« noch von der *Errichtung eines Standbildes von Dr. Martin Luther in der Dreifaltigkeitskirche zu Worms* die Rede ist, bittet man um Zustimmung und gleichzeitig die Genehmigung zur Durchführung einer Kollektensammlung im gesamten Großherzogtum. Dabei bedauert die Gemeinde unter begründendem Bezug auf den Reichstag von 1521, *daß die hiesige Stadt auch nichts mehr aufzuweisen hat, welches thatsächlich an diese große Handlung, die sich in ihren Mauern zugetragen, erinnern könnte, mit Ausnahme des Platzes wo die Kaiserpfalz gestanden.* An dieser Stelle befände sich jetzt (was nicht zutrifft, aber geglaubt wurde) die Kirche selbst. Das diesbezügliche Fresko in der Kirche sei leider *seiner schlechten Darstellung wegen ohne alles Interesse.* Deshalb sei *in der hiesigen evangelischen Gemeinde der Wunsch sehr rege geworden …* [ein] *Standbild zu setzen* aus Stein oder Metall, je nach den finanziellen Möglichkeiten. An der Spitze der Unterschriftenliste steht bemerkenswerterweise der seit 1837 amtierende neue Bürgermeister Renz, selbst evangelisch. Am 27. Oktober 1842 erteilte das Innenministerium in Darmstadt dem Kreisrat in Worms eine Abfuhr in Bezug auf die landesweite Geldsammlung. Die Pläne wurden offenbar längere Zeit nicht mehr weiter verfolgt.

Dass das Vorhaben erst unter anderen Umständen durch einen sehr umtriebigen Verein seit 1856 verfolgt und dann bis 1868 erfolgreich umgesetzt wurde, worauf noch einzugehen ist, ändert nichts an dem auffallend frühen Projekt, zumal bis dahin keine öffentlichen Denkmalerrichtungen in der Stadt bekannt sind. Die Idee eines zunächst öffentlichen, dann »internen« Lutherdenkmals blieb in der Wahrnehmung der Zeitgenossen um 1840 aber ganz offenkundig noch eine konfessionsinterne Angelegenheit. Die Zeit für ein Denkmal war noch nicht reif.

Die katholische Kirche war nach den für sie ebenfalls umwälzenden Veränderungen vor allen damit befasst, den Mangel, den sie materiell nach den Vermögensverlusten der Nationalgüterversteigerungen und dem Verlust ihrer alten Funktionen und Institutionen erlitten hatte, zu verwalten und dabei den Kerndom über die Zeit zu bringen bzw. seinen Erhalt zu finanzieren, während zwischen 1792 und 1832 aus verschiedenen Gründen alle Bauten des Domumfeldes

Ratsprotokolle des Jahres (Abt. 5 Nr. 6257–59) verzeichnen keine Behandlung der Angelegenheit.

15 Zum Folgenden StadtAWo Abt. 30 Nr. 1 (Akten des Kreisamts, Genehmigungsgesuch für Kollektensammlung, 1838–1842).

Abb. 2: Stadtansicht mit Blick auf den Dom von Süden, kolorierte Radierung von Louis Bleuler, um 1820 (StadtAWo Abt. 217)

verloren gingen.[16] Seit 1816 waren auf Betreiben der Gemeinde auch gegen Ratschläge und Empfehlungen des hessischen Oberbaurats und Hofbaudirektors Georg Moller (1784–1852), der bereits seit etwa 1820 Aspekte des Denkmalschutzes und der Kunstpflege ins Gespräch brachte und (letztlich erfolglos) im Sinne einer Erhaltung zu intervenieren versuchte, noch einmal beträchtliche Teile bzw. die Reste des Domkreuzgangs und des Kapitelhauses abgerissen worden. Selbst wenn hier aufseiten der Gemeinde primär Notwendigkeiten der finanziellen Lage eine Rolle spielten, so liegen bislang doch keine Hinweise darauf vor, dass diese und andere gravierende Entscheidungen ein besonderes Bedauern ausgelöst hätten. Auch die katholischen Wormser mussten sich in der neuen Zeit zurecht-

16 Zum bis um kurz nach 1800 zurückreichenden, in den letzten Jahren intensiv erschlossenen Material des Wormser Domarchivs (auch mit Unterlagen zur Baugeschichte seit der napoleonischen Zeit, Erschließungsdaten in der Datenbank des Stadtarchivs recherchierbar): Margit Rinker-Olbrisch, Die Familie Brand und das Domarchiv St. Peter Worms, S. 199–229. Siehe aus der Literatur (eine eingehende Untersuchung zum Dom und der Gemeinde im 19. Jahrhundert fehlt bisher): Eugen Kranzbühler, Verschwundene Wormser Bauten. Beiträge zur Baugeschichte und Topographie der Stadt Worms, Worms 1905; Rommel, Wormser (wie Anm. 6).

finden und nahmen nach 1800 auf die Geschichte der Bauten oder Gemeinde lange keinen Bezug mehr. Erst seit den frühen 1850er Jahren wurde dem Dom als restaurierungsbedürftigem Baudenkmal dann ausdrücklich mehr Aufmerksamkeit zugewandt (s. u.) und dieser als Baudenkmal gleichsam neu entdeckt.

Langfristig zum wichtigsten Träger einer höheren Bildung und eines entstehenden Bildungsbürgertums mit etwa nach 1840 wachsender lokaler Verankerung wurde das 1804 neu konstituierte Gymnasium, das zwar an die Lateinschule des Rates anknüpfen konnte, aber faktisch eine Neugründung war. Bis in die 1840er Jahre zog sich ein längerer Kampf um den Erhalt und die materiell-personelle Absicherung hin, sodass die höhere Lehranstalt gewisse, an die eigene, immerhin bis in das 16. Jahrhundert zurückreichende Tradition anknüpfende Trägerfunktionen für ein historisches Bewusstsein in Worms zu erlangen vermochte – allerdings nicht vor den 1830er Jahren.[17]

Unter den bürgerlichen Vereinen ragen bis um 1850 drei ganz klar heraus, die bereits 1783 gegründete Lese- bzw. Kasinogesellschaft[18] als älteste bzw. exklusivste wirtschafts- und bildungsbürgerliche Vereinigung, von Gunter Mahlerwein für die Zeit nach 1800 »klar als Vereinigung des ›neuen‹ Bürgertums zu erkennen« charakterisiert, die 1781/1808 errichtete Freimaurerloge[19] und die 1812 gegründete Musikgesellschaft.[20] Bislang ist kaum gefragt worden, ob bzw. inwiefern diese Vereinigungen zu Trägern von Erinnerung und/oder Identität geworden sind und welche Rolle bei ihnen der Faktor örtlicher Geschichte ausmachte. Hier können weitere Forschungen zum Umgang mit Geschichte und Erinnerungskultur ansetzen. Wichtig sind personelle Verflechtungen etwa zwischen Gymnasium und Freimaurern in Gestalt des freimaurerisch sehr aktiven Gymnasialdirektors Gottlob Lorenz Schneidler,[21] der unter Freimaurern und in der

17 475 Jahre Rudi-Stephan-Gymnasium Worms. Festschrift zum Schuljubiläum, hg. v. Burkard KEILMANN (Humanitas. Mitteilungsblatt des Rudi-Stephan-Gymnasiums Worms 47), Worms 2002, vgl. hier den Beitrag von Margit RINKER-OLBRISCH, S. 102 ff., Schularchivalien in StadtAWo Abt. 55/1. Zu Georg Lange, einem aus Darmstadt stammenden Wormser Gymnasiallehrer, der 1838/39 hier Impulse setzte, siehe unten.

18 MAHLERWEIN, Entwicklung (wie Anm. 6), zur Mitgliederstruktur v. a. S. 52 ff.; Basis der Darstellung sind die Bestände des im Stadtarchiv Worms lagernden, 2006/07 neu verzeichneten Vereinsarchivs Abt. 72, vgl. dazu unter www.stadtarchiv.worms.de.

19 Vgl. zu den Freimaurern (ca. 60 Mitglieder im Zeitraum 1817 bis 1843) jetzt: David Andreas FRIEDRICHSDORF, Zwischen Aufklärung und Vormärz. Wormser Freimaurer 1780–1845, Magisterarbeit masch. Universität Heidelberg 2008/09; DERS., Städtische Gesellschaft und Wormser Freimaurer 1815–1845. Die Logenreden Wilhelm Valckenbergs, in: Der Wormsgau 27 (2009), S. 93–139; DERS., Die Wormser Freimaurerloge »Johannes zur brüderlichen Liebe« und die Wormser Aufklärungsgesellschaften im späten 18. Jahrhundert, in: Zeitschrift für internationale Freimaurer-Forschung Jg. 14, Heft 27 (2010), S. 42–80.

20 Cornelia C. NÖCKEL, Untersuchungen zur Musikgeschichte der Stadt Worms im ersten Drittel des 19. Jahrhunderts, Magisterarbeit Univ. Mainz masch. 2008.

21 Zu ihm mit weiteren Hinweisen FRIEDRICHSDORF, Städtische Gesellschaft (wie Anm. 19), S. 108–112.

Politik exponierten Weinhändlerfamilie Valckenberg und anderen Trägern der neuen bürgerlichen Oberschicht der Stadt.

Einem erst in den 1840er Jahre konstituierten Verein, dem Veteranenverein der Teilnehmer an den napoleonischen Kriegen, verdankte Worms dann im Jahre 1848 die Aufstellung eines bemerkenswerten Denkmals.[22] Es war nach bisherigem Wissen das erste öffentliche Denkmalprojekt seit dem Ende der reichsstädtischen Zeit vor inzwischen 50 Jahren und seit Beginn der hessischen Ära 1816 in der Stadt. Das auf dem erst 1840 durch die Stadt angelegten neuen Kommunalfriedhof[23] unweit der späteren Bahnlinie aufgestellte Monument belegt unter anderem eine insgesamt positive Sichtweise auf die französische Zeit, wie sie generell für die linksrheinische Region zu beobachten ist und erst seit den 1850er/60er Jahren von einer preußisch-nationalistisch gefärbten Sicht auf die Zeit vor 1813/14 überlagert wurde. Gerade in dieser Zeit, um 1846/48, kulminierten die Bemühungen aller Politiker Rheinhessens und der Pfalz um Erhaltung der fortschrittlichen rechtlichen Errungenschaften der Zeit vor 1816.[24] Das Denkmal zur Erinnerung *an ihre unter den Fahnen Napoleons gefallenen Waffenbrüder* durch den 1846 begründeten Verein auf dem damaligen Friedhof der Stadt (die Enthüllung unter dem Eindruck der Errungenschaften der Revolution erfolgte am 16. September 1848), dem weitere Monumente in Rheinhessen aus derselben Zeit an die Seite zu stellen sind, ist auch als Ausdruck der Historisierung der nun mehr als eine Generation zurückliegenden französischen Zeit anzusehen, die sich den jüngeren, bereits in die Zeit nach der Reichsstadt geborenen oder zugewanderten Zeitgenossen in Worms (und damit weitaus der Mehrzahl der sich seit 1798 zahlenmäßig verdoppelten Bevölkerung) als positiv besetzter Identifikationsbezug und Gedächtnisort anbot.

Ein seit den 1830er Jahren deutlicher erkennbarer Zug der städtischen Identitätspolitik ist die explizite Anlehnung an das seit 1816 regierende großherzogliche Haus, das sich in Geschenken bei Familienfeiern, in Gedichten, Huldigungen sowie erstmals 1838/39 in Straßenbenennungen nach Großherzog Ludwig und

22 Margit RINKER-OLBRISCH/Torben OLBRISCH, Der Wormser Veteranen-Verein und sein Denkmal von 1848 für die Kriegsteilnehmer in der Grande Armée Napoleons, in: Der Wormsgau 26 (2008), S. 53–74, Basis: Veteranenbuch in StadtAWo Abt. 204 Nr. 01/04 (Entstehungsgeschichte, Statuten, Einweihungsbericht, Namensverzeichnis der Veteranen u. a.). Um 1846/47 entstanden an mehreren Orten der Region entsprechende Vereine und zum Teil auch Denkmäler (Nachweise dort). Das Denkmal steht noch, wurde vor einiger Zeit restauriert und befindet sich im heutigen Albert-Schulte-Park unweit des Hauptbahnhofes.

23 Der neue Friedhof war das erste kommunale Bauprojekt nach dem um 1830/32 erreichten Ende der Phase von Abbrüchen und Umnutzungen vormals geistlicher Gebäude durch die Stadt im Interesse vor allem der wirtschaftlich wichtigen Garnison. Der Bau der neuen, 1945 zerstörten Leichen- bzw. Trauerhalle zog sich dann noch bis 1856 hin; Programm der Einweihung 1840: StadtAWo Abt. 204 Nr. 01/11.

24 Fritz REUTER, Heinrich von Gagern, die »Rheinischen Institutionen« und Worms, in: Der Wormsgau 17 (1998), S. 202–223. Generell zur politischen Entwicklung in Vormärz und Revolution 1848/49 zuletzt KÖHLER, Landstadt (wie Anm. 1).

seiner Frau Mathilde durch Gemeinderatsbeschluss geäußert hat.[25] Bereits 1833/34 hatten Bürgermeister und Gemeinderat einen »*Hymnus auf die höchste Vermählung Seiner Hoheit des Erbgrossherzogs mit Ihrer Königlichen Hoheit der Prinzessin Mathilde von Bayern In tiefster Ehrfurcht und Unterthänigkeit dargebracht*« drucken lassen.[26] Hier rühmt sich Worms seiner Geschichte, den mit ihm verbundenen Sagen und betont seine Treue gegenüber dem Herrscherhaus. Damit »wirbt« die Stadt erstmals offiziell ausdrücklich mit ihrer langen Geschichte und ihrer traditionellen Treue und nimmt dabei gleichsam offiziell auf Heinrich IV. und seine Urkunde für die Stadt aus dem Jahre 1074 direkten Bezug, eine bemerkenswert frühe Nutzung ihrer mittelalterlichen Geschichte bzw. für die Stadtgeschichte sehr wesentlichen Episode, offensiv instrumentalisiert im Dienste der Selbstdarstellung als dem Herrscherhaus verbundenes Gemeinwesen und ein Zeugnis für zumindest gewisses Bewusstsein historischer Sachverhalte in der gebildeten Oberschicht der Stadt:

Wormatia's Treue
Lebt im Busen der Enkel noch!

Die ausdrückliche Annahme und weitere Pflege einer monarchischen Herrscherverehrung als Ausdruck der Loyalität in der Zeit des Vormärz diente den Stadtoberen naturgemäß dazu, die Aufmerksamkeit des Landesherrn und seiner Umgebung auf die wiederum (wie schon in französischer Zeit) an der Peripherie des Staates liegende Landstadt zu erhöhen, der Stadt weitere Aufmerksamkeit zu sichern und erfüllte eine Art Ersatzfunktion für die verlorene Bezugnahme auf die ältere Geschichte der Stadt. Kaum war eine Generation seit der Herrschaftsübernahme 1816 erfolgt, wurde auch dieser Schritt historisiert und zum Ausgangspunkt für den langsamen Aufstieg der Stadt stilisiert; die Feiern zum 25-jährigen Jubiläum der Zugehörigkeit Rheinhessens zum neuen Staat zeigen diese bewusste Traditionsbildung sehr gut, in die sich Worms eingefügt hat.

Als aufschlussreiche Quelle für die Wahrnehmung der Stadt können aus dieser Zeit auch Reiseberichte herangezogen werden, deren bekanntester die im Herbst 1840 unternommene und 1842 (literarisch überarbeitet) veröffentlichte Beschreibung der Rheinreise von Victor Hugo betrifft.[27] Hier kontrastiert der

25 Tanja Wolf, »Eine für die späteste Nachwelt bleibende Erinnerung zu gründen«?. Umbenennungen von Straßen in Worms 1839 bis 1890, in: Der Wormsgau 30 (2013), S. 217–235.

26 In StadtAWo Abt. 204 Nr. 01/11, Druck bei Kranzbühler, Verschwundene Bauten (wie Anm. 16). Die Verfasser dürften im Umfeld des Gymnasiums zu suchen sein. Akten zu den Beziehungen der Stadt zum Staatsoberhaupt mit weiteren Belegen für diese offiziöse Hinwendung zur monarchischen Ordnung in StadtAWo Abt. 5 Nr. 131–145. Die Akten betreffen u. a. Huldigungen, Geburtstage, den Jahrestag des Übergangs Rheinhessens auf die neue Landesherrschaft 1841 sowie Besuche der Monarchen und ihrer Familie in der Stadt.

27 Reuter, Worms (wie Anm. 1), S. 31 (mit weiteren Nachweisen); vgl. Text mit Übersetzung: Victor Hugo. Ein Reisebericht aus dem alten Worms, Übersetzung 1938 von Wilhelm v. Buek, 2. Aufl., Worms 1969, siehe u. a. dt. Text S. 55f., 65f. Vgl. auch Victor Hugo und Deutschland: Zeichnungen, Bücher, Dokumente. Katalog einer Ausstellung des Gu-

38-jährige Franzose seine Vorstellungen von der ehrwürdigen, geschichtsträchtigen Metropole mit der bei einem Besuch erfahrenen ärmlichen, jedoch immer noch romantisch-faszinierenden Realität einer Landstadt, die schon deutlich bessere Zeiten gesehen hat (*Welch sterbende Stadt! Welch feierliches aber trauriges Bild*). Aufschlussreich sind dabei seine Beobachtungen, dass die Bewohner den profan umgenutzten Kirchengebäuden wie der vormaligen Kirche St. Rupertus ahnungslos und desinteressiert gegenüber standen und (wenn überhaupt) dann die ihm eher mager erscheinenden Fortschritte der Gegenwart der Erwähnung für würdig befunden hätten (Worms als viertgrößte hessische Stadt mit Kreissitz, Garnison und Gymnasium, gute Straßen). Hugos Wormser Gesprächspartner habe betont, er mache sich nichts aus *sogenannten Sehenswürdigkeiten. Antiquitäten – Albernheiten*; den berühmten Rosengarten habe er noch nie besucht. Darin kommt bei aller literarischen Bearbeitung der Erlebnisse durchaus eine sicher (noch) verbreitete Grundeinstellung in Worms zum Ausdruck. Drei Jahre zuvor, 1837, hatte es nach den 24 Jahren unter dem noch durch die französische Herrschaft eingesetzten Bürgermeister Valckenberg mit dem Amtsantritt des Bürgermeisters und vermögenden Handelsmannes Friedrich Renz (1796–1864, amtierte bis 1848) einen klaren Generationswechsel an der Stadtspitze gegeben, denn Renz war bereits ganz in die neue französisch-hessische Zeit hineingeboren. Es ist deshalb sicher kein Zufall, dass sich um die Jahre 1838/39 erste Anzeichen für eine gewisse Rückbesinnung auf die nun mehr als eine Generation zurückliegenden Zeiten der Stadt finden lassen.

4. Darstellungen zur Stadtgeschichte im Vormärz und ihr Blick auf die Stadt

Ausdrucksform des Umgangs mit der Geschichte sind nicht zuletzt auch und gerade Darstellungen der Stadtgeschichte und generell die Befassung mit ihr (Abb. 3). Welche Entwicklungstendenzen lassen sich für die erste Hälfte des 19. Jahrhunderts in Worms beobachten?

Bereits sehr bald nach dem Übergang des linken Rheinufers an Frankreich verfasste der bedeutende Mainzer Gelehrte, Jakobiner, Journalist, Lyriker und Altertumssammler Dr. Friedrich Lehne (1771–1836) eine im Jahre 1801/02 im »Historisch-statistischen Jahrbuch des Departement vom Donnersberg für das Jahr 10 der fränkischen Republik« erschienene kurze Darstellung der Geschichte von Worms,[28] die nach seinem Ableben noch einmal 1837 in seinen gesammelten Schriften publiziert wurde.[29] Der von 1814 bis 1836 als Bibliothekar in seiner Heimatstadt Mainz äußerst verdienstvoll wirkende Anhänger der neuen Ord-

tenberg-Museums, Red. Adolf Wild, Mainz 1990 (hier u. a. über die Rheinreise und das Umfeld Hugos mit Schwerpunkt auf Mainz, von wo aus Hugo Anfang Oktober nach Worms kam).

28 Zu ihm siehe den Wikipedia-Artikel mit weiteren Hinweisen.

29 Friedrich Lehne, Kurze Geschichte der Städte Mainz und Worms, Mainz 1837 (= Fr. Lehne's Gesammelte Schriften, Bd. 4, 1. Abt.), v. a. S. 203–256 zu Worms.

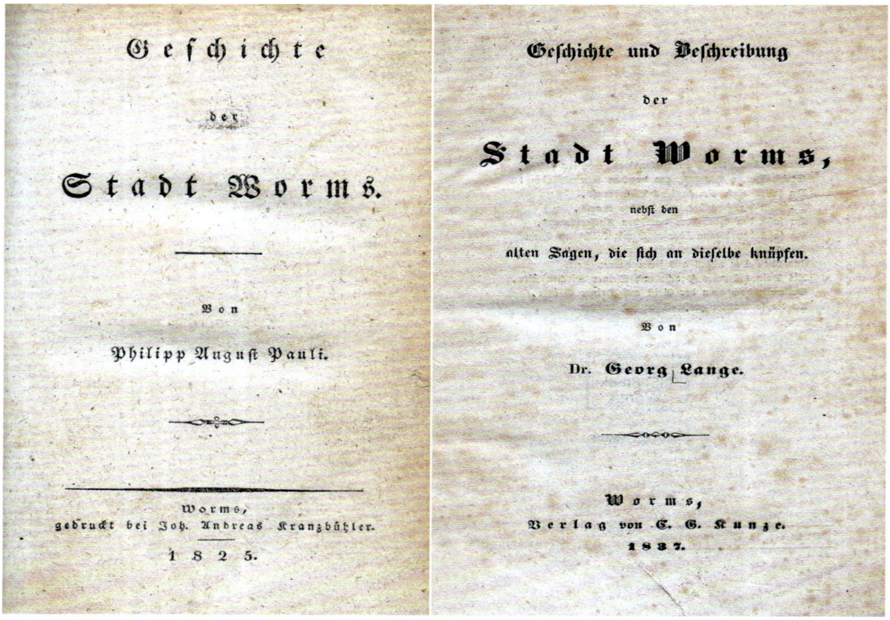
Geschichte
der
Stadt Worms.
Von
Philipp August Pauli.
Worms,
gedruckt bei Joh. Andreas Kranzbühler.
1825.

Geschichte und Beschreibung
der
Stadt Worms,
nebst den
alten Sagen, die sich an dieselbe knüpfen.
Von
Dr. Georg Lange.
Worms,
Verlag von C. G. Kunze.
1837.

Abb. 3: Titelseiten der Stadtgeschichten von Pauli und Lange

nung, der auch der erwähnten Wormser Freimaurerloge angehörte,[30] sah mit einer freiheitlichen Perspektive auf die Leistungen und Grenzen des bürgerlichen Engagements beider Städte.

Die erste Geschichte der Stadt in nachfranzösischer Zeit erschien in Worms 1825, nochmals 1827 und 1828 aus der Feder des seit 1814 in Darmstadt tätigen Philologen, Altertumsforschers, Lehrers und Privatgelehrten Philipp August Pauli[31] (1782–1854) in Gestalt eines strengen chronologischen Durchgangs bis in seine eigene Zeit (*Wir verlassen Worms in einer Lage, wo ihm die Gegenwart wenig leistet und es alles von der Zukunft erwartet – in Verhältnissen, die mit denen der früheren Epochen den größten Kontrast bilden*). Bereits 1820 hatte Pauli eine Arbeit über römische und deutsche Altertümer am Rhein in Mainz veröffentlicht, dazu weitere historisch-kunstgeschichtliche und archäologische Studien sowie 1823 eine statistisch-topographische Beschreibung des Großher-

30 FRIEDRICHSDORF, Städtische Gesellschaft (wie Anm. 19), S. 115.

31 Philipp August PAULI, Geschichte der Stadt Worms, Worms 1828, 420 S. (folgendes Zitat S. 420) mit Widmung an den Herzog von Dalberg, mit dessen Familie sich Pauli danach befasse und eine Veröffentlichung vorbereite (die aber nie erschienen ist). 1827 erschien die Wormser Geschichte nochmals, jetzt als »Geschichte der uralten und berühmten Stadt Worms«. Weiteren Niederschlag hat Paulis Wirken in Worms nach bisherigem Kenntnisstand nicht gefunden.

zogtums Hessen publiziert. Pauli erwähnt das bedeutende städtische Archiv (ob er es genutzt hat, ist unklar) und würdigte schon 1823 (wie auch wieder in seiner Wormser Geschichte) die noch zu erwähnenden römisch-altdeutschen Altertumskollektionen des Sammlers Johann Adam Menger (*eine der vorzüglichsten Privatanlagen dieser Art*), mit dem er sicher Kontakt hatte. Zu klären bleiben die Aufnahme und Wahrnehmung der offenbar nicht ganz unbeachtet gebliebenen Arbeit in Worms selbst.

Etwa zehn Jahre später erfolgte ein wiederholter Anlauf für eine neue Gesamtdarstellung, diesmal zwar aus Worms selbst, jedoch kam auch jetzt der Verfasser aus der Landeshauptstadt, und wieder war es ein Bildungsbürger. Georg Friedrich Lange (1804–1843, geboren in Darmstadt, der Vater Militärrichter, er selbst promovierter Philologe) war seit 1833, dem Gründungsjahr des Historischen Vereins für das Großherzogtum Hessen, als Gymnasiallehrer in Worms tätig und wurde noch im selben Jahr Mitglied der dortigen Kasinogesellschaft. Nachdem er bereits im März 1834 einen Artikel zu Quellen zur Wormser Geschichte in der Großherzoglich-Hessischen Zeitung veröffentlicht hatte (»Beiträge zur Geschichte der Stadt Worms«, 5. März 1834), erschien 1837 seine Monographie »Geschichte und Beschreibung der Stadt Worms, nebst den alten Sagen die sich daran knüpfen«.[32] Im folgenden Frühjahr 1838 erhielt er (worauf noch zurückzukommen ist) den städtischen Auftrag zur Neuordnung des Wormser Stadtarchivs.

Lange verwarf die Arbeit Paulis (*aller eigentlichen Gründlichkeit entbehrend*) und nannte eine fundierte Geschichte und Beschreibung der Stadt ein *allg. gefühltes Bedürfniß*, nicht ohne die *oft so unerquickliche Gegenwart* und damit unausgesprochen die erzwungene politische Friedhofsruhe und Zensur seiner eigenen Zeit als Hintergrund anzusprechen, die ihm auch als zeitweiliger Redakteur der kurzlebigen, 1838–1840 herausgekommenen »Wormser Blätter«[33] nur zu geläufig war. Die eigentliche Stadtgeschichte umfasst in der Arbeit 70 Seiten, dann folgt separat eine Geschichte der ehemals reformierten Gemeinde (S. 79–124), bevor er auf die mit Worms verbundenen Sagen (S. 125–154) und damit auch die Nibelungenthematik zu sprechen kommt. Es folgt eine Beschreibung der Stadt, dazu kommen drei Beilagen, unter anderem über das Alter der jüdischen

32 176 S., Stand Sept. 1836, Verlag C. G. Kunze, Worms; gedr. Gedenkschrift (Stadtbibl. Worms: W K 7/6): Zur Erinnerung an Dr. Georg Friedrich Lange, von einem Freund des Verstorbenen, Darmstadt 1843, 20 S.; mit biographischen Details. Vgl. zu Langes Arbeit den Artikel von Volker Gallé in: http://www.nibelungenlied-gesellschaft.de/03_beitrag/galle/fs11_galle.html. Artikel des Wormser Heimatforschers und -schriftstellers Georg R. Roeß mit Portrait Langes aus Anlass des 100. Jahrestages der Stadtgeschichte in: Wormser Zeitung, 27. September 1936.

33 Friedrich M. ILLERT, Die Geschichte der Wormser Presse mit kulturhistorischen Fragmenten, Worms 1913, S. 80; vgl. geb. Bd. (Dez. 1839–Juni 1840) in StadtAWo Abt. 228 WBll, Druck/Verlag F. W. Kunze, zweimal wöchentlich erschienen, insgesamt mehr belletristische Ausrichtung als eine eigentliche Tageszeitung.

Gemeinde zu Worms. Lange sollte trotz seines frühen Todes auch als ein früher Vorkämpfer des Lutherdenkmalgedankens Bedeutung erlangen.

Worms erscheint bei Lange als *Denkmal längst entschwund'ner schön'rer Zeiten*, die Geschichte der Stadt wird zur Projektionsfläche für sehr zeitbezogene Wünsche und Hoffnungen, zum Kraftquell für künftig erhoffte Reformen. Lange knüpft an die Darstellung einen ausdrücklichen Identitätsappell an, wenn er betont:

> *Möge es jeder edelgesinnte Bürger von Worms stets als seine fromme Pflicht betrachten, nach Kräften dazu mitzuwirken, dass sich eine Stadt, in welcher einstmals der Geist deutscher Nation den höchsten Triumph gefeiert hat, dieses großen Namens in allen ihren Handlungen immer würdig erweise, und ihr wenigstens durch diese innere Größe der Gesinnung einigen Ersatz für die wol auf immer entschwundene äußere Bedeutung der früheren Jahrhunderte zu bieten suchen! (S. 70).*

Worms wird, worauf Volker Gallé zu Recht hinweist, erstmals als herausgehobene Stadt deutscher Mythen präsentiert und in einen touristischen Kontext gestellt.

Das Zwischenfazit lautet hier: Beide Wormser Stadtgeschichten des Vormärz (eine explizite neue erschien erst wieder 1868 im Jahr der Einweihung des Lutherdenkmals) haben ihren Hintergrund im bildungsbürgerlich-philologischen Milieu der neuen Landeshauptstadt Darmstadt. Keineswegs kam diese Art der Beschäftigung und der neuen Sinnstiftung aus der Mitte der durchaus noch lange eher unakademischen, sich erst neu etablierenden städtischen Elite. Die Deutungshoheit über die Geschichte der Stadt verblieb somit mehr als eine Generation nach dem Übergang an die neuen Herren 1816 außerhalb von Worms. Wie steht es vor diesem Hintergrund um das Schicksal dessen, was aus der Zeit vor 1798 noch an archivalischen und baulichen Resten verblieben war und welche »Geschichtspolitik« kann man in diesem Umgang erkennen?

5. Umgang mit Stadtarchiv und Bauerbe im Vormärz

Zu den nach 1800 bleibenden Überresten der alten Zeit gehören in Worms zum einen (unsichtbar) das Archiv der Stadt bzw. was davon noch übrig war und zum anderen (sichtbar) das vor allem geistliche Bauerbe der Wormatia Sacra. Wie ging man in der Stadt mit diesen beiden Elementen der Kontinuität um?

Was das Archiv[34] angeht, so erlitt es in der Zeit nach 1792 enorme, im Einzelnen aber nicht mehr feststellbare Verluste und geriet in eine immer wieder beklagte Unordnung, die auch mit der unsachgemäßen Unterbringung im baulich seinerseits vernachlässigten Bürgerhof (s. u.) zusammenhing. Durch die Säkula-

34 Zum Folgenden: Das Stadtarchiv Worms und seine Bestände, Koblenz 1998 (Veröffentlichungen der Landesarchivverwaltung Rheinland-Pfalz 79), bearb. v. Gerold BÖNNEN, S. 13–25 (Überblick zur Archivgeschichte).

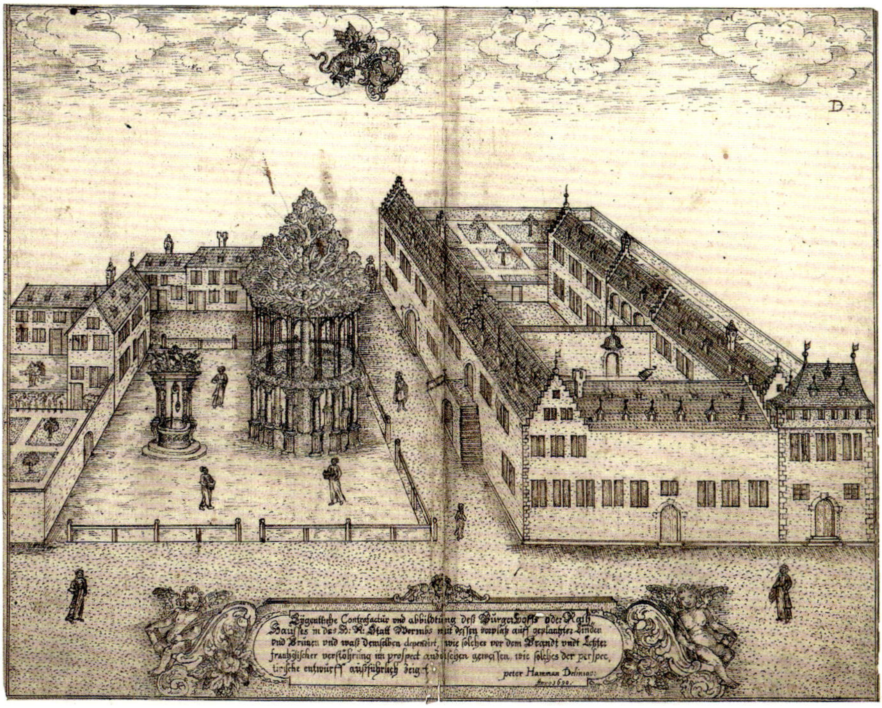

Abb. 4: Ansicht des Bürgerhofes in Worms vor der Zerstörung 1689, Brüder Hamann (StadtAWo Abt. 1 B 48)

risation der aufgehobenen geistlichen Institutionen 1802 wurde deren im Wesentlichen bis heute im Hessischen Staatsarchiv Darmstadt lagerndes Archivmaterial aus Worms abgefahren, womit die Stadt diesbezüglich einen nachhaltigen Gedächtnisverlust erleiden sollte.

Was die kommunalen Archivquellen anbelangt, so verloren diese mit dem Ende der Amtszeit des langjährigen Stadtschreibers und seit 1798 Munizipalitätssekretärs sowie Archivars Johann Ludwig Hallungius[35] (1732–1812, er amtierte bis 1804) einen gravierenden Verlust an Nutzbarkeit. Hallungius hatte unter anderem die Aufgabe, den neuen Gremien auf der Basis seiner guten Kenntnis der Archivalien des Ancien Régime Informationen über rechtliche und andere Fragen der Zeit vor 1798 zu geben, so etwa zu dem Projekt einer geplanten Rhein-

35 J. L. Hallungius (12. Februar 1725 Hertlingshausen–25. März 1812 Worms), 1775 Verpflichtung als Ratsschreiber, 1792/93 war er bereits kurzzeitiger Munizipalitätssekretär; 26. Januar 1798: wiederum Ernennung des gewesenen Stadtschreibers Hallungius zum Munizipalitätssekretär durch die neue Obrigkeit (StadtAWo Abt. 2 Nr. 24/2 S. 1), 1804 außer Dienst gestellt; vgl. zur Person MÜLLER, Verfassung (wie Anm. 8), S. 139f. und 141.

querung. Diese Funktion wurde nach 1804 nicht wieder ausgefüllt. Gleichzeitig war in der rechtlich-verfassungsmäßigen Übergangszeit von der Reichsstadt zur französischen Stadt schon seit 1792 dem vernachlässigten und buchstäblich ausgeplünderten Archiv weiterer erheblicher Schaden zugefügt worden. So erfolgte in diesem Jahr eine erneute Flüchtung des größeren Teils des Archivs nach Frankfurt.

Faktisch blieb das Archivgut seit 1804 für den Zeitraum von mehr als 30 Jahren fast gänzlich unbeachtet liegen. Nur selten sind Nutzungswünsche und Anfragen überliefert,[36] nur vereinzelt wandten sich Sammler und Forscher an die Stadt und wiesen auf veruntreute Archivquellen hin. Immerhin unternahm man städtischerseits 1826 nach Hinweisen aus Mainz Nachforschungen über den Verbleib einer im Nachlass des berüchtigten Sammlers und Fälschers Franz Joseph Bodmann entdeckten Chronik, die aus Worms entfremdet worden war. Im Jahre 1836 erfolgte durch Bürgermeister Valckenberg der Ankauf der dem Archiv überlassenen, überaus wichtigen Zeichnungen der Stadt der Brüder Hamann aus der Zeit direkt nach der Stadtzerstörung 1689, bis heute eine grundlegende Quelle für die Stadtgeschichte aus dem Nachlass des noch zu erwähnenden Sammlers Johann Adam Menger. Der Kauf zeigt ein zumindest gewisses Interesse und Bewusstsein für die Bedeutung geschichtlicher Zeugnisse (Abb. 4).[37]

Erst in dem bereits mehrfach genannten Jahr 1838/39 kam es dann seitens der Stadt zu einem Anlauf, das Archivmaterial zu ordnen und zu verzeichnen. Auf Beschluss des Gemeinderates unter dem aus dem Wirtschaftsbürgertum stammenden Bürgermeister Georg Friedrich Renz und nach Zustimmung des Kreisrates wurde im Frühjahr 1838 der bereits genannte Gymnasiallehrer Dr. Georg Lange aus Darmstadt, der bereits seit Längerem öffentlich auf die Unhaltbarkeit der Zustände hingewiesen und (wie erwähnt) 1837 eine Geschichte der Stadt Worms veröffentlicht hatte, mit der Ordnung der Unterlagen und der Anfertigung eines Inventars der Archivbestände beauftragt.[38] Den von ihm vorgefundenen Zustand und seine Ordnungsbestrebungen dokumentiert ein zwanzigseitiger Bericht über das Archiv *nach seinem gegenwärtigen Bestand und seinen letzten Schicksalen seit der französischen Revolution*. Zum Streit mit dem Bürgermeister und dem Gemeinderat kam es, als Lange die Übersicht über den *gegenwärtigen Bestand des von ihm in der letzten Zeit geordneten und registrirten Archivs* aufgrund *mehrfach geäußerter Wünsche* am 28. März 1839 in der »Wormser Zeitung« veröffentlichte: Auf Beschluss des Gemeinderates vom 30. August

36 Vgl. StadtAWo Abt. 5 Nr. 1830 (Archivangelegenheiten 1817 bis 1856).

37 Dazu Margit RINKER-OLBRISCH, Der anakreontische Menger – ein Wormser Kunstsammler zu Beginn des 19. Jahrhunderts, in: Der Wormsgau 18 (1999), S. 141–177, hier S. 166f. Zu den Zeichnungen mit Edition und Kommentar: Fritz REUTER, Peter und Johann Friedrich Hamman. Handzeichnungen von Worms aus der Zeit vor und nach der Stadtzerstörung 1689 im »Pfälzischen Erbfolgekrieg«, Worms 1989.

38 Stadtarchiv Worms (wie Anm. 34), S. 14f.; die im Zuge von Langes Arbeiten erstellten Repertorien: StadtAWo Abt. 1 B Nr. 2141–2146; vgl. Briefwechsel und Dokumente zum Arbeitsauftrag, darunter der Vertrag mit der Stadt in StadtAWo Abt. 5 Nr. 1830.

1839, der Nachteile für die Stadt, aber auch für die Aufrechterhaltung der politischen Ruhe befürchtete, wurde ihm die Kompetenz für das Archiv entzogen, sodass die Bestände halbgeordnet liegenblieben.

Laut Gemeinderatsprotokoll vom 30. August 1839 wurde in diesem Zusammenhang gemäß einer Verfügung des Kreisamtes ein Gutachten über das Gesuch Langes *um freien Zugang zum Stadtarchiv vom Worms zum Zwecke urkundlicher Nachforschungen* erstellt. Eingewandt wurde dagegen vor allem Folgendes: Die im Archiv durchzuführenden Nachforschungen könnten *dem Gemeinde-Interesse fremd* sein. Angesichts der betonten Privatheit der Interessen Langes an den Unterlagen sprach man sich deutlich gegen eine *Publicität* aus; es könnten Worms auch aufgrund der Komplexität der verwickelten Verhältnisse *im alten Regiment nicht vorherzusehende Nachteile* erwachsen. Zum Kern der Sache kam man, als die Gefahren für die politische Friedhofsruhe des Vormärz beschworen wurden:

> *Die Verhältnisse der vormals freien Reichsstadt zu den Gegenwärtigen sind so verschieden, daß es rätlich erscheint, nur selten auf jene zurück zu kommen, um das Publikum nicht irre zu machen oder Mißdeutungen zu veranlassen welche nur dazu führen würden, die hiesige Bürgerschaft aus ihrem dermaligen ruhigen und gesetzlichen Verhalten aufzuregen.*

Die Veröffentlichung des Zeitungsartikels mit dem Archivbestand habe

> *bereits mehrfache Nachfragen namentlich in Bezug auf das alte Zunftwesen veranlaßt – ein Beweis welches Interesse für das vormals Bestandene immer noch genommen und wie dabei so mancher Wunsch genährt wird, der nicht mehr befriedigt werden kann.*[39]

Demnach wurde beschlossen, das Gesuch Langes abzulehnen.

Der Anlauf Langes verdeutlicht zwar, dass am Ende der 1830er Jahre nach dem Generationswechsel an der Stadtspitze und nach 40 Jahren des Endes der reichsstädtischen Ära inzwischen eine grundsätzliche Bereitschaft des Gemeinderates vorhanden war, sich mit dem Archivmaterial zu befassen und in Gestalt des Gymnasiallehrers Lange auch das nötige Interesse und die erforderliche Kompetenz personifiziert wurde, dass jedoch das Archiv durchaus auch in den älteren Teilen als Herrschaftsinstrument vor zuviel latent gefährlicher Öffentlichkeit geschützt werden sollte. Faktisch blieb die Erschließung auf halber Strecke liegen, zumal sich die prekäre Unterbringung im Bürgerhofgewölbe nicht verbesserte.

Über dieses auch dem geringen Spielraum der Stadt gegenüber dem dominanten Kreisamt als faktisch vorgesetzter Behörde geschuldete Desinteresse und die erkennbare, politisch motivierte Angst vor Beunruhigungen hinaus ging der Gemeinderat noch, als er im Oktober 1844 aus reinen Nützlichkeitserwägungen he-

39 Zitate nach einem Schreiben des Bürgermeisters an Lange vom 26. Juli 1839 (StadtAWo Abt. 5 Nr. 1830), Ratsprotokolle: StadtAWo Abt. 5 Nr. 6359–6260.

raus große Teile für entbehrlich gehaltener, aus heutiger Sicht überaus wertvoller Rechnungsbücher und Akten der Vernichtung anheimgab.[40] Demnach lagen

> *in dem großen Saale des Stadthauses eine große Anzahl Manuale und Hauptbücher der verschiedenen städtischen Rezepturen, verschiedene Rechnungsbücher und Rechnungsbelege nebst Quittungen über städtische Einnahmen und Ausgaben, eine Menge Civilklage und Criminalakten und weitere Unterlagen.*

Von den betreffenden Akten vor allem des 18. Jahrhunderts wurde ein Verzeichnis angelegt und beschlossen, alle Unterlagen entweder zum Papiermüller zu geben oder als Altpapier *mittelst öffentlicher Versteigerung* zu entsorgen, da ihre *längere Aufbewahrung* […] *wohl nicht im Interesse der Gemeinde* läge; zudem seien sie aufgrund des Raummangels ohnehin *dem Verderbe preisgegeben.*

Andererseits war der Gemeinderat dann, wenn Unterlagen noch als relevant gelten konnten, an Archivangelegenheiten durchaus interessiert. Im Herbst 1838 hatte der Gemeinderat das von dem Hofrat Dr. Dietz in Wetzlar unterbreitete Angebot angenommen, gegen eine geringe Geldzahlung ein vollständiges Verzeichnis aller die Stadt Worms betreffenden aktiven und passiven Rechtsangelegenheiten zu liefern, von denen die Akten im reichskammergerichtlichen Archiv in Wetzlar deponiert sind,[41] da das *für die Stadt Worms von besonderem Interesse sein könnte.* Hier hat dann der Kreisrat eine Umsetzung unterbunden.

Die erstarkende historische Forschung, vor allem die im liberalen Geist aufblühende verfassungsgeschichtlich orientierte Stadtgeschichtsforschung und die Diplomatik, hatte sich Worms und seinem Stadtarchiv seit den 1840er Jahren zunehmend zugewandt. Es waren auswärtige Gelehrte und Fachleute, die immer wieder auf die Bedeutung der Archivbestände aufmerksam machten. Die Nutzung der Unterlagen blieb jedoch bis weit in die 1860er Jahre schwierig.

Bereits 1835 hatte kein Geringerer als Johann Friedrich Böhmer für eine Edition auch Wormser Geschichtsquellen das Archiv benutzen können und dort unter anderem das älteste erhaltene Dokument, das Privileg König Heinrichs IV. für die Wormser Bürger vom Jahre 1074 *mit bewunderung aus der urschrift abgeschrieben.* Im Vorwort seiner 1845 erschienenen Publikation[42] lobt er die Erschließungsarbeit Langes und gibt seiner Hoffnung auf die Herausgabe eines Wormser Urkundenbuches Ausdruck:

40 Folgendes nach: Stadtarchiv Worms (wie Anm. 34), S. 15.

41 StadtAWo Abt. 5 Nr. 6259 § 315.

42 Hermannus Altahensis und andere Geschichtsquellen Deutschlands im 13. Jahrhundert, hg. v. Johann Friedrich BÖHMER, Stuttgart 1845 (Fontes Rerum Germanicarum. Geschichtsquellen Deutschlands II): Annales Wormatienses 1226–1298, S. 158–214; Diplomata et Regesta Wormatiensia, S. 215–249 – Vorrede S. XVIII–XXVII zu den Wormser Geschichtsquellen; S. XIX zur Urkunde 1074: *noch ists erhalten wie neu.*

> *Am erfreulichsten wäre es gewiss, wenn iemand ein Wormser Urkundenbuch unternähme [...]. Es ist jetzt wieder ein gymnasium und also doch einige literarische bildung in Worms.*[43]

Von den Hindernissen bei der Archivbenutzung gibt der Marburger Privatdozent Wilhelm Arnold (1826–1883) im Vorwort des ersten Bandes seiner 1854 erschienen »Verfassungsgeschichte der deutschen Freistädte im Anschluss an die Verfassungsgeschichte der Stadt Worms«[44] einen Eindruck. Er bemängelt, das neugeordnete Archiv sei *äußerlich mit Sorgfalt und Aufmerksamkeit, innerlich mit wenig Umsicht* inventarisiert worden und erwähnt seine Schwierigkeiten bei der Benutzung, die im ersten Anlauf von nicht zu überwindenden Hindernissen gekennzeichnet waren und eine zweite Reise zur Sichtung von Urkunden im Herbst 1851 nötig gemacht habe. Noch 1862 erhielt der der Karlsruher Archivdirektor Mone erst nach einer Kampfabstimmung im Gemeinderat einige Urkunden leihweise übersandt.[45]

Zwischenfazit: Es dauerte bis zum Ende der 1830er Jahre, dass das Archiv notdürftig inventarisiert wurde, eine Arbeit, die keinesfalls als Öffnung für eine Nutzung gedacht war. Hier zogen Bürgermeister, Räte und der staatliche Apparat enge Grenzen und behandelten das Archivmaterial der Zeit des Alten Reiches als latent gefährlich im Zweifel immer noch äußerst restriktiv, was eine Nutzbarmachung angeht. Interesse und Wertschätzung brachten dem Archiv auswärtige Fachleute entgegen, die trotz mancher Schwierigkeiten für eine zunehmende Beachtung der Archivbestände sorgten, wenngleich dies in Worms kaum wahrgenommen worden ist.

Anders stellt sich die Lage auf dem Feld der zweiten »Überreste« aus der Zeit des Ancien Régime dar, dem Umgang mit dem Bauerbe,[46] wobei der kulturell-bauliche Substanzverlust, der von den Wormser Zeitgenossen so nicht wahrgenommen wurde, nur in aller Kürze angedeutet werden kann. Insgesamt beobachten wir zwischen 1790 und 1832 im Wesentlichen drei Phasen sukzessiver Abbrüche und Zerstörungen vor allem kirchlicher Bauten, was das Stadtbild nachhaltig verändern sollte. Bis etwa 1800 kam es vor allem im Bereich des Bischofshofs zu »wilden« Abbrüchen aus politischen Motiven, die vor allem in der

43 Wie Anm. 42, S. XXVI, S. XXV: *das stadtarchiv zu Worms, welches auf fürsorge der städtischen behörde durch den seligen Georg Lange im jahr 1838 gut geordnet wurde, enthält noch sehr werthvolle urkunden und archivalien.* Lange und Böhmer standen in direktem Kontakt miteinander.

44 Wilhelm Arnold, Verfassungsgeschichte der deutschen Freistädte im Anschluss an die Verfassungsgeschichte der Stadt Worms, Bd. 1, Hamburg/Gotha 1854, Vorwort, S. XIII Nutzung des neugeordneten Archivs; allerdings lobt er generell die Sorgfalt und Vorsorge dem Archiv gegenüber. Zur Person vgl. Artikel in Wikipedia.

45 Ratsprot. 1862/63: §§ 8452, 8577, 8625 (StadtAWo Abt. 5 Nr. 6298–6299).

46 Nach wie vor grundlegend: Kranzbühler, Verschwundene Wormser Bauten (wie Anm. 16); zur Topographie der Stadt und der Entwicklung des Baubestandes bis 1830 jetzt auch mit weiterer Literatur: Gerold Bönnen, Der »Plan der Stadt Worms« von Pierre Aubertel aus dem Jahre 1830, in: Der Wormsgau 28 (2010/11), S. 107–118, hier auch biographische Daten des Stadtbaumeisters.

Vergeltung für die zeitweilige Öffnung der Stadt gegenüber Emigranten aus dem Umfeld des vor der Französischen Revolution geflohenen französischen Adels in den frühen 1790er Jahren zu suchen ist. Mit der von 1802 bis vor allem 1812 durchgeführten Aufhebung der religiösen Anstalten und der folgenden Verstaatlichung und Versteigerung kirchlichen Grundbesitzes gingen dann »geordnete« Veränderungen dergestalt einher, dass vormalige, jetzt profanierte Kirchen und Kapellen abgetragen wurden. Besonders gravierend waren hier die ab 1807 erfolgte Veräußerung und das Verschwinden der auch kunstgeschichtlich höchst bedeutsamen Johanneskirche vor dem zur Pfarrkirche herabgestuften Dom als Teil des romanischen Baukomplexes. Die Bauten, die zunächst stehen blieben, wurden zu Lazaretten (Domkreuzgang unter anderem), Mühlen, Lagerhäusern, Kasernen und anderem umgenutzt.

In der dritten Phase gingen diese Umnutzungen (vor allem nach 1816, als die Stadt weiter als nun hessische Garnisonstadt ausgebaut wurde) mit Umbauten, weiteren Teilabrissen und dem Verschwinden des religiösen Charakters bei den überhaupt noch stehen gebliebenen Bauten einher. Der Schwerpunkt dieser letztlich entscheidenden Abbauphase liegt klar in den 1820er Jahren, als neben anderem auf ausdrückliches und hartnäckiges Betreiben der Domgemeinde bis 1830 der Rest des Domkreuzgangs restlos abgetragen wurde.[47]

Wir stellen demnach zwischen 1802 und 1832 eine Konstellation von Kräften fest, die im Konsens und aus unterschiedlichen Motiven vor dem Hintergrund fehlenden bzw. grundlegend veränderten Bedarfs, mangelnder wirtschaftlich-finanzieller Ressourcen sowie (aus späterer Sicht) fehlenden Bewusstseins zu einer gravierenden Veränderung im Stadtbild beigetragen und das Bauerbe bis zum Ende dieser Phase 1830/32 stark reduziert haben. Die erwähnten Eingriffsversuche des großherzoglichen Oberbaukollegs aus Darmstadt in den 1820er Jahren blieben erfolglos. Mit vielen religiösen Einrichtungen verschwand zugleich auch das öffentliche Interesse an ihrer Geschichte als Bestandteil der Wormser Stadtgeschichte insgesamt.

Aufschlussreich ist dabei auch und gerade das Verhalten der städtischen Offiziellen und die Prägung des zuständigen Fachpersonals: Einer der Exponenten der Umbauten und Umnutzungen vormals kirchlicher Bauten insbesondere für militärische Zwecke war der 1801 aus Innerfrankreich nach Worms gekommene Baumeister Pierre Aubertel, den die Stadt bis in die 1830er Jahre als Stadtbaumeister vor allem mit den Umnutzungen beauftragte.[48] Er verkörpert den Typus des von der Vergangenheit unbelasteten Fachmanns, der seine Arbeit ohne Bezug zu Fragen der Geschichte und vormaligen Nutzung der Klöster ausgeführt hat, die im Übrigen fast nur als Lazarette oder Kasernen überhaupt noch eine gewisse Überlebenschance hatten.

47 Vgl. oben Anm. 16 mit Hinweis auf die bislang unausgewerteten Quellen des Domarchivs, das 2010/11 verzeichnet wurde.
48 Vgl. oben Anm. 46.

Schwankend und widersprüchlich war die Haltung der Stadtoberen allerdings bezogen auf Wünsche nach Abbruch und Umnutzung der sinnlos gewordenen Stadtmauerreste und dabei vor allem auf die noch intakten Türme und Tore:[49] So wurde 1838 vom Gemeinderat der geplante Abriss des Torturms damit begründet, er sei eines der wenigen übriggebliebenen Denkmäler, *welche die ehemalige Größe der alten Stadt Worms bezeichnen*. Häufig genug musste es zu staatlichen Interventionen zugunsten des Erhalts einzelner Denkmäler gegen den Willen der Stadt kommen wie 1842 beim Mainzer Tor. Baulich war die Zeit bis 1830 also eine Phase des Verlusts und noch ganz ohne positive Neuanfänge.

6. Private Sammler (ca. 1820 bis 1862)

Ein Sonderaspekt, der wichtige Rückschlüsse auf das Fehlen einer gleichsam stadtoffiziellen Gedächtnispolitik bis weit in die 1850er Jahre zulässt, eröffnet sich bei einem kurzen Blick auf zwei in den letzten Jahren »entdeckte« wirtschaftsbürgerlich geprägte Privatsammler, die in Worms ungeachtet städtischen Desinteresses zwischen den 1820er und 1850er Jahren tätig waren und deren für Worms wichtige Sammlungen nicht in der Stadt bewahrt bzw. gehalten werden konnten.[50]

Der 1775 geborene Johann Adam Menger (Gütertrennung 1825, Versteigerung der Sammlung nach seinem Tod 1836) war wirtschaftlich erfolgreich in Holzhandel und Schiffshandwerk und betrieb eine Ziegelhütte; schon vor 1814 als einer der 100 höchstbesteuerten Bürger der Stadt fassbar, gehörte er zu den »Gewinnern« der Neuerungen seit 1798. Um 1820 galt Menger, engagiert als Freimaurer (mit dichterischen Ambitionen) und in der Reformierten Gemeinde, als bedeutendster Kunstsammler der Stadt, ihm gelang der Aufbau einer Kollektion, die durch die Folgen einer 1825 durchgeführten gerichtlichen Gütertrennung stark beeinträchtigt und nach seinem Ableben 1836 in alle Winde zerstreut wurde: Seine *Sammlungen von Kupferstichen, Oelgemälden, Büchern, Steinen, Muscheln und Alterthümern* wurden versteigert. Sie umfassten darüber hinaus Plastiken, Münzen, Gemälde, Urkunden, Druckschriften und anderes, darunter Stücke aus der abgerissenen Johanneskirche, die sich als eine der ganz wenigen zurückkehrten Objekte heute im Museum der Stadt Worms (Andreasstift) befinden. Menger ist nach seinem Ableben auf eine für die generell gleichsam im Dunklen liegende Zeit des Wormser Vormärz ganz charakteristische Weise voll-

49 REUTER, Worms (wie Anm. 1), S. 24, Anm. S. 160.
50 Zum Folgenden: RINKER-OLBRISCH, Menger (wie Anm. 37); Gunter MAHLERWEIN, Johann Philipp Bandel (1785–1866). Ein Wormser Demokrat und Kunstsammler, Worms 2011, hier zu ihm als Sammler v. a. S. 40–44, zur Versteigerung (ein gedruckter Katalog hat sich erhalten) siehe S. 68–71. Der in Abb. 1 gezeigte Stadtplan stammt ebenfalls aus dieser Sammlung und ist erst 2009 als Geschenk aus der Familie der Schweizer Nachfahren Bandels wieder nach Worms gekommen.

kommen in Vergessenheit geraten und konnte durch Recherchen im Jahre 1999 gleichsam wiederbelebt werden.

Als zweiter bedeutender Sammler kann der zehn Jahre jüngere und wirtschaftlich respektive unternehmerisch weitaus erfolgreichere, aus einer Bäckerfamilie stammende Johann Philipp Bandel (1785–1866) in gewisser Weise als sein »Erbe« angesehen werden. Er ist eine der faszinierendsten Persönlichkeiten der Stadt Worms im 19. Jahrhundert und stand als Weinhändler, entschiedener Demokrat und in anderen Funktionen stets in der Öffentlichkeit.

Bereits 1820 ist der erste Hinweis auf die Sammelleidenschaft Bandels zu finden. In einer Zusammenstellung der *römischen und deutschen Alterthümer am Rhein* erwähnte der schon genannte Gelehrte Philipp August Pauli, dass sich einer der zwanzig Steinsärge, die 1818 in Neuhausen (bei Worms) ausgegraben wurden, im »Bandel'schen Garten« befand. Allerdings scheint Bandel damals noch am Anfang seiner Sammeltätigkeit gestanden zu haben, denn Pauli vermerkt zum Thema Privatsammlungen in Worms lediglich die Mengersche Kollektion.

> *Forschen wir nach solchen in der Stadt, so werden wir einzig und allein auf die des anakreontischen Menger verwiesen. Er, seiner Heimatstadt leidenschaftlich zugewandt, hat alles und jedes Merkwürdige, was ihm als alterthümlich in die Hände gekommen, sorgfältig gesammelt.*[51]

In den 1830er Jahren konnte Bandel seine Kunst- und Altertümersammlung bedeutend erweitern und seit dem Erwerb eines repräsentativen Anwesens vor den Toren der Stadt entsprechend inszenieren. Bei der Versteigerung der erwähnten Mengerschen Hinterlassenschaften 1836 erwarb Bandel wohl etliche Stücke. Bandels Sammlung, darunter eine beachtliche Reihe von Ölgemälden, Kunst- und Altertumsgegenständen, wurde 1843 auch in einen Leitfaden für reisende Kunstfreunde und 1848 in einen Reiseführer aufgenommen und kann so als in den 1840er Jahren gleichsam halböffentlich zugängliche Kollektion gelten, die in Fachkreisen hohes Ansehen genoss. Seit den 1830er Jahren war Bandel seiner Sammelleidenschaft mit den ihm zur Verfügung stehenden Mitteln intensiv nachgegangen, bis er vor seiner Übersiedlung in die Schweiz 1862 die gewaltige Kollektion seinerseits versteigern ließ. Die Stadt hatte an einer Übernahme auch nur von Teilen der vielfach überaus relevanten Stücke offenbar kein Interesse, einen Altertums- oder Geschichtsverein, zu dessen Gründung schon 1860 (noch vergeblich) aufgerufen worden war, gab es noch nicht. So ist sehr vieles, was als Grundstock einer Sammlung hätte dienen können, für Worms verloren gegangen.

51 Rinker-Olbrisch, Menger (wie Anm. 37), S. 141.

Abb. 5: Innenhof des Bürgerhofes/Rathauses, um 1840/50 (Zeichnung Heinrich Hoffmann, Darmstadt, StadtAWo Abt. 217 Graphische Sammlung Lade 3 Nr. 3)

7. Das Rathaus als Erinnerungsort und kommunaler Mittelpunkt

Der zentrale Ort des kommunalen Geschehens seit dem 13. Jahrhundert war und blieb bis heute der Bereich des Bürgerhofes bzw. des Rathauskomplexes.[52]

52 Vgl. Gerold BÖNNEN, Das Wormser Rathaus und der Rathausbezirk vom Mittelalter bis heute, hg. v. Stadtarchiv Worms aus Anlass des 50-jährigen Jubiläums des neuen Rat-

Am Umgang mit diesem Mittelpunkt des städtischen Lebens lässt sich ebenfalls ablesen, welchen Stellenwert er für die örtliche Geschichte und für das kommunale Leben im 19. Jahrhundert besaß (Abb. 5).

Die engen und in sehr schlechtem Zustand befindlichen, zudem verwinkelten Räume wurden neben der zahlenmäßig noch kleinen Stadtverwaltung und dem Gemeinderat auch von der 1838 gegründeten Städtischen Sparkasse und dem 1798 eingerichteten Friedensgericht (eine vor allem als Institution der freiwilligen Gerichtsbarkeit neu geschaffene Institution[53]) genutzt. Zur heutigen Hagenstraße hin befand sich auch der Ratssaal, dessen Ausstattung und Erscheinungsbild kaum bekannt sind. Zum Jahre 1839 wird vermerkt, dass das Amtszimmer von Bürgermeister Renz *seit längerer Zeit in einem so beklagenswerten Zustand* sich befinde, dass es dringend renovierungsbedürftig sei. Der Besuch des Erbgroßherzogs in Worms bot 1840 Gelegenheit, das Erscheinungsbild des Stadthauses zu prüfen und endlich Verbesserungen anzugehen: Es wurden zumindest ein Neuanstrich und eine Fensterreparatur beschlossen. In den 1840er Jahren kamen sonst nur wenige bauliche Verbesserungen zustande, die in Akten der Stadtverwaltung[54] ihren Niederschlag finden. Der um diese Zeit angefertigte Katasterplan der Stadt zeigt auf dem Kartenblatt mit dem Rathausbezirk noch das Parzellengefüge, das für die Phase der Frühen Neuzeit im Wesentlichen Gültigkeit beanspruchen dürfte.[55]

Bemerkenswert ist der seit 1857 nachweisbare, letztlich nicht realisierte Plan, das Stadthausgelände parzellenweise zugunsten eines Neubaues an anderer Stelle zu veräußern, wobei vor allem das Projekt des seit 1856 vorbereiteten, noch zu erwähnenden Luther- bzw. Reformationsdenkmals und die mit ihm einhergehende längere Platzsuche solche Überlegungen befördert hat. So wurde 1862/63 darüber diskutiert, das Lutherdenkmal an der Stelle des abzureißenden Stadthauses aufzustellen. Die Planer haben ihre Variante in einer kolorierten Zeichnung dargestellt, die zeigt, dass für das Monument die gesamte Bürgerhof-Fläche zwischen Hagenstraße, Bürgerhofgasse, Schulgasse und Chor der Dreifaltigkeitskirche hätte geopfert werden müssen.[56] Die Verfechter dieser Lösung, eine nicht näher bezeichnete *große Anzahl Wormser Bürger, die nur das Wohl der*

hauses, Worms 2008 (knappe Überblicksdarstellung), hier auch alle Nachweise zu den folgenden Zitaten und Abbildungshinweisen, v. a. S. 24 ff. mit Anm. S. 58–60.

53 Akten des Friedensgerichts 1798 bis 1879: StadtAWo Abt. 31, weitere Akten in Abt. 5 (bislang völlig ungenutzt).

54 Akten des 19. Jahrhunderts zu den kommunalen Bauten verwahrt das Stadtarchiv in Abt. 5 (Stadtverwaltung 1815–1945) und 30 (Hessisches Kreisamt Worms), siehe etwa Abt. 5 Nr. 2826 Reparaturen, bauliche Unterhaltung, Verbesserungen 1844–1857, u. a. 1846 Restaurierung von Kaiserbildnissen im Ratssaal; Anfang 1848 geplante bzw. vorbereitete Herstellung des großen Rathaussaales etc.; dazu Abt. 30 Nr. 86 (u. a. Unterhaltung, Reparaturen, Anschaffungen im Stadthaus, 1841–1849, 1855/57).

55 StadtAWo Abt. 5 Nr. 7527.

56 Umfangreiche Akten und die undatierten Pläne finden sich in den 2007 neu verzeichneten Archivalien des Lutherdenkmalbauvereins im Stadtarchiv (Abt. 110 Nr. 90, ca. 1863).

Stadt im Auge haben, argumentierten in ihrer Eingabe an das Denkmal-Komittee dafür ausdrücklich mit der historischen Authentizität der Stelle des *ohnehin bald durch ein neues zu ersetzendes Stadthaus* samt angrenzender Häuser, sodass das Denkmal *auf historischem Boden* stünde. In diesem Zusammenhang wurde betont, dass das

> *Stadthaus, wie es heute ist, trotz seines großen Umfangs etc. höchst unzulänglich und zu dem erforderlichen Zweck mangelhaft ist, auch ohne bedeutende Kosten nicht zweckmäßig hergerichtet werden kann, d. h. ohne abgerissen und neu aufgeführt zu werden, welche Ausgabe daher in einigen Jahren sicher zu erwarten steht.*

Aber es kam anders: Von den zahlreichen ab etwa 1861 diskutierten Platz- und Aufstellungsvarianten ist diese dann nicht realisiert worden.

Auffallend und als Beleg für ein verändertes Bewusstsein zu werten ist, dass nur wenige Jahre später, im Mai 1866, der Verbleib des Stadthauses an seiner angestammten Stelle seitens des Gemeinderates auch mit dem historischen Bezug und dem Alter der Örtlichkeit begründet wurde. Nachdem sich der Rat mehrheitlich für den Verbleib des Stadthauses an seiner alten Stelle ausgesprochen hatte, wurde die Diskussion beendet.

Auch in den 1850er Jahren konnte man sich allerdings immer noch nicht zu einer notwendigen Modernisierung und Erweiterung des Rathauskomplexes durchringen. Immerhin erhielt der Hof des Stadthauses seit der Zeit um 1850 durch die Aufstellung historischer Denkmäler in Gestalt römischer Inschriften, Grabsteine, Sarkophage und Kaiserbildnisse ein altertümliches Gepräge, erste Anzeichen für ein allmählich erwachendes Interesse an der Stadtgeschichte und ihren materiellen Hinterlassenschaften. Beachtlich: Der Rat lehnte im Jahre 1855 ein Ansinnen des Mainzer »Vereins zur Erforschung der rheinischen Geschichte und Altertümer« auf Verbringung von Monumenten nach dort ab. Der Gemeinderat habe bereits vor einiger Zeit beschlossen, diese in einem *besonderen städtischen Lokal* aufzustellen, womit man derzeit beschäftigt sei.[57]

Für ein eigenes Museum kam kurz darauf, 1857, das seit der Säkularisierung 1802 ungenutzte Objekt der vormaligen Stiftskirche St. Paulus ernsthaft ins Gespräch,[58] in dem dann der erst 1879 gegründete Altertumsverein 1881 sein erstes Museum eingerichtet hat. Noch in seinen nach 1900 aufgezeichneten Lebenserinnerungen hat sich der jüdische Wormser Bürger Ludwig Edinger in der Rückschau auf seine Kindheit und Jugend in Worms (1855–1872) an das Ensemble erinnert und beschreibt für die Zeit um 1860 ein wachsendes Bewusstsein der einstigen historischen Größe in der Stadt. Dazu führt er als sichtbares Zeugnis unter anderem einen römischen Grabstein am Rathaus zum Beleg an. Eine undatierte, um 1840/50 anzusetzende Zeichnung des aus Darmstadt stammenden

57 Reuter, Worms (wie Anm. 1), S. 47; Akten: StadtAWo Abt. 5 Nr. 201.
58 Reuter, Reaktion (wie Anm. 1), S. 467ff.

Künstlers Heinrich Hoffmann hält bereits hier (sicher besonders herausgestellt) einen romantisch-ruinösen Zustand fest.

Angesichts der Quellenarmut ist gerade bezüglich dieser Ausstattungsstücke im Hof ein Reisebericht aus dem Jahre 1859 umso wertvoller, der in der populären Zeitschrift »Illustrirte Zeitung« samt einem Holzschnitt unter dem Titel »Der Bürgerhof zu Worms« erschienen ist. Der Autor beschreibt (ganz im Stil des erwähnten Reiseberichts von Victor Hugo von 1840) die Gegensätze zwischen seinem Bild von der alten Reichsstadt, der faktisch verschwundenen alten Herrlichkeit und den Anzeichen der Moderne (*dafür rasseln allenthalben Maschinen, rauchen Schornsteine und dampfen Röhren, und schmutzige, unromantische Menschen regen sich zu Tausenden*). Die gespannte Frage *nach Siegfried und Chriemhilde* und die Suche nach dem Rosengarten, mithin die Erwartung eines örtlichen Nibelungenbewusstseins, werden dem Fremden nicht beantwortet, hier wird er (wie noch viele Besucher nach ihm) enttäuscht.[59]

Das Hauptinteresse des fiktiven Wanderers gilt aber dem Ort der Reichstage. Zunächst führt man ihn dazu zum Domplatz an die Stelle des vormaligen Bischofshofes. Da der gut informierte Reisende aber vom Bürgerhof als dem Ort der damaligen Verhandlungen wusste, lässt er sich nach dort führen. Was er vorfindet, nennt er eine *unerquickliche Ruine*, ein *eigenthümliches Antiquarium heidnischer und christlicher Zeiten*, wobei das ruinöse Erscheinungsbild des mit unterschiedlichen Steinbildwerken jüdischer, römischer und christlicher Vergangenheit *verstandslos* gefüllten Hofes genauer beschrieben wird. Der Bericht[60] ist zum einen – trotz aller Tendenzen – als Dokument über das Erscheinungsbild des Bürgerhofes und seine Wahrnehmung von außen eine Generation vor dem baulichen Neuansatz ab 1880, zum anderen auch als Beleg für das seit den 1850er Jahren wachsende Interesse an der Geschichte der Stadt und ihrer Hinterlassenschaften spannend zu lesen.

Zusammenfassend ist festzuhalten, dass man dem Rathaus als überkommenem Baudenkmal nicht nur sehr lange keine bauliche Pflege und irgendein historisches Interesse entgegenbrachte, sondern das Gebäude noch in den 1850er und frühen 1860er Jahren gleichsam komplett zur Disposition stand. Erst dann waren solche Überlegungen zwar beendet, doch weder eine grundlegende Erneuerung noch eine repräsentative Neueinrichtung des Baues fanden vor der Mitte der 1880er Jahre statt. Auch dies kann als Beleg für eine lang andauernde »Leerstelle« auf dem Gebiet kommunaler historischer Identität angesehen werden.

59 Generell zu dieser Frage und der im Grunde erst nach 1890/1900 wirklich sich in Worms ausdrückenden Nibelungenrezeption: Gerold BÖNNEN, Die Nibelungenstadt: Rezeption und Stadtbild in Worms im 19. und 20. Jahrhundert, in: Blätter für deutsche Landesgeschichte 136 (2000), S. 37–49.
60 Nachweis: BÖNNEN, Rathaus (wie Anm. 52), S. 25f. mit Anm. 52.

8. Wandel und Neuansätze seit den 1850er Jahren (1853–1868)

Gegenüber dem bisher zu betonenden Mangel an und dem weitgehenden Fehlen von historisch-denkmalpflegerischem Bewusstsein, Interesse und Identität sowie der generellen Abwesenheit von geschichtlichem Sinn seit der Wendezeit bald nach 1800 tritt kurz vor der Mitte der 1850er Jahre auf ganz unterschiedlichen Feldern ein grundlegender und auffallend rascher Wandel ein, auf den hier nur sehr summarisch aufmerksam gemacht werden kann.[61] Den Beginn markieren Vereinigungen in der jüdischen und katholischen Gemeinde zum Schutz »ihrer« jeweils wichtigsten Monumente. So bildete sich 1853 ein Komitee zur Pflege und Dokumentation der in das 11. Jahrhundert zurückreichenden Grabsteine auf dem Judenfriedhof innerhalb der jüdischen Gemeinde. Diese hatte auf der Basis wachsenden Wohlstands vieler ihrer Mitglieder innerhalb weniger Jahrzehnte einen bemerkenswerten Akkulturationsprozess durch- und sich eine betont liberale Ausrichtung zu eigen gemacht (1846 Einführung des deutschsprachigen Gottesdienstes, 1843 Beseitigung der Trennmauer zwischen Frauen- und Männerbau, seit 1849 Vertretung der Israeliten auch im Gemeinderat mit dem ersten jüdischen Bürgermeister einer deutschen Stadt Ferdinand Eberstadt Mitte 1849 u. v. a.).[62] Die Gemeinde begann jetzt sehr intensiv und konsequent damit, sich ihre lange und bemerkenswerte Geschichte anzueignen – sicher auch ein Integrationsfaktor nach innen angesichts virulenter Meinungsverschiedenheiten über die Grenzen der Anlehnung an die christliche Mehrheitsgesellschaft.[63]

Im selben Jahr 1853 wurde in Kreisen der Katholiken in Worms ein erster Dombauverein zur Finanzierung anstehender Arbeiten an dem durch Vernachlässigung bedrohten Gotteshaus gebildet, und auch der gotischen Liebfrauenkirche in den Weingärten nördlich der Stadt galt seither die Aufmerksamkeit denkmalpflegerisch interessierter Kreise.

Unmittelbar darauf, im Jahre 1856, bildete sich aus Kreisen der Wormser Protestanten der überaus umtriebige und erfolgreiche Verein, der die Errichtung eines Luther- bzw. Reformationsdenkmals organisiert hat. Im Gegensatz zum gescheiterten Anlauf 1838/42 gelang das Vorhaben jetzt, das zudem durch die geschickte, nahezu weltweite Spendeneinwerbung die Aufmerksamkeit der protestantischen Welt weit über Worms hinaus auf die Stadt zu lenken vermochte. Das Denkmal konnte schließlich mit einem gewaltigen Festakt 1868 eingeweiht

61 Zusammenfassend: Reuter, Reaktion (wie Anm. 1), S. 468–475.

62 Fritz Reuter, Vom Erwachen des historischen Interesses am jüdischen Worms bis zum Museum des Isidor Kiefer, in: Aschkenas. Zeitschrift für Geschichte und Kultur der Juden 12 (2002), Themenheft Medinat Worms, hg. v. Annette Weber, S. 13–44; Kühn, Wandel (wie Anm. 1), S. 158, 194.

63 Leider fehlt nach wie vor eine Geschichte der jüdischen Gemeinde in Worms für das 19. Jahrhundert. Wichtig jetzt: Nils Roemer, German City, Jewish Memory. The Story of Worms, Waltham/Mass. (USA) 2010 (The Tauber Institute Series For The Study of European Jewry) mit starkem Eingehen auf die Entfaltung einer historischen Identität der Gemeinde seit dieser Zeit.

Abb. 6: Einweihungsfeier des Lutherdenkmals, Juni 1868 (StadtAWo, Fotoabt. CH 0574)

werden (Abb. 6).[64] Zu diesem Anlass erschien auch erstmals seit 1838 wieder eine neue Stadtgeschichte.[65] Genau in diese Phase um 1855 datieren die erwähnten Absichtsbekundungen der Stadt, den archäologischen Zeugnissen in Worms zu einem eigenen Museum zu verhelfen.

Die Bestrebungen zur Aufwertung der Denkmäler dürften auch Impulse durch die Fertigstellung der Bahnverbindung von Mainz nach Ludwigshafen und Mannheim 1853 erhalten haben, da diese nicht zuletzt touristisch für die Städte an der Strecke Folgen hatte. Seit den 1850er Jahren waren vermehrt Reiseführer bzw. Darstellungen für Reisende erschienen, die auf die Geschichte und das Bauerbe der Stadt eingingen.

64 Vgl. zuletzt mit weiterer Literatur DIEKAMP, Luthers Spuren (wie Anm. 13), S. 209ff. Die Akten des Lutherdenkmal-Bauvereins finden sich in StadtAWo Abt. 110.

65 Friedrich FUCHS, Geschichte der Stadt Worms. Nebst einer Analyse der Nibelungen-Sage und einem Anhang »Führer durch Worms« (Titelseite zeigt eine Darstellung des Denkmals), Worms: Julius Stern/Kräutersche Buchhandlung 1868. Über den Verfasser ist bisher nichts Näheres bekannt. Auch er bemüht gleich zu Beginn des Beschreibungsteils den Topos des von seinen Erwartungen enttäuschten Reisenden: *Einen eigenthümlich unbefriedigenden, ja enttäuschenden Eindruck macht auf den der altehrwürdigen Stadt sich nähernden Wanderer der Anblick mehr als mannshoher kahler Mauereinfriedigungen* [...], Beschreibung des Bürgerhofs S. 30f.

Im Jahre 1856 erwähnt eine topographisch-historische Beschreibung der an der Bahnlinie gelegenen Orte und Sehenswürdigkeiten,[66] dass der Dom einen baufälligen Eindruck mache: *Was wir in Worms überhaupt beklagen müssen* [...], *es herrscht wenig Sinn für Alterthum und die Denkmäler, welche aus demselben der Stadt erhalten sind.* Erstmals wird hier bei der Beschreibung des Rathauses auch das Archivgewölbe *mit vielen Urkunden* erwähnt, worin sich die Profession des altphilologischen Verfassers äußert. Auch ein 1857 erschienener kunsthistorischer Domführer[67] betont die große Diskrepanz zwischen den hohen Erwartungen und dem realen Anblick der Stadt: *Aber wie sieht er sich enttäuscht!*; nur der von Rissen und Schäden gekennzeichnete Dom stünde noch *als mahnendes Denkmal.* Positiv betont wird die Arbeit des drei Jahre zuvor gegründeten Dombauvereins. Im Jahre 1856 erschien auch eine aufschlussreiche Reisebeschreibung für Rheintouristen zwischen Köln und Speyer, die sich positiv über Restaurierungsfortschritte am Dom äußert.[68]

Angesichts dieser beachtlichen Entwicklungen in den auch wirtschaftlich aufblühenden Jahren (1856 überschritt die Einwohnerzahl die 10.000er-Marke), in denen die Stadt sich erstmals anschickte, die Grenzen der schon mittelalterlichen Bebauung zu überschreiten, ist es umso erstaunlicher, dass der Anfang Juli 1860 in der liberalen Wormser Tageszeitung »Rheinischer Herold« gedruckte Aufruf zur Gründung eines Altertumsvereins ebenso ergebnislos verhallt ist wie ein zweiter Anlauf am 2. März 1865.[69]

Immerhin war in den 1850er Jahren der erste, entscheidende Schritt zu einer neuartigen historischen Identität und (ausgehend von den drei Konfessionen) einer Wertschätzung der erhaltenen Denkmäler gelegt worden. Es sollte jedoch noch einmal eine Generation dauern, bis daraus eine wirklich konsequente, neu herausgebildete und in die gesellschaftliche Breite wirkende kommunale Identität erwuchs, die sich in ganz besonderer Intensität der Geschichte der Stadt zuwandte und diese gleichsam neu erfand.

66 Karl KLEIN, Die Hessische Ludwigsbahn oder Worms, Oppenheim und die anderen an der Bahn liegenden Orte. Topographisch und historisch dargestellt nebst einer übersichtlichen Beschreibung von Mainz, Mainz 1856 (144 S.), Worms S. 86–140, Zitat Dom S. 93.

67 Johannes HOHENREUTHER, Kunstgeschichtliche Darstellung des Domes zu Worms. Zugleich ein Führer für den Besucher des Doms, Worms 1857, 40 S., Verlag Daniel Schmidt, vormals Kunze, S. 13 ff. Der Dom in seinem gegenwärtigen Zustande, S. 23 ff. Die Kunstwerke des Domes.

68 F. Gustav KÜHNE, Von Cöln bis Worms und Speyer. Rheinische Städte und Landschaften, Leipzig 1856, hier S. 123–129 (S. 124: *Von der alten Größe und Ausdehnung der Stadt zeugen nur noch Ruinen*).

69 Rheinischer Herold, 5. Juli 1860 und 2. März 1865 (StadtAWo Abt. 228), dazu: Fritz REUTER, Altertumsverein und Paulusmuseum. Aspekte der Wormser Wissenschafts-, Personen und Stadtgeschichte im 19. Jahrhundert als Beitrag zum hundertjährigen Jubiläum des Museums der Stadt Worms 1881–1981, in: Der Wormsgau 13 (1979/81), S. 20–38, hier S. 20–23.

9. Durchbruch zu neuer Identität bis zum »Schlüsseljahr« 1885

Die Zeit nach der Reichsgründung, vor allem die Jahre ab 1874/80, sind nun durch eine neuartige Kombination von Faktoren gekennzeichnet, durch die die Stadtentwicklung von Worms demographisch wie auch wirtschaftlich-finanziell eine Phase erheblicher Dynamik eingetreten ist. Die Stadt mit ihren um 1884 rund 19.000 Einwohnern nahm zum einen seit den 1850er Jahren einen beträchtlichen ökonomisch-demographischen Aufschwung und erhielt zum anderen durch die dringend notwendige gesetzliche Neuregelung des Städtewesens im Großherzogtum Hessen 1874 endlich eine umfassende Fülle von Aufgaben und eigenständigen Regelungsspielräumen, durch die eine moderne kommunale Verwaltung überhaupt erst entstehen konnte. Wenn nun das Rathaus als Ort der städtischen Identität folgerichtig erst während der 1880er Jahre einen Ausbau und eine neue Qualität als Mittelpunkt der aufblühenden Stadt erhalten hat, dann hat dies mit rasch wachsenden Aufgaben und neuen städtischen Herausforderungen und Möglichkeiten ebenso zu tun wie mit dem zunehmend historisch fundierten Selbstverständnis der handelnden bürgerlichen Honoratiorenschicht. Vor allem während der prägenden Amtszeit des wohl bedeutendsten Wormser Oberbürgermeisters, Wilhelm Küchler (1882–1898), wurde eine kommunale Leistungsverwaltung auf- und stetig ausgebaut, modernisiert und dem raschen gesellschaftlichen Wandel erfolgreich angepasst.

Bleibende, bis heute nachwirkende Bedeutung erlangten vor diesem Hintergrund das Stadtarchiv und die immer stärker beachteten archäologischen Zeugnisse erst (aber nun ganz außerordentlich intensiv und nachhaltig) durch das außergewöhnliche Engagement der 1886 nobilitierten Lederindustriellenfamilie Heyl, die als seit den 1860er Jahren weitaus vermögendste Wormser Wirtschaftsbürger, nationalliberale Politiker in Stadt, Staat und Kaiserreich, als herausgehobene Mäzene und Kunstsammler, als Förderer karitativer und evangelisch-kirchlicher Einrichtungen im Jahre 1880 das Feld der Geschichte und des Archivs zur Betätigung und Wirksamkeit für sich entdeckt und überaus effektiv genutzt hat.[70]

Das Wirken der Familie Heyl für Belange der Wormser Stadtgeschichte bezog sich auf das Stadtarchiv, die Erforschung, Vermittlung und Darstellung der städtischen (und das heißt vor allem stadtbürgerlichen) Geschichte, das weite Feld der aufblühenden Archäologie, Fragen der Denkmalpflege und des Wormser Domes und fand einen ganz besonders nachhaltigen Ausdruck auch im besonderen Engagement für den sehr schnell zu einem führenden bürgerlich-honoratiorengeprägten Verein gewordenen, bestens vernetzten Wormser Altertumsverein bis weit nach dem Zweiten Weltkrieg.

70 Vgl. mit weiterer Literatur: BÖNNEN, Familie von Heyl (wie Anm. 2), S. 132 ff., dort auch alle Nachweise zu den in diesem Abschnitt zitierten Quellen. Zuletzt auch: Lupold v. LEHSTEN, Otto Hupps Ausmalung des Wormser Stadtarchivs 1885 – ein Initialereignis der neueren Heraldik, in: Herold-Jahrbuch NF 17 (2012), S. 19–47.

Im Jahre 1880, wenige Monate nach der schließlich im Sommer 1879 erfolgreichen Gründung des Wormser Altertumsvereins, in welchem Cornelius Wilhelm Heyl (1843–1923) und sein Bruder Maximilian früh und überaus intensiv engagiert waren (bereits 1881 erfolgte die Einweihung des Paulusmuseums), begann mit dem Einsatz von Cornelius Wilhelm Heyl für Fragen des bis dahin weitgehend unbeachteten Archivmaterials und der Geschichte der Stadt Worms ein ganz neues Kapitel der städtischen Gedächtnisgeschichte: ein bemerkenswerter Umschwung von jahrzehntelangem öffentlichem Desinteresse zu deren ganz ungewöhnlicher Instrumentalisierung und öffentlicher Demonstration durch einen Privatmann.

Im selben Jahr hatte der Gymnasialdirektor und dezidierte Protestant Adalbert Becker in seiner Stadt- und Schulgeschichte des Gymnasiums[71] erneut auf die *bis jetzt noch nicht gehobenen Schätze des reichsstädtischen Archivs* und den Wunsch nach ihrer intensiven Registrierung für die *Freunde der Specialgeschichte* sowie ihre Bearbeitung für die Darstellung einer eingehenden Geschichte der Stadt, *die wir immer noch vermissen* aufmerksam gemacht.

Eine umfassende Neuordnung des Archivs gelang nun, in den Jahren nach 1880, durch den Basler Privatdozenten für Geschichte Dr. Heinrich Boos (1851–1917), der auf Heyls Vermittlung anlässlich eines Aufenthalts in Worms mit der Problematik der unzureichend gelagerten, kaum erschlossenen Unikate vertraut gemacht wurde und damals nach eigenem Bekunden eine *Raritäten- und Gerümpelkammer* vorfand.[72] Boos fertigte daraufhin im Auftrag des Vereinsvorsitzenden und Bürgermeisters Friedrich Heimburg (Stadtoberhaupt 1874–1882) und mit Unterstützung Heyls im November 1880 ein Gutachten über Bedeutung, Zustand und Ordnungsbedarf des Archivs an. Ziele einer dringenden neuen Ordnung und Aufstellung des reichen Materials sollten für ihn demnach die leichte Benutzbarkeit für wissenschaftliche Zwecke ebenso wie eine sachgemäße Aufstellung der gefährdeten und ungeordneten Bestände sein. Das vorhandene Repertorium Ludwig Langes aus den späten 1830er Jahren verwarf Boos als *unbrauchbar*. Was die Ordnung des Archivmaterials anbelangt, so war Boos' erklärtes Ziel:

> *die Archivalien so zu ordnen und aufzustellen, daß sie ein klares Bild der Vergangenheit der Stadt bieten und schon durch den äusserlichen Anblick auch Laien eine Ahnung von der eigenthümlichen Lage einer Reichsstadt geben sollen.*

71 Adelbert BECKER, Beiträge zur Geschichte der Frei- und Reichsstadt Worms und der daselbst seit 1527 errichteten Höheren Schulen, Worms 1880; zur Person: Burkard KEILMANN, »Die Familie ist hartkatholisch und die Kinder sind auch nichts nutz« – Soziale Disziplinierung und konfessionelle Intoleranz am Wormser Gymnasium in der Endphase des Kulturkampfs, in: Der Wormsgau 24 (2005/06), S. 115–142.

72 Hierzu auch: Stadtarchiv Worms (wie Anm. 34), hier S. 248–251 mit der Edition des Gutachtens.

Heyl entschloss sich in dieser Angelegenheit in der ersten Jahreshälfte 1881, das Unternehmen einer Neuordnung nach den Grundsätzen aus Boos' Gutachten als ersten Schritt mit dem Ziel der Abfassung einer Stadtgeschichte zu fördern. Heyl schrieb an den Bürgermeister über die

> *von mir gehegte[n] Absicht, durch eine geeignete Persönlichkeit und zwar zum Nutzen der Stadt und meiner Mitbürger, die Geschichte von Worms in umfassenderer Weise als bisher geschehen, zusammenstellen zu lassen.*

Dann unterbreitete er dem Stadtoberhaupt folgenden Vorschlag: Er erkläre sich

> *bereit, die Kosten für die Neuordnung des Archivs unter der Voraussetzung zu tragen, dass diese Arbeit einer [...] mit Hingabe und Fleiß an diese herantretende Persönlichkeit übertragen werde.*

Er (Heyl) verpflichte sich zur jährlichen Zahlung von 1.200 Mark so lange in die Stadtkasse, bis die Summe von 5.000 Mark erschöpft sein werde. Dabei stellte er zwei

> *Bedingungen: dass mir innerhalb der ersten zwei Jahre nach der Drucklegung des Katalogs das ausschliessliche Recht zustehen soll, die als neu oder wichtig erscheinenden Actenstücke auf meine Kosten im Druck erscheinen lassen zu dürfen. Zweitens: dass mir das ganze dann geordnete Archiv zum Zwecke der Verfassung der Geschichte der Stadt Worms derart zugänglich gemacht und für diesen Zweck zur ausschließlichen Benutzung überwiesen werden möchte, dass eine durch Sie und mich zu bestimmende geeignete Persönlichkeit unter den üblichen Bedingungen, natürlich nur an Ort und Stelle, das Material zusammenstellen kann.*

Fünf Tage später beriet die Stadtverordnetenversammlung. Bürgermeister Heimburg formulierte Heyls Antrag mit den beiden Bedingungen wörtlich, die Mitglieder der Versammlung ermächtigten Heimburg,

> *seinem Antrage gemäß in dankbarer Anerkennung der hierin liegenden Bethätigung bürgerlichen Gemeinsinns das Anerbieten des Herrn Geheimen Commerzienrath C. W. Heyl anzunehmen und die von ihm gewünschten Bedingungen zuzugestehen.* Ziel des Ganzen war *eine Darstellung der Geschichte der Stadt Worms [...] in klarer gemeinverständlicher Sprache.*

Das besondere Interesse Heyls an den Unterlagen ging also 1881 so weit, dass er sich durch diesen Beschluss der Stadtverordnetenversammlung faktisch ein Monopol hinsichtlich der Verfügung über die Ordnung der Quellenzeugnisse, ihre Zugänglichkeit wie auch die Abfassung der Stadtgeschichte durch eine von ihm zu bestimmende Persönlichkeit übertragen ließ. Eine solch gezielte Nutzung des identitätsstiftenden, bislang öffentlich unbeachteten Materials im Dienst gerade der familiären Selbstdarstellung ist in dieser Form nahezu beispiellos. Von Heyl hat das Archiv in bemerkenswerter Weise gleichzeitig privatisiert (so sollten Veröffentlichungen aus dem Archiv seiner Zustimmung bedürfen) und öffentlich zugänglich gemacht; er hat ihm größte Wertschätzung zugemessen, es materiell erheblich gefördert und damit nicht zuletzt zugleich auch der Selbststilisierung der Familie und seiner eigenen Deutungshoheit der Stadtgeschichte dienstbar gemacht.

Ermöglicht durch das keineswegs selbstlose, jedoch zweifellos großzügige und dem zeitgenössisch rasant gewachsenen Interesse an Geschichte und »Altertümern« der aufstrebenden Stadt entsprechende bürgerliche Mäzenatentum Heyls konnte sich Boos in den Jahren 1881 bis 1884 in bis heute grundlegender Weise der Ordnung und Verzeichnung von Urkunden und Akten widmen, die als »Reichsstädtisches Archiv« Platz in dem alten Archivgewölbe im Bereich des Rathauses fanden.

Zeitgleich entschloss sich Heyl, diese Räume durch handwerklich aufwendige Schränke komplett neu ausstatten und mit einer Deckenmalerei versehen zu lassen. Beides hat sich fast unversehrt erhalten. Zeitgleich war ja der seit 1883 laufende Neubau des unmittelbar angrenzenden eigentlichen Rathauses durch den Münchner Architekten Gabriel (von) Seidl (1848–1913) im Gange; es brannte 1945 total aus.

Die Leistungen des Stifters wurden im Archivgewölbe in gemalter Form und durch eine Bronzetafel verewigt. Für die handwerklich hohen Ansprüchen genügende Ausgestaltung der Räume, für die Boos archivfachliche Vorgaben gemacht hatte, war neben Gabriel von Seidl auch der ebenfalls in München tätige Künstler Lorenz Gedon tätig: Kunstvoll verzierte und beschlagene, aufwendige Schränke beherbergten von jetzt an die Unterlagen aus mehreren Jahrhunderten Stadtgeschichte. Im Oktober 1885 wurden die neuen Räume im Beisein zahlreicher Stadtverordneter der Stadt offiziell übergeben. Der aufwendig ausgestaltete Raum im alten Rathausflügel wurde dann 1885/86 von dem jungen Heraldiker Otto Hupp (1859–1949) mit Geschlechter-, Stadt-, Familien- und anderen Wappen ausgemalt. Hupp war seit 1878 mit v. Seidl befreundet, kam 1881 erstmals nach Worms, lernte dort Cornelius Wilhelm Heyl kennen und erhielt 1883/84 den Auftrag zur Ausmalung. Hupps Malereien zeigen Herrschafts- und Städtewappen (mit Bezug auf den Rheinischen Bund des 13. Jahrhunderts), das Wappen der Reichsstadt Worms selbst, dazu die Wappen ritterschaftlicher, adliger und patrizischer Familien. Das Liebfrauenstift mit seinen Weinbergen fand ebenso seinen Platz wie die auf die Lutherstadt verweisende Lutherrose und das jüdische Worms: Vier Kronen der Aronumrahmung der Synagoge mit Davidstern verweisen als »Zitate« auf den selbstverständlich hoch geschätzten jüdischen Anteil an der Geschichte der Stadt. Das große Stifterwappen der von Heyls mit ihrem reformiertem Ethos entlehnten Motto »Laboremus« wird ergänzt durch kleine Wappen der anderen Beteiligten. Das Reichsstädtische Archiv wurde hohen Besuchern der Stadt, wie etwa im Oktober 1899 dem mit der hessischen Großherzogsfamilie verschwägerten russischen Zaren Nikolaus und seiner Familie, voll Stolz vorgeführt. Bis heute wird es vom Archiv genutzt.

Der Ordnung und Erschließung des Archivmaterials zwischen 1880 und 1883 folgte die Edition der Urkunden bis 1400 und der Chroniken bis zum Beginn des

16. Jahrhunderts in einer dreibändigen Quellenausgabe (1886–1893). Der erste Band aus dem Jahre 1886, unmittelbar vor der Nobilitierung abgeschlossen, erschien *auf Veranlassung und mit Unterstützung* C.W. Heyls. Dieser widmete das Werk dem hessischen Großherzog *in tiefster Ehrfurcht*. Damit wurde die Publikation auch zu einem zusätzlichen Beweis monarchischer Gesinnung des Industriellen, dem offenbar ungeheuer viel an der mit dem gesamten Vorhaben einhergehen-

Abb. 7 und 8: Reichsstädtisches Archivgewölbe, Deckenmalerei 1885/86 Rathaus (Zustand heute)

den Legitimation gelegen war. Es folgte darauf aufbauend durch Boos die Erarbeitung einer vierbändigen Stadtgeschichte, deren erster Band im Jahre 1897 erscheinen konnte. Im Jahre 1901 war das monumentale Werk vollendet (Abb. 10).

Boos selbst gestand, sein Werk, das die Wormser Geschichte in den Rahmen der Stadtgeschichte des gesamten Rheinlandes eingebettet hat und bis heute zu den herausragenden Werken der Kulturgeschichtsschreibung der Jahrhundertwende gehört, *mit hingebender Begeisterung geschrieben* zu haben. Das Werk Boos' ist typisch für die bürgerlich-liberalen Vorstellungen verhaftete Stadtgeschichtsschreibung des 19. Jahrhunderts, in der die fortschrittlichen, mutigen und modernen Ideen aufgeschlossenen Stadtbürger zum Gegenbild des rückwärtsgewandten Klerus und des feudalen Umlandes, darüber hinaus die Wormser Bürger zu Trägern von Fortschritt und Zivilisation stilisiert werden. Die »Sendung« der Wormser Städter des Mittelalters als besonders reichstreue Bürger fand in dieser Sichtweise im bürgerlichen Wirken der Wormser in der aufstrebenden Industriestadt des jungen deutschen Kaiserreichs gleichsam ihre Erfüllung und sicherte der Stadt auf diese Weise einen besonderen Rang unter den rheinischen bzw. deutschen Städten. Selbstverständlich boten die Ausführungen des Verfassers zum 18. und (allerdings nur sehr knapp) zum 19. Jahrhundert genügend Raum, die Leistungen der Familie Heyl als aufstrebende, gewerbefleißige, ihrer Vaterstadt verbundene Bürger angemessen zu würdigen und damit der Familie ein zusätzliches, ihre einflussreiche Stellung legitimierendes Denkmal zu setzen. Die Zeit nach 1814 nimmt lediglich 20 Seiten des vierbändigen Werkes ein. Das Projekt der Archivordnung und Abfassung der Stadtgeschichte thematisiert Boos ebenfalls (*Wahrer Liebe zur Vaterstadt entsprang der Gedanke, die Bürgerschaft mit einem Werke zu beschenken, das die Geschichte der Stadt Worms auf Grund sorgfältiger Forschung in schlichter, allgemeinverständlicher Weise erzählt*, S. 665). Die Widmung von Heyls im Dezember 1896 betont den *mächtigen Einfluss der geliebten Vaterstadt auf die Kulturentwicklung Deutschlands und die patriotischen Großthaten der Altvorderen*. Nicht fehlen darf der Stolz auf die *grosse Zeit der Neubegründung des Reichs*, in der es ihm, Cornelius Wilhelm, vergönnt gewesen sei, *die Vaterstadt im Reichstag vertreten zu dürfen*. Die aufwendige Gestaltung übernahm mit Joseph Sattler (1867–1931) ein namhafter Münchener Maler und Illustrator, der für den Jugendstil einflussreich werden sollte (Abb. 10).

Starken Anteil an der Entwicklung des Wormser Archivs und der steigenden Beachtung der in ihm verwahrten Dokumente nahm insbesondere der im Jahre 1879 gegründete, bereits erwähnte Altertumsverein. Mit der bürgerlichen Führungsschicht der Stadt und ihrer politischen Spitze eng verflochten, trug er mit seinen Sammlungen, die zur Einrichtung eines Museums in der Pauluskirche (Paulus-Museum) samt Bibliothek im Jahre 1881 führten, ebenso wie mit seinem lebhaften Interesse an den Archivalien und sonstigen Zeugnissen der einstigen Größe der Stadt wesentlich zur Wertschätzung des Archivs für die im Wiederaufstieg begriffene Stadt bei. Der Verein wurde in vielen Fragen, etwa bei Straßenbenennungen, als Autorität gefragt und anerkannt. Das starke Interesse des rasch wachsenden Vereins und der ihn tragenden zahlreichen und einflussgebietenden bürgerlichen Honoratioren (an der Spitze der Bürgermeister selbst) an dem nun zweckmäßig und zugleich repräsentativ untergebrachten Archiv entsprach dem hohen Stellenwert der Rückbesinnung auf die Geschichte der Stadt im Zuge ihrer als Wiederaufstieg zu alter Größe empfundenen rasanten Entwicklung zur in starkem Maße industriell geprägten Mittelstadt am Ende des 19. Jahrhunderts.

Zeitgleich mit dem Rathausneubau nach Plänen Gabriel (von) Seidls und dem neuen Archivgewölbe wurde 1885 im neu gestalteten Ratssaal (Abb. 9) mit seiner historisierenden Ausstattung ein Gemälde des aus Dresden stammenden Monumentalmalers Hermann Prell mit der Darstellung der Übergabe der Zollfreiheitsurkunde durch König Heinrich IV. an die Wormser Bürger im Januar 1074 angebracht.[73] Mit dieser programmatischen Darstellung, in deren Szenerie der

73 Fritz Reuter, Karl Hofmann und »das neue Worms«. Stadtentwicklung und Kommunalbau 1882–1918 (Quellen und Forschungen zur hessischen Geschichte 91), Darmstadt/Marburg 1993, S. 38 ff. zum Erwachen des historischen Bewusstseins allgemein; zum Rathausumbau mit Details auch zu Prells Fresko S. 113–120; siehe auch Heinz-Toni Wappenschmidt, Studien zur Ausstattung des deutschen Rathaussaals in der 2. Hälfte des

Abb. 9: Wormser Ratssaal mit Gemälde von Hermann Prell, 1885 (zerstört 1945) (Foto C. Herbst, StadtAWo Fotoabt. CH 1738)

jeweilige Bürgermeister gleichsam als Akteur einbezogen wurde, stellte sich der Rat bewusst in die Tradition der durch die salische Zeit begründeten Stadtfreiheit unter dem Schutz des Königs. Dies geschah keineswegs zufällig wenige Jahre nach der Reichsgründung, nach der sich die Stadt als vormalige Reichsstadt in ihrer Identität besonders aufgewertet sah, und es war auch kein Zufall, dass nun weitere bürgerliche Familien durch Stiftung historisierender Gegenstände an der Ausstattung des Rathauses und des Sitzungssaales teilzunehmen bestrebt waren. Das Stadtoberhaupt Wilhelm Küchler sah bei der ersten Sitzung der Stadtverordneten im neuen Saal im April 1885 das neugestaltete Rathaus als Symbol für eine *neue Periode des Aufblühens* der Stadt. In der Tat war der im Bombenkrieg 1945 zerstörte Rathausbau das Startsignal für eine umfassende, bis 1914 anhaltende Zeit der rasanten, vor allem baulich zutage tretenden Stadtentwicklung.

19. Jahrhunderts bis 1918, Diss. Bonn 1981 (S. 47f. und S. 292 mit weiteren Nachweisen, v. a. zu Prells Ausmalung von 1885). Leider haben sich nach bisherigem Stand keine Akten zu dem Ausstattungsvorhaben oder Korrespondenz zwischen Stadt und Prell erhalten, die nähere Auskünfte über das Programm und die Details geben könnten. Vgl. auch BÖNNEN, Rathaus (wie Anm. 52), S. 28–30 zum Rathausausbau 1884/85 und den näheren Umständen der Gestaltung des Ratssaales mit geschichtlichen Denkmälern und Zitaten.

Abb. 10: Heinrich Boos, Widmungsseite seiner »Geschichte der Rheinischen Städtekultur«, 1897

Vor allem die 1880er Jahre gingen also mit einem bemerkenswerten Umschlag in der bisherigen Distanz und dem vorherrschenden Desinteresse gegenüber der Geschichte und ihren Hinterlassenschaften einher, ja sie schlug geradezu in einen selbst im Zeitmaßstab irritierenden Historismus-Hype um, der in dieser Heftigkeit sicher vor allem dem letztlich immer auch eigener Stilisierung dienenden Engagement der Familie von Heyl zu verdanken war: Es ging nun weg von einem weitgehenden öffentlichen Desinteresse und hin zu intensivster und wirkmächtigster Wahrnehmung von Geschichte mit massiven Folgen für Stadtplanung und öffentlichem Bauen, sowie zur Konstruktion einer Identität, in der die reichsstädtische Vergangenheit und die Leistungen des Bürgertums herausragende Bedeutung zugemessen erhielten. Diese Selbstsicht hat langfristig wirksame Kräfte entfaltet und die Stadt bis weit in das 20. Jahrhundert begleitet (Abb. 10).

10. Zusammenfassende Schlussthesen

Die reichsstädtische Epoche der Stadt Worms vor 1792 bot den nach etwa 1800 an der Stadtspitze agierenden neuen Kräften in einer Zeit radikaler Umbrüche und tiefgreifender Veränderungen keine positiven Bezugsmöglichkeiten oder Identifikationsangebote für die eigene Gegenwart mehr. Der lange Zeit ausdrückliche Ausschluss gerade der jetzt maßgebenden Träger politischer Macht von Mitwirkungsrechten ließ diese (vor allem Reformierte und Katholiken als Reformgewinner) ohne eine positive Sicht auf die Geschichte nach vorn sehen. Die Wandlungen in der napoleonischen Ära wurden durchweg begrüßt und als vorteilhaft empfunden, der Vergangenheit trauerte man nicht hinterher, zumal die letzten Jahrzehnte der Reichsstadt den Zeitgenossen massive innere Konflikte gebracht und von oligarchischen Verkrustungen und Misswirtschaft überschattet waren.

Durchweg stellt man eine offensichtliche Empathielosigkeit gegenüber den über mehr als 30 Jahre betriebenen massiven Reduzierungen von Bausubstanz vor allem im kirchlichen Sektor fest, ein Bewusstsein für Denkmalpflege kam erst nach dem Ende der Abbruchphase um 1830 und in Worms besonders zögerlich auf.

Für die weitere Forschung zum Thema wären verstärkt Ego-Dokumente, publizistische Quellen und Reiseberichte auszuwerten und durch Vergleiche (etwa mit den Verhältnissen im ganz ähnlich gelagerten Speyer als bis 1798 ebenfalls Reichs- und Bischofsstadt) zu vertiefen. Insbesondere Zeitungen, Publizistik bzw. Presse sind als Quellengruppe bislang ungenutzt geblieben, wobei sich durch Digitalisierung von Quellen hier neue Möglichkeiten auftun.[74]

74 Digitalisate der »Wormser Zeitung« (vgl. als Sammlung Wormser Zeitungen StadtA-Wo Abt. 228) für die Jahre 1838 bis 1876 finden sich inzwischen unter: http://tudigit.ulb.tu-darmstadt.de/show/Za-140, vgl. auch die Homepage des Wormser Stadtarchivs unter www.stadtarchiv.worms.de.

Die Tiefe des Einschnitts um 1800 und die Herausbildung neuer Trägergruppen an der politisch-wirtschaftlichen Stadtspitze haben dazu beigetragen, dass die Geschichte kein nutzbares Kapital oder gar ein Vorbild mehr darstellte und Amnesie nicht schadete; im Vormärz wurde Erinnerung an die vormaligen Verhältnisse geradezu als gefährlich eingestuft, als es um das Archiv ging.

Der noch in den 1790er Jahren zum Ausdruck kommende reichsstädtische Republikanismus erwies sich nicht als »ideengeschichtliches« Bindeglied über die Wasserscheide der Jahre 1798–1802 hinweg. In den Augen der neuen Elite und der französischen Fortschrittsfreunde war er ein Anachronismus, ein Missverständnis.

Kollektive Erinnerungen bleiben aus dem konfessionell getrennten Denken heraus lange Zeit gruppen- bzw. milieuverhaftet, was sich auch im schwach bzw. verspätet einsetzenden Denkmalwesen zeigt. Erst 1848 wurde ein öffentliches Denkmal errichtet – und das erinnerte an die Zeit unter Napoleon.

Eine säkulare Stadt als Gemeinde von neuen Stadtbürgern in einem Gemeinwesen mit etwa 5.000–6.000 Einwohnern bei starker Fluktuation gerade der Oberschichten musste erst wachsen; die Kommune litt in ihrer Entfaltung gleichermaßen unter der Fessel staatlicher Aufsicht und mangelnden wirtschaftlichen Möglichkeiten. Positiv blieb dabei der Blick auf die Errungenschaften der französischen Zeit, der erst durch den zunehmenden preußisch-deutschen Nationalismus seit den 1850er und 1860er Jahren überlagert und verdrängt wurde.

Der langwierige, im Einzelnen noch nicht untersuchte Prozess der Neuformierung der Oberschicht und politischen Akteure nach dem Einschnitt um 1800 war die Voraussetzung für das langsame Entstehen eines nicht mehr zwingend auf die reichsstädtische Zeit gerichteten Interesses an oder einem Bezug auf die örtliche Geschichte. Die ökonomischen und politischen Spielräume im gesamten Vormärz blieben (wie erwähnt) noch äußerst begrenzt. Erst seit den 1830er Jahren gab es ein bildungsbürgerliches Interesse an der Stadtgeschichte, das zunächst von außen kam.

Wichtig wurde für die Identität der hessischen Landstadt die Orientierung am neuen Landesherrn und dessen Integrationspolitik für die 1816 neu erworbenen rheinhessischen Gebiete. Gerade die Generation der um bzw. kurz nach 1800 Sozialisierten nahm die alternativlose monarchische Option pragmatisch auf und bejahte die Fakten – die reichsstädtische Zeit war dabei kein Thema mehr.

Einzelne Sammler von Kulturgut aus wirtschaftsbürgerlichen Kreisen waren zwar seit den 1820er Jahren vorhanden und vermochten von Fachleuten gerühmte Kollektionen von Altertümern, Kunst und Dokumenten zusammenzutragen, sie blieben aber ohne Vernetzung oder Wertschätzung. Das offizielle Worms pflegte gegenüber diesen privaten Anstrengungen bis in die 1860er Jahre ein ausdrückliches, für den Aufbau einer lokalen Sammlung als Grundstock fatales Desinteresse.

Ein erster Schritt hin zu einer Intensivierung des Interesses an Geschichte war die »Entdeckung« der Baudenkmäler auf der Ebene der seit 1822 drei Konfessionen mit ihrer festgefügten Identität während der Jahre ab 1853, auffallend gleichzeitig und gleichartig ausgerichtet. Die ersten Bekenntnisse der Stadt als Gemeinwesen zu ihrer Geschichte sind in den 1850er Jahren vor allem geknüpft an archäologische Zeugnisse aus römischer und mittelalterlicher Zeit. Generell kam eine wachsende Wertschätzung der bürgerlichen Geschichte der Stadt in der Vormoderne eher durch Historiker der erwachenden Stadtgeschichtsforschung von außen.

Die Ausprägung einer kommunalen Erinnerungskultur und der Aufbau einer gleichsam verbindlichen städtischen Identität endgültig erst in den 1880er Jahren blieb abhängig von politischen, sozialen und wirtschaftlichen Voraussetzungen (städtische Autonomie, gefestigte Führungsgruppe, ökonomischer Mindeststandard, politische Entfaltungsfreiheiten), die bis nach der Jahrhundertmitte kaum gegeben waren und erst seit der Reichsgründung nachhaltige Impulse erhielten.

Ein Spezifikum war in den 1880er Jahren mit gravierendem Einfluss auf die kommunale historische Identität das ausgeprägte Engagement der nobilitierten Lederindustriellenfamilie Heyl und ihre Bemächtigung von Archiv, Archäologie und Denkmalpflege. Diese Förderung und Nutzung des Faktors Geschichte (nicht zuletzt zur Selbsterhöhung der eigenen Familie) lief parallel zu der 1879 nach verschiedenen Anläufen erreichten Begründung des Altertumsvereins und einer umfassenden Historisierung auch und gerade im wachsenden öffentlichen Bauen seit 1880, was in der Gestaltung des Ratssaales des neuen Rathauses 1885 und der Ausstattung des repräsentativen Reichsstädtischen Archivgewölbes 1885/86 seinen verbindlichen Ausdruck gefunden hat.

Worms hatte sich zu diesem Zeitpunkt, fast 90 Jahre nach dem tiefsten Schnitt in seine Geschichte und nach einem langen Weg dahin, ganz neu erfunden.

Vormoderne städtische Sammlungen: Erinnerung und Identifikation

Gabriele Bessler

»Herkunftsgeschichten entstanden in dem Maße, wie sich die geschichtlichen Handlungssubjekte ausdifferenzierten und das Handlungsmonopol aus der Hand Gottes und seines Stellvertreters, des Herrschers, auf die feudalen Adelshäuser und Patrizierfamilien überging. Indem diese profanen Geschichten aus der einen übergreifenden Heilsgeschichte ausscherten, kam es in der Renaissance zu einer Pluralisierung von Geschichte [...].«[1]

1. Anfänge historischer Identitätssuche durch private Sammler und Forscher in Studioli – die fürstlichen Varianten der ersten Wunderkammern

Spätestens als der italienische Universalgelehrte Ulisse Aldrovandi (1522–1605) im Jahr 1556 seine umfassende Übersicht »Le Antichità della città di Roma« herausgab, begann der schwunghafte Handel römischer Kunstwerke und diverser Fälschungen zwischen Süd und Nord. Italienreisende Humanisten aus dem Norden waren allerdings bereits seit Beginn des 16. Jahrhunderts mit jenen Artefakten vertraut, womit die Konjunktur von patrizischen (Privat-)Sammlungen ihren spürbarsten Aufschwung nahm: In Augsburg hatte etwa Conrad Peutinger nicht nur eine Sammlung römischer Statuetten und Kleinbronzen initiiert, er betrieb darüber hinaus auch lokale Antikenstudien, indem er römische Monumente aus der Augsburger Gegend bzw. »herrenlos herumliegende, unbeachtete Steine in sein Haus aufnahm«,[2] um sie epigraphisch zu erfassen und zu publizieren (so 1505). Auch der Nürnberger Willibald Pirckheimer soll zeitgleich antike Portraitköpfe besessen haben, die dann ca. 50 Jahre später in die Studiokollektion seines Enkels Willibald Imhoff eingehen sollten.

Während für diese Sammler die wissenschaftliche Auseinandersetzung mit ihren meist über mehrere Räume verteilten Objekten eine wesentliche Rolle spielte, bildete sich parallel dazu ein eher repräsentativer Zweig des Sammelns

1 Aleida Assmann, Erinnerungsräume – Formen und Wandel des kulturellen Gedächtnisses, München 1999, S.49.
2 Renate von Busch, Studien zu deutschen Antikensammlungen des 16. Jahrhunderts, Phil. Diss., Tübingen 1973, S. 11.

Abb. 1: München, das Antiquarium der Residenz, 1569–1571 (Courtesy: Bayerische Verwaltung der staatl. Schlösser, Gärten und Seen, München)

und Zeigens aus. Durch Vermittlung des italienischen Diplomaten Jacopo della Strada gelangten Antiken in großem Stil nicht nur in die disparaten Sammlungen der Fugger und Welser, sondern auch in die 1578 gegründete Münchner herzogliche Kunst- und Wunderkammer bzw. in das zuvor errichtete Antiquarium (Abb. 1). Letzteres gehörte zu den frühesten großen Profanbauten und die Wunderkammer zu den frühesten fürstlichen enzyklopädischen Einrichtungen nördlich der Alpen. Aus dem gegen Ende des 16. Jahrhunderts erstellten Inventar geht hervor, dass diese Kammer über dem Marstall mehr als 6.000 weitere Objekte umfasste und damit jene von Horst Bredekamp formulierte Reihung repräsentiert, die sich korrekterweise von den erst im 17. Jahrhundert eingebrachten Nomenklaturen wie Artificialia, Scientifica usw. abhebt: »Naturform – antike Skulptur – Kunstwerk – Maschine […] Diese Viererkette kann als eine ideale Ordnung jenes Sammlungstypus gelten […], dem die Spezialsammlungen ideell verpflichtet waren: der zwischen ca. 1540 und 1740 vorherrschenden, enzyklopädisch angelegten Kunstkammer.«[3] Diese Modellwelt bildete dabei den Mikrokos-

3 Horst Bredekamp, Antikensehnsucht und Maschinenglaube (Kleine Kulturwissenschaftliche Bibliothek Bd. 41), Berlin 1993, S. 33.

Abb. 2: Burg Forchtenstein, Statue des Palatin Nikolaus Graf Esterházy vor freskierter Ahnengalerie aus dem Ende des 17. Jahrhunderts, Zustand nach Restaurierung um 2007 (Foto: Verf.in)

Abb. 3: Stuttgart, Lustgarten mit Neuem (rechts) und Altem Lusthaus (Mitte links). Radierung von Matthäus Merian d. Ä., 1616

mos durch gleichwertige Dinge ab, etwa durch »Fladerholzstücke wie Brot aussehend« oder mit »ein[em] Auerochsenkopf und Gehörnmissbildungen«, aber auch mit dem »Brauthemd Kaiserin Eleonores« oder anhand von einigen Kleidungsstücken des Sammlungsgründers Herzog Wilhelm IV. Teil der Erinnerungskultur waren zudem Portraitserien weltlicher und geistlicher Würdenträger – möglichst bis in die Antike zurückreichend und gerne als Wurzeln der eigenen Familie in Anspruch genommen (Abb. 2). Solche Portraits gehörten nicht nur in fürstlichen Wunderkammerkontexten zu den unverzichtbaren identitätsprägenden Elementen, dieses Phänomen wird auch in städtisch-bürgerlichen Sammlungen bis ins 19. Jahrhundert begegnen.

Während sich an vielen Höfen des Hochadels »das Interesse an historischer Legitimation und Standesrepräsentation [auch] in Form von Münzsammlungen äußerte, da Münzen mit ihren Portraits als genealogische Reihen angelegt werden konnten«,[4] bildete die Wunderkammer der württembergischen Herzöge bis zu Beginn des 17. Jahrhunderts eine Ausnahme. Auf Betreiben des Marbacher Lateinschullehrers Simon Studion (1543–um 1605?) gelangten provinzialrömische

4 v. Busch (wie Anm. 2), S. 62.

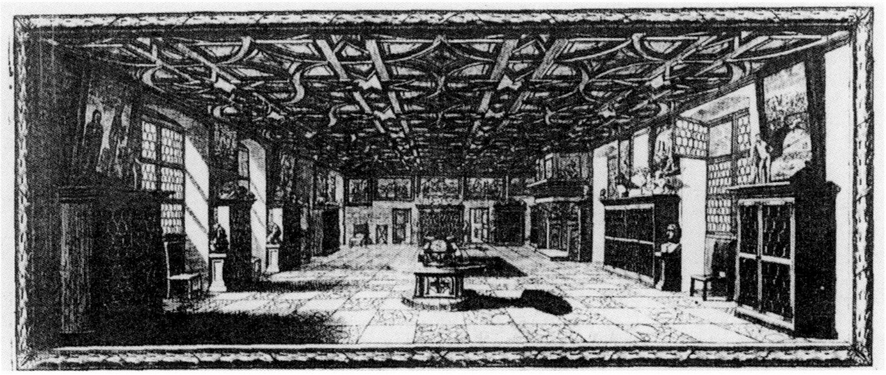

Abb. 4: Stuttgart, Kunstkammer im Alten Lusthaus. Radierung (Lucas Somer?), um 1670

Weihesteine, -altäre und andere antike Zeugnisse aus der lokalen Umgebung an den herzoglichen Hof und fanden ihren Platz im 1593 erbauten Neuen Lusthaus – zur Schau gestellt im Sinne einer genealogischen Kontinuität (Abb. 3 und 4).[5]

Wenngleich die Raumkonzeption des Lusthauses nicht für die Aufnahme von Antiken angelegt war, »so wird doch mit der Erdgeschosshalle der erste eigene Sammlungsraum am württembergischen Hof geschaffen.«[6]

Auch andere Bereiche der herzoglichen Kammer entwuchsen eher bürgerlichem Forschergeist: So erwarb Friedrich I. von Württemberg noch vor Ende des 16. Jahrhunderts etliche Exotica vom Enkhuizer Gelehrten Paulandus, und unter Eberhard III., 1653, kamen insbesondere Naturalia und Ethnografica aus der umfangreichen Wunderkammer des herzoglichen Kammermeisters und Gelehrten Johann Jakob Gut von Sulz hinzu – Spross einer bereits im 15. Jahrhundert nobilitierten Bürgerfamilie aus dem benachbarten Sulz am Neckar, und damit eher aus der Peripherie stammend.

Das eigentlich forschende und sammelnde Potential lag also weniger beim Hochadel. Allerdings ist dessen Sammelleidenschaft, dem Wunsch, Genealogien und damit Anciennität und Identität zu konstruieren sowie nicht zuletzt ihrer finanziellen Potenz zu verdanken, dass architektonische Hüllen für das Sammelgut geschaffen wurden, die dann zur Ausformung entsprechender Räume, eben den Kunst- und Wunderkammern, führten.

Die allein im deutschsprachigen Bereich entwickelte repräsentative Außen- und Innenarchitektur fürstlicher Varianten ist ihrerseits wiederum nachhaltig mit den Studiolo-Adaptionen der Humanisten verknüpft – vor allem mit jenen

5 Vgl. Oscar Paret, Die ältesten Bestände des vorgeschichtlichen Landesmuseums stammen aus dem Kreis Ludwigsburg, in: Hie gut Württemberg, Beilage zur Ludwigsburger Kreiszeitung, 5. Jg., Nr. 1, S. 3–4, 7. 10. 1953.

6 Ulrike Weber-Karge, »... einem irdischen Paradeiß zu vergleichen ...« – Das Neue Lusthaus in Stuttgart, Sigmaringen 1989, S. 88.

des 15. Jahrhunderts im Stile Federicos III. von Montefeltro in Urbino oder Isabella d'Estes in Mantua. Die definitive Setzung einer separaten Sammlungskammer, in der Dinge ausgestellt und nicht in Truhen verwahrt werden, wäre aber grundsätzlich, so unsere These, ohne die ›Findung‹ der dritten Dimension und damit ohne die die künstlerisch-renaissanceske Raumfindung undenkbar (Abb. 5).[7] Im deutschsprachigen Gebiet finden diese begehbaren Weltmodelle ihre erste Benennung bereits in der Mitte des 16. Jahrhunderts, und zwar durch die hochadelige »wundercammer« des Juristen Graf Wilhelm Werner von Zimmern (1485–1575) in seiner Burg – einer damals aussterbenden Architekturspezies! – im wiederum eher peripheren Herrenzimmern.[8]

Die Invention des Raums und damit seine Wahrnehmung sollte eine ebenso grundlegende Rolle bei der Einrichtung der schon wenig später nachfolgenden, ja sogar parallel gegründeten bürgerlichen Bibliotheks- bzw. Sammlungsinstitutionen spielen. Die Bedeutung dieser Invention wurde von Julian Jachmann bezüglich des Augsburger Rathauses erneut herausgearbeitet. Unter der Prämisse »Kommunale Räume als Medium von Herrschaft und Erinnerung« untersucht er u. a. explizit den »zeichenhafte[n] und materiellen Gebrauch von Raum«.[9]

Was die Öffentlichkeit angeht, bleibt der *inner circle* von Ideengebern wie Gelehrten, Humanisten, Patriziern und dem Hochadel weitgehend geschlossen, denn die Räume der Kunst- und Wunderkammern standen fast ausschließlich Privilegierten offen – also den »Inhaber[n] der oberen Plätze in den Hierarchien der Macht, des Reichtums, des Geschmacks und des Wissens«. »Ausgeschlossen vom Zugang zu den neuen Semiophoren«, so konstatierte der polnische Historiker Krzysztof Pomian noch Ende der 1980er Jahre weiter, »sind jedoch die Mitglieder der ›Mittelschichten‹, potentielle Sammler, die allerdings keine werden können, da ihnen die Mittel dazu fehlen. Mit dem ökonomischen Wachstum und der Verbreitung des Unterrichtswesens vergrößert sich ihre Zahl. Es sind die Angehörigen dieser Schichten oder ihre Wortführer, vor allem aber Wissenschaftler, Schriftsteller, Gelehrte und Künstler […], die nun Druck auszuüben beginnen, um freien Zugang zu Semiophoren zu erhalten, die sie für ihre beruflichen Aktivitäten benötigen, wie Bücher, Manuskripte, historisches Quellenmaterial und die verschiedensten Gegenstände. Und auf ihre Nachfrage antworten Privatsammler und Machthaber, wenn sie im 17. Jahrhundert damit anfangen, zunächst öffentliche Bibliotheken zu gründen, später auch Museen […].«[10]

7 Gabriele Bessler, Wunderkammern – Weltmodelle von der Renaissance bis zur Kunst der Gegenwart, Berlin 2012², bes. S. 19 ff.

8 Vgl. Karl A. Barack (Hg.), Zimmerische Chronik, Bde. 1–4, Ausgabe Tübingen 1866–1869 und Freiburg/Tübingen 1881/82, Bd. 4, S. 88.

9 Julian Jachmann, Die Kunst des Augsburger Rates 1588–1631: Kommunale Räume als Medium von Herrschaft und Erinnerung, München/Berlin 2008, S. 9.

10 Krzysztof Pomian, Der Ursprung des Museums. Von Sammeln, Berlin 1998, S. 66.

Abb. 5: Hans VREDEMANN DE VRIES, Perspektivzeichnung, in: DERS., Perspective. Das ist Die weltberuembte khunst, eines scheinenden in oder durchsehenden augengesichts Puncten ..., Leiden 1605, S. 63

2. Die ersten städtischen (öffentlichen) Sammlungen

An dieser Stelle sei eine kurze Bemerkung zur Anwendung der Begriffe ›öffentlich‹ und ›privat‹ (oder geheim) erlaubt. Gerne würde ich dabei auf die bereits von Habermas getroffene Unterscheidung von ›repräsentativer Öffentlichkeit‹ und ›bürgerlicher Öffentlichkeit‹ zurückgreifen, denn hinsichtlich der städtischen Sammlungen und ihren Gründern wird in der Tat eine »autonome Sphäre der zum Publikum versammelten Privatleute« abseits der »öffentliche[n] Repräsentation von Herrschaft«[11] bedeutsam. Dies wird nicht zuletzt nach einem Blick auf die in der Renaissance sowohl in Italien wie auch nördlich der Alpen (insbesondere in Augsburg) üblichen frommen Stiftungen und Kunstpatronagen evident: So stellte Jan Białostocki die These von der »Nobilitierung durch die Kunst« auf – und man könnte hier auch anderes Sammlungsgut anführen – als einem der ersten und wichtigsten Motive bürgerlicher Patronagen in der Frühen Neuzeit und der damit einhergehenden Konkurrenz zum König wie zu Hof- und Land-

11 Susanne RAU/Gerd SCHWERHOFF, Zwischen Gotteshaus und Taverne. Öffentliche Räume in Spätmittelalter und Früher Neuzeit (Norm und Struktur Bd. 21), Köln 2004, S. 14.

Abb. 6: Hier als Vergleich: Das Schatzgewölbe Maximilians I. – Wiener Neustadt, 1. Ausgabe der Ehrenpforte 1517/18, nachkolorierter Holzschnitt

adel.[12] Bernd Roeck verwahrt sich allerdings gegen das mögliche Missverständnis, »das Kunstwerk als Waffe in einer Art Klassenkampf zu deuten«; stattdessen betont er den Faktor der Identität (Identifizierung), wenn er sagt: »die glanzvolle Selbstdarstellung nobilitiert den Bürger als Bürger – und damit seinen Stand, ja das ganze Gemeinwesen.«[13]

Während die privaten patrizischen Kunst- und Wunderkammern des 17. Jahrhunderts größtenteils der ›repräsentativen Öffentlichkeit‹ zuzurechnen sind, war mit der Gründung und vor allem räumlichen Definitionen von städtischen Bibliotheken schon zuvor für eine ›bürgerliche Öffentlichkeit‹ gesorgt worden. Aber nicht nur das: Auch oftmals damit verbundene Wunderkammern bzw. Naturalienkabinette konstituierten diese – und das früher als bisher in der Forschungsliteratur angenommen. Das spiegelt sich nicht zuletzt in Pomians soeben zitierter irrigen Datierung von (profanen) Bibliotheksgründungen.

12 Vgl. Bernd Roeck, Motive bürgerlicher Kunstpatronage in der Renaissance – Beispiele aus Deutschland und Italien, in: Bernhard Kirchgässner/Hans-Peter Becht (Hg.), Stadt und Mäzenatentum (Stadt in der Geschichte Bd. 23), Sigmaringen 1997, S. 59.
13 Ebd., S. 60.

Erste Ratsbibliotheken gibt es bereits im 14. Jahrhundert, wie etwa die Nürnberger, die Christoph Gottlieb von Murr bereits 1778 sogar als die »früheste sicher bezeugte [...] städtische Sammlung«[14] bezeichnet. Die Anfänge der oftmals mit den Bibliotheken assoziierten Wunderkammer-Sammlungen sind nachweislich schon mit Beginn des 15. Jahrhunderts anzusiedeln.

Unbestreitbar ist die Rolle der Reformation bei den Neueinrichtungen von Räumen bzw. Umwidmungen und hinsichtlich eines weltlich orientieren Bildungsauftrags bzw. -anspruchs. Vielfach wurden Bibliotheken mit Sammlungen deshalb für den Anschauungsunterricht mit Gymnasien verbunden. In den später, 1698, gegründeten solitären Franckeschen Stiftungen in Halle war die Wunderkammer innerhalb der Bildungsstätte autark.

Im Folgenden werden Fragen zu erörtern sein, wie etwa: Wann sind Sammlungen bzw. Bibliotheken explizit als ›städtisch‹, d. h. bürgerlich zu apostrophieren? Sind eigene Räume ausschlaggebend oder gar separate Gebäude (ab wann?), der eigenständige Erwerb neuer Bestände – was auf gezielte Sammlungsbestrebungen hinweist –, und wie steht es vor allem mit der Zugänglichkeit?

3. Einzelne städtische Sammlungen des 15. bis frühen 17. Jahrhunderts

Nürnberg

In Nürnberg nahm die städtische Sammlungstradition offenbar im Rathaus ihren Anfang – mit wahrscheinlich mindestens drei Nuklei, einer »Wunderkammersammlung«, verschiedenen Schatzkammern und einer Bibliothek. Diese speiste sich zeittypischerweise zunächst aus Bücherschenkungen privater Sammler, z. B. des Arztes und Chronisten Hartmann Schedel. Doch bereits im 15. Jahrhundert ergänzte der Rat der Stadt diese durch gezielte Ankäufe von Scientifica, so erwarb er 1494 für »74 Gulden«[15] einen Globus sowie Behaims Weltkarte. Daneben existierte eine umfangreiche Kollektion an Münzen, später kamen Naturalia, Artificialia und weitere Scientifica hinzu. Neben der im Rathaus 1432 nachweislich befindlichen kleinen Handbücherei (»librei«) gab es dort offenkundig bereits vorher schon spezielle Räume zur Aufnahme von Gemälden und Gegenständen. So wird vor 1431 beispielsweise die »Losungsstube« erwähnt, die dem Ratssaal am nächsten lag und als Archiv diente, aber außerdem »Gemälde, Truhen, Behälter und Öfen«[16] barg sowie »auch einen reichen Vorrat an Gold- und Silbergefäßen«[17] (vgl. Abb. 6). In dem der »Losungsstube« angeschlossenen »geheimen Privilegienstüblein« wurde der 1549 von Wenzel Jamnitzer für 1.228

14 Christoph G. von MURR, Beschreibung der vornehmsten Merkwürdigkeiten in des H. R. freien Stadt Nürnberg ..., Nürnberg 1778, S. 58.

15 Wilhelm SCHWEMMER, Die Nürnberger Stadtbibliothek als Museum, in: Karlheinz GOLDMANN, Geschichte der Stadtbibliothek Nürnberg, Nürnberg 1957, S. 124.

16 Ernst MUMMENHOFF/Heinrich WALLRAFF, Das Rathaus in Nürnberg, Nürnberg 1891, S. 63.

17 Ebd., S. 64.

Gulden angekaufte und heute im Amsterdamer Rijksmuseum ausgestellte *Mutter Erde-* (oder *Merkelsche-)Tafelaufsatz* verwahrt – nobler Bestandteil großer Bankette im Rathaus und identitätsstiftender Ausweis der künstlerischen Potenz ortsansässiger Goldschmiede. – Nicht zuletzt ist hierin ein Beispiel dafür zu sehen, dass künstlerische Produktion und Wirtschaftsförderung eine fruchtbare Allianz eingingen.[18]

Als weitere Kammer ist die der Hausvogtei zu nennen, die, weil künstlerisch ausgestattet,[19] offensichtlich kein ganz »geheimes Gewölb« war und Silbergeschirr sowie eine Reihe wertvoller Gemälde präsentierte. Gemäß einem im Jahre 1581 erstellten Inventar ist außerdem von einer großen Anzahl an Trinkgeschirr die Rede. Dessen Erwerbswege – und damit die jeweilige Geschichte – wurde festgehalten, sodass Zeugnisse einer bereits etablierten Erinnerungskultur vorliegen! So heißt es z. B.: »dieses Trinkgeschirr ist Herrn Lienhart Grundherrn, wegen das er auf ettlichen Reichstagen, auch andern Verschickungen in gemainer Statt angelegnen Sachen sich willig und unverdrossen gebrauchen lassen, per die Herrn Losungere verehrt worden adi 10. Julij A ^ 1613«.[20]

Gegen Ende des 16. Jahrhunderts wurde das Rathaus dann um die »Regimentsstube« erweitert. Hierbei wird es sich um jenen Raum handeln, in dem zumindest einige der eingangs erwähnten Objekte ihren Platz fanden, wie etwa Behaims und andere Globen sowie etliche Scientifica. Wir wissen auch, dass diese Bühne des Stadtadels u. a. Bildnisse der ehemaligen Kurfürsten von Sachsen Herzog Friedrich, Johannes und Johann Friedrich schmückten sowie die des regierenden Kaisers Rudolf II., Karls des Großen und Kaiser Sigismunds von der Hand Albrecht Dürers. Überhaupt habe Nürnberg in jener Zeit die »größte Sammlung« seiner Gemälde besessen.[21] Neben diesen und weiteren Tableaus gab es ein von Kurfürst Friedrich von Sachsen 1522 der Stadt überreichtes Marienbild. In der Raummitte stand eine lange Tafel mit Schriftrollen und Streubüchsen, was mit den ebenfalls hier aufgestellten Sesseln für die Kurfürsten, aber auch für den kurfürstlichen Kanzler und die Sekretäre auf prominente Nutzung und Außenwirkung hinweist. In einem angrenzenden Gemach sollen sich niederländische Tafelgemälde befunden haben.

Mit jener etliche Amtshandlungen hinterfangenden ›Ausstellung‹ der beschriebenen Bilder und Dinge kommt das humanistische Selbstverständnis und

18 Der Tafelaufsatz, der immerhin zu den Hauptwerken Jamnitzers zählt, war ursprünglich als Geschenk für Karl V. bzw. seinen Sohn, Philipp II., gedacht, die Nürnberg nach 1549 jedoch nicht mehr besuchen sollten; vgl. Klaus Pechstein, Der Merkelsche Tafelaufsatz, in: Wenzel Jamnitzer und die Nürnberger Goldschmiedekunst 1500–1700 (Katalog), hg. von Gerhard Bott, Nürnberg 1985, S. 219f.

19 Vgl. Mummenhoff/Wallraff (wie Anm. 16), S. 69.

20 Vgl. ebd., S. 269.

21 Vgl. Ursula Kubach-Reuter, Ein Beispiel kommunalen Sammelns – Die Gemälde und Skulpturensammlung der Stadt Nürnberg, in: Die Kunst des Sammelns – Phänomene des Ordnens, Archivierens und Präsentierens, hg. v. Matthias Strobel u. Andrea Dippel (Schriftenreihe der Kunstvilla im KunstKulturQuatier Bd. 2), Nürnberg 2011, S. 85.

Abb. 7: Gab es eine kommunale Gemäldesammlung in Augsburg? Verlesung der *Confessio Augustana* vor Karl V. in Anwesenheit der Kurfürsten und Reichsstände, 1530 – mit Bildergalerie rechts oben. Kupferstich, 16. Jahrhundert

auch -bewußtsein des Rates deutlich zum Ausdruck. Wenn auch nur für eine ›repräsentative Öffentlichkeit‹ bestimmt, so sind hier durchaus Grundlagen einer städtischen Sammlung erkennbar, wenngleich der »Aufbau einer Kunstsammlung im engeren Sinne in reichstädtischer Zeit nicht in der eigentlichen Intention des Rates« lag (vgl. Abb. 7).[22]

Auch für den im Rathaus ständig erweiterten Bücherbestand wurde im 16. Jahrhundert eine »neue liberei« eingerichtet. Einen amtlich bestellten ersten Stadtbibliothekar gab es dann von 1604 an, mit dem Ratssyndicus Praetorius – also einem direkt dem Rat zugeordneten Amtmann. Ein weiterer Teil der Ratsbibliothek[23] – und dazu vielleicht auch einige Sammlungsgegenstände – wurden mit den Beständen des zwischenzeitlich aufgehobenen Dominikanerklosters im dort bereits vorhandenen Bibliotheksraum zusammengeführt. Und hier entwickelt sich nun eine mindestens ebenso ausgedehnte, zunehmend öffentlichem Interesse zugewandte Sammlungstätigkeit. Ähnlich wie auch in anderen zeitgleichen städtischen Bibliotheken mit gegebenenfalls kombinierten Wunderkammern legten zunächst Schenkungen aus privaten Sammlungen, dann übernommene Bücherbestände der säkularisierten Klöster vielfach den Grundstein dazu. Zwischen 1624 und 1626 erfuhr das einstige Dominikanerkloster – mittlerweile »Stadtbi-

22 Ebd., S. 85f. An der Universität Trier befindet sich eine Dissertation in Vorbereitung: Elke VALENTIN, Gemäldesammlungen in deutschen Rathäusern der Frühen Neuzeit bis zu ihrer Auflösung am Ende des Alten Reiches unter besonderer Berücksichtigung Nürnbergs (Arbeitstitel), siehe auch http://www.kuenstlersozialgeschichte-trier.de/team/valentin-elke/.

23 Vgl. MUMMENHOFF (wie Anm. 16), S. 67.

bliothek« tituliert – eine Erweiterung um das Zehnfache. Von nun an waren die Bücher nicht nur nach Themen geordnet, auch für die Wunderkammersammlung wurde, gleichsam als ›Museum der Stadt‹, Platz geschaffen, wie auf dem Stich aus der ersten populären Bibliotheksbeschreibung von Johann Jakob Leibniz – dem Sohn des um 1670 amtierenden Stadtbibliothekars – zu sehen ist (Abb. 8).[24] Das Motiv ist eine Besonderheit, da es vor 1700 kaum authentisch zu nennende Innenraumansichten gibt – weder fürstlicher noch anderer Wunderkammern. Der Bibliothek zumindest eingegliedert sind, wie zu erkennen, vor allem Naturalia (Abb. 9) und, im Hintergrund, Portraitgemälde. Ein großes Konvolut ›neuerer‹ Gegenstände und Bilder umfasste die Sammlung mit über 200 auf Holz gemalter Bildnisse gelehrter Männer, wie Luther, Hus, Melanchthon sowie – mit deutlich stadthistorischem Bezug – Willibald Pirckheimer. Eine Serie, die zweifellos mit den Ahnengalerien der fürstlichen Wunderkammern korrespondierte und von Legitimierung und Identifikation zeugte. In diesem Sinne werden denn auch vom 17. Jahrhundert an jene Portraits aktuell amtierender oder ehemaliger Bibliothekare ergänzt – zumeist offenbar von ihnen selbst der Bibliothek geschenkt.[25]

In der Stadtbibliothek wurden außerdem Zeugnisse und ›Reliquien‹ protestantischer Identität gebündelt, aber auch jene Dinge, die aus ehemals klösterlichem Verbund ausgekoppelt worden waren. Zu den aus heutiger Sicht erzählenden Kuriosa gehörten z. B. ein Trinkglas Martin Luthers (mit Bildnis) – übrigens in der Leibnizschen Übersicht neben etlichen anderen Objekten der Sammlung abgebildet – sowie eine Holztafel, »welche die Chronologie des alten Testaments vorstellet«,[26] dann die Schreibtafel des Kurfürsten Johann Friedrich von Sachsen. In der Sammlung von Steinen wird der einst fast die ganze Blase ausfüllende Stein des 1646 verstorbenen Predigers bei St. Sebald und Stadtbibliothekars Johann Saubert erwähnt.[27] In ähnlicher Kategorie erwähnt auch Murr in seiner »Beschreibung der vornehmsten Merkwürdigkeiten in Nürnberg« – in der Abteilung ›Alte Bibliothek‹ subsumiert – den versteinerten Baumstamm einer Linde, der noch dadurch besonderes Interesse wecke, da er größer sei, als der ebenfalls petrifizierte Birnbaumstamm »des Imhofschen Hauses in der Lederergasse, welcher

24 Johann Jacob LEIBNIZ, Inclutæ Bibliothecæ Norimbergensis Memorabilia, hoc est, Naturæ Admiranda, Ingenii humani Artificia, & Antiquitatis Monumenta/ Quæ, in Illustri Noricorum Universitate, Joh. Jacobus Leibnitzius, Justi Jacobi, Bibliothecarii, F. Idibus Juni[i], MDCLXXIII. sollemniter recensuit, additis Annotationibus necessariis …. Nürnberg 1674; vgl. Legende Abb. 8 und 9.

25 SCHWEMMER (wie Anm. 15), S. 127.

26 MURR (wie Anm. 14), S. 61.

27 SCHWEMMER (wie Anm. 15), S. 125; der Verbleib des Originals ist heute ungewiss. Erst kürzlich stellte sich heraus, dass es nicht in die Gotha'sche Kunstkammer gekommen war. Das dort aufbewahrte Exemplar ist nicht das Original – wie eine Röntgenaufnahme bewies –, sondern ein Wachsmodell, vgl. die spannende Recherche von Marion Maria RUISINGER, Die Lithobiographie des Johannes Saubertus (1592–1646). Eine posthume Patientengeschichte, in: Heiner FANGERAU/Irmgard MÜLLER (Hg.), Faszination des Verborgenen. Der Harnstein und die (Re-)Präsentation des Verborgenen in der Urologie, Stuttgart 2012, S. 125 ff.

Abb. 8: Leibniz (wie Anm. 24), – Frontispiz (StadtAN, Sign. Av 7a.8°)

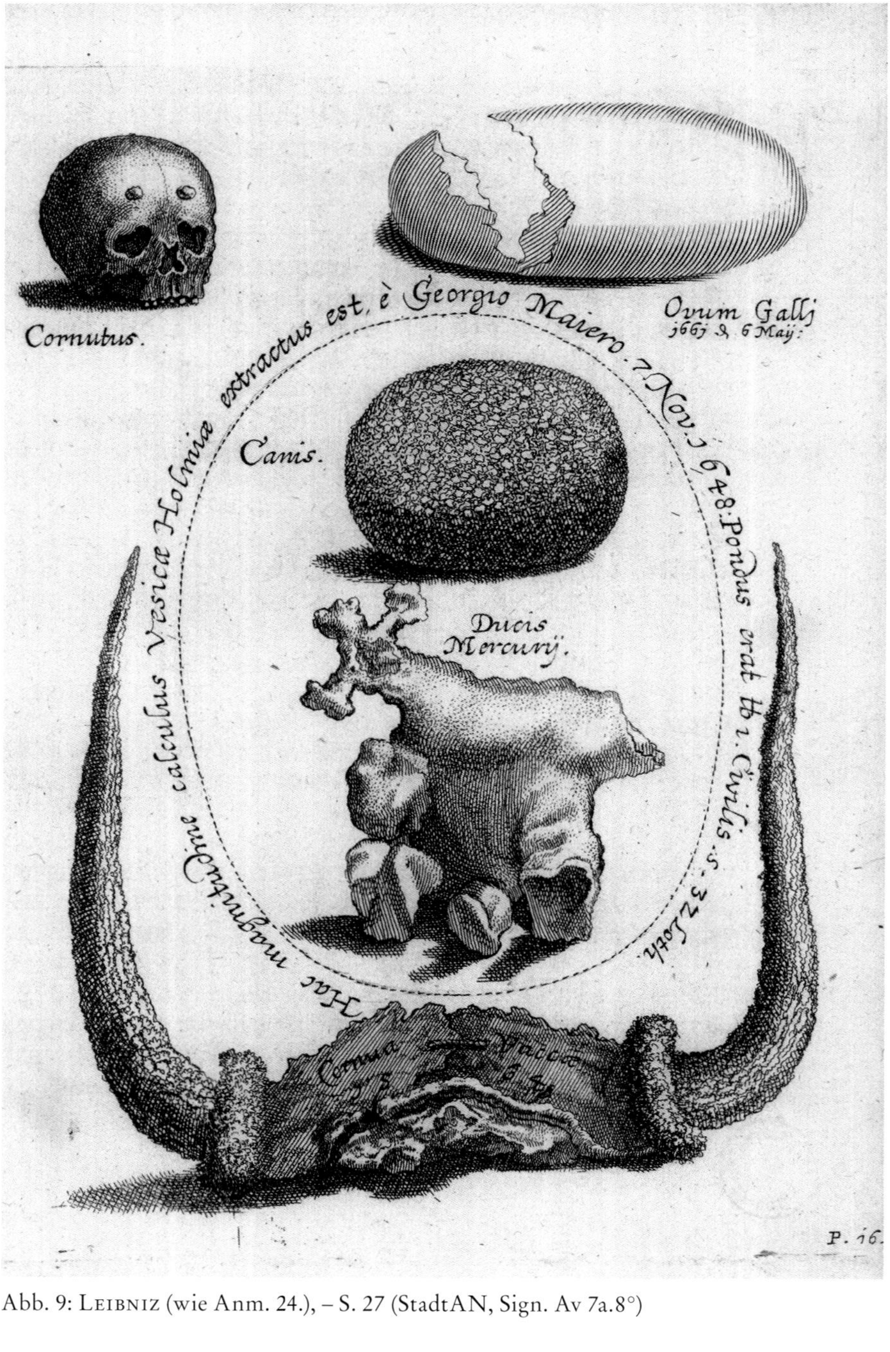

Abb. 9: Leibniz (wie Anm. 24.), – S. 27 (StadtAN, Sign. Av 7a.8°)

noch völlig mit seinen Wurzeln in der Erde stehet/ und schwarzroth ist mit durchzogenen weißen Quarzquadern [...]«.[28] An dieser Stelle verknüpft sich interessanterweise explizit die Geschichte eines Objektes aus einer privaten Sammlung mit jener einer ›öffentlichen‹.

Vor dem Hintergrund von so eigenständig und von städtischem Interesse angeleiteten Sammlungen verwundert es, dass der Nürnberger Magistrat offenbar keine der in beachtlicher Vielzahl, zum Teil bereits seit der Mitte des 16. Jahrhunderts existierenden großen Privatkollektionen ankaufte, wie etwa die Imhoffsche (bzw. Pirckheimersche) oder das Praunsche Kunst-Kabinett[29] oder auch die gegen Ende des 17. Jahrhunderts initiierte Volkamer-Sammlung. Nachweislich erworben hat er, jedoch erst Mitte des 17. Jahrhunderts, die Sammlung mathematischer Instrumente aus der einstigen Kunstkammer des 1579 verstorbenen Mathematikers Melchior Ayrer[30] (heute als städtische Leihgabe im Germanischen Nationalmuseum).

Basel

Diese zurückhaltende Ankaufspolitik steht ganz im Gegensatz zu derjenigen in Basel, wo der Rat um 1662 das umfangreiche Kunstkabinett des Basilius Amerbach († 1591) für stattliche 9.000 Taler in Besitz nahm und es von 1671 an zugänglich machte; heute als »erste öffentliche Kunstsammlung eines bürgerlichen Gemeinwesens«[31] apostrophiert. Lag der Grund ihres Erwerbs tatsächlich im Mangel an einem genuin ›städtischen‹ Sammlungsbestand oder wurde das Kabinett tatsächlich schon als eine Art Identifikationsobjekt gesehen, weswegen man es von Amerbachs Großneffen, Basilius Iselin kaufte? Der Einwurf, dass dies erst durch Intervention aus »Universitätskreisen«[32] herbeigeführt wurde, lässt jedoch daran zweifeln. Bedeutsam ist jedenfalls, dass solch große Transaktionen in vielen anderen Städten nicht vor dem 18. Jahrhundert getätigt werden.

Der Jurist und Rektor der Universität, Basilius Amerbach (1533–1591), hatte die von seinem Vater Bonifazius – Humanist, Jurist, Stadtsyndikus, fünfmaliger Rektor der Basler Hochschule – gegründete Kunstkammer gezielt weiter ausgebaut. Für diese hatte er seit 1578 mehrfach eigenhändige Inventare angelegt, die

28 MURR (wie Anm. 14), S. 62. Die Lokalisierung ist übrigens verwirrend, denn eigentlich stand das Imhoffsche Haus bis ins 18. Jahrhundert am Egidienplatz!

29 Dessen Initiator, Paulus Praun II. († 1616), war der Sohn von Stephan II. Praun, der die Sammlung mit einem »studio« begründet hatte, und Ursula Ayrer, die ebenfalls aus einer Sammlerfamilie stammte. Vgl. auch Gerhard WEBER, Das Praun'sche Kabinett, in: Mitteilungen des Vereins für Geschichte der Stadt Nürnberg 70 (1983), S. 125 ff.

30 Ebd.

31 Elisabeth LANDOLT/Felix ACKERMANN, Sammeln in der Renaissance – Das Amerbach-Kabinett. Die Objekte im Historischen Museum Basel, Basel, Historisches Museum, 1991 [einer von fünf nicht nummerierten Bänden des Ausstellungskataloges »Das Amerbach-Kabinett – Öffentliche Kunstsammlung Basel«], S. 85.

32 Claudia RÜTSCHE, Die Kunstkammer in der Zürcher Wasserkirche. Öffentliche Sammeltätigkeit einer gelehrten Bürgschaft im 17. u. 18. Jahrhundert aus museumsgeschichtlicher Sicht, Bern 1997, S. 224.

1662, bei Verkauf, durch ein Nachlass- bzw. Übergabeinventar ergänzt bzw. spezifiziert wurden. In einem der Verzeichnisse ist »von Stucken oder Sachen« die Rede, die Amerbach offenbar »in der nüwen Cammer« (!) gegenüber seiner Studierstube in seinem »Haus zum Kaiserstuhl« aufbewahrte und zeigte.[33] Weiter geht daraus hervor, dass er die Artificialia und Naturalia – um sich noch einmal der gängigen Nomenklatur zu bedienen – kaum ordnete, sondern sie in einer Truhe oder einem Schrank vereinte. Demgegenüber applizierte er aber wohl die im Inventar erwähnten 49 Gemälde an der Kammerwand und ließ dadurch, dass er weitere Gemälde, Zeichnungen, Graphik- sowie topografische Blätter und Landkarten in zwei eigens gezimmerten Schubladenschränken nach Herkunft und Schulen der Künstler ordnete, eine erkennbar größere Systematik und damit auch mehr Kenntnis als bei den Naturalia walten.[34]

Diese Schwerpunkte deuten darauf hin, dass es sich bei Amerbachs Sammlung weniger um eine Wunderkammer handelte, in der eben nicht die von Bredekamp apostrophierte Viererkette »Naturform – antike Skulptur – Kunstwerk – Maschine« vorzufinden war, sondern um ein nahezu reines Kunstkabinett im Sinne einer Studiosammlung. Obwohl sie kaum lokale Anbindungen der gesammelten Künstler und ihrer Werke widerspiegelte – von Schongauer oder Bruegel reichend war der Hintergrund eher ›international‹ –, traf sie dennoch (oder gerade deshalb?) auf das Kaufinteresse der Basler Patriziatsvertretung.

Nach Zusammenführung mit der (Universitäts-)Bibliothek sollte die Sammlung bis etwa zur Mitte des 19. Jahrhunderts – so lange wird auch die Einrichtung einer bezahlten Konservatorenstelle auf sich warten lassen – ihre Aufstellung im Obergeschoss des eigens umgebauten »Haus zur Mücke« finden, der ehemaligen Trinkstube des Basler Adels beim Münsterplatz. Dort konnte sie von der Stadtbevölkerung jeweils am Sonntag nach dem Gottesdienst besichtigt werden.[35] Wieder zeigt die nunmehr inoffizielle Benennung des Gebäudes, nämlich »Bibliothek«, womit nach wohl inzwischen allgemeinem Sprachgebrauch[36] die gleichrangige Kombination aus Büchern und Objekten bzw. Bildern konnotiert oder zumindest erwartet wurde. Allerdings weist die Tatsache, dass das Kunstkabinett von den Bibliothekaren mitverwaltet wurde, doch eher auf einen nachrangigen oder zumindest keinen eigenständigen bzw. wissenschaftlich betreuten Stellenwert hin (Abb. 10).

War die Kunst zuvor für Amerbach »zum Objekt der Wissenschaft geworden«, so galt dies also nicht mehr unbedingt für den Zeitpunkt ihrer Translozie-

33 Vgl. Nils Büttner, Die Erfindung der Landschaft – Kosmografie und Landschaftskunst im Zeitalter Bruegels, Göttingen 2000, S. 150.
34 Ebd.
35 Der Eintritt kostete einen halben Taler, Vermögende hatten mehr zu zahlen. Im Jahr 1664 hätten die Eintrittsgelder ein Drittel der Gesamteinkünfte der Bibliothek ausgemacht; vgl. Remigius S. Faesch/André Salvisberg, Das Museum Faesch – Eine Basler Kunst- und Raritätensammlung aus dem 17. Jahrhundert, Basel 2005, S. 15.
36 Rütsche (wie Anm. 32), S. 153.

Abb. 10: Hieronymus Hess, Voilà! la Danse des Morts. Der Abwart Emanuel Scholer als Bild-Erklärer in der Öffentlichen Kunstsammlung, um 1837(?), Bleistiftzeichnung, 21.4 x 13.8 cm, Inv. Nr. 1913.304.22 (Festschrift zur Eröffnung des Kunstmuseums, Basel 1936, S. 70; Courtesy: Kunstmuseum Basel, Kupferstichkabinett)

rung in städtisches Eigentum. Unbestritten aber ist, dass die »privaten Kunstsammlungen [...] dafür nicht nur das Anschauungsmaterial« lieferten, »sie waren auch Thema und Bestandteil der [früh-] bürgerlichen Öffentlichkeit geworden.«[37]

37 Hans-Ulrich Thamer, Innovatio et memoria – Private Sammlungen im Zeitalter der Museen, in: In medias res – Festschrift zum 70. Geburtstag von Peter Ludwig, hg. v. Reiner Jacobs et. al., Köln 1995, S. 15. Der Initiator einer weiteren bedeutenden, um die 1620er Jahre gegründeten Privatsammlung mit Bibliothek war der Basler Jurist und mehrmalige Rektor bzw. Dekan der Universität, Remigius Faesch (1595–1667). Ihr vermachte er beides testamentarisch. Allerdings wurden die Druck- und Handschriften sowie Naturalia, Artificialia und Scientifica erst 1823 in das »Haus zur Mücke« und damit in den Besitz der Universität übernommen, nachdem Kabinett und Bibliothek – ebenfalls nach dem letzten Willen Faeschs – bis dahin in Fideikommis der Familie erhalten geblieben und jeweils von einem Namensträger und ›promovierten Juristen‹ verwaltet worden war.

Abb. 11: Simon GRIMM, Augsburg, St. Anna-Gymnasium (rechts) und Stadtbibliothek. Kupferstich, 1676

Davon zeugen nicht zuletzt etliche Reisebeschreibungen, die Interessierte mit dem Ende des 17. Jahrhunderts in Kammern und Kabinette des deutschsprachigen Raums leiteten.[38]

Augsburg

In Augsburg unterstützte der Rat der Stadt explizit die Vermittlung humanistischen Wissens, indem er eine Gelehrtenschule bzw. ein Gymnasium in Personalunion mit einer Bibliothek betrieb: Diese sind 1531 bzw. 1537 zunächst in den Räumen des Karmeliterklosters St. Anna bezeugt. Bereits 1562 errichtete man für letztere ein separates Gebäude (!) neben St. Anna und damit das erste freistehende Bibliotheksgebäude der Frühen Neuzeit, ja vielleicht ganz Europas (Abb. 11). Selbstbewusst besagt die Inschrift über dem Eingangstor: »Diese Bi-

38 Auch Straßburg soll von 1672 an über eine »städtische Kunstkammer« im verbliebenen Chor der Franziskanerkirche verfügt haben, mit Resten einstiger privater Sammlungen, nämlich »des Schonerschen und Schachischen Cabinetts«. Sebastian Schach hatte bereits 1610 sowohl im väterlichen Haus als auch im oben genannten Chor eine Kunst- und Wunderkammer gegründet; siehe Hans ROTT, Straßburger Kunstkammern im 17. und 18. Jahrhundert, in: Zeitschrift für die Geschichte des Oberrheins NF 44 (1930), S. 1 ff., hier S. 13. – Reisebeschreibungen entstanden im Wesentlichen im Zuge der Kavaliers- und Bildungstouren; einen zeitübergreifenden Überblick u. a. dazu liefert der Sammelband: Reisekultur – Von der Pilgerfahrt zum modernen Tourismus, hg. von Hermann BAUSINGER, Klaus BEYRER und Gottfried KORFF, München 1991; siehe auch: Jörg WETTLAUFER, Reise- und Gesandtschaftsberichte als Quelle der Hof- und Residenzforschung, in: Werner PARAVICINI (Hg.), Höfe und Residenzen im spätmittelalterlichen Reich, Bd. 3: Hof und Schrift (Residenzenforschung Bd. 15/3, Ostfildern 2007, S. 361–372.

bliothek haben Rat und Bürger Augsburgs zum Studium der schönen Wissenschaften und zum Gebrauche für die Gelehrten im Jahre 1562 errichtet.« Auf den ersten Blick scheint die ›Öffentlichkeit‹ ausgeschlossen, allerdings stand das benachbarte Gymnasium Bürgerkindern kostenlos zur Verfügung, »in Konkurrenz zu dem von den Fuggern finanzierten katholischen Jesuitenkolleg«.[39] Die überaus bedeutende Büchersammlung wird indessen zeitweise auch Lehrern und Gymnasiasten zugänglich gewesen sein. Unklar ist zwar, ob es eine ergänzende Wunderkammersammlung gab, doch wird kaum allein die Neptunstatue – vermutlich ein (heute verschollener) Abguss jener des Neptunbrunnens – den Bibliothekssaal geziert haben,[40] zumal Leonhard Lenk konstatiert, dass die Stadt zumindest »für astronomische Instrumente und Geräte [...] einiges Geld [hat] springen lassen«, außerdem sei im Jahr 1612 für die Bibliothek ein Globus erworben worden.[41] Darüber hinaus existierte offenbar eine Galerie mit Portraitbildern, die Abraham Del Hel von verdienten Bürgern gefertigt hatte, so z. B. auch das Konterfei des Stadtbibliothekars, Rektor des Gymnasiums und bedeutenden Hellenisten Hieronymus Wolf (1557–1580). Auch in diesem bürgerlichen Kontext also kehrt die legitimierende Genealogie wieder: Jetzt findet der Geistesadel wie ehedem der Geburtsadel seine Verewigung.

Eine Sammlung ganz anderer Art beherbergte zur selben Zeit das 1620 weitegehend vollendete Holl'sche Rathaus: die im obersten Stockwerk angesiedelte Modellkammer. Dort fanden sich u. a. neben aktuellen Architekturmodellen und einem Stadtmodell der Zeit um 1560 auch Modelle älterer, gar nicht mehr existierender Gebäude, wie das des Alten Rathauses von 1615 (Abb. 12). Außerdem gab es verkleinerte Nachbauten der städtischen Wasserversorgung – zweifellos zu jener Zeit einzigartig.

Die Präsentation von Gebäudeminiaturen war zwar nicht ungewöhnlich, sie fand sich ebenso in den zeitgleich tonangebenden fürstlichen Wunderkammern, aber in Augsburg muss die Kollektion ungewöhnlich groß gewesen sein (Abb. 13). Darüber hinaus bricht sich in den zahlreichen – und vielfach bis heute im Maximilianmuseum erhaltenen – en miniature-Bauten der Stadt selbst ein stadthistorisches Verständnis und damit eine spezifische Erinnerung Bahn, die im frühen 17. Jahrhundert ihresgleichen sucht: eine Art architektonische Genealogie, von der einst allerdings nur wenig Auserwählte überhaupt Kenntnis erhielten.

Regensburg

Die Regensburger Ratsbibliothek, Mitte des 14. Jahrhunderts erstmals erwähnt, ist eine der am frühesten bezeugten Bibliotheken dieses Typs in Deutschland. Im 16. Jahrhundert kam der Wunsch nach einer speziell theologisch-litera-

39 JACHMANN (wie Anm. 9), S. 41.

40 Vgl. Bruno BUSHART, in: Welt im Umbruch – Augsburg zwischen Renaissance und Barock, Katalog, Bd. 1, Augsburg 1980, S. 280.

41 Leonhard LENK, Augsburger Bürgertum im Späthumanismus und Frühbarock, Augsburg 1968, S. 176.

Abb. 12: Augsburg, Modell des alten Rathauses von 1615 (Courtesy: Stadt Augsburg, Kunstsammlungen, Inv.-Nr. 3453)

rischen Bibliothek in den Mauern der Reichsstadt auf. Das führte 1542 zur Gründung einer Sammlung beim reichsstädtischen protestantischen Gymnasium »Poeticum«. Deutlich wird dabei der eingangs erwähnte Bildungsauftrag für Schüler aus humanistisch geprägtem Haus. Hier fanden auch zahlreiche Handschriften des Benediktinerklosters Prüfening Eingang, die im Laufe des 16. Jahrhunderts für die Sammlung erworben werden konnten. Die didaktischen Inhalte der Poetenschule – typisch für den südostdeutschen Raum des 15. und 16. Jahrhunderts –, waren dem Humanismus verpflichtet, und sie existierten unabhängig von kirchlichen Einrichtungen ganz im Gegensatz zu den Lateinschulen. Finanziert wurden sie durch den Stadtrat oder kommunale Ämter. Ob es auch im (Alten) Rathaus eventuell eine wie auch immer geartete Sammlung gegeben hat –

Abb. 13: Augsburg, Modellkammer im Rathaus, Aufnahme zwischen Ende des 19. und den 20er Jahren des 20. Jahrhunderts (Courtesy: Stadt Augsburg, Kunstsammlungen)

immerhin weist der den Reichssaal wiedergebende Stich einige Gemälde aus (Abb. 7) –, muss vorerst dahingestellt bleiben.

Zittau

Dass Ratsbibliotheken bzw. -sammlungen aber nun keine reichsstädtische Spezialität waren, beweist Zittau, welches zudem ein Beispiel für einen ungewöhnlich frühen und gezielten Aufbau darstellt. Die Ratsbibliothek wird 1564 erstmals erwähnt. Auch hier bildete der Buchbestand des 1554 säkularisierten Franziskanerklosters den Grundstock. Parallel dazu formte sich allerdings sogleich eine Raritätensammlung, zu der beispielsweise das »Gnomon«, eine Sonnenuhr, sowie Münzen, Antiken und bisher nicht näher bezeichnete »historische Gegenstände aus der Oberlausitz«[42] gehörten. Die Sammlung loser, kolorierter Städtebilder in Quart – vermutlich von Matthäus Merian d. Ä. – im Bücherbestand beinhaltete auch eine Vedute des 1346 dem Oberlausitzer Sechsstädtebund

42 Uwe KAHL/Daniela BAAKE, Die alte Zittauer Ratsbibliothek im Spiegel historischer Berichte und Beschreibungen, in: Weises Geschenk. Gelehrsamkeit, Unterhaltung und Repräsentation im barocken Zittau. 300 Jahre Bibliotheksaal und Wunderkammer im Heffterbau 1709–2009 (Zittauer Geschichtsblätter 40), S. 65.

angegliederten Zittau. Spezielle Chroniken oder bildliche Zeugnisse kamen erst – wie vielfach andernorts auch – im 18. Jahrhundert hinzu.

Bereits 1607 domizilierte die Ratsbibliothek in eigenen Räumen, aber erst mit dem Anbau eines neuen Westflügels (»Heffterbau«) an das ehemalige Kloster erhielten Bücher- und Objektsammlung ein für diese Zeit außergewöhnliches Tableau bürgerlicher Selbstdarstellung. 1709 erfolgte in Zittau die Einweihung des barocken, mit einer programmatischen Ausmalung versehenen Bibliothekssaales im »Heffterbau«, wo auch die Wunderkammersammlung öffentlich zugänglich mit ausgestellt wurde. Erst jetzt begann deren planmäßiger Ausbau – allerdings wohl am gängigen Universal-Kanon orientiert. Ein erster kursorischer Einblick erlaubt deshalb kaum Rückschlüsse darauf, ob und welche Objekte der Stadtgeschichte oder der Region sich bereits in der Sammlung befanden; deren Mehrzahl ist aber offenbar erst ab der Mitte des 18. Jahrhunderts hinzugekommen, die »profane Reliquie« – der Schädel des 1580 verstorbenen Zittauer Bürgermeisters Nicolaus von Dornspach – eine Schenkung aus privatem Sammlungsnachlass – sogar erst Mitte des 19. Jahrhunderts (Abb. 14).[43]

4. Die Prägung einzelner städtischer Sammlungen im 17. und 18. Jahrhundert

Zürich

Ein weiteres bemerkenswertes und zwischenzeitlich gut aufgearbeitetes Beispiel einer bürgerlichen Sammlungsinitiative ist die Mitte des 17. Jahrhunderts wieder mit einer Bibliothek angelegte Kunstkammer in der Zürcher Wasserkirche. Die *expressiv verbis* als »Bürgerbibliothek« (oder »Burgerbibliothek«) apostrophierte Einrichtung war 1629 auf Initiative von Privatleuten gegründet und schon bald als gelehrte »Bibliotheks-Gesellschaft« institutionalisiert worden. Die zunächst in Privatwohnungen aufgestellte Büchersammlung wechselte mit Unterstützung des Stadtrats in die beiden oberen Stockwerke der Wasserkirche – auch hier wurde also wieder ein Sakralbau umgenutzt, allerdings an prominenter Stelle, wie Claudia Rütsche in der bisher umfassendsten Studie dazu hervor-

43 1683 wird in einem Saal im ersten Obergeschoss im umgebauten Zeug- und Gewandhauses an der Universitätsstraße in Leipzig die *Bibliotheca Senatus Lipsiensis* eingerichtet. Ein festes Bibliothekskonto bei der Stadtkasse erlaubt Ankäufe; der Oberstadtschreiber Gottfried Gräve (1641–1719) wird zum Bibliotheksvorsteher ernannt. Erst 1711 wird die Ratsbibliothek eröffnet und wahrscheinlich auch erst im Verlauf des 18. Jahrhunderts konstituiert sich eine Kunst- und Naturaliensammlungen, dazu physikalisch-mathematische Geräte sowie ein Münzkabinett. Die Bibliothek ist für das »gelehrte Publikum« mittwochs und sonnabends von zwei bis vier Uhr nachmittags geöffnet. Die Spezialisierung erfolgte 1735, als der Universitätsprofessor und Ratsherr Johann Jacob Mascov (1689–1761) Bibliotheksvorsteher wurde und das Sammlungskonglomerat des Leipziger Rates zu einer wissenschaftlichen Bibliothek entwickelte; damit endete unter seiner Leitung »die museale Phase der Ratsbibliothek« (vgl. http://www.uni-leipzig.de/~agintern/uni600/ug140.htm). 1755 wird das von Friedrich Seltendorf errichtete neue Bibliotheksgebäude am Gewandgässchen eingeweiht. Zeitgenossen bezeichnen den riesigen barocken Bibliothekssaal als schönste Bibliothek Deutschlands.

Abb. 14: Zittau, Schädel des einstigen Bürgermeisters Nikolaus v. Dornspach. Städtisches Museum Zittau, Inv. Nr. 19.244/93 (Foto: Jürgen Matschie)

hebt, denn sie habe »zusammen mit dem nahegelegenen Rathaus [...] auch topografisch das Zentrum im Zürcher Staatswesen«[44] gebildet. Am Neujahrstag 1634 war die Bibliothek erstmals zugänglich; die Sammlungsobjekte in enzyklopädischer Bandbreite (es gab u. a. wohl auch eine Modellsammlung) waren noch mit den Büchern vermischt; erst 1667 entwirrt sich der Verbund, als die Bibliothek im Untergeschoss ihren eigenen Bereich findet und im freigewordenen oberen die unabhängige Kunst- und Naturalienkammer (Abb. 15). Bisher nicht nachzuweisen ist, ab wann es neben zwei hauptamtlichen Bibliothekaren und einem für die Münzsammlung zuständigen Antiquarus auch gelehrte *Guides* für die Kunstkammer gab – diese waren zu dieser Zeit allerdings auch in fürstlichen Kammersammlungen rar. Als ›Motoren‹ dieser Einrichtung fungierten einerseits Gelehrte

44 RÜTSCHE (wie Anm. 32), S. 62f. Dort zitiert sie dazu auch: Christine BARRAUD WIENER/Peter JEZLER, Die Kunstkammer der Bürgerbibliothek in der Wasserkirche in Zürich – Eine Fallstudie zur gelehrten Gesellschaft als Sammlerin, in: Andreas GROTE (Hg.), Macrocosmos in Microcosmo – Die Welt in der Stube – Zur Geschichte des Sammelns, 1450–1800, Opladen 1994, S. 787.

Abb. 15: Zürich, Wasserkirche, Kunstkammergeschoss über Bibliothek, Neujahrsblatt 1688 (Rütsche, wie Anm. 32, Anhang S. 441 ff.)

(Hauptinitiator und Kurator der Kunstkammer war der Arzt und Naturforscher Joh. Jakob Scheuchzer, † 1733 – also kein ›Bibliothekar‹!), andererseits sorgten der Rat, aber auch die Mitglieder der Bibliotheksgesellschaft, großzügige Geldgeschenke, Legate und Nachlässe für die Finanzierung. Das zeugt von der Identifikation sowohl der Amtsträger wie der Bürgerschaft mit dieser Institution. Geöffnet waren Bibliothek und Kunstkammer regelmäßig an (schulfreien) Donnerstagnachmittagen sowie sonntags nach der Abendpredigt. Auch Nichtmitglieder, d. h. alle Stadtbürger, konnten sich Bücher entleihen bzw. die Sammlung besuchen.

Im Kunstkammer-Inventar von 1634 finden sich gemäß dem Wunderkammer-Sammlungskanon neben künstlich und künstlerisch hergestellten Dingen – eines der wenigen Beispiele mit lokalem Bezug: das »Bibliothekssiegel in Silber«[45] – auch unbearbeitete Naturalia sowie Scientifica und Münzen. Bemerkenswert sind sodann später hinzukommende Fundstücke aus lokalen Ausgrabungen, so etwa ein in Kloten entdeckter Mosaikboden, der nebst Instrumenten und Münzen der Bürgerbibliothek überantwortet wurde.

Unübersehbar sind auch – und damit wieder ganz in der Tradition der Genealogien stehend – Portraits von prominenten Protestanten wie Schweizer Calvi-

45 Rütsche (wie Anm. 32), S. 111.

Abb. 16: Zürich, Wasserkirche – Zustand Anfang des 18. Jahrhunderts: Stadtbibliothek mit mariginalisierter Kunstkammer im Obergeschoss, Blick zum Chor (E. VOGT u. H. HERTER, Wasserkirche und Helmhaus in Zürich, Zürich 1943, Abb. 10)

nisten neben Bildnissen von Bürgermeistern und Ratsmitgliedern, die, da auch sie zum Kreis der Donatoren gehörten, an den Wänden der Kunstkammer Ehrenplätze einnahmen (vgl. Abb. 15). Wenn auch in Bibliothek und Kunstkammer ein »Herrschaftsattribut der Zürcher Oligarchie« – wie Barraud/Jezler konstatieren –, erkennbar wird, so kann ihre Trägerin, »die Bibliotheksgesellschaft in Zürich [...] als eine erste Vorläuferin derjenigen Sozietäten verstanden [werden], die das gesellschaftliche Leben vor allem der protestantischen Städte im 18. Jahrhundert nicht nur prägen, sondern auch hinterfragen sollten«.[46] Und sie werden auch diejenigen sein, so ist hinzuzufügen, die hier durch ihre aktive Beteiligung oder direkte Sammlungstätigkeit die Basis für das Erinnerungspotential eines Gemeinwesens, gleich welcher Konfession, schaffen.

Wie man der Ansicht vom Beginn des 18. Jahrhunderts (Abb. 16) entnehmen kann, hatte um diese Zeit der Niedergang dieser Kunstkammer begonnen, denn die Ausstellungsfläche ist wieder auf ein Minimum geschmolzen – die völlige Auflösung erfolgte aber erst 1779 im Zuge der allgemeinen Entwicklung.

Frankfurt am Main

Einem ganz anderen Muster folgt Frankfurt, wo im Jahr 1668 mit der Vereinigung von Ratsbücherei (Anfänge um 1480) und Büchersammlung im Barfüßerkloster dortselbst zur Stadtbibliothek und mit der erstmaligen Erwähnung einer städtischen Sammlung, 1691, die Generierung von Wissen und Erinnerung seitens der Kommune recht spät anhebt. Was in einigen anderen Reichsstädten zu den Usancen gehörte, war hier vermutlich lange undenkbar geblieben: das gleichermaßen der kommunalen Repräsentation wie der Wissensvermittlung dienende, öffentlich zugängliche Sammeln!

Der erste Bibliothekar Johann Martin Waldschmidt fordert in einer Dienstanweisung vom 24. März 1691 dazu auf, dass »neben Büchern noch andere rare Sachen und Curiosiäten zu der Bibliothec gebracht«[47] würden. Es werden wohl auch zuvor im Rathaus verwahrte Gegenstände und Gemälde übernommen: neben den Geschenken an den Rat u. a. auch der von demselben angekaufte Erdglobus des Johannes Schöner – kurz nach der Fertigstellung 1515! Schnell war offenbar eine ganze Serie von selbstreferentiellen Honoratiorenbildern in der Stadtbibliothek zusammengekommen, wie jenes Bildnis, wo sich Waldschmidt, ein Jurist, selbst als gelehrter ›Privat‹-Sammler gibt (Abb. 17), aber auch das Portrait seines Vaters, des Predigers Bernhard Waldschmidt, wie überhaupt etlicher anderer Prediger.

Wissenschaft und Kunst waren in Frankfurt seit jeher eine Sache privaten bürgerlichen Engagements gewesen. Das änderte sich auch mit Gründung der Stadtbibliothek zunächst nur schleppend. Die Messestadt neige »principaliter zu der Handlung und nicht zu den studiis«, wie der Frankfurter Bürgermeister und 1661 zum kaiserlichen Rat nobilitierte Christoph Bender von Bienenthal es for-

46 Barraud Wiener/Jezler (wie Anm. 44), S. 787.

47 Zitiert bei Rudolf Jung, Die städtischen Sammlungen in reichs- und freireichsstädtischer Zeit 1691–1866, in: Festschrift zur Feier des 25jährigen Bestehens des Städtischen Historischen Museums in Frankfurt am Main, Frankfurt am Main 1903, S. 5. Jüngste Publikation des Museums: Jan Gerchow (Hg.), Frankfurter Sammler und Stifter (Schriften des historischen museums frankfurt Bd. 32), Frankfurt am Main 2012.

Abb. 17: H. Boss (?), Joh. Martin Waldschmidt, seit 1691 erster hauptamtlicher Bibliothekar der Stadtbibliothek von Frankfurt am Main. Öl auf Leinwand, um 1695 (Courtesy: Historisches Museum Frankfurt, Inv. Nr. B0208)

Abb. 18: Frankfurt am Main, Bibliothek des Zacharias Conrad Uffenbach. Kupferstich, 1727 (aus: Andreas HANSERT u.a, Aus Auffrichtiger Lieb vor Franckfurt – Patriziat im alten Frankfurt, Ausstellungskatalog, Frankfurt 2000, S. 67)

mulierte.[48] Aus dem Nachlass des Ratsherrn Zacharias Konrad von Uffenbach († 1734), der die prominenteste und größte Privatsammlung in Frankfurt sein eigen nannte (Abb. 18), erwarb die Stadtbibliothek fast ausschließlich dessen umfangreiche Frankofurtensiensammlung. Diese wie auch die in Uffenbachs Todesjahr erschienene erste Chronik der Stadt von Achilles Lersner gehörten vermutlich zu den Initialzündungen bzw. Grundlagen für die intensivere Erforschung der Heimat- bzw. der spezifischen Stadtgeschichte.

Wenn auch die Frage nach Allgemeingültigkeit noch zu klären ist, so scheint doch, als lasse sich an diesem Beispiel und erstmals zu diesem relativ späten Zeitpunkt die eigentliche Bewusstwerdung einer städtischen Identität nachvollziehen: Nun wird die Historizität überkommener Schriften, Gegenstände und Kunstwerke und damit deren Gedächtnisfunktion klarer erkannt: als Basis von Erinnerung.

48 Zitiert nach Friedrich BOTHE, Geschichte der Stadt Frankfurt am Main, Frankfurt am Main 1966, S. 470.

Abb. 19: Nikolaus SALM, Wallraf inmitten seiner Sammlung. Lithographie, um 1820 (aus: BÖHM, wie Anm. 50, S. 241)

5. Städtische Sammlungen im Zeitalter der Museen – Köln als Beispiel

In Städten, in denen es vor 1700 keine nennenswerten öffentlichen Sammlungen oder besser: Sammlungsbestrebungen gab, trugen zweifellos sowohl Reisebeschreibungen wie allmählich aufkommende Reiseführer, die vorwiegend private Kammern vorstellten, aber auch bereits länger kursierende Publikationen über ideale Konfigurationen von Sammlungen, also Museografien,[49] zu deren

49 Allen voran: Johann Daniel MAJOR, Unvorgreifliches Bedencken von Kunst- und Naturalien-Kammern insgemein, Kiel 1674; Michael Bernhard VALENTINI, Museum museorum, oder vollständige Schaubühne aller Materialien und Specereyen, Frankfurt 1714, sowie Caspar Friedrich NEICKEL, Museographia [...], Leipzig/Breslau 1727; siehe dazu auch: Gottfried KORFF, Museumsreisen, in: Reisekultur – Von der Pilgerfahrt zum modernen Tourismus (wie Anm. 38), S. 311 ff.

Popularisierung bei. Jetzt setzte auch nachhaltiges kommunales Interesse an der spezifischen Stadtgeschichte ein. Nicht zuletzt in pekuniärer Wertschätzung erinnerte man sich bereits existierender (privater) Sammlungen; immerhin konnten sie nun auch von entsprechend kenntnisreichem, eigens eingestelltem Personal betreut werden. Nach der schleichenden Abwendung von der Wunderkammer-Universalität hin zur Spezialisierung wurden diese auch dringend gebraucht: Das Zeitalter der (Sparten-)Museen hatte begonnen.

Und doch bedurfte es mancherorts wiederum einzelner Sammlerpersönlichkeiten, die eine Abwanderung vor allem Stadt-relevanter Kunstwerke und Memorabilia zu verhindern wussten. War dies für Nürnberg Hans Philipp von Aufseß als Gründer des Germanischen Nationalmuseums (1853), stand in Köln neben den Brüdern Boisserée vor allem Ferdinand Franz Wallraf († 1824) dafür – Professor »des belles lettres«, zeitweise Rektor der Universität und »Inspecteur der Altertümer«. Die Rheinmetropole blickte wie Nürnberg oder Augsburg auf eine ähnlich intensive patrizische Sammlungstradition zurück. Spätestens aber mit der Säkularisation und der Besetzung durch die Franzosen drohten sämtliche Kollektionen entweder auseinandergerissen zu werden, außer Landes zu gelangen oder durch die Bürger selbst gar auf dem Müll zu landen. Dem setzte sich also Wallraf entgegen: »Jeder entbehrliche Betrag galt dem Sammeln und Retten von Schätzen jeder Art für seine Vaterstadt, der dies alles einmal zufallen sollte«.[50] Solch sammlerischer Altruismus war neu, wofür Wallraf vielfach erst einmal Spott erntete (Abb. 19).[51] Das sollte sich jedoch bald in Verehrung auch über Kölns Grenzen hinaus kehren. Er kaufte und ersteigerte durchaus mitunter trickreich neben mittelalterlichen Gemälden etlicher Couleur auch Antiken sowie Objekte aus einer naturwissenschaftlichen Sammlung, sodann vor allem Arbeiten von Kölner Künstlern oder Objekte mit anderem Bezug zu seiner Heimatstadt, z. B. die »Kölnische Portraitsammlung« (laut einer ersten Aufstellung von 1810 bzw. dann 1817). Die testamentarisch vorbereitete Übernahme durch die Stadt der seinerzeit teils in Wallrafs Wohnung, teils im Jesuitenkolleg befindlichen Sammlung wird jedoch erst zwei Jahre nach seinem Tod, 1826, erfolgen – genehmigt durch das Königliche Oberpräsidium. Eine direkt dem Oberbürgermeister unterstellte Kommission sollte die Aufsicht über die Sammlung garantieren, und so wurde »dieselbe zu einem Stamme für ein öffentliches Cölnisches Museum«, wie es Friedrich Schinkel schon Jahre zuvor vorausgesehen hatte.[52] Nur, wohin damit? Schon im gleichen Jahr erfolgte die Unterbringung im »Kurkölnischen Hof«. 1828 wurde Wallrafs langjähriger Mitarbeiter, De Noël, offiziell als Conservator des sogleich »Wallrafianum« genannten Museums ange-

50 Elga Böhm, Was ist aus Wallrafs Sammlung geworden?, in: Wallraf-Richartz-Jahrbuch 36 (1974), S. 231.

51 Die Wiedergabe von Museumsszenen oder Sammlerportraits scheinen zu Beginn des 19. Jahrhunderts interessanterweise mitunter ein eher karikierendes Genre hervorgebracht haben, wie der Vergleich dieses Motivs mit jener der Abb. 10 nahe legt.

52 Zitiert nach Böhm (wie Anm. 50), S. 237.

stellt. Kölner Bürgern und auswärtigen Besuchern stand es vorerst allerdings nur sonntags offen.[53]

6. Vorläufiges Fazit

Die vorangegangenen Ausführungen, die sich im Wesentlichen städtischen Sammlungen im deutschsprachigen Raum und deren Ursprüngen vor 1700 widmen, fußen nicht – wie etwa im Zusammenhang mit den fürstlichen bzw. patrizischen Wunderkammergründungen – auf einer breiten Literaturlage. Die Situation der frühen kommunalen Sammlungen, insbesondere in vergleichender Perspektive, ist bisher kaum monografisch bzw. nur in eng geführten Zusammenhängen erörtert worden; etliche Zitate in diesem Aufsatz zeugen davon. Mehr als ein kursorischer Überblick, die sich auch in der knappen Auswahl der Orte widerspiegelt, kann infolge dessen hier vorerst nicht geleistet werden.

So viel ist jedoch zu konstatieren: Sammlungsbestrebungen in der Frühen Neuzeit gingen hauptsächlich von solventen und/oder gelehrten Patriziern sowie vom Hochadel aus, deren Studioli und Wunderkammern in ganz unterschiedlicher Weise von Erinnerung und Identifikation künden – die Anknüpfung an die Antike indessen scheint unerlässlich. Es spricht hingegen einiges dafür, dass erste städtische Sammlungen in Rathäusern des 15. und vor allem 16. Jahrhunderts inhaltlich noch wenig weitreichende (historische) Erinnerung pflegten und sich Identifikation eher durch Arbeiten (Gemälde oder Medaillen) ortsansässiger Künstler bzw. in Darstellungen von Würdenträgern äußerte; die Vermittlung wirtschaftlicher Potenz und die Legitimation durch Zeitzeugen, also der Gegenwartsbezug, wogen, so hat es den Anschein, zunächst schwerer.

Städtische Sammlungen andernorts orientieren sich dagegen eher an einem von fürstlichen Kammern vorgegebenen, breiter angelegten Kanon. Im Gegensatz zu den adligen Varianten ist in solchen kommunalen Kontexten aber grundsätzlich die von vorneherein intendierte Verknüpfung von Bibliothek und Objektsammlung auffällig Das zeugt wesentlich von der gelehrten Unterfütterung bzw. vom Anspruch zur Wissensvermittlung bürgerlicher Institutionen – die Türen ins öffentliche Bewusstsein sind damit mehr als nur einen Spalt aufgestoßen. Auffällig ist, dass nicht nur vormalige Klöster umgenutzt werden, sondern dass es bereits vor 1600 zu eigenständigen Neubauten kommt.

53 Zur grundlegenden Definition von ›Museum‹ seit dem 18. Jahrhundert vgl. den einleitenden Aufsatz von Bénédicte SAVOY, Zum Öffentlichkeitscharakter deutscher Museen im 18. Jahrhundert, in: DIES. (Hg.), Tempel der Kunst – Die Entstehung des öffentlichen Museums in Deutschland 1701–1815, Mainz 2006. Wie schwierig die Festlegung ist, zeigt die Gründungsdatierung der Mainzer Gemäldegalerie um 1815/16, welche das »erste öffentliche Museum in städtischer Hand im deutschsprachigen Raum« darstelle, so Désirée WÖHLER, Die Gemäldegalerie in Mainz, in: SAVOY, Tempel der Kunst, S. 349 – wobei es sich hier offenbar um keine autochthone Sammlung handelt, und es auch unklar bleibt, ob das Museum regelmäßige Öffnungszeiten hatte (S. 356).

Die Zusammensetzung des Inventars hatte in städtischen Sammlungen anfangs Zufallscharakter. Erste Systematisierungen und gezielte Ankäufe sind hingegen dort zu beobachten, wo Wunderkammern nicht allein von bibliothekarisch orientierten Verwaltern und vielfach nur ›nebenher‹ betreut wurden.

Offen bleiben vorerst Fragen, wie: Lassen sich in einzelnen Objekten Charakter und Identität eines Gemeinwesens ablesen – möglicherweise über das oftmals protestantisch geprägte Selbstbild hinaus? Das müsste anhand der mitunter spärlich überkommenen Inventare in jedem Einzelfall geprüft und verglichen werden. Dabei wird es jedoch selten gelingen, darin Aussagen über die Präsentation im Raum zu finden – ein Problem, das sich auch angesichts fürstlicher Kammern und deren Inventar stellt. Auch ist bis dato unklar, ob und gegebenenfalls ab wann städtische gegenüber fürstlichen Sammlungen einen individualisierten Stil ausprägten. Im Gegensatz zum Weichbild einer Stadt entwickelte sich die Profilierung durch ihre Sammlungen ja eher im Verborgenen, die, wie sich allein an den wenigen, hier vorgestellten Beispielen zeigt, zum Teil erst Jahrhunderte später nach außen bzw. identitätsstiftend auswirken wird. Erst wenn Sammlungen die Zeiten überdauerten, bildete sich mitunter entlang ihrer Historizität Erinnerung aus.

Deutlich zutage tritt allerdings die vielleicht doch überraschende Erkenntnis, dass nämlich »die Mitglieder der ›Mittelschichten‹«, von denen Pomian[54] spricht, jene vermeintlich ausgeschlossenen »potentiellen Sammler« also, offenkundig nicht nur Zugang hatten zu den »Semiophoren« – jenen Dingen, die als Zeichenträger zwischen Vergangenheit und Gegenwart vermitteln –, sondern sich ihrer sogar viel früher schon zu bemächtigen verstanden.

54 Vgl. Anm. 10.

Sektion III:
Stadt und Geschichte: Amnesie

Organisiertes Erinnern und Vergessen: Arbeit am (Straßen-)Namengedächtnis der Stadt

Peter Glasner

Über das kulturelle Gedächtnis der Stadt, seine Erinnerungsorte und -medien nachzudenken, legt es nahe, auch eine Sektion dem ›kollektiven Vergessen‹ zu widmen. Vergessen ist aber bedrohlich: für Individuen wie für Kollektive. In der Stadt bedroht es Identität und Orientierung in einem kulturelle Selbstvergewisserung wie topographische Orientierung umfassenden Sinne. Das ist der Grund für zwei Kernbereiche der Kulturgeschichte des städtischen Straßennamens: für das große Beharrungsvermögen alttradierten Namengutes ebenso wie für erbitterte Namenkämpfe bei politisch motivierten Neu- und Umbenennungen.

Sprache, Mythos und Literatur haben in der abendländischen Tradition überwiegend dunkle Bilder für das Vergessen hervorgebracht; so spricht Schiller von *finsterer Vergessenheit* oder Victor Hugo von *le sombre oubli.*[1] Und selbst Gedächtnismetaphern wie das Speichergebäude oder Magazin antiker Philosophen weisen dem Vergessen als Kellergeschoss den eben dunklen Bereich des Eigenen zu. Wird die Erinnerung abgründig, wie bei Hegel oder Thomas Mann, führt sie zugleich in Tiefe und Dunkelheit: Bei Hegel ist es der *tiefe Schacht des Ich,* bei Mann der *Brunnen der Vergangenheit.* Wo in Antike und Mittelalter rhetorische Mnemotechniken das Gedächtnis zur topischen Landschaft verräumlichen, da, so Harald Weinrich in *Lethe. Kunst und Kritik des Vergessens,* »besetzt die Metaphorik des Vergessens in dieser Landschaft vorwiegend Einöden, etwa die *sandigen* Landstriche, in denen das zu Vergessende *vom Winde verweht* wird.«[2]

Noch stärker ins negativ Bedrohliche allegorisiert die antike Mythologie seit Hesiod und Pindar das Vergessen, nicht ohne dieses Schreckbild einer Göttin aber zugleich mit positiver Wirkmacht auszustatten: Die komplementäre Kontrastfigur zu Mnemosyne, »der Göttin des Gedächtnisses und Mutter der Musen«,[3] korreliert die weibliche Gottheit Lethe. Auch sie ist ein Abkömmling der Finsternis, weisen Genealogie und Theogonie ihr doch signifikanterweise das Geschlecht der Nacht (griechisch *nyx*, lateinisch *nox*) zu und kennen in griechisch *Eris* und lateinisch *Discordia*, also der Zwietracht, ihre Mutter.

1 Harald Weinrich, Lethe – Kunst und Kritik des Vergessens, 2., durchges. Aufl. München 1997, S. 17.
2 Weinrich, Lethe (wie Anm. 1), S. 16.
3 Weinrich, Lethe (wie Anm. 1), S. 19.

Vor diesen schlaglichtartigen Andeutungen mag es zunächst verwundern, dass sowohl die antike Mythologie als auch die Literatur unterschiedlichster Epochen gerade dem Vergessen sogar hymnisch anmutende Oden gewidmet haben. Ein besonders reizvolles Beispiel ist die sogenannte *Ode sur l'oubli* aus der Feder des fünfundzwanzigjährigen preußischen Kronprinzen, des späteren Friedrich des Großen, aus dem Jahre 1737:

Ode sur l'oubli, 1737[4]

Wenn ich beim Studium der Historie,
Was Krieg und Frieden in der Welt
Bedeutendes geschaffen haben,
Mir voller Hoffnung eingeprägt,
Frag ganz umsonst ich mein Gedächtnis.
Nichts weiß es mehr von der Geschichte,
Die ich soeben doch noch wußte.
Und so wie eine flache Furche,
Die durch den Sand gezogen ist,
Beim schwächsten Windhauch schon verweht,

So läßt du gleich und gleich verwesen
Den Schurken und den Ehrenmann.
Verdienste haben, Macht besitzen,
Das alles nützt nichts gegen dich.
Wie eitel, ach, ist unsere Größe!
Seht her, wer kennt noch Prinz Eugen?
Soeben ist er hingeschieden,
Doch retten Denkmal, Totenfeier
Und seines Schlachtenruhms Gedenken
Ihn nicht vor des Vergessens Macht.

[…] Doch wie du Unruhe bereitest,
So nimmst du auch so manches Übel.
Der Kummer, der von dir entwaffnet,
Vertreibt nicht mehr die süße Ruh.
Und dieser Charme ist's, dieser Zauber,
Der uns für dich zum Anwalt macht.
Fürs Unglück sind wir zwar geboren,
Doch wär' mehr Elend ohne dich,
Und selbst die strengen Parzen fänden
Auf Erden keine Tröster mehr.

4 Zitiert werden die Strophen 3, 4 und 6 aus der Übersetzung Harald Weinrichs; WEINRICH, Lethe (wie Anm. 1), S. 116f.

Der dilettierende Dichterprinz bemüht in der ersten Odenstrophe »konventionelle Memoria-Topik«,[5] um die frustrierenden Anstrengungen seines Geschichtsstudiums zu beklagen, das doch umso bedeutsamer ist, da es dem jungen Feingeist und späteren Herrscher nichts Geringeres als identitätsstiftende Leitbilder für Gerechtigkeit (Aristides), Geist (Sokrates) und militärischen Erfolg (Alexander) zur Verinnerlichung stellen soll: Vergessen figuriert hier als individualpsychologisches Vergessen im umgangssprachlichen Sinne eines ›schlechten Gedächtnisses‹.

In der dritten Strophe wird auch beklagt, dass selbst wohl organisiertes kulturelles Erinnern – genannt werden Monument und Ritual – der Macht des Vergessens nicht Einhalt zu gebieten vermöchten. Das Vergessen reüssiert auch als eine Machtfrage, deren Wirksamkeit hier vanitastopisch negiert erscheint.

Die dargestellte Negativwirkung des Vergessens lässt sich schwerlich gesteigert denken: Das Vergessen ist bedrohlicher Angriff auf die Gesamtpersönlichkeit, die in ihrer intellektuellen wie charakterlichen Identität angefochten ist, wenn sie vergisst. Und nach fünf Strophen derartigen Inhaltes findet die »Ode auf das Vergessen« doch noch zu ihrer Gattungsbestimmung: Für die unausweichlichen *chagrins*, für Kummer und Unglück, hätte selbst Gotthaftes wie die Schar der Parzen keinen *consolateur*, keinen Tröster, gäbe es nicht den »Zauber« des Vergessens.

Und der junge Friedrich hatte allen Grund, das Vergessen als Wunschvorstellung apologetisch zu feiern. Sieben Jahre vor der Abfassung seiner Ode hatten sich sein Vater und er, wie es Weinrich nennt,[2] ein exemplarisches Drama des Erinnerns und Vergessens«[6] geliefert: Nach dem aufgeflogenen Fluchtversuch nach England mit seinem Freund Leutnant Katte, lässt König Friedrich Wilhelm I. diesen vor den Augen seines Sohnes am 6. November 1730 enthaupten: Wegen »Vergessung seines so theuren geleisteten Eides« wird der Deserteur ›liquidiert‹, wobei sich sein abgeschlagenes Haupt »als unvergeßliche *imago agens* tief in das Gedächtnis des Kronprinzen einsenken«[7] sollte. ›Liquidieren‹ erscheint hier als brutalste Art diktierten Vergessens: Die Erinnerung an eine Person wird blutig überschrieben von einem traumatisierenden Schreckbild, dass es nur nahelegt, dem ersehnten Vergessen eine Ode zu widmen, als ließe sich so selbst eintauchen in erlösende Konturlosigkeit des liquiden Elementes von Lethe als Unterweltfluss, der so nicht nur der Seele des Verstorbenen Vergessen schenkte.

Die genannten Varianten einer Typologie des Vergessens begegnen auch in der Kulturgeschichte des Straßennamens von seinen mittelalterlichen Anfängen bis in die Gegenwart. Ausgehend vom Straßennamenkorpus der Stadt Köln möchte ich »Organisiertes Erinnern und Vergessen: Arbeit am (Straßen-) Namengedächtnis der Stadt« unter folgenden Gliederungspunkten skizzieren:

5 Weinrich, Lethe (wie Anm. 1), S. 117.
6 Weinrich, Lethe (wie Anm. 1), S. 120.
7 Weinrich, Lethe (wie Anm. 1), S. 120.

1. Kulturelles Erinnern und kollektives Vergessen
2. Straßennamen als Medien des kulturellen Gedächtnisses
3. Zur ›Konstruktivität‹ des Vergessens im urbanen Namengedächtnis
3.1 Mittelalterliche Namenpraxis
3.2 Moderne Erinnerungskultur
4. Kulturtheoretischer Ausblick: Erinnern heißt (auch) vergessen

1. Kulturelles Erinnern und kollektives Vergessen

Im Kulturtheoretischen haben u. a. die Arbeiten von Henri Bergson, Maurice Halbwachs, Aby Warburg, Jan Assmann, Reiner Wiehl und Tonio Hölscher die Vorstellung eines kulturellen Gedächtnisses konturiert. Bereits vor 90 Jahren wandten sich die zwar unterschiedlichen Theorieansätze von Halbwachs und Warburg in einem gemeinsamen Fluchtpunkte von biologistischen Vorstellungen eines Kollektivgedächtnisses – einem »Rassegedächtnis« (!) – ab: Die gruppenkonstitutiven Aspekte kollektiven Wissens als Basis kollektiver Identität werden von nun an in der Kontinuierung gemeinsamer Kultur gesehen.

Gemeinschaften unterschiedlichster Art, Freunde, Paare, Familien, Kollegen, Vereine, Nachbarschaften, Städte, Regionen, gar Nationen konstituieren im Kommunikativen kollektive Erinnerungen. Gängigerweise ist kulturtheoretisch zu differenzieren zwischen ungesteuerter Kollektiverinnerung und sorgsamst durch institutionalisierte Mnemotechniken tradiertem kulturellem Gedächtnis. Das Alltagsgedächtnis ist nach Jan Assmann auch charakterisiert durch »ein signifikant hohes Maß an Ungeformtheit, Beliebigkeit und Unorganisiertheit«.[8] Es ist existentiell von seinen Trägern abhängig. Vergessen von Anekdoten und Zeitzeugenschaft droht schlicht immer dann, wenn die Generation der Erinnerungsträger abtritt. Das Vergessen des kommunikativen Gedächtnisses lässt sich kulturtheoretisch begründen und ›bemessen‹: »Sein wichtigstes Merkmal ist der beschränkte Zeithorizont. Er reicht in der Regel [...] nicht weiter zurück als 80 bis (allerhöchstens) 100 Jahre, also die biblischen 3–4 Generationen und das lateinische saeculum.«[9] Da dieser Zeithorizont unfixierbar mit den fortschreitenden Generationen weiterwandert, läuft zeitlich vor ihm Liegendes stets Gefahr, kollektivem Vergessen anheimzufallen.

Kontinuierliche Formung von kollektiven Identitätsvorstellungen kann es folglich nur durch »kulturelle Formung« (Assmann) geben. Wir kommen hierauf zurück. Aber das noch nicht professionalisierte Gruppengedächtnis lebt in seiner Gruppenspezifik von dezidierter Auswahl von Erinnerungsinhalten und Umgangsformen. Nach Halbwachs gründet dieses vorkanonische Auswählen in Vitalität und Nützlichkeit: »Im Vordergrund des Gedächtnisses einer Gruppe stehen die Erinnerungen an Ereignisse und Erfahrungen, die die größte Anzahl

8 Jan Assmann, Kollektives Gedächtnis und kulturelle Identität, in: Kultur und Gedächtnis, hg. von Jan Assmann und Tonio Hölscher, Frankfurt am Main 1988, S. 10.
9 Assmann, Gedächtnis (wie Anm. 8), S. 11.

ihrer Mitglieder betreffen und die sich entweder aus ihrem Eigenleben oder aus ihren Beziehungen zu den ihr nächsten, am häufigsten mit ihr in Berührung kommenden Gruppen ergeben.«[10]

Da schon Halbwachs im Raumbezug eine der wichtigsten Konstituenten für Gruppenidentität(en) gesehen hat, entfaltete er seine Gedächtnistheorie am Beispiel der »Gruppe der Städter«.[11] Jan Assmann hat bekanntlich die Identitätskontinuität von Kollektiven mit seinem Theorieansatz eines kulturellen Gedächtnisses begründet: Wegen dessen Übertragbarkeit auf den Namenschatz von Städten seien hier dessen zentrale Konturen knapp nachgezeichnet.

Jedes kulturelle Gedächtnis zeichnet sich »durch zwei Konstitutionsleistungen aus:

a) die Semiotisierung der gemeinsamen Vergangenheit, die historische Ereignisse zu einem Mythos mit fundierender Bedeutung verdichtet;
b) die Kanonisierung von solchen Erinnerungsfiguren, die durch ihre Vorbildhaftigkeit Wertmaßstäbe vermitteln und Handlungsimpulse liefern«.[12]

2. Straßennamen als Medien des kulturellen Gedächtnisses

Im Namenschatz der Städte sind die Benennungsgründe vielschichtig. Neben der Bewahrung alter Flur- und Gewannamen ist es vor allem die Funktion ehrenden Erinnerns, die Persönlichkeiten aus Kultur, Politik, Wissenschaft und anderen Bereichen des öffentlichen Lebens auf den bzw. das (Straßen-)Schild hebt: Das Sprachzeichen ›Straßenname‹ hat über seine Identifizierungs- und Bezeichnungsfunktion Denkmalcharakter und dies umso mehr, als dass sein zwangsläufiger Gebrauch Denkmalinhalte auch in die Alltagskommunikation einspeist.

3. Zur ›Konstruktivität‹ des Vergessens im urbanen Namengedächtnis

3.1 Mittelalterliche Namenpraxis

Systematische Dokumentationen und Auswertungen des Namengutes von Köln oder Mainz zeigen randscharf den kulturgeschichtlichen Unterschied mittelalterlicher und moderner Straßennamen. Im Mittelalter gehört der Straßenname ganz der Sphäre der Alltagskommunikation an, er ist zudem vielfach noch nicht im öffentlichen Raum verschriftlicht und somit mit seiner Kontinuität und seinem Wandel über diverse historische Sprachstufen hinweg vom Alltagsgedächtnis seiner Sprechergemeinschaft abhängig. Hierin gründet auch, dass mittelalterliche Straßennamen Ausschnitte der urbanen Alltagskultur thematisieren; es ist die Realtopographie der vormodernen Stadt, die in der namenbildenden

10 Maurice HALBWACHS, Das kollektive Gedächtnis, Frankfurt am Main 1985, S. 25.

11 HALBWACHS, Gedächtnis (wie Anm. 10), S. 130.

12 Peter GLASNER, Ein sprachhistorischer Beitrag zur Semiotik der Stadt: das Pilotprojekt »Kölner Straßennamen«, in: Muttersprache 109 (1999), S. 320.

Wahrnehmung ihrer Bewohner den Referenzraum sämtlicher Namenbildungen abgibt: Hierfür stehen Beispiele wie *Lammerspiperstrate* (*Stadtpfeifergäßchen*; Hildesheim 14. Jahrhundert), *vicus patibuli* (*Galgengasse* in Frankfurt, 14. Jahrhundert), die Dresdner *Schindergasse* (bis 1856 Wohnort des städtischen Scharfrichters), die Baseler *Lottergasse*, die Kölner Beispiele *Mördergasse*, *Vleischmengergasse*, *Pensgaß*, *Hinder der abdissen küch*, *Hoenermart*, *Im Sack*, *Off dem hundsrucken* und *Auff dem katzenbauch* oder die *Saugassen* in Hildesheim, Mainz und Köln.

In der Toponomastik hat es sich inzwischen etabliert, Namenkorpora durch fein nuancierende Kategorienraster linguistisch wie kulturgeschichtlich zu analysieren. Derartige Analyseinstrumente beantworten etwa für Straßenamen des Mittelalters mentalitätsgeschichtliche Fragestellungen wie:

Welche Dinge haben in der mittelalterlichen Stadt namenmotivierende Kraft?

Für die Straßennamen in der mittelalterlichen Alltagskommunikation sind Bezugnahmen auf Stadtwirtschaft, Bebauung und Straßenführung sowie auf Sakralbauten wichtigste Referenzpunkte des Stadtraumes. Sektionsbezogen angehalten, das Vergessen ›nicht aus dem Blick zu verlieren‹, möchte ich das Kölner Namengut unmittelbar auf Fallbeispiele dreier Art hin befragen:

a) Unbewusstes Ausblenden
b) Semantisches Vergessen
c) Intentionales Vergessen.

Unbewusstes Ausblenden

Das mittelalterliche Köln kennt Benennungen nach Frauen nur als Heiligenname eines entsprechenden Sakralbaues, mit einer einzigen Ausnahme:

Bachauß gaß (heute: *Achtergäßchen*)[13]

Nennung	Straßenname
1292	*ex opp. dom. Sophie Slunne*
1309	*in vico Slungasse*
1337	*super ordone de Slungasse*
1342	*hered. Arnoldi Sluyne*
1343	*in ordone vici Slunengassin*
1346	*ex opp. platee Slunegassin*
1347	*ex opp. strate Slungasse*
1366	*dom. zo der Buten*
14. Jahrhundert	*ex opp. Slunegassen* [...] *domum dicti Slun*
1424	[*Backhaus auf der*] *Slungassen*
1571	*Bachauß gaß*

13 Peter GLASNER, Die Lesbarkeit der Stadt. Lexikon der mittelalterlichen Straßennamen Kölns, Köln 2002, S. 64f.

Während urbane Topographie und Namenschatz in einem unmittelbaren Widerspiegelungsverhältnis stehen, klaffen Sozialtopographie und Namenkorpus quantitativ weit auseinander: Im Gegensatz zur Häufigkeit sozialer Unterschichten und sogenannter ›unehrlicher Leute‹ in der mittelalterlichen Stadt werden diese im alten Köln nur in zwei Straßennamen genannt: den beiden *Spielmansgassen*.

Im Unterschied zur schonungslosen Bezeichnungspraxis bei Personen mit körperlichen Auffälligkeiten, die Kölner Schreinsbücher sind voll etwa von Dickbäuchen, Lahmen und Blinden, gibt es derartige Übernamen als Straßenbezeichnungen wieder nur als signifikante Ausnahme eines Gassennamens nach einem blinden Metzger Johannes Hirz:

Die blinde gaß (Heute Teilstück der *Cäcilienstraße*)[14]

Nennung	Straßenname
1257	*in Ceca platea*
1270	*in Ceca platea Johannis*
1296	*mansio Johannis Blinde Carnificis*
1309	*prope dom. Johannis Hirz Carnificis*
1312	*in Ceca platea*
1312	*Johannis Hirz Carnificis*
1327	*in platea Johannis Ceci*
1328	*in der Blinden Johanns Gasse*
1336	*in der Blynderjohansgasse*
1341	*in Ceco vico*
1355	*in der Blynde Johans Gasse gü. Johann Hirz*
1379	*in platea Ceci sancti Johannis*
1388	*in platea Ceci Johannis*
1401	*in der Blynden Johans Gasse*
1421	*in der Blynd Johans Gasse*
1453	*in der Blynde Johans Gasse*
1484	*in der Blynde Johans Gasse*
1571	*Die blinde gaß*
1589	*an der Blindergassn*

Semantisches Vergessen

Hinführend mag ein diachroner Längsschnitt durch die Kölner Namenüberlieferung hilfreich sein. Im Überlieferungsquerschnitt sticht ins Auge: Zwischen dem 12. und 16. Jahrhundert ›beharren‹ – abgesehen von graphischen Varianten – 48 Prozent der Kölner Straßen auf der Kontinuität ihrer Bezeichnung. Diese exorbitante Dauerhaftigkeit, diese *longue durée* des Namengedächtnisses, hat sowohl mentalitätsgeschichtliche als auch mediale Gründe. Gilt dem Mittelalter das

14 Glasner, Lesbarkeit (wie Anm. 13), S. 92f.

Neue eher als verdächtig, das Alte per se als dem Nachkommenden überlegen, so lassen sich genuin mündliche Überlieferungen kaum steuern.

Hiervon sind auch die übrigen Biographien von Kölner Straßennamen geprägt: 25 Prozent aller Straßen weisen während des Mittelalters konkurrierende Bezeichnungen auf, während in 23 Prozent aller Straßen die Bezeichnungen lose wechseln, sich ergänzen und ablösen. Und dies aber mit mentalitätsgeschichtlich eindeutigem Attraktivitätsgrund: 39 Prozent aller neu angenommenen Straßenbezeichnungen beziehen sich schließlich auf wichtige Produktionsstätten der Stadtwirtschaft, die z. B. in Vergessen geratene Anwohnernamen verdrängen.

Straßennamen mit einer Kontinuität von mitunter 800 Jahren Bezeichnungspraxis überdauern mehr schlecht als recht die sprachhistorischen Übergänge seit mittelhochdeutscher Zeit bzw. den Sprachwechsel städtischer Urkundensprache aus dem Lateinischen ins Ripuarische/Altkölnische. Für Straßennamen mit semantischer Isolierung, also vergessenem Begriffsinhalt, ließen sich ebenfalls zahllose Beispiele finden. Wir greifen lediglich eines heraus, das das Vergessene mit Bedeutungsüberschuss kompensiert:

Zur Marpforte wärts (Teilstück des heutigen *Marsplatzes*)[15]

Nennung	Straßenname
989	*porta fori*
1135/52	*ante portam mercatorum*
1190/1206	*ante Marportam ubi venduntur species*
1200/15	*ante portam martis*
1220/30	*apud portam Martis*
1247	*ante Marporcen*
1274	*prope portam Martis*
1307	*ante portam Martis*
1318	*versus capellam s. Michaelis*
1334	*apud portam Martis*
1353	*iuxta capellam Martis*
1358	*desuper portam Martis*
1413	*in der Juedengasse bei der Marckpforte*
1423	*von der Marpforte aufwärts*
1436	*boeven Marporzin*
1487	*die Marpforte*
1500	*prope portam Martis*
1545	*Marporz* [...] *unden an der Judengassen*
1570	*zur Marpforte wärts*

An der ›Namenbiographie‹ ist unschwer ablesbar, wie der Bezug der Straßenbezeichnung zwischen zwei (potentiellen) Referenzobjekten oszilliert: der

15 GLASNER: Lesbarkeit (wie Anm. 13), S. 363 f.

›Marktpforte‹ (*porta fori, porta mercatorum*) einerseits und der ›Marspforte‹ (*porta martis*) andererseits. Ein Kölner Ratsherr und Chronist ebenso von Autobiographischem wie von Stadtgeschichtlichem, Hermann von Weinsberg (1518–1597), hat die unsicher gewordene Herleitung des Namens anlässlich des Torabbruches so kommentiert, dass zweierlei deutlich wird: Inhalte und Medien kultureller Erinnerung stehen ebenso in einem reziproken Verhältnis zueinander wie Straßen-, Platz- und Tornamen zu ihrer (vermeintlichen) Etymologie:

> *A. 1545 hat ein ersam rait der stat Coln mit bewilligung der geistlicheit die Marporz, darboven s. Michaeils capell war, im grunde laissen abbrechen und die stein an der stat bau gebraucht. Disse Marporz stunde unden an der Judengassen zu Rhein warz, hatte 2 bagen van Drachenfilzer steinen und war seir unreinlich alzit darunden […] Etliche willen, es sulte Porta Martis sin gewest, van dem Mars genant; mich bedunkt, es sol die porz umb des martz willen also genant sin, dar sei nach bei stunde. […] Lang darnach hat man zu gedechtnis der Marporz uis befelch eines raitz oben an die beide heuser 2 bilder laissen setzen mit versen, uff ein seite das bilt des abgotz Martis, an die ander seite s. Michaeils […].*[16]

Intentionales Vergessen

Vor einem Perspektivwechsel auf das Vergessen in der Kulturgeschichte moderner Straßennamen soll abschließend ein Beispiel aus dem 17. Jahrhundert angeführt werden, das seinerseits für ›intentionales Vergessen‹ steht und sich bruchlos makaber an Friedrichs *Ode sur l'oubli* anschließt: Der Kölner *Gülichplatz* verdankt Entstehen und Bezeichnung revolutionären Unruhen mit anschließenden Schauprozessen und Enthauptungen der Rädelsführer, eben u. a. des namengebenden Band- und Manufakturwarenhändlers Nikolaus Gülich: »Überdies verfügte das Gericht, daß Gülichs Haus an der Straße Oben Marspforten niedergerissen und die Stelle nie wieder bebaut werden sollte, wodurch der Gülichplatz entstand […]. Auf diesem Platz aber ließ der Rat 1687 eine Schandsäule mit dem in Bronze gegossenen Portraitkopf Gülichs aufstellen, womit das Bild von dem bösen Rebellen zur Warnung und Abschreckung für Generationen festgelegt war.«[17]

Offenbar geht hier dem Straßennamen als Denkmal der als (warnender) Erinnerungsort gestaltete Platz voraus. Somit ist diese ›Namengeschichte‹ für das kollektive Gedächtnis ein Denkmalbeispiel gänzlich anderer Qualität als die ehrenden Bezeichnungen etwa nach wissenschaftlich, künstlerisch oder politisch

16 Das Buch Weinsberg, Kölner Denkwürdigkeiten aus dem 16. Jahrhundert, Bd. 1, bearb. von Konstantin Höhlbaum, Nachdruck der Ausgabe Leipzig 1886, Düsseldorf 2000 (Publikationen der Gesellschaft für Rheinische Geschichtskunde, Bd. III), S. 230f. Vgl. Glasner, Lesbarkeit (wie Anm. 13), S. 363f.

17 Rainer Dieckhoff, Kopf des Gülich-Denkmals, in: Kölnisches Stadtmuseum. Auswahlkatalog, hg. von Irmgard Tietz-Lassotta, Köln 1984, S. 168.

herausragenden Persönlichkeiten. Durch das Negativexemplum ›Rädelsführer‹, genauer: ›enthaupteter Rädelsführer‹, stellt das Establishment eigene Macht und eigene Werte drohend aus.

Robert Jütte hat in diesem Fallbeispiel, seinerseits auch für kollektives Vergessen höchst signifikant, ein abgewandeltes Fallbeispiel antiker *damnatio memoriae* gesehen: Der Besitz des Aufrührers gegen Korruption und Vetternwirtschaft Nikolaus Gülich wird aus der urbanen Topographie gewaltsam gelöscht, das geschleifte Gülichhaus ist hier artverwandt mit der *tabula rasa* antiker Vergessensmetaphorik. Während nun der Besitz des Gerichteten im Stadtbild getilgt wird, konkurrieren in der neuerlichen *tabula rasa* zwei potente Überschreibungen: die Drohgebärde korrupter Macht einerseits und der ›inoffizielle‹ Platzname des Volksmundes andererseits: *Jülichsplatz*. Als Vorform einer Örtlichkeitsbezeichnung nach einem Akteur der Ereignisgeschichte markiert das Fallbeispiel ›Gülichplatz‹ auch den Übergang zur modernen Erinnerungskultur, die ihre Normen und Wertschätzungen gleichermaßen ausstellt mit Leitfiguren oder mit deren Namen.

3.2 Moderne Erinnerungskultur

Einmal kultursemiotisch als Sprach-Denkmal etabliert, verfällt der Straßenname dem Gegenteil seiner Kontinuitätsdimension: Mit epochalen ideologischen Zäsuren korreliert fortan auch das sogenannte »Revisions-Syndrom«. Denn: »Zahlreiche [...] Regierungen«, so Peter Burke, »symbolisieren den Bruch mit der Vergangenheit in der Umbenennung von Straßennamen, vor allem, wenn diese sich auf signifikante Ereignisse beziehen«.[18] Hierfür bietet die Französische Revolution ein frühes plakatives Beispiel für Pariser Neuerungen als Gedächtnisverlust: »Die Rue de Richelieu« – so Karlheinz Stierle – »wurde zur Rue de la Loi, die Rue Sainte-Anne zur Rue Helvétues, der Quai des Théatins zum Quai Voltaire, Monmatre zum Mont Marat, Montmorency zum Bourg Emile. So prägt sich eine neue Hagiographie der Heroen und Heiligen der Aufklärung und Revolution der Stadt als ihr aufgegebene Erinnerung ein.«[19]

Die Straßennamen des postrevolutionären Paris stehen zum einen für jenes seitdem nicht mehr stillzustellende Revisions-Syndrom, das sich am urbanen Namenbestand im Nachgang der Ereignisgeschichte abarbeiten muss. Mit Blick auf Halbwachs' konsenssuggestives Gedächtnisparadigma muss kulturtheoretisch präzisiert werden, wie es der Kulturhistoriker Peter Burke getan hat: Ideologische Überschreibungen bzw. Löschungen alter Straßennamen indizieren

18 Peter BURKE, Geschichte als soziales Gedächtnis, in: Mnemosyne. Formen und Funktionen der kulturellen Erinnerung, hg. von Aleida ASSMANN und Dietrich HARTH, Frankfurt am Main 1993, S. 300.

19 Karlheinz STIERLE, Der Mythos von Paris. Zeichen und Bewußtsein der Stadt, München/Wien 1993, S. 41.

gleichermaßen »Konflikterinnerungen und Erinnerungskonflikte«:[20] »Geht man von der Vielfalt sozialer Identitäten sowie von dem Nebeneinander rivalisierender und alternativer Erinnerungen aus (Familien-, Lokal-, Klassen-, Nationalgedächtnis etc.), so bringt es freilich mehr, wenn man in pluralistischen Begriffen über den Gebrauch der Erinnerungen in unterschiedlichen sozialen Gruppen nachdenkt. Denn auch in der Gruppe können sehr wohl verschiedene Ansichten über das, was bedeutungsvoll oder erinnerungswürdig ist, herrschen.«[21]

Hierin ist auch ein Aspekt von Assmanns Erweiterung des Halbwachs'schen Gedächtnis-Konzeptes gesehen worden: Kollektives Erinnern stellt immer auch Machtfragen wie: »Wer verlangt von wem und warum, was zu erinnern? Wessen Vergangenheitsversion wird aufgezeichnet und konserviert?«[22]

Hierher passt auch, dass in Köln unter den Franzosen der bereits erwähnte Kölner Nikolaus Gülich 1797 als Vorläufer der Revolution gefeiert wurde. Dem heute erhaltenen Platznamen gehen signifikante Überschreibungen im kulturellen Stadtgedächtnis voraus. In vielfacher Hinsicht endet in Köln das Mittelalter erst mit der französischen Besatzung. In diesem Kontext endet auch das Mittelalter der Kölner Straßennamen: Längstens waren sie lediglich mündlich überliefertes Stadtgedächtnis mit seinen zahllosen topographischen Details. Die Straßennamen Kölns sollten jetzt auf steinernen Tafeln dem Stadtgedächtnis ›eingemeißelt‹ werden.

Mit ihrer Erfassung und Anpassung an den Zeitgeist beauftragt wurde der letzte reichsstädtische Universitätsrektor Ferdinand Franz Wallraf (1748–1824). Ihm schwebte der städtische Namenschatz als »eine Art von öffentlicher Unterrichtsanstalt«[23] vor. Es sei in den »mehrsten Städten des Reiches« üblich geworden, an die »Geburt oder den Aufenthalt erhabener Männer«[24] zu erinnern.

Einem solchen Semiotisierungsprojekt der Kölner Topographie hin zu einem identitätsstiftenden Geschichtsbuch stand das ungeschönte, vielfach drastisch sprechende mittelalterliche Namengut entgegen. Mit anderen Worten: In Köln ging der Umschreibung des Namenschatzes in ein historisierendes wie repräsentatives Aushängeschild der Stadt eine groß angelegte Überschreibung mittelalterlicher Namentradition voraus. Nach Wallrafs Vorschlägen sollte der Kölner *Gülichplatz* in der Sprache der modernisierenden Besatzer Klangverwandtem weichen: *Place Jules César*.

Semiotische Konkurrenz im kollektiven Gedächtnis erhielt der *Gülichplatz* mit seiner Neugestaltung 1913. Dort erhebt sich seitdem ein Fastnachtsbrunnen von Georg Grasegger, der mit seinem Goethe-Zitat so gar nicht zum *Brunnen der Vergangenheit* taugen will: »Löblich wird ein tolles Streben, wenn es kurz ist und

20 Burke, Geschichte (wie Anm. 18), S. 298.
21 Burke, Geschichte (wie Anm. 18), S. 298.
22 Burke, Geschichte (wie Anm. 18), S. 298.
23 Wallraf zitiert nach Glasner, Lesbarkeit (wie Anm. 13), S. 37.
24 Wallraf zitiert nach Glasner, Lesbarkeit (Anm. 13), S. 21.

mit Sinn. Heiterkeit zum Erdeleben sey dem flüchtgen Rausch Gewinn.«[25] Offenbar legten die Stadtväter vor dem Ersten Weltkrieg mehr Wert auf imagetaugliches, aber vergleichsweise junges Brauchtum gegenüber einer stadthistorischen Erinnerung an einen eigenen Kämpfer gegen – so Dieckhoff – »Günstlingswirtschaft, Bestechlichkeit, Nötigung und übelste[...] Erpressung«.[26]

Zurück zum Namenschöner Wallraf. Nachzulesen in seinen *Bemerkungen* über *Motive und Gründe* [...] *zur Berichtigung und Übersetzung der Straßennamen*, war diesem unvorstellbar, »schöne neue steinerne Straßentafeln [...] mit einer *Kühegasse*, mit einem *Eselsmarkt*, einem *Leichhof* und *elendigen Kirchhof* und einer *Eulen-*, *Uhlen-* oder *Hippengasse* und so vielen unsauberen *Hintergassen* [zu] entstellen«.[27]

Beispiele Wallrafscher Eingriffe veranschaulichen plastisch die Richtung seiner Steuerungsversuche von Erinnern und Vergessen im Namenschatz aus dem Jahr 1814:

Mittelalterliche Straßennamen und Wallrafs umbenennende ›Übersetzungen‹	
An den Augustinen	*Place Napoléon*
Hinder S. Marien	*Place Agrippa*
Markmannsgasse	*Rue Impériale*
Diepengasse	*Rue Thiebauld*
Pißgasse	*Passage de la Bourse*
Schmierstraße	*Rue de la Comédie*

Seit den ereignisgeschichtlichen Zäsuren 1945 und 1989 ist jenes Revisionssyndrom einmal kanonisierter Nameninhalte auch im öffentlichen Bewusstsein präsent. Alle großen politischen Zäsuren gehen mit diesem onymischen Revisionismus einher, hatte doch schon Victor Klemperer (1881–1960), feinsinniger Beobachter nazistischer Alltagsvergiftungen der Sprache, in seiner *Lingua Tertii Imperii* festgehalten: »In jeder Revolution, ob sie nun Politisches und Soziales betrifft oder die Kunst oder die Literatur, sind immer zwei Tendenzen wirksam: einmal der Wille zum völlig Neuen, wobei der Gegensatz zu dem bisher Gültigen schroff betont wird, sodann aber auch das Bedürfnis nach Anknüpfung, nach rechtfertigender Tradition.«[28]

Es versteht sich von selbst, dass sämtliche Varianten des Revisionssyndroms nicht nur jeder Stadt, sondern sogar jedem Stadt*teil* ein individuelles (Namen-)Profil verleihen. Und es gründet ebenso selbstverständlich in der ›Natur‹ des Sprachzeichens ›Straßenname‹, dass Kanonrevisionen mitunter vor schwer lösbaren Problemfällen stehen. Leicht nachvollziehbarerweise hatte der Nationalso-

25 Zitiert nach Helmut SIGNON, Alle Straßen führen durch Köln, 2. Aufl. Köln 1982, S. 112.
26 DIECKHOFF, Kopf (wie Anm. 17), S. 166.
27 Wallraf zitiert nach GLASNER, Lesbarkeit (wie Anm. 13), S. 37.
28 Victor KLEMPERER, LTI. Notizbuch eines Philologen, Leipzig 1996, S. 98.

zialismus mit besonderer Vehemenz seinerseits ihm ideologiekonforme Überschreibungen im Stadtbild vorgenommen, »so daß man nach '45 bestrebt war, die ursprünglichen Namen wiederherzustellen«.[29] In den Nachkriegsdebatten um die Ursachen des Faschismus gerieten zunehmend auch »militärische und monarchistische Namen« auf den ideologischen Prüfstein, deren Einschätzung – erinnerungswürdig oder zu tilgen – jedoch erhebliche Differenzierungsprobleme aufwarfen. »Das gesamte öffentliche Leben«, so der SPD-Stadtverordnete Heidecke 1947 in einer Ratssitzung, »bedarf einer allgemeinen Bereinigung von allen Erinnerungen an die Personen und Kreise, die durch ihre unheilvolle Tätigkeit und deren Auswirkung zu den heutigen Zuständen geführt haben. Die Stadt Köln schuldet es ihrem Ansehen in der Welt, nur solche Personen zu achten und [zu] ehren, die charakterlich und in ihren Werken auf der Grundlage der Ethik und der Humanität gestanden haben; sie soll sich als Stadt von internationaler Bedeutung bewußt sein, daß sie mit allen jenen Traditionen brechen muß, die in ihrer verhängnisvollen Entwicklung nicht nur für Deutschland, sondern für die ganze Welt maßloses Unglück herbeigeführt haben.«[30]

Dass gut gemeinte Nachbesserungen auf den Straßenschildern, konzeptuell also die Denkmalkonzepte ›ideologische Vorbildlichkeit‹ und ›historische Hinterlassenschaft‹, erhebliches Konfliktpotential bergen, illustriert die Vorschlagsliste des Sonderausschusses für Kölner Straßenumbenennungen von 1948:

Liste ›dubioser‹ Straßennamen (Auswahl)
(Sonderausschuss für Straßenumbenennungen, Köln 1948)[31]

Alsenstraße	Glansstraße
Alvenslebenstraße	Goebenstraße
Annabergstraße	Hohenfriedbergstraße
Augustastraße	Horststraße
Blumenthalstraße	Iltisstraße
Bülowstraße	Kaiser-Friedrich Ufer
Derfflingerstraße	Kaiser-Wilhelm-Ring
Dessauerstraße	Kamekestraße
Düppelstraße	Krieger Platz
Elsenbornerstraße	Leuthenstraße
Falckenstein-Straße	Liegnitzstraße
Ferbellinstraße	Lobositzstraße
Friedrich-Karl-Straße	Manteuffelstraße
Friedrich-Wilhelm-Straße	Militärringstraße

29 Marion WERNER, Vom Adolf-Hitler-Platz zum Ebertplatz. Eine Kulturgeschichte der Kölner Straßennamen seit 1933, Köln/Weimar/Wien 2008, S. 34.
30 Heidecke zitiert nach WERNER, Adolf-Hitler-Platz (wie Anm. 29), S. 35.
31 WERNER, Adolf-Hitler-Platz (wie Anm. 29), S. 36.

Mollwitzstraße	Takuplatz
Pionierstraße	Takustraße
Roonstraße	Tangastraße
Roßbachstraße	Tauentzienstraße
Schwerinstraße	Torgaustraße
Sedanstraße	Von-Sparr-Straße
Seydlitzstraße	Werderstraße
Siegesstraße	Ziethenstraße
Spichernstraße	Zirndorfstraße
Steinmetzstraße	

Außerdem eventuell:

Louis-Ferdinand-Straße	Barbarastraße
Wrangelstraße	Scharnhorststraße
Boltensternstraße	Loestraße Yorkstraße
Gneisenaustraße	Schillstraße
Waterloostraße	Nettelbeckstraße
Hacketäuerstraße	

In den Debatten der Nachkriegszeit blockieren zwei Grundtendenzen das vielzitierte Revisions-Syndrom: einerseits zeitspezifische Verdrängungsmentalität auch angesichts des Problems ideologisch belasteter Straßennamen und andererseits differenzierte Ursachensuche für das Aufkommen des Nationalsozialismus, wodurch etwa auch Preußentum und die Hohenzollern auf den Revisionsprüfstein gerieten. Aus einem Erlass des Innenministeriums des Landes Nordrhein-Westfalen vom 8. Februar 1947 geht zudem hervor, mit welchen Schwierigkeiten politisch verordnetes kollektives Vergessen verbunden sein kann. Bei der Klärung der Frage, was denn nun unter ›militärisch‹ und ›militaristisch‹ zu verstehen, und folglich umzubenennen, sei, bezieht sich der genannte Erlass auf richtungsweisende Direktiven des Alliierten Kontrollrates vom 13. Mai 1946 (Fassung vom 12. Juli 1946), »wonach die Ausdrücke militärisch und Militarist so auszulegen sind, daß sie sich auf alle kriegerischen Ereignisse nach dem 1. 8. 1914 und auf Personen beziehen, die mit solchen Ereignissen direkt verbunden sind.«[32] Nach dieser so erstaunlich wie willkürlich erscheinenden Definitionsklärung mag die Handlungsanweisung mit Blick auf das kollektive Stadtgedächtnis nicht wirklich zu überraschen: »Eine Umbenennung von Straßen, die auf Moltke, Bismarck, Blücher, Sedan und Metz lauten, sei daher nicht nötig.«[33]

32 Zitiert nach Werner, Adolf-Hitler-Platz (wie Anm. 29), S. 38.
33 Werner, Adolf-Hitler-Platz (wie Anm. 29), S. 38.

Das Arbeiten am Namengedächtnis, das zeitgeistgesteuerte Ringen um Erinnern und Vergessen im öffentlichen Raum, ist schließlich auch nicht unbeeinflusst von schlichtweg pragmatischen Überlegungen. »Die Tatsache, dass in diesen 52 Straßen 5.819 Familien mit 17.210 Personen wohnten, die alle von den Umbenennungen betroffen gewesen wären, schreckte die Sonderkommission ab.«[34]

4. Kulturtheoretischer Ausblick: Erinnern heißt (auch) vergessen

Vielleicht konnte mit dem Vorhergehenden plausibel gemacht oder zumindest eine entsprechende Diskussion dazu angeregt werden, dass es sich lohnen kann, sich kulturgeschichtlichen Phänomenen wie dem kulturellen Gedächtnis – kulturtheoretisch wie empirisch – quasi von ihrer Rückseite, dem kollektiven Vergessen, zu nähern. Zu wünschen wäre, dass so ein kleiner Beitrag zu leisten war »für das Verständnis der gesellschaftlichen Erinnerungsarbeit«; genauer: für »die soziale Organisation des Vergessens [...]: die Ausschließungsregeln, Unterdrückung oder Verdrängung und die Frage, wer von wem und warum verlangt, dies oder das zu vergessen.«[35] Mit Blick auf signifikante Ausblendungen aus dem nationalen Gedächtnis hat der Sozialanthropologe John Barnes von Phänomenen struktureller Amnesie gesprochen. Die Kulturgeschichte der Straßennamen zeigt mit ihrer Arbeit am kulturellen Erinnern und kollektiven Vergessen: Strukturelle Amnesie ist – so Peter Burke – »das völlige Gegenteil des sozialen Gedächtnisses«, das aus gutem Grunde von Burke umbenannt worden ist in: »soziale Amnesie«.[36]

34 Werner, Adolf-Hitler-Platz (wie Anm. 29), S. 37.
35 Burke, Geschichte (wie Anm. 18), S. 299.
36 Burke, Geschichte (wie Anm. 18), S. 297.

Der Bombenkrieg im Gedächtnis europäischer Städte: Neue Perspektiven für die Stadtgeschichte und Erinnerungsforschung

Malte Thiessen[1]

Nachdem der letzte Bomber seine Ladung abgeworfen hat, zählt man in der Stadt fast 40.000 Tote. Eine vollständige Statistik fehlt zwar bis heute. Konservative Schätzungen gehen jedoch davon aus, dass beinahe jeder zehnte Einwohner als Opfer dieser Bombardierung im Sommer 1942 zu beklagen ist. Hinzu kommen über 100.000 Verletzte, die tagelang nur notdürftig versorgt werden können. Schließlich sind nach der Bombardierung weite Teile der Stadt in Trümmerwüsten verwandelt worden.[2]

Hier ist nicht die Rede von Köln, Hamburg, Pforzheim oder Dresden, sondern von Stalingrad. Im August 1942 wurde die Stadt von Bombern der deutschen Luftwaffe angegriffen. Zahlreiche weitere Beispiele lassen sich anführen, von denen Guernica, Rotterdam, Coventry oder London die bekannteren, Wiełun, Warschau und Belgrad weniger bekannte sind. All diese Fälle machen auf etwas aufmerksam, das in den Debatten der letzten Jahre ein wenig in den Hintergrund geraten ist. Vom Bombenkrieg waren Städte in ganz Europa betroffen, und zwar im eigentlichen Wortsinn. Das gilt umso mehr, weil zahlreiche Städte nicht nur im Zuge der deutschen Eroberung aus der Luft zerstört wurden. Hinzu kamen später noch die Angriffe auf europäische Städte durch die Alliierten, die seit der Kriegswende Ziele in Italien, Frankreich, Belgien und in den Niederlanden bombardierten.

Mit den Folgen des Bombenkriegs haben daher Städte in ganz Europa bis heute zu tun. Um diese Nachwirkungen der Bomben im Gedächtnis europäischer Städte soll es im Folgenden gehen. An einigen Fallbeispielen möchte der Beitrag aufzeigen, wie in Europas Städten an die Bombardierungen erinnert wurde. Da zu diesen Erinnerungen in den vergangenen Jahren bereits einige Studien

1 Die folgenden Überlegungen profitieren sowohl von der Zusammenarbeit mit Dietmar von Reeken und den Kolleginnen und Kollegen der Arbeitsstelle »Regionale Geschichtskulturen« als auch vom Austausch mit Jörg Arnold und Dietmar Süß während gemeinsamer Forschungen zur europäischen Erinnerung an den Bombenkrieg.

2 Vgl. Lew Besymenski, »Bürger, Luftalarm«, in: Stephan Burgdorff/Christian Habbe (Hg.), Als Feuer vom Himmel fiel. Der Bombenkrieg in Deutschland, München 2005, S. 61–64.

erschienen sind[3], soll der Beitrag in einem zweiten Schritt weiterführende theoretische Überlegungen anstoßen. Dabei geht es kurz gesagt um die Frage, was der Blick auf städtische Erinnerungen Neues bringen kann für die Stadtgeschichtsforschung auf der einen Seite und für die Erinnerungsforschung auf der anderen. Schließlich sind beide Forschungsfelder seit längerer Zeit gut bearbeitet. Doch obwohl sich unzählige Arbeiten mit dem Zusammenhang von kollektiven Erinnerungen und kollektiver Identität beschäftigt und jene Rahmen der Erinnerung analysiert haben, in denen sich Gesellschaften ihre »Geschichte« schreiben, wissen wir nach wie vor wenig über die Erinnerung von Städten und Regionen.[4] Solche regionalen, lokalen bzw. städtischen Geschichtskulturen umreißen daher ein vergleichsweise neues Forschungsfeld, das von Historikern präziser kartiert und intensiver bestellt werden sollte.[5]

3 Vgl. die ersten monografischen Untersuchungen zu städtischen Erinnerungen an den Luftkrieg bei Malte THIESSEN, Eingebrannt ins Gedächtnis. Hamburgs Gedenken an Luftkrieg und Kriegsende 1943 bis 2005 (Forum Zeitgeschichte, Bd. 19), München 2007; Martin Clemens WINTER, Öffentliche Erinnerungen an den Luftkrieg in Nordhausen 1945–2005, Marburg 2010; Jörg ARNOLD, The Allied Air War and Urban Memory. The Legacy of Strategic Bombing in Germany, Cambridge 2011; Dietmar SÜSS, Tod aus der Luft. Kriegsgesellschaft und Luftkrieg in Deutschland und England, München 2011, S. 483–560 sowie die Fallstudien in den Sammelbänden von Gavriel ROSENFELD/Paul B. JASKOT (Hg.), Beyond Berlin. Twelve German Cities Confront the Nazi Past, Michigan 2008; Jörg ARNOLD/Dietmar SÜSS/Malte THIESSEN (Hg.), Luftkrieg. Erinnerungen in Deutschland und Europa (Beiträge zur Geschichte des 20. Jahrhunderts, Bd. 10), Göttingen 2009.

4 Zu regionalen und lokalen Erinnerungen vgl. u. a. die ersten methodischen Überlegungen bei Peter REICHEL, Das Gedächtnis der Stadt. Hamburg im Umgang mit seiner nationalsozialistischen Vergangenheit. Zur Einführung, in: DERS. (Hg.), Das Gedächtnis der Stadt. Hamburg im Umgang mit seiner nationalsozialistischen Vergangenheit (Schriftenreihe der Hamburgischen Kulturstiftung, Bd. 6), Hamburg 1997, S. 7–28; Dietmar VON REEKEN, »Das Land als Ganzes!« Integration durch Heimatpolitik und Landesgeschichte in Niedersachsen nach 1945, in: Habbo KNOCH (Hg.), Das Erbe der Provinz. Heimatkultur und Geschichtspolitik nach 1945, Göttingen 2001, S. 99–116; Christoph CORNELISSEN, Der lange Weg zur historischen Identität. Geschichtspolitik in Nordrhein-Westfalen seit 1946, in: Thomas SCHLEMMER/Hans WOLLER (Hg.), Bayern im Bund, Bd. 3: Politik und Kultur im föderativen Staat 1949 bis 1973, München 2004, S. 411–484; Harald SCHMID, Regionale Erinnerungskulturen – ein einführender Problemaufriss, in: DERS. (Hg.), Erinnerungskultur und Regionalgeschichte, München 2009, S. 7–22; Malte THIESSEN, Das kollektive als lokales Gedächtnis: Plädoyer für eine Lokalisierung von Geschichtspolitik, in: Harald SCHMID (Hg.), Geschichtspolitik und kollektives Gedächtnis. Erinnerungskulturen in Theorie und Praxis (Formen der Erinnerung, Bd. 41), Göttingen 2009, S. 159–180; Harald SCHMID, Das Landesgedächtnis. Geschichtspolitik und Erinnerungskultur in Schleswig-Holstein, in: Janina FUGE/Harald SCHMID/Rainer HERING (Hg.), Das Gedächtnis von Stadt und Region. Geschichtsbilder in Norddeutschland (Hamburger Zeitspuren, Bd. 7), München [2]2011, S. 110–137.

5 An der Universität Oldenburg ist im Januar 2012 die Arbeitsstelle »Regionale Geschichtskulturen« eingerichtet worden, die sich als Forum für entsprechende Forschungen versteht und die Theoriebildung zu regionalen Erinnerungsräumen voranbringen möchte. Weitere Informationen unter www.regionale-geschichtskulturen.de.

Zugleich umreißen lokale und regionale Geschichtskulturen einen Untersuchungsgegenstand, auf dem die Erkenntnisse unterschiedlicher Disziplinen zusammenfließen. Diese Potenziale eines Zusammenspiels von Stadtgeschichts- und Erinnerungsforschung lassen sich vorab an vier Perspektiven konkretisieren. Mit diesen vier Perspektiven gewinnen nicht nur regionale und städtische Geschichtskulturen bzw. das »Gedächtnis der Stadt« als Untersuchungsgegenstand klare Konturen, sondern auch dieser Beitrag, der sich entsprechend der Perspektiven in vier Abschnitte gliedern wird:

Erstens eröffnet der Blick auf das städtische Gedenken eine neue Ebene kollektiver Identitätsbildung, die zwischen nationalen und privaten Gedächtnissen angesiedelt ist, also eine Art »Mesoebene« bildet. In einem ersten Schritt wird zu fragen sein, welche spezifischen Erinnerungsmuster sich in regionalen und lokalen Geschichtskulturen abzeichnen und wie sich diese spezifischen Formen der Erinnerung erklären lassen. Diese Mesoebene bildet zweitens einen Erinnerungsrahmen für Zeitzeugen, sodass auch nach städtischen Erinnerungen als Rahmen für private Erzählungen vom Bombenkrieg gefragt wird. Hier spielt die räumliche Dimension von Geschichtskulturen eine besondere Rolle, ist der städtische Raum doch in Form von Spuren und Überresten ein Erinnerungsträger, der sich im alltäglichen Nahbereich manifestiert. Damit eröffnen Untersuchungen zu regionalen und lokalen Geschichtskulturen drittens eine komparative Perspektive. Im Folgenden werden daher im Städtevergleich Gemeinsamkeiten und Unterschiede des Erinnerns erkundet, um Aufschluss über spezifische Kontexte für spezifische Narrative zu gewinnen oder typische Muster und gemeinsame Formen städtischen Erinnerns herauszuarbeiten. Und viertens eröffnet der Blick auf die Stadt- als Erinnerungsgeschichte die Perspektive der Beziehungs- und Verflechtungsgeschichte. So lassen sich an städtischen Erinnerungen Phänomene »transregionaler Erinnerung« nachweisen, wurde die Erinnerung an den Bombenkrieg seit 1945 nicht zuletzt von Städtepartnerschaften und Austauschprogrammen in ganz Europa getragen.

Obgleich diese vier Perspektiven den Schwerpunkt des Aufsatzes bilden, soll anschließend noch kurz die Rede vom Vergessen sein. Anderenfalls bestünde die Gefahr, dass städtische Geschichtskulturen allein als »Erinnerungsbewahrer« verstanden würden. Zwar erinnerten sich die Europäer immer wieder an den Untergang ihrer Stadt. Und dennoch geriet beim Gedenken Vieles in Vergessenheit, fallen Erinnerungslücken lokaler Geschichtskulturen ins Auge. Diese Leerstellen des städtischen Gedächtnisses sind auch deshalb von Interesse, weil sich an ihnen neben den Potenzialen zugleich Probleme der lokalen Erinnerungsforschung aufzeigen lassen. All diese Überlegungen sollen in dem abschließenden Fazit knapp gebündelt werden, um das Plädoyer für eine engere Verzahnung der Stadtgeschichts- und Erinnerungsforschung auf den Punkt zu bringen.

1. Die Stadt als Erinnerungsraum und geschichtskulturelle »Mesoebene«

Um Städte und Regionen als Erinnerungsräume und Untersuchungsgegenstand in den Griff zu bekommen, lohnt zunächst ein kurzer Rückgriff auf die heftige »Bombenkriegs-Debatte«[6], die seit 2002 die deutschen und britischen Feuilletons beherrschte. Im Kern ging es bei dieser Diskussion um die Frage, warum der Bombenkrieg jahrzehntelang vergessen, ja sogar tabuisiert worden sei. Obgleich die Vorstellung von einem Tabu mittlerweile auf breiter empirischer Grundlage wiederlegt wurde[7], ist die Feststellung, dass der Bombenkrieg jahrzehntelang vergessen worden sei, nicht ganz falsch – zumindest, wenn man in gängigen geschichtskulturellen Kategorien denkt. Denn die nationalen Mythen Westeuropas kreisten tatsächlich zumeist um die Helden- und Opfergeschichten des Widerstandskampfes und der NS-Verbrechen, mit denen sich Franzosen, Dänen, Italiener und Niederländer ein positives Selbstbild verliehen.[8] Dass der Bombenkrieg in diesen nationalen Geschichtskulturen eine Leerstelle blieb, erscheint dennoch erstaunlich, da zahlreiche westeuropäische Städte sowohl mit Beginn der deutschen Invasion, als auch im Zuge der späteren Befreiung durch alliierte Verbände schwere Zerstörungen erlitten und 1945 kaum wiederzuerkennen waren.[9] Eine Sonderstellung in der westeuropäischen Gedächtnislandschaft nimmt allein Großbritannien ein. Hier mutierte die nationale Erinnerung an »the blitz«, an das gemeinsame Ausharren in U-Bahnschächten während der Bombennächte bereits seit 1940 zu einem Grundpfeiler des nationalen Mythos vom »peoples war«.[10]

Auch in der Bundesrepublik scheint der Bombenkrieg keine Rolle gespielt zu haben. Zumindest konzentrierte sich das bundesdeutsche Gedächtnis, insbesondere seit Beginn der 1980er Jahre, ganz auf die Auseinandersetzung mit Nationalsozialismus und »Holocaust«. Die gleichnamige Fernsehserie von 1979 ist hierfür ein ebenso bekanntes Beispiel wie die Ansprache Richard von Weizsäckers zum 40. Jahrestag des Kriegsendes am 8. Mai 1985 oder der Skandal um die

6 Zur Debatte vgl. die Beiträge in Lothar KETTENACKER (Hg.), Ein Volk von Opfern? Die neue Debatte um den Bombenkrieg 1940–45, Berlin 2003.
7 Vgl. jetzt das ebenso knappe wie treffende Resümee zur Debatte bei Axel SCHILDT, Zeitgeschichte der Berliner Republik, in: Aus Politik und Zeitgeschichte 1–3/2012, S. 3–8, hier S. 4.
8 Den weitesten Überblick über Europas Mythen zum Zweiten Weltkrieg mit weiterführender Literatur bietet immer noch Monika FLACKE (Hg.), Mythen der Nation: 1945 – Arena der Erinnerungen, 2 Bde., Mainz 2004.
9 Vgl. die Beiträge in Georg WAGNER-KYORA (Hg.), Wiederaufbau europäischer Städte/Rebuilding European Cities. Rekonstruktionen, die Moderne und die lokale Identitätspolitik seit 1945/Reconstructions, Modernity and the Local Politics of Identity Constructions since 1945 (Beiträge zur Stadtgeschichte und Urbanisierungsforschung, Bd. 15), Stuttgart 2014.
10 Vgl. zuletzt SÜSS, Tod aus der Luft (wie Anm. 3).

Jenninger-Rede zum 50. Jahrestag der »Reichskristallnacht« 1988.[11] In der DDR wiederum war es der offiziell verordnete Antifaschismus, der seit den späten 1940er Jahren zur Staatsdoktrin avancierte, in Gedenkstätten wie Buchenwald seine zentralen Institutionen fand und seither das nationale Geschichtsbewusstsein prägte.[12] Allerdings konnte man hier, östlich der Elbe, immer schon eine zweite Meistererzählung hören. Es war das Gedenken an den »angloamerikanischen Bombenterror«, vor allem an den Untergang Dresdens im Februar 1945, mit dem in der DDR seit ihrer Gründung Geschichtspolitik gemacht wurde.[13]

Ein differenzierteres Bild ergibt sich erst, wenn man sich unterhalb der nationalen Ebene umsieht. Denn in Städten Ost- *und* Westdeutschlands lag der Bezugspunkt der lokalen NS-Geschichte häufig ganz auf dem »Untergang« der Stadt, auf den Bombennächten, »Feuerstürmen« oder in der »Katastrophe«, wie der Bombenkrieg gemeinhin benannt wurde. Ob in Hamburg, Lübeck, Kassel, Pforzheim oder in Dresden, Halberstadt und Magdeburg: Dies- und jenseits des »Eisernen Vorhangs« erinnerte man meist sehr viel seltener an den Nationalsozialismus, ganz zu schweigen von den lokalen Verbrechen im »Holocaust«, als an den Bombenkrieg. Damit waren die Bombardierungen für deutsche Städte ein zentraler »Erinnerungsort«, der als »Kristallisationspunkt kollektiver Erinnerung und Identität«[14] die jeweilige Geschichtskultur vor Ort prägte.

Dieser Befund lässt sich sogar auf Westeuropa übertragen. Denn neuere Studien zu den Niederlanden, Frankreich und Italien zeigen, dass auch hier der Bombenkrieg eine zentrale Stellung im Gedächtnis der Stadt einnahm.[15] Dass städtische Geschichtskulturen gelegentlich »im Schatten nationaler Erinnerungen«[16] standen, wie Christoph Strupp für Rotterdam nachgewiesen hat, bestärkt noch den generellen Befund: Lokale und regionale Erinnerungen sind nicht nur

11 Vgl. u. a. Helmut DUBIEL, Niemand ist frei von der Geschichte. Die nationalsozialistische Herrschaft in den Debatten des Deutschen Bundestages, München 1999; Jan-Holger KIRSCH, »Wir haben aus der Geschichte gelernt«. Der 8. Mai als politischer Gedenktag in Deutschland (Beiträge zur Geschichtskultur, Bd. 16), Köln 1999; Susanne BRANDT, »Wenig Anschauung«? Die Ausstrahlung des Films »Holocaust« im westdeutschen Fernsehen (1978/79), in: Christoph CORNELISSEN/Lutz KLINKHAMMER/Wolfgang SCHWENTKER (Hg.), Erinnerungskulturen. Deutschland, Italien und Japan seit 1945, Frankfurt am Main 2003, S. 257–268.

12 Vgl. u. a. Joachim KÄPPNER, Erstarrte Geschichte. Faschismus und Holocaust im Spiegel der Geschichtswissenschaft und Geschichtspropaganda der DDR (Forum Zeitgeschichte, Bd. 9), Hamburg 1999.

13 Vgl. Matthias NEUTZNER, Vom Anklagen zum Erinnern. Die Erzählung vom 13. Februar, in: Oliver REINHARD/Matthias NEUTZNER/Wolfgang HESSE (Hg.), Das rote Leuchten. Dresden und der Bombenkrieg, Dresden 2005, S. 128–163.

14 Etienne FRANÇOIS/Hagen SCHULZE, Einleitung, in: DIES. (Hg.), Deutsche Erinnerungsorte, Bd. 1, München 2001, S. 9–26, hier S. 18.

15 Vgl. die Beiträge zu Frankreich, Italien und den Niederlanden in ARNOLD/SÜSS/THIESSEN (Hg.), Luftkrieg (wie Anm. 3).

16 Christoph STRUPP, Stadt ohne Herz. Rotterdam und die Erinnerung an den deutschen Luftangriff vom 14. Mai 1940, in: ARNOLD/SÜSS/THIESSEN (Hg.), Luftkrieg (wie Anm. 3), S. 27–49, besonders S. 30–34.

nationale Erinnerungen »in Kleinform« oder gar deckungsgleich, im Gegenteil: Lokale Geschichtskulturen bewahren sehr spezifische Narrative vom Krieg und prägten eigene Mythen aus, mit denen lokale Identitäten ihre Konturen gewannen.

Voraussetzung für eine solche städtische Erinnerungstradition war die Anpassungsfähigkeit des Erinnerungsorts »Bombenkrieg« an sich wandelnde Interessen, die sich in ebenso wandelbaren Narrativen und Erinnerungsmustern niederschlagen. Grob zusammengefasst lassen sich drei solcher Erinnerungsmuster beschreiben, die in allen bislang untersuchten Städten zu finden sind. Im Folgenden sollen für diese drei Narrative nur einige Beispiele skizziert werden, mit denen die stets zeitgemäße Passung des Bombenkriegs im Gedächtnis europäischer Städte deutlich wird. In den 1950er Jahren war die Erinnerung an den Bombenkrieg im Muster einer Heldengeschichte besonders verbreitet. Ein treffendes Beispiel bieten die mehrbändigen »Dokumente deutscher Kriegsschäden«. Herausgegeben vom Bundesministerium für Vertriebene, sollten sie in der frühen Nachkriegszeit eine positive Bilanz des Luftkriegs ziehen, wie es Staatssekretär Nahm formulierte: Das »heroische Bemühen der Ausgebombten, aus den Trümmern wieder Ordnung und Leben zu gestalten«, das »Ausharren [...] während der Angriffe sowie zähes Ringen mit allen dem Wiederaufbau entgegenstehenden Hindernissen zeugen von menschlicher Hingabe und Größe«[17]. Sehr ähnlich klangen solche Erinnerungen in Städten wie in Hamburg, wo noch zum 20. Jahrestag der Bombardierungen eine Lokalzeitung den Widerstandswillen der Bombardierten bejubelte: »Aber die Überlebenden«, so schrieben die »Harburger Anzeigen und Nachrichten« 1963, »gaben nicht auf. Aus den Trümmern bauten sie ihre Stadt neu auf – Zeichen ungebrochenen hanseatischen Lebenswillens«[18].

Dass solche Erzählungen vom Bombenkrieg als Beweis der »Schicksalsgemeinschaft« und Ausdruck gemeinsamen Widerstandswillens in westeuropäischen Städten ebenfalls zu finden sind, verwundert kaum. Schließlich stifteten diese Erinnerungen ein positives Selbstbild von der zupackenden Gemeinschaft, die sich allen zukünftigen Aufgaben gewappnet zeigte. »Wir machen unsere Arbeit«, besang folglich noch in den besetzten Niederlanden die Sängerin Fien de la Mar in dem Chanson »Rotterdam« das Schicksal ihrer Stadt, »wir schlafen und wir gehen und wir essen. So unbemerkt gleiten wir wieder in unser Dasein [...]. Die Zeit reicht über alles hinweg, und Rotterdam, unsere Stadt, ist uns geblieben!«[19] In diesem Sinne war das trotzige »We can take it!«[20], das den Briten

17 Peter Paul NAHM, Vorwort, in: BUNDESMINISTER FÜR VERTRIEBENE, FLÜCHTLINGE UND KRIEGSGESCHÄDIGTE (Hg.), Dokumente deutscher Kriegsschäden. Evakuierte – Kriegsgeschädigte – Währungsgeschädigte (1. Beiheft: Aus den Tagen des Luftkrieges und des Wiederaufbaues), Bonn 1960, S. VI.

18 Harburger Anzeiger und Nachrichten, Vor 20 Jahren sank Hamburg unter dem Bombenhagel in Schutt und Asche, 23. Juli 1963.

19 Zitiert nach STRUPP, Stadt ohne Herz (wie Anm. 16), S. 30.

20 Mark CONNELLY, We Can Take It! Britain and the Memory of the Second World War, Harlow 2004.

den Weg aus den Trümmern des Bombenkriegs wies, ein europäisches Leitmotiv lokaler Krisenbewältigung.

Ähnlich funktionierte ein zweites, sehr viel bekannteres Erinnerungsmuster, das mit dem ersten Narrativ eng verwandt ist: die Erinnerung an den Bombenkrieg im Muster eines Gründungsmythos. In Magdeburg beispielsweise bezeichnete der Bürgermeister den Untergang im Bombenhagel bereits 1947 als »tabula rasa« des zukünftigen Wiederaufstiegs: »Wir haben eine Stadt verloren, doch die Freiheit gewonnen, sie nach unserem Willen und unseren Plänen wiederaufzubauen.« Konsequenterweise überschrieb die »Magdeburger Volksstimme« ihre Sonderseite zum zehnten Jahrestag der Luftangriffe mit der Nationalhymne: »Auferstanden aus Ruinen und der Zukunft zugewandt«. Bis in die 1960er Jahre gab die Hymne den Grundton für ostdeutsche Erinnerungen vor, wie ein letztes Magdeburger Beispiel zeigt: Noch zum 20. Jahrestag wurde die Bombardierung zum Grundstein des sozialistischen Aufbaus verklärt: »Heute, zwanzig Jahre nach dem Tag der Zerstörung, sind die Augen [...] unserer Bewohner nicht mehr mit Tränen erfüllt. Nein, glücklich blicken sie auf das, was sie erreicht haben, und ihre Herzen gehören dem Sozialismus«[21]. Dieser Stolz war im Westen nicht geringer. Auch hier wurde überall der »Aufstieg aus dem Nichts«[22] gefeiert, wie ein populärer zeitgenössischer Bildband betitelt ist. Und auch hier diente die Erinnerung an die Trümmerwüsten als düstere Kontrastfolie, vor der sich die Erfolge der Gegenwart umso strahlender abhoben.

Diese Beobachtungen erklären im Übrigen, warum der Topos von der »Stunde Null« in den ersten Nachkriegsjahren sehr viel seltener zu finden ist, als gemeinhin behauptet wird. Denn erst ab Ende der 1950er, vor allem aber in den 1960er Jahren bot die Gegenwart westeuropäischen und deutschen Städten überhaupt eine Gelegenheit für positive Rückblicke. In dem Maße, in dem die Folgen des Krieges dank des immer erfolgreicheren Wiederaufbaus ihre Schrecken verloren, gewannen Erinnerungen an die Zerstörungen durch die Bombardierungen an Attraktivität. Als lokaler Gründungsmythos fand die »Stunde Null« in ganz Europa erst seit den 1960er Jahren ihren festen Platz im städtischen Gedächtnis, schließlich untermauerten jetzt die sichtbaren Wiederaufbauerfolge positive Umdeutungen des Bombenkriegs, die vom städtischen Gedenken ausgehen sollten. Nun zeichneten die Erinnerungen an die düsteren Trümmerwüsten ein strahlendes Bild vom Fleiß und Improvisationsgeschick der Stadtbevölkerung und stellten dem »Aufstieg aus dem Nichts« ein beredtes Zeugnis aus, wie es die »Lübecker Nachrichten« zum 30. Jahrestag in Worte kleideten: »Die Stunde Null – in der Hansestadt schon in der Nacht vom 28. zum 29. März 1942 gekommen – ließ uns keine Wahl, als zuzupacken, um zu überleben. Lübeck hat nicht nur seine

21 Alle Zitate nach Jörg ARNOLD, In Quiet Remembrance? The Allied Air War and Urban Memory Cultures in Kassel and Magdeburg, 1940–1995 (Diss. ms.), University of Southampton 2006, S. 186, 194, 210.

22 Kurt ZENTNER, Aufstieg aus dem Nichts. Deutschland von 1945 bis 1953 – eine Soziographie in zwei Bänden, 2 Bde., Köln 1954.

Silhouette zurückerhalten, auch sein wirtschaftlicher Pulsschlag geht wieder normal. Das war nicht selbstverständlich«[23]. Noch Mitte der 1980er Jahre begründete Hannovers Bürgermeister Herbert Schmalstieg den Sinn der Erinnerung an den Bombenkrieg mit der Feststellung, dass »Abscheu und die Trauer über die Zerstörung« mit »Stolz über die Leistungen beim Wiederaufbau«[24]einhergingen.

Ein drittes Erinnerungsmuster ist die Erinnerung an den Bombenkrieg als Mahnung zum Frieden oder als Friedensklage, wie sie etwa in Halberstadt zu finden ist. Schon anlässlich des 5. Jahrestags des schwersten Luftangriffs formulierte hier die Stadtverwaltung ein pazifistisches Plädoyer für ganz Deutschland: »Der 8. April ist nicht nur ein Gedenktag für unsere Toten, er soll uns mahnen, dass sich solche schrecklichen Ereignisse niemals wiederholen und damit der Einheit Deutschlands und der Erhaltung des Friedens dienen«[25]. Im Westen waren sehr ähnliche Töne zu vernehmen, so in Pforzheim, wie Christian Groh in mehreren Aufsätzen nachgewiesen hat. Am dritten Jahrestag der Luftangriffe fand hier eine Gedenkveranstaltung statt, in der der Bürgermeister seine Erinnerungen mit einer eindringlichen Botschaft verband: »Der Weg in eine Zukunft ohne Kriege [...] erfordert ein Freimachen von jenen hergebrachten Vorstellungen, wonach der Krieg in der Politik unentbehrlich sei. [...] Sehen wir Pforzheim! Städte wie Pforzheim dürfen in dieser Zeit eines notwendigen Umbruchs nicht nur als Trümmerstätten Mahnmale sein. Sie [...] könnten beispielgebend wirken für die ganze Welt, wenn sie die Forderungen der Zeit erkennen«[26].

Dass solche »Forderungen der Zeit« im Grunde zeitlos waren, unterstreicht die europäische Tradition dieses Erinnerungsmusters bis heute. Vor dem Hintergrund des Korea- oder des Vietnamkrieges, angesichts der Zuspitzungen des Kalten Krieges und im Zuge der Debatten um den NATO-Doppelbeschluss waren die Erfahrungen im Zweiten Weltkrieg ein stets aktueller Aktivposten lokaler Geschichtspolitik. Deshalb gedachten die Italiener in Rom des 40. Jahrestags der Bombardierungen vom Juli 1943, um vor neuen Bedrohungen zu warnen. Folgerichtig stand der Fackelzug zu Ehren der Bombenopfer unter dem Motto »Vereint im Kampf für die Abrüstung, für die Ächtung und die Zerstörung der Nuklearwaffen, für den Frieden«[27]. Auch in Rotterdam setzte in den 1980er Jahren die

23 Zitiert nach Malte THIESSEN, »Palmarum« im Gedächtnis der Stadt. Lübecks Erinnerungen an den Bombenkrieg 1942 bis 2012, in: ZVLGA 92 (2012), S. 247–276, hier S. 265.
24 Vgl. das Geleitwort in Heinz KOBERG (Hg.), Hannover 1945. Zerstörung und Wiedergeburt, Hannover 1985, S. 7.
25 Zitiert nach Klaus NEUMANN, Lange Wege der Trauer. Erinnerungen an die Zerstörung Halberstadts am 8. April 1945, in: ARNOLD/SÜSS/THIESSEN (Hg.), Luftkrieg (wie Anm. 3), S. 203–220, hier S. 205.
26 Zitiert nach Christian GROH, »Sehen wir Pforzheim!« Der Bombenkrieg als Trauma der Stadtgeschichte, in: Bettina FRAISL/Monika STROMBERGER (Hg.), Stadt und Trauma. Annäherungen – Konzepte – Analysen, Würzburg 2004, S. 123–143, hier S. 134.
27 Zitiert nach Maddalena CARLI, Die Illusion von der Unsterblichkeit. Roms Gedenken an das Bombardement vom 19. Juli 1943, in: ARNOLD/SÜSS/THIESSEN (Hg.), Luftkrieg

bedrohliche Gegenwart den Erinnerungsrahmen. In der Hafenstadt erinnerten Willy Brandt und Rotterdams Bürgermeister van der Louw gemeinsam an die Schrecken des Bombenkriegs in den Niederlanden und in Deutschland, um ein zeitgemäßes Plädoyer für den Frieden zu formulieren: »Wie wollen dies nie wieder erleben, weder bei uns noch bei anderen.« Gerade im Zeitalter der Atombombe sei Frieden »das wichtigste Menschenrecht«[28] geworden.

Weil Kriege seit 1945 nicht Geschichte geworden, sondern bittere Gegenwart geblieben sind, ist die Persistenz dieses Narrativs bis heute wenig überraschend. Offensichtlich wurde das zuletzt bei Ausbruch des Irakkrieges 2003, der in zahlreichen Städten Erinnerungen an den Bombenkrieg als pazifistisches Plädoyer reaktivierte. Problematisch sind solche Reaktivierungen alter Muster in erster Linie für deutsche Städte. Schließlich war in der mahnenden Erinnerung an die deutschen Bombenopfer gelegentlich ein recht relativierender Tonfall zu vernehmen, der bereits für die 1960er Jahre ins Auge fällt. Plötzlich schienen die deutschen Opfer nicht mehr nur neben, sondern gelegentlich sogar über den Opfern des »Holocaust« zu stehen, was nicht nur ehemals Verfolgten Bauchschmerzen bereitete. So ließe sich zumindest die Ansprache von Ralph Giordano zum 60. Jahrestag der Bombardierung Hamburgs im Juli 2003 interpretieren, in der sich dieser gegen die Exklusivität der Bombenopfer in Stellung brachte: »Wogegen ich mich [...] wehre, ist die unzulässige, weil absichtsvolle Hervorhebung des Luftkrieges aus dem kriegerischen Gesamtterror, mit dem dieses Deutschland Europa und die Welt überzogen hatte. [...] Jeder Versuch, das anglo-amerikanische Bombardement zu einem vergleichslosen Kapitel der Kriegsgeschichte zu machen, suggeriert eine Einmaligkeit, die es nicht gegeben hat«[29].

An den Bombenkrieg, so lassen sich diese Beobachtungen auf den Punkt bringen, wurde in den Jahrzehnten nach Kriegsende also ausgesprochen oft erinnert, sodass von einem Tabu oder einem verschämten Verschweigen kaum die Rede sein kann. Schließlich bediente dieser Erinnerungsort mehrere Bedürfnisse lokaler Identitätsbildung. In der Erzählung vom ungebrochenen Widerstandswillen spiegelte sich die Stadt als zupackende, tatkräftige Gemeinschaft. In der Erinnerung an die »Stunde Null« wiederum versahen sich die Städte mit einem zukunftsweisenden Gründungsmythos. Und in der Reaktivierung der Erinnerung als pazifistisches Plädoyer reagierte man auf aktuelle Kriegssorgen und stilisierte sich zu versöhnungsbereiten Opfern.

Wegen ihrer weiten, sogar grenzüberschreitenden Verbreitung lässt sich von diesen drei Erinnerungsmustern fast als eine Art Kanon städtischer Geschichtsbilder sprechen. Denn erstaunlicherweise funktionierte die Identitätsbildungen dies- und jenseits des »Eisernen Vorhangs« relativ ähnlich. Selbstverständlich konnte man die Kritik an den Alliierten in Ostdeutschland ungleich deutlicher als in Westeuropa vernehmen, war in der DDR häufig die Rede vom »angloame-

(wie Anm. 3), S. 101–113, hier S. 108.

28 Zitiert nach STRUPP, Stadt ohne Herz (wie Anm. 16), S. 40.

29 Zitiert nach THIESSEN, Eingebrannt (wie Anm. 3), S. 423.

rikanischen Bombenterror«, wie sie bereits von der Propaganda des »Dritten Reichs« zu vernehmen gewesen war. Außerdem waren die Diskussionen im Westen von einer höheren Komplexität als in der DDR. Zumindest lässt sich in der Bundesrepublik, in Frankreich, Italien und den Niederlanden ein vielfältiger und kontroverser Austausch über die »richtigen« Formen städtischen Erinnerns beobachten, während sich in der ostdeutschen Propaganda eine Geschichts-»Mono«-Kultur verfestigte.[30] Auf derartige systembedingte und lokale Unterschiede wird in einem späteren Kapitel noch einzugehen sein, wenn die vergleichende Perspektive im Mittelpunkt steht.

Insgesamt jedoch sind die Gemeinsamkeiten in den lokalen Geschichtskulturen Europas frappierend. Sie bekräftigen daher umso mehr das Plädoyer für einen schärferen Blick der Forschung auf Städte und Regionen als Erinnerungsräume besonderer (Eigen-)Art jenseits der nationalen Ebene. »Vor Ort« boten die »eigenen« Opfer bzw. die eigenen Leistungen den Stoff für städtische Geschichts- und Selbstbilder.[31] Gerade für deutsche Städte hinterlassen solche Prozesse lokaler Identitätsbildung indes einen gewissen Nachgeschmack. Nicht die »Opfer der Deutschen«, sondern die »deutschen Opfer« bzw. die deutschen Heroen und Heroinen des Wiederaufbaus standen seit den 1950ern im Zentrum der öffentlichen Erinnerung, wie Robert G. Moeller für die Bundesrepublik bemerkt hat: »The ›war damaged‹ […] included those who had experienced material losses, particularly from bombing, or who had lost their savings […] These German victims were members of the West German imagined community. Victims of Germans were not«[32].

In solchen ost-westdeutschen Parallelen städtischer Opfernarrative könnte man eine gemeinsame »Abwehrhaltung« in der Bundesrepublik und DDR sehen, wie sie Christoph Classen für die Nachkriegszeit festgestellt hat. Demnach hätten die zunächst ganz ähnlichen »strukturellen Probleme (›Zusammenbruchsgesellschaft‹, Besatzungsherrschaft)« nach Kriegsende zu einer »Verschwiegenheitsgemeinschaft« geführt, deren gemeinsame Ausrichtung einer »Frontstellung gegen die Alliierten« und damit einem »Konsens der Amnestie und Amnesie«[33] entsprochen habe. Anders gesagt: Die städtische Leiterzählung war in beiden Deutschlands lange Zeit die Leid- und Leistungserzählung, sodass der Erinne-

30 Vgl. Käppner, Erstarrte Geschichte (wie Anm. 12).

31 Zum »kommunalen Gedächtnis« an den Bombenkrieg in West- und Ostdeutschland vgl. den Überblick bei Malte Thiessen, Gemeinsame Erinnerungen im geteilten Deutschland. Der Luftkrieg im »kommunalen Gedächtnis« der Bundesrepublik und der DDR, in: Deutschland Archiv 41 (2008), S. 226–232.

32 Robert G. Moeller, War Stories. The Search for a Usable Past in the Federal Republic of Germany, Berkeley 2001, S. 6–7.

33 Christoph Classen, Fremdheit gegenüber der eigenen Geschichte. Zum öffentlichen Umgang mit dem Nationalsozialismus in beiden deutschen Staaten, in: Jan C. Behrends/Thomas Lindenberger/Patrice G. Poutrus (Hg.), Fremde und Fremd-Sein in der DDR, Berlin 2003, S. 101–126, hier S. 107.

rungsort Bombenkrieg als wichtige Ressource städtischer Identitätsbildung diente.

Hier liegen die engen Bezüge zwischen der Erinnerungs- und der Stadtgeschichtsforschung auf der Hand. So stehen Forschungen zu städtischen Repräsentationen unter Stadthistorikern seit Langem hoch im Kurs. Insbesondere die von Adelheid von Saldern angeregten Studien haben zeigen können, dass »kulturelle Praxisformen [...], die allgemein als stadtspezifisch angesehen werden und Stadtidentität stiften sollen«[34], als Vergemeinschaftungsangebote mit eigenen Ritualen und Regeln, also als spezifische »Stadtrepräsentation« zu fassen sind. Städtische Öffentlichkeiten und Stadtkulturen eröffnen demnach eigene Kommunikationsräume und Identitätsressourcen, die Identitätsangebote staatlicher bzw. nationaler Provenienz ergänzen oder ihnen sogar gegenüberstehen könnten. Von diesen stadtgeschichtlichen Erkenntnissen profitiert wiederum die Erinnerungsforschung, lassen sich mit ihnen doch Erinnerungsdiskurse in ihrem Kontext verorten und kollektive Identitäten als Analysekategorie greifbar machen.

Impulse bieten stadtgeschichtliche Studien der Erinnerungsforschung noch in einem weiteren Forschungsfeld, auf dem der Stadtplanung. Wie wichtig beispielsweise Planungen des Wiederaufbaus europäischer Städte nach dem Zweiten Weltkrieg für die Ausprägung der jeweiligen Geschichtskulturen waren, zeigt etwa die große Verbreitung des »Stunde Null«- bzw. »Phönix aus der Asche«-Motivs, das oben bereits skizziert worden ist. Wiederaufbau war keineswegs ein Thema nur für Architekten oder Stadtplaner, sondern ein Phänomen von gesamtgesellschaftlicher Relevanz. Bis in die 1960er Jahre wurden in der Bundesrepublik ebenso wie in der DDR der Wiederaufbau als gesellschaftlicher Wiederaufstieg interpretiert, stand das Tilgen der Spuren des Krieges aus dem Stadtbild als *der* Indikator für eine gesellschaftliche Normalisierung. Vom Wiederaufbau als »geistige[r] Wiederaufrichtung«[35] sprach in diesen Jahren nicht nur Bürgermeister Max Brauer in Hamburg. In ganz Europa standen Rekonstruktion oder Neuaufbau für das Verheilen der Narben des Krieges.

Erst vor diesem stadtgeschichtlichen Hintergrund wird deutlich, welch starke identitätspolitische Aufladung Erinnerungen an den Bombenkrieg erhalten konnten, wenn nicht die Rede von den Bombentoten oder »Terror«-Bombardements war, sondern bevorzugt von den Trümmern bzw. von ihrer Überwindung. Auch hier besteht also eine fruchtbare Beziehung zwischen Erinnerungs- und Stadtgeschichtsforschung. Denn erst der stadtgeschichtlich geerdete Blick auf die Nachkriegszeit gibt den kulturgeschichtlichen Rahmenbedingungen ihre Kon-

34 Adelheid von Saldern, Einleitung – Herrschaft und Repräsentation in DDR-Städten, in: Dies. (Hg.), Inszenierte Einigkeit. Herrschaftsrepräsentation in DDR-Städten (Beiträge zur Stadtgeschichte und Urbanisierungsforschung, Bd. 1), Stuttgart 2003, S. 9–58, hier S. 18.

35 Peter Krieger, »Wirtschaftswunderlicher Wiederaufbau-Wettbewerb«. Architektur und Städtebau der 1950er Jahre in Hamburg (Diss. ms.), Hamburg 1998, hier S. 41.

turen, in denen sich der Wandel deutscher Geschichtskulturen nachvollziehen lässt.

2. *Der städtische Raum als Erinnerungsrahmen für Zeitzeugen*

Als städtische Repräsentation, als Image- und Identitätspolitik boten Erinnerungen an den Bombenkrieg offenbar einen größeren Resonanzraum für persönliche Kriegserfahrungen als nationale Mythen. Westeuropäische Widerstands- und Heldenmythen, bundesdeutsche Geschichtsbilder vom »Holocaust« ebenso wie die antifaschistische Staatsideologie der DDR erlaubten zwar eine nationale Selbstvergewisserung. Sie blieben indes schwer anschlussfähig an private Verlust- und Leidenserfahrungen. Solchen Erlebnissen entsprachen die städtischen Leiterzählungen schon eher. In den städtischen Geschichtskulturen entfaltete sich ein Erinnerungsrahmen, der den Lebensgeschichten vom Krieg und damit den Bedürfnissen der Zeitzeugen nach biografischer Sinnbildung entsprach. Aus diesem Grund bilden städtische Geschichtskulturen spezifische Erinnerungsrahmen, die Einfluss auf Zeitzeugen ausüben können. Sie bieten Zeitzeugen Erinnerungsimpulse und sinnstiftende Deutungen an, die als eigene Erinnerungen übernommen werden können.[36]

So gibt es sehr selten private Bilder vom Bombenkrieg. Während der Flucht vor den Bomben hatten die Betroffenen naturgemäß Besseres zu tun, als ihr Erleben zu dokumentieren. Zwar bewahren viele Zeitzeugen Relikte des Bombenkriegs bis heute auf, haben angebrannte Tassen oder Tischtücher einen hohen Stellenwert für die familiäre Tradierung von Erinnerungen. Aber es fehlen Fotos, die das Geschehene visuell belegen. Viele Bilder des Bombenkriegs, auf die sich Zeitzeugen in ihren Berichten oder in Gesprächen beziehen, stammen daher aus dem Bildreservoir städtischer Geschichtskulturen. Wie Ergebnisse eines aktuellen Oral-History-Projekts über Hamburger Zeitzeugen des »Feuersturms« zeigen, sind Aufnahmen aus Zeitungsserien, Broschüren und Büchern zu Ausstellungen, wie sie an runden Jahrestagen der Bombardierungen in die Öffentlichkeit treten, eine wichtige Erinnerungshilfe. Sie geben den Erzählungen der Zeitzeugen vor-bildliche Ankerpunkte – im eigentlichen Wortsinn.[37] Die Aussage einer Zeitzeugin, die den Hamburger »Feuersturm« von 1943 als zehnjähriges Mädchen überlebte, bringt diese Beobachtung auf den Punkt: »Ich hab diese Bücher

36 Bei den folgenden Überlegungen beziehe ich mich auf bereits veröffentlichte Ergebnisse des Interdisziplinären Forschungsprojekts »Zeitzeugen des Hamburger ›Feuersturms‹ und ihre Familien«. In diesem Zusammenhang vgl. u. a. Malte THIESSEN, Zeitzeuge und Erinnerungskultur. Zum Verhältnis von privaten und öffentlichen Erzählungen des Luftkriegs, in: Lu SEEGERS/Jürgen REULECKE (Hg.), Die »Generation der Kriegskinder«. Historische Hintergründe und Deutungen, Gießen 2009, S. 157–182.

37 Zur Bedeutung von Bildern bei Erinnerungen an den Holocaust vgl. Cornelia BRINK, Ikonen der Vernichtung. Öffentlicher Gebrauch von Fotografien aus nationalsozialistischen Konzentrationslagern nach 1945, Berlin 1998; Habbo KNOCH, Die Tat als Bild. Fotografien des Holocaust in der deutschen Erinnerungskultur, Hamburg 2001.

über den Hamburger Feuersturm nachgelesen, einfach um zu sehen wie – also da sind auch Bilder drin – *um das noch mal so zu sehen*«[38].

Städtische Geschichtskulturen bieten folglich nicht nur Erinnerungsimpulse, sondern auch ganz konkrete Deutungsangebote, die in die persönliche Lebensgeschichte eingeschrieben werden. Das bekannteste Beispiel hierfür dürfte wohl das Narrativ von der Trümmerfrau sein, das sich bei Zeitzeuginnen ungemein häufig nachweisen lässt: »Man war ja eben auch so eingespannt«, berichtet etwa eine Hamburgerin von der Zeit nach dem »Feuersturm«: »[...] ich meine, Hamburg lag in Trümmern, und ich war ja auch noch mal Trümmerfrau. Wir haben ja noch alle in den Trümmern gewühlt und Steine geklopft und aufgebaut«[39]. In diesem Fall ist die Schilderung besonders widersprüchlich, berichtet die Zeitzeugin in demselben Interview doch von ihrer Berufstätigkeit als Medizinerin und davon, dass sie selbst kaum Zerstörungen erlebt habe. Weitere Zweifel wecken solche Erinnerungen, wenn man sozial- und alltagsgeschichtliche Untersuchungen zur Hand nimmt. Schließlich können sämtliche Studien nachweisen, dass es in Hamburg – im Gegensatz zu Berlin – keinen offiziellen, geschweige denn systematischen Einsatz von Trümmerfrauen gegeben hat.[40] Nachvollziehbar werden solche Erzählungen hingegen, wenn man sie als »geliehene Erinnerungen« versteht, als Deutungsangebote der Hamburger Geschichtskultur, die ihre Spuren in den Lebensgeschichten hinterlassen.

Bislang sind solche Beziehungen zwischen städtischer und privater Erinnerung an den Bombenkrieg für andere Städte noch wenig erforscht. Hinweise auf entsprechende Wechselwirkungen zwischen kommunikativem und städtischem Gedächtnis finden sich in Christoph Strupps Studie zu Rotterdam oder Stefanie Schüler-Springorums Aufsatz zu Guernica[41], vor allem aber nach Alexander von Platos Befragungen von Zeitzeugen in Dresden.[42] Diese Befunde unterstreichen daher ebenso den Bedarf an weiteren Forschungen wie die Ergiebigkeit des Austausches zwischen der Stadtgeschichts- und der Erinnerungsforschung. So bieten stadthistorische Arbeiten zu lokalen Öffentlichkeiten auch Anhaltspunkte über

38 Interview mit Frau K. vom 6. März 2007. Alle im Rahmen des oben genannten Projekts erhobenen Interviews können in der »Werkstatt der Erinnerung«, dem Oral-History-Archiv der Forschungsstelle für Zeitgeschichte in Hamburg (FZH), eingesehen werden.

39 Interview mit Frau B. vom 3./8. August 2006.

40 Vgl. Nicole KRAMER, Ikone des Wiederaufbaus. Die »Trümmerfrau« in der bundesdeutschen Erinnerungskultur, in: ARNOLD/SÜSS/THIESSEN (Hg.), Luftkrieg (wie Anm. 3), S. 259–276. Für Hamburg hebt u. a. Christine Burlich in ihrer Studie zum Wiederaufbau hervor, dass es in der Hansestadt »keine Trümmerfrauen gegeben hat«. Christine BURLICH, Alltag in Hamburg 1945–1948: Leben in einer zerstörten Stadt (Magisterarbeit), Hamburg 1988, S. 131.

41 STRUPP, Stadt ohne Herz (wie Anm. 16); Stefanie SCHÜLER-SPRINGORUM, Mythos Guernica. Projektion, Propaganda, Politik, in: ARNOLD/SÜSS/THIESSEN (Hg.), Luftkrieg (wie Anm. 3), S. 84–100.

42 Alexander VON PLATO, Erinnerungen an ein Symbol. Die Bombardierung Dresdens im Gedächtnis von Dresdnern, in: BIOS 20 (2007), S. 123–137.

die Wirkungsmächtigkeit städtischer Geschichtskulturen. Städtische Räume, so hebt Adelheid von Saldern hervor, haben »symbolische Kraft auf Wahrnehmungen, Deutungsschemata und Einstellungen der Menschen«[43]. Städtische Medienlandschaften, kulturelle, Unterhaltungs- und Bildungsinstitutionen bilden demnach einen medialen Rahmen, der nicht mit »der« Öffentlichkeit nationaler Reichweite gleichzusetzen ist, der aber dennoch Einfluss auf individuelle Erinnerungen ausübt. In Anlehnung an stadtsoziologische Studien könnte man auch sagen: Städte bilden einen Erinnerungsrahmen mit spezifischer Eigenlogik, der von nationalen Geschichtskulturen – gerade mit Blick auf das »Dritte Reich« – mitunter deutlich abweicht.[44]

Einen Erinnerungsrahmen bilden Städte indes nicht nur wegen der Erinnerungsimpulse und Deutungsangebote, die von Geschichtskulturen ausgehen. Darüber hinaus ist schon der städtische Raum an sich ein Erinnerungsimpuls. In Städten befinden sich schließlich nicht nur Gedenktafeln und Denkmäler, die vergangene Ereignisse direkt am Ort des Geschehens sichtbar machen. Darüber hinaus finden wir in allen großen deutschen Städten reale »Spuren« des Krieges, die für persönliche Erinnerungen von großer Bedeutung sind. Unzählige Bunker und Luftschutzräume wären nur zwei solcher Spuren, die bis heute vom Alltag des Krieges künden. Noch verbreiteter sind die sehr viel zahlreicheren »Bombenlücken«. In einer kaum zu überbietenden Mischung aus Eindringlichkeit und Alltäglichkeit markieren diese Leerstellen im Straßenbild den allgegenwärtigen Verlust des Alten, sodass Suzan Mazur-Stommen von Bombenlücken als »symbolic storage spaces« für die Bevölkerung gesprochen hat.[45]

Offenbar rahmt der städtische Raum das »kommunikative Gedächtnis« schon durch die Präsenz von Überresten. So geben Zeitzeugen des Hamburger »Feuersturms« in Interviews an, dass sie bei Spaziergängen, beim Betrachten von Bunkern, Bombenlücken oder wiederaufgebauten Häusern an ihre Erlebnisse erinnert werden. Darüber hinaus dienen diese Bezugspunkte im städtischen Raum als Gesprächsanlass in Familien und im Freundeskreis. »Als ich ein kleiner Junge war«, berichtet beispielsweise der Sohn einer Zeitzeugin, »und die Dinger viel gesehen hab, diese Bunker, ›was sind das für komische Häuser, die keine Fenster haben?‹ Wo denn meine Eltern mir erzählt haben, wofür, welchen Zweck die hatten. […] Das muss für die Leute fürchterlich gewesen sein, die da drin waren und dann hört man's krachen«[46].

43 Adelheid von Saldern, Stadt und Öffentlichkeit in urbaniesierten Gesellschaften. Neue Zugänge zu einem alten Thema, in: Informationen für Moderne Stadtgeschichte 2 (2000), S. 3–15, S. 3.
44 Helmuth Berking/Martina Löw (Hg.), Die Eigenlogik der Städte. Neue Wege für die Stadtforschung, Frankfurt am Main 2008.
45 Susan Mazur-Stommen, Evading What the Nazis Left Behind. An Ethnographic and Phenomenological Examination of Historic Preservation in Postwar Rostock, in: Rosenfeld/Jaskot (Hg.), Beyond Berlin (wie Anm. 3), S. 67–86, hier S. 81.
46 Interview mit Herrn M., 21. Januar 2008.

Solche Beobachtungen münden in dem Plädoyer, dass die Erinnerungsforschung die räumliche Dimension kollektiver Geschichtsbilder besonders genau im Blick behalten sollte. Und dass die Stadt, ihre Gebäude, Straßen und Plätze, jene »Rahmen der Erinnerung«, die in neueren Forschungen im Gegensatz zu den Pionierstudien noch wenig berücksichtigt werden, als konkrete Untersuchungsgegenstände erfasst werden sollten.[47] Der städtische Raum fungiert für Zeitzeugen sowohl als Erinnerungsimpuls als auch als Transmissionsriemen bzw. Vermittlungsmedium für die Weitergabe von Erinnerungen an Andere.[48] Auch aus diesem Grund ist die Verbindung von Stadtgeschichts- und Erinnerungsforschung so produktiv. Weil Fragen nach kollektiver Identität und kollektiven Gedächtnissen räumlich kontextualisiert werden können; weil Erinnerungsräume also durchaus wörtlich zu verstehen sind, wenn man sich im Nahbereich von Zeitzeugen umsieht. Im städtischen Raume, so könnte man also die Studie von Karl Schlögel variieren, lesen wir die Zeitgeschichte.[49] Erst die genaue Kenntnis des städtischen Resonanzraumes für Erinnerungen erlaubt der Erinnerungsforschung eine differenzierte Betrachtung jener Wechselwirkungen zwischen kollektivem und individuellem Gedächtnis, zwischen sozialem Rahmen und biografischer Erinnerung.

3. Städtische Erinnerungen im Vergleich

Ein komparativer Zugriff auf städtische Erinnerungen ist oben bereits angedeutet worden, als es um die Charakteristika städtischer Gedächtnisse und um gemeinsame Erinnerungsmuster ging. Tatsächlich bilden städtische Geschichtskulturen ein fruchtbares Forschungsfeld für Vergleiche nicht nur im deutsch-deutschen[50] und europäischen Rahmen. Im Falle des Bombenkriegs ließen sich

47 Vgl. dazu die weiterführenden Überlegungen bei Francesca CAPPELLETTO, Kriegserinnerungen in zwei Dörfern der Toskana. Vom autobiographischen zum sozialen Gedächtnis, in: Karoline TSCHUGGNALL (Hg.), Erinnerung & Emotion (Psychologie und Gesellschaftskritik 118/2006, 2), S. 7–34, besonders S. 18 sowie Nicole MEHRING, Funktionale Architektur – emotionale Erinnerungen. Luftschutzbunker als Erinnerungsorte in der Bundesrepublik seit den 1990er Jahren, in: Ebd., S. 83–104, besonders S. 90–91.

48 Zu Dresden vgl. VON PLATO, Erinnerungen (wie Anm. 42); für Hamburg vgl. THIESSEN, Zeitzeuge und Erinnerungskultur (wie Anm. 36) sowie DERS., Der »Feuersturm« im kommunikativen Gedächtnis. Tradierung und Transformation des Luftkriegs als Lebens- und Familiengeschichte, in: ARNOLD/SÜSS/THIESSEN (Hg.), Luftkrieg (wie Anm. 3), S. 312–331.

49 Karl SCHLÖGEL, Im Raume lesen wir die Zeit. Über Zivilisationsgeschichte und Geopolitik, München 2003.

50 Vgl. den Versuch eines entsprechenden Städtevergleichs bei Malte THIESSEN, Lübecks »Palmarum« und Hamburgs »Gomorrha«. Erinnerungen an den Luftkrieg im Städtevergleich, in: FUGE/SCHMID/HERING (Hg.), Gedächtnis von Stadt und Region (wie Anm. 4), S. 61–89; THIESSEN, Gemeinsame Erinnerungen (wie Anm. 31).

komparative Studien sogar bis nach Japan ausdehnen.[51] Diese Behauptung hat für die Verbindung von Stadtgeschichte und Erinnerungsforschung zwei Konsequenzen, die im Folgenden kurz skizziert werden sollen. Einerseits lässt sich an gemeinsamen Geschichtsbildern die Frage aufwerfen, inwiefern in städtischen Geschichtskulturen des Bombenkriegs geradezu universale gesellschaftliche Deutungsmuster für kommunale Krisen zu finden sind. Vergleichende Forschungen zum Umgang europäischer und amerikanischer Städte mit Katastrophen wie Erdbeben und Großbränden, die zu ganz ähnlichen Narrativen kommen, geben hierfür erste Hinweise.[52]

Andererseits sollte der Vergleich jedoch nicht zu vorschnellen Gleichsetzungen verleiten. Denn sehr ähnlich klingende Geschichtsbilder lassen sich unter Umständen auf sehr unterschiedliche Erinnerungsmotive zurückführen. Der vordergründige Gleichklang städtischer Erinnerungen sagt an sich noch wenig aus über gemeinsame Motive. Ein einziges Beispiel aus dem europäischen Erinnerungskanon soll hierfür genügen. So klang die Erzählung vom Bombenkrieg als Kriegsklage und pazifistische Parabel im Westen und Osten Deutschlands gelegentlich ganz ähnlich. Dennoch könnten Kontexte und Absicht dieser Erinnerungen unterschiedlicher kaum sein. In Dresden, Magdeburg und Halberstadt fungierte die Klage um die Bombenopfer als Mobilisierung für die eigene Bevölkerung und Diskreditierung des Westens. Hier, im Westen, bestanden hingegen ganz andere Bedürfnisse. Auch hier verhandelte man mit der Erinnerung an den Bombenkrieg zwar kollektive Kriegssorgen und gegenwärtige Bedrohungen. Sie bildeten den aktuellen Hintergrund, vor dem städtische Geschichtsbilder ihre Konturen gewannen. Doch zielte man im Westen in erster Linie auf eine europäische Aussöhnung, seit den 1980er Jahren zunehmend auch mit dem Ostblock, zumindest aber auf eine historische Legitimation friedenspolitischer Forderungen nach Abrüstung und nach einem Ende des atomaren Wettrüstens. Ebenso deutlich treten Unterschiede hervor, wenn man auf die Akteure der Erinnerung blickt. Während in Westeuropa und in der Bundesrepublik vor allem die Kirchen und die Friedensbewegung in der Kriegsklage ein friedenspolitisches Plädoyer formulierten, diente sie im Osten der SED zur innenpolitischen Legitimation durch Abgrenzung vom »Klassenfeind«. Zwar treten auch in der DDR kirchliche Akteure auf die Erinnerungsbühne, die mit den Erinnerungen ähnliche Deutungsinteressen verbanden wie ihre Brüder und Schwestern westlich der Elbe. Studien zu Dresden und Magdeburg legen indes nahe, dass diese Stimmen im

51 Vgl. Tetsuo Aoki, Luftschutzbunker in Japan, in: Inge Marszolek/Marc Buggeln (Hg.), Bunker. Kriegsort, Zuflucht, Erinnerungsraum, Frankfurt am Main 2008, S. 139–154.

52 Geneviève Massard-Guilbaud/Harold L. Platt/Dieter Schott (Hg.), Cities and Catastrophes – Villes et catastrophes. Coping with Emergency in European History – Réactions face à l'urgence dans l'histoire européenne, Frankfurt am Main 2002.

öffentlichen Erinnerungschor wenig Gehör fanden. Bis Ende der 1980er Jahre blieben kirchliche Erinnerungsinitiativen in der DDR marginalisiert.[53]

Der Städtevergleich bietet uns also zweierlei: Einerseits macht er aufmerksam auf Gemeinsamkeiten und Parallelen in der europäischen Erinnerungslandschaft, wie sie oben bereits beispielhaft skizziert worden sind (1.). Diesen Gemeinsamkeiten ließe sich genauer nachspüren, münden die Erinnerungsparallelen letztlich doch in einem Plädoyer für weitere Forschungen zu einer historischen Semantik städtischer Katastrophen. Allein der Überblick über einige Beiträge im vorliegenden Band weist darauf hin, dass es sich bei den Erinnerungen an den Bombenkrieg um Motive handeln könnte, die sehr viel älteren Ursprungs waren. Inwiefern sich die Europäer ihre Bilder des Bombenkriegs also quasi aus dem Steinbruch christlicher Deutungen von der Überwindung des Todes, von der Wiederauferstehung oder der Gemeinde als Solidargemeinschaft schlugen, wäre daher eine spannende Frage, die in diesem Zusammenhang weiterzuverfolgen wäre.[54]

Andererseits sensibilisiert der Vergleich für die feinen Unterschiede bei den Erinnerungsmotiven und damit für spezifische Kontexte, die städtischen Geschichtsbildern ein besonderes Gepräge geben. Diese Feststellung gilt sowohl in räumlicher als auch in zeitlicher Hinsicht. So war die Rede vom »Bombenterror« im »Dritten Reich« ebenso zu hören wie in einigen bundesdeutschen Städten der 1980er Jahre. Und doch waren Hintergrund und Adressat solcher Erinnerungen grundverschieden, verfolgte die NSDAP mit ihrer Anklage der »Britenbomber« selbstverständlich andere Ziele als Teile der SPD oder Aktivisten der Friedensbewegung, die gegen den NATO-Doppelbeschluss auf die Straße gingen. Auch die Gleichzeitigkeit des Gedenkens, also der scheinbare Gleichklang in unterschiedlichen Städten zum selben Zeitpunkt, sollte nicht die spezifischen lokalen Hintergründe überdecken, die den jeweiligen Erinnerungsrahmen »vor Ort« absteckten. So stechen auf den ersten Blick starke inhaltliche Parallelen und Konjunkturen des Gedenkens in Hamburg und Kassel hervor, was durch den historischen Hintergrund umso plausibler erscheint. Schließlich wurde Kassel Ende Oktober 1943, und damit nur wenige Monate später als die Hansestadt, verhältnismäßig gesehen fast ebenso schwer zerstört wie Hamburg. Auf einen zweiten Blick indes sind die Gemeinsamkeiten zu relativieren. Während sich Kassel als ehemals bedeutende Residenzstadt in der Nachkriegszeit jahrzehntelang am Zonenrand gelegen fand, konnte Hamburg als deutsches »Tor zur Welt« schnell wieder seine norddeutsche Vorrangstellung einnehmen und ausbauen. Umso selbstbewusster klangen in der Hansestadt die »Stunde Null«-Erinnerungen im Vergleich zu Kassel. Andererseits musste sich das Bombenkriegsgedenken in Städten wie Hamburg und München ab den 1980er Jahren immer häufiger auf NS-Verbrechen beziehen, entstanden in dieser Zeit mit den neuen Gedenkstätten

53 Vgl. u. a. NEUTZNER, Vom Anklagen (wie Anm. 13).

54 Jörg ARNOLD/Dietmar SÜSS/Malte THIESSEN, Tod, Zerstörung, Wiederaufbau. Zu einer europäischen Erinnerungsgeschichte des Luftkrieges, in: DIES. (Hg.), Luftkrieg (wie Anm. 3), S. 9–24, hier S. 21.

in Neuengamme und Dachau doch neue Erinnerungsorte an den »Holocaust«, die in Kassel, Lübeck, Pforzheim oder Würzburg eine geringere Rolle spielten.[55]

4. Transregionale Beziehungsgeschichte und europäische Netzwerke der Erinnerung

An diese Beobachtungen schließt sich die vierte Perspektive unmittelbar an. Der Vergleich lenkt den Blick nämlich weiter, auf Netzwerke der Erinnerung zwischen unterschiedlichen Städten, eröffnet der Stadt- und Erinnerungsforschung also das komplexe Feld der Beziehungsgeschichte, wie es u. a. Stephan Goebel vermessen und analysiert hat. Goebel kann anhand des Austausches zwischen Coventry und Dresden seit den 1950er Jahren nachweisen, dass sogar durch den »Eisernen Vorhang« hindurch Netzwerke der Erinnerungen geknüpft wurden, die Erinnerung an den Bombenkrieg über die Mauer hinweg »europäisiert«[56] wurde. So reisten zum 20. Jahrestag der Bombardierung Dresdens Anfang 1965 britische Delegationen in die DDR, um dort das Nagelkreuz »als Geste an das ganze deutsche Volk«[57] zu überreichen. Etwas früher noch wurden europäische Netzwerke der Erinnerung in Hamburg geknüpft. Hier fanden bereits im November 1948 die anglikanische und die evangelische Kirche zu einem deutsch-britischen Gedenkgottesdienst zusammen und gedachten des Bombenkriegs im Dienste kirchlicher Versöhnungsarbeit. »Ich bin tief bewegt«, bekannte hier der Erzbischof von Canterbury, Geoffrey Fisher, »dass ich an diesem Morgen das Vorrecht habe, hier in einem Gottesdienst von Deutschen und Engländern zu predigen, die eins sind in dem Glauben an das Reich, das Christus vor Gott geschaffen hat«[58].

Dass solche Symbole deutsch-britischer Aussöhnung zu handfesten Auseinandersetzungen führen konnten, lässt sich ebenfalls an der Hansestadt aufzeigen. Hier beging man den 50. Jahrestag der Bombardierungen im Juli 1993 mit großem Aufwand. Unter den mehr als 100 Veranstaltungen dieses Gedenkjahres ragte der ökumenische Gottesdienst im »Michel«, dem Wahrzeichen der Stadt, heraus. Hier begingen Vertreter aus Coventry, Rotterdam und St. Petersburg gemeinsam einen »Gnadenakt«, in der das Versöhnungsmotiv im Vordergrund stand. Die gemeinsame Kriegserfahrung europäischer Städte, so erklärte die Hamburger Bischöfin Maria Jepsen in ihrer Predigt, werde so zur »›heilsame[n] Erinnerung‹, die uns ermutigt, gegen den Hass und für die Versöhnung, gegen

55 Vgl. neben den oben genannten Arbeiten vor allem für München Gavriel ROSENFELD, Architektur und Gedächtnis. München und Nationalsozialismus – Strategien des Vergessens, Hamburg 2004.

56 Stefan GOEBEL, Coventry und Dresden: Transnationale Netzwerke der Erinnerung in den 1950er und 1960er Jahren, in: Dietmar SÜSS (Hg.), Deutschland im Luftkrieg. Geschichte und Erinnerung (Zeitgeschichte im Gespräch, Bd. 1), München 2007, S. 111–120, hier S. 119.

57 Ebd., S. 115

58 Zitiert nach THIESSEN, Eingebrannt (wie Anm. 3), S. 130.

den Tod und für das Leben einzutreten.« Ritueller Ausdruck dieser Versöhnung ehemaliger Kriegsgegner war die Übergabe eines Nagelkreuzes aus Coventry an Hamburg, von der die Gedenkfeier abgeschlossen wurde.

Solche Versöhnungsmotive stießen indes auf scharfe Kritik mehrerer Demonstranten. Diese hatten im Vorfeld des Gedenkgottesdienstes auf Plakaten und Flugblättern vor einem »Geschichtsrevisionismus« gewarnt und waren mit einem Transparent »Es gibt nichts zu trauern!« während des Gottesdienstes in die Kirche eingedrungen. »Versöhnungsfeiern wie diese«, so erklärten sie dort ihre Vorbehalte an einer allzu versöhnlichen Erinnerung, »relativieren die deutsche Geschichte. [...] Opfer waren hinterher alle gleichermaßen: die JüdInnen, die Alliierten, die sowjetischen BürgerInnen und eben gerade nicht zuletzt – die Deutschen«.[59]

Selbst wenn man sich solche Protestformen nicht zu eigen machen möchte, lässt sich der Kern dieser Kritik schwer übergehen, worauf im Folgenden noch einmal eingegangen werden soll. Zunächst aber lenkt der Protest im »Michel« den Blick auf grundsätzliche geschichtskulturelle Entwicklungen, die von einer Europäisierung der Bombenkriegserinnerung ausgingen. Seit den 1960er, spätestens aber seit den 1980er Jahren war städtisches Gedenken immer häufiger gerahmt von europäischen Beziehungen und Partnerschaften, wie sie sich 1993 in Hamburg in dem Joint Venture zwischen Großbritannien, der Bundesrepublik, den Niederlanden und Russland zeigte. Insofern wäre es zu kurz gegriffen, das Gedächtnis der Stadt als Mikrokosmos oder als abgeschlossenen Erinnerungsraum zu verstehen. Lokale Geschichtskulturen standen in engen Wechselbeziehungen mit nationalen, vor allem aber mit anderen lokalen Geschichtskulturen. Städtepartnerschaften und gemeinsame Gedenkveranstaltungen wie jene zwischen Coventry und Dresden, Coventry und Hamburg oder Berlin, Hannover und Kiel, zwischen Hildesheim und Halberstadt, Pforzheim und Guernica oder zwischen Würzburg und Caen belegen, dass durch ganz Europa solche Netzwerke des Gedenkens geknüpft wurden.

In Anlehnung an neue Forschungen zur transnationalen Erinnerung kann man im Falle des Bombenkriegs also von transregionalen Erinnerungen sprechen. Diese transregionalen Geschichtskulturen bieten weitere Erklärungen für spezifische Narrative im Gedächtnis der Stadt. Schließlich war die europäische Beziehungsgeschichte nicht nur eine Voraussetzung dafür, *dass* der Bombenkrieg erinnert wurde. Sie hatte ebenso großen Einfluss darauf, *wie* der Bombenkrieg erinnert wurde und wird. Mit transregionalen Erinnerungen und einer Europäisierung der Narrative ging eine Universalisierung oder Harmonisierung des Gedenkens einher, womit wir wieder bei der Kritik der Demonstranten wären. Seit den 1980er Jahren waren Vorwürfe gegen ehemalige Kriegsgegner in der Bundesrepublik, in Großbritannien, in den Niederlanden und Italien immer seltener zu hören. Sogar in der DDR lassen sich gewisse Tauwetterperioden im geschichts-

59 Alle Zitate ebd., S. 340.

kulturellen Kalten Krieg ausmachen. Diese allmähliche Abrüstung des europäischen Erinnerungsdiskurses brachte indes in der Bundesrepublik neue Probleme mit sich. In der Erinnerung an den Bombenkrieg als gemeinsames europäisches Schicksal und friedenspolitisches Versöhnungsgebot traten historische Kontexte und nationale Unterschiede zunehmend in den Hintergrund. Entsprechend selten spielten bei transregionalen Veranstaltungen die konkreten Ursachen des Krieges oder die Verantwortung für den Holocaust, geschweige denn die NS-Verbrechen »vor Ort« eine Rolle. Im Fokus stand nun vielmehr das gemeinsame, mithin gleiche Schicksal im Krieg, damit das Gedenken in einem allgemeinen pazifistischen Plädoyer münden konnte. In der Erzählung vom Bombenkrieg als europäisches Schicksal reihten sich die deutschen Städte daher reibungslos ein in eine universale Opferschaft des Krieges – und entledigten sich so all der »anderen« Geschichten.

5. Leerstelle Bombenkrieg? Städte zwischen Erinnerungsbewahrung und Gedächtnisverlust

Der Bombenkrieg wurde also keineswegs tabuisiert, im Gegenteil: Für viele Städte bildete ihr »Untergang« in den Bombennächten einen wichtigen geschichtskulturellen Bezugspunkt. Trotzdem ist die Vorstellung von einem Verschweigen nicht aus der Luft gegriffen. Tatsächlich finden sich Leerstellen auch im städtischen Gedächtnis zum Bombenkrieg.

Dass Erinnerung und Vergessen Hand in Hand gehen, ist zunächst einmal eine recht alltägliche Erfahrung. In der Forschung wird in diesem Zusammenhang gemeinhin auf Nietzsche verwiesen, der das Amalgam aus Erinnerungsbewahrung und Gedächtnisverlust als Heilsamkeit des Vergessens in Worte fasste. Auf städtische Erinnerungen zum Bombenkrieg lassen sich solche Beobachtungen durchaus übertragen. Gerade *weil* den Europäern einige Erlebnisse ungern im Gedächtnis blieben, weil also einige Dinge in Vergessenheit geraten sollten, bedurfte es der Erinnerung an andere Dinge, mit denen sich die Vergangenheit sinnvoll erklären ließ. So fällt nach dem bisherigen Überblick ins Auge, dass in Europa häufig von der »Stunde Null« und vom Wiederaufbau die Rede war, von den tapferen Trümmerfrauen oder vom Frieden, für den man fortan einstehen werde. Sehr viel seltener war indes von Verletzungen und Verstörungen zu hören, vom Verlust der Angehörigen oder dem der Heimat, den viele Betroffene ebenfalls empfunden haben dürften.

Nachvollziehbar werden solche Erinnerungslücken, wenn man die Narrative des Bombenkriegs als Ausdruck öffentlicher Sagbarkeitsregeln versteht, die in den vergangenen Jahrzehnten nicht nur in Deutschland, sondern in ganz Europa eingeübt wurden. Dem Gedächtnis der Stadt geht es nicht um Genauigkeit, sondern um gegenwärtige Sinnbildungsbedürfnisse. Einfacher gesagt: Die Erinnerungen an den Bombenkrieg sollten der Identität der Erinnerungsgemeinschaft feste und vorteilhafte Konturen verleihen. Im Gedenken beschrieben sich die Europäer selbst, gaben sie sich ein positives Selbstbild. Sie verhandelten zeitgemäße Probleme und Normen, die den Blick in die Zukunft weisen sollten. Insofern markierten Wiederaufbau und Zusammenhalt, Versöhnung und Frieden sinnvolle Eckpunkte jenes Erinnerungsrahmens, in dem sich seit Kriegsende die jeweiligen Narrative entfalteten.

Diese öffentlichen Sagbarkeitsregeln haben Auswirkungen auch auf persönliche Erinnerungen. Mit der Stadt als Erinnerungsrahmen lassen sich deshalb nicht allein Schwerpunkte in den Erzählungen von Zeitzeugen erklären, wie sie oben gezeigt wurden (2.), sondern auch Leerstellen in den Interviews. So kommt das bereits genannte Projekt zu den Zeitzeugen des Hamburger »Feuersturms« zu dem Ergebnis, dass die Bombenangriffe von der übergroßen Mehrheit der Befragten keineswegs als einschneidendes Ereignis beschrieben werden.[60] Obwohl die »Operation Gomorrha« mit 34.000 Toten und 120.000 Verletzten den schwersten Bombenangriff in der deutschen Geschichte darstellt; obwohl nach den Bombardierungen die Hälfte einer Millionenstadt verwüstet war; und obwohl sich unter den Interviewern durchaus ein Interesse an den Verletzungen und Verstörungen der Zeitzeugen wahrnehmen lässt, ist in den Interviews nur selten vom Entsetzen oder von der Verzweiflung die Rede. Vielmehr geben sich die meisten Zeitzeugen mit ihrer Lebensgeschichte im Reinen, habe der »Feuersturm« für ihre persönliche Entwicklung keinen negativen Einfluss gehabt. Folglich kreist ein Großteil der Berichte um Schilderungen vom Zusammenhalt, den man in den Bombennächten, im Keller und im Bunker erlebt habe, von den Chancen, die sich ihnen nach der »Stunde Null« eröffnet hätten oder von der Bedeutung der christlichen Versöhnung und politischen Aufklärung, die man im »Feuersturm« gelernt habe.

Es liegt nahe, solche Interviewergebnisse umgehend infrage zu stellen. Wahrscheinlich werden die Zeitzeugen untereinander oder mit engen Vertrauten von anderen Lebensgeschichten berichten, dürften viele von ihnen Verletzungen, Trauer oder doch Traurigkeit verspüren, die in den Interviews nicht zum Ausdruck kommt. Doch genau diese Diskrepanz zwischen persönlichem Erleben und öffentlichem Erzählen sind eine Erklärung für die Leerstellen der Erinnerung. Im Gedächtnis der Stadt bleiben bevorzugt jene Deutungen haften, die eine plausible Erklärung der Geschehnisse bieten, die eine positive Identität befördern, mit der sich also eine »imagined community« (Benedict Anderson) gestalten bzw. Politik machen lässt. Das städtische Gedächtnis bestimmt damit aber nicht nur das Aufmerksamkeitsfenster, in dem persönliche Schilderungen wahrgenommen und in Form von Berichten, Leserbriefen oder Zeitzeugenberichten

60 Vgl. neben den oben genannten Beiträgen auch die Ergebnisse des Projekts in Christa Holstein u.a., 65 Jahre später. Zeitzeugen des Hamburger »Feuersturms« (1943) im lebensgeschichtlichen Interview, in: Forum der Psychoanalyse 26 (2010), S. 365–387; Birgit Möller/Malte Thiessen, Familiäre Tradierung des »Feuersturm« in psychologischer und historischer Perspektive: Drei Generationen berichten, in: Zeitschrift für Psychotraumatologie, Psychotherapiewissenschaft, Psychologische Medizin 8 (2010), Heft 1, S. 25–39.

veröffentlicht werden. Es setzt auch den Diskursrahmen eines Interviews und damit die Standards, was Anderen sagbar und vor Fremden als persönliche Lebensgeschichte vertretbar ist.[61]

Fazit: Perspektiven und Potenziale einer Stadtgeschichts- als Erinnerungsgeschichte

Auf den ersten Blick ist schwer vorstellbar, dass ausgerechnet ein derart schreckliches Ereignis wie der Bombenkrieg besonders häufig, geschweige denn besonders gern erinnert wird. Tatsächlich aber mutierte der Bombenkrieg nach 1945 zu einem Erinnerungsort, der sogar zu einer Art Leitmedium städtischer Identität avancieren konnte. In der Umdeutung des Bombenkriegs zu einem Erweckungserlebnis der »Schicksalsgemeinschaft«, zu einem Gründungsmythos des Wiederaufbaus im Nachkrieg oder zu einer Kriegsklage bzw. zu einem Versöhnungsgebot – stets verwandelte die Erinnerung den Krieg in eine sinnvolle bzw. »gute« Geschichte, an die man gern zurückdenken konnte.

Möglich waren solche Sinnstiftungen wegen der Deutungsflexibilität, die diesen Erinnerungsort auszeichnet: Erinnerungen an die Bombennächte waren an unterschiedliche Gegenwartsinteressen anschlussfähig. Sie passten zu den Nachkriegssorgen ebenso wie zum Wiederaufbaustolz der 1950er Jahre, zur Kriegsangst in den 1960er und 1980er Jahren genauso wie zum Versöhnungsbedürfnis der 1980er und 1990er Jahre. Diese Deutungsflexibilität begründete eine Erinnerungstradition und bietet damit eine Erklärung, warum der Bombenkrieg bis heute immer wieder – und immer wieder unter neuen Vorzeichen – erinnert wurde.

Wichtiger noch erscheinen indes die weiterführenden Konsequenzen, die sich aus diesen Ergebnissen ableiten lassen und die für eine engere Verzahnung von Stadtgeschichts- und Gedächtnisforschung sprechen. Erstens bilden städtische Geschichtskulturen eine Mesoebene zwischen nationalen und individuellen Erinnerungen mit einem spezifischen Repertoire an Narrativen und Erinnerungsmustern. Der Blick auf die lokale oder regionale Ebene erweitert unsere Vorstellung von kollektiven Erinnerungen um Erinnerungs*sub*kulturen[62] und die Erforschung kollektiver Identitäten um den Einfluss lokaler und regionaler Räu-

61 Vgl. dazu die grundlegenden Bemerkungen bei Dorothee WIERLING, Oral History, in: Michael MAURER (Hg.), Aufriss der Historischen Wissenschaften, Stuttgart 2003, S. 81–151 sowie entsprechende Beispiele aus dem »Feuersturm«-Projekt bei Malte THIESSEN, Zeitzeugen als Erzähler. Erinnerungen an den Luftkrieg im Spannungsfeld persönlicher, familiärer und öffentlicher Sinnstiftungen, in: Marcus BORN (Hg.), Retrospektivität und Retroaktivität. Erzählen – Geschichte – Wahrheit, Würzburg 2009, S. 99–116.

62 Vgl. Hartmut BERGENTHUM, Geschichtswissenschaft und Erinnerungskulturen. Bemerkungen zur neueren Theoriedebatte, in: Günter OESTERLE (Hg.), Erinnerung, Gedächtnis, Wissen. Studien zur kulturwissenschaftlichen Gedächtnisforschung (Formen der Erinnerung, Bd. 26), Göttingen 2006, S. 121–162, besonders S. 128.

me.[63] Im städtischen Raum werden zudem die Akteure genauer sichtbar, die auf die Erinnerungsbühne treten. Hier lassen sich nicht nur Politiker und Presse untersuchen, sondern ebenso Museen, Geschichtsinitiativen, Schulen, Kirchen, Archivare und Historiker, oder kurz: Die Untersuchung lokaler und regionaler Geschichtskulturen erweitert die gesellschaftliche Arena, in der öffentliche Erinnerungen verhandelt werden und macht sie als soziale Praxis sichtbar.

Lokale Geschichtskulturen weisen zweitens auf die Bedeutung des Raumes und Nahbereichs für die Reaktivierung und Weitergabe von persönlichen Erinnerungen hin. In der Stadt wird der Erinnerungsrahmen für das kommunikative und Familiengedächtnis, für Zeitzeugen und deren Angehörige, konkret greifbar. Das ist insofern von Bedeutung, als die Gedächtnisforschung bislang eher schwammige Konturen sozialer Erinnerungsrahmen entworfen hat, die meisten Studien recht allgemein von »dem« gesellschaftlichen bzw. medialen Einfluss auf private Erinnerungen ausgehen. Hier stellen stadtgeschichtliche Forschungen der Erinnerungsforschung genauere Erkenntnisse bereit, in dem sie den alltäglichen Nahbereich vermessen, in dem sich nicht zuletzt die Zeitzeugen bewegen. Drittens sind Städte ein ergiebiger Untersuchungsgegenstand für vergleichende Forschungen. Im städtischen Vergleich treten Gemeinsamkeiten ebenso hervor wie Unterschiede, die uns für unterschiedliche Motive und Hintergründe des Erinnerns sensibilisieren und den Blick für einzelne Akteure der Erinnerung schärfen. Damit eröffnet die Verbindung von Stadtgeschichte und Erinnerungsforschung eine beziehungsgeschichtliche Perspektive und sensibilisiert für transregionale Netzwerke. In den »entangled histories« zeigen sich Wechselwirkungen zwischen kommunalen Gedächtnissen und deren Folgen für die Formen und Funktionen städtischer Selbstbilder.

Aus diesen Gründen versteht sich der Beitrag als Plädoyer für eine engere Verzahnung von Stadtgeschichte und Erinnerungsforschung. Denn diese Verbindung erlaubt eine Lokalisierung in zweifacher Hinsicht: Erstens werden neue kulturgeschichtliche Ansätze im gesellschaftlichen Nahbereich lokalisiert, was ihre »Praxistauglichkeit« fördern dürfte. Und zweitens erlaubt sie eine Lokalisierung im übertragenen Sinne: eine Einbettung von Erinnerungen in ihren sozialen und räumlichen Kontext sowie eine Analyse der Akteure und Prozesse lokaler Identitätsstiftungen als soziale Praxis »vor Ort«.

63 Vgl. Peter Haslinger/Klaus Holz, Selbstbild und Territorium. Dimensionen von Identität und Alterität, in: Peter Haslinger (Hg.), Regionale und nationale Identitäten. Wechselwirkungen und Spannungsfelder im Zeitalter moderner Staatlichkeit, Würzburg 2000, S. 15–37.

Einsturz, Bergung und Wiederaufbau – Das Historische Archiv der Stadt Köln

Bettina Schmidt-Czaia

Am 3. März 2009 wurde mit dem Historischen Archiv der Stadt Köln eines der bedeutendsten Kommunalarchive von einer der größten Katastrophen betroffen, die seit dem Zweiten Weltkrieg im europäischen Kulturbereich zu verzeichnen sind. Der größte Teil von etwa 30 Regalkilometern Akten, Urkunden, Karten und Plänen, Fotos und weiteren archivischen Quellen aus etwa 1.000 Jahren Kölner, rheinischer und europäischer Geschichte stürzten mit dem sechsstöckigen Magazinturm ein. Die Hintergründe des Einsturzes sind nach wie vor noch nicht vollkommen geklärt. Im Folgenden soll es aber weniger um den Einsturz selbst gehen, als um seine Folgen insbesondere für die künftige Benutzung und Auswertung der betroffenen Quellen.[1]

Hier ist zunächst eine Bilanz der Bergungsmaßnahmen zu ziehen, die erst im August 2011 beendet waren. In den bis dahin mehr als zwei Jahren seit dem Einsturz konnten insgesamt rund 95 Prozent des Archivguts geborgen werden, zuletzt durch eine aufwändige Unterwasserbergung. Diese erfreulich hohe Bergungsquote korrespondiert jedoch keineswegs mit der Wiederherstellung des Zugangs. Um diesen zu gewährleisten, sind zwei Hauptprobleme zu lösen: Erstens die physische Wiederherstellung, d. h. die Restaurierung, Stabilisierung und Reinigung, und zweitens die Wiederherstellung der archivischen Ordnung, denn nur den Beständen zugeordnete Archivalien können aus der Masse von 30 Regalkilometern ausgewertet und zitiert werden. Beide Problemkreise sind miteinander verschränkt, denn vielfach setzt eine sachgerechte Restaurierung die genaue Identifizierung eines Stücks voraus, die Identifizierung ist aber aufgrund schwerer Schäden nicht immer ohne Weiteres möglich. Die nach Komplexität, Quantität und Schadensbildern beispiellosen anstehenden Aufgaben des Wiederaufbaus sind daher auf Jahrzehnte angelegt.

1 Bei dem Beitrag handelt es sich um die nur formal aktualisierte Fassung des Vortrags, den die Verf.in am 21. November 2010 in Esslingen am Neckar auf der Basis des damaligen Sachstandes gehalten hat. Zum Einsturz und den Folgemaßnahmen vgl. Köln 13.58 Uhr. Geborgene Schätze aus dem Historischen Archiv. Katalog zur Ausstellung im Kölnischen Stadtmuseum 3. Oktober bis 21. November 2010, Köln 2010; Bettina Schmidt-Czaia/ Ulrich S. Soénius (Hg.), Gedächtnisort. Das Historische Archiv der Stadt Köln, Köln 2010.

Die Schädigungsgrade des geborgenen Archivguts verteilen sich in etwa wie folgt: Etwa 35 Prozent weisen schwerste Schäden bis hin zur Fragmentierung auf, etwa die Hälfte ist schwer bis mittelschwer beschädigt, und nur bei etwa 15 Prozent sind leichte Schäden festzustellen. Eine Benutzung ohne vorherige Restaurierung ist in keinem Fall möglich – schon um Folgeschäden auszuschließen. Befinden sich doch an ausnahmslos jedem Dokument alkalische Staubpartikel aus dem Einsturz, die mittel- und langfristig irreparable Schäden verursachen können, da sie im Kontakt mit der Luftfeuchtigkeit Laugen bilden, die immer weiter in die Substanz des Informationsträgers eindringen und diesen allmählich auflösen. Daher sind auch augenscheinlich kaum beschädigte Unterlagen ohne vorherige Reinigung nicht benutzbar.

Die Reinigung eines einzelnen Blattes ist eine beherrschbare Aufgabe. Zum Problem wird sie jedoch in Anbetracht der großen Menge des betroffenen Archivguts. Diese macht eine beispiellose Massenrestaurierung bzw. -konservierung notwendig, die nach Hochrechnungen eine Restauratorin beziehungsweise einen Restaurator ca. 6.300 Jahre beschäftigen würde. Um diese Herausforderung in einer halbwegs überschaubaren Zeit zu meistern, sind daher etwa 200 Restauratoren und Hilfskräfte nötig, die etwa 30 bis 50 Jahre daran arbeiten. Die Kosten werden sich voraussichtlich auf 350 bis 400 Millionen Euro summieren.[2]

Hinzu tritt das ebenfalls auf Jahrzehnte angelegte Projekt der Bestandsidentifizierung und -ordnung. Das Magazingebäude drehte sich am 3. März 2009 im Fallen. Es stürzte in Teilen auf die Severinstraße, in Teilen in die davor liegende U-Bahn-Baustelle und in weiteren Teilen in den Trichter, der sich unter dem Archiv gebildet hatte. Dabei wurde das Archivgut aus allen Etagen, allen Beständen und aus allen Regalreihen zersprengt und durcheinander geworfen. Mappen, Akten und Kartons sind vielfach zerstört worden, sodass Einzelblätter durchmischt wurden. Signaturen und Beschriftungen gingen auf diese Weise ebenso verloren, wie jegliche archivische Ordnung.

Das geborgene Archivgut liegt nunmehr in völliger Unordnung in 20 sogenannten Asylarchiven in ganz Deutschland sowie in mehreren Gefrierhäusern. Es ist kein ungewöhnlicher Fall, dass ein Teil einer Akte in Detmold liegt, während ein anderer in Münster zu finden ist. Fast nirgendwo sind zusammenhängende Partien von Beständen geborgen worden, insbesondere nicht von umfangreichen Beständen.

Um hier Ordnung zu schaffen und so sowohl eine Benutzung wieder zu ermöglichen, als auch eine sachgerechte Restaurierung vorzubereiten, muss Karton für Karton geöffnet werden, um seinen Inhalt in einer speziellen Datenbank zu erfassen und soweit möglich früheren Signaturen zuzuordnen. Gleichzeitig wird der entstandene Schaden dokumentiert.

2 Vgl. Ulrich FISCHER/Nadine THIEL/Imke HENNINGSEN, Zerrissen – verschmutzt – zerknickt. Die Restaurierung und Konservierung des Gesamtbestandes des Historischen Archivs der Stadt Köln – Sachstand und Perspektiven, in: Der Archivar 64 (2011), S. 15–28.

Aufgrund der starken Zerstörungen ist es jedoch nur bei ca. 50 Prozent der Bergungseinheiten möglich, eine exakte Identifizierung auf Anhieb zu erreichen. Der Rest wird in den nachfolgenden Phasen der Identifizierung zuzuordnen sein, wobei die Nutzung moderner Informationstechnologien, wie etwa die Schaffung einer Web 2.0-Plattform, angestrebt wird.

Um diese Probleme bewältigen zu können, wurden seit Sommer 2009 Konzepte erstellt, umgesetzt, evaluiert und laufend optimiert. Unterstützung erhält die Stadt Köln dabei von einem Fachbeirat aus Experten und Expertinnen des Archivwesens und der Wissenschaft, der die Konzepte begutachtet und so einen breiten Konsens der Fachwelt über die eingeschlagenen Wege sicherstellt.[3] Diese sind bereits mit ersten Erfolgen beschritten worden. Zwei wichtige Wegmarken stellen dabei der Bezug und die Inbetriebnahme des Restaurierungs- und Digitalisierungszentrums in Köln-Porz dar, der das Historische Archiv nunmehr in die Lage versetzt, sowohl Restaurierungen selbst durchzuführen, als auch ihre Vergabe nach außen effizient zu steuern.

Das Ziel der Restaurierung kann nicht bereits in der ersten Stufe die vollständige Wiederherstellung des geschädigten Archivgutes sein. Schon angesichts der Massen muss das Hauptziel in der ersten Stufe zunächst die Beseitigung tatsächlich oder potentiell fortschreitender Schadensbilder sowie die allgemeine Stabilisierung des Archivguts sein, sodass die Benutzung wieder möglich ist.

Durch die Konzentration auf Sicherung und Benutzbarmachung werden sowohl die Kosten als auch die Bearbeitungszeiten reduziert, sodass schneller mehr Quellen für die Auswertung zur Verfügung gestellt werden können. Dazu sind verschiedene Wege zu beschreiten. Neben der Arbeit in der eigenen Werkstatt (dem Restaurierungs- und Digitalisierungszentrum des Historischen Archivs)

3 Die ständigen Mitglieder des Fachbeirates sind im Einzelnen: Prof. Dr. Wilfried Reininghaus, Präsident des Landesarchivs NRW (Vorsitzender); Dr. Ernst Bräunche, Vorsitzender der Bundeskonferenz der Kommunalarchive, Leiter des Stadtarchivs Karlsruhe; Dr. Ulrich Nieß, Leiter des Stadtarchivs Mannheim, Institut für Stadtgeschichte; Prof. Dr. Robert Kretzschmar, Leiter der Archivverwaltung Baden-Württemberg, Landesarchiv Baden-Württemberg; Dr. Sebastian Barteleit, Bundesarchiv Berlin; Dr. Rainer-Jürgen Wolf, Direktor der sächsischen Archivverwaltung; Dr. Arie Nabrings, Leiter des LVR-Archivberatungs- und Fortbildungszentrums, zugleich stellv. Vorsitzender des Fachbeirates; Dr. Ulrich S. Soénius, Direktor der Stiftung Rheinisch-Westfälisches Wirtschaftsarchiv zu Köln; Dr. Ulrich Helbach, Leiter des Historischen Archivs des Erzbistums Köln; Dr. Jens Metzdorf, Leiter des Stadtarchivs Neuss, Vorsitzender der ARGE Stadtarchive beim Deutschen Städtetag; Prof. Dr. Robert Fuchs, Fachhochschule Köln, CICS; Dr. Martin Berendse, Leiter des Nationalarchivs Den Haag; Prof. Dr. Manfred Groten, Rheinische Friedrich-Wilhelms-Universität Bonn, Institut für Geschichtswissenschaft, Abteilung Rheinische Landesgeschichte; Prof. Dr. Ralph Jessen, Universität zu Köln, Historisches Institut, Professur für Neuere Geschichte; Dr. Sigrun Eckelmann, Deutsche Forschungsgemeinschaft; Dr. Marcus Stumpf, Leiter des LWL-Archivamtes für Westfalen; Dr. Michael Diefenbacher, Vorsitzender des Verbandes deutscher Archivarinnen und Archivare, Leiter des Stadtarchivs Nürnberg.

wird Kölner Personal in sogenannten kooperierenden Werkstätten[4] eingesetzt. Weitere Restaurierungsarbeiten übernehmen andere Archive per Amtshilfe,[5] und schließlich werden Restaurierungsaufträge auf dem freien Markt ausgeschrieben. Nur durch die auf diese Weise erreichte Kopplung aller möglichen Restaurierungskapazitäten kann erreicht werden, dass das Ziel einer schnellen Wiederbenutzbarmachung und einer Vermeidung von Folgeschäden durch ein zu langes Herauszögern notwendiger Maßnahmen erreicht werden kann.

Die notwendigen finanziellen Mittel können auf unterschiedlichen Wegen aufgebracht werden. Nicht nur der Förderverein des Archivs,[6] sondern auch die eigens gegründete »Stiftung Stadtgedächtnis«[7] nehmen sowohl Einzel- als auch Großspenden ein. Daneben gehen auch Drittmittel direkt an die Stadt Köln. Einen prominenten Part nimmt dabei die Kulturstiftung der Länder ein, die 700.000 Euro für die Restaurierung eines großen Teils der wertvollsten Handschriften bereitgestellt hat. Ein erfolgreiches Programm ist auch das in Zusammenarbeit mit dem Förderverein betriebene Projekt »Restaurierungspatenschaften«,[8] bei dem Einzelpersonen die Patenschaft für ein bestimmtes Archivale übernehmen. Auf diese Weise sind seit Ende 2009 bereits ca. 180.000 Euro gespendet worden, jedoch handelt es sich bei den aus diesen Mitteln restaurierten Objekten in aller Regel um bedeutende Einzelstücke, die einen hohen Aufwand erfordern: mittelalterliche Urkunden und Handschriften sowie vormoderne Amtsbücher und Akten. So wichtig deren Restaurierung ist, so wenig darf das Historische Archiv bei der Restaurierung solcher Zimelien stehenbleiben, für die es auch vergleichsweise leicht fällt, Spenden zu akquirieren. Für moderne Akten, auch Massenakten aus der Leistungsverwaltung, sind Sponsoren weitaus weniger leicht zu begeistern, ohne dass ihr Wert für die Stadtgeschichtsforschung grundsätzlich geringer zu veranschlagen wäre. Es geht also darum, den Wiederaufbau des gesamten Archivs als einzigartiges Ensemble von Quellen insgesamt und langfristig zu planen und zu finanzieren.

Ein wichtiges Zwischenziel wird dabei der Bezug des Neubaus sein, der für 2015 vorgesehen ist. Doch auch bis dahin muss das Historische Archiv arbeitsfähig sein und neben den notwendigen Werkstätten und Büros über eine Benutzungsinfrastruktur verfügen, die der Öffentlichkeit wenigstens diejenigen Quellen wieder zugänglich macht, bei denen dies schon möglich ist.

4 Bereits im Betrieb befindet sich die kooperierende Werkstatt in den Räumen des sächsischen Staatsarchivs in Wermsdorf – Schloss Hubertusburg.
5 Wichtige Unterstützung kommt dabei vom Landesarchiv NRW, von den beiden nordrhein-westfälischen Landschaftsverbänden, aber auch von einzelnen Archiven wie dem Bundesarchiv, dem Stadtarchiv Neuss, dem Österreichischen Staatsarchiv und dem Wiener Stadt- und Landesarchiv. Vgl. z. B. Anna Endress/Matthias Frankenstein, Das Projekt »Kölner Großformate«. Restauratorische Unterstützung beim Wiederaufbau des Kölner Stadtarchivs, in: Der Archivar 64 (2011), S. 120–126.
6 http://www.freunde-des-historischen-archivs.de.
7 http://www.stiftung-stadtgedaechtnis.de.
8 http://www.historischesarchivkoeln.de/de/patenschaft/intro.

Abb. 1: Dreistufiges Nutzungskonzept des Historischen Archivs der Stadt Köln

Dazu wurden zwei Lesesäle eingerichtet: ein digitaler Lesesaal in der Kölner Innenstadt, in dem Mikrofilme und Digitalisate eingesehen werden können, sowie ein herkömmlicher Lesesaal beim Restaurierungs- und Digitalisierungszentrum für die Nutzung von Originalen – soweit möglich. Diese Infrastruktur entspricht einer dreistufigen Nutzungskonzeption, die zunächst vor allem dem Einsturz geschuldet ist, aber auch der langfristigen Modernisierung der Archivnutzung durch Verbesserung der digitalen Zugänglichkeit dient (Abb. 1).

Eine normale Archivnutzung wird zwar auf Jahre, teilweise auch auf Jahrzehnte hinaus nicht möglich sein, solange der Wiederaufbauprozess nicht abgeschlossen sein wird. Dies darf jedoch nicht zu der pessimistischen Haltung verleiten, Forschungen zur Kölner Geschichte für grundsätzlich unmöglich zu erklären oder gar das Historische Archiv und seine Quellenbestände nicht mehr in ein forschungsstrategisches Kalkül einzubeziehen. Es muss vielmehr aus dieser Situation das Beste gemacht werden. Dazu ist zum einen so viel wie möglich so schnell wie möglich im Original wieder zugänglich zu machen – wobei über die entsprechenden Möglichkeiten und Priorisierungen[9] zu diskutieren ist. Auf der anderen Seite sind neue Formen der Nutzung zu etablieren, die dem moder-

9 Vgl. Franz-Josef VERSCHAREN/Gisela FLECKENSTEIN/Andreas BERGER, Was restaurieren wir zuerst? Priorisierungsmatrix für die Restaurierung und Zusammenführung der Bestände beim Wiederaufbau des Historischen Archivs der Stadt Köln, in: Der Archivar 64 (2011), S. 29–32.

nen Wissenschaftsbetrieb angemessen sind. Gerade Letzteres ermöglicht es, die Folgen der Einsturz-Katastrophe für die Benutzung wenigstens zu mildern.

Obgleich Forschungen am Original mittelfristig nur bedingt durchführbar sind – insbesondere wissenschaftliche Projekte, die auf Zusammenhänge und damit möglichst geschlossene Bestände angewiesen sind, – ist eine Reduzierung der damit verbundenen Nachteile möglich. Mit den Fortschritten der Restaurierung werden zunehmend zunächst Einzelstücke, später auch ganze Bestände wieder zugänglich, ohne dass jetzt schon konkrete Benutzungsperspektiven für einzelne Bestände aufgezeigt werden können.

Dennoch ist Forschung bereits jetzt wieder möglich, und die vorhandenen Angebote werden rege auch schon wieder für Dissertationen genutzt. Sie sind allerdings noch weitgehend auf die Altbestände vor der Epochengrenze 1815 beschränkt, die nahezu vollständig sicherungsverfilmt waren, während aus dem Bereich des 19. und 20. Jahrhunderts nur einzelne Bestände verfilmt sind. Da die Filme außerhalb des eingestürzten Gebäudes verwahrt wurden, war schon im Sommer 2009 die Einrichtung eines provisorischen Mikrofilmlesesaals möglich.

Einschränkungen bei der Erforschung der älteren Stadtgeschichte ergeben sich aktuell nur aus den vergleichsweise wenigen Lücken in der ansonsten flächendeckenden Altbestandsverfilmung sowie aus den Fällen, in denen die Qualität von Vorlage oder Film zu keinem lesbaren Resultat führt, sodass der Originalzugriff zwingend wäre. Positiv formuliert bedeutet das: Forschungen zur Kölner Stadtgeschichte wie auch zu zahlreichen Themen etwa der rheinischen Landesgeschichte sind vor der Kölner Epochenschwelle 1815 in großem Umfang möglich.

Die Mikrofilme werden darüber hinaus derzeit digitalisiert, um sie im »Digitalen Lesesaal« im Internet zu präsentieren, sodass ganz neue Benutzungsmöglichkeiten entstehen, die vor 2009 nicht gegeben waren. Diese Digitalisate bilden die Basis der dreistufigen Benutzungsstrategie, die im Folgenden erläutert wird.

Auf der 1. Stufe steht die Nutzung der Findmittel und Digitalisate im Internet. In erster Linie geht es hier um das Digitale Historische Archiv Köln,[10] das kurz nach dem Einsturz eingerichtet wurde, um die Archivalien digital zu präsentieren und ein komfortables und kollaboratives Arbeiten zu ermöglichen. Nachdem hier zunächst ehemaligen Benutzerinnen und Benutzern ermöglicht wurde und wird, die von ihnen gemachten Kopien aus den Beständen des Historischen Archivs direkt oder indirekt anderen Interessierten zur Verfügung zu stellen, nutzt das Archiv diese Plattform nun auch systematisch dafür, die Digitalisate der vorhandenen Mikrofilme zu präsentieren. Insgesamt sind künftig so sukzessive etwa zehn Millionen Aufnahmen frei verfügbar. Ergänzung erhält dieses Angebot durch die Scans von Originalen, die nach und nach wieder zur Verfügung stehen werden. Dies soll in möglichst großem Umfang geschehen, wo-

10 http://www.historischesarchivkoeln.de. Siehe auch Andreas Rutz, Ein digitaler Lesesaal für die Geschichte der Stadt Köln. Das digitale Historische Archiv Köln, in: Geschichte in Köln 56 (2009), S. 69–75.

bei sich neben wirtschaftlichen auch technische sowie datenschutz- und urheberrechtliche Grenzen ergeben, die noch im Detail zu bestimmen sind. Da ohnehin jedes einzelne vom Einsturz betroffene Blatt in die Hand genommen und bearbeitet werden muss, ist eine großflächige Digitalisierungskampagne jetzt deutlich wirtschaftlicher durchzuführen, als dies im Normalbetrieb möglich gewesen wäre. Das Historische Archiv wird auf diese Weise schon sehr bald zu einem im Bereich des digitalen, ortsungebundenen Zugangs weltweit führenden Archiv.

Die Vorteile sind offensichtlich: Die Nutzungsmöglichkeiten erweitern sich in einem enormen Maße, während die Originale geschont und geschützt werden können. Gleichzeitig profitiert der Prozess der Beständeidentifizierung stark von der virtuellen Verfügbarkeit von Findmitteln und Scans. Zum einen erleichtert dies die Recherchen der mit der Identifizierung betrauten Mitarbeiterinnen und Mitarbeiter, und zum anderen erlaubt sie durch eine noch aufzubauende Web 2.0-Plattform die Einbeziehung von Experten weltweit. Zudem ist es angesichts der Verunordnung der Bestände wesentlich einfacher und damit schneller zu realisieren, Benutzerinnen und Benutzern Scans zugänglich zu machen.

Diese erste Stufe des Nutzungskonzepts, der virtuelle Zugang, ist also primär der Einsturzsituation geschuldet. Jedoch sollte er nicht auf deren Erfordernisse verkürzt werden. Vielmehr und wenigstens mittelfristig trägt die Digitalisierung stark dazu bei, den Forschungsstandort Köln attraktiv und die Kölner Geschichte als Thema der Geschichtswissenschaft – gleich welcher Richtung – zu erhalten. »Digitale Verfügbarkeit«[11] von Quellen spielt zunehmend eine entscheidende Rolle bei der Formulierung von Forschungsvorhaben und der Entwicklung historischer Methoden. Konkret kann das dazu führen, dass künftig Kölner Studierende eher zu Berlin, Paris oder London als zu Köln forschen werden, wenn die dortigen Quellen schneller und einfacher digital zugänglich sein sollten als die Kölner. Virtuelle Benutzung und digitale Verfügbarkeit entscheiden daher mittel- und langfristig mit darüber, ob überhaupt zu einem Bereich geforscht wird. Die Kölner Stadtgeschichte braucht diese Entwicklung künftig jedoch nicht zu fürchten, im Gegenteil: Sie profitiert vermutlich davon, dass weltweit Wissenschaftlerinnen und Wissenschaftler, die in einer analogen Welt die Reise nach Köln gescheut hätten, die Kölner Perspektive in ihre Forschungen aufnehmen können.

Die Erfahrungen in diesem Bereich sind bisher nicht nur in Köln begrenzt. Da aber in Kürze der größte Teil der Altbestände weitgehend geschlossen im Digitalen Lesesaal verfügbar sein wird, wird in wenigen Jahren eine Bilanz zu ziehen sein, inwieweit sich die Erwartungen erfüllt haben und welche Änderungen im Benutzerverhalten und der Benutzerstruktur festzustellen sind.

Gleichwohl bleibt die Möglichkeit der virtuellen Benutzung via Internet immer eingeschränkt. Neuere Bestände können zwar digitalisiert werden, der Da-

11 So Kiran Klaus Patel, Zeitgeschichte im digitalen Zeitalter, in: Vierteljahrshefte für Zeitgeschichte 59 (2011), S. 331–351, hier vor allem S. 344.

tenschutz und das Urheberrecht bleiben dennoch zu beachten. Daher kann ein gewisser Anteil von Digitalisaten vor allem aus dem Bereich der Zeitgeschichte nicht im Internet, sondern wie traditionell der Mikrofilm nur ortsfest im Lesesaal angeboten werden.

Diese ortgebundene Nutzung von Digitalisaten stellt die 2. Stufe der Nutzungsstrategie dar. Der Nutzungsumfang ist der gleiche wie auf Stufe 1, zuzüglich der aus juristischen Gründen nur lokal verfügbaren Digitalisate. Der Mehrwert zur 1. Stufe entsteht hier jedoch vor allem durch die Fachberatung durch Archivpersonal. Dieses hilft, in den Massen der verfügbaren Quellen die tatsächlich benötigten Unterlagen aufzufinden, zeigt weitere Recherchemöglichkeiten auf und macht archivunerfahrene Benutzerinnen und Benutzer mit den Grundlagen archivischer Arbeit so weit vertraut, dass sie schließlich ihre Recherchen selbst durchführen können. Das Bürgerarchiv, als das sich das Historische Archiv der Stadt Köln versteht, ebnet hier sowohl historisch interessierten Laien als auch Nachwuchswissenschaftlern und schließlich auch erfahrenen Benutzern und Benutzerinnen mit einer Spezialfrage den Weg zu ihren Beständen.

Auf der 3. Stufe folgt schließlich die klassische Nutzung von Originalen im Lesesaal. Der digitale Lesesaal kann den herkömmlichen Lesesaal nicht vollständig ersetzen. Es gibt Forschungsvorhaben, etwa in den Bereichen der historischen Hilfswissenschaften oder der Kunstgeschichte – aber darüber hinaus noch in vielen anderen Feldern –, die immer zwingend auf die Einsichtnahme des Originals angewiesen sein werden. Diese Vorhaben sollen durch die Digitalisierungsstrategie weder verhindert noch beeinträchtigt werden.

Langfristig ist mit dem dreistufigen Benutzungskonzept eine erhebliche Verbesserung der Zugänglichkeit des Historischen Archivs zu erwarten, die gleichermaßen wissenschaftliche wie alle anderen Benutzungsvorhaben unterstützt. Der berechtigte Wunsch einer schnellen Bereitstellung von Originalen im Lesesaal wird dann gleichsam überholt von der Möglichkeit, zahlreiche Untersuchungen von zu Hause aus via Internet ohne jede Bereitstellungszeit durchzuführen. Formen der Beratung, der Erschließung und des Zugangs zu Archivgut entstehen neu und sind daher nicht an den Erfahrungen vergangener Jahrzehnte zu messen, ohne dass die traditionelle Benutzung der Originale aufgegeben wird.

Während die ersten beiden Stufen der Benutzung bereits in naher Zukunft in vergleichsweise sehr großem Umfange[12] angeboten werden können, stellt sich selbstverständlich die Frage nach der 3. Stufe: Wann sind Originale wieder verfügbar, und damit verbunden: Wann werden die jetzt noch nicht auf Mikrofilm verfügbaren Originale gescannt und damit ihrerseits digital verfügbar? Die öffentliche Diskussion dieses Problems ist geprägt von einer Fixierung auf die insgesamt lange Dauer des Wiederaufbauprozesses und damit von pessimistischen Erwartungen. Es gilt nunmehr, in einer gemeinsamen Anstrengung aller an der

12 Das Angebot des digitalen Lesesaals wird laufend erweitert. Die Startseite weist jeweils die aktuelle Zahl der bereitgestellten Digitalisate aus: http://www.historischesarchivkoeln.de/.

Kölner Geschichte Interessierten diesen Pessimismus aufzubrechen, ohne die anstehenden Probleme kleinreden zu wollen. Es wäre verfehlt, auf das Ende des Wiederaufbaus zu warten, bevor überhaupt wieder über eine Benutzung des Historischen Archivs nachgedacht wird.

Bereits jetzt stehen Originale aus dem Einsturz wieder zur Einsichtnahme zur Verfügung, z. B. die im Rahmen der Restaurierungspatenschaften seit Ende 2009 mit Unterstützung zahlreicher Kölnerinnen und Kölner restaurierten Handschriften, Urkunden und Akten.[13] Angesichts des riesigen Gesamtbestandes handelt es sich dabei zwar um einen so geringen Anteil, dass er kaum sinnvoll als Prozentsatz anzugeben ist. Eine kritische Masse, die eine tägliche Öffnung des für die Nutzung von Originalen geeigneten Lesesaals sinnvoll erscheinen lassen würde, ist daher noch nicht erreicht. Doch dieser Beginn zeigt deutlich, dass die Wiederherstellung der Zugänglichkeit ein laufender Prozess ist, der in den kommenden Jahren an Fahrt gewinnen wird. Sukzessive werden so mehr und mehr Quellen wieder zugänglich sein.

Ziel ist es, so viele geborgene Archivalien wie möglich so schnell wie möglich wieder einer Benutzung zuzuführen, jedoch unterliegen praktische Umsetzung und Geschwindigkeit dieses Prozesses verschiedenen Rahmenbedingungen, die in Einklang zu bringen sind. Hier ist zunächst die technisch mögliche und finanzierbare Geschwindigkeit von Restaurierung und Konservierung zu beachten, die den Fortschritt bestimmt. Das Gleiche gilt für die Digitalisierung, die allerdings sich rasch verändernden technischen, den Gesamtdurchsatz bestimmenden Grenzen unterliegt. Zu klären ist darüber hinaus, ob es möglich sein wird, in größerem Umfang Archivalien zu digitalisieren, die zwar schon stabilisiert, aber noch nicht vollständig restauriert sind.

Abhängig ist die analoge wie digitale Nutzung aber auch von Geschwindigkeit und Genauigkeit der Ordnung und Identifizierung. Beispielsweise ist der Umgang mit solchen Quellen zu klären, die zwar nur leicht beschädigt und daher technisch leicht wieder benutzbar zu machen sind, bei denen es aber noch nicht möglich ist, ihre frühere Signatur oder auch nur ihre Bestandzugehörigkeit zu ermitteln.

Darüber hinaus müssen Nutzerinnen und Nutzer über den Stand der Nutzungsmöglichkeiten informiert sein, um die Angebote wahrnehmen zu können. Dies muss sichergestellt werden, ohne dazu einen so großen Aufwand zu treiben, dass sich dadurch der gesamte Arbeitsprozess verlangsamt, weil die für die Durchführung von Restaurierungsmaßnahmen notwendigen Personalressourcen für die laufende Information absorbiert werden.

Eine Benutzung von Originalen kann schon aus versicherungsrechtlichen Gründen bis zum Bezug des Neubaus ausschließlich im Lesesaal in Köln-Porz stattfinden. Aus diesem Grund ist eine komplexe Transportlogistik notwendig,

13 Siehe dazu die Liste der bereits durchgeführten Patenschaftsrestaurierungen: http://www.historischesarchivkoeln.de/de/patenschaft/patenliste.

um theoretisch benutzbare Archivalien, die z. B. in der kooperierenden Werkstatt in Sachsen vorliegen, geordnet nach Köln zu bringen, ohne dadurch die anderen Arbeitsprozesse zu beeinträchtigen und ohne durch unsachgemäße Transporte neue Schäden zu provozieren.[14]

Schließlich ist das Verhältnis des Ziels, möglichst viele leicht beschädigte Stücke schnell benutzbar zu machen, zum Ziel der Bereitstellung möglichst vollständiger Bestände zu klären, das eine frühere Restaurierung auch von schwerstbeschädigten Stücken erfordern würde und damit den leicht beschädigten Ressourcen entziehen könnte.

An der Lösung dieser und anderer Fragen arbeitet das Historische Archiv, sodass spätestens im kommenden Jahr klarere Perspektiven aufgezeigt werden können. Eine Öffnung des Porzer Lesesaals mit verlässlichen Öffnungszeiten ist sinnvollerweise spätestens dann umzusetzen, wenn dort ein ausreichendes Angebot vorgehalten werden kann, während parallel dazu die digitale Benutzung ausgebaut wird. Die Zahl derjenigen Benutzeranfragen, die von vorneherein negativ beantwortet werden muss, wird jedenfalls in den kommenden Jahren rasch sinken, während die Nutzungsmöglichkeiten zunehmen. Diese Entwicklung hat bereits begonnen: Das Mikrofilmlesegerät im digitalen Lesesaal am Heumarkt ist mittlerweile an vielen Tagen ausgebucht, und die Zahl der bearbeiteten fachlichen Anfragen erreichte bereits im Jahr 2010 wieder die Marke von etwa 1.000. Das ist zwar weit weniger, als das Historische Archiv vor dem 3. März 2009 zu bearbeiten hatte. Die Zahl zeigt aber, dass es als Forschungsstandort keineswegs abgeschrieben oder abzuschreiben ist.

Der Wiederaufbau wird dennoch ein langwieriger Prozess, und über die einzuschlagenden Lösungswege gibt es naturgemäß unterschiedliche Ansichten. Zentrales Ziel des Historischen Archivs ist neben dem Wiederaufbau seine Weiterentwicklung zum Bürgerarchiv.[15]

14 Ein gutes Beispiel für diese Problematik sind auch große Teile der Urkundenbestände, die zwar vergleichsweise unbeschadet aus den nicht vom Einsturz betroffenen Kellerräumen geborgen werden konnten, aber nicht ohne Weiteres der Benutzung zugeführt werden können: Der Transport vom jetzigen Lagerort zum Lesesaal ist eine logistisch schwierige Operation, weil erstens die geringe Beschädigung nicht mit Schadensfreiheit zu verwechseln ist. Neben Verstaubungen, Knicken und Verrollungen sind insbesondere Siegelschäden bei der Bergung aufgetreten. Und zweitens sind zahlreiche Siegel im Zuge der Bergung verrutscht und werden deshalb nicht mehr durch die Siegelronden geschützt. Ein Transport, bei dem keine neuen bzw. unnötigen Schäden entstehen sollen, kann daher nur nach vorheriger Sichtung und gegebenenfalls Sicherung jeder einzelnen Urkunde durchgeführt werden, wozu Fachkräfte einzusetzen sind. Es liegt auf der Hand, dass ein solcher Prozess deutlich länger dauern wird, als dies die Pressemeldungen von der Bergung der Urkunden zu verheißen scheinen. Dennoch steht zu erwarten, dass die ersten Urkunden ab Herbst wieder zur Verfügung stehen werden.

15 Vgl. Andrea Wendenburg/Max Plassmann, Fachkonzept für das Historische Archiv der Stadt Köln bis zum Jahr 2050, Köln 2011; Historisches Archiv der Stadt Köln (Urh.), Fachkonzept für das Historische Archiv der Stadt bis zum Jahr 2050. Stadt Köln,

Dieses wird ein zentraler Ansprechpartner der Stadtgesellschaft für ihre Geschichte sein. Es versteht sich als eine Serviceeinrichtung, die den – wissenschaftlichen wie nicht-wissenschaftlichen – Nutzungsinteressen aller Bürgerinnen und Bürger offen steht. Kommunikation, Kooperation und Vernetzung sind daher wesentliche Bestandteile des Bürgerarchivs, das sich jedoch nicht auf die Öffentlichkeitsarbeit reduzieren lässt, sondern sich auf alle Arbeitsbereiche auswirkt. Diese werden von folgenden Grundsätzen geprägt:

Transparenz und Verlässlichkeit: Die Bürgerinnen und Bürger müssen wissen und einschätzen können, was ihr Archiv mit welcher Intensität leisten kann und leistet.

Wirtschaftlichkeit: Der Bürgerschaft ist fortwährend zu zeigen, dass ihr Archiv mit den Steuergeldern, den Drittmitteln und allen weiteren ihm zur Verfügung gestellten Ressourcen verantwortungsvoll umgeht.

Öffnung des Archivs in die Bürgergesellschaft und umfassende Vernetzung mit anderen Institutionen und Gruppierungen.

Gleichbehandlung aller Bürgerinnen und Bürger, etwa bei der Beantwortung von Anfragen, die im Hinblick auf Bearbeitungsdauer und Sorgfalt im wissenschaftlichen Bereich nicht anders ausfallen darf als bei der Familienforschung.

Der Zugang zu den Beständen, ihre tatsächliche Benutzung ist letztlich das Ziel aller archivischen Arbeit. Sie bildet auch die unmittelbare Schnittstelle zu Wissenschaft und Stadtgesellschaft, die nur durch den selbst forschenden oder vermittelten Zugang zu den Quellen den vollen Nutzen von ihrem Archiv erfahren können. Der Einsturz hat diesen Zugang zunächst abgeschnitten, und so soll es im Folgenden um die Frage gehen, wie sich Bewältigung des Einsturzes und Zugänglichkeit des Archivs in den kommenden Jahren zueinander verhalten werden. Wichtig ist dabei vorab die Feststellung, dass der Zugang zum Archiv jedermann offen steht. Dies verlangt schon § 6 des Archivgesetzes NRW,[16] das nicht zwischen unterschiedlichen Benutzungsanliegen differenziert, aber auch das Selbstverständnis einer modernen öffentlichen Einrichtung. Daher wird nicht unterschieden zwischen unterschiedlichen Arten von Benutzergruppen: Die Wissenschaft ist jeweils genauso gemeint wie die Familienforschung, die Wahrnehmung persönlicher Belange oder die historische Bildungsarbeit.

In einem demokratisch verfassten Gemeinwesen bedarf dieser Grundgedanke eines Bürgerarchivs, alle Nutzerinnen und Nutzer gleich zu behandeln und ihnen allen den gleichen Service zu bieten, an sich keiner näheren Begründung. So sehr sich die Archive allgemein in den letzten 200 Jahren vom Gedanken der Aussperrung aller jener verabschiedet haben, die nicht als (wissenschaftliche) Elite wahrgenommen wurden, so wenig könnte ein Ansatz, eine öffentliche Einrichtung einer wie auch immer definierten Elite vorzubehalten, heute gesell-

Amt für Presse- und Öffentlichkeitsarbeit 2012, und http://www.stadt-koeln.de/leben-in-koeln/kultur/historisches-archiv/fachkonzept-für-das-historische-archiv.

16 http://www.archive.nrw.de/LandesarchivNRW/BilderKartenLogosDateien/ArchivG_NRW.pdf [27.7.2011].

schaftliche Akzeptanz finden. Überdies ist dieser Gedanke der bewussten Öffnung von Archiven für alle möglichen und denkbaren Benutzergruppen sowohl in Köln als auch im gesamten deutschen Archivwesen seit Langem etabliert. Ein Gegensatz zwischen »Bürgern« und »Wissenschaftlern« wäre daher konstruiert. Auch die bisweilen formulierte Befürchtung einer Verschlechterung der Benutzungsbedingungen für wissenschaftliche Forschungsvorhaben dadurch, dass ein Archiv auch Nicht-Wissenschaftlern einen guten Service bieten will, ist eine abstrakte Annahme, die den realen Gegebenheiten im Historischen Archiv der Stadt Köln schon lange vor dem 3. März 2009 nicht entsprach oder in Zukunft entspricht.

Das Bürgerarchiv wurde schon vor dem Einsturz angestrebt. Die Richtigkeit dieser Konzeption wurde jedoch durch die Katastrophe bestätigt. Zum einen politisch und gesellschaftlich: Ein jahrzehntelanger, kostspieliger Wiederaufbauprozess ist nur durchzustehen, wenn die ihn betreibende Institution fest in ihrer Gesellschaft verankert ist. Er ist auch nur dann durchzuhalten, wenn wirtschaftlich gearbeitet wird.

Das Historische Archiv der Stadt Köln ist seit dem Unglück vom 3. März 2009 für lange Zeit ein Archiv, das die Sicherstellung der Erfüllung der klassischen archivischen Aufgaben mit dem mühseligen und langwierigen Prozess des Wiederaufbaus zu vereinen hat. Die Klammer um alle Arbeitsprozesse ist das Konzept des Bürgerarchivs, das nach innen eine sachgerechte und wirtschaftliche Aufgabenwahrnehmung sicherstellt und nach außen zur Vernetzung des Archivs mit Nutzerkreisen, Institutionen, Organisationen und Interessenten aus Wissenschaft, Gesellschaft und Politik führt. Diese dient zum einen dem Archiv selbst, weil es nur als starker und wahrnehmbarer Partner langfristig über die notwendigen Ressourcen verfügen wird. Es aktiviert aber auch das Potential des Archivs, das nicht mehr passiv auf Nutzerinnen und Nutzer wartet, sondern aktiv auf sie zugeht und so bereits Schulklassen den Weg zur Geschichte zu ebnen vermag.

Anhang

VERZEICHNIS DER TAGUNGSTEILNEHMER

Andre, Dr. Elsbeth
Arnscheidt, Dr. Grit
Aumüller, Michael
Axer, Christine
Behne, Dr. Axel
Beßler, Gabriele
Beutelspacher, Martin
Bonacker, Hans-Joachim
Bönnen, Dr. Gerold
Borovan, Margarete
Brandes, Sabine
Brändle, Wolfgang
Bräunche, Dr. Ernst Otto
Brech, Christoph
Breyvogel, Dr. Bernd
Brüser, Dr. Joachim
Burkhardt, Dr. Martin
Burscheidt, Margret
De Longueville, Hans-Peter
Diefenbacher, Dr. Michael
Ehbrecht, Dr. Wilfried
Eitel, Dr. Peter
Fast, Dr. Kirsten
Frauenknecht, Dr. Erwin
Gaukel, Inken
Glasner, Dr. Peter
Götz, Dr. Ute
Groh, Dr. Christian
Gussek, Anja
Halbekann, Dr. Joachim J.
Hecker, Hans-Joachim
Herfurth, Stefan
Heusinger, Dr. Sabine von
Höh, Dr. Marc von der
Hohrath, Daniel
Höppl, Martin
Hövelborn, Dr. Peter
Huggele, Marco
Keller, Wilhelm Otto
Krauth, Wolfgang
Kretzschmar, Prof. Dr. Robert
Krüger, Prof. Dr. Klaus
Lambacher, Dr. Hannes
Linxweiler, Prof. Winfried
Lutz, Dr. Elmar
Mährle, Dr. Wolfgang
Maisch, Dr. Andreas
Maurer, Prof. Dr. Helmut
Mersiowsky, Prof. Dr. Mark
Meyer, Dr. Carla
Moore, Elke aus dem
Müller, Dr. Roland
Opll, Prof. Dr. Ferdinand
Otto, Dr. Martin
Palm, Gerhard
Palm, Monika
Pfanz-Sponagel, Dr. Christiane
Riemer, Karin
Roeck, Prof. Dr. Bernd
Scharpf, Eberhard
Schmauder, Dr. Andreas
Schmidt-Czaia, Dr. Bettina
Schuster, Dr. Walter
Seuffert, Dr. Ottmar
Specker, Prof. Dr. Hans E.
Stühlinger, Hilde
Teutsch, Friedrich
Teutsch, Hans-Joachim
Thießen, Prof. Dr. Malte
Trojer, Miriam
Wagner, Dr. Ulrich
Walter, Dr. Helga
Wandel, Dr. Uwe Jens
Warmbrunn, Dr. Paul
Waßner, Manfred
Wehrli-Johns, Dr. Martina

Weis, Jürgen
Wettengel, Prof. Dr. Michael
Widder, Prof. Dr. Ellen
Will, Bernd Joachim
Wittmann, Dr. Helge
Zoche, Dr. Hartmut

KURZBIOGRAPHIEN DER HERAUSGEBERINNEN, AUTORINNEN UND AUTOREN

Axel Behne, geboren 1959, 1980–1986 Studium in Marburg, Berlin, Paris. 1990 Promotion in Marburg bei Peter Rück über »Das Archiv der Gonzaga von Mantua im Spätmittelalter«. 1991–1993 Ausbildung für den höheren Archivdienst; seit 1993 Archivar des Landkreises Cuxhaven. Zahlreiche Veröffentlichungen zur mittelalterlichen Archivgeschichte, zuletzt Mitarbeit an der Edition der Briefe um Barbara Gonzaga (2013). Kontakt: a.behne@landkreis-cuxhaven.de

Gabriele Beßler, geboren 1959, Studium der Kunstgeschichte, Germanistik und Archäologie in Frankfurt/M. und Köln, Magister Artium. 1978 Mitgründerin einer Frankfurter Stadtzeitung; Volontariat beim Kölner DuMont Verlag; freie Kuratorin und Kunstkritikerin. 2003–2007 Initiatorin des Stuttgarter Ausstellungsprojekts *»KunstRaum Wunderkammer«*. Essays und Monographien zu kunst- und kulturgeschichtlichen Themen. Zuletzt: »Wunderkammern – Weltmodelle von der Renaissance bis zur Kunst der Gegenwart«. Basisbeitrag ›Kunst- und Wunderkammern‹ für die wissenschaftliche online-Plattform *EGO – Europäische Geschichte online*: http://ieg-ego.eu/de/threads/crossroads/wissensraeume (Freischaltung Frühjahr 2015). Kontakt: kult@wunderkammer.de

Gerold Bönnen, geboren 1964, Studium der Fächer Geschichte, Germanistik und Politikwissenschaft in Trier, 1989 Staatsexamen, 1993 Promotion mit einer Arbeit zur vergleichenden Stadtgeschichte des Mittelalters, 1994–1996 in Detmold und Marburg Ausbildung für den höheren Archivdienst, seit 1996 Leiter des Stadtarchivs und des Jüdischen Museums in Worms, Lehrauftrag an der Universität Heidelberg, Kontakt: gerold.boennen@worms.de

Peter Glasner, geboren 1968, Studium der Germanistik, Geschichte und Erziehungswissenschaft in Köln und London; Auszeichnung der Examensarbeit mit dem Köln-Preis 96; 2002 Dissertation in Köln bei Prof. Dr. Dietz Bering »Die Lesbarkeit der Stadt. Kulturgeschichte und Lexikon der mittelalterlichen Straßennamen Kölns«; Auszeichnung mit dem Offermann-Hergarten-Preis und dem Henning-Kaufmann-Preis; 2012 Vertretungsprofessur an der Humboldt-Universität zu Berlin; Habilitationsschrift (eingereicht im November 2014 in Bonn) »Narrheit und Ästhetik. Erzählen vom trügerischen Anderen im Mittelalter«; Forschungsschwerpunkte: Kulturwissenschaftliche Namenkunde, mittelhochdeutsche Erzählliteratur, frühneuzeitliche Manuskriptkultur; seit 2006 wissenschaftlicher Angestellter der Mediävistik am Institut für Germanistik, Vergleichende Literatur- und Kulturwissenschaft der Universität Bonn. Kontakt: pglasner@uni-bonn.de

Joachim J. Halbekann, geboren 1962, Studium der Fächer Geschichte, Germanistik und Kunstgeschichte an der Universität Köln, 1987 Magister, 1993 Promotion mit einer Arbeit zur rheinischen Adelsgeschichte des Mittelalters, Auszeichnung mit dem Offermann-Hergarten-Preis; 1994–1996 in Stuttgart und Marburg Ausbildung für den höheren Archivdienst, seit 1996 Gräflich von Bodmansches Archiv in Bodman am Bodensee, seit 2001 Wirtschaftsarchiv Baden-Württemberg, seit 2002 Leiter des Stadtarchivs Esslingen am Neckar. Kontakt: joachim.halbekann@esslingen.de

Sabine von Heusinger, seit 2011 Professorin für mittelalterliche Geschichte an der Universität zu Köln. Studium der Fächer Geschichte, Deutsch und Politik (1. Staatsexamen und Magister) in Konstanz und L'Aquila/Italien, Promotion in Konstanz mit einer Arbeit über den Dominikaner Johannes Mulberg und den Basler Beginenstreit. Post-Doc an der University of California at Berkeley/USA, danach Akademische Rätin auf Zeit an der Universität Mannheim, dort Habilitation mit einer Arbeit über die Zünfte in Straßburg. Mitglied des Instituts zur Erforschung der Geschichte des Dominikanerordens im deutschen Sprachraum, im Kuratorium des Instituts für vergleichende Städtegeschichte in Münster sowie im Beirat des Südwestdeutschen Arbeitskreises für Stadtgeschichtsforschung; 2012 Gründung des Arbeitskreises für Materielle Kultur in Köln, gemeinsam mit dem Cologne Institute of Conservation Sciences. Kontakt: s.vonheusinger@uni-koeln.de

Marc von der Höh, seit 2006 Wissenschaftlicher Assistent / Akademischer Rat a. Z. am Lehrstuhl für die Geschichte des Späten Mittelalters an der Universität Bochum. Studium der Geschichte, Germanistik, Soziologie und Historischen Hilfswissenschaften an den Universitäten Köln und Düsseldorf. Erstes Staatsexamen, 1995/96 mediävistisch-hilfswissenschaftliches Aufbaustudium in der Biblioteca Apostolica Vaticana in Rom, 2004 Promotion an der Universität Halle-Wittenberg mit der Arbeit »Erinnerungskultur und frühe Kommune. Formen und Funktionen des Umgangs mit der Vergangenheit im hochmittelalterlichen Pisa (1050–1150)«, 2014 Habilitation an der Universität Bochum mit der Arbeit »Geslechte. Studien zur verwandtschaftlichen Strukturierung der älteren Kölner Führungsschicht im Spätmittelalter«. 1998–2002 Promotionsstipendium im DFG-Graduiertenkolleg »Vormoderne Konzepte von Zeit und Vergangenheit« an der Universität Köln, 2001 Stipendiat am Deutschen Historischen Institut in Rom, 2002–2006 Wissenschaftlicher Mitarbeiter im Projekt »Stadt und Residenz in Mitteldeutschland« der Historischen Kommission für Sachsen-Anhalt am Institut für Geschichte in der Universität Halle-Wittenberg, 2010/11 Fellow am Kulturwissenschaftlichen

Kolleg an der Universität Konstanz, 2013/14 Lehrstuhlvertretungen an den Universitäten Freiburg und Bochum. Kontakt: Marc.vonderHoeh@ruhr-uni-bochum.de

Martin Höppl, geboren 1983, Studium der Kunstgeschichte, der Neueren und Neuesten Geschichte sowie Neueren deutschen Literatur an der Ludwig-Maximilians-Universität München. 2006 bis 2009 Stipendiat der Studienstiftung des deutschen Volkes. Heinrich-Wölfflin-Preis des Instituts für Kunstgeschichte für die Magisterarbeit »Wandel von Platzgestaltungskonzepten im 19. Jahrhundert. Der Max-Joseph-Platz und der Lenbachplatz in München«. 2008–2012 Erarbeitung des BMBF-geförderten HyperImage-Teilprojektes »HyperMedia. Bildmedien der Französischen Revolution«. Seit 2009 Begründer und Mitherausgeber von »Helikon. A multidisciplinary online-Journal«. Seit 2010 Doktorand bei Prof. Dr. Stephan Albrecht an der Universität Bamberg. Dissertationsprojekt »Promenadenplätze. Eine Studie über die Gestaltung des öffentlichen Stadtraums in der Gründerzeit«, bis 2013 vom Elitenetzwerk Bayern gefördert. Seit 2013 Sprecher des Kunsthistorischen Studierendenkongresses. Herausgeber des in Erscheinung begriffenen Bandes »München. Stadtbaugeschichte vom Mittelalter bis zur Gegenwart«. Kontakt: martinhoeppl@gmx.de

Klaus Krüger, geboren 1960, Studium der Geschichte, Germanistik, Ur- und Frühgeschichte an der Universität Kiel. Nach der Ersten Staatsprüfung für das Höhere Lehramt Promotionsstipendiat der Studienstiftung des Deutschen Volkes. 1994 Promotion bei Werner Paravicini mit dem Corpus der mittelalterlichen Grabdenkmäler in Schleswig-Holstein. 1993–2001 Wissenschaftlicher Assistent am Historischen Institut der Universität Jena, dann Habilitation und Erteilung der Venia legendi in Mittelalterlicher Geschichte und Historischen Hilfswissenschaften. 2001/02 Wissenschaftlicher Angestellter am Lehrstuhl für Sächsische Landesgeschichte am Historischen Seminar der Universität Leipzig, seit 2002 Leiter der Abteilung für Historische Hilfswissenschaften am Institut für Geschichte der Universität Halle-Wittenberg. 2009 Ernennung zum apl. Professor. Kontakt: klaus.krueger@geschichte.uni-halle.de

Mark Mersiowsky, geboren 1963. Professor für mittelalterliche Geschichte an der Universität Stuttgart, Historisches Institut, Abteilung für Mittlere Geschichte. Nach dem Studium der Mittelalterlichen und Neueren Geschichte, Historischen Hilfswissenschaften und Kunstgeschichte in Münster, Wien und Marburg 1992 Promotion in Mittelalterlicher Geschichte, 2002 Habilitation in Münster mit der Lehrbefugnis für Mittelalterliche Geschichte, Vergleichende Landesgeschichte und Historische Hilfswissenschaften. 2003–2010 Wissenschaftlicher Mitarbeiter bei den Monumenta Germaniae Historica, München. Nach Lehrstuhlvertretungen in Stuttgart und Graz 2007 Außerplanmäßiger Professor an der Universität Stuttgart, 2010–2014 Universitätsprofessor für Mittelalterliche Geschichte und Historische Hilfswissenschaften an der Universität Innsbruck. Seit 2014 Lehrstuhlinhaber für mittelalterliche Geschichte an der Universität Stuttgart. Gastprofessuren an der École des Chartes, Paris, und in Minsk. Mitglied der Commission Internationale de Diplomatique. Kontakt: mark.mersiowsky@hi.uni-stuttgart.de

Bettina Schmidt-Czaia, Studium der Fächer Germanistik, Geschichte für das Lehramt der Sekundarstufe II an der Universität Münster, 1986 Erstes Staatsexamen, 1992 Promotion »Das Kollegiatstift St. Aegidii et Caroli Magni zu Wiedenbrück (1250–1650)«, 1993 bis 1995 Archivreferendarin des Landes Niedersachsen am Niedersächsischen Staatsarchiv in Osnabrück und am Institut für Archivwissenschaft in Marburg, 1995 bis 1997 Archivrätin im Niedersächsischen Staatsarchiv in Osnabrück, 1997 bis 2002 Archivoberrätin im Niedersächsischen Staatsarchiv Osnabrück, 2002 bis 2005 Archivdirektorin und Leiterin des Stadtarchivs Braunschweig, seit 2005 Leiterin des Historischen Archivs der Stadt Köln, seit 2006 Leitende Archivdirektorin

Malte Thießen, geboren 1974, seit 2010 Juniorprofessor für Europäische Zeitgeschichte sowie Leiter der Arbeitsstelle Regionale Geschichtskulturen (gemeinsam mit Dietmar von Reeken) an der Universität Oldenburg; zuvor Post-Doc-Stipendiat der Gerda Henkel Stiftung und wissenschaftlicher Mitarbeiter an der Forschungsstelle für Zeitgeschichte in Hamburg (FZH) sowie Lehrbeauftragter an den Universitäten Lüneburg und Hamburg; Promotion 2006 zum Gedenken der Stadt Hamburg an Luftkrieg und Kriegsende, ausgezeichnet von der Universität Hamburg mit dem Karl H. Ditze-Preis für herausragende Dissertationen. Forschungsschwerpunkte: Geschichtspolitik, Erinnerungskultur und Zeitzeugen, Geschichte der nationalsozialistischen »Volksgemeinschaft«, Geschichte der Gesundheit und Vorsorge. Neuere Veröffentlichungen u.a.: Infiziertes Europa. Seuchen im langen 20. Jahrhundert, Berlin 2014 (Herausgeber); »Volksgemeinschaft« als soziale Praxis. Neue Forschungen zur NS-Geschichte vor Ort, Paderborn 2013 (Herausgeber gemeinsam mit Dietmar von Reeken); Zeitgeschichte der Vorsorge, Göttingen 2013 (Herausgeber gemeinsam mit Marie Schenk und Jan-Holger Kirsch). Kontakt: m.thiessen@uni-oldenburg.de

Ellen Widder, geboren 1955, Professorin für mittelalterliche Geschichte an der Universität Tübingen, FB Geschichtswissenschaft, Seminar für mittelalterliche Geschichte. Nach dem Studium der Geschichte, Geographie, Pädagogik und Kunstgeschichte in Münster 1986 Promotion in Mittelalterlicher Geschichte, 1996 Habilitation in Münster mit der Lehrbefugnis für Mittelalterliche Geschichte, Vergleichende Landesgeschichte und Historische Hilfswissenschaften. Nach Lehrstuhlvertretungen in Regensburg und an der Humboldt-Universität Berlin seit 1997 Professorin in Tübingen, Gastprofessuren in Aix-en-Provence und Minsk. Vorstandsmitglied im Südwestdeutschen Arbeitskreis für Stadtgeschichtsforschung, Kuratoriumsmitglied im Institut für vergleichende Städtegeschichte in Münster, Ordentliches Mitglied der Kommission für Geschichtliche Landeskunde in Baden-Württemberg, Mitglied im Alemannischen Institut, Korrespondierendes Mitglied der Historischen Kommission für Westfalen. Kontakt: ellen.widder@uni-tuebingen.de

ORTSREGISTER

In das Ortsregister sind alle Ortsnamen des Textes aufgenommen. Kursive Seitenzahlen verweisen auf eine Nennung in den Fußnoten.

PERSONENREGISTER

In das Personenregister sind alle Personennamen des Textes aufgenommen. Kursive Seitenzahlen verweisen auf eine Nennung in den Fußnoten.